COLEÇÃO
ABERTURA
CULTURAL

Copyright © Luuk van Middelaar 2009
Originalmente publicado em holandês pela Historische Uitgeverij como
De passage naar Europa – Geschiedenis van een begin
Copyright da edição brasileira © 2017 É Realizações
Título original: *De passage naar Europa – Geschiedenis van een begin*

A É Realizações agradece o apoio da
Dutch Foundation for Literature

Nederlands letterenfonds
dutch foundation for literature

Editor | Edson Manoel de Oliveira Filho

Produção editorial e projeto gráfico | É Realizações Editora

Capa | Daniel Justi

Diagramação | Nine Design Gráfico / Mauricio Nisi Gonçalves

Preparação de texto | Frank de Oliveira

Revisão | Marta Almeida de Sá

Reservados todos os direitos desta obra. Proibida toda e qualquer reprodução desta edição por qualquer meio ou forma, seja ela eletrônica ou mecânica, fotocópia, gravação ou qualquer outro meio de reprodução, sem permissão expressa do editor.

CIP-Brasil. Catalogação na Publicação
Sindicato Nacional dos Editores de Livros, RJ

M573e

    Middelaar, Luuk van, 1973-
    Europa em transição : como um continente se transformou em união / Luuk van Middelaar ; tradução Ramon Alex Gerrits. – 1. ed. - São Paulo : É Realizações, 2017.
    576 p. ; 23 cm. (Abertura cultural)

    Tradução de: De passage naar Europa : geschiedenis van een begin
    Inclui índice
    ISBN 978-85-8033-308-4

    1. União europeia - História. 2. Europa - Política e governo – Século XX. I. Gerrits, Ramon Alex. II. Título. III. Série.

17-44507
CDD: 341.2422
CDU: 341.232

04/09/2017   08/09/2017

É Realizações Editora, Livraria e Distribuidora Ltda.
Rua França Pinto, 498 · São Paulo SP · 04016-002
Caixa Postal: 45321 · 04010-970 · Telefax: (5511) 5572 5363
atendimento@erealizacoes.com.br · www.erealizacoes.com.br

Este livro foi impresso pela Paym Gráfica e Editora em setembro de 2017. Os tipos são da família Sabon Light Std e Frutiger Light. O papel do miolo é o Avena 80 g, e o da capa cartão Ningbo C2 300 g.

EUROPA EM TRANSIÇÃO

Como um continente se transformou em união

Luuk van Middelaar

TRADUÇÃO DO HOLANDÊS DE **RAMON ALEX GERRITS**

Sumário

Agradecimentos 9

Prefácio 11

Prólogo 27

PARTE I – O Segredo da Mesa

A Transição para a Maioria 81

Capítulo 1 | A Conversão 89

Capítulo 2 | O Salto 149

Capítulo 3 | A Ponte 173

PARTE II – Vicissitudes do Destino

Na Corrente do Tempo 219

Capítulo 4 | Congregação a Seis (1950-1957) 231

Capítulo 5 | A Espera Comunitária (1958-1989) 265

Capítulo 6 | Atuando como União (1989-tempos atuais) 299

PARTE III – A Busca pelo Público

A Disputa pelo Aplauso 347

Capítulo 7 | A Estratégia Alemã: Companheiros de Destino 367

Capítulo 8 | A Estratégia Romana: Clientes...407

Capítulo 9 | A Estratégia Grega: O Coro...439

Conclusão 495

Comentários e Bibliografia..499

Índice remissivo...551

Mas não teremos de aceitar a batalha?, observou o príncipe Andrew. "Se todos quiserem, não pode ser ajudado, mas acredite, meu querido menino, não há nada mais forte que estes dois: paciência e tempo, eles farão tudo"

Tolstói, Guerra e Paz

Agradecimentos

Sou grato a muitos por este livro. Nem todo mundo pode ser mencionado: por vezes, um lampejo ocorre devido a um resquício de conversa, um termo usado em um email, uma pergunta feita durante um debate. No que se refere à experiência política subjacente a este livro, agradeço em primeiro lugar a Frits Bolkenstein: foi ele quem me abriu a porta à política (europeia), na qual eu ainda estaria batendo, e quem me ensinou que cada palavra em um discurso pode ser demais. Do pessoal de seu gabinete em Bruxelas, sou grato a Claire Bury, por sua didática exposição sobre a natureza jurídica e trabalhadora da Comissão, e a Joshua Livestro e Derk-jan Eppink, pelos ocasionais acessos aos bastidores. Pela oportunidade de poder continuar essa educação política em Haia, agradeço a Jozias van Aartsen, que me demonstrou na prática que a intuição política é uma questão de sincronia.

Entre meus mestres na Universidade de Groninga e de Paris, agradeço a Frank Ankersmit e a Marcel Gauchet: por meio de exemplos e recomendações, eles me convenceram a não evitar as grandes questões de nossa época. Por sua participação na formação de ideias desde o começo da minha estada em Bruxelas, sou grato a Hans Kribbe, cuja vinda para o gabinete significou uma verdadeira injeção de filosofia política nas pausas para o café, assim como a Maryem van den Heuvel e Tom Eijsbouts, cujas eloquentes exegeses me ensinaram a distinguir melhor as relações entre os Estados e as instituições.

A obra pôde ser escrita de fato a partir de 2007, graças ao apoio financeiro do Instituto para a Alemanha (Duitsland Instituut), em Amsterdã. Com seu espírito crítico e analítico, Ton Nijhuis foi uma dádiva como incentivador: um público difícil de conquistar, mas bastante participativo, que se mostrou ideal para os testes de aptidão. O mesmo vale para outro leitor fixo e perspicaz interlocutor, Sipko de Boer. Agradeço ademais a Mom Wellenstein, Maarten C. Brands e P. J. G. Kapteyn pela generosidade com que dividiram sua experiência, seu conhecimento e seu discernimento. A Patrick Everard e Coen Simon pela empatia intelectual com que extraíram o livro da cabeça do autor na hora da edição (com zelo por ambos). E a Rokus Hofstede, pela estupenda tradução das citações em francês.

Por fim, sem Manon de Boer este livro nunca existiria: outro trem, um encontro inesperado, entrementes um autêntico nascimento.

Luuk van Middelaar

Prefácio

Por mais que já estivesse previsto havia um bom tempo, o plebiscito britânico sobre a adesão à União Europeia provocou enorme choque na sexta-feira, 24 de junho de 2016. Na véspera, muitos líderes de governo europeus haviam ido para a cama na tácita esperança de que a votação terminaria bem. Grande foi o espanto na alvorada. Por maioria, o eleitorado britânico preferiu deixar a União Europeia. E então?

Ao mesmo tempo que os acontecimentos e os acertos de conta políticos em Londres fascinam o mundo, os holofotes sobre o continente também se acendem. Além do futuro da Grã-Bretanha, o da Europa igualmente se encontra em jogo. Instaura-se a noção de que o Brexit também acarreta grande insegurança do outro lado do Canal da Mancha. Uma despedida da segunda maior economia europeia, potência militar e diplomática, um oitavo da população. O equilíbrio de poder interno da União Europeia se deslocará, a supremacia da Alemanha ficará mais evidente. Os populistas, da França aos Países Baixos e à Áustria, se sentem fortalecidos. Mais plebiscitos sobre saídas podem se seguir.

Para a Europa, a partida britânica representa uma amputação, mas não um golpe fatal, contanto que os líderes de governo saibam dominar as forças assim liberadas. Isso exige perseverança e vontade de viver por parte dos 27 governos, a ser expressa em iniciativas destinadas a reestruturar a confiança de suas populações na Europa. Os líderes se encontram em um dilema. Devem demonstrar que sua União

Europeia oferece respostas confiáveis para problemas reais, tendo em mente a desilusão de seus próprios eleitores para com essa mesma instituição. Tentar angariar apoio para a Europa pela porta da frente sem perdê-lo pela porta de trás.

O resultado do plebiscito contradiz o axioma da antiga política europeia. Desde os dias da Comunidade Europeia do Carvão e do Aço, de Robert Schuman e Adenauer, apostava-se em um cuidadoso entrelaçamento de interesses econômicos para garantir a paz e a prosperidade. A interdependência econômica inexoravelmente levaria a um relacionamento melhor entre os tão agradecidos povos. Os eleitores britânicos desmentiram esse axioma da integração. A aversão a imigrantes prevaleceu sobre o medo da perda de prosperidade. A política de identidade pesou mais que os interesses econômicos. Na lógica dos fundadores, essa opção era inexistente. O macaréu varreu mais um ícone sagrado da doutrina bruxelense: a integração segue uma mão única, países participantes e áreas de atuação podem apenas aumentar e não diminuir, estamos a caminho de uma "liga cada vez mais coesa". Essa irreversibilidade mostrou-se ilusória. Subitamente, a União Europeia sente sua vulnerabilidade histórica.

Mas a partir dessa descoberta ela também pode adquirir resiliência. Contanto que se conscientize de que o velho método bruxelense não mais a impulsiona, que há muito ela se empenha em tornar-se um corpo político e que a contestação do público é seu oxigênio, a qual deve prezar como a fonte de sua capacidade de atuação.

A saída britânica coloca três questões fundamentais em evidência, as quais também ocupam posição central neste livro. De que forma a Europa política se relaciona com o público? Estaria ela preparada para reagir a grandes choques? De onde provém a liderança em tempos incertos? Mais precisamente: como lidar com eleitores europeus, regras bruxelenses e o poder da Alemanha?

Em primeiro lugar, não foram apenas os eleitores britânicos que rosnaram e que agora morderam para valer. Também na França, nos

Países Baixos, na Itália e na Dinamarca, eles rezingam. A confiança dos cidadãos nas instituições europeias está excepcionalmente baixa. A crise do euro deixou marcas profundas, tanto em países que sob a pressão de Bruxelas introduziram medidas de austeridade quanto em países que dedicaram parte de seu erário às economias mais debilitadas. Também na crise dos refugiados de 2015 e 2016, a União Europeia perdeu credibilidade, segundo alguns por ter obrigado os países-membros a acolher refugiados e segundo outros por ter contido o fluxo humano graças a um "infame" e pragmático acordo político com o país vizinho, a Turquia.

A União Europeia carrega o estigma de dedicar mais atenção à liberdade e à criação de oportunidades e menos à oferta de proteção. Ela ostenta fronteiras desde seus primórdios e é a heroína daqueles que procuram espaço para vender, viajar, estudar, trabalhar. Ela transformou a Europa – segundo uma distinção de Michel de Certeau – num *espaço* e não num *lugar*. Assim, ela serve aos "viajantes" multilíngues de formação superior, mas preocupa os "que ficam", grupo igualmente expressivo. No imaginário popular, a União Europeia é uma aliada da globalização e de seus fluxos de bens e pessoas, em vez de um baluarte contra isso. Enquanto ela não encontrar um equilíbrio político-administrativo entre liberdade e proteção, grandes grupos de eleitores buscarão proteção contra a Europa em seu Estado nacional.

Além de desapontamento no centro, também prevalece o ódio político nos flancos. Com o Brexit, o Partido da Independência da Grã-Bretanha mostrou o caminho, e movimentos popular nacionalistas na França, nos Países Baixos, na Hungria, na Dinamarca e na Itália estão prontos para segui-lo. Trata-se de uma "*internationale nacionalista*" organizada que se opõe à União Europeia em nome da soberania e da identidade. Essas forças centrífugas impõem grande responsabilidade a uma Alemanha até hoje "resistente ao populismo" para que, como *Macht in der Mitte* [Potência do Centro], mantenha o centro europeu coeso. A vitória de Donald Trump nos Estados Unidos nos lembra que populismo e xenofobia não são monopólios europeus. Não obstante, os Estados da União Europeia se encontram ainda mais vulneráveis à crítica de que os cidadãos não participam do debate sobre seu destino. Apesar de formalmente cada decisão contar com o devido respaldo nacional e europeu, no imaginário popular Bruxelas é retratada quase como uma força de ocupação estrangeira.

Uma comparação com a política nacional ajuda. Todo dia, qualquer governo nacional – digamos, na Polônia – toma decisões que podem ser contestadas de diversas formas por partidos oposicionistas, ser impopulares entre os eleitores ou até provocar protestos e greves. Por via de regra, porém, mesmo aqueles que protestam aceitam a legitimidade do governo polonês em si. Por mais que quisessem que o primeiro-ministro polonês deixasse o cargo no dia seguinte, eles ainda o considerariam como o "seu" (odiado) primeiro-ministro e falariam do "nosso (decepcionante) Parlamento" e da "nossa (péssima) legislação". Isso claramente forma um ponto fraco no caso europeu. Poucas pessoas consideram decisões europeias como "nossas" decisões ou políticos europeus como "nossos" representantes (para ilustrar isso, na maioria dos países, "nosso comissário" se refere apenas a um conterrâneo entre os comissários europeus, enquanto membros do Parlamento Europeu são frequentemente vistos como representantes de "Bruxelas", em vez de estarem ali para falar por "nós"). Mesmo assim, esse sentimento de posse – incrivelmente difícil de captar, conforme será explicado neste livro – é exatamente do que se precisa para conferir legitimidade a decisões conjuntas. Resultados são importantes, mas nunca poderão dar conta do recado sozinhos, ainda mais pelo fato de o tempo das vacas magras se seguir ao das vacas gordas.

No convencimento e no engajamento das opiniões públicas nacionais, um passo indispensável é reconhecer que o jogo europeu não se passa apenas no perímetro de Bruxelas. A política europeia se dá entre governos, parlamentos, jurisdições e populações de todos os Estados-membros. Em última instância, o círculo de membros precede a União Europeia. A Europa não pode ser reduzida a um quilômetro quadrado de prédios em Bruxelas. Do mesmo modo, a Europa não pode ser construída sem as populações da Europa, mas somente com elas.

Veja a fascinante, senão por vezes dolorosa, descoberta feita durante a crise da dívida pública. De agora em diante, ninguém na zona do euro pode ignorar o fato de que a mendicidade grega, a exuberância espanhola ou o descalabro irlandês podem afetar suas próprias perspectivas de emprego, aposentadoria ou poupança. Não apenas porque as economias são interdependentes. Em 2011, uma votação sobre o euro no Parlamento eslovaco foi manchete em toda a Europa, assim como um resultado de eleição na Finlândia e, um ano depois, um pronunciamento da Corte Constitucional alemã e uma decisão do Banco Central europeu. O plebiscito grego de 2015 foi seguido com intenso interesse por todo o continente, como sem dúvida serão, no ano vindouro, as eleições presidenciais na França e as *Bundestagwahlen* [eleições parlamentares] na Alemanha. Sob a pressão dos acontecimentos, a Europa está se tornando um corpo político de um tipo inesperado, um círculo de membros, com uma caixa de ressonância democrática e polifônica.

A segunda pergunta que o choque do Brexit suscita: será que a Europa, tão enredada nas regras bruxelenses, tem condições de reagir às vicissitudes do destino? Nessa área, ocorre uma fascinante metamorfose. Quem observa bem vê como a União Europeia se transforma sob os nossos olhos. Engrandecidos com a construção de um mercado e um engenhoso sistema de políticas regulatórias tecnocráticas, os países europeus fazem algo novo desde a crise financeira e geopolítica de 2008: eles praticam uma *política de acontecimentos*. Eles salvam uma moeda, se ocupam com refugiados, estão envolvidos em uma disputa de poder com a Rússia e devem absorver as forças liberadas pelo Brexit. Desde a Queda do Muro em 1989 – e o tratado da União Europeia de 1992, que foi uma resposta a isso –, essa mudança está ocorrendo; na torrente atual, as estruturas disponíveis devem ser aproveitadas.

A política de acontecimentos difere essencialmente da política regulatória praticada pela Europa do pós-guerra. Para os Estados--membros, não se trata de regular empresas no mercado, mas de atuar no palco político da perturbação da ordem, como União Europeia. Somente os Estados têm poder de atuação para garantir a segurança interna e externa; somente eles dispõem dos exércitos, dos diplomatas, dos serviços de segurança. A nova prática na União Europeia, que se acomoda ao lado da antiga, perturba rotinas e interesses institucionais e desarranja a doutrina bruxelense. Ela também expõe de forma mais clara – por muito tempo tabu – a desigualdade de poder entre os países, daqueles que podem carregar o ônus de atuar. Mesmo assim, há pouca escolha. No aceleramento histórico-global ocorrido desde 2008, a obtenção de uma capacidade de atuação conjunta, não importando suas dificuldades, é uma questão de sobrevivência para os países no continente europeu.

A ideia dos Estados fundadores de ancorar a Europa num sistema de regras, na esperança de que isso proporcionasse alguma civilidade e previsibilidade às relações entre eles, foi um plano visionário depois das longas guerras mundiais de 1914 e 1945.[1] Essa estratégia revela suas limitações cada vez que surgem novos desafios, e os Estados--membros sentem a necessidade de confrontá-los conjuntamente. O que fazer quando de súbito um Estado-membro enfrenta a falência, quando um Estado vizinho invade outro, quando centenas de milhares de refugiados atravessam as fronteiras? Nenhum projeto, nenhum tratado pode antecipar a criatividade da história, preparar uma resposta adequada. Essa é a fonte do dinamismo, ao longo das

---

[1] Seguindo uma tendência de vários historiadores modernos, o autor considera as duas guerras mundiais como um único conflito (N. T.)

seis décadas passadas, entre o desejo de certeza e a necessidade de encarar as mudanças, entre um respeito "alemão" pela lei e uma aspiração "francesa" pela ação – observados com uma perplexidade "britânica" pelo fato de a Europa ser um clube que adora regras e que vive mudando as suas.

Não deveria haver razão para espanto. A qualquer um que regularmente lê os jornais de seu país a política nacional parece uma constante corrente de acontecimentos, adversidades e escândalos, muitas vezes com desfechos totalmente imprevistos. A todos está claro que, em um ambiente democrático, sempre muito menos coisas transcorrem segundo o planejado do que se pode temer ou esperar. A Europa, um clube de democracias voláteis, não é diferente. Ímpeto se origina numa imprevisível série de decisões, muitas vezes de líderes nacionais que enfrentam acontecimentos tanto em casa quanto no exterior, tendo de lidar com eles conjuntamente, às vezes com óbvia relutância. Tal interação política oferece uma explicação mais plausível tanto para a falsa lógica da teoria da integração e da teleologia federalista quanto para a visão de mundo eurocética de conspirações maléficas e esquemas comandados por Bruxelas para instaurar uma supremacia estrangeira. Os acontecimentos continuarão a produzir surpresas, e terão de ser enfrentados de uma forma ou de outra. É para isso que a Europa está se preparando inconscientemente.

Um sinal disso é a participação dos líderes nacionais por meio de seu Conselho Europeu. Esse foro de chefes, que funciona desde 1974 anexo à fábrica de regras bruxelense, forma desde 1993 a van guarda da política dos acontecimentos. O consórcio de presidentes, primeiros-ministros e chanceleres desempenha o papel de domador de tempestades. Veja-se a crise do euro. As instituições centrais da UE não dispunham de suficiente poder de fogo financeiro, sem mencionar legitimidade, para mudar por conta própria as regras que as regiam. Nos anos de 2010 a 2012, a chanceler Merkel, o presidente Sarkozy e seus 25 colegas tomaram as decisões políticas necessárias para salvar o euro. Não obstante, vozes europeias influentes, como as de Jacques Delors e Jürgen Habermas, criticamente qualificaram a participação dos líderes nacionais na gestão da crise como uma "renacionalização da política europeia". Outra interpretação, porém, também é possível, sem ser tão regressiva. Pois em vez disso constatamos uma "europeização da política nacional", processo esse que antes fortalece a coletividade.

Um importante aspecto dessa metamorfose: enquanto a antiga política de regulamentação podia ocorrer na relativa quietude de especialistas e interessados, a nova política dos acontecimentos se passa sob plena luz pública. A Europa hoje em dia virou manchete de jornal, motivo de eleições, de um apaixonado debate. Essa contestação pública, geralmente explicada como coação da mídia ou do populismo, de fato forma a outra face da mesma moeda, a política dos acontecimentos. Mais que a Europa do mercado, que no máximo tinha de lidar com o desinteresse e uma fugaz zombaria sobre pepinos – chamado de "consenso permissivo" pelos politicólogos –, a Europa da moeda, da fronteira e do poder evoca ainda maiores forças (contrárias), maiores e mais explosivas expectativas e desconfianças. Nessa nova Europa, as decisões já não se baseiam num tratado ou na opinião de especialistas, mas formam uma resposta à urgência do momento, nascida de uma colisão de juízos: justamente por isso, requerem uma prestação de contas ao público. Daí que o público – desde os gregos em 2015 e os britânicos em 2016 até aqueles que ainda estão por vir – se faz ouvir cada vez mais. Não sem razão: onde a *incontestabilidade* desaparece, a *contestação* faz sua entrada.

A terceira pergunta fundamental que o Brexit traz à tona: onde se situa o poder na União Europeia? Na incerteza após o plebiscito, prontamente irrompeu uma disputa bruxelense: quem deveria negociar com os demissionários britânicos em nome dos 27? A Comissão, na qual o chefe de gabinete de Jean-Claude Juncker já estava se aquecendo, ou o Conselho Europeu dos líderes de governo, que enfatizava sua responsabilidade de traçar o caminho? As emoções correram soltas, como se o destino do continente dependesse desse trâmite burocrático.

Mais importante ainda: uma saída britânica também coloca o poder da Alemanha em evidência. A União Europeia não se baseia apenas em regras e tratados, mas também gira em torno do equilíbrio de poder interno. Em vez do triângulo Paris-Berlim-Londres, estamos a caminho de uma União Europeia orientada por Berlim. Pois, além da saída britânica, o equilíbrio com a França já se encontrava abalado. Já fazia algum tempo que o país era o mais fraco dos dois, mas até recentemente soube compensar essa deficiência com ambição e iniciativas políticas. Reza a fórmula: a França usa a Europa como alavanca para disfarçar sua fraqueza, a Alemanha a usa para disfarçar sua força. Agora só sobrou o disfarce alemão. O catalisador desse desdobramento foi a crise do euro. Desde 2010, a chanceler da liga alemã se encontra no centro das atenções internacionais, desempenhando o papel principal, de maneira por vezes subestimada em seu próprio país. Conforme escreveu seu biógrafo em 2013: "O crescente poder [da chanceler] é pouco percebido em Berlim, mas antes na esfera da política europeia – em Bruxelas, nas cúpulas com os presidentes franceses, ao visitar Atenas". Desde então, o mundo assistiu à *Frau* Merkel atuar "em nome da Europa" ao conter a crise continental em Minsk (junto com o presidente francês), assim como em Ancara.

O novo poder da Alemanha na Europa é palpável nas suas três instituições políticas: o Parlamento Europeu, o Conselho Europeu e a Comissão. O Parlamento há muito forma um baluarte alemão. Como Estado-membro mais populoso, o país elege o maior número de euro-parlamentares (96 de 751); ele envia pessoas experientes e domina as legendas dos democratas sociais e cristãos. Já no Conselho Europeu, o foro dos líderes de governo foi por muito tempo dominado pela França e pela Alemanha – nessa ordem. Protocolarmente, um presidente excede um chanceler: os franceses se esmeravam em enfatizar isso, e os alemães conheciam seu lugar. Assim ocorreu com as duplas

Giscard e Schmidt, Mitterrand e Kohl, e Chirac e Schröder. Merkel também formou uma dupla semelhante com Sarkozy, "Merkozy"; na crise do euro, despontou quem era o chefe. Com o hesitante François Hollande, Merkel enfrentaria ainda menos oposição no Conselho Europeu. Em terceiro lugar, a Comissão: aqui vigora o marcante desdobramento de 2014, com a posse do *Spitzenkandidat* [candidato principal] Jean-Claude Juncker, apoiado por uma grande coalizão estrasburguense segundo o modelo do Parlamento alemão (ambos os termos fizeram sua entrada no debate europeu: a linguagem também se torna mais alemã). Fazia muito tempo que cada eurocomissário desejava ter um francês, um britânico e um alemão entre os seus assessores para manter vínculos com as três grandes capitais europeias. Hoje, tudo gira em torno do vínculo com Berlim.

A hora alemã guarda seus próprios perigos para o país e para a União Europeia, em parte reconhecidos e em parte subestimados. *Reconhecido* é o ônus do passado alemão, que, mesmo setenta anos após Hitler, continua sendo explorado por cartunistas estrangeiros ou oponentes políticos recalcitrantes em momentos de tensão. Apesar de a opinião pública alemã e até a classe política berlinense nem sempre o pressentirem, todo chanceler da liga alemã – o inevitável ponto focal dessa desconfiança – torna-se imbuído e desse perigo; desde Adenauer, passando por Brandt, Schmidt e Kohl até Merkel, líderes alemães (ocidentais) extraem energia europeia disso.

Em contrapartida, Berlim *subestima* a maneira como decisões europeias bem intencionadas podem parecer puro interesse próprio quando vistas de fora. Movidos por forte noção moral, os alemães às vezes se esquecem de que suas ações provocam outros efeitos. Na crise do euro, o ministro das Finanças alemão sofria desse ângulo morto. "Doctor Schäuble"[2] (conforme seu equivalente grego

---

[2] Referência a Wolfgang Schäuble, ministro de Finanças desde o início do terceiro governo Merkel, em 2009. (N. T.)

Varoufakis sempre o chamava) raciocinava com base em uma convicção moral, enquanto o mundo exterior o via como um inescrupuloso político autoritarista que pretendia jogar os gregos para fora da zona do euro.

Algo comparável se viu na crise dos refugiados. Claro que a *Willkommenskultur* [cultura das boas-vindas] dos alemães foi uma coisa nobre, porém – conforme também se murmurava em Paris – o país apresenta uma população cada vez mais idosa, com uma baixa natalidade, e poderá fazer bom uso da classe média síria com ensino superior. Isso não torna o gesto menos moral, mas dificulta, sim, o diálogo europeu. Portanto é importante que essa *"hegemonic self-righteousness"* [presunção hegemônica] (Wolfgang Streeck) esteja na pauta do debate público alemão.

Entretanto o poder alemão não é pleno; sua hegemonia é no máximo uma semi-hegemonia. Diversas vezes, Angela Merkel também sentiu a sina da Alemanha desde Bismarck: forte demais para ser posta de lado, mas não forte o bastante para se impor. Isso constitui uma diferença essencial em relação ao poder dos americanos dentro da Otan: Washington praticamente pode impor de tudo.

Existe mais uma razão pela qual a Alemanha não consegue lidar com isso sozinha, e certamente não sem a França. As experiências alemãs e francesas divergem fundamentalmente; isso leva a um constante e mútuo desentendimento, constitutivo à política europeia. Tomemos uma *regra*. Na Alemanha, esta representa a justiça, a ordem e a honestidade. Na França, representa restrições e falta de liberdade. No contexto europeu, isso leva a uma mútua desconfiança. Paris sempre pede flexibilidade, para com os outros ou para consigo mesma (por exemplo, para poder extrapolar o limite de crédito); em Berlim, isso é percebido como oportunismo e má-fé. Inversamente, os alemães, que se acham rigorosos, mas justos na aplicação das regras, são acusados de ser inflexíveis e obstinados e até de praticar um jogo de poder, por não considerarem uma situação específica.

A contraparte da regra é o *acontecimento*. Na França, um acontecimento, mesmo sendo dramático, é um sinal de vida e renovação. Para um líder político francês à la Sarkozy, uma crise oferece a oportunidade de provar seu valor; a imprensa a torna um momento compartilhado, uma página no "romance da nação". Na Alemanha, em contrapartida, um acontecimento representa um distúrbio da ordem, uma desestabilização e um perigo. Uma crise leva ao pânico. A opinião pública alemã aprecia líderes que sabem absorver choques, tal quando Merkel aplica sua abordagem passo a passo.

Faz quase setenta anos que a União Europeia brotou do conflito franco-alemão. O paradoxo é que nos últimos sessenta anos foi sempre Paris quem desejou ver a coletividade europeia se desenvolver em um jogador e quem a dotou com uma capacidade de atuação, mas que no momento decisivo não dava o ar de sua graça. Em contrapartida, a Alemanha, o país que gostaria de enroscar a si mesmo e seus vizinhos em regras, agora deverá tomar a dianteira na política dos acontecimentos. Nos anos de turbulência geopolítica e econômica que temos à frente, isso representa um grande desafio para ambos os países e todos os seus parceiros.

Esta é uma versão atualizada de um livro que surgiu em neerlandês em 2009. As tempestades que irromperam desde então poderiam ter causado a impressão de que ele deveria ter sido reescrito do começo ao fim, mas a maneira pela qual a Europa tem reagido aos acontecimentos e aos grandes choques forma exatamente a temática do livro. A crise do euro nos anos de 2010 a 2012, assim como a crise dos refugiados que teve início em 2015, têm sido um "teste com munição de verdade", colocando em evidência a política da União Europeia que a obra se propõe a descrever.

Ao longo desta narrativa, tento ser imparcial. A meu ver, a melhor filosofia política é aquela praticada por Maquiavel, Locke, Montesquieu e De Tocqueville: antes de ser um pensamento normativo de pretensões universais, trata-se de uma reflexão sobre a política baseada na experiência, muitas vezes pessoal, da era.

Tenho testemunhado alguns dos episódios mais recentes de um ponto de vista privilegiado. Em janeiro de 2010, abandonei o *status* de autor independente para me tornar redator de discursos a serviço do primeiro-secretário permanente do Conselho Europeu, função que desempenhei por cinco anos. Assisti à montanha-russa grega desde o início, seguida das mudanças de liderança em Dublin, Roma, Paris e alhures, negociações noturnas entre banqueiros e líderes europeus para ver quem piscava primeiro ao pagar pela Grécia (os banqueiros perderam), a saga da prisão de Dominique Strauss-Kahn enquanto se encontrava a caminho de Berlim para conversações sobre o euro com a chanceler alemã, banqueiros centrais grisalhos acordando para saber que a imprensa anglo-saxônica os havia transformado em super-heróis e a imprensa germânica em vilões: foram anos cheios de acontecimentos. A invasão russa da Crimeia em fevereiro de 2014 marcou a noção de que "a história está de volta", obrigando a União Europeia a lidar com questões de guerra e paz – não muito depois de ter sido agraciada com o Prêmio Nobel da Paz e de eu ter visto em Oslo como palavras cuidadosamente articuladas sobre a reconciliação do pós-guerra e sobre uma juventude esperançosa fizeram brotar uma rara lágrima pública de *Frau* Merkel na primeira fila. Mesmo depois de eu ter deixado o cargo no início de 2015 para ocupar posições como analista político e acadêmico, a corrente de acontecimentos continuou implacável e me firmou na convicção de que a Europa deve se adaptar a essa nova normalidade. Isso começa com um autoentendimento aperfeiçoado, como chave para palavras públicas e atos políticos mais acreditáveis.

Minha primeira estada em Bruxelas, há quase quinze anos, foi um aprendizado em política. Os tácitos códigos de conduta, as dúplices ou tríplices intenções por trás de qualquer declaração ou ato, os almoços, a rivalidade institucional, as batalhas para assegurar um assento numa determinada mesa de negociações, os vazamentos para a imprensa, a manipulação dos prazos e do tempo – só estando lá é que se percebe a importância dessas coisas. Dei-me conta de que a Comissão, nos seus prospectos e em suas campanhas de informação, estava falando com um público imaginário de cidadãos europeus sem esperar nenhuma réplica. Os plebiscitos franceses e neerlandeses de 2005 sobre o tratado constitucional me permitiram avaliar de uma perspectiva diferente os efeitos desse tratamento distanciado do público. Muitos argumentos funcionaram como um tiro que sai pela culatra, como quando o governo anunciou as vantagens práticas do euro e a campanha do contra retrucou: "Oba! Caixa eletrônico sem taxas no exterior! Para isso estou disposto a sacrificar mais de quatro séculos de soberania". Experiências assim fortaleceram minha convicção de que, sob qualquer aspecto da política europeia, a batalha pelo público deve ocupar lugar central no palco.

A maneira pela qual as pessoas escrevem e falam sobre a Europa é em parte responsável por sua fraca autoimagem e pela falta de interesse, sendo por isso que decidi evitar o uso de jargão. Uma linguagem especializada não apenas permite às pessoas se esconderem atrás de palavras vazias (o que já é ruim o bastante), como frequentemente funciona como cortina de fumaça, escondendo em vez de explicar as movimentações políticas e os jogos de poder. Portanto, não faço uso de acrônimos, essas insígnias da prosa de Bruxelas e dos prontuários legais e políticos, mas justamente direi de que se trata. Em vez de escrever UE, falarei da União Europeia.

A decisão de evitar o jargão faz parte de uma tentativa de escapar do domínio dos conceitos existentes e de poder desenvolver novas ferramentas. Quando comecei a escrever, tinha uma sensação intuitiva de que as narrativas e as análises sobre a Europa estavam negligenciando algo essencial. De alguma maneira, sua vida política parecia estar faltando. Mas como eu poderia apresentar essa vida sem cair na armadilha de pensar segundo as linhas habituais? Para se descobrir qualquer coisa nova, é necessário deixar de lado o que já se sabe.

Lugares-comuns vigentes têm uma força tão coativa que, quando não impedem o desenrolar de uma narrativa, ainda assim empatam a vista. Entretanto, me pareceu uma má ideia combater esses lugares-comuns obstrutivos; no caso, somente se validaria sua supremacia. Em vez disso, decidi seguir a recomendação do filósofo americano Richard Rorty, que escreveu: "A análise dos 'prós' e 'contras' de um enunciado raramente produz uma filosofia cativante. Em geral se trata, de forma implícita ou explícita, de uma luta entre um vocabulário estabelecido que se tornou um fardo e um vocabulário inacabado que aparentemente encerra grandes promessas". Ele prossegue, referindo-se ao que também constitui a busca central deste livro: "Não fornecerei argumentos contra o vocabulário do qual pretendo me livrar. Em vez disso, tentarei tornar mais atraente o vocabulário alternativo da minha preferência ao demonstrar como usá-lo para descrever uma variedade de assuntos".

Ao escapar da prisão da linguagem existente, a chave se situa na experiência. Assim sendo, olhei para trás, para aqueles que fundaram a Europa política e nela obraram: líderes nacionais, ministros, diplomatas, parlamentares, funcionários públicos e juízes. Sua experiência emerge de discursos e debates, de suas memórias e de incidentes relatados por jornalistas e historiadores. Também me baseei nas minhas próprias observações e nas inestimáveis conversas com muitos dos participantes. Aos 89 anos de idade, o ex-chanceler alemão Konrad Adenauer reconheceu que "a experiência guia o pensamento e as ações; nada pode substituí-la, nem mesmo a inteligência inata, muito menos na política".

Muitos debates teóricos atuais sobre o assunto na literatura caem numa armadilha da linguagem, razão pela qual este livro pretende começar a partir da clássica questão: "O que é a política?". Ele examina três formas de política: a tomada de decisões e a aplicação da lei

(Parte I), a capacidade de atuar na contingência do tempo (Parte II) e a tentativa de vincular pessoas e governantes (Parte III).

A Europa é tida como um caso em evidência. Aqui há pouco espaço para assuntos em voga como a oposição entre "poder duro"[3] ou "poder brando",[4] as minúcias da "governança em múltiplos níveis" ou a profundeza do "déficit democrático". Dedico mais atenção a categorias clássicas como fundação, mudança, representatividade, legitimidade, responsabilidade, acontecimentos e liberdade. Mesmo quando obviamente baseada no tratado e nas instituições, essa não é a obra de um advogado ou de um cientista político, mas de um filósofo político e historiador, convicto de que a essência da política se encontra em seu relacionamento com o tempo.[5]

Por meio da conhecida imagem da coruja de Minerva, o filósofo alemão Hegel expressou o trágico fato de que o nosso entendimento da realidade apenas se dá depois que escurece. Graças à sua experiência com o corte entre a Revolução Francesa e Napoleão, ele percebeu que nosso entendimento geralmente bamboleia muito atrás dos acontecimentos e que leva bastante tempo até conseguirmos reconhecer um rompimento histórico. Ao mesmo tempo, esse conceito da história é imprescindível para se manter o controle sobre o presente.

Vorst (Bélgica), dezembro de 2016

---

[3] Também "potência coercitiva". (N. T.)

[4] Também "poder de convencimento". (N. T.)

[5] O livro termina com um extenso ensaio bibliográfico que ressalta suas fontes mais importantes e define ainda mais sua posição com relação a estudos existentes.

Prólogo

> O discurso não é simplesmente aquilo que traduz os conflitos ou os sistemas de dominação, mas aquilo pelo que e para o que lutamos, o poder que buscamos assimilar.
>
> *Michel Foucault*, L'Ordre du Discours

TRÊS DISCURSOS EUROPEUS

Europapos entre especialistas, queixas nos bares sobre as regras impostas por Bruxelas, palestras sobre a normatização da livre concorrência, comentários políticos nos jornais: até mesmo o palavreado volátil sobre a Europa não está isento de sua luta política. A conversa não é inócua. Como disse Foucault: no discurso não vemos o reflexo da luta, mas a própria luta.

Para eventos políticos não existem termos neutros ou "acadêmicos". Os belgas formam uma "nação"? A Rússia é uma "democracia"? Londres e Ancara se situam na "Europa"? Questões assim não podem ser decididas num congresso acadêmico, como as questões que discutem se o Sol é uma estrela ou se o ser humano é um mamífero. Isso não significa que aquele que não deseja ser visto como um ideólogo de uma causa política qualquer esteja fadado ao silêncio.

Às vezes, o tempo traz uma solução. Tomemos o conflito entre a França e a Argélia de 1954 a 1962. Foi para os argelinos uma "guerra de independência", e para Paris uma "guerra civil": posições evidentemente dissonantes. Foi o resultado histórico que deu razão aos primeiros. Nesse ínterim, os franceses também reconheceram que se tratara de uma "guerra de independência". Diferente foi o desfecho da Guerra de Secessão americana (1861-1865):

venceu a autoridade central situacionista. Daí que ela continuou sendo uma "guerra civil".

O assunto deste livro ainda não tem desfecho. A relação entre a coletividade europeia e os Estados-membros (Parte I), o mundo exterior (Parte II) e as pessoas (Parte III) ainda não se consolidou. Nesse caso, dever-se-ia protelar qualquer opinião? Não, duas vias permanecem abertas. Em primeiro lugar, podemos tentar ler o tempo já decorrido, os fatos e os acontecimentos de um período de mais de sessenta anos – cientes de nos encontrarmos em campo aberto. A isso se dedica o cerne deste estudo. Segundo, podemos mapear os discursos políticos antagônicos, analisar sua aplicação e seu contexto, os pontos fortes e fracos. Assim, este prólogo representa um começo. Isso nos imuniza contra a ideia ingênua de que as palavras políticas remetem a uma realidade alheia.

ESTADOS, CIDADÃOS, REPARTIÇÕES

Na torrente de palavras sobre política europeia, podemos discernir três discursos básicos. Poderíamos chamá-los de "a Europa dos Estados", "a Europa dos Cidadãos" e "a Europa das Repartições". Uma nomenclatura tradicional seria: confederalismo, federalismo e funcionalismo. Cada um tem suas instituições europeias favoritas. Cada um tem um estilo político próprio, receitas próprias e bases universitárias próprias. Cada um tem uma relação específica com a história.

O discurso *Europa dos Estados* afirma que a cooperação entre os governos nacionais é o que serve melhor à política europeia. Os países mantêm sua soberania, mas em casos de interesse comum tomam decisões conjuntas, sempre que necessário. Somente os Estados dispõem de suficiente autoridade e capacidade de atuação para amparar uma unidade europeia. O discurso dos Estados vê pouco em instituições centrais. Confia mais no encontro de ministros nacionais e líderes de governo em conferências diplomáticas, como a de Viena em 1814-1815. Aspira à paz entre o maior número possível de Estados europeus e à prosperidade para as populações individuais. Alguns defensores da confederação europeia anseiam por um glorioso papel de liderança para sua própria nação.

A *Europa dos Cidadãos* proporciona uma linguagem diferente. Ela pretende tirar certas atribuições dos poderes executivo, legislativo e judiciário nacionais e transferi-las para um governo, para um parlamento e para uma corte de justiça europeia. Isso permite o surgimento de uma federação. A exemplo da república americana, essas instituições centrais também exercem seu poder diretamente sobre os cidadãos, sem passar pelos estados nacionais. Sua legitimidade se baseia num eleitorado europeu. O discurso dos cidadãos, portanto, espera bastante de um parlamento conjunto e de uma opinião pública europeia. Assim como os próprios Estados não são os porta-vozes do discurso estatal, os porta-vozes do discurso cidadão tampouco são os cidadãos (nacionais) em si. Na maior parte das vezes, trata-se de escritores e intelectuais que julgam poder falar em nome de um novo cidadão (europeu). Que os cidadãos de carne e osso nem sempre estejam a par ou queiram saber a respeito é algo que não os detém *a priori*. O derradeiro objetivo dos federalistas é uma sociedade democrática que no mínimo se considera uma unidade política e de preferência também cultural.

A *Europa das Repartições* discorre sobre a transferência de funções governamentais concretas para uma burocracia europeia. Objetivos e diretrizes seriam previamente colocados no papel pelos Estados, mas dentro desse quadro a burocracia central funcionaria de modo independente. O discurso das repartições considera a vida política um fenômeno superficial e sobrevalorizado. Mais fundamental que o jogo entre governos, parlamentos e populações são as difusas forças econômicas e sociais que moldam a existência cotidiana. Uma unidade europeia pode surgir com a lenta aglutinação de interesses e costumes individuais. Esse processo poderia muito bem ser conduzido por uma burocracia racional. Um objetivo final visionário, salvo a própria subsistência, é considerado supérfluo pelos funcionalistas.

Cada discurso encontra sua origem num ambiente distinto; o poder monárquico, o espírito cívico, a letra oficial. A narrativa estatal é tão antiga quanto o próprio sistema dos Estados europeus. Um rei da Boêmia do século XV, atemorizado pelo avanço dos turcos, enviava cartas a seus colegas monarcas cristãos com elaborados planos para um conselho no qual todos tomariam parte. O assessor do rei francês Luís XIII, Richelieu, veio com ideias semelhantes, atribuídas ao rei Henrique IV, durante a devastadora Guerra dos Trinta Anos.[1] Depois da paz de 1648, contudo, os Estados europeus não se organizaram como uma liga confederada, mas por meio de um equilíbrio de poder. Por séculos, isso funcionou a contento dos monarcas e líderes. Até o fim do dramático período de 1914-1945 (chamado de a segunda "Guerra dos Trinta Anos" por um deles)[2] é que o discurso dos Estados foi novamente propagado por líderes de governo, notadamente pelo britânico Churchill e pelo francês De Gaulle.

O discurso federalista somente se tornou concebível após a Revolução Francesa, que alçou os burgueses ao poder. A reviravolta de 1789 reforçou entre escritores e pensadores a noção de uma história compartilhada. Foi assim que Novalis, Burke e depois Guizot equipararam a Europa com cristianismo, liberdade e civilização. Em 1814, surgiu um projeto para um sistema parlamentar europeu elaborado por Saint-Simon. Em 1849, um ano após novas revoluções democráticas, o escritor Victor Hugo cunhou o termo "Estados Unidos da

---

[1] Para historiadores neerlandeses, trata-se da "Guerra dos Oitenta Anos", enquanto espanhóis e portugueses a chamam de "Guerra de Flandres" (1567-1648). (N. T.)

[2] Churchill, 20 fev.1944, carta a Stálin; Churchill, 7 maio 1948, discurso perante o Congresso Europeu em Haia, disponível em www.ena.lu.

Europa" – até hoje o lema federalista. Depois da Primeira Guerra Mundial, o conde austríaco Coudenhove-Kalergi chamou a atenção com a "Pan-Europa", organização disposta a unir "pessoas, em vez de Estados". Intelectuais como Einstein, Apollinaire e Thomas Mann se juntaram a ele, assim como o ministro francês Briand e o prefeito de Colônia, Adenauer. Apenas na Segunda Guerra Mundial é que o discurso federalista ganhou certo ímpeto. A partir da resistência contra os nazistas, surgiu um "movimento europeu" que reuniu pessoas na Itália, Bélgica, França, Suíça, Países Baixos, Noruega, Iugoslávia e também na Alemanha.

O discurso funcionalista fez sua entrada após 1945. Encontrou seus porta-vozes entre funcionários públicos de alto escalão. De longe, o mais influente foi o francês Jean Monnet, que durante as duas guerras mundiais ajudou a organizar agências de transporte e reabastecimento para americanos, britânicos e franceses, e que no início dos anos 1920 trabalhou em Genebra para a Liga das Nações. Outros funcionalistas foram o banqueiro neerlandês Jan Willem Beyen e o economista francês Robert Marjolin. Em 1944, o primeiro se envolveu com a fundação do sistema financeiro internacional e, uma década depois, como ministro das Relações Exteriores sem filiação política, promoveu um mercado europeu. O segundo tornou-se em 1948 o funcionário mais graduado de uma organização na qual dezessete países da Europa Ocidental distribuíam a ajuda Marshall, e depois ocupou por vários anos o posto de vice-presidente da burocracia bruxelense.

Logo após 1945, debateu-se muito sobre o "pensamento europeu". Em 1950, a ideia das repartições europeias foi insuflada com vida política. Doze anos depois, quando ela já se encontrava em plena aplicação, o presidente da Comissão Europeia Hallstein expressou a razão federalista da seguinte maneira: "A própria natureza deste mundo necessita de uma redefinição daquilo que comumente queremos dizer com palavras como 'política' e 'economia', e uma redemarcação, talvez até mesmo a eliminação, da fronteira semântica entre as duas".[3]

A luta política em nome dos Estados, cidadãos e repartições europeias constantemente traz novas relações de poder, novas constelações ideológicas, novas palavras. Um bom exemplo é o conceito "triângulo institucional". Trata-se de um equilíbrio a ser vigiado entre a Comissão, o Conselho Ministerial e o Parlamento, as três instituições europeias nas quais as linhas de força Repartições, Estados e Cidadãos desembocaram. O termo "triângulo" é retoricamente brilhante. Ele pacifica as posições conflitantes ao prescrever um equilíbrio. Confere uma justificativa matemática a escolhas políticas.

Com o tempo, também surgiram três sincretismos desses discursos, que definiram o pensamento atual. Trata-se, *grosso modo*, de supranacionalismo (repartições e cidadãos), intergovernamentalismo (repartições e Estados) e constitucionalismo (Estados e cidadãos). Os dois primeiros são os mais antigos; eles dominaram o debate por várias décadas. Nos círculos bruxelenses e em certos meios acadêmicos, todo o movimento institucional na Europa era medido ao longo da régua supranacional por oposição ao intergovernamental. Em mais de um sentido, trata-se de uma falsa contraposição. O constitucionalismo surgiu na década de 1990 por insatisfação com essa proposta. Sua leitura se dava nos termos de uma causa pública que abrangia todos os países-membros.

A COAÇÃO DA DISCIPLINA

A linguagem contém um disciplinamento oculto, que já funciona no âmbito das palavras. Tome o assunto deste livro. Como defini-lo? Nele circulam palavras como "integração", "construção",

---

[3] Walter Hallstein, *United Europe. Challenge and Opportunity*. Cambridge, Harvard University Press, 1962, p. 58.

"unificação" e "cooperação" europeia, entre outras. Aparentam ser descritivas, mas cada uma tem uma sonoridade e uma coação próprias. Integração se refere a um processo quase químico que leva a uma mistura total; construção remete a um canteiro de obras fora da história, onde, por tudo estar por fazer, cada um deve contribuir com seu tijolo; unificação deixa em aberto se ocorre de forma voluntária ou por meio da violência; e cooperação enfatiza a continuada autonomia dos Estados (-membros). Assim sendo, é significativo que o governo neerlandês, que por anos apoiou a "integração europeia", após o desastre do plebiscito de 2005 tenha passado a usar "cooperação europeia" nas suas comunicações oficiais, enquanto o governo francês, mesmo após o *non* daquele ano, manteve a "construção europeia".

A "Europa dos Estados", a "dos Cidadãos" e a "das Repartições" nasceram todas de um desejo relacionado a como a Europa deveria (ou não) parecer, sendo, portanto, abertamente normativas. Mesmo assim, ocorre que cada uma mantém calorosas relações com determinadas disciplinas acadêmicas, que obviamente gostariam de se perfilar como sendo analíticas. Isso leva a pensar. Haveria um posicionamento político involuntário em cada área acadêmica que se ocupa com a Europa? Qual poderia ser?

Um ponto de partida é oferecido pelos três termos: "integração", "cooperação" e "construção". Cada um possui afinidade com um dos discursos e com os sincretismos que originou. Cada um está em voga dentro de certa disciplina acadêmica. Cada um oferece um parâmetro a essas disciplinas para se realizar uma leitura da situação, um tipo de verdade para organizar seu conhecimento, a saber, resultado, vontade e forma.

A Europa das Repartições tem o apoio dos pesquisadores da *integração*, a saber, economistas (os inventores do termo "integração"), cientistas sociais e politicólogos. Tradicionalmente, eles se sentem à vontade com a visão de mundo e a metodologia das repartições. Eles são os pais do funcionalismo. Medem, sondam e auscultam tudo o que a burocracia central quis pôr em movimento desde a década de 1950: fluxos comerciais, taxas de câmbio, padrões de consumo, formação de opinião, mobilidade, normatização, práticas administrativas. Conhecimento sobre integração exige um resultado mensurável, por isso nesse campo linguístico se preferem as práticas administrativas aos caprichos da política.

A Europa dos Estados pode recorrer aos cientistas sociais que descrevem a causa como uma *cooperação*. Nisso os historiadores e especialistas das relações internacionais são os mais proficientes. Eles raciocinam com base nos Estados e em seus povos. Examinam de bom grado guerra e paz, poder e interesse, bandeiras e eleições. Confiam nos fatos e no bom senso. Sua disciplina consiste na montagem do cenário, na (re)criação de personagens e enredos em prol da narrativa. Adoram encenar antecedentes sombrios – o passado remoto ou a selva geopolítica –, de onde seu herói, o Estado, surge em cena. Esse esforço supõe uma vontade. A Europa política é para muitos historiadores, fiéis aos laços de sua disciplina com a nação-Estado do século XIX, uma farsa. Eles não veem nenhuma dificuldade em tachar de "propaganda" uma narrativa histórica na qual, em vez da França, da Alemanha ou da Inglaterra, é a esquisita Europa que surge como um herói da penumbra dos séculos. Entre os historiadores se encontram os principais fornecedores do euroceticismo. Na disciplina das relações internacionais, eles encontram apoio. Embora levem as instituições europeias a sério, o fazem preferencialmente para demonstrar que elas dançam conforme a música de seus mestres soberanos.

A Europa dos Cidadãos não tem vínculos significativos com determinada comunidade acadêmica. Uma vez que o cidadão europeu ainda está para ser criado, essa razão busca seu apoio na ideia da *construção*. Além de ser suprida por escritores e intelectuais, essa linguagem é alimentada principalmente pelos praticantes do direito. Isso porque essa disciplina se familiariza como nenhuma outra com a força criadora da regra. Mais precisamente: assim como o conhecimento de economistas e cientistas sociais subsiste pela graça de resultados concretos, assim como historiadores e analistas políticos discorrem sobre a consolidação e o exercício da vontade pública, também o discurso dos juristas gira em torno da adequação de situações desconhecidas ou desgovernadas a um determinado formato. O que até 1952 valia para as repartições da comunidade, quarenta anos depois ainda valia para o cidadão europeu: ele existia somente na imaginação. Ao investi-lo em 1992 com um *status* jurídico, o direito constitucional criou um formato vazio, segundo as críticas da época. O raciocínio jurídico, entretanto, se especializa em formatos vazios que lentamente adquirem conteúdo. Por esse motivo, a razão cidadã, apesar de continuar sendo respaldada por filósofos e escritores, deve suas maiores conquistas aos juristas. Somente a regra jurídica pode transformar um conceito em fato institucional.

As razões das Repartições, dos Estados e dos Cidadãos obviamente nem sempre se fizeram ouvir com a mesma intensidade. As vicissitudes da política europeia após 1950 também determinaram qual dessas narrativas era a mais atraente. Com efeito, num determinado momento, uma disciplina pode discernir coisas (fato) ou fornecer argumentos (norma) que para outra disciplina permanecem invisíveis ou impensáveis.

O destino mais incerto foi o da razão das repartições. O politicólogo americano Ernst Haas, importante pensador funcionalista da primeira hora, em *The Uniting of Europe* (1958) analisou como a jovem Comunidade afetava o comportamento político nos Estados-membros. Ele comparou o posicionamento de partidos, sindicatos e industriais em relação à comunidade minerária em 1952 com o de 1957. Haas concluiu que a unificação europeia girava em torno de interesses econômicos; a ideologia não desempenhava um papel. Como pensador funcionalista consciente, ele avaliou: "O técnico em economia, o especialista em planejamento, o industrial inovador, o sindicalista do comércio foram os que avançaram o movimento – e não o político, o estudioso, o poeta ou o escritor".[4]

Suas categorias analíticas ("corretores de políticas", "lógica expansiva da integração setorial") de início foram avidamente adotadas nas repartições bruxelenses, nas quais a decadência da nação-Estado era estudada com um zelo que beirava uma alegre expectativa. Uma década tumultuada mais tarde, o ambiente se reverteu. Haas teve de reconhecer que sua teoria subestimava a influência da situação geopolítica e das mudanças socioeconômicas autônomas sobre a integração e que também desconsiderara o potencial de antigas lealdades políticas e lideranças nacionais carismáticas. Numa palavra: "De Gaulle provou que estávamos errados".[5]

Somente em meados da década de 1980 é que os ventos novamente propiciaram a razão funcionalista. Uma nova geração de politicólogos lançou o conceito de *governabilidade* [*governance*]. Esse modismo implicava que especialistas, após manter audiências com atores setoriais ou funcionais, podiam muito bem tomar decisões fora do âmbito territorial ou democrático. Teorias administrativas como essa – vamos pensar em *Regulating Europe* (1996), do politicólogo Majone, ou em *Governing in Europe* (1996), de Fritz Scharpf – foram gratamente recebidas pela burocracia central. Lobistas em Bruxelas constataram satisfeitos que subitamente eram vistos como honoráveis representantes da sociedade civil europeia.

A razão de Estado, reticente por natureza, extraía seu prazer intelectual principalmente do fato de refutar as dilatadas expectativas das outras duas. Na atuação europeia de De Gaulle na década de 1960 – perturbadora para os ideólogos do funcionalismo –, os pensadores estatais viam suas próprias intuições confirmadas. O especialista americano em relações internacionais Stanley Hoffmann o expressou

---

[4] Ernst B. Haas, *The Uniting of Europe: Political, Social and Economic Forces 1950-1957* [1958]. Stanford, Stanford University Press, 1968, p. 4.

[5] Ibidem, p. XXIII.

assim: "A política é uma questão de vontade. [...] Ou os europeus desenvolvem a vontade para superar suas atuais divergências de maneira mais eficaz, construindo uma estrutura conjunta, ou as coisas vão ficar como sempre foram, com os Estados europeus agindo separadamente, em vez de agir como um feixe, como uma aglutinação mais ou menos unificada de Estados".[6] O autor não acreditava nem um pouco que as nações-Estado da Europa estivessem a ponto de desaparecer. O que um Estado não conseguia atingir sozinho na área militar ou econômica poderia muito bem ser alcançado por meio de "medidas menos drásticas que o haraquiri".

Os porta-vozes mais recentes da razão estatal apreciam igualmente polemizar com as reivindicações da razão funcionalista. O historiador britânico Milward argumenta que a fundação da Comunidade não significou o fim da nação-Estado, mas sua salvação. Nesse sentido, o autor fornece dados referentes à produção de carvão, ao comércio e aos preços de produtos agrícolas nos primeiros anos da fundação europeia. A conclusão de Milward: "A integração não constituiu a suplantação da nação-Estado por outra forma de governo pelo fato de a nação-Estado ter se tornado incapaz, mas foi na verdade a criação da nação-Estado em si para seus próprios fins, um ato de vontade nacional".[7] Da mesma forma, o cientista político americano Moravcsik enuncia: "O processo de integração não suplantou nem contornou a vontade política dos líderes nacionais; ele a refletiu".[8]

---

[6] Stanley Hoffman, Congresso de Bellagio, 12-16 jun. 1964, citado por Alan Burr Overstreet, "The Nature and Prospects of European Institutions. A Report on the Second Carnegie Endowment Conference on International Organization", *Journal of Common Market Studies* (1965) 2, p. 131-32.

[7] Alan S. Milward, *The European Rescue of the Nation-State*. London, Routledge, 1992, p. 18.

[8] Andrew Moravcsik, *The Choice for Europe. Social Purpose and State Power from Messina to Maastricht*. London/New York, Cornell University Press, 1998, p. 4.

Na razão federalista, de fato se passou a considerar a ordem europeia como uma totalidade que suplanta os Estados constituintes. Nessa guinada constitucional, o estudo da Europa política deixou suas origens na área das relações internacionais para adentrar terrenos que até então não haviam sido reconhecidos, como o direito e a teoria política.

O constitucionalismo encontrou um primeiro ponto de apoio no fato e na norma do formato jurídico. O pesquisador americano Joseph Weiler apontou que, embora o sistema político desde os anos 1960 tivesse adquirido traços intergovernamentais, o sistema jurídico europeu, pela anuência de alguns pronunciamentos inovadores da Corte, havia assumido um formato federativo. Ambos os fenômenos foram comentados por circuitos separados, de modo que a Europa dos politicólogos se assemelhava pouco à dos juristas. Weiler foi o mediador que demonstrou como golpes de poder políticos se escondiam em formatos jurídicos, o que uma disciplina exaltava e a outra preferia dissimular.

A ideia de uma ordem constitucional europeia num segundo instante remeteu à sua base habitual: o cidadão. Isso projetou o foco no Parlamento e abriu o campo da fala sobre democracia europeia, espaço público e identidade. O filósofo alemão Habermas interpretou as hipóteses desse pensamento quando em 1995 escreveu que uma democracia europeia não poderia surgir, "a não ser que uma esfera pública se desenvolva no âmbito de uma cultura política comum: uma sociedade civil com associações de interesse, organizações não governamentais, movimentos de cidadania, etc.; e obviamente um sistema partidário apropriado para a arena europeia".[9] Dentro desse pensamento, tais condições não são consideradas inalcançáveis.

---

[9] Jürgen Habermas, "Remarks on Dieter Grimm's 'Does Europa Needs a Constitution?'", *European Law Journal* (1995) 3, p. 306.

Incidentalmente, nem todos os teóricos da razão federalista apostam suas fichas no Parlamento Europeu. O filósofo político Larry Siedentop, por exemplo, pleiteou em seu *Democracy in Europe* (2000) a instituição de um Senado europeu formado por eminentes parlamentares nacionais. Isso porque ele considerou, no espírito de Montesquieu, a distribuição de poder como o melhor remédio contra o perigo de que a União Europeia se torne uma autocracia burocrática. Cidadania ativa e consciência constitucional formam um freio para a centralização. Para o desagravo de Siedentop, a elite europeia carecia da visão de que "a forma do Estado"[10] é decisiva para a qualidade da vida pública. O autor atribuiu isso à sujeição do pensamento político ao econômico. Um exemplo se deu em 1985, quando, por motivos comerciais, a primeira-ministra britânica Margaret Thatcher concordou com uma radical mudança de um tratado europeu a favor de um mercado interno a partir de 1992, gesto do qual no entanto se arrependeu enormemente ao perceber suas implicações políticas.

Em maio de 2000, a reflexão sobre o formato da Europa fez seu retorno da academia à política. Num discurso festivo por ocasião dos cinquenta anos de existência das repartições, o ministro alemão Fischer quebrou o silêncio sobre o derradeiro objetivo europeu. Seu discurso desatou um debate constitucional e diplomático. Isso desembocou num tratado constituinte e assim aparentou consagrar uma mistura entre o discurso estatal e federalista.

Em sessenta anos, as reivindicações de conhecimento se cristalizaram em torno da política das repartições, do jogo de poder dos Estados e da representatividade dos cidadãos, ou, se assim se preferir, em torno de *policy, politics* e *polity* [prática política, ciência política e organização do Estado]. As disciplinas acadêmicas proporcionam três ópticas, sendo que cada uma apura a percepção de sua própria maneira, podendo assim conviver perfeitamente. Ao mesmo tempo,

---

[10] Larry Siedentop, *Democracy in Europe*. London, Penguin, 2000, p. 35.

ficou evidente, na linha de Foucault, que a escolha da óptica também constitui uma escolha política que, queira-se ou não, faz parte da luta entre instituições nacionais e europeias e seus representantes. Os discursos acadêmicos formulam uma verdade – sobre o desaparecimento da política, a resiliência da nação-Estado ou a situação da democracia – na qual transparecem temores e anseios subjacentes à sua busca.

Como escapar dessa coação ideológica? Ou seria isso impossível, permitindo-nos substituir a frustrada reivindicação de objetividade por um relativismo indolente?

O TRIBUNAL DOS ACONTECIMENTOS

A política é o jogo que no presente estabelece um elo entre o futuro aberto e o passado fechado. Essa historicidade oferece a chave tanto para a razão quanto para a desrazão dos discursos. Para melhor definir o conceito de "ideologia", poderíamos falar como Raymond Aron de "hipóteses fundamentais que aguardam a sentença do tempo". Visto que o futuro por definição se acha em aberto – abertura que na democracia encontra sua expressão na pluralidade ideológica e na luta partidária –, determinada visão política a seu respeito *pode* se tornar realidade. É nisso que se encerra a razão dos discursos ideológicos; é isso que lhes confere uma justificativa existencial permanente. Mas quando o futuro irrestrito é testado pelo presente e torna-se uma parte concreta da história, segue o juízo. Então, há de se medir a distância entre promessa e feito, entre a projeção e os fatos. É nisso que se encerra a desrazão das ideologias; isso as obriga a se renovarem constantemente (é a essa desrazão que a palavra "ideologia" deve sua sonoridade pejorativa, especialmente desde quando a tensão entre futuro e realidade foi elevada a alturas absurdas no "socialismo realmente existente" da União Soviética).

Os discursos sobre a ordem europeia são ideológicos na medida em que de um lado fazem um apelo legítimo ao futuro e do outro podem ser impugnados pela história. Desse modo, não causa surpresa que os três discursos básicos – Estados, Cidadãos e Repartições – tenham se mostrado mais ideológicos nos primeiros anos do Pós-Guerra, isto é, quando havia principalmente futuro e pouca ou nenhuma "Europa realmente existente". Desde a primeira fundação europeia em 1950, novos fatos e acontecimentos colocaram os discursos à prova. Isso valeu tanto para os discursos normativos, que tiveram de reajustar seus desejos, quanto para as disciplinas acadêmicas condutoras, que se viram forçadas a adaptar suas projeções à realidade. Entrementes, nenhum discurso foi capaz de preservar seu poder de persuasão analítica. Os pesquisadores trabalham, entretanto, com a etiqueta *sui generis*, jargão para "um caso à parte". Apologeticamente se diz ao público que a União Europeia consiste em uma "enigmática organização", aparentemente "apenas sondável por doutos juristas ou conhecedores da Europa".[11]

Por que não antes aprender com a fragilidade histórica? A lição é esta: a essencial historicidade da política não deve ficar isenta de parênteses, não deve ser transformada no infelizmente inevitável acaso ("fator exógeno") ou num árbitro que julga de forma retroativa, mas deve ganhar um lugar no cerne da fala sobre a Europa. Isso pede atenção para o papel de *acontecimentos*, de impactos imprevistos no decorrer das coisas. Não ocupam estes um lugar central na própria prática política? Muito relevante nesse aspecto é a definição de John Pocock de "governo" como "uma série de disposições para lidar com tempos incertos".[12] Política é a forma pela qual a sociedade lida com o incerto.

Por isso, recomenda-se levar a sério a experiência dos praticantes da política. De fato, os melhores políticos sabem como seu destino

---

[11] Hendrik Vos & Rob Heirbaut, *Hoe Europa ons Leven Beïnvloedt*. Antwerpen, Standaard, 2008, p. 13.

[12] J. G. A. Pocock, *The Machiavellian Moment. Florentine Political Thought and the Atlantic Republican Tradition*. Princeton, Princeton University Press, 1975, p. 27.

depende do ondular dos tempos. O primeiro-ministro britânico Harold Macmillan expôs essa compreensão quando, diante da pergunta de um jovem jornalista sobre o que ele mais temia para seu governo, respondeu: "Acontecimentos, meu prezado rapaz, acontecimentos".

Cada um dos três discursos acalentava uma ilusão que obstruía seu entendimento dessa historicidade da política. Entre os ideólogos do funcionalismo isso era marcante: eles francamente pararam o tempo e se posicionaram num *presente* apolítico. Para eles, a Europa era um "laboratório vivo" (Haas); a política, uma ocupação que sob condições constantes alcança resultados e encontra soluções técnicas para problemas concretos. Os ideólogos do federalismo desejavam um *futuro* radicalmente diferente. Eles visavam a uma união federativa para a Europa que claramente serviria à paz e à democracia, e esperavam que as pessoas se adequassem naturalmente a essa ideia. Seu apelo ao desconhecido os tornou vulneráveis à crítica de que seriam religiosos. Os ideólogos do confederalismo deviam sua convicção ao *passado*. Para eles, a Europa era a continuação da antiga vontade nacional, quando muito com novos meios. Ceticismo era seu orgulho.

Para suportar as constantes vicissitudes do destino é essencial entender o vínculo entre passado, presente e futuro. O grande historiador francês Marc Bloch falava sobre a "solidariedade entre as eras". Essa, segundo ele, seria tão forte que "entre diferentes eras a compreensão só pode adquirir estatura em uma via de duas mãos. Aquele que não conhece o passado não consegue entender o presente. Mas talvez seja igualmente inútil se esforçar para entender o passado quando não se sabe nada do presente".[13] Nas mudanças e nos acontecimentos que se passam sob os nossos olhos, a história se transforma conjuntamente.

---

[13] Marc Bloch, *Apologie pour l'Histoire ou Métier d'Historien*, Paris, Armand Colin, 1952, p. 13.

TRÊS ESFERAS EUROPEIAS

Bismarck rabiscou em novembro de 1876 na margem de uma carta que recebera: "Aquele que discursa sobre a Europa está equivocado. Conceito geográfico". Ele havia aprendido sua lição nas mesas de negociações diplomáticas: "Eu sempre encontrava a palavra 'Europa' na boca de políticos que queriam obter de outras potências algo que não ousavam pedir em seu próprio nome."[14] O termo sem dúvida tinha certa conotação geográfica e cultural, mas ninguém podia pretender falar *em nome* da *Europa*. O continente como um todo não tinha nenhum parlamento, nenhuma corte de justiça, nenhuma moeda, nenhum banco, nenhum funcionalismo, nenhuma bandeira, nenhum governo, nenhum direito, nenhum povo.

Atualmente, uma variedade de atores políticos toma decisões "em nome da Europa". Eles não são ridicularizados, e suas decisões ou regras geralmente são executadas ou cumpridas com naturalidade. Nota-se, entretanto, que existe uma rivalidade entre os representantes dessa entidade. Os líderes de governo conjuntos, o presidente da Comissão, a Corte de Justiça, o Parlamento, a dupla presidente francês e chanceler alemã, o trio Paris, Berlim e Londres, os países da zona do euro: eles e muitos outros costumam falar em nome da Europa. Mas nem sempre são aprovados no teste de Bismarck do "em nome de". Pois não estariam os países constantemente divididos quando realmente importa, como na época da invasão americana do Iraque? A "Europa" não se viu impotente quando pela primeira vez desde 1945 uma guerra novamente irrompeu no continente e a Iugoslávia se esfacelou? Não seria a maioria das pessoas ignorante sobre o que se passa em Bruxelas? Não existem ainda

---

[14] Otto von Bismarck, nov. 1876, citado por Timothy Garton Ash, *In Europe's Name. Germany and the Divided Continent*. London, Vintage, 1994, p. 387; Otto von Bismarck, nov. 1976, citado por Manfred Brunner, "Ein Europäisches Volk Gibt es Nicht", *Die Welt*, 30 jun. 2000.

países europeus fora da União Europeia? Visto assim, politicamente a Europa continua um conceito vazio.

A simples pergunta que põe em dúvida se a Europa existe como entidade política se mostra difícil de responder. Fronteiras geográficas, tratados jurídicos, acontecimentos históricos, pretensões políticas, tradições culturais e práticas sociais vagueiam confusas na mente do observador. Nem sequer dentro do mesmo conjunto de ideias há uma única resposta disponível. Clareza conceitual é necessária. Com esse intuito, no mínimo se deve juntar uma quantidade de categorias de interpretação, sem reduzir uma à outra.

Um novo paradigma como esse poderia começar pela diferenciação entre as esferas nas quais os Estados europeus organizaram seu trânsito. Existem três. Eles se envolvem como globos concêntricos. Cada esfera possui seus próprios princípios de movimento e ordenamento. Cada uma tem regras e códigos de conduta distintos, variando na escala da violência desde a guerra e a intimidação até o veto e o voto da maioria. Cada uma se caracteriza por uma autoimagem, uma psicologia e um público.

A esfera mais externa encontra seu contorno (difuso) na geografia e na história. Ela contém o inteiro consórcio de *Estados soberanos no continente* e por séculos foi conhecida como o "concerto europeu". Seu movimento se deve à perseguição do interesse próprio pelos Estados; seu ordenamento, principalmente a um equilíbrio de poder e das fronteiras territoriais.

Em segundo lugar, temos a esfera interna. É o produto de um ato de fundação em 1951. Ela batizou a si própria de *Comunidade*. Abrange uma área de atuação juridicamente delimitada, porém em constante expansão. Seu princípio interno de movimento é uma ideia futurística, o "projeto europeu". Ordenamento e amparo provêm do tratado assinado entre os Estados, o pacto de fundação.

Terceiro, há a esfera intermediária. Esta surgiu com a fundação da Comunidade, imediata e inesperadamente, entre as outras duas.

Esse entremeio permaneceu invisível por bastante tempo e não pode ser bem definido em termos jurídicos. Daí talvez nunca ter recebido um nome. Mesmo assim, ela é crucial. Trata-se da esfera intermediária dos *Estados-membros*. Seu movimento surge (assim como na esfera externa) da perseguição individual do interesse nacional, mas também (e aqui se encontra a surpresa) da crescente noção de interesses comuns. Seu princípio de ordenamento mais contundente é a participação formal, porém o equilíbrio de poder e o direito também desempenham um papel. Essa esfera é um entremeio de propriedades, ora sobrepostas à esfera externa, ora à interna. Ela também constitui um entremeio por função; seu papel é o de vincular, iniciar relações, lidar com acontecimentos, realizar transições.

Foi justamente nas transições que os Estados-membros descobriram o caráter específico desse mundo intermediário, que por vezes não é dentro nem fora. Quando os membros atuam conjuntamente, como *círculo*, eles formam o motor da "Europa".

A ESFERA EXTERNA E A ESFERA INTERNA

A natureza e a essência da esfera externa, aquelas do clássico consórcio de Estados europeus, clamam pela política do poder. É um mundo de Estados soberanos – outrora monarcas e príncipes, agora governos mais ou menos democráticos – que em nome de sua população perseguem cada um seu próprio poder e seus interesses. Aqui não existe coletividade europeia, nenhum todo que abranja ou transcenda os Estados individuais.

O concerto europeu existe desde o século XVI. As relações políticas entre os Estados, visíveis no deslocamento de fronteiras nacionais e em alianças intermitentes, ganharam forma por meio de um equilíbrio de poder. Essa era a regra apócrifa que sustentava o sistema. O equilíbrio de poder era rompido a cada guerra ou ameaça de guerra, para ser reajustado graças a negociações, concessões e compromissos feitos em congressos de paz. A Paz de Vestfália (1648) e o Congresso de Viena (1814-1815), após respectivamente a Guerra de Flandres e as Guerras Napoleônicas, trouxeram os mais abrangentes desses reajustes de equilíbrio e demarcações de fronteiras na Europa. A mais recente foi a Conferência de Paris após a Primeira Guerra Mundial, que resultou no Tratado de Versalhes (1919).

Marcante é que esse sistema de congressos se seguiu a um período em que os Estados se reuniam nos concílios papais. O último grande concílio foi conclamado pelo papa Pio II após a Queda de Constantinopla (1453) – espécie de cúpula emergencial europeia que se formou em Mântua em 1459. A transição de concílio para congresso marca o lento desenvolvimento de uma cristandade europeia liderada verticalmente pela autoridade político-teológica de Roma rumo a um consórcio de Estados soberanos leigos empenhados num jogo horizontal de alianças e rivalidades. Os teólogos deram lugar a diplomatas e juristas. Não mais "o retumbar das excomunhões e conclusões papais" faria todos entrarem na linha, mas a "arte da persuasão, da interpretação e da negociação".[15] Nela se encontra o berço da diplomacia europeia.

As relações entre os Estados europeus foram enquadradas no incipiente direito internacional. Isso regulava assuntos como a imunidade diplomática dos embaixadores, a neutralidade de certos países e regiões ou os direitos de súditos de outros Estados em território nacional. Regras similares não eram consideradas no trato com o ambiente extraeuropeu – conforme descobriria a população das colônias conquistadas. Por isso é que desde o século XVIII já se falava em "direito público europeu". Tratava-se de um conjunto compartilhado de regras na maior parte implícitas, não exequíveis, porém reconhecidas. No Congresso de Viena, Talleyrand algumas

---

[15] Marc Fumaroli, citado por Lucien Bély, *L'Art de la Paix en Europe, Naissance de la Diplomatie Moderne XVIe – XVIIIe siècle*. Paris, PUF, 2007, p. 21.

vezes evocou categoricamente "a legislação pública europeia" em defesa dos interesses franceses – despertando a irritação do czar russo e de outras partes.[16]

Decisivas para a esfera externa da política europeia são as fronteiras. Trata-se em primeiro lugar das fronteiras entre os Estados. As linhas no mapa são uma expressão do Estado moderno, soberano em seu território, uma unidade tanto do ponto de vista externo quanto interno. Em comparação com as guerras religiosas e civis, que proliferavam livremente, a luta pelo menos ficava restrita no tempo e no espaço. Assim, a fronteira territorial tinha um efeito pacificador. Por via de regra, o Estado podia conferir maior liberdade a seus cidadãos na medida em que a pressão sobre suas fronteiras fosse menor.

Além das fronteiras de um Estado com o outro, também há a fronteira com o mundo exterior não europeu. Esta nunca foi bem definida. Embora houvesse a sensação de um espaço histórico e cultural europeu, esse espaço não possuía um limite geográfico preciso – tanto em 1700 quanto no ano 2000. Pertencer à Europa era uma questão de querer e poder, de interesse e cooptação. Territórios limítrofes nas bordas do continente sempre existiram. Assim, ocorreu que em 1648 todos os príncipes e chefes de Estado enviaram representantes para o Congresso de Vestfália, "exceto o rei da Inglaterra, o czar de Moscou e o sultão otomano".[17] Um século e meio depois, em Viena, em 1814-1815, a Inglaterra e a Rússia estavam presentes e desempenharam o papel principal. A Turquia é um antigo caso incerto. Desde o século XVIII, o império otomano desejava aderir ao consórcio europeu. Com esse intuito, também chegou a fazer reformas jurídicas internas. Finalmente, em 1856, por seus méritos durante a Guerra da Crimeia e pela pressão de Londres e Paris, a Turquia obteve seu tão desejado

---

[16] Charles-Maurice de Talleyrand, citado por Adam Zamoysky, *Rites of Peace. The Fall of Napoleon and the Congress of Vienna*. London, Harper Press, 2007, p. 270, 290.

[17] Lucien Bély, *L'Art de la Paix en Europe*, op. cit., p. 225.

status de "Estado europeu".[18] Em suma: a fronteira entre a Europa e a não Europa não é arbitrária no sentido geográfico (nunca se solicitou uma prova de europeísmo à Alemanha, à França ou à Itália), mas em casos limítrofes é a política que decide.

Essa esfera externa – encarnada por figuras como Richelieu, Metternich e Bismarck – formou o para-choque histórico contra o qual as iniciativas europeias após 1945 tomaram impulso. O sistema não soubera evitar sua própria autodestruição nos trinta anos precedentes. O balanço de poder havia detonado a si mesmo. Além do mais, havia muito os Estados menores tinham se cansado de ficar indefesos no brutal jogo de poder entre os grandes autoritários e aproveitaram de bom grado a oportunidade, oferecida entre outras coisas pela supremacia dos Estados Unidos, para reformar as relações europeias.

Além de para-choque histórico, essa esfera externa representa uma realidade contemporânea. Quando, em março de 1969, o presidente francês De Gaulle foi confrontado na privacidade de seu gabinete com a pergunta sobre como conter uma futura dominação da Alemanha no continente, ele simplesmente teria retrucado: "Pela guerra".[19] Quando, em fevereiro de 2008, a província sérvia de Kosovo se separou unilateralmente e foi reconhecida como Estado independente por Paris, Londres e Berlim, um embaixador russo ameaçou usar a violência. Quando, em setembro de 2008, a União Europeia se reuniu com a Ucrânia – independente da Rússia desde 1991 –, esta última obteve o *status* de "país europeu" – ficando a apenas um passo do almejado "Estado europeu". Quando, em dezembro de 2008, a Croácia requereu a filiação europeia, o pedido foi bloqueado pelo país vizinho Eslovênia. Esse Estado-membro exigia que primeiro se

---

[18] Fikret Adanir, "Turkey's Entry into the Concert of Europe", *European Review*, 2005, p. 395-417.

[19] Charles de Gaulle, 1 mar. 1969, citado por Henry Kissinger, *The White House Years*. London, Weidenfeld & Nicolson, 1979, p. 110.

resolvesse uma disputa de fronteira de dezoito anos entre os dois países, referente a um trecho da costa adriática.

A fronteira entre os Estados (-membros) europeus permanece fundamental como princípio de ordenamento político. Tais Estados aprenderam por experiência que disputas de fronteira entre membros e candidatos a membro devem ser resolvidos antes da adesão destes últimos. A coletividade não tem meios para isso. Basta pensar nas complicações causadas pelo dividido Chipre nas atuais negociações de adesão entre a União Europeia e a Turquia ou nas prolongadas e difíceis relações entre a Grã-Bretanha e a Espanha por causa de Gibraltar ou, ainda antes, na disputa entre Bonn e Paris sobre o *status* da Bacia do Sarre (uma questão que não por acaso deveria ser e foi resolvida com e entre a assinatura de ambos os tratados de fundação da Europa de 1951 e 1957, pela troca de correspondência entre Schuman e Adenauer sobre a região do Rio Sarre no dia da assinatura do Tratado de Paris).

Até hoje as relações entre os Estados no continente europeu ocorrem em parte nesse ambiente puramente político de equilíbrio de poder, guerra e disputa de fronteiras. O direito aqui se enquadra no direito das nações, que envolve, em particular, o direito à guerra e à paz. No caso, tal como no passado, ninguém pode ainda falar "em nome da Europa" sem que um Bismarck contemporâneo o ponha em seu lugar.

A esfera interna, a Europa da Comunidade, é em essência e natureza regida por um tratado. O contraste com a esfera externa é grande. O objetivo principal de fundadores como Robert Schuman e Paul-Henri Spaak foi um rompimento radical com a política do poder, uma reviravolta na relação entre os Estados europeus. Em primeiro lugar, tratava-se das relações entre a França e a Alemanha, os arqui-inimigos que no período de uma vida humana haviam travado três guerras sangrentas. Foi assim que a ideia da paz europeia se vinculou à contenção da diplomacia. Dos cerca de trinta Estados que a

Europa contava na época, seis participaram do primeiro plano nesse sentido, a Comunidade do Carvão e do Aço, que aplicava essa ideia numa área de atuação reduzida mas decisiva.

O pacto de fundação (1951) foi diferente dos tratados tradicionais. Isso porque, além das costumeiras obrigações mútuas, previa duas instituições compostas de pessoas que não representavam seu governo nem seu parlamento nacional. Tratava-se de uma Alta Autoridade (mais tarde: "Comissão"), que em nome de um interesse comum europeu tomaria as decisões, assim como de uma Corte, que fiscalizaria o cumprimento do tratado. Aqui se deu o rompimento. Enfatizando a visada diferença com a diplomacia, o iniciador Schuman escreveu por ocasião da assinatura do acordo: "Daqui para a frente, os tratados não deverão só criar obrigações, mas também instituições, ou seja, órgãos supranacionais independentes investidos de uma autoridade independente. Tais órgãos não serão conselhos ministeriais nem conselhos formados por deputados dos governos envolvidos. Nessas instituições, não haverá confrontos entre interesses nacionais que exijam ser arbitrados ou conciliados; as instituições estão a serviço de uma comunidade supranacional, tendo objetivos e interesses distintos dos países associados. Os interesses particulares dessas nações [associadas] se dissolvem no interesse comum".[20]

Na autoimagem original da esfera interna, a Europa não poderia surgir a partir do choque de interesses nacionais. Esses de fato eram intensos, com as feridas da última guerra ainda visíveis. Por conseguinte, havia a tendência para posicionar-se ao máximo possível *fora* do universo dos Estados nacionais. A Alta Autoridade formalmente podia tomar decisões que os Estados deveriam acatar. Além do mais, a Comunidade se tornou uma personalidade jurídica, representada pela Autoridade, tanto do ponto de vista interno como externo. Embora pareça uma formalidade atribuir um formato

---

[20] Robert Schuman, "Faire l'Europe", *Revue de Paris*, abr. 1951.

jurídico a uma coisa fundada, com base nesse formato podem surgir coisas novas, conforme aconteceu.

O termo "Comunidade" foi introduzido por um jurista da delegação alemã. Ele buscou vinculações com o clássico contraste sociológico entre *Gemeinschaf*,[21] uma aliança coesa, duradoura e determinante para a identidade, e *Gesellschaft*,[22] uma agremiação mais solta e aberta que a primeira – contraste esse que pertencia ao repertório-padrão da intelectualidade alemã. Tal escolha de palavras marcou a altura a ser alcançada. Para seus iniciadores, a Comunidade representou apenas um meio; seu verdadeiro objetivo era a unificação europeia. Ao mesmo tempo, o termo indicava a maneira pela qual se viam os Estados: como juridicamente iguais. Desconsiderou-se a iniquidade de poder, desconsiderou-se o equilíbrio de poder, foram-se as tramoias da diplomacia. O regime do tratado convidava a aspirações conjuntas, sustentadas pelo *espírito comunitário*.

Para a esfera interna, ordem e sustentação derivam do tratado. A Comissão e a Corte até hoje podem apenas agir de forma independente sob a evocação de um artigo específico, uma "base jurídica" ou uma atribuição formal. Isso é uma bênção e uma maldição. Uma bênção porque de fato o tratado oferece sólido embasamento. A Comissão pode desenvolver iniciativas em nome do tratado; a Corte pode se pronunciar em nome deste. Uma maldição ao mesmo tempo, pois muitos representantes da esfera interna, especialmente na Comissão e no Parlamento, gostariam de extrapolar o escopo do tratado. Não haveria ainda, então, diversas áreas lamentavelmente não cobertas pelo tratado em que "a Europa" desde já pudesse pôr mãos à obra?

A dinâmica evolutiva da esfera interna se baseia em determinada ideia do futuro: o "projeto europeu". A partir do momento de fundação, esse projeto deixou de ser uma missão utópica para se tornar

---

[21] Comunidade. (N. T.)

[22] Literalmente, "pessoas reunidas", frequentemente usado para "companhia" ou "grupo". (N. T.)

um efetivo canteiro de obras, uma oficina de seis Estados. Trata-se de um posto avançado, um adiantamento ao que dizem que vai acontecer. De certo modo, a Europa da esfera interna vive "de crédito". Ao seu projeto de construção essa esfera deve uma dupla vocação. A primeira envolve as áreas de atuação programática já exploradas, como a mineração, a agricultura e a política comercial dos anos iniciais, a ser expandida para áreas afins. Referente a isso, fala-se sobre uma continuada "construção" da Europa ou "comunitarização"[23] das políticas nacionais. Sua outra vocação é a de se expandir geograficamente, atrair cada vez mais países como participantes, provavelmente até um dia coincidir com a totalidade dos Estados europeus. Sob essa luz, seus participantes atuais representam somente os "pioneiros de uma Europa mais ampla, cuja fronteira é determinada exclusivamente por aqueles que ainda não aderiram".[24] Parece sedutor tentar avançar o primeiro objetivo de forma sorrateira, o que às vezes se consegue. Para mudanças mais radicais, entretanto, a esfera interna precisa aguardar um novo tratado.

Movimento e ordem seguem um padrão similar nas esferas interna e externa. Na esfera externa, o movimento procede dos Estados, às vezes levando à guerra e a disputas de fronteira, após o que a paz e o equilíbrio de poder são restabelecidos com a ratificação ou redefinição das fronteiras. Na esfera interna, a dinâmica interna procede do projeto europeu, o que leva a um leque de iniciativas, dentro ou além dos limites do tratado, por vezes sancionado retroativamente por meio de alterações deste último. São ciclos sem fim. Mas enquanto no caso de uma redefinição de fronteiras por congresso de paz *posteriormente* muitas vezes se constata com espanto que este já continha o embrião da guerra seguinte (caso clássico: "Versalhes 1919"),

---

[23] O autor utiliza o neologismo "*communautarisering*", derivado do francês *communauté* (comunidade). (N. T.)

[24] Jean Monnet, 1954, discurso na Assembleia parlamentar da Ceca, em Jean Monnet, *Mémoires*. Paris, Fayard, 1976, p. 460.

os tratados de fundação da Europa posteriores a 1945 *anteriormente* já contêm o caloroso convite para sua própria revisão.

Esta última situação é bastante original. O princípio motriz do projeto europeu em termos gerais se encerra no texto do tratado. Assim, o preâmbulo do pacto de fundação de 1952 fala de uma "Europa organizada e viva", de "construção" e dos "primeiros alicerces de uma comunidade mais ampla e coesa entre as populações".[25] Ou seja: a ser continuado. Por conseguinte, uma renovação da esfera interna, normalmente vista como uma ruptura da ordem, também pode ser interpretada como uma confirmação de seu espírito. Isso torna os pactos de fundação de "Paris 1951" ou "Maastricht 1992" essencialmente distintos dos tratados de paz de "Vestfália 1648" ou até de "Versalhes 1919". O vínculo entre movimento e ordem, entre projeto e tratado, determina a esfera interna. Ali se vive entre a vocação e o direito.

A ESFERA INTERMEDIÁRIA DOS MEMBROS E SUA MESA

O fato é que o sonho dos fundadores *não* se concretizou nesses sessenta anos. O canteiro de obras do projeto europeu alcançou muitos resultados, mas *não* levou à unificação dos Estados. Esse dado deveria ter chamado a atenção muito antes para a esfera intermediária, que surgiu despercebida junto à Comunidade. Todos, porém, olhavam para o lado errado. Enquanto os pensadores do Estado constatavam satisfeitos que tudo permanecera como antes e nos círculos da Comunidade se ansiava pelo dia em que a Comissão em Bruxelas e o Parlamento em Estrasburgo adquirissem a autoridade executiva e legislativa na Europa, o verdadeiro desenvolvimento político se passava em outro lugar. Não nas esferas interna ou externa, mas entre as duas, na esfera dos Estados-membros. Esse inesperado bônus do momento de fundação ficou fora da vista. Não se encaixava nas palavras e nos

---
[25] Preâmbulo Ceca.

esquematismos vigentes. Mesmo assim, esse mundo intermediário se revelou como a principal fonte e o sustentáculo da política europeia. É por isso que desempenha o papel principal neste livro.

Já durante suas primeiras reuniões, a partir de setembro de 1952, os ministros dos seis Estados fundadores descobriram que compartilhavam mais que apenas um tratado. Muito simples: eles se sentavam em torno da mesma mesa. Oficialmente, tratava-se da mesa do Conselho da Comunidade e também havia alguém da Alta Autoridade presente; a intenção era de que os ministros falassem sobre carvão e aço. Mas eles perceberam que podiam trazer bem mais à mesa que o que prescrevia o tratado. No final dos anos 1950, surgiu a ideia: "Bem, já que estamos os seis aqui sentados, não poderíamos discutir a atualidade mundial?".

Essa pergunta levou a prolongadas controvérsias. Os governos da escola Comunitária (principalmente dos Países Baixos e da Bélgica) diziam: não, isso não pode, somente podemos fazer algo juntos seguindo o roteiro do nosso belo tratado, reunirmo-nos sem razão constitui um retrocesso à diplomacia e todos sabem ao que isso levou em 1914 e em 1939. Os governos da escola dos Estados (principalmente da Paris gaullista) diziam: discutir a situação mundial em torno da mesa seria ótimo, mas nesse caso o pessoal dos órgãos da Comunidade teria de deixar o recinto, pois a política externa não lhes compete. Para ambos os lados, uma alternativa era inaceitável. A desconfiança mútua conduziu ao impasse.

Apenas em 1970 os Seis encontraram uma saída. Foi um diplomata belga francófono que num relatório soube decifrar o enigma da "quadratura do círculo".[26] A partir daí, os ministros das Relações Exteriores iriam discutir a situação no mundo – América do Norte, Oriente Médio, Rússia – duas vezes por ano; para apoiá-los, um

---

[26] Philippe de Schoutheete sobre Étienne Davignon, 11 jun. 2008, em conversa com o autor.

comitê composto de altos funcionários, que não dispunha de um escritório central, se reuniria quatro vezes por ano. Isso se chamava "cooperação política europeia". Uma fascinante forma intermediária havia sido encontrada. Em contraste com as reuniões regulares do Conselho, para as quais os ministros se encontravam mensalmente em Bruxelas ou em Luxemburgo, essas reuniões ocorriam especificamente na capital do país que naquele momento ocupasse a presidência rotativa da Comunidade.

Alguns ministros se mantinham fiéis à separação de ambas as mesas. Assim, ocorreu que em 1973 o grupo se reuniu de manhã em Copenhague, para falar sobre política externa, e de tarde em Bruxelas, como Conselho, para falar sobre questões da Comunidade – sendo que o governo dinamarquês cedeu um avião para o transporte coletivo. Nessa estripulia, com a qual os cartunistas se regozijaram na época, percebe-se como a esfera dos Estados-membros e a esfera interna atuavam em caminhos paralelos.

Houve mais desses atritos. Ilustrativo foi o que antecedeu a introdução do euro, na cooperação monetária entre os Estados-membros. Começou em 1969. O chanceler alemão Willy Brandt – segundo ele próprio, "incentivado por Jean Monnet e intimado a exercer extrema cautela pelos ministérios competentes"[27] – propôs a seus pares uma futura união monetária europeia, junto com um fundo monetário europeu. Este último, a longo prazo, viria a incluir as reservas monetárias conjuntas dos Estados-membros, e assim ofereceria um instrumento para a elaboração de diretivas conjuntas, em complemento à união monetária. Devido às circunstâncias (e sob pressão francesa), esse fundo se materializou bem antes que uma moeda europeia aparecesse, mesmo que (sob pressão alemã) de forma bastante despojada. Foi um modelo de compromisso.

---

[27] Willy Brandt, *Begegnungen und Einsichten 1960-1975*. Hamburg, Hoffmann & Campe, 1976, p. 322.

O *Bundesbank* alemão, o mais poderoso dos bancos centrais dos Seis, não ficou feliz com a concessão de Brandt. Temia perder sua posição independente pela ingerência das repartições em Bruxelas (ainda mais que a carteira de assuntos monetários na Comissão tradicionalmente se encontrava em mãos francesas). Desse modo, em 1972, criou-se o Fundo Monetário Europeu, com base num acordo assinado entre os seis bancos centrais, à parte do tratado comunitário. Um banqueiro envolvido rememorou: "Isso incomodava a Comissão, e ela insistiu que isso devesse ocorrer com base num decreto do Conselho Ministerial. Os bancos centrais – que possivelmente atribuíram a insistência da Comissão aos instintos burocráticos que nunca faltaram em Bruxelas – por fim reconheceram que além de seu acordo também deveria haver um decreto. Mas, quando este finalmente chegou, para surpresa dos bancos centrais os órgãos da Comissão informaram que o Fundo não mais se baseava em seu acordo, mas que agora fazia parte das regras comunitativas.[28] Isso significava que qualquer mudança dali em diante dependeria das decisões do Conselho Ministerial sob a recomendação da Comissão, com os bancos centrais desempenhando apenas um papel consultivo".[29] Foi uma experiência útil. Os banqueiros centrais se deram conta de que não queriam conviver segundo o roteiro do projeto europeu. Eles reagiram atribuindo meras tarefas administrativas ao Fundo e utilizaram outra mesa para suas verdadeiras deliberações. Preferiam se reunir como um livre círculo de banqueiros centrais do que sob o regime do tratado – porém não deixaram de se reunir.

---

[28] Ou "comunautárias. Trata-se especificamente da "expansão das regras da Comunidade Europeia em detrimento da legislação nacional", conforme definido acima. Contrasta com a acepção *comunitárias*, no sentido de "relativo a (uma) comunidade". (N. T.)

[29] André Szász, *De Euro. Politieke Achtergronden van de Wording van een Munt*. Amsterdam, Mets & Schilt, 2001, p. 73-74.

A fala europeia sabe expressar a especificidade da esfera intermediária de maneira esplêndida: referindo-se ao número de associados. Desde a fundação da Comunidade, falava-se sobre a "Europa dos Seis", os "Seis Países", ou simplesmente os "Seis". Após a adesão de novos membros, isso passou para os "Nove", os "Dez", os "Doze", e os "Quinze"... até os "vinte e oito" de hoje. A gramática ajuda na definição. Os substantivos numerais pedem um verbo no plural, como em "os Seis *decidiram*". Essa construção não pode ser substituída sem mais por "a Comunidade *decidiu*". Isso porque os países-membros conjuntos também podem tomar decisões das quais a própria Comunidade é objeto. Nesse sentido, a linguagem coloquial também oferece acesso a essa esfera invisível. Regra empírica: em todos os casos em que a construção gramatical com "os Seis" (ou: "os Estados-membros, "as capitais", "os líderes de governo") *não* permite a substituição por "a Comunidade", isso indica que a ação se passa na esfera intermediária, em vez de ocorrer na esfera interna. Por exemplo: "os Seis abriram negociações com Londres" ou "Os Dez entraram em acordo sobre uma nova Comissão".

O movimento na esfera intermediária surge primordialmente porque os Estados buscam cada um seus próprios *interesses*. Não é de admirar: é o que qualquer população espera de seu governo democrático. Os Seis fundaram uma Comunidade, mas ao mesmo tempo continuavam fazendo parte do consórcio de Estados europeus como um todo. França, Alemanha, Itália, Países Baixos, Bélgica e Luxemburgo não desapareceram do mapa em 1952. Cada um manteve sua posição no continente e no mundo (quatro dos seis tinham colônias na época). Tinham suas próprias regras constitucionais e cultura política, línguas e costumes próprios, seu sistema social-econômico e sua história. Não se transformaram em regiões administrativas de uma nova unidade política. Embora entrelaçassem seus interesses numa área econômica restrita, fora disso em princípio permaneceram eles mesmos. De resto, também nos incipientes canteiros de obras europeus da agricultura ou do comércio ninguém queria ficar para trás.

Contrariando os interesses nacionais, uma multifacetada fonte de agitação, três princípios de ordenamento funcionam na esfera dos Estados-membros. No começo, a situação se parecia com a do consórcio dos Estados continentais: movimento pela luta entre interesses, ordenamento por meio do equilíbrio de poder. Para os ideólogos da Comunidade, seu aparecimento em si foi inicialmente uma decepção. Segundo o tratado, os Estados em princípio eram igualitários. Mesmo assim, na mesa de negociações dos Seis, por exemplo, logo ficou evidente que o que Paris podia reivindicar os Países Baixos e a Bélgica não podiam (Bonn talvez o pudesse, mas ali muitas vezes se era complacente, em especial em relação aos franceses). O equilíbrio de poder inequivocamente desempenhava um papel na mesa.

Mas o bruto equilíbrio de poder foi inesperadamente atenuado por um segundo princípio de ordenamento, seguido por um terceiro. O segundo foi o fato político da *adesão*. Isso se mostrou fundamental. Era do interesse de todos os Estados-membros que sua Comunidade funcionasse devidamente. Ela não podia persistir sem eles – apesar de às vezes ser perfilada como tal –, conquanto promovesse uma integração cada vez mais coesa de seus interesses (econômicos). Os Estados-membros de certo modo acabaram coalescendo. Numa profunda crise sem precedentes, em 1965-1966, os países-membros sentiram que não podiam abandonar a mesa. A França, poderoso Estado-membro, bem que tentou, mas, após sete meses, teve de retomar seu "assento vazio". Os países-membros de certa forma estavam condenados uns aos outros (até hoje os governos não foram bem capazes de repassar essa dolorosa descoberta a suas populações). Em terceiro lugar, havia o *direito*. Ao antigo direito das nações, que também na esfera externa possuía um efeito mitigador nas relações entre os Estados, se juntou na esfera intermediária o direito comunitário. Esse curioso fenômeno não havia sido previsto. Um jurista alemão o apontou em 1965. Ele constatou que os governos dos Seis entrementes haviam tomado dezenas de medidas conjuntas por causa do tratado, porém formalmente fora dele. Tratava-se, entre outras, de nomeações de eurocomissários e juízes, instituição de órgãos complementares, decisões aceleradoras e acordos com outros países, em suma, assuntos que os governos decidiam como membros da Comunidade, porém fora de seu âmbito, na condição de *coletividade de Estados-membros*. Segundo o jurista, essas decisões se encontravam a meio caminho entre o direito comunitário e o das nações. Ele as descreveu como "aberrações jurídicas", "sem lógica nem consequência", que ao mesmo tempo uniam os Estados e compunham a fonte do direito comunitário.[30] Essas formas intermediárias, ainda presentes, demonstram que entre a diplomacia clássica e a existência comunitária se desenvolvia uma esfera com regras próprias.

É pertinente não desprezar essas observações como sendo sofismo jurídico. Em geral, as formas jurídicas e diplomáticas servem para expressar as relações políticas. Elas dão acesso a forças invisíveis. Uma falta de lógica jurídica não deve ser considerada de antemão como uma falha sistêmica. A história simplesmente não tem lógica. Melhor seria interpretar uma incongruência formal como um indicativo da interação de forças opostas. Exemplar nesse sentido é o termo "tratado constitucional", considerado por muitos juristas como sendo internamente contraditório ou mesmo como um "monstro jurídico".[31] De fato, segundo a ortodoxia jurídica, o direito das nações e o direito constitucional não são compatíveis. Mas aquele que após longa e árdua negociação entre 25 Estados se vê confrontado com um "tratado

---

[30] J. H. Kaiser, "Die im Rat Vereinigten Vertreter der Regierungen der Mitgliedstaaten". In: Walter Hallstein e Hans-Jürgen Schlochauer (org.), *Zur Integration Europas. Festschrift für Carl Friedrich Ophüls*. Karlsruhe, C. F. Müller, 1965, p. 120 e p. 115.

[31] Dominique Rousseau, "Les Constitutions Possibles pour l'Europe", *Cités*, 2003, 1, p. 14.

constitucional" (2004) não deve atribuí-lo ao analfabetismo de políticos. Faz mais sentido interpretar semelhante fato jurídico como reflexo de um compromisso político ou justamente como um convite para se examinar quais as forças que nesse caso se chocam.

Movimento pela perseguição do interesse próprio, ordenamento por adesão, equilíbrio de poder e direito. Assim se esboça a dinâmica inerente à esfera intermediária, exceto num único ponto decisivo. O fato é que a adesão ao círculo não apenas funcionou como moderador das relações internas (ordenamento), mas também como incentivo a uma *atuação conjunta para o exterior* (movimento). Os Estados-membros descobriram com o tempo que além de interesses próprios também tinham interesses em comum. Estes emanavam da adesão; além disso, foram aumentando cada vez mais. Em parte, esses interesses em comum se deviam ao funcionamento de sua Comunidade. A esfera interna não conseguia se alavancar sozinha e às vezes precisava de um impulso externo. Mas também havia momentos em que os países-membros tinham de (ou gostariam de) atuar como um círculo fechado em relação ao exterior, em negociações com Washington ou Tóquio sobre tarifas comerciais, por exemplo, ou nas conversas com Londres sobre a adesão. O mundo exterior ou a situação nesse caso exigiam um único ponto focal. Nas relações comerciais, entre outros, a Comissão representava os Seis, em estreita conformidade com o Conselho Ministerial; esse acordo foi um corolário da tarifa alfandegária conjunta do Mercado Comunitário. Mas alguns Estados-membros não aceitaram de modo nenhum que a Comissão também falasse em nome de todos na área da política externa. Assim, tiveram de organizar algo por conta própria.

O desenlace ocorreu em 1974 com a fundação do Conselho Europeu, um encontro periódico de chefes de Estado e líderes de governo dos Estados-membros. Nos anos iniciais, já haviam ocorrido oito "cúpulas". Nessas ocasiões, os líderes nacionais se reuniram para forçar avanços de forma consensual, prover impulso à Comunidade ou trocar opiniões sobre a situação mundial. Era diplomacia clássica por excelência; uma "Viena 1814-1815" contemporânea, mas nesse caso apenas para associados. A iniciativa sempre se devia à França, frequentemente em consonância com a Alemanha, ao mesmo tempo que os países menores temiam que por meio das cúpulas a política do poder fizesse sua entrada na existência da Comunidade, à custa da legalidade.

Na cúpula de dezembro de 1974, o presidente francês Giscard d'Estaing conseguiu que a mesa dos líderes assumisse uma forma fixa e regular. Nem o tratado nem o público haviam pedido essa mesa. Foi um golpe de poder político. Daí em diante, os Nove líderes de governo se reuniriam três vezes por ano, sendo – inesgotável é a criatividade dos compromissos europeus – duas vezes no país da presidência rotativa e uma vez na sede da Comunidade em Bruxelas ou em Luxemburgo. Em dez anos, o Conselho Europeu efetivamente transformou-se no mais alto órgão deliberativo dentro da Comunidade. As disputas entre os Estados-membros sobre o orçamento da Comunidade, sobre novos terrenos de construção ou sobre a admissão de novos membros somente podiam ser resolvidas nessa instância.

O Conselho Europeu não pertencia à Comunidade. Na esfera interna, prevalecia o temor de que o foro fosse um foco de "contaminação intergovernamental", e mesmo de que se revelasse como "um filhote de cuco no ninho da Comunidade".[32] A partir dessas metáforas, transparece a nitidez com que o limite entre as esferas era percebido. Por parte da Comunidade se ficou mais tranquilo pelo fato de que os líderes de governo não tomavam "decisões" formais. Isso porque seus acordos políticos apenas adquiriam validade jurídica posteriormente, no âmbito do Conselho Ministerial. Os juristas da

---

[32] Johannes Linthorst Homan, citado por Jan Werts, *The European Council*. London, John Harper, 2008, p. 17. [O cuco é conhecido pelo hábito de depositar seus ovos nos ninhos de outras aves, para que sua prole seja criada por elas (N. T.).]

Comunidade continuaram repetindo por vários anos que o Conselho Europeu "não era um órgão da Comunidade" nem viria a sê-lo. Mesmo assim, iludiam a si próprios. A mesa dos líderes de governo se posicionou no topo da pirâmide que entrementes havia sido erguida em Bruxelas. Do lado de baixo, havia incontáveis comitês de funcionários nacionais, seguidos pelas mesas de reuniões semanais dos embaixadores dos países-membros, por sua vez seguidas pelas mesas de reuniões mensais dos ministros das Relações Exteriores, mais a dos ministros setoriais (assuntos econômicos, agricultura, etc.) – sendo a totalidade de tantos em tantos meses encerrada pelos líderes de governo. O círculo dos membros se organizava e o Conselho Europeu formava sua maior expressão institucional.

O corpo parecia funcionar realmente a meio caminho entre a esfera externa e a interna. No início da década de 1980, um observador perspicaz escreveu que graças ao surgimento do Conselho Europeu é que os Estados-membros e a Comunidade "adquiriram um mecanismo que, uma vez usado corretamente, poderia se transformar num verdadeiro Concerto Europeu". Esse potencial esbarrava numa realidade prática: "Para o infortúnio da Comunidade, no entanto, os atuais sucessores de Castlereagh e Metternich por uma ou outra razão se viram obrigados a dedicar uma parte substancial de seu tempo a discussões sobre o preço do queijo, sobre os níveis das contribuições alemãs ou britânicas ao minúsculo e assimétrico orçamento da comunidade ou ainda sobre os problemas dos suinocultores franceses, em vez de às importantes questões políticas com que se esperaria que se preocupassem".[33]

Não obstante, eis que ali se encontrava, a meio caminho entre as esferas do concerto europeu e o projeto europeu, com uma agenda hesitante entre a Guerra Fria e o queijo de cabra, a mesa dos países-membros conjuntos. Provou ser um veículo formidável.

---

[33] Peter Ludlow, *The Making of the European Monetary System*. London, Butterworths, 1982, p. 21.

TRANSIÇÃO ENTRE AS ESFERAS

As três esferas da política europeia mantêm todo tipo de relação. Os dois pontos de transição são aqueles entre os Estados-membros e a esfera externa continental e entre os Estados-membros e a esfera interna institucional. Nos termos jurídicos correntes, é ali que a *admissão* ao círculo e a *revisão* do tratado estão em jogo. Para essas decisões fundamentais, os Estados-membros atuam formalmente como um coletivo. Os governos tomam uma decisão conjunta, cada população deve confirmá-la em separado. Também pelo resto, os procedimentos são praticamente idênticos; nos tratados de fundação, ambos os artigos se encontram um logo após o outro.[34]

No prólogo do pacto de fundação de 1957, os Seis introduziram o caloroso convite aos "outros povos europeus que compartilham seus ideais" para se juntarem a eles. No texto em si consta: "Todo Estado europeu pode solicitar sua adesão à Comunidade".[35] Dessa determinação brotou o que faltava em outras relações com o mundo exterior: uma distinção no tratamento de Estados europeus e não europeus (nunca se determinou quem seria ou não europeu). Daí emana uma profunda noção de um espaço geográfico e histórico compartilhado, de um legado do concerto europeu. As consequências dessa breve sentença foram imensas. O bilhete de ingresso à Comunidade se transformou num cobiçado prêmio no jogo hegemônico europeu. Isso ficou evidente nos anos de 1961 a 1973, o período da aproximação britânica, dos repetidos vetos franceses a isso, das divergências entre Paris e os outros Cinco e do acordo definitivo entre os Seis e Londres. Desde a Queda do Muro, em 1989, a admissão novamente se tornou o instrumento privilegiado dos países-membros para negociar com seu ambiente europeu.

---

[34] Arts. 96 e 98 da Ceca; art. 236 da CEE; arts. 48 e 49 do TUE.
[35] Preâmbulo e art. 237 da CEE.

Também nas mudanças do tratado, os Estados-membros atuam como um coletivo. Há mais de vinte anos, a Europa tropeça de tratado em tratado – desde "Maastricht 1992" até "Lisboa 2007", e o que mais vier depois disso. Essa busca política por um formato que se encaixe na situação histórica transcorre tão penosamente porque a esfera interna não consegue se renovar. Para isso, ela depende da vontade de todos os governos e populações. Nos termos do direito constitucional, os Estados-membros reunidos, na plena prerrogativa de seus governos e de suas populações conjuntas, formam o poder constitutivo da Europa. O fato de o veto de uma única população – na Dinamarca em 1992, na Irlanda em 2001, na França e nos Países Baixos em 2005 – bloquear todo o processo demonstra a fraqueza do círculo em relação aos membros. O fato de sempre se encontrar uma solução demonstra sua força.

Aos apreciadores: também existe uma diferença sutil entre os dois procedimentos. Enquanto os governos negociam sobre mudanças de tratado por meio de uma conferência governamental, ou seja, dentro de um formato derivado da diplomacia clássica, eles negociam com os candidatos a membro como um Conselho, ou seja, como instituição comunitária. A diferença é significativa. Com efeito, caso os países-membros se sentassem à mesa com um novo interessado numa conferência governamental, a distinção formal entre membros e candidatos desapareceria. Todos representariam a si mesmos, em mais uma reprise de "Vestfália 1648", e nenhum dos presentes poderia falar em nome da coletividade instituída nesse ínterim. Com uma mudança de tratado, a situação é justamente a inversa. Nesse caso, a coletividade perderia sua liberdade de atuação ao operar segundo o roteiro do tratado, como Conselho Ministerial em meio à Comunidade e a suas instituições. Dessa maneira, fica bem evidente como o círculo dos Estados-membros ocupa e delimita uma esfera própria: quando seus fundamentos estão em jogo, ele se comporta em relação à esfera institucional interna como se fosse um agente externo e em relação à esfera externa continental como sendo um agente interno.

Conjuntamente, os países-membros ditam o formato da Europa, enquanto individualmente este lhes escapa. Muitas vezes, o círculo dos membros é invisível e inaudível. Mas quando a situação assim o demanda e sua voz conjunta se faz ressoar, então a esfera interna obedece e a esfera exterior escuta.

"EM NOME DA EUROPA"

O surgimento de duas novas esferas de política europeia lança uma nova luz sobre a questão da representatividade. Será que agora existem pessoas ou instituições que de fato podem falar "em nome da Europa"?

Na esfera externa continental, nada mudou. Assim como na época de Bismarck, ninguém ali pode evocar a Europa com credibilidade. Mas qual é o caso com a esfera interna e a esfera intermediária dos Estados-membros? Como pode acontecer de diversos líderes de governo, juízes, parlamentares, ministros ou eurocomissários dizerem que a Europa faz ou acha algo, ainda que nem sempre consigam convencer o público e que às vezes também neguem uns aos outros a liberdade de expressão?

Instituições políticas são em si coisas invisíveis. Ninguém nunca viu o Império Romano ou o Reino Britânico. O que se vê são prédios de onde se exerce o poder, fortificações num campo, linhas no mapa, bandeiras que tremulam. Devido a essas representações visíveis, presumimos que o representado em si também existe. Mais ainda, quando soldados travam guerra "em nome de Roma" ou ministros assinam um tratado "em nome da Grã-Bretanha", então estamos dispostos a acreditar que essas entidades invisíveis podem falar e agir. Não há motivo para pensar que isso seria diferente para a Europa.

O filósofo político Thomas Hobbes lançou uma luz sobre esse mecanismo da representatividade. Em *Leviathan* (1651), ele interpreta o Estado como algo artificial, um corpo político, uma "pessoa". Foi uma ruptura provocativa com a ideia de que o Estado e com isso o reinado fosse uma dádiva de Deus. Segundo Hobbes, o Estado constitui uma "pessoa artificial" que fala e atua em nome de uma multiplicidade de pessoas. Crucial é que a fala e a atuação transcorram num espaço público. O próprio Hobbes comentou que o latim *persona*, que originalmente significava "disfarce" ou "aparência", foi introduzido na linguagem por derivação de seu significado teatral de "máscara". As primeiras "pessoas" eram atores; posteriormente, o termo foi aplicado a outros representantes da palavra e da ação, tal qual o advogado no tribunal. O mundo inteiro é um palco. Na continuação de seu raciocínio, Hobbes deixa essa etimologia teatral de lado. Não obstante, esse aspecto é justamente essencial para a "pessoa política", que pretende falar em nome de múltiplos indivíduos. O jogo cênico deve convencer, a representação deve ter êxito.

Agora, podemos inverter a situação. A política pode ser considerada uma luta pelo "em nome de". A pergunta é sempre se a reivindicação de representatividade é aceita efetivamente, e por quem. Não há árbitro científico ou jurídico. Por fim, é o público quem decide. A maneira mais sensata para se descobrir se existe um corpo político chamado "Europa", portanto, seria analisar se existem pessoas físicas que se propõem a falar e a agir em seu nome de maneira convincente.

Quem reivindica o direito de falar e de agir "em nome da Europa" encontrando um público? Eis aí uma pergunta que deve ser feita. Vamos voltar às três esferas de atuação da política europeia. A esfera externa geopolítica foi eliminada. Restam a esfera interna instituída e a esfera intermediária dos Estados-membros que surgiu de forma inesperada junto com ela. As duas reivindicações são bastante diferentes. A esfera interna demonstra falar de bom grado em nome do tratado europeu, em nome do projeto europeu ou em nome dos cidadãos europeus. A esfera intermediária, por si menos contundente, pode falar em nome dos Estados-membros europeus reunidos e de suas populações.

Primeiro, a esfera interna. Esta parece promissora. As pessoas que habitam as instituições comunitárias podem, desembaraçadas de seus vínculos nacionais, de certo modo falar "em nome da Europa". Essa possibilidade foi um avanço magnífico, vivenciado como uma libertação. O momento foi simbolicamente marcado pelo primeiro presidente da Alta Autoridade da Comunidade de Mineração, o próprio Jean Monnet. Nessa função, em 1953, ele recebeu o primeiro "*Laissez-passer*"[36] europeu, que seria disponibilizado para todos os membros e funcionários da Autoridade (naquela época, para uma viagem da Alemanha a Luxemburgo ainda era necessário solicitar um visto para as autoridades de ocupação). O documento, expedido especialmente para a ocasião, foi entregue solenemente. Ante os olhos de seus atônitos funcionários, Monnet solicitou que um assistente lhe trouxesse seu passaporte diplomático *francês*, dizendo: "Vamos queimar isto agora".[37] Ele havia se tornado europeu.

A Comissão Europeia (sucessora da Alta Autoridade), assim como a Corte e o Parlamento, devem seu direito de existência a um "em nome da Europa". Apesar disso, um Bismarck atual lhes poderia perguntar: "Em nome de *quem* vocês falam, exatamente?". A resposta nem sempre é convincente.

Entre as instituições comunitárias, a Corte europeia talvez seja a mais credenciada. Ela fala *em nome do tratado europeu*, praticamente em nome do material com que se ergueu a esfera interna. Com base nisso, pode se dirigir com autoridade aos Estados-membros, a seus cidadãos e às demais instituições. Sua palavra é lei. Além do mais, graças a um notável golpe jurídico, a Corte conseguiu se tornar a

---

[36] Passe livre, autorização de viagem. Literalmente, "deixe passar". (N. T.)

[37] Jean Monnet, 1953, citado por E. P. Wellenstein, 13 ago. 2008, em comunicação pessoal ao autor.

intérprete oficial do pacto de fundação. Desde então, não só fala em nome do texto mas também em nome do *espírito* do tratado, isto é, em nome do momento da fundação europeia. Visto que este último consta na esfera interna como o quase divino *fiat Europa* e o pacto em si como seu quase sagrado livro, com essa reivindicação a Corte adquiriu uma autoridade "sacerdotal". Isso vem a calhar no desempenho de sua principal função, a de fazer valer o direito com a palavra e a toga (sem a espada).

A Comissão evoca um duplo "em nome de". Ao controlar a observância dos regulamentos, fala em nome do tratado europeu. Ao submeter propostas, fala *em nome do projeto europeu*. Este último item é o que mais fascina a Comissão. Sua vocação política – em contraste com suas tarefas administrativas – é para o projeto. Juridicamente, isso se expressa em seu "direito exclusivo à iniciação" de políticas programáticas, um monopólio sobre a jogada de abertura, muito apreciado pela instituição. A Europa em nome da qual a Comissão fala é uma visão do futuro.

Obviamente, os juízes deliberam sem embaraço nem parecer dos poderes políticos nos países-membros. Também a Comissão deriva sua neutralidade dessa "separação de poderes". Aos Comissários é explicitamente proibido acatar instruções de um Estado-membro.[38] O que não significa que não levem em conta os interesses dos Estados-membros; isso naturalmente é necessário. Sua tarefa consiste em fazer propostas equilibradas e aceitáveis para todos os países-membros, por vezes também fazendo uma mediação para eles. Isso, no entanto, significa que não podem nem devem falar *em nome de* um Estado-membro. Daí o seguinte detalhe. Quando um Comissário desejar referir-se a seu próprio país durante uma reunião, com um leve sorriso o fará como "o país que melhor conheço" – ao que seus colegas também esboçarão o

---

[38] Art. 245, TFUE.

mesmo sorriso, como sinal de que o perigo foi reconhecido e evitado. Graças a esse tipo de código, a Comissão como um todo é capaz de falar "em nome da Europa".

Um tratado e um projeto, mas onde estão as pessoas? Estas fazem sua entrada por meio do Parlamento. Um parlamento é essencialmente um corpo representativo. O Parlamento em Estrasburgo não fala em nome do tratado ou do projeto, mas *em nome dos cidadãos europeus*. Desde 1979, é eleito diretamente por eles. Trata-se de uma figura política potencialmente bastante poderosa, que se irradia por toda a esfera interna. Também a Comissão e a Corte extraem autoridade da existência de cidadãos europeus. Há também uma projeção cada vez maior para fora. Somente pelo fato de o Parlamento oferecer uma plataforma para aqueles que desejam dirigir-se *aos* cidadãos europeus reunidos: líderes de governos europeus, chefes de Estado estrangeiros ou renomados defensores de uma causa nobre (nessa última categoria estiveram em Estrasburgo Nelson Mandela, Aung San Suu Kyi e o papa Francisco, entre outros).

Mesmo assim, a figura do cidadão oculta uma fraqueza. Os cidadãos europeus em nome dos quais o Parlamento pretendia falar na verdade ainda não existiam *como uma categoria*. Isso colocou a instituição em desvantagem com relação à Comissão e à Corte. Ainda que alguém possa evocar as palavras do tratado ou as ideias do projeto sem ser desmentido por esses "representados" abstratos, isso não se aplica às pessoas de carne e osso. A representatividade parlamentar exige um papel ativo, além de participação e contestação, daqueles que são representados. Embora haja intenso diálogo entre o Parlamento e todo tipo de organização que fala em nome de suas bases políticas ou grupos de interesse, o público em geral não soube encontrar o Parlamento. Aquele que fala "em nome dos eleitores" sem que estes se saibam representados não possui muita sustentação. Em vista desse obstáculo, o conceito da cidadania europeia foi forçosamente incluído no projeto europeu como um todo.

No círculo dos Estados-membros, o "em nome de" funciona de maneira muito diferente. Aqui não se pode falar em nome de tratados, projetos ou cidadãos. Ninguém é "neutro", cada orador se vincula à sua origem nacional. Isso parece uma desdita. Mas também nesse caso há uma face oposta. Enquanto a força em potencial da esfera interna oculta uma fraqueza real, a fraqueza da esfera intermediária oculta justamente uma força. Quando ela fala, seu "em nome da Europa" é o mais poderoso de todos.

No Conselho Ministerial, cada um fala em nome de seu Estado-membro. Na mesa dos embaixadores, as instruções dos Estados nacionais não são proibidas, como no caso da Comissão, mas formam justamente a lenha na fogueira durante suas reuniões. Apesar de o Conselho tratar-se formalmente de mais uma instituição em meio às outras, ele é visto com desconfiança pelas demais. Será que os que se assentam naquela mesa realmente são "verdadeiros" europeus – se perguntam os ideólogos da esfera interna – ou será que ali predominam apenas interesses nacionais? Não seria uma porta dos fundos para a diplomacia? Como saída para esse dilema consta no tratado que o Conselho deveria decidir cada vez mais *por maioria* dos ministros. Isso diminuiria o risco de obstruções nacionais e promoveria a formação de opinião no âmbito europeu. Na prática, os ministros fugiram desse roteiro. Preferiram não desbancar uns aos outros. É nessa recusa que se encontra a força moral e a pujança dos Estados-membros. Isso torna o Conselho uma exceção em meio às instituições comunitárias. O mundo interno de tratado e projeto e o intermediário do círculo de membros se sobrepõem aqui – de forma visível e palpável.

Justamente devido a essa sobreposição, o Conselho despontou como um forte porta-voz da Europa. A chave se encontra na forma como ele se organizou. Trata-se da mesa. A figura mais importante é a do anfitrião, encabeçando a mesa, o *presidente*. Tal figura obviamente era imprescindível para convocar ou presidir a reunião, mas também – mais importante ainda nesse sentido – para se dirigir às outras instituições comunitárias. Isso vale em especial com relação ao Parlamento; seis ministros não conseguem falar com o Parlamento ao mesmo tempo. Embora a Comissão na maior parte dos casos (e em todos os níveis) tenha um representante na mesa, também seria necessário poder enviar-lhe uma carta assinada por uma única pessoa, por exemplo.

Dada sua natureza, cada presidente do Conselho teria de ser proveniente de um dos Estados-membros, que desse modo careceria de uma legitimidade europeia conjunta. A solução encontrada pelos Estados-membros foi a presidência rotativa. A cada seis meses, o martelo é repassado à cadeira adjacente. Revolvendo no círculo, inicialmente em ordem alfabética. Enquanto ainda havia seis, nove ou dez governos, isso significava que no mínimo a cada cinco anos todos tinham sua vez. A presidência trazia prestígio, mas não constituía uma tarefa simples. Muitos sabiam por experiência como era difícil falar em nome de toda a mesa. Mas mesmo aqueles que ainda não o sabiam também viam o martelo voltar para seu lado.

O Conselho podia falar em nome dos *governos* reunidos. Cada um à mesa devia dispor de uma procuração para "engajar o governo do Estado-membro que representava".[39] Logo surgiram os subconselhos: o conselho agrícola para os ministros de agricultura ou o conselho de transporte para os ministros dos transportes. Eles falavam pela soma dos interesses parciais. Para casos mais abrangentes, havia um "Conselho-Geral" composto pelos ministros das Relações Exteriores. Esses ministros também compromissavam seu governo. Constitucionalmente, porém, nem todos falavam em nome de seu Estado-membro. O tratado não previa um corpo que pudesse engajar todos os Estados-membros no mais alto nível político.

Os líderes de governo tomavam essa responsabilidade para si por meio das reuniões de cúpula, formalizadas desde 1974 na forma do

---

[39] Art. 203, CE.

Conselho Europeu. Seu "em nome da Europa" é forte. De todos os representantes da coletividade, o Conselho Europeu é o único que pode fazer frente à selva política externa e ao mesmo tempo exercer autoridade sobre o mundo comunitário interno. Sua posição de poder não se baseia em atribuições formais, mas em sua forte relação com o público e em sua capacidade de influenciar os acontecimentos. Essa capacidade é granjeada pelo Conselho Europeu em parte graças a uma pequena sobreposição da esfera interna (visível na mesa pela presença do presidente da Comissão); é assim que ele consegue conduzir movimento do exterior para o interior.

Conta-se com os líderes de governo para que além de seus governos também consigam engajar seus parlamentos, para nesse sentido poderem falar *em nome de sua população*. Isso significa que o Conselho Europeu em princípio pode falar em nome do conjunto da população. Por um bom tempo, seu porta-voz também se encontrava na presidência rotativa. Seu titular podia, quando os colegas na mesa entrassem em acordo, dirigir-se ao mundo exterior em nome de todos. Em contrapartida, para ele revelou-se mais difícil dirigir-se às populações dos Estados-membros. Afinal, mesmo o presidente se sentava à mesa somente em nome de sua própria população; para atingir o público em outro Estado-membro ele de fato precisaria "passar por cima" de um colega. Eram especialmente os presidentes de um dos grandes Estados-membros que conseguiam falar ao público em geral com autoridade europeia (Kohl, Mitterrand, Blair, Merkel, Sarkozy).

Uma inovação importante, em vigor desde 2010, é o "presidente fixo" do Conselho Europeu. Essa pessoa, escolhida no círculo de (ex-)líderes de governo, maneja o martelo da presidência por no máximo cinco anos, sem desempenhar mais um papel político nacional. Por conseguinte, por ser a primeira pessoa física na esfera intermediária, em princípio ele *não* pode falar (também) em nome de seu Estado-membro, mas (somente) em nome do conjunto das populações para o mundo exterior e do público. Com isso, o presidente do Conselho Europeu potencialmente teria uma voz mais forte que a do presidente da Comissão (em nome do tratado, do projeto e dos cidadãos) ou que a do presidente do Parlamento (em nome dos cidadãos europeus). Surge assim um "em nome da Europa" despido de um timbre nacional, não mais oriundo somente da esfera interna, mas também da esfera intermediária dos Estados-membros reunidos. Isso apura o contraste entre o círculo dos membros e a esfera externa.

"Uma multidão de homens", nos diz Hobbes, "torna-se *uma só pessoa*, quando estes são representados por um único homem ou por uma única pessoa." Se essa futura corporalização política da Europa terá êxito e durabilidade, somente o tempo dirá. Dependerá da pessoa escolhida – do primeiro, o belga Van Rompuy, e também de seus sucessores –, assim como dos acontecimentos e da interação com o público. À luz da realidade histórica que substituiu a esfera dos Estados-membros e do que ela representa hoje em dia, é excepcionalmente apropriado que, de todos os discursos que esse primeiro presidente proferiu em sua função, o mais convincente ocorresse em Oslo no fim de 2012, quando recebeu o Prêmio Nobel da Paz em nome da União Europeia.

O NASCIMENTO DO PURGATÓRIO

Na literatura percebe-se ser tentador confrontar a esfera externa do continente com a esfera interna do mundo dos tratados. De um lado a "Europa" e do outro a "EU-ropa".[40] Como pode ser que entre o continente e o projeto se esqueça o círculo dos Estados-membros? Como pode ser que o funcionamento, a pujança e a organização do mundo político intermediário não tenham sido bem percebidos?

---

[40] A frase tem efeito em inglês, já que as letras EU, como sigla, definem a União Europeia (European Union). (N. T.)

Uma explicação plausível seria a força do lugar-comum. Desde 1950, a dicotomia supranacional (ou comunitativa) *versus* intergovernamental permeia a reflexão sobre a política europeia. A atração intelectual de ambos *grosso modo* se situa na autoimagem da esfera interna e na luta por poder e interesses da esfera externa. Enquanto o intergovernamentalismo prefere se confinar a uma soberba ironia, com uma dissimulada indiferença do tipo "desde Bismarck, nada de novo sob o sol europeu", o supranacionalismo é sempre prolixo. A esfera interna é uma fábrica de palavras. Isso se aplica não somente ao tratado em si, a regulamentos e diretrizes ou aos incontáveis comentários jurídicos, mas também ao incansável zunido à sua volta produzido pelas interpretações e justificativas de métodos e objetivos do projeto europeu. Muitos no mundo acadêmico deixaram-se seduzir por esse zunido bruxelense (e pelos fundos associados), provocando um previsível mas não totalmente injustificado sarcasmo por parte de seus adversários.[41]

Nesse chove não molha, a esfera intermediária, que sempre conseguiu se intercalar entre as esferas e que somente com o tempo adquiriu autonomia, não encontrou embasamento. O pensamento supranacional relegou a esfera dos Estados-membros o mais rápido possível aos confins da esfera externa, o pensamento intergovernamental aceitou essa dádiva com gratidão e deu-lhe o beijo da morte (*nihil novum* [nada de novo]).

Não obstante, essa explicação não satisfaz de todo. A esfera intermediária não foi meramente "suplantada". O fato de ela ter permanecido invisível e sem nome não pode ser atribuído somente aos esquemas coativos dos discursos concorrentes. Isso se deve também à sua natureza política essencial. Esquiva como o mercúrio, pesado e ágil ao mesmo tempo. A esfera intermediária descobriu sua autonomia

---

[41] Cris Shore, *Building Europe. The Cultural Politics of European Integration*. London, Routledge, 2000, p. 28.

nos movimentos entre as esferas, na mediação entre o interior e o exterior. Decisiva foi a vigilância conjunta do portão de acesso. Foi aí que todos os Estados-membros se viram como um *círculo*. Como círculo, eles não se enquadram no roteiro do tratado, tampouco na esfera do cada um por si. Justamente seu extraordinário lugar no tempo faz com que o círculo seja tão esquivo. Ele se ilumina quando necessário, quando o futuro incerto pede uma reação conjunta.

Daí que a esfera intermediária da política europeia foi reconhecida nominalmente, a oportunidade foi nominalmente aproveitada por políticos nacionais que queriam vincular as forças históricas do mundo exterior às qualidades do mundo interior – a começar pelos líderes de governo da França e da Alemanha. Justamente eles esperam desse universo intermediário mais liberdade que coação. Para muitos outros políticos nacionais que deram forma ao mundo intermediário e o povoaram, a vantagem é menos evidente. Mas, queira-se ou não, até eles adquiriram uma dupla função: uma nacional e outra europeia. A função nacional é a primeira, a base existencial de cada um, um troféu muitas vezes cobiçado por anos, concedido por seus próprios eleitores. A função europeia é um bônus, um acréscimo, agradável, porém obrigatório. Essa segunda função oferece acesso a um espaço mais amplo, a um jogo político maior. Ao mesmo tempo, remete à coação da mesa de negociações europeia, que em casa parece inimaginável.

Para concluir: talvez uma analogia possa esclarecer o pensamento que forma a base deste livro. O pensamento europeu tem experiência com a introdução de um "terceiro" entre dois polos, um terceiro que desembaraça o pensamento assim como a atuação – uma terceira classe ao lado de guerreiros e sacerdotes, um parlamento entre Estado e população, uma síntese de tese e antítese. O exemplo mais admirável talvez seja o purgatório, que na Idade Média se aninhou entre o céu e o inferno. Ele abria espaço ao pecado comerciável, à punição com vistas à redenção, que assim funcionava na vida terrena, na qual sempre se há de conciliar o bem e o mal, como uma enorme libertação.

O historiador francês Jacques Le Goff demonstra em seu brilhante *O Nascimento do Purgatório* (1981) como os teólogos do século XII conceberam esse espaço intermediário passo a passo. O rompimento da oposição entre inferno e paraíso, entre os eternamente condenados e remidos, constituiu uma drástica reviravolta conceitual. Considerando a importância do além-mundo na vida medieval, isso influenciava todos os aspectos da existência, a percepção de tempo e espaço. A reviravolta não podia ser realizada de uma só vez. O purgatório somente adquiriu consistência conceitual com o tempo, por meio de comentários teológicos, como os do irmão Pierre Le Chantre, ou em orações. Mas por fim conquistou um lugar na mente dos fiéis. A *Divina Comédia* de Dante, com seus círculos ascendentes do inferno, da montanha expiatória e do Paraíso, forma sua mais bela reverência.

Na vivência, as três esferas da política europeia se assemelham a esse esquema. Assim sendo, como um gracejo (e apenas como um gracejo), leia-se o trecho de Le Goff a seguir, substituindo almas penadas pelos Estados Europeus, o inferno pela esfera externa geopolítica da guerra e da violência, o paraíso pela esfera interna cheia de promessas e o purgatório pela inesperada criação da política europeia, a esfera intermediária dos Estados-membros. "Em diversos sentidos, o purgatório é um lugar intermediário, um entremeio. Na escala do tempo, ocupa uma posição mediana entre a morte individual e o juízo final. Apenas após longa hesitação o purgatório conquistará uma posição fixa naquele período de tempo. [...] O purgatório oscilará entre o tempo terreno e o tempo escatológico [...]. Também no sentido restrito, espacial, o purgatório ocupa uma posição intermediária, inserindo-se entre o paraíso e o inferno, e ali se expande. Mas por longo período também será atraído por esses dois polos. Para poder existir, o purgatório terá de substituir os anteparaísos [...]. Sobretudo, terá de se dissociar no inferno, do qual por muito tempo permaneceu como uma província de limites difusos, a Geena superior.[42] Nessa indecisão entre paraíso e Inferno, podemos perceber que para os cristãos o purgatório não representou um desafio insignificante. [...] A exata descrição do Novo Mundo do além foi um processo árduo e demorado. Por fim, o purgatório não será um espaço perfeitamente intermediário. Ele é reservado para a completa purificação dos futuros eleitos, inclinando-se, portanto, na direção do Paraíso. Trata-se de um espaço intermediário deslocado, que dessa forma não se encontra no meio, mas na região intermediária superior."[43]

---

[42] Variante: *Gehena*. Local onde o lixo proveniente de Jerusalém era depositado e incinerado, incluindo os cadáveres de pessoas consideradas indignas. Nesse processo, usava-se enxofre para manter o fogo aceso. (N. T.)

[43] Jacques Le Goff, *La Naissance du Purgatoire*. Paris, Gallimard, 1981, p. 16-17. (Coleção Folio Histoire)

PARTE I

O SEGREDO DA MESA

A Transição para a Maioria

> A lei da pluralidade dos votos é ela própria uma convenção estabelecida e presume, ao menos por uma vez, a unanimidade.
> Jean-Jacques Rousseau, O Contrato Social

Como nasce um Estado? O mistério do início é negligenciado na filosofia política contemporânea. Em vez de se falar sobre fundação, prefere-se falar sobre direitos e representações dentro de um estado já fundado. Em vez de comentar a criação de poder e autoridade, prefere-se enfatizar a separação de poderes e a delimitação da autoridade. Essa negligência conceitual significa uma grave falta. Os americanos que em 2003 invadiram o Iraque e de forma destemida depuseram o tirano local obviamente não haviam pensado o suficiente sobre a questão da fundação. O país se viu atirado na anarquia e na guerra civil. Aparentemente, apenas na hora em que uma ordem política é desbaratada é que descobrimos quão difícil é sua fundação, quão formidável, portanto, é sua simples existência, quão misterioso é seu nascimento.

Uma vez que o mistério ocorreu e um corpo político se materializou, este se esforça para se tornar absolutamente incontestável. A melhor maneira para isso é por meio de uma boa narrativa sobre seu surgimento (Rômulo e Remo amamentados por uma loba, a Carta Magna redigida, a Bastilha tomada). Uma boa narrativa como essas de alguma maneira faz esquecer a cicatriz do rompimento histórico. É como uma folha de figueira tapando a nudez do acaso. Esta consegue que pensemos: sim, de fato, foi dessa forma que a nossa sociedade evoluiu, aquilo foi o começo e a partir daí prosseguimos paulatinamente. Assim, o mito de origem, por mais improvável que seja no que se refere ao conteúdo, fortalece a incontestabilidade sem a qual uma ordem política não pode funcionar. Em contrapartida, a verdadeira história de um começo – sobre o acaso, o rompimento, algum fato insignificante, às vezes a violência – justamente compromete essa incontestabilidade.

Do século XVI ao XVIII, os maiores pensadores políticos europeus efetivamente quebraram a cabeça sobre a questão da fundação. Sangrentas guerras religiosas e civis haviam desequilibrado a ordem existente. Para filósofos como Hobbes, Locke e Rousseau, era urgente poder saber o que levava as pessoas a abdicar de parte de sua liberdade individual para juntas conseguirem mais poder ou segurança. Para isso, formularam a hipótese do estado natural, a situação violenta e sem lei na qual a humanidade originalmente teria se encontrado. As pessoas teriam deixado esse estado natural por meio de um contrato social no qual se vinculavam como um grupo a um rei ou Estado que mantivesse a ordem. Assim resolveu-se o mistério da fundação, ao posicioná-lo fora do tempo, para antes da história.

A selva geopolítica dos atuais Estados soberanos pode ser comparada ao hipotético estado natural no qual indivíduos perambulavam antes do surgimento do Estado. Também os Estados se perguntam se e como seriam capazes de obter mais segurança e poder como grupo restringindo a autonomia individual.

Como os Estados europeus poderiam saltar para além de seu estado natural? Ou, como diria Locke, quais as condições em que se pode dizer de uma aliança entre soberanos ou Estados que esta deu origem a um corpo político (*body politic*) que os contém em si?

Para Hobbes, Locke ou Rousseau a resposta a essa pergunta central era: a transição do processo de decisão por unanimidade para o da maioria. Nessa transição, o todo adquire uma existência maior que a das partes, o único assume o lugar do múltiplo, os poderes constituintes dão lugar ao poder constituído. No debate sobre a unificação europeia, muitos apoiam essa ideia.

Notadamente, John Locke destaca em seu *Segundo Tratado sobre o Governo* (1690) o vínculo entre fundação e o processo de decisão por maioria. Se a maioria dos votos não consegue coadunar um corpo político como um todo, este logo se desfaz novamente. Um pacto de fundação que mantém o veto é inútil. Sem votação por maioria, não há ordem política. O retorno ao veto significa um retrocesso à condição natural.

Em *Leviathan* (1651), Thomas Hobbes descreve a transição de muitos ao único como o resultado da representação. Representação política funciona quando uma pessoa ou pessoa jurídica pode falar em nome de uma pluralidade. No caso de a pessoa jurídica consistir em diversos indivíduos, como um parlamento ou júri, a maioria deve prevalecer. Senão, existe o perigo, "por causa da diversidade de opiniões e interesses das pessoas", que o representante permaneça "mudo", o que principalmente em tempos de guerra é nefasto.[1] A União Europeia sentiu isso durante a Guerra do Iraque, na primeira metade de 2003. Os "belicistas" Londres e Madri se opunham de forma irreconciliável aos "covardes" Paris e Berlim. Hobbes teria explicado inequivocamente por que o representante para assuntos estrangeiros Javier Solana permaneceu mudo por várias semanas.

Para dar o salto para a maioria, Jean-Jacques Rousseau faz uma distinção entre o momento de fundação e as regras fundamentais de um lado e a política cotidiana do outro. A fundação em si, sobre a qual ele escreve em *O Contrato Social* (1762), somente pode ocorrer por unanimidade. Todos devem concordar que a partir de certo momento vigora a maioria. Pois, senão, "de onde sai o direito de cem, que querem um senhor, de votar em nome de dez, que não querem de modo algum?". A conclusão impecável de Rousseau: "A lei da maioria dos votos é ela própria um instituto estabelecido em acordos e pressupõe, ao menos por uma vez, a unanimidade".[2] Ao mesmo tempo, ele observa ser improvável que todas as pessoas percebam as

---

[1] Thomas Hobbes, *Leviathan*, L. I., cap. 16.
[2] Rousseau, *Du Contrat Social*, 65 (I.5).

vantagens das leis comuns antes de serem forjadas em uma sociedade por meio delas mesmas. Um povo pressupõe um Estado, um Estado pressupõe um povo. Rousseau esbarra aqui no círculo vicioso que forma o problema central de cada instituição. Ele acredita que esse círculo, exceto pela violência, somente pode ser rompido com um apelo a uma força maior, transcendental.

Para Rousseau, a situação seria diferente se houvesse um Estado. Sobre assuntos urgentes ou pouco importantes, poder-se-ia muito bem votar por maioria. Em *Considerações sobre o Governo da Polônia* (1771), ele comentou o famigerado direito ao veto do qual os deputados do Parlamento polonês, o *Landdag*, dispunham. Rousseau acha esse poder de veto razoável para a alteração de leis fundamentais referente à forma do Estado, mas acredita que ele foi usado de maneira imprópria no processo de decisões executivas. De garantia da liberdade pública, ele se tornou um instrumento para minar a ordem. Por isso ele denominou o veto "benéfico para a formação do corpo político ou para o corpo que funciona de forma perfeita, mas absurdo e catastrófico enquanto mudanças permanecerem necessárias, sendo impossível que esse não sempre seja o caso, especialmente em um Estado grande, cercado por vizinhos poderosos e ambiciosos".[3]

Esse aviso já não adiantava mais para a Polônia. Nas turbulências concretas da época, o veto significou a derrocada daquele país. Em 1772, um ano após as recomendações de Rousseau, os três grandes Estados vizinhos Áustria, Rússia e Prússia começaram a dividir o território polonês entre si; após a terceira partilha em 1795, o país desapareceu do mapa por mais de um século. Desde então, o método de deliberação do "*Landdag* polonês" vale como uma advertência.

Sobre nossos dias, Rousseau diria: uma vez que os Estados europeus têm poder de veto, não formam um corpo político europeu; desunião e impotência estão à espreita. Em contrapartida, o caminho

---

[3] Idem, *Considerações sobre o Governo da Polônia*, L. I, cap. 9.

mais curto para uma fundação europeia coincidiria com a transição da unanimidade para a maioria. *Antes* da transição: soberania aos Estados individuais, que a cada momento podem obstruir tudo sozinhos. *Após* a transição: soberania para a União Europeia, visto que cada Estado-membro individual pode ser suplantado pelo voto. Então, dê o salto, diria o convite aos Estados. Ou será que não é tão simples assim?

No linguajar da Europa, o veto é onipresente – no discurso das repartições e dos cidadãos principalmente como obstáculo a ser vencido, no discurso dos Estados como arma de negociação. No debate, quando se trata de "expansão do voto por maioria qualificada", um novo "cálculo da maioria dupla" ou a importância do voto por maioria para "o aumento da eficácia da União Europeia", a questão existencial às vezes desaparece da vista. Quase se esqueceria o que realmente está em jogo (esse talvez também seja o propósito do jargão). É aqui que Hobbes, Locke e Rousseau vêm em nosso auxílio. Eles nos lembram que a transição para o processo de tomada de decisão por maioria tem a ver com a *fundação* ou *unificação* da Europa.

Como anda essa transição? A ideia de um simples salto de "antes" para "depois", da selva do veto nacional para uma Europa unida, é enganosa. Não é tão fácil assim desvendar o mistério do começo. Embora a Europa em parte tenha se desenvolvido nos últimos sessenta anos segundo a teoria da maioria, os Estados-membros também a repudiaram, com surpreendentes consequências.

Quatro observações prévias. Primeiro: é importante distinguir a União Europeia de organizações internacionais como o Fundo Monetário Internacional, as Nações Unidas ou a Organização Internacional para o Tratado do Comércio. Nesse tipo de organização, decisões coativas por maioria não são incomuns (apesar de o princípio da maioria ser às vezes atenuado pelo direito de veto de membros importantes, como no Conselho de Segurança, por exemplo). Mesmo assim, os Estados em geral não consideram que sua participação como membro ameace suas atividades políticas autônomas.

Isso porque semelhantes órgãos e agências funcionam a serviço dos Estados. Em contrapartida, a União Europeia se dirige, com direitos e obrigações e também com uma narrativa sobre o futuro político, não apenas aos Estados-membros, mas também a seus cidadãos. Para os Estados, isso em parte a torna uma concorrente, em vez de uma organização servil. Enquanto organizações internacionais comuns, na condição de prestadores de serviços, se encontram *fora* dos Estados, a União Europeia parece (querer) abranger cada vez mais seus Estados-membros. É por isso que entre alguns surgiu o temor de que na Europa seu país "derreteria como um cubo de açúcar no café" (o primeiro-ministro tcheco Klaus) ou que a participação como membro significaria o fim de "mil anos de história" (o líder oposicionista britânico Gaitskell).[4] Ninguém jamais considerou que a adesão de seu país à, digamos, Organização Mundial da Saúde teria o mesmo efeito. Essa diferença explica por que a questão da maioria na União Europeia, muito mais que em outras organizações internacionais, forma uma premente questão existencial.

Em segundo lugar, nota-se que a questão da unanimidade *versus* a maioria na Europa não se resume a um "tudo ou nada". A maneira de votar depende do assunto, ademais muitas vezes com exceções sobre as quais já se havia discutido por décadas. Desse ponto de vista, a União Europeia se encontraria entre ambos os extremos – como se estivesse metade fora e metade dentro do estado natural. O movimento, entretanto, na medida em que ocorre, se dirige sempre na mesma direção: vetos foram abolidos e nunca mais reintroduzidos. A transição não é um salto, mas aparentemente é demorada. Veremos que esse "meio tempo" não é perdido, mas sim essencial para o que ocorre.

---

[4] Václav Klaus, 1994. In: Carlos Reijnen, *Op de Drempel van Europa. De Tsjechen en Europa in de Twintigste Eeuw*. Kampen, Boekencentrum, 2005, p. 15 e 357; Hugh Gaitskell, 3 out. 1962. In: Brian MacArthur (org.), *The Penguin Book of Twentieth-Century Speeches*. London, Penguin, 1999, p. 319-21.

Em terceiro lugar, o fato de o tempo estar sendo usado levanta a questão sobre por onde começar. Aqui fica evidente que a fundação da Europa ocorre contrariando uma sequência lógica. Na lógica estatal, podemos distinguir dois níveis: primeiro, o do pacto de fundação e suas revisões; segundo, o das decisões cotidianas e suas disposições. O normal seria, conforme Rousseau também observou, primeiro uma ata de fundação precisa que permitisse a criação de um corpo político autônomo, e só depois uma legislação por maioria. No entanto, na Europa ocorre o contrário. Por isso, se tratará primeiro da transição para a maioria para processos de decisão comuns (capítulo 1), depois, da instituição e revisão de um pacto de fundação (capítulos 2 e 3).

Essa curiosa sequência traz como grave efeito colateral o fato de se opor a uma boa narrativa sobre a fundação. A questão de ela não ocorrer em um único momento, mas precisar de tempo, em si não constitui problema. A metáfora do caminho poderia ser útil, um caminho da unanimidade para a maioria que se estende diante da incipiente União Europeia. Pense em um conto épico no qual ao longo do percurso o herói elimina um a um os obstáculos, constantemente sob a mortal ameaça da "guilhotina da unanimidade" (Craxi).[5] A União Europeia feito um Hércules. Outra opção é a intriga psicológica do *bildungsroman* [romance de formação], enfatizando o desenvolvimento da percepção dos Estados-membros, na medida em que estes se desfazem de seus "egoísmos nacionais" (Spaak).[6] Os Estados-membros como um conjunto de Wilhelm Meister.[7] Em ambos os gêneros percorre-se uma sequência histórica linear. Isso também oferece espaço à ideia de que as escolhas mais existenciais, como decisões

---

[5] Craxi, 29 jun. 1985. In: Jan Werts, *The European Council*. Amsterdam/Atlanta, Elsevier, 1992, p. 281.

[6] Spaak, 11 dez. 1951, *in* Paul-Henri Spaak, *Combats Inachevées. De l'Espoir aux Déceptions*. Paris, Fayard, 1969, p. 51.

[7] Personagem principal da obra de Goethe que deu origem ao romance de formação (N. T.)

sobre guerra e paz, se encontram no final do caminho. Essa narrativa linear, contudo, se mostra entrecortada por uma sequência contraditória e por tramas paralelas. A partir disso, não se pode criar uma história convincente – no máximo, um romance cheio de *flashbacks* e uma perspectiva que se alterna constantemente. Essa dificuldade certamente contribui para a confusão pública sobre a Europa, assim como para o fraco desempenho dos políticos para contar histórias.

Em quarto e principal lugar, ficará evidente que o processo de decisão por maioria de fato influenciou a unificação de forma categórica, na forma de estímulo, ameaça e teste ideológico. Ao mesmo tempo, descobriu-se progressivamente que em si esse sistema não foi uma condição necessária nem satisfatória para o surgimento de um corpo político europeu. Não foi uma condição necessária, pois até o presente a maioria e certamente as mais importantes decisões foram tomadas por consenso entre os Estados-membros. Nem foi uma condição satisfatória, pois uma decisão por maioria que não fosse aceita por um governo suplantado e por sua população seria inútil ou implicaria interferência estrangeira. Por essas duas experiências, os Estados-membros perceberam que não era necessário e talvez nem desejável transferir todas as atividades para a esfera institucional interna para efetivamente poder funcionar como uma "Europa". A coação dos Estados-membros reunidos em relação a membros individuais também demonstrou ser possível com o uso de outros meios além da formal votação por maioria. Em suma: na luta ideológica e na crise política do veto, a coletividade reforçou a esfera institucional interna e se viu como um círculo de Estados-membros.

Capítulo 1 | A Conversão

> A unanimidade [...] foi o processo de decisão que em geral antecedeu a regra da maioria. [...] E que se enrijeceu como regra de procedimento, podendo levar ao domínio de um sobre o todo. [...] mas este último ocorre apenas no estágio final ou de decadência [...]. Antes e alhures, a necessidade do acordo ainda forma um compromisso e o oposto do veto: queremos e devemos entender-nos uns aos outros.
> *A. J. P. Tammes*, Hoofdstukken van Internationale Organisatie

Em 18 de abril de 1951, no Salon d'Horloge no Ministério das Relações Exteriores em Paris, foi assinado o Tratado que instituiu a Comunidade Europeia do Carvão e do Aço pelos Estados-membros. Um grupo extraordinário de pessoas se encontrava reunido. O anfitrião francês era o ministro Robert Schuman, antigo primeiro-ministro, que iniciara a carreira na região da Lorena, quando esta ainda era alemã, portanto antes da guerra de 1914. De Bonn, veio o chanceler Adenauer, de 75 anos, atuando como seu próprio ministro das Relações Exteriores, na primeira conferência governamental desde 1932 na qual um membro de um governo democrático alemão participava. Pela Itália, estava o conde octogenário Carlo Sforza, descendente de uma linhagem que na Renascença reinara sobre a cidade de Milão e imediações. Além deles havia o belga Van Zeeland, por duas vezes primeiro-ministro antes da guerra, o luxemburguês Joseph Bech, por um quarto de século ininterrupto no palco internacional, e o neerlandês Dirk Stikker, fabricante de cerveja e político liberal. Nos dias anteriores, esses senhores ainda haviam negociado ardentemente algumas questões pendentes. Tantas haviam sido as alterações de última hora que no momento supremo não havia um texto oficial do tratado disponível.

A solução foi simples. Os seis ministros, encabeçados por Adenauer em nome da Alemanha, colocaram sua assinatura em uma folha de papel em branco. O espírito do acordo servia de garantia à letra. A Europa nasceu como uma página a ser escrita.

Havia um salto para a maioria para decisões comuns fixado no pacto de fundação. Quem assinasse se compromissava. Para certas decisões – digamos, o preço do carvão ou o fechamento de uma mina – em princípio bastaria a aprovação da maioria entre os Seis. Então, todos estariam conformes. Nesses casos, o todo ganhava prioridade sobre as partes, a coletividade adquiria uma forma autônoma, independente dos Estados. Nesse sentido, a Europa, concebida pelo plano Schuman de 9 de maio de 1950, nasceu da assinatura do tratado de Paris.

Muito ainda estava incerto em abril de 1951. Como essa coletividade se pareceria, quem falaria em seu nome, qual seria sua relação com os Estados fundadores? As expectativas divergiam. As respostas tampouco se encontravam no texto do tratado. Elas surgiram com o tempo, resultado da luta e do acaso. Contudo, já era possível distinguir o rumo dos desenvolvimentos nos meses entre a concepção e o nascimento da Europa, e novamente durante o "relançamento" de 1955-1957; em duas etapas, os governos nacionais se posicionaram no centro, à mesa. Depois dois acontecimentos, juntos, deram uma virada imprevista mas decisiva na forma da Europa. Um desses momentos de transição foi uma silenciosa reviravolta jurídica, que começou em 1963; o outro foi uma crise política sem precedentes em 1965-1966, de efeito prolongado. Em ambos os casos, tratava-se da relação entre o todo e as partes.

À MESA

De volta a 9 de maio de 1950. Jean Monnet, o idealizador da Comunidade do Carvão e do Aço, almejava repartições europeias o mais independentes possível. O poder de decisão sobre assuntos relacionados a esses produtos ficaria com uma Alta Autoridade "supranacional", à qual os governos nacionais delegariam parte de sua soberania. A Autoridade funcionaria no âmbito do tratado como uma espécie de governo federal. Eventuais contestações viriam de instâncias de recurso como uma corte. Esse plano concreto servia a um objetivo supremo. Soberania compartilhada sobre um setor econômico seria, segundo Schuman e Monnet, "a primeira etapa rumo a uma Federação Europeia".[1]

O propósito foi claro; já o resultado, um pouco diferente. Durante as negociações em Paris, no verão de 1950, os franceses receberam total apoio dos alemães para seu projeto. Em Londres, porém, essas ideias nem sequer podiam ser mencionadas; o primeiro-ministro Attlee publicamente chamava a planejada Alta Autoridade de "órgão irresponsável nomeado por ninguém e sem responder a ninguém".[2] Os britânicos, portanto, ficaram em casa. Também os representantes do Benelux,[3] encabeçados pelos neerlandeses, temiam que a Autoridade de Monnet pudesse exercer "verdadeira ditadura" sobre a indústria minerária.[4] Mesmo assim, eles haviam se apresentado na mesa de negociações e com isso acataram o princípio das decisões supranacionais.

O conflito convergia em torno da posição dos governos nacionais. Na visão de Monnet, após a elaboração das regras, eles deixariam sua execução por conta da Alta Autoridade. O negociador neerlandês Spierenburg considerava imprudente a aplicação das regras por funcionários públicos sem a participação dos governos, ainda mais que o

---

[1] Robert Schuman, Declaração de 9 maio 1950.

[2] Clement Attlee. In: Paul Van de Meerssche, *De Europese Integratie, 1945-1970*. Leuven, Davidsfonds, 1971, p. 122.

[3] Consórcio formado por Bélgica, Países Baixos e Luxemburgo. (N. T.)

[4] Dirk Spierenburg para o ministro (neerlandês) das Relações Exteriores, 29 maio 1950. In: Dirk Spierenburg e Raymond Poidevin, *Histoire de la Haute Autorité de la Communauté Européenne du Charbon et de l'Acier. Une Expérience Supranationale*. Bruxelles, Bruylant, 1993, p. 13.

desempenho da mineração teria repercussões sobre o resto da vida econômica, pela qual os governos certamente eram responsáveis. Monnet concordou, sob a condição de que os governos atuassem "em conjunto"; "O senhor tem razão", ele disse a Spierenburg, "temos de puxá-los para dentro da piscina, esses ministros".[5] Assim, em 12 de julho de 1950, subitamente surgiu uma nova instituição europeia: o Conselho de Ministros. Esse Conselho obteve o direito de emitir pareceres e deveria ratificar algumas decisões da Autoridade. Os ministros nacionais obtiveram dessa maneira certo controle sobre a situação, mas estavam condenados uns aos outros, devido à condição exigida por Monnet.

Com isso, o mecanismo europeu encontrou sua forma primordial: uma autoridade supranacional, um conselho de ministros, controle parlamentar e jurídico. Que tipo de bichinho essa Europa seria ficou a ser definido. O objetivo final pretendido, a "Federação" de Schuman, ficou fora do texto do tratado. Em vez disso, os fundadores esperavam "uma comunidade cada vez maior e mais unida" entre suas populações.[6]

Em setembro de 1952, as repartições foram inauguradas em Luxemburgo. Ao lado dos membros da Alta Autoridade, os governos nacionais possuíam sua mesinha. O achado de Monnet e Spierenburg pareceu funcionar. "Os ministros se mostraram deveras envolvidos na prática", segundo uma testemunha, "e logo começaram a agir 'como um clube', fora das suas atribuições institucionais bastante limitadas."[7] Já a partir do momento da fundação surgiu, inesperadamente e fora do tratado, a esfera intermediária dos membros.

---

[5] Jean Monnet, "Een Sneeuwveld in 1942. Vraaggesprek met drs. M. Kohnstamm". In: A. G. Harryvan, J. van der Harst e S. van Voorst (orgs.), *Voor Nederland en Europa. Politici en Ambtenaren over het Nederlandse Europabeleid en de Europese Integratie, 1945-1975*. La Haye, Instituut voor Nederlandse Geschiedenis, 2001, p. 92.

[6] Preâmbulo Ceca.

[7] Edmund P. Wellenstein, 13 ago. 2008, carta ao autor.

De fato, isso já havia ocorrido na primeira reunião do Conselho, em setembro de 1952. "Monnet, o presidente do órgão de autoridade máxima, não obstante sua baixa estatura, irradiava toda a autoridade compatível com sua alta função. As solenidades, as festividades, os banquetes – tudo era [...] quase esfuziante."[8] Nesse clima, os seis ministros das Relações Exteriores, antecedendo a ratificação do tratado para um exército europeu – um texto inteiramente diferente, mas por coincidência com as mesmas assinaturas –, decidiram mandar elaborar um estatuto preliminar para uma "Comunidade Política Europeia". Como os Seis entre si, eles tomaram essa decisão altamente política, que pouco tinha a ver com carvão e aço. Assim, o Conselho dos Ministros, fundado como instituição comunitária, imediatamente se tornou o órgão deliberativo favorito do círculo dos membros.

Significativo também foi um acontecimento que ocorreu mais de um ano depois. Devido à primeira retração econômica na Europa Ocidental do pós-guerra, os ministros do Conselho se pronunciaram sobre a necessidade de análises conjuntas da conjuntura e de um resumo dos efeitos da crise sobre a indústria do carvão e do aço. Nada disso constava no tratado, de modo que o Conselho não tinha a devida competência para tal. O ministro belga Duvieusart veio com a solução: "Vamos fazer isso na condição de 'representantes dos governos reunidos no Conselho'".[9] Foi assim que as pesquisas sobre o poder aquisitivo do consumidor surgiram e a agência de estatísticas da Autoridade começou a se ocupar com bem mais do que estatísticas sobre a mineração. A fórmula se revelou tão fecunda que dentro de uma década levou a dezenas de decisões dos Seis fora do âmbito do tratado. (Essas eram as "*Mischformen* [aberrações] entre o direito das nações e o da

---

[8] Jelle Zijlstra, *Per slot van Rekening. Memoires.* Amsterdam/Antwerpen, Contact, 1992, p. 55.

[9] Jean Duvieusart. In: E.P. Wellenstein, 13 ago. 2008, carta ao autor.

Comunidade que caracterizavam a esfera intermediária", conforme depois mencionado pelo perspicaz jurista alemão.)[10]

Alguns anos após o pacto de fundação, os mesmos seis Estados novamente se sentaram à mesa. O ânimo foi mais brando. Nesse ínterim, o ambicioso plano para um exército europeu havia encalhado. Foi-se Monnet. Entre 1955 e 1957, os Seis elaboraram um tratado sobre um mercado comum. No que se refere ao conteúdo, esse pacto era mais abrangente que o anterior. Os acordos não se limitavam a um único setor, mas em potencial afetavam toda a vida econômica nacional, a começar pela indústria e pela agricultura. Em contrapartida, no que se refere à sua forma, esse pacto era mais modesto. Ficou limitado à economia e manteve elevados objetivos políticos fora do preâmbulo, com exceção da propositadamente vaga frase "uma união cada vez mais coesa entre os povos"[11] – criação de um diplomata francês.

Também o mecanismo institucional em 1957 se mostrou bem mais modesto. As instituições continuaram as mesmas, mas as relações de poder haviam mudado. Em vez da "Alta Autoridade", surgiu uma "Comissão"; o que soava menos ameaçador. Sua principal tarefa era zelar pelo cumprimento das regras e submeter propostas. O que aconteceria com essas propostas seria decido pelo Conselho Ministerial. Para muitos assuntos, como a agricultura, foram feitos somente acordos básicos, enquanto as verdadeiras regras ainda precisavam ser elaboradas. O mecanismo sob o qual a Autoridade/Comissão somente aplicaria as regras do tratado dessa vez não decolou. Uma longa, senão permanente, negociação aguardava os Estados-membros. Isso colocou ainda mais o poder de decisão do

---

[10] J. H. Kaiser, "Die im Rat Vereinigten Vertreter der Regierungen der Mitgliedstaaten". In: Walter Hallstein e Hans-Jürgen Schlochauer (orgs.), *Zur Integration Europas. Festschrift für Carl Friedrich Ophüls*. Karlsruhe, C. F. Müller, 1965, p. 115.

[11] Preâmbulo CEE.

Conselho em evidência. A mesa dos governos se posicionou no centro do processo de decisão.

Não obstante, as conversações na mesa ministerial eram formalmente regidas por um roteiro fixo, o "método comunitário". Nesse roteiro, a Comissão ganhava o direito exclusivo de submeter propostas com relação ao mercado europeu para a aprovação do Conselho. Este podia decidir por maioria, contanto que sua decisão não se desviasse da proposta feita pela Comissão; por conseguinte, os Estados-membros somente podiam rejeitar a proposta da Comissão por unanimidade. Essa votação por maioria na mesa dos ministros iria se expandir após quatro, oito ou mais anos para um número substancial de áreas programáticas. Especialmente os Estados-membros menores estavam dispostos a aceitar o princípio da maioria. Eles acreditavam que certa legislação se mostraria tão essencial para o mercado que o interesse comum justificava poder contornar o veto. Ao todo, tratava-se de uma verdadeira demonstração de malabarismo institucional.

O voto pela maioria, programado para o futuro próximo, constituía um elemento notável. Estava prenhe de consequências. Segundo um dos presentes, durante as negociações no castelo do Vale da Duquesa,[12] em Bruxelas, ninguém mencionou a palavra "supranacional" uma única vez.[13] O lugar central reservado aos governos também não ofereceu motivo para tal. Mesmo assim, o voto pela maioria conferiu um toque (potencialmente) supranacional à coletividade. Ao mesmo tempo, o adiamento programado acobertou um conflito essencial sobre a relação entre o todo e as partes inerente à votação. Um pouco por causa disso, um negociador francês definiu o pacto de Roma como "um tratado com uma meticulosa imprecisão".[14]

---

[12] Em neerlandês (flamengo), *Hertoginnedal*. Em francês (valão), *Val Duchesse*. (N. T.)

[13] Robert Marjolin, *Le Travail d'une Vie. Mémoires 1911-1986*. Paris, Laffont, 1987, p. 293.

[14] Jean-François Deniau, *L'Europe Interdite*. Paris, Le Seuil, 1977, p. 67.

Assim, nos sete anos entre a Declaração de Schuman e a assinatura do Tratado de Roma, os governos nacionais se aninharam no centro da política europeia. Embora o idealizador da comunidade minerária originalmente os quisesse manter de fora, eles primeiro adquiriram o direito de recomendação e consentimento (1951) e depois o poder de decisão (1957). A partir daí os ministros se reúniam no mínimo uma vez por mês na condição de Conselho, em vez de a cada três meses, como antes.

Notável também foi a posição que os embaixadores dos Seis obtiveram. Eles se reúniam a cada semana, junto com um representante da Comissão, para discutir assuntos pendentes e preparar as reuniões do Conselho. Começando em 1953 como um pequeno grupo de diplomatas itinerantes, a partir de 1958 os embaixadores formaram um "comitê de representantes permanentes dos Estados-membros", com sede em Bruxelas. Esse comitê revelou ser um elo crucial da vida comunitária. Os embaixadores representavam o interesse nacional em Bruxelas e vice-versa, representando os interesses da Comunidade nas capitais. Pelo fato de o comitê ter sido criado fora do tratado, um embaixador o denominou jocosamente de "o filho bastardo do Tratado de Roma"[15] (somente em 1965 ele adquiriu um *status* sob o tratado).

O poder desse círculo de embaixadores, exercido no limite da diplomacia com a política, logo se tornou lendário. Em seu comitê, numerosos conflitos entre os Estados-membros foram amenizados ou resolvidos por meio da negociação, interesses econômicos foram avaliados, trocados ou entrelaçados. Havia uma forte busca pelo resultado. Isso porque entre os Seis existiam tantas decisões conjuntas a serem tomadas que somente as pendências mais importantes podiam ser encaminhadas aos ministros (que em casa tinham outros assuntos a tratar). Nos círculos da Comunidade, alguns temeram inicialmente que os embaixadores fossem esvaziar o poder

---

[15] Jean-Marc Boegner, 3 fev. 1972. In: www.ena.lu.

da Comissão, a quem de fato competia submeter propostas ao Conselho. Mas espalhou-se a noção de que esse foro formava um elo indispensável entre as capitais e "Bruxelas". Todos os envolvidos atestam a extraordinária relação entre os embaixadores. Debatedores ferrenhos acabaram afeiçoados uns aos outros. Mesmo que passassem o dia inteiro discutindo, desenvolveram um fenomenal espírito de grupo entre si. Após onze anos naquela mesa, o inacessível gaullista Boegner falou durante sua despedida:

> Eu me afeiçoei a este comitê [...], como todos nós nos afeiçoamos. De certa forma, como um marujo se afeiçoa a seu navio, como um camponês se afeiçoa a seu campo ou a seu vinhedo [...]. Pois característico para o *círculo* que formamos é a meu ver a possibilidade que nos é oferecida para sermos completamente nós mesmos, a sensação de que ali somos todos iguais.[16]

Esse "círculo de iguais" – difamado como "uma invenção do demônio" pelos puristas da doutrina europeia[17] – foi uma das primeiras formas na qual o imprevisto mundo intermediário dos Estados-membros se manifestou. Esse foi o lugar onde a confiança entre os membros cresceu lentamente.

O permanente diálogo entre ministros (mensal) e embaixadores (semanal) promoveu bastante o espírito de grupo entre os Estados-membros. Crucial foi que os governos haviam sido postos *juntos* à mesa. Com isso o incipiente corpo político europeu se tornou mais viável do que teria sido na rarefeita atmosfera federal de Monnet, sendo capaz de carregar sua responsabilidade com relação às populações nacionais dos seis países.

Com o novo alicerce de Roma, duas questões despontaram com nitidez. Primeiro: de que valia o voto de um governo individual na

---

[16] Ibidem. Grifo do autor.
[17] Marinus van der Goes van Naters, c. 1962, relatado por Charles Rutten, 29 nov. 2006. In: www.ena.lu.

tomada de uma decisão conjunta? Qual seria a força de uma opinião diante de quatro ou cinco contrárias? É a questão constitucional da *maioria*. Segundo: qual a relação entre uma decisão conjunta, uma vez tomada, e a decisão individual de cada um? Podia-se como ministro do Conselho em Bruxelas tomar uma decisão "A" e em casa, junto ao próprio governo em Paris, Roma ou Haia, optar por uma decisão "B"? É a questão jurídica da *preferência*. Esses princípios são disputados em domínios diferentes. Assim, o que está em jogo em ambos os casos é o grau de coação conjunta, a relação entre o círculo completo e os membros individuais. A partir de 1958, as questões da preferência e da maioria se tornaram o campo de batalha da relação entre Estados-membros e coletividade.

Na dicotomia ideológica corrente, havia apenas dois caminhos que os Seis podiam tomar: maioria com preferência (supranacionalismo) e unanimidade sem preferência (intergovernamentalismo). Objetivamente, porém, havia mais duas combinações: maioria sem preferência e unanimidade com preferência. Eram quatro possíveis preenchimentos da folha em branco do Salon d'Horloge.

Os acontecimentos foram diferentes do que os moldes ideológicos podiam supor. Ficará claro que os Estados-membros não tomariam o caminho do supranacionalismo numa questão e o do intergovernamentalismo na outra (o quebra-cabeça de uma contradição, observado com frequência na literatura acadêmica, desse modo se relativiza). Não, de fato fizeram duas vezes a mesma coisa. Por duas vezes, os Estados optaram pela coação conjunta mais contundente. Resultado: preferência para a coletividade, por consenso dos membros.

Ambas as escolhas foram feitas em Luxemburgo, uma por meio de um pronunciamento da Corte em 5 de fevereiro de 1963, a outra por meio de um acordo político feito em 29 de janeiro de 1966. Durante esses três anos decisivos, esse caminho foi tomado pela eliminação dos três outros. Com o resultado inesperado, a Europa ainda persiste.

O ESPÍRITO

Os seis países fundadores não haviam previamente feito um acordo sobre como um conflito entre uma regra nacional e uma europeia seria resolvido. O que aconteceria se os ministros nacionais tomassem uma decisão conjunta que no país de um deles não fosse cumprida ou mesmo fosse boicotada? Tais coisas acontecem. Talvez se tratasse de um incidente, um momento de fraqueza. Nesse caso, os outros – assim como a Comissão, na função de cão de guarda – poderiam recorrer à Corte e tudo se resolveria. Mas o conflito poderia ser mais fundamental. Pois o que fazer quando um Estado-membro justifica a infração da regra europeia com um apelo às leis nacionais, aprovadas por seu próprio parlamento, ou mesmo à sua constituição? Nesse caso, é direito contra direito. Que regra teria a preferência?

No direito internacional, habitualmente o próprio Estado determina *como* vai cumprir suas obrigações internacionais. Pelo não cumprimento destas, ele pode ser responsabilizado perante um foro internacional. Traduzido para a Comunidade nos idos de 1960: os demais Estados-membros e a Comissão poderiam instaurar um processo na Corte Europeia em Luxemburgo contra um Estado-membro que não cumprisse as regras da Comunidade; os reclamantes seriam vindicados, o acusado teria de se adaptar à sua legislação. A pergunta, porém, era se esse clássico método de reparação serviria à Comunidade. Ele sobrecarregaria a Comissão excessivamente e seria muito demorado, acarretando uma prolongada disrupção do mercado comum.

Não demorou para que esse dilema fosse parar na mesa de um juiz nacional. No início dos anos 1960, a transportadora neerlandesa Van Gend & Loos, que havia levado toneladas de um tipo de plástico da Alemanha Ocidental para os Países Baixos, viu-se confrontada com uma elevada taxa de importação e contra isso recorreu à justiça alfandegária com um apelo ao Tratado de Roma. O fisco neerlandês alegou com base em outras decisões nacionais que a tributação era devida. O juiz nacional, hesitante, solicitou um prévio parecer à Corte em Luxemburgo sobre a questão subjacente: poderia o tratado europeu, válido para os Estados, também outorgar direitos compulsórios a pessoas físicas ou jurídicas? Era de esperar que a resposta fosse "não" e assim o caso estaria encerrado. Foi diferente.

O pronunciamento da Corte de Justiça no caso Van Gend & Loos ficou conhecido como um marco na história do direito europeu. Em diversos manuais jurídicos consta como os juízes em Luxemburgo foram "visionários", "ousados" ou "inovadores", porém ao mesmo tempo se enfatiza que não fizeram mais que tirar suas conclusões do tratado. Isso é enigmático. Como pode a aplicação da regra ao mesmo tempo denotar uma reforma de seus princípios? Esse paradoxo toca o âmago. A decisão judicial de 5 de fevereiro de 1963 foi um momento de transição para a Europa que obteve êxito graças a um ato de abnegação. Apesar de haver pouco a se acrescentar à exegese-padrão, seria útil examinar primeiro a causa e o pronunciamento do caso Van Gend & Loos para se poder apreciá-lo não como o conhecido ponto de sustentação da doutrina jurídica, mas como um avanço nas relações políticas entre os Estados-membros e a coletividade.

Não somente as partes envolvidas no pleito, mas também os governos da Bélgica, da Alemanha e dos Países Baixos, além da Comissão, se manifestaram na Corte. Os três governos protestavam em refrão: o tratado nos sujeita apenas ao direito internacional. Se transgredirmos o tratado, isso certamente poderá ser levado por outro Estado-membro ou pela Comissão para a Corte em Luxemburgo, mas nunca pelos nossos próprios cidadãos a uma corte nacional. Preferimos continuar mandando na nossa própria casa, segundo Bruxelas, Bonn e Haia. A Comissão, entretanto, assim como a Van Gend & Loos, achava que pessoas físicas ou jurídicas também deveriam ser capazes de se proteger contra transgressões aos princípios do mercado europeu.

Em 5 de fevereiro de 1963, os sete juízes da Corte de Justiça chegaram a um veredicto surpreendente. Para começar, a Corte, contrariando as objeções processuais dos governos, se declarou competente para responder à pergunta do juiz nacional, salvaguardando o direito de se pronunciar. A seguir, ela expôs que a resposta à pergunta não se encontrava explicitamente nas determinações do tratado, mas (observe a ordem das palavras) "no espírito, no conteúdo e na terminologia" da ata de fundação. Assim, abriu um espaço para expressão. Das três procedências do pacto de Roma invocadas, o *espírito* constituiu a força criadora, de acordo com a espetacular passagem-chave da decisão judicial:

> Considerando o propósito do tratado da CEE [Comunidade Econômica Europeia], a saber, a instituição de um mercado comum, cujo funcionamento compete diretamente aos residentes da Comunidade, implica ser esse tratado bem mais que um acordo que apenas institui obrigações mútuas entre as potências contratantes;
> Que este parecer é confirmado pelo preâmbulo do tratado que para além dos governos se dirige aos povos [...];
> Que [...] os residentes dos Estados reunidos na Comunidade por meio do Parlamento Europeu [...] são conclamados a colaborar com o trabalho dessa Comunidade; [...]
> Que [...] no direito das nações a Comunidade forma uma nova ordem jurídica de direito internacional, em benefício da qual os Estados, ainda que em área restrita, limitaram seus direitos soberanos e da qual não apenas os Estados-membros, mas também seus súditos, são objeto de direitos.[18]

Assim, a Corte, com base em um "propósito", criou em algumas sentenças nada menos que "uma nova ordem jurídica". O acesso ao direito comunitário para pessoas físicas e jurídicas não significava que a Corte lhes abrisse suas portas, mas que os juízes nacionais deviam garantir o cumprimento das regras europeias.

---

[18] Corte Europeia de Justiça, acórdão Van Gend & Loos, 5 fev. 1963.

No que se refere à elevada taxa de importação cobrada da Van Gend & Loos, portanto, cabia ao juiz alfandegário neerlandês decidir, com o tratado na mão.

O que torna esse pronunciamento da Corte revolucionário? Nele, os juristas distinguem o nascimento, do que se chama no jargão de "efeito direto", princípio pelo qual sob determinadas condições pessoas físicas e jurídicas podem recorrer ao tratado em última instância. Não é pouca coisa. Isso integra a ordem jurídica europeia com as nacionais de forma extraordinária. Além do mais, as consequências para a relação dos indivíduos com a Europa foram imensas. Numa única manobra estratégica, a Corte vinculou dois novos grupos com funções e interesses ao funcionamento do direito comunitário. Primeiramente, a partir daquele momento todo juiz nacional também se tornara um juiz europeu. Ele tinha de aplicar as leis europeias não por meio da Corte em Luxemburgo, mas de sua própria corte de justiça ou tribunal, não importando em que instância ou em qual domínio jurídico. Em segundo lugar, a partir daquele momento, todo participante da vida econômica europeia – fabricante, comerciante, assalariado, consumidor – poderia obrigar um Estado-membro a cumprir as regras. Isso também havia sido um lance ponderado da Corte, a julgar pela declaração no caso Van Gend & Loos de que "a vigilância por parte dos interessados no cumprimento de seus direitos" formaria um proveitoso complemento ao controle exercido pela Comissão e pelos Estados-membros. Um dos sete juízes posteriormente o articularia de maneira mais incisiva: "Quando uma pessoa física ou jurídica recorre ao juiz para fazer reconhecer os direitos que derivam dos tratados, ela não age apenas em proveito próprio, mas se torna uma espécie de xerife adjunto da Comunidade".[19] Assim, de

---

[19] Robert Lecourt, *L'Europe des Juges*. Bruxelles, Bruyant, 1977, p. 260 (grifo do autor).

uma só tacada, centenas de tribunais e milhões de reclamantes em potencial se encontravam a serviço da Europa: do ponto de vista sociojurídico, o caso Van Gend & Loos foi uma jogada de mestre.

Não obstante, isso não denota a verdadeira importância do caso. Ocorre que, previamente ao novo princípio jurídico, algo fundamental ocorreu, por vezes esquecido pelos juristas. A condição necessária para conseguir estabelecer o vínculo jurídico direto entre indivíduos e a Europa foi que *os Estados* se deixaram pôr de lado. Na maneira ousada em que a Corte o fez se encontra a genialidade da decisão judicial. Contra a vontade dos Estados fundadores, dos quais notadamente três protestaram em audiência, a Corte alçou a fundação acima da letra do tratado, a seu espírito. A Corte blefava, sem dúvida. Pois quem conhece o espírito do pacto? Quem determinou que os juízes, mais que os fundadores, pudessem falar em nome desse espírito? Se os Estados fundadores tivessem de aceitar de antemão que o propósito da Comunidade de fato "implica ser este tratado bem mais que um acordo que apenas institui obrigações mútuas entre as potências contratantes", talvez tivessem recuado. Nesse sentido, a Corte jogou alto no caso Van Gend & Loos. Todos os Estados acataram a decisão. Somente após essa aceitação pelos Estados – e não antes – é que a Comunidade se tornou "uma nova ordem jurídica". De quebra, a Corte nomeou a si mesma como o mais elevado porta-voz do espírito da fundação.

O sucesso político do caso Van Gend & Loos se baseia, portanto, em um jogo inteligente com o tempo. A Corte empreendeu um golpe em 5 de fevereiro de 1963 em nome de uma nova ordem jurídica autônoma, mas fez de conta – apesar de ninguém o saber – que essa ordem se originara com o tratado. Assim se dissimulou a violação do *statu quo*. Ou melhor: assim se colocou o rompimento do momento de fundação no passado. Foi como se os juízes dissessem aos Estados: "Não foi um salto, viu? Os senhores já haviam passado pela ponte".

Uma vez que os Estados acreditavam ter passado pela ponte, uma vez que os seis governos reconheciam a Corte como porta-voz da fundação europeia, eles estavam juridicamente domados. A partir daquele momento, a Corte podia, com um apelo à origem fictícia ("1957"), elaborar sem impedimentos princípios jurídicos com os quais fortaleceria a posição da Coletividade. Embora com isso o trabalho tivesse apenas começado para os juristas (que ficaram com água na boca), esses são os derivados do momento de transição original de 5 de fevereiro de 1963, dentro da escolhida perspectiva da fundação.

Um passo subsequente é deveras importante. Conforme dito, a Corte colheu o primeiro fruto da nova situação no caso Van Gend & Loos, que foi o "efeito direto" do direito europeu (hoje sabemos que a árvore foi plantada quando os Estados deixaram que a Corte colhesse imperturbada aquele primeiro fruto). Naquela decisão judicial, a Corte não se pronunciou sobre o outro grande princípio, a "preferência" do direito europeu sobre o direito nacional. Em si ela também poderia ter colhido aquele fruto tentador de imediato. Isso, porém, era redundante, visto que a própria constituição neerlandesa já determinava que acordos internacionais precedessem a legislação nacional – pelo que poderia constituir um gesto petulante e excessivo. A Corte resolveu aguardar um momento melhor.

A oportunidade logo se apresentou, graças a uma desavença entre um consumidor italiano e a empresa estatal de energia elétrica. Novamente, um magistrado de primeira instância estimou que existia um risco de conflito entre duas disposições: ele considerava que determinadas disposições do tratado prevaleciam sobre uma lei italiana posterior. De novo, um governo nacional contestou com veemência a legitimidade da consulta. Isso levou ao igualmente lendário pronunciamento Costa/Enel de 15 de junho de 1964. Na continuidade do caso Van Gend & Loos, os sete magistrados determinaram que:

Em contraste com tratados internacionais comuns, o tratado da CCE instituiu uma ordem jurídica própria [...];

Os Estados-membros, ao criar uma Comunidade de duração indeterminada, constituída de órgãos próprios, com personalidade jurídica e competência administrativa, com poder de representação no âmbito internacional [...], limitaram seus direitos soberanos, ainda que em área restrita [...];

Essa inclusão no direito dos Estados-membros da regulamentação que brota do direito Comunitário e, mais em particular, do *espírito* e conteúdo do tratado, tem como consequência que os Estados não podem contrariar a ordem jurídica, adotada de comum acordo, por meio de um decreto legal promulgado posteriormente e de forma unilateral; tal decreto, portanto, não pode ser colocado acima da ordem jurídica da Comunidade;

[...] que a preferência do direito comunitário é confirmada pelo artigo [...]

[...] que [portanto] o direito do tratado, que flui de uma fonte autônoma, com base em seu caráter extraordinário, não pode ser ignorado por nenhum direito nacional, [...] sem comprometer a própria base jurídica da Comunidade.[20]

Uma reprise menos espetacular, mas certamente uma bem elaborada autoconfirmação. Na primeira consideração citada à Corte, se corrige: o direito europeu não recai como ordem jurídica sob o direito internacional "comum", mas é algo independente. Na consideração seguinte, a Corte acrescenta novos elementos da fundação, conquanto não usados no caso Van Gend & Loos para o fortalecimento da ordem jurídica autônoma. Somente então chega o momento de invocar o espírito da ata de fundação para alcançar o princípio da preferência, que primeiro é articulado na negativa (indeferimento da preferência nacional) e depois de forma positiva (preferência para a legislação europeia), seguido pela categórica conclusão. Em suma, primeiro a corte finca a árvore com mais firmeza no solo para depois colher, em nome do espírito da fundação,

---

[20] Corte europeia de justiça, acórdão Costa/Enel, 15 jul. 1964 (grifos do autor).

o cobiçado fruto. A ordem jurídica europeia se coloca acima da ordem jurídica nacional.

Os Estados novamente se deixaram blefar? Nem todos ao mesmo tempo. Levou por volta de uma década após o precedente do caso Costa/Enel para que os seis fundadores reconhecessem formalmente a prioridade das regras conjuntas nas suas mais altas práticas jurídicas. Com isso o golpe da Corte foi sacramentado. Pois em contraste com os Estados fundadores, que em 1963/1964 souberam inopinadamente o que teriam aprovado em 1957, todos os Estados que depois aderiram conheciam de antemão suas implicações. Todos os principiantes – desde britânicos, irlandeses e dinamarqueses em 1973 até romenos e búlgaros em 2007 – tiveram de reconhecer a jurisprudência de Luxemburgo por ocasião de sua admissão na ordem europeia.

Embora depois ainda ocorressem algumas escaramuças, a luta entre cortes de justiça sobre o processo de decisão comum foi decidida a favor da ordem europeia. Quando um poderoso Estado-membro, a Alemanha, por exemplo, introduziu um imposto rodoviário válido somente para estrangeiros, essa medida foi levada à Corte. Um ministro alemão compareceu pessoalmente, de toga, para pleitear a manutenção do *Strassenbenützungsgebühr*. A Corte decidiu inequivocamente que o imposto rodoviário infringia as regras de concorrência; Bonn cedeu. Decisões conjuntas, uma vez tomadas, são obrigatórias e podem ser impostas.

Por fim, ouviremos o pleito de um ex-presidente da Corte, juiz na época dos casos Van Gend & Loos e Costa/Enel. Trata-se de um trecho ímpar de retórica judicial, datado de 1976, no qual tanto o espírito da fundação quanto a natureza das coisas aparecem para sustentar o "evidente" princípio da preferência:

> Elaborar a maior quantidade possível de tratados e regulamentos, criar com grande esforço tantas instituições divididas entre Bruxelas, Luxemburgo e Estrasburgo, para então permitir que um Estado-membro

possa de uma só canetada impedir que as regras conjuntas assim expedidas sejam aplicadas em seu próprio território, esse seria um empreendimento demasiadamente insano, do qual jamais podemos aceitar que refletisse a vontade dos elaboradores do tratado! Essa é, pelo menos, a posição das Cortes e dos tribunais na maioria dos nossos Estados, quando implícita ou explicitamente julgaram estar na natureza das coisas que o direito comunitário deve se aplicar a todos e por isso prevalecer sobre o direito de cada Estado. Mas aquilo que é óbvio adquire clareza quando enunciado, em especial porque assim mesmo seu princípio foi contestado em certos lugares.[21]

O ASSENTO VAZIO

O ano de 1965 trouxe tempestades sobre a Europa dos Seis. A França passou meses afastada de Bruxelas e ameaçou cancelar o pacto de fundação. Duas eleições nacionais – a alemã em setembro e a francesa em dezembro – contribuíram significativamente para o resultado do conflito, que teve seu arremate em janeiro de 1966. Por fim, nenhum dos seis Estados conseguiu tudo o que queria, mas ainda assim todos podiam reivindicar uma vitória. O único incontestável perdedor foi o sétimo participante da mesa.

Uma tensão latente entre duas visões sobre a ordem europeia entrou em erupção, no que pode ser visto como a primeira crise constitucional da Europa. A intensidade sem precedentes dos acontecimentos assim como o reencontro em volta da mesa foram sinais de que a Europa passava por um momento fundamental de transição. Para não recair em lugares-comuns, vale a pena primeiro deixar os acontecimentos se desenrolar (*Crise e Compromisso*).

O resultado, o "Compromisso de Luxemburgo" de 29 de janeiro de 1965, é geralmente considerado o começo de uma obstrução da

---

[21] Robert Lecourt, op. cit., p. 284.

política europeia. De fato, os Seis abandonaram o roteiro do tratado por bastante tempo. Por outro lado, notou-se que não era possível se afastar da mesa europeia ao bel-prazer, rumo à livre esfera externa. Um membro tentou fazer isso, mas retornou a seu "assento vazio" após sete meses. Entre a esfera interna do tratado e o mundo exterior da diplomacia inesperadamente despontou um mundo intermediário, com regras e coações próprias. O compromisso de janeiro de 1966 significou que essa esfera intermediária dos Estados-membros "saiu do armário": os Seis assumiram sua existência conjunta fora do âmbito do tratado. Nas décadas seguintes, ficaria evidente que, com base nesse acordo, um tanto indelicadamente difamado, a Europa poderia vir a se desenvolver em um corpo político. Não como uma esfera interna bruxelense, mas como uma coletividade de Estados-membros cada vez mais integrada e coesa (*Transição*).

CRISE E COMPROMISSO

O pivô da crise foi a transição para o processo de decisão por maioria no dia 1.º de janeiro de 1966. Essa data se encontrava estabelecida no Tratado de Roma. Para a instituição do mercado comum, os Estados (em princípio) haviam reservado doze anos, a partir de 1958. Esse período se subdividia em três etapas de quatro anos. Enquanto a sucessão da primeira à segunda etapa no início de 1962 ocorreu mediante um arduamente disputado "acordo de transição", a sucessão da segunda etapa para a terceira seria automática. A partir daquele momento, o Conselho de Ministros decidiria por maioria sobre questões vitais como o preço do trigo, acordos comerciais e fluxos de capital. Isso transformaria drasticamente a relação entre os Estados-membros e a Coletividade. Mas de que maneira?

Em Bruxelas, se aguardava com confiança o momento da maioria. Quem mais além da Comissão, exceto os Estados unânimes, poderia falar em nome da Europa? Essa, pelo menos, era a opinião do presidente da Comissão Walter Hallstein. Em abril de 1962, o antigo professor catedrático de direito expôs para um público acadêmico americano a incipiente ortodoxia bruxelense:

> O princípio da votação por maioria é utilizado pela Comunidade nos seus procedimentos regulares; a regra da unanimidade, que formava um dos obstáculos das experiências anteriores, dessa maneira ficará reservada para casos excepcionais [...]. Além disso, à medida que o período de transição progredir, a votação por maioria se tornará cada vez mais a norma para as decisões do Conselho.[22]

O processo de decisão por unanimidade entre os Estados deveria ser visto como a última convulsão durante a conclusão da fase de fundação. Hallstein ademais estava convicto de que a integração europeia era mais que economia. Ela criava um novo "*zôon politicon*",[23] um ser político. Dentro da jovem comunidade, sua própria instituição desempenhava um papel, se não de cabeça, no mínimo de motor. Esse raciocínio levou o presidente da Comissão próximo à reivindicação de que representava um governo pan-europeu. Com o termo técnico "executivo", ele permanecia a somente um passo da palavra-tabu.

Também em Paris havia ciência da aproximação do 1.º de janeiro de 1966. O general De Gaulle governava desde 1958. Contra todas as expectativas, o velho herói de guerra havia cumprido o tratado europeu com rigor e, na medida em que os interesses agrícolas franceses estavam em jogo, o fez cumprir também pelos outros Estados-membros. Não se tratava de amor à causa supranacional, conforme ele deixava claro em célebres entrevistas coletivas. Sobre a expressão atribuída a ele, "*l'Europe des patries*" – a Europa das pátrias –, De Gaulle disse à imprensa em 15 de maio de 1962:

---

[22] Walter Hallstein, *United Europe. Challenge and Opportunity*, Cambridge, Harvard University Press, 1962, p. 23.

[23] Ibidem.

> A pátria é um elemento humano, sentimental, enquanto a Europa pode se basear somente em elementos atuantes, autoritários, responsáveis. Quais elementos? *Eh bien*, os Estados! [...] Já disse e repito que na época atual não pode haver outra Europa senão a Europa dos Estados, naturalmente sem contar os mitos, as falácias e as paradas.

E sobre a votação por maioria:

> Na época atual, não é possível que uma maioria estrangeira possa obrigar nações intransigentes a adotar determinadas políticas.[24]

Havia mais que a retórica. A pedido do general, em 1960, um ministro francês já havia conduzido uma análise sobre como as "virtualidades federais" do Tratado de Roma, especialmente o processo de decisão por maioria, poderiam ser "desativadas". Devido a uma secretária descuidada, essa nota confidencial foi parar em um jornal. Também planos franceses de 1961 e 1962 para uma união política europeia foram amplamente rejeitados como uma tentativa para colocá-la sob a tutela da Comunidade. Assim, as partes podiam saber de antemão suas posições e intenções.

Na primavera de 1965, a situação ganhou impulso. Em meados de março, o presidente da Comissão Hallstein realizou uma visita oficial aos Estados Unidos. Na Casa Branca, ele falou com o presidente Johnson e, no Pentágono, com o ministro da defesa. Esse último passo, uma intrusão no domínio sagrado da defesa nacional, foi sem precedentes. Também notável foi que o presidente da Comissão ficou hospedado na Blair House, normalmente reservada a chefes de Estado. Para culminar, os bastidores sussurravam que Hallstein, respondendo à pergunta de um jornalista americano sobre as atribuições de sua função, teria afirmado que seria "uma espécie

---

[24] Charles de Gaulle, conferência de imprensa de 15 de maio de 1962. In: Charles de Gaulle, *Mémoires d'Espoir, Suivi d'un Choix d'Allocutions et Messages sur la IVe et la Ve Républiques*. Paris, Plon, 1994, p. 792-93.

de primeiro-ministro da Europa".[25] Essas pretensões do presidente da Comissão denunciavam a euforia existente por toda a instituição. Segundo um comissário francês, ele próprio um cético, a maioria de seus colegas acreditava que o "dia da glória" se aproximava e que eles sonhavam com um "juramento da quadra da C" à la 1789.[26] (Mais de meio ano depois de fato haveria um juramento constitucional, mas bem diferente.)

No dia 22 de março, a Comissão aprovou um ambicioso pacote de propostas que, se fosse aceito pelos Estados-membros, traria o desejado salto político. As forças motrizes por trás disso foram Hallstein e o comissário neerlandês Mansholt. Três assuntos haviam sido vinculados de maneira engenhosa: crédito agrícola, orçamento comunitário e competência parlamentar. Em poucas palavras, os agricultores seriam pagos inteiramente por meio de um fundo agrícola financiado pela receita das taxas sobre a importação de produtos agrícolas e industriais, que fluiriam diretamente para um erário europeu, sobre o qual os parlamentares em Estrasburgo teriam importante poder de decisão. Em princípio, o primeiro painel desse tríptico era pouco polêmico; o segundo surpreendia ao prever que em determinado momento a receita superaria em muito os gastos e que a Comissão teria o monopólio para sugerir o destino do excedente; quanto ao terceiro, permitia aos parlamentares mudar o orçamento à revelia de até quatro Estados. Em violação ao protocolo, Hallstein anunciou esses planos dois dias depois, durante uma plenária da assembleia em Estrasburgo – na época ainda constituída por deputados dos parlamentos nacionais –, *antes* de serem enviados aos Estados-membros. Assim, a Comissão se dirigiu diretamente aos parlamentares e à opinião pública, passando por cima dos governos. Para sua insatisfação,

---

[25] Walter Hallstein, mar. 1965. In: John Newhouse, *Collision in Brussels. The Common Market Crisis of 30 June 1965*. London, Faber & Faber, 1967, p. 86-87.

[26] Robert Marjolin, op. cit., p. 343.

os ministros haviam perdido parte de sua liberdade de atuação. Especialmente a França, que ocupava a presidência, ficou ofendida.

O debate decisivo no Conselho dos Ministros ocorreu de 28 a 30 de junho de 1965, no Palácio do Congresso, em Bruxelas. O conflito convergiu sobre a questão de se o tríptico deveria ser considerado um todo (Itália, Alemanha, Países Baixos) ou se um acordo sobre o primeiro painel bastava (França). Os franceses, cujo interesse se limitava ao acordo sobre as verbas para a agricultura, preferiram não se deixar atrair pela isca do primeiro painel para se enredar na malha política preparada pela Comissão com os painéis dois e três. As delegações da Itália, da Alemanha e dos Países Baixos insistiram para que os recursos comunitários e a participação do parlamento em sua destinação orçamentária também fossem incluídos no debate. Os três governos se encontravam sob a pressão de seus próprios parlamentos, que razoavelmente desejavam recuperar no âmbito europeu a participação que haviam perdido no âmbito nacional. Os italianos tinham o problema específico que a regulamentação agrícola anterior os havia prejudicado. Para os neerlandeses, a oposição aos franceses formava uma constante havia anos – se não séculos. Inédita foi a posição da Alemanha Ocidental. Desde a partida de Adenauer, na segunda metade de 1963, as relações teuto-francesas haviam esmorecido. Os belgas e os luxemburgueses procuraram o compromisso. Nesse campo complexo, na segunda-feira, dia 28, avançou-se pouco mais além de uma deliberação técnica sobre a questão financeira.

Somente na tarde da quarta-feira, dia 30, é que se retomaram as conversações. Muitos esperavam uma plenária-maratona, na qual, segundo a prática costumeira, o presidente do Conselho pararia o relógio à meia-noite no intuito de continuar negociando até que um acordo fosse alcançado. O italiano Fanfani repetiu o desejo de Roma de atribuir poder orçamentário aos parlamentares. O secretário de Estado alemão Lahr o apoiou. No que Couve de Murville avisou solenemente em nome da França que, caso o compromisso de uma nova disposição financeira para a agricultura não fosse assumido, "não haveria mais Comunidade".[27] Como presidente, ele a seguir sugeriu limitar a discussão à divisão dos encargos financeiros. Couve de Murville somente obteve o apoio do belga Spaak. Hallstein, presidente da Comissão, defendia obstinadamente seus planos. Depois disso, o ministro alemão Schröder falou pela primeira e última vez. Ele manteve o apoio ao tríptico da Comissão e anunciou aos colegas que naquela tarde o Bundestag [Parlamento alemão] unanimemente aprovara uma resolução conclamando seu governo a apoiar o Parlamento em Estrasburgo. Referente à disposição financeira: ninguém defendia um adiamento indevido, mas Schröder não via sentido em manter-se mesquinhamente no prazo de 1.º de julho. Tratava-se de uma data arbitrária e "não do ano Mil".[28] Após essa intervenção decisiva, chegou a hora do jantar.

Quando os senhores retomaram a sessão às dez e meia da noite, restava uma hora e meia. Os franceses tentaram em vão superar os problemas italianos com um arranjo financeiro (uma proposta do ministro das Finanças Giscard d'Estaing foi rechaçada pelo colega italiano). Dois minutos após a meia-noite, faltou luz no Palácio do Congresso. O 1.º de julho chegara. Aos trinta minutos, Couve de Murville resumiu todas as posições. Ninguém tinha nada a acrescentar. Os sete chefes de delegação ainda se retiraram e se mantiveram por uma hora a portas fechadas. A partir daí, não havia mais nada a fazer. Às duas horas em ponto, como presidente do Conselho, Couve de Murville deu a costumeira entrevista coletiva; ele disse que uma grave crise havia irrompido. Naquela mesma manhã, o palácio do

---

[27] Maurice Couve de Murville, 30 jun. 1965. In: John Newhouse, op. cit., p. 113.
[28] Gerhard Schröder, 30 jun. 1965. In: John Newhouse, op. cit, p.117, e John Lambert, "The Constitutional Crisis 1965-66", *Journal of Common Market Studies*, 1966, 3, p. 209.

Elysée emitiu a declaração de que a França havia decidido medir as "consequências econômicas, políticas e jurídicas" daquele fiasco.[29]

Não foi um blefe. No dia 6 de julho, até ordem em contrário, De Gaulle chamou praticamente toda a sua representação no Conselho Ministerial de volta a Paris. Assim começou o boicote francês da Comunidade, logo batizado de "política do assento vazio". Ninguém havia contado com esse passo. Segundo o Comissário para a agricultura, essa violação do pacto europeu por De Gaulle provocaria "a maior catástrofe desde Hitler".[30] Essa emotividade foi um sinal da incerteza sobre o porvir.

O dia 30 de junho de 1965 formou o corte nessa crise constitucional. A saída da França modificava o que estava em jogo. O tríptico da Comissão foi varrido da mesa. Hallstein havia superestimado suas cartas. Tratava-se agora da sobrevivência da própria Comunidade. O conflito se passava exatamente onde De Gaulle queria desde o começo, entre os Estados. O que os contemporâneos já desconfiavam atualmente é uma certeza: o presidente francês rumava para um rompimento. A crise sobre o dispositivo financeiro, na qual Paris se encontrava formalmente em seu direito, foi para ele um "pretexto inesperado".[31] O objetivo oculto dessa operação era obstruir a transição para o processo de decisão por maioria. Couve de Murville depois atestou que um mês antes ele já havia consultado De Gaulle sobre como tirar o melhor proveito da eminente colisão: "Encorajado por sua bênção, voltei a Bruxelas e detonei as pontes".[32]

---

[29] Comunicado de imprensa do Palácio do Elysée, 1 jul. 1965. In: *Bulletin CEE*, 8-1965.

[30] Sicco Mansholt, c. 17 jul. 1966. In: Johan Merriënboer, *Mansholt. Een Biografie*. Amsterdam, Boom, 2006, p. 327.

[31] Charles de Gaulle, 28 jul. 1965. In: Alain Peyrefitte, *C'Était De Gaulle*, II, 1997. Paris, Fayard, p. 296.

[32] Maurice Couve de Murville, 16 dez. 1988. In: Jean-Marie Palayret, Helen Wallace e Pascaline Winand (orgs.), *Visions, Votes and Vetoes. The Empty Chair Crisis and the Luxembourg Compromise Forty Years On*. Bruxelles, Peter Lang, 2006, p. 58.

A pergunta era como os outros Estados reagiriam. O reflexo inicial dos belgas foi de voltar-se novamente para as conversações diplomáticas bilaterais; Spaak, que via seu trabalho de uma vida sendo ameaçado, estava pronto para intermediar. Ele foi detido nisso pelos alemães e neerlandeses, nos corredores de uma reunião da Otan. O chanceler alemão Erhard se encontrava diante das eleições para o Bundestag em setembro e não desejava negociar com De Gaulle antes disso. Durante uma visita de Estado em 7 de julho, Erhard conjurou os italianos, que haviam assumido a presidência semestral a "enfrentar a crise como uma comunidade".[33] No dia anterior, a França havia solicitado formalmente a anulação da próxima plenária do Conselho. Roma ignorou essa solicitação e manteve a reunião marcada para julho. Apesar das objeções belgas e luxemburguesas, os Cinco – conforme eles se chamavam a partir daquele momento – se reuniram no dia 13 de julho como Conselho. Eles declararam que a reunião tinha validade jurídica; era a França que havia infringido suas obrigações ao se ausentar. Essa reação processual foi simbolicamente importante. A Europa podia sobreviver sem um de seus fundadores. Ao mesmo tempo, esse gesto sustava a estratégia de De Gaulle para tentar forçar um novo *modus vivendi* por meio da diplomacia bilateral.

Se até aquele momento os Cinco ainda não formavam uma frente unida, o general os agregou por meio da entrevista coletiva do dia 9 de setembro com a qual abriu a temporada política francesa. À maneira de introdução, a Europa supranacional foi impiedosamente fustigada. A Comissão foi denominada "um corpo qualquer de sábios, tecnocrático, apátrida e irresponsável", e suas propostas foram chamadas de "usurpação". De Gaulle também fez sua interpretação da crise: "O que ocorreu em Bruxelas em 30 de junho no âmbito do financiamento agrícola não somente trouxe à tona quão reticentemente a maioria dos nossos parceiros se posiciona em relação ao ingresso

---

[33] Ludwig Erhard, 7 jul. 1965. In: Jean-Marie Palayret, op. cit., p. 116.

da agricultura no mercado comum como também certos equívocos e ambiguidades fundamentais que figuram nos tratados [...]. Por isso, *cedo ou tarde a crise seria inevitável*".[34]

O presidente esboçou o risco da determinação por maioria para a França. Tudo o que Paris havia conquistado, na área da agricultura, por exemplo, podia a qualquer momento ser arrebatado por uma maioria. A comunidade somente poderia voltar a seu trabalho "após uma prorrogação cujo prazo ainda não pode ser previsto".[35] Foi o ministro das Relações Exteriores de De Gaulle que tirou as conclusões operacionais: em 20 de outubro, diante da Assembleia francesa, Couve de Murville anunciou que um acordo sobre as verbas para a agricultura já não bastava, e que a França queria uma "revisão geral" do pacto de fundação.[36]

Nesse ínterim, houvera uma intensa correspondência diplomática entre os Cinco, tendo Bonn como centro nervoso. As eleições alemãs do 19 de setembro terminaram em vitória para o democrata-cristão Erhard. A partir dali, o governo alemão podia se permitir exercer firmeza. A primeira oportunidade para demonstrar isso foi a reunião do Conselho de 25 de outubro. Sob a instigação do presidente italiano do Conselho, os Cinco responderam à França. Em uma respeitosa mas firme declaração pública, confirmaram seu compromisso com o pacto de fundação: "Os governos consideram que a solução dos problemas que afetam a comunidade deve ser encontrada dentro do contexto dos tratados e de suas instituições".[37] Ao mesmo tempo, convidavam a França para uma reunião "extraordinária" do Conselho; a saber, sem a presença da Comissão, uma possibilidade prevista

---

[34] Charles De Gaulle, 9 set. 1965. In: Charles de Gaulle, op. cit.,1994, p. 931-932 (grifos do autor).

[35] Ibidem, p. 933.

[36] Maurice Couve de Murville, 20 out. 1965. In: Jean-Marie Palayret, op. cit., p. 256.

[37] Conselho da CEE. In: *Bulletin CEE* 12-1965.

pelo tratado. Isso constituía enorme concessão aos franceses, considerando suas críticas à instituição, facilitada pelo fato de Hallstein também haver se tornado "uma presença incômoda"[38] para os Cinco. Mais notável ainda foi que os Cinco tinham fechado um acordo secreto, não incluído nas conclusões do Conselho, mas que eles haviam mostrado aos franceses. Tratava-se de uma declaração solene de que o pacto de fundação não podia ser modificado. O documento foi assinado pelos cinco ministros. Cada um tinha uma cópia. A partir de então, os Cinco atuavam na crise como um único homem, como cinco juramentados. Não foi como na quadra do jogo de pela em 1789, mas foi deveras um *juramento constitucional*.

A espera agora seria pelas eleições presidenciais francesas de dezembro. Somente um mês antes De Gaulle admitiu ser candidato. Em uma pomposa declaração televisiva, ele pediu o "apoio em massa" dos eleitores; estava seguro de que teria a maioria absoluta no primeiro turno. Foi um erro de cálculo. Totalmente imprevista foi a maneira pela qual a crise europeia determinou essas eleições nacionais. A maior federação de agricultores – cinco milhões de membros – no final de outubro se manifestou *contra* a eleição De Gaulle. Os agricultores, que segundo as estimativas constituíam vinte por cento do eleitorado, temiam que junto com a Comunidade as verbas para a agricultura também estivessem em jogo. Os empresários anunciaram a importância econômica de uma rápida solução da crise. *Todos* os cinco adversários de De Gaulle exploraram essas preocupações europeias. Entre eles, o relativamente desconhecido centrista Lecanuet pregava a mensagem mais supranacional – ele chegou a ser recomendado pelo *père fondateur* Monnet. No primeiro turno, ele do nada angariou 15% dos votos. De Gaulle ficou engatado em um decepcionante 44%; por alguns instantes, seus assessores temeram que ele se

---

[38] Pierre Pescatore, "*The Luxembourg Compromise*". In: Jean-Marie Palayret, op. cit., p. 243.

retirasse. No segundo turno, o general teve de enfrentar o socialista Mitterrand (cujo passado no governo de Vichy[39] ele conhecia, mas não explorou), que se meteu na luta como o "candidato da Europa". Embora o presidente vencesse com amplos 55% dos votos, isso não anulou a humilhante lição do primeiro turno. De Gaulle agora sabia que os franceses *não* apoiavam sua política europeia.

O jogo final da crise podia começar. Entre os dois turnos, De Gaulle havia informado por meio de seu primeiro-ministro que a França aceitaria o convite dos Cinco. Novamente, se impôs a questão da forma diplomática. Os Cinco queriam se reunir como Conselho, os franceses como governos entre si. O compromisso foi uma reunião em Luxemburgo, em 17 e 18 de janeiro. Isso satisfazia a exigência francesa de um encontro fora de Bruxelas, enquanto para os Cinco a cidade possuía um timbre europeu. Para enfatizar este último, os luxemburgueses escolheram como local a sala no Hôtel de Ville, onde, em 1952, Monnet abriu a primeira reunião da Alta Autoridade. A presença do secretário do Conselho confirmava o caráter comunitário do encontro. Conforme combinado, a Comissão estava ausente.

Em nome de Paris, Couve de Murville colocou duas questões na mesa. A primeira se referia ao procedimento da Comissão. Os franceses haviam elaborado um código de conduta para a instituição que determinava desde a maneira como receber embaixadores de terceiros países (somente na presença do Conselho) até a forma como anunciar propostas (primeiro aos Estados-membros, somente depois ao Parlamento e ao público). O conjunto revelava a profunda insatisfação dos franceses com relação ao pretensioso tapete vermelho que os funcionários bruxelenses haviam estendido para eles próprios. Apesar de os Cinco acharem ridículas algumas dessas reclamações, os

---

[39] O governo colaboracionista francês durante a ocupação alemã (1940-1945), cujo centro administrativo ficava na cidade homônima.

embaixadores, na condição de representantes dos ministros, chegaram após a reunião a um simples acordo sobre uma articulação mais branda, que seria discutida com a Comissão.

A segunda questão foi mais fundamental e levou a um intransigente confronto. A França exigia o poder de veto, os Cinco se recusaram a concedê-lo. Para Couve de Murville, isso valeria em situações em que vultosos interesses nacionais estivessem em jogo. O mais fácil seria suprimir o processo de decisão por maioria do pacto de fundação, segundo o francês, mas aparentemente a ratificação parlamentar de tal revisão ficaria complicada em Roma e em Haia. Portanto, para ele deveria surgir uma solução alternativa. De sua parte, os Cinco se recusavam a aceitar um texto que implicasse a violação do pacto de Roma. O italiano Colombo trinava indignado, o alemão Schröder e o neerlandês Luns resmungavam arrastando os pés. Um veto levaria à "paralisação" da Comunidade, este último se limitou a dizer.[40] O belga Spaak, conciliador, ressaltava que diante das divergências era do interesse de todos chegar a um acordo "com toda a sabedoria"[41] e sugeriu um sistema com várias etapas de interlocução. A discussão novamente emperrou na possibilidade *in extremis* de se passar à votação. Para a França, isso permaneceu um anátema, para os Cinco, um imperativo. Com isso, decidiu-se suspender a reunião.

Em 28 e 29 de janeiro, os Cinco e a França retomaram sua deliberação em Luxemburgo. O clima estava menos tenso, quase "primaveril".[42] Couve de Murville negociava sorrindo, Schröder estava menos irritado que dez dias antes e também o ministro neerlandês

---

[40] Joseph Luns. In: Secretariado do Conselho, "Compte-rendu de la Réunion du Conseil Extraordinaire des Communautés, 17-18 janvier 1966 à Luxembourg", p. 3.

[41] Paul Henrique Spaak, ibidem, p. 4.

[42] Secretariado do Conselho, 'Compte-rendu de la Réunion du Conseil Extraordinaire de la CEE et de la CEEA, 17-18 et 28-29 janvier 1966 à Luxembourg", p. 1.

Luns foi construtivo. A discussão se limitava ao veto *versus* maioria. O impasse permanecia o mesmo. Juridicamente, as posições eram incompatíveis, conforme se constatou novamente após um dia e meio. Ao mesmo tempo, havia vontade política para chegar a um acordo. Podia-se escamotear o pomo da discórdia ou encará-lo. Foi Spaak quem pleiteou a segunda opção. Uma acalorada discussão se seguiu. Finalmente, os ministros dos Seis vieram com uma declaração conjunta, que o presidente do Conselho Werner anunciou pouco antes da meia-noite. O texto ficou conhecido como "o compromisso de Luxemburgo", conforme a seguir:

> *O voto da maioria*
> 1. Quando decisões tomadas pela maioria dos votos sobre propostas da Comissão envolverem vultosos interesses de um ou mais parceiros, os membros do Conselho tentarão, dentro de um prazo razoável, encontrar uma solução aceitável para todos os membros do Conselho, respeitando-se seus interesses mútuos e os da Comunidade, em conformidade com o artigo 2 do Tratado.
> 2. Referente ao item supracitado, a delegação francesa acredita que, quando se trata de vultosos interesses, a discussão deve continuar até que se alcance o consenso geral.
> 3. As seis delegações constatam que uma diferença de opinião continua existindo sobre o que deveria ser feito no caso de não se conseguir uma completa conciliação das diferentes posições.
> 4. As seis delegações acreditam, no entanto, que essa diferença de opinião não impede a retomada dos trabalhos da Comunidade, segundo os procedimentos normais.[43]

Com esse acordo, os franceses decidiram voltar a ocupar seu assento no Conselho. Os ministros dos Cinco relataram orgulhosos em seus parlamentos que o tratado permanecia incólume, apesar de Luns declarar em Haia que se tratava de "um empate".[44] Em Paris,

---

[43] Sessão extraordinária do Conselho da CEE. In: *Bulletin CEE* 3-1966.
[44] Joseph Luns. In: Johan Merriënboer, op. cit., p. 334.

De Gaulle comunicou satisfeito a seu governo: "O supranacionalismo desapareceu. A França permanecerá soberana".[45] Sentavam-se novamente como Seis à mesa.

TRANSIÇÃO

A crise constitucional de 1965-1966 foi um momento decisivo na transição da Europa. No relato-padrão, se enfoca o preço que a França estipulou em 29 de janeiro de 1966 para seu retorno à mesa, ou seja, o direito ao veto (o item 2 do acordo). Isso teria dificultado o processo de decisão por pelo menos vinte anos. Mais fundamental, porém, foi que os Seis decidiram continuar juntos (item 4), assim como a maneira pela qual o fizeram.

O que aconteceu? Fora da esfera do tratado, os Seis adotaram um princípio comum. Tratou-se de um seguro de vida para os membros contra a dominação da maioria, a serviço da subsistência da Comunidade. Assim como nos Estados Unidos, num segundo momento se acrescentou um *Bill of Rights* (1791) à Constituição, série de emendas destinadas a proteger os *cidadãos* vistos individualmente contra o Estado federal e a vontade da maioria dos cidadãos; na Europa, os *Estados* tomados individualmente se protegeram num segundo momento contra a vontade da maioria dos Estados. Só isso em essência já torna o Acordo de Luxemburgo um momento constitucional. Foi a variante europeia do *Bill of Rights*.

E tem mais. É significativo que o acordo tenha sido feito contra a vontade dos Cinco, que desejavam uma comunidade descontaminada, assim como contra a vontade de Paris, que preferia negociar seguindo a moral da antiga relação entre os Estados. Do choque sem precedentes entre as regras da esfera interna e as da esfera externa abriu-se um espaço para a política europeia. Esse espaço já existia,

---

[45] Charles de Gaulle, 2 fev. 1966. In: Alain Peyrefitte, op. cit., p. 620.

mas foi expandido e formalmente reconhecido pela primeira vez. Por isso, o Compromisso de Luxemburgo pode ser considerado a *confirmação formal da existência da esfera intermediária*. Também se pode dizer: para cada Estado foi um compromisso entre sua condição de membro e o tratado.

Isso não foi reconhecido dessa maneira. Segundo a exegese-padrão, em 1966 instaurou-se a prática do veto, que paralisou o processo de decisão na Europa até os anos 1980. Na visão comunitativa dominante, essa situação teria sido indesejável e injusta. De preferência, se ignorava o compromisso. Um ex-presidente da Corte sutilmente afirmou não saber de nenhuma crise, "pois a lei seguiu seu curso".[46] Um de seus sucessores chamou o compromisso de um "elemento inverossímil no direito comunitário, propenso a desaparecer gradualmente".[47] "Nada consta nos acordos de Luxemburgo", afirmou de cara limpa o secretário-geral da Comissão em 1967.[48] Na esfera interna europeia, se falava sobre o acordo como um desagradável desvio, uma exceção temporária, um mito. Em contraste, havia a visão gaulista, por vezes também encontrada nos manuais, de que o Compromisso significara a retomada das relações normais entre os Estados europeus e que "foi um arranjo sustentável e realista".[49] Naquela interpretação, o veto político forçado no acordo devolveu a cada Estado sua plena liberdade de atuação.

De certo modo, em sua infrutífera divergência, essas duas escolas deram continuidade ao intransigente debate entre os Cinco e Paris de *antes* de 29 de janeiro de 1966. Eles negam que *no* Compromisso

---

[46] Andreas Donner, 1966. In: J. Linthorst Homan, *Wat Zijt Ghij voor een Vent. Levensherinneringen.* Assen, Van Gorcum, 1974, p. 268.

[47] Pierre Pescatore, "The Luxembourg Compromise". In: Jean-Marie Palayret, op. cit., p. 245.

[48] Emile Noël, 1967. In: Jean-Marie Palayret, op. cit., p. 251.

[49] Paul Taylor, *The Limits of European Integration.* New York, Columbia University Press, 1983, p. 40.

alguma coisa tivesse ocorrido ou mudado. Nenhuma das duas interpretações consegue entender o tremendo impacto do Compromisso na ordem europeia. Seu efeito miraculoso possibilitou que hoje em dia vigore a votação pelos Estados (incompreensível para ideólogos estatais) ao mesmo tempo que o "veto Luxemburguês" continua pairando como um vulto sobre a mesa (inconcebível para os ideólogos dos cidadãos e das repartições). Essa situação extraordinária somente se torna legível graças à diferenciação das esferas de atuação. Entre a esfera interna da jurisdição do tratado e a esfera externa geopolítica, inseriu-se a esfera intermediária dos membros: ignorada, ambígua e frutífera.

A transição para a maioria foi o catalisador. Os Seis haviam prometido abster-se do veto para muitas legislações a partir do 1.º de janeiro de 1966. Cinco Estados queriam correr esse risco, um não queria. Esse único não podia ser coagido. Um rompimento era eminente. O gênio do compromisso é que os Seis conseguiram adiar indefinidamente a decisão (política) existencial e não obstante ultrapassar o limiar (jurídico) do 1.º de janeiro como uma Comunidade. Desde 30 de janeiro de 1966, a Europa se encontra com uma perna de um lado e a outra do lado oposto do rio da fundação. Por meio dessa passada durável, ela se tornou mais forte, não mais fraca.

A nova relação entre o círculo como um todo e os membros individuais, tal qual trazida pelo compromisso, se torna mais compreensível à luz da sequência dos *acontecimentos anteriores*. Ela se encontra encerrada no *texto* e é confirmada pelos *acontecimentos posteriores*. Esses três momentos serão tratados consecutivamente.

Os acontecimentos anteriores

Ainda antes da reunião decisiva em Luxemburgo, o *status* da coletividade foi esclarecido em dois itens: uma incerteza sobre quem seria seu porta-voz foi resolvida, e seu alicerce foi fortalecido.

A questão do porta-voz foi aguçada pela aproximação do salto para a maioria no 1.º de janeiro de 1966. Quem falaria e atuaria "em nome da Europa" após a abolição do veto? Os acontecimentos forneceram uma resposta que não fora prevista. Na primeira metade de 1965, Hallstein claramente tinha *a Comissão* em mente para esse papel. Durante a crise, essa pretensão se mostrou vã. De Gaulle, em contrapartida, supôs que durante os sete meses de ausência da França *ninguém* estaria apto a falar em nome da Europa. Ele também deve ter ponderado diante dos fatos. Isso porque ambos estavam errados. Os Estados conjuntos seriam os porta-vozes da Europa, reunidos no *Conselho*.

A Comissão inequivocamente foi a perdedora da Crise do Assento Vazio. O blefe de Hallstein e seus colegas no semestre anterior não tinha nenhuma chance; suas aspirações políticas haviam sido percebidas. Na sequência, a entidade não desempenhou mais nenhum papel relevante. Mesmo o papel de mediador não lhe foi permitido num conflito que discorria sobre os fundamentos da Comunidade, conforme ficou dolorosamente visível por sua ausência nas reuniões decisivas em Luxemburgo. Competência técnica provou ser de pouca valia em uma situação na qual a comunidade teve de enfrentar uma crise política. O próprio presidente da Comissão se tornou a única vítima dos acontecimentos; a pedido da França, seu mandato não foi renovado. A entidade foi duramente empurrada de volta a seu papel de burocracia subalterna. Levaria anos – efetivamente até a chegada de Delors em 1985 – para que recuperasse a autoconfiança.

De Gaulle interpretou a situação de outra maneira. A comunidade perdera sua existência política somente por causa da saída da França do Conselho. "Nosso assento permanece vazio, cada reunião é inválida", ele declarou em 1.º de julho.[50] Segundo o general, a Europa estava em estado latente, e os Seis Estados estavam novamente reunidos tal

---

[50] Charles de Gaulle. In: Alain Peyrefitte, op. cit., p. 290.

qual antes de 1950. Esse ponto de vista, mantido de forma consequente, não confere, porém, com o desenrolar dos fatos.

A partir do dia 13 de julho, foi o Conselho que se manifestou como o ponto focal da vida comunitária. Considerando a ausência da França, isso era surpreendente. Ao mesmo tempo, foi esse seu segredo. Na crise, o Conselho preencheu duas funções. Primeiro, as reuniões mensais dos ministros e as reuniões semanais dos embaixadores serviam de palco institucional para as conversações dos Cinco. Eles estavam cientes de que a guerra de nervos com a França podia ser vencida apenas se sintonizassem constantemente suas posições e não se deixassem dividir. Sem dúvida, no âmbito dos embaixadores esse convívio provou ser pujante. Segundo, os *Cinco* atuavam no Conselho *como se fossem Seis*. Embora no Período do Assento Vazio somente se tenham tomado decisões frugais, às quais o ausente concedia sua aprovação por escrito, mesmo assim os Cinco mantiveram a máquina europeia funcionando. Paris colaborava no âmbito administrativo, mas no âmbito político espreitava com um ranger de dentes (em novembro, o ministro Couve de Murville falou depreciativamente de "um pseudoconselho", talvez tão ilegítimo quanto um pseudoczar).[51] Em contrapartida, sob a perspectiva dos Cinco, na qual os franceses haviam violado o tratado, o Conselho foi fortalecido de forma simbólica. Na ausência de um dos seus, perceberam como o círculo existia independentemente de seus membros. O assento vazio realçou ainda mais a existência autônoma da mesa.

Segundo, o fortalecimento de seu alicerce. Paris estava disposta a mudar o pacto de fundação, enquanto os Cinco juraram fidelidade a ele. Esse foi o outro item por meio do qual os acontecimentos *anteriores* a Luxemburgo trouxeram clareza sobre a relação entre os Estados-membros e a coletividade.

---

[51] Referência ao czar Demétrio II, da Rússia, dito "O Falso", que, apesar de não ter nenhum parentesco com seu antecessor, foi coroado como e fosse seu filho.

O general tinha ideias precisas sobre o que lhe desagradava no Tratado de Roma, mas foi menos específico quanto a suas alternativas. Em meados de outubro, afirmou ao embaixador neerlandês em Paris que não se importava com isso, contanto que constituísse um procedimento por escrito. Internamente, ele demonstrava sua preferência por uma declaração conjunta dos governos, "sem assinaturas, ratificações e demais sacramentos".[52] Era evidente que o Elysée considerava um acordo entre os governos para a emenda do pacto de fundação, portanto contornando as regras de mudança vigentes.

Isso se tornou a pedra de tropeço para os Cinco. Alguns dias depois do pleito de Couve de Murville para uma "revisão generalizada" da ordem europeia, os Cinco fizeram seu juramento secreto: que o pacto de Roma permanecesse intacto. O resultado desse juramento constitucional foi uma fundamentação mais sólida da comunidade na vida política dos Estados-membros. O complicado procedimento para alterações, muitas vezes visto, nos anos posteriores, como *freio* ao desenvolvimento comunitário, nessa situação serviu como *proteção*. A coletividade consegue extrair firmeza da dupla unanimidade formada pela assinatura dos governos e pela ratificação de seus parlamentos/populações. Graças aos Cinco, ela não precisa mais temer ser desmantelada por um capricho dos governos. A Europa pode agora se precaver contra o rabisco de uma canetada.

O pacto de fundação também foi fortalecido graças às populações. Foi a pressão dos parlamentos da Itália, da Alemanha e dos Países Baixos sobre seus governos que tornou a colisão de 30 de junho inevitável. Do mesmo modo, foi o resultado eleitoral do dia 5 de dezembro que limitou a liberdade de atuação de De Gaulle e forçou Paris a um acordo. Da perspectiva da ordem europeia, essas eleições presidenciais francesas foram uma confirmação triunfante da posição da Corte no caso Van Gend & Loos, ao afirmar que o pacto da

---

[52] Charles de Gaulle, 15 set. 1965. In: Alain Peyrefitte, op. cit., p.300.

fundação havia sido "dirigido aos povos, além de seus governos". Em suma, enquanto os governos dos Cinco juravam lealdade à letra do pacto de fundação, as populações dos Seis confirmavam seu espírito.

As lutas pela voz da comunidade e pelo pacto de fundação apontavam na mesma direção. Em ambas as questões, entre julho e dezembro de 1965, o corpo europeu adquiriu suficiente autonomia com relação aos Estados-membros para poder suportar o corte da data de 1.º de janeiro de 1966. Na ausência do governo de um membro fundador, a coletividade manteve a voz e fortaleceu seu alicerce. Sobre essa base, o Compromisso rendeu seu frutífero efeito.

O TEXTO

Até que ponto as articulações do Compromisso de Luxemburgo apoiam a interpretação de que se trata de um momento de transição decisivo da ordem europeia como um todo, que se eleva acima do direito ao veto?

A primeira determinação exprime que todas as delegações estavam convencidas de que, quando um caso se mostrasse muito sensível para um deles, dever-se-ia negociar até que a unanimidade se aventasse. Nenhum dos governos acreditava que, assim que o tratado o permitisse, *paf*, se passaria à votação. Cada um sabia que no amanhã a espada da maioria poderia atingir a si mesmo. A discussão tratava da questão sobre *quanto* se deveria continuar negociando nesses casos. Não foi possível estabelecer regras fixas para isso; Spaak sugeriu limitar as conversações a no máximo três rodadas, mas isso foi rechaçado por Couve de Murville. Por fim, concordou-se em usar a expressão mais aberta "dentro de um prazo razoável". Isso ofereceria tempo, sem que este se estendesse ao infinito.

O conflito no Compromisso se encontra nas determinações dos itens 2 e 3. As partes não chegaram a um acordo quanto ao que deveria ocorrer quando também após um adiamento não houvesse consenso. A França acreditava que nesse caso não podia haver um processo de decisão. Na interpretação francesa, portanto, todos os Estados-membros tinham o direito de veto sobre questões sensíveis. Os outros Estados-membros pareciam não concordar com isso. Essa diferença de opinião foi manifestada no Compromisso, mas não foi resolvida. De fato, um *direito* ao veto não consta no texto, e sim uma comunicação unilateral sobre o *uso* dele. Conforme um alto funcionário neerlandês resumiu depois: "Cinco parceiros constataram que o sexto violaria o tratado".[53] Porém, conforme um alto funcionário francês observou: "O que mais os outros cinco países podiam fazer? Tomar decisões por maioria a partir de 1.º de janeiro de 1966, constatar que a França se recusaria a aplicá-las, em seguida levá-la a Corte de Justiça? Isso seria concebível, porém absurdo. A comunidade se despedaçaria".[54] Sabiamente os negociadores em Luxemburgo deixaram a solução do conflito para a prática futura – mesmo que todos soubessem como tudo terminaria.

Antecipando: o veto de fato pareceu funcionar. Quando, no decorrer de 1966, a França pela primeira vez invocou um interesse vital para deter uma decisão por maioria, isso foi realizado com êxito. O veto foi respeitado. Efetivamente, foi só então que o anunciado *uso* do veto se tornou um *direito* ao veto. Tratava-se de um direito exclusivamente francês? Não. Apesar de os Cinco previamente terem prometido não invocar o texto do acordo, tal nobre abstinência na prática se mostrou demasiada. Os cinco também começaram a fazer uso desse trunfo. Sua reivindicação ao veto foi igualmente respeitada. O "veto de Luxemburgo", portanto, não constituiu o privilégio de um só, mas tornou-se um direito de todos.

A quarta e última determinação, de natureza conciliatória, trouxe o fim da crise do assento vazio. Ela se revestiu de uma importância

---

[53] Johannes Linthorst Homan, op. cit., p. 266.
[54] Robert Marjolin, op. cit., p. 349.

fundamental. A coação da mesa prevaleceu. A comunidade continuou existindo, os Seis continuaram juntos como Seis.

A denominação de "Compromisso" para o texto como um todo é corretíssima. Mesmo assim, na literatura é considerado de bom tom comentar com leve ironia que os Seis propriamente ditos não atingiram "um compromisso" em Luxemburgo, mas no máximo "um acordo para discordar".[55] Parece que muitos autores acham que se trata de uma categoria inferior de decisão. Tal desdém na verdade seria superficial, além de equivocado.

Em sua forma, o texto constitui um *acordo* político. Um acordo, aliás, de importância histórica. Após sete meses de incertezas, ele conduziu a França de volta à mesa europeia. Mais importante ainda: tornou uma repetição da crise improvável. Ameaçar com uma retirada doravante seria inverossímil, pois desnecessário, conforme Paris também se deu conta. Agora que cada membro possuía um veto em potencial, tão cedo a coletividade não seria mais detonada.

Em seu conteúdo, o texto constitui um *encontro* de duas opiniões incompatíveis sobre a ordem europeia. Um feito e tanto. Os franceses reconheceram a realidade jurídica do pacto de fundação, que eles não conseguiram mudar. Os Cinco reconheceram a realidade política dos vultosos interesses nacionais, que não podiam ser descartados em nome da Europa. *O Compromisso força esses dois mundos a se relacionar dentro da esfera intermediária europeia dos Seis*. Trata-se de um compromisso político essencial e frutífero, que cria uma realidade conjunta. Assim, ele oferece um espaço – conceitual e constitucional – que mantém os Seis juntos em torno da mesa.

O desdém com relação ao Compromisso de Luxemburgo deve ser desmerecido mais ainda. Bem considerada, a visão condescendente de

---

[55] Desmond Dinan, *Ever Closer Union. An Introduction to European Integration*. Basingstoke/New York, Palgrave, 2006, p. 51; Bino Olivi e Alessandro Giacone, *L'Europe Difficile. La Construction Européenne*. Paris, Gallimard, p. 90. (Coleção Folio)

que esse seria somente "um acordo para discordar" é incompreensível. Ele é o fundamento de cada corpo político. É a conformidade básica entre os membros de uma comunidade que abre espaço para conflitos de um tipo que já não dilacera mais a comunidade e que desde os antigos gregos se chamava "política". Um acordo para discordar é como uma constituição rasa, graças à qual partidos e opiniões podem se enfrentar publicamente, a forma que viabiliza a luta pelo conteúdo. É a partir disso que desponta o sentido mais profundo do termo "crise constitucional" para os acontecimentos de 1965-1966. O choque em que uma das partes já pensava bem mais adiante em um governo e em um parlamento europeu e a outra parte rejeitava qualquer coletividade supranacional desemboca num mínimo constitucional para uma comunidade política: o reconhecimento de um espaço destinado ao conflito irreconciliável não entre cidadãos, mas entre Estados-membros.

Com isso, os Seis, como um ser político, romperam a camisa de força da razão jurídica e do tratado, em que existe tão pouco espaço para compromissos como na razão religiosa, e abriram seu agrupamento para a política. Assim, o Compromisso de Luxemburgo se assemelha àqueles acordos históricos em que partidos conflitantes saíram de um impasse por vezes sangrento e sem perspectivas ao deixar de lado suas convicções mais profundas, criando assim o alicerce para a convivência política. Visto dessa maneira, o Compromisso por certo mereceria a mesma relevância na história do corpo político europeu que a Pacificação de 1917 na história dos Países Baixos ou o Edito de Nantes (1598) na francesa.

Essa reivindicação evoca novas perguntas. Se o Compromisso de Luxemburgo abriu um espaço para a política europeia, qual teria sido? E será que este já não existia antes? A novidade não vem do lado dos Estados em si. Também após a fundação eles obviamente continuaram defendendo seu próprio poder e interesses em suas relações mútuas. A novidade vem do lado dos Estados *coletivamente*. A jovem comunidade, conforme representada pela Comissão, por doutrina e tendência sistematicamente se afastou do mundo incerto da política, procurando apoio para suas decisões na letra do tratado, dirigindo-se aos Estados na linguagem das obrigações, dos direitos e competências. Ademais, ela reverteu essa vocação de escriturário transformando-a na promessa da ideologia do funcionalismo de que uma nova era se anunciava, na qual os limites entre burocracia e política iriam se desvanecer no mundo todo. O Compromisso de Luxemburgo rompeu a primeira brecha nesse mundo sufocante ao reivindicar o direito à existência para três desvalorizados conceitos políticos na vida comunitária: *interesse*, *tempo* e *autoridade*.

O termo *interesse*, aberto e elástico, aparece primeiro no texto. O ponto de partida coletivo no acordo é a pergunta sobre o que fazer quando "interesses vultosos" estiverem em jogo para um ou mais dos "parceiros". Considerando que por parceiros se entende os Estados-membros, trata-se aqui (apesar de os termos serem evitados) do *interesse nacional* ou do *interesse coletivo*. Na tradição política europeia, o interesse coletivo não é um dado fixo, mas o motivo e o resultado de uma incessante luta política. Não admira, portanto, que os seis governos não tenham conseguido estabelecer critérios em Luxemburgo para determinar quais interesses eram considerados "vultosos" e quais não. Critérios fixos teriam vedado a abertura pela qual o juízo político havia acabado de entrar (de certo modo, os ministros teriam se reduzido a funcionários públicos). Não obstante, a noção de "interesses vultosos" não é completamente arbitrária, conforme o futuro indicaria. Por fim, nota-se que os Cinco aproveitaram a oportunidade para também atribuir "interesses" à Comunidade (veja-se a frase final do item 1). Foi uma dádiva à coletividade com a qual o pacto de fundação havia sido extremamente parcimonioso.

Em estreita relação com os interesses, o Compromisso introduz, em segundo lugar, o *tempo*, referente ao "prazo razoável" dentro do qual uma solução deve ser encontrada para o conflito de interesse. Trata-se de tempo que se ganha, tempo, portanto, na forma de *adiamento*. No Compromisso, os Estados disseram um ao outro: melhor um acordo amanhã que um de nós vencido pelo voto hoje. A intenção é criar uma chance para negociações. Afinal, quando de um lado a votação por maioria é rejeitada (contra as promessas da esfera interna) e do outro o recurso à violência e à guerra foi abandonado (contra a moral da esfera interna), resta apenas a *negociação* para romper uma obstrução entre parceiros iguais.

Na Comunidade conforme concebida por Monnet ou Hallstein, a diplomacia tradicional havia sido expressamente banida. Os problemas eram de ordem tecnocrática; os parceiros, inculcados pelo espírito comunitário. Cada pergunta de certo modo possuía uma resposta "correta", no sentido tanto técnico quanto ético, a ser provida pela Comissão. Dentro dessa lógica, não havia espaço para negociações e um pedido de adiamento valia como um sinal de más intenções. A prática foi diferente. Ainda nos incipientes anos da Comunidade, o Conselho de Ministros – e seu importante saguão, a assembleia de Embaixadores – desembargou diversos impasses entre os Estados-membros por meio de acordos-pacote. Na barganha de preços agrícolas, encargos financeiros e cargos políticos, o Conselho se mostrava um sucessor dos primeiros congressos de paz modernos, em que príncipes europeus trocavam territórios, alteravam fronteiras, arranjavam casamentos e forjavam alianças até que um "equilíbrio de poder" fosse alcançado. Essa prática também deixou claro que a igualdade jurídica concedida pelo tratado era uma ficção. Nem todos na mesa tinham os mesmos direitos.

No acordo, também os Cinco reconheceram a contragosto que esse *"irréductible diplomatique"*[56] fosse parte integrante da vida

---

[56] Claude-Alberto Colliard, 'L'Irréductible Diplomatique". In: Claude Berr et al., *Mélanges Offerts à Pierre-Henri Teitgen*. Paris, Pedone, 1984, p. 109-26. ["Irredutível diplomático", ou seja, a parte da diplomacia que não se deixa eliminar. (N. T.)]

comunitária. Pedidos de adiamento, por tempo extra que permitisse se entrelaçar em todos os interesses, desde o Compromisso se tornaram imprescindíveis na diplomacia europeia. Não obstante, uma importante virada ocorreu em comparação ao regime diplomático. A minoria é coagida de forma relativamente civilizada. Não são mais os canhões latentes nos arsenais que ameaçam, mas a espada da votação que paira sobre a mesa.

A terceira questão, a *autoridade*, não aparece de forma explícita no texto do Compromisso. Não obstante, ela presumivelmente desempenhou papel proeminente na tácita anuência dos Cinco com a exigência francesa de um veto definitivo. Os governos sabem que a promulgação de uma decisão não garante sua aceitação pelo povo. Para impor seu cumprimento, se for preciso um governo nacional pode usar a violência contra seus cidadãos. Isso, no entanto, provocaria um mal-estar caso a população protestasse quanto a uma decisão europeia em relação à qual seu governo votara contra. Em réplica a um deputado francês que rezingava sobre os preços agrícolas, alegando que teriam sido determinados pela maioria, o ministro Couve de Murville falou: "O senhor realmente pensa que seria possível decidir contra, digamos, a Alemanha sobre o preço do trigo? Quem então se responsabilizaria pela revolta que isso poderia provocar entre os agricultores alemães, a Comissão ou os Estados-membros?".[57]

A Comunidade não dispunha de meios para fazer cumprir uma decisão conjunta contra a vontade do governo em questão. A experiência da comunidade minerária demonstrara que não bastava chamar uma instituição de "(Alta) Autoridade" para investi-la como tal. No Compromisso de Luxemburgo, os Cinco reconheceram, sob a pressão de De Gaulle, que a autoridade de uma decisão europeia repousa nos Estados.

---

[57] Maurice Couve de Murville, op. cit., 1971, p. 298.

Essa noção introduziu uma dimensão política na comunidade que havia sido levianamente omitida no pacto de fundação. Cem anos antes, o analista político britânico Walter Bagehot havia explicado o problema de maneira proficiente:

> Existem dois grandes propósitos aos quais cada constituição deve atender para poder funcionar [...]. Cada constituição deve primeiro adquirir autoridade, e depois usar a autoridade; primeiro, deve conquistar a lealdade e a confiança da humanidade, no intuito de investir essa homenagem nos trabalhos de governo.[58]

Primeiro a autoridade, então a gestão. Em 1965-1966, os Cinco (e a Comissão) perceberam que quem desejasse um governo europeu não podia inverter essa sequência régia. Na visão de Bagehot, o Tratado de Roma constituía mero guia para a tomada de decisões, uma série de regulamentos administrativos sem linhas de autoridade predefinidas. Somente no Compromisso é que os Seis taparam esse buraco e vincularam a gestão à autoridade. Foi assim que adquiriram seu primeiro rudimento de uma "constituição".

Esses três elementos políticos do Compromisso de Luxemburgo – interesse, tempo, autoridade – integraram e fortaleceram a ordem europeia e as nacionais de forma indissolúvel. Os governos formam os elos; eles adquirem uma dupla função. De antemão, o compromisso oferece uma *garantia* de que uma decisão conjunta não poderá contrariar graves interesses nacionais. Durante as negociações, isso não funciona apenas como direito, mas também como a *obrigação* de se tomar o tempo necessário para alcançar uma decisão conjunta. Por fim, o "veto de Luxemburgo", justamente na medida em que não foi invocado, força cada Estado a assumir *responsabilidade* com relação à sua própria população.

---

[58] Walter Bagehot, *The English Constitution*, R. H. S. Crossman (org.). London, Fontana, 1963, p. 61.

Precisamente a certeza psicológica de que uma decisão pode ser detida quando assim se desejar é o que possibilita esse consenso. A necessidade de se chegar ao acordo desse modo não só funciona como veto, mas também como *coadunação*: queremos e devemos entender-nos uns aos outros.

OS EVENTOS POSTERIORES

No cenário acima, os Estados-membros, sem condições para conjuntamente saltarem para o processo de decisão por maioria, graças ao Compromisso de Luxemburgo, ficaram com uma perna fincada em cada margem do rio da fundação. Essa transposição evitou um rompimento. A partir de 30 de janeiro de 1966, ficava por conta da apreciação política dos Estados se eles preferiam se apoiar na perna da hegemonia (veto) ou na do tratado (maioria). Isso resultou em um fascinante malabarismo.

Sob essa luz, pode-se distinguir, além dos eventos anteriores e do texto, os *eventos posteriores*. Na exegese-padrão comunitativa, esboçam-se primeiro os resultados maléficos do Compromisso após 1966, passando então a seu inevitável declínio, para concluir com o final feliz do retorno à pureza jurídica do tratado em 1987. Essa versão dos eventos posteriores é a que será narrada primeiro. O fato é que a realidade política introduzida na Europa pelo Compromisso *não* desapareceu. Isso pode ser demonstrado por meio de duas linhas. De um lado, ficará evidente que o Compromisso até hoje preenche uma função como (invisível) arma de negociação entre os Estados-membros. Do outro, podemos constatar que as noções que ele introduziu – interesse, tempo, autoridade – se aninharam pouco a pouco *dentro* do tratado. Aqueles que ignoram essas duas linhas acabam perdendo a essência; a de como o Compromisso possibilitou a conversão de uma ordem política em um corpo político.

Supremacia, declínio, final feliz? – 1966-1987

A partir de 1966, uma cultura de veto se instaurou no Conselho de Ministros. Quase todas as decisões eram tomadas por unanimidade, mesmo quando não havia nenhum "interesse vultoso" em vista. Embora em quinze anos o Compromisso talvez tenha sido evocado somente uma dezena de vezes, ele pairava constantemente sobre a mesa. Na objeção de um dos parceiros, logo se suspendia a discussão. Centenas de propostas da Comissão nunca alcançaram a linha de chegada. Um efeito colateral imprevisto do veto foi que essas propostas tampouco podiam ser *rejeitadas*, fazendo com que os dossiês permanecessem por vários anos na mesa. Daí que também no imaginário o trabalho se acumulava. Eis por que as papeladas se acumularam igualmente na imagem que se podia ter a respeito do trabalho europeu. Não importando o que os juristas da Comunidade afirmassem, o Compromisso fazia parte da vida comunitária.

Essa certamente foi a impressão que se teve na Grã-Bretanha. Quando, em 1973, o país se tornou membro da comunidade, o governo britânico acreditou que o Compromisso fizesse parte da jurisprudência que ele deveria – e no caso até apreciaria – defender. Em contraste com o continente, em Londres não havia problemas conceituais com a existência de uma regra fora do tratado. Afinal, a própria constituição britânica era um apanhado de regras, práticas e convenções não escritas. Na perspectiva britânica, o Compromisso constituía uma "convenção constitucional", uma regra não escrita que funcionava como sustentáculo de uma ordem política.[59]

Diversas tentativas foram feitas para conter a prática do veto dentro dos limites pretendidos em Luxemburgo. O veto deveria constituir uma arma para situações extremas, não uma carta a ser jogada casualmente.

---

[59] Geoffrey Howe, *Conflict of Loyalty*. London, Pan Books/Macmillan, 1995, p. 407-08.

Após uma declaração dos líderes de governo em 1974 nessa direção, notou-se certo aumento das decisões por maioria. Também se cogitou que o motivo do veto deveria ser anotado por extenso, para que, no caso de um impasse, o governo em questão se responsabilizasse perante a opinião pública. Assim, lentamente o ambiente se transformava.

Um importante incidente ocorreu em 18 de maio de 1982. Pela primeira vez, o Conselho passou à decisão por maioria contra a vontade de um Estado-membro. Tratava-se da decisão anual sobre os preços agrícolas. Os britânicos pretendiam obstruir o processo de decisão por meio do veto, devido a controvérsias sobre o orçamento – um dossiê diferente. Isso não foi aceito. Segundo a maioria no Conselho, os "interesses vultosos" do Compromisso de Luxemburgo deveriam se aplicar ao caso em pauta. O presidente belga prosseguiu com a votação. Londres foi vencida pela maioria. Os britânicos se julgaram vítimas da primeira violação do Compromisso. Um ex-ministro avisou que o destino de "um carvalho abatido" aguardaria a Comunidade caso os Dez não entendessem que o respeito ao compromisso de Luxemburgo era essencial para seu funcionamento e sua sobrevivência.[60] Notável foi que Paris se juntou aos antigos Cinco. O ministro francês da Agricultura no fim justificou: seu governo não havia desistido do Compromisso, mas "seu objetivo nunca foi nem poderia ser que um Estado-membro pudesse paralisar o funcionamento da Comunidade".[61]

Isso acarretou uma importante virada no funcionamento do Compromisso. De um lado, tornava-se necessário convencer os parceiros no Conselho de que o interesse nacional evocado era sério e

---

[60] Geoffrey Ribbon, *The Times*, maio 1982. In: "Stephen Wall, *A Stranger in Europe. Britain and the EU from Thatcher to Blair*. Oxford, Oxford University Press, 2008, p. 14.

[61] Édith Cresson, 18 maio 1982. In: Jean-Paul Jacqué, "L'Évolution du Triangle Institutionnel Communautaire depuis l'Élection du Parlement Européen au Suffrage Universel Direct". In: Claude Berr, op. cit., p. 188.

relevante. Clamar qualquer coisa, sem mais, não era possível. Do outro, o interesse da Comunidade como um todo começava a pesar na balança durante a formação de opinião. A pequena concessão que os Cinco haviam cravejado no texto em 1966 (ao final do item 1) havia dado frutos. Pela primeira vez, a noção política do "interesse" sobre o veto foi acionada, em favor da coletividade.

Quatro fatores políticos contribuíram para essa mudança de ambiente. Primeiramente, desde 1979, havia um parlamento europeu diretamente eleito. Este logo descobriu que o processo de decisão por maioria no Conselho formava uma condicionante para uma existência política independente. O Parlamento começou a se agitar, o que afetou os governos alemão e italiano, mais suscetíveis à pressão de seus próprios parlamentos. Segundo, em 1979, Thatcher havia chegado ao poder na Grã-Bretanha. Ela exasperava seus parceiros por causa da maneira despudorada pela qual criava obstruções. Terceiro, em 1981, a Grécia havia aderido como o décimo membro, enquanto Espanha e Portugal se encontravam na sala de espera como os números onze e doze. Esse aumento do número de membros reforçava o argumento de que o veto estava se tornando inviável. Quarto, ao eleger Mitterrand, em maio de 1981, pela primeira vez desde o general os franceses haviam escolhido um presidente que podia governar sem os gaullistas. Este último fator foi decisivo.

A conversão de Mitterrand não veio de imediato. Somente após o fiasco de sua experiência socialista (tendo como ponto decisivo o momento em 1983 quando teve de admitir que não podia abandonar o sistema monetário europeu sem prejudicar a economia francesa), ele buscou na Europa a tela para sua projeção como estadista. Três semanas antes das eleições europeias de junho de 1984, o presidente francês afirmou no Parlamento em Estrasburgo, repetidamente interrompido por aplausos: "Como pode uma totalidade tão complexa e diversificada quanto essa em que a Comunidade se tornou ser administrada segundo as regras do Landdag do ex-reino polonês, no qual qualquer membro podia obstruir uma decisão? Sabemos como isso terminou. É hora de *retornar* a uma prática mais normal e promissora; o governo francês, que esteve presente no berço do Compromisso, já sugeriu limitar seu uso a situações específicas. O fato de que na prática já se vota com mais frequência sobre decisões importantes é o prenúncio de um *retorno aos Tratados*".[62]

Esse pronunciamento solene, quase uma profissão de fé europeia, selou o fim da doutrina gaullista. O caminho para o processo de decisão por maioria se encontrava aberto. Notável foi o uso do lema, na época popular nos círculos bruxelenses, sobre o "retorno ao Tratado". A expressão é uma mentira brilhante. Tratava-se de um retorno a um lugar onde a Europa nunca estivera. A viagem à terra incógnita que De Gaulle se recusou a fazer em 1.º de janeiro de 1966 foi vendida dezoito anos depois por Mitterrand como um retorno ao porto de origem.

É esse o aspecto genial do Compromisso de Luxemburgo: o salto político para maioria podia ser dissimulado como a revogação de um equívoco jurídico anterior. Graças à duradoura transposição por sobre o rio da fundação em 1966, cada Estado-membro podia transferir seu equilíbrio de uma perna à outra de maneira quase imperceptível. Assim a Europa se fundou retroativamente.

A partir daí foi rápido. Em julho de 1984, os líderes criaram um comitê institucional em Fontainebleau para estudar o assunto, e um ano depois decidiram em Milão que uma alteração formal do tratado seria necessária. A intenção era estabelecer um mercado interno até 1992. O plano britânico para limitar a reforma necessária a uma "convenção constitucional" não escrita, um acordo fora do âmbito do tratado, a exemplo do Compromisso de Luxemburgo, esbarrou em incompreensão (Howe, ministro de Thatcher, disse depois: "Muitas vezes expliquei essa abordagem informal britânica a grupos de

---

[62] François Mitterrand, 24 de maio de 1984, discurso perante o Parlamento Europeu em Estrasburgo (grifo do autor).

estarrecidos parlamentares continentais, para quem tratados, declarações, atos solenes, atos únicos, mesmo constituições, eram sua verdadeira razão de ser".)[63]. No novo tratado, batizado de Ato Único Europeu, introduziu-se, com a anuência de todos os membros, o processo de decisão por maioria em cinco campos.

Os novos acordos afetavam a relação entre os membros e seu círculo. Com o conteúdo da Europa, de pronto modificou-se também sua forma. Isso ficou evidente na primeira reunião do Conselho após a efetivação do novo tratado, em 20 de julho de 1987. Os ministros optaram por um novo regimento interno. O presidente do Conselho, que antes o fazia somente por iniciativa própria, desde então tem a obrigação de recorrer à votação quando a maioria dos ministros assim o solicitar. Dessa forma, uma maioria decidida pode causar um grande transtorno a uma minoria.

UM VULTO SOBRE A MESA – 1987-TEMPOS ATUAIS

O Compromisso de Luxemburgo ainda continuou existindo após 1987? Essa é uma polêmica de dimensões quase teológicas.

Nos círculos comunitários, as pessoas acreditaram finalmente estar livres desse espinho. Tanto que na prática o processo de decisão começou a fluir. Em 1985, pela última vez um Estado recorreu com sucesso ao "veto de Luxemburgo". O princípio da maioria não é mais contestado, e no Conselho se vota com certa regularidade.

Em contrapartida, em abril de 1986, o ministro das Relações Exteriores britânico Howe declarou durante o debate de ratificação na Câmara dos Comuns: "Como último recurso, o Compromisso de Luxemburgo continua em vigor sem alterações. [...] Não se trata de uma disposição do tratado; é um componente da realidade política

---

[63] Geoffrey Howe, *Conflict of Loyalty*. London, Pan Books/Macmillan, 1995, p. 408.

na comunidade [...] e de nenhuma maneira é afetado pelo Ato Único Europeu".[64] Durante a ratificação do tratado seguinte, em 1992, tanto Hurd, sucessor de Howe em Londres, quanto o primeiro-ministro francês Bérégovoy, em Paris, fizeram declarações similares. Eles disseram que o compromisso existia; portanto ele existia.

A contradição entre a opinião de que o Compromisso desapareceu e de que ele ainda paira sobre a mesa é superável. As mudanças nas práticas do Conselho de um lado e as citadas declarações de políticos nacionais do outro indicam um retrocesso à posição francesa de 1966: o Compromisso como recurso extremo para uma obstrução. Um seguro de vida contra uma ameaça vital, um *Bill of Rights*.

Não obstante, em duas décadas a situação mudara bastante. Entre 1966 e 1987, os interesses dos Estados se deslocaram de tal modo para o lado da Coletividade que o veto dificilmente podia ser utilizado. Os britânicos consideraram evocar o veto em 1992-1993, referente às diretrizes europeias para a licença-maternidade e a jornada de trabalho, mas desistiram, uma vez que "o tiro poderia sair pela culatra".[65] Eles optaram por levar o caso à justiça europeia. Ameaçar atirar ainda podia, mas mesmo Londres e Paris começaram a temer que atirar de fato poderia antes prejudicar sua posição. A conversão viabilizada pelo Compromisso começou a funcionar. Efetivamente, os Estados-membros apoiavam-se cada vez mais na perna da fundação, mas, para casos de emergência, mantiveram a outra perna fincada na margem oposta – e assim isso também podia ser contado ao público em casa.

Apesar de o caminho se encontrar livre para o processo de decisão por maioria, o consenso continua sendo a via de regra na Europa. Desde 1987, esse consenso não é mais alcançado "à sombra do veto",

---

[64] Geoffrey Howe. In: Anthony L. Teasdale, "The Life and Death of the Luxembourg Compromise", *Journal of Common Market Studies* 31, 1993, 4, p. 574-75 (grifo do autor).

[65] Anthony L. Teasdale, op. cit., p. 578.

mas "à sombra da votação".⁶⁶ Todo ministro sabe que é mais vantajoso tentar conseguir algumas concessões no toma lá dá cá da mesa de negociações que ficar de fora na condição de um "contra" solitário. Da mesma forma, na condição de maioria, os Estados-membros tentam cooptar o maior número possível de opositores, tanto por solidariedade quanto para evitar problemas futuros no cumprimento da decisão. A ameaça da maioria produz unanimidade. Assim, mesmo sem o efetivo salto para a maioria, a pressão da coletividade com relação a seus membros torna-se essencialmente maior.

Nessa comunidade consensual, o Compromisso de Luxemburgo ainda é evocado uma vez por outra. Funciona como uma arma de negociação com a qual um ministro deixa claro que as objeções de seu Estado-membro contra uma proposta são extremamente graves. A senha é "interesses vitais" ou "interesses vultosos". Essa referência oculta muitas vezes é suficiente para chegar a um acordo, graças a uma derrogação, a períodos de transição ou a outros subterfúgios jurídicos.

Ainda há Estados-membros que gostariam de manter o Compromisso de Luxemburgo em vigor. Quarenta anos após a realização do Compromisso de Luxemburgo, em 20 de fevereiro de 2006, a Polônia demonstrou objeções contra a reforma do mercado de beterraba-sacarina.⁶⁷ Um acordo sobre isso ainda deveria ser aprovado pelos ministros da Agricultura. Varsóvia exigia uma indenização de 50 milhões de euros para seus próprios agricultores açucareiros. Apesar de os parceiros terem se queixado que por uma quantia irrisória dessas não se deveria acionar o freio de emergência, o ministro polonês já havia avisado de antemão por meio de uma carta que evocaria o Compromisso de Luxemburgo. A delegação da Hungria, membro da

---

⁶⁶ J. H. H. Weiler, "The Transformation of Europe" (1991). In: *The Constitution of Europe*. Cambridge. Cambridge University Press, 1999, p. 71-72.

⁶⁷ A beterraba sacarina (*Beta vulgaris*) atualmente constitui a principal fonte de açúcar monossacarídeo para o mercado europeu. (N. T.)

União Europeia havia pouco menos de dois anos, teve de se informar com os juristas da mesa sobre que raios significava aquilo. Londres e Paris dispensavam informações. Tanto o ministro da Agricultura da França quanto o da Grã-Bretanha haviam sido instruídos por seus líderes de governo a apoiar o veto polonês por uma questão de princípio, apesar de, como representantes setoriais, eles serem justamente a favor do plano da beterraba.

No próprio Conselho dos ministros da Agricultura ocorreu um tumulto. O ministro polonês dignamente reivindicou os interesses "vitais" de seu país. Mesmo assim, ficou em minoria. O plano da beterraba foi aprovado, com apenas a Polônia, a Grécia e a Lituânia votando contra. O que aconteceu? O intérprete polonês-francês de plantão, aparentemente não familiarizado com o Compromisso, não reconheceu a senha e traduziu "vital" minguadamente como "importante" ou algo do gênero. Por conseguinte, franceses e britânicos puderam sem objeções de consciência ignorar as instruções das suas capitais e simplesmente votar a favor. O pobre ministro polonês, que não protestou durante a reunião, deve ter pensado que seu cartão de veto não funcionava. Fosse mais experiente, ele teria levado o caso ao Conselho Europeu aos trancos e barrancos.

Os sucessores – 1974-tempos atuais

Mesmo aqueles que acreditam que o Compromisso necrosou e não mais paira sobre a mesa terão de admitir a existência de *sucessores*. Isso porque as noções de "interesse", "tempo" e "autoridade" para as quais o Compromisso demandou um espaço, desde 1966, foram gradualmente formalizadas, não obstante a ortodoxia bruxelense. A relação foi politizada.

O papel decisivo ficou por conta do Conselho Europeu dos líderes de governo. Sua fundação em dezembro de 1974 serviu entre outras coisas para desembargar as obstruções acarretadas pelo "veto de Luxemburgo". Quando os ministros das diferentes constelações do Conselho – agricultura, transporte, comércio – não conseguiam despachar, o Conselho Europeu oferecia uma instância maior na qual o nó podia ser desatado com base no interesse comum. Passar uma decisão adiante aos líderes nacionais de um lado significava *economia de tempo* e do outro a oportunidade para integrar mais *interesses setoriais* dentro de um acordo amplamente aceitável. As reuniões de cúpula são os foros de negociação por excelência em que os Estados--membros se dirigem conjuntamente a cada membro individual.

A partir do momento em que os ministros setoriais começaram a tomar suas decisões "à sombra da votação", surgiu um fascinante entendimento entre o Conselho dos Ministros e o Conselho Europeu. Um ministro que se vê na iminência de perder a votação sobre uma proposta setorial às vezes recorre a um artifício diplomático para impugnar a decisão, tendo em mente que seu chefe talvez consiga arrebatar uma concessão durante a próxima reunião de cúpula. Isso muitas vezes ocorre de maneira informal, por exemplo, com a obstrução de um dossiê (qualquer) que requeira unanimidade, até que a proposta em questão seja removida da pauta de votação. Exemplo disso foi a ameaça do governo búlgaro em outubro de 2007 de não assinar determinado acordo com a República de Montenegro enquanto o banco central europeu não aprovasse a grafia de "euro" em cirílico. O problema foi solucionado na reunião de cúpula seguinte – a favor de Sófia.

Uma variante drástica dessa tática também foi testada. Quando, em março de 1996, a crise da vaca louca irrompeu na Grã-Bretanha e o pânico se alastrou para o continente, um comitê europeu de especialistas decidiu proibir temporariamente a importação da carne bovina britânica pelo resto da União Europeia. Londres ficou irada. As evidências científicas relacionando a doença da vaca louca à saúde pública eram pouco factíveis e, sobretudo, não havia razão para se discriminar somente a carne britânica. A Comissão reconheceu isso em maio, mas, mesmo assim, sob a pressão de consumidores preocupados, uma minoria de Estados-membros obstruiu o abrandamento da proibição. Um furioso primeiro-ministro Major anunciou na Câmara dos Comuns uma política de obstrução total. Ele deu a instrução para que fossem bloqueadas todas as propostas que exigissem uma decisão unânime até que uma solução fosse encontrada. O objetivo era colocar a questão da carne bovina no topo da agenda para o subsequente Conselho Europeu. Funcionou: em Florença realizou-se a "cúpula da vaca louca". Ali, os britânicos se deram por satisfeitos, e em 24 de junho Major levantou a obstrução. Marcante foi a maneira pela qual o primeiro-ministro britânico justificou esse bloqueio – a versão jurídica do assento vazio de De Gaulle – nas suas memórias: "Joguei de acordo com as regras do clube, mas o clube havia mudado as regras".[68] Ignorar a regra de conduta do Compromisso era como trair o espírito de grupo que sustenta a esfera intermediária.

A possibilidade de recorrer ao Conselho Europeu se encontra formalizada na política externa europeia. As decisões normativas para a política externa são tomadas por consenso, mas algumas decisões executivas o são por maioria (pelo menos segundo o tratado). É notável como o tratado de Amsterdã (1997) articula uma exceção:

> Quando um membro do Conselho declarar sua intenção de se opor à aprovação de uma decisão que deve ser tomada por meio da maioria qualificada dos votos alegando *importantes e explícitas razões de sua política nacional*, a votação será suspensa. O Conselho pode, por meio da maioria qualificada dos votos, postergar o assunto para que este seja submetido à apreciação do Conselho Europeu, visando a uma decisão por paridade de votos.[69]

Essa determinação, conhecida como o "freio de emergência", pode ser considerada o primeiro sucessor jurídico do Compromisso

---

[68] John Major, *The Autobiography*. London, Harper Collins, 1999, p. 653.
[69] Art. 23, item 2, TUE (versão Amsterdã) (grifo do autor).

de Luxemburgo. Os elementos são os mesmos: considerações de interesse nacional dão direito a um adiamento, ou seja, até a subsequente reunião de cúpula, na qual se decidirá por consenso. No Tratado de Lisboa (2007), esse freio de emergência foi mantido, mas o enunciado foi aprimorado para "alegando *vitais* e explícitas razões de sua política nacional" – um vocabulário impregnado com reminiscências do Compromisso.[70] Freios de emergência similares foram incluídos nesse tratado com relação ao direito familiar e ao direito penal.

A "autoridade", a terceira desprezada noção política introduzida pelo Compromisso na ordem europeia, foi aplicada de maneira diferente daquela das duas primeiras. Os Estados-membros reconheceram em 1966 que as decisões europeias repousam na autoridade dos Estados. A lição gaullista de que em última instância as decisões europeias não podem ser impostas contra a vontade de um governo nacional veio para ficar. Para debelar uma rebelião, as instituições europeias continuam carecendo de autoridade. Ao mesmo tempo, sabemos que essa situação não impediu a transição para um processo de decisão por maioria (o que teria incomodado De Gaulle). Essa transição tampouco teve como consequência que as decisões europeias doravante repousassem na autoridade das suas instituições (o que Hallstein lamentaria). Foi diferente: em vez de se apoiar nos Estados individuais, as decisões europeias agora repousam nos Estados conjuntos. O que mudou, por conseguinte, foi a disposição dos governos nacionais de assumir *responsabilidade* pelas decisões europeias, *também quando são derrotados na votação.*

Assumir responsabilidade quer dizer: defender as decisões como sendo decisões europeias perante o próprio parlamento e a opinião pública. Assim que há uma decisão por maioria, os governos nacionais, queiram ou não, devem atuar como representantes de uma

---

[70] Art. 31, item 2, TUE (versão Lisboa) (grifo do autor).

autoridade europeia. As consequências para a governabilidade são imensas. As dificuldades encontradas pelos governos nessa tarefa formam uma motivação em sua ambígua procura de um público europeu em comum (ver Parte III).

As duas questões constitucionais básicas que o pacto de fundação deixou em aberto – ou às quais respondera de maneira muito precipitada – se cristalizaram ao longo de três décadas. Em primeiro lugar, nos doze anos após o pronunciamento do caso Van Gend & Loos (1963), os Estados fundadores reconheceram todos que sua jurisprudência conjunta goza de prioridade sobre a individual. Com isso, os Estados foram juridicamente domados. A Europa tornou-se uma ordem jurídica, tendo a Corte como seu porta-voz. Em segundo lugar, ao longo do caminho, todos os Estados concordaram em fazer parte de um corpo político no qual podem ser suplantados pela maioria. Ao mesmo tempo, todos têm a garantia de que, caso realmente não queiram algo e isso possa ser justificado razoavelmente, se tentará buscar uma solução. Essa garantia foi conquistada em 1966, durante a mais grave crise europeia ocorrida até hoje.

Apesar de o acordo em questão praticamente ter desaparecido de vista, seu princípio básico permanece em vigor. Toda a execução das decisões europeias emana da vontade dos Estados-membros. O consenso é o padrão. Daí também que o porta-voz político da Europa não foi a Comissão – ao contrário do que muitos tinham pensado –, mas o Conselho de Ministros e mais tarde o Conselho Europeu dos líderes de governo.

Essa é a situação na qual de um lado o tratado domou os Estados *individualmente* e do outro *o conjunto* dos Estados tomou o poder firmemente nas mãos. Graças à transposição durável do rio da fundação, viabilizada pelo acordo de Luxemburgo, a Europa pôde se desenvolver não apenas como ordem jurídica, mas também como corpo político. Trata-se de uma realidade na qual nem De Gaulle nem Hallstein se reconheceriam, mas que de fato existe hoje em dia.

Eis o segredo da mesa. A mesa conjunta, em que o laço instituído pelo tratado é mais importante que as regras formais do processo de decisão. Encontrar uma solução para cada problema torna-se uma responsabilidade conjunta. Isso significa que, assim que houver *uma* regra, seja ela qual for, para chegar a uma decisão ela promoverá o processo de decisão. Sob pressão, sempre surge uma decisão.

Quanto à *forma* como isso procede – os trancos e barrancos, as cartas na mesa, as cartas contra o peito, as cartas em duplicidade, as minutas de propostas, os cálculos rabiscados no verso de um cardápio, os acordos feitos no corredor durante as suspensões ou justamente preparados de antemão em uma capital –, isso é outra história. Mas também esses pequenos segredos contribuem para o sucesso da mesa europeia e para seu mais profundo segredo.

Capítulo 2 | O Salto

> Considere devidamente, então, antes de saltar, pois após o Rubicão não há mais como voltar.
>
> Centinel (Samuel Bryan), carta ao *Independent Gazette*

Um tratado europeu só começa a vigorar após conseguir negociar dois portões de unanimidade: primeiro, a assinatura dos líderes de governo ou representantes dos governos de todos os Estados participantes, depois, o consentimento de cada população individual mediante um plebiscito ou decisão parlamentar. Entre o primeiro e o segundo portão, se encontra um período incerto. Constantemente, surge a pergunta: que fazer se, não obstante sua aprovação no nível do governo, por fim nem todos os Estados o ratificarem?

Um desses períodos de insegurança começou, por exemplo, com a assinatura do Tratado de Lisboa, em dezembro de 2007. Meio ano depois, as expectativas de fato foram frustradas: a população irlandesa votou contra. Com isso, o processo de ratificação travou. Que fazer?

No cerne da questão, sempre há três possibilidades. Continuidade jurídica: um único voto contra derruba o tratado, logo tudo permanece o mesmo. Rompimento constitucional: os que forem a favor – mas em que número mínimo? – continuam com uma União Europeia menor e deixam para trás os que forem contra. Coação política: os que forem a favor pressionam os que forem contra a participar de qualquer maneira ou a aceitar uma nova solução conjunta.

A variante que deverá prevalecer dependerá da situação, das relações de força entre o pró e o contra. Foi assim que Estados relativamente pequenos e periféricos como a Dinamarca e a Irlanda se viram forçados a realizar um segundo plebiscito após seu voto contra em respectivamente 1992 e 2001, enquanto isso não ocorreu com a França após seu "*non*" em 2005. A partir dessa diferença, já fica evidente que a ratificação extrapola o domínio jurídico. Os motivos para uma alteração do tratado não desaparecem pela falta de uma única assinatura. Embora formalmente a unanimidade prevaleça, a pressão da maioria se faz sentir.

O que implicaria uma transição à ratificação por maioria? Como seria ela? Ou não faz sentido falar assim?

AS PALAVRAS MÁGICAS

Nas últimas décadas do século XVIII, treze pequenos Estados na América do Norte se encontravam diante da mesma questão. Desde 1776, eles haviam se tornado independentes da pátria-mãe Grã-Bretanha e hesitavam entre estrear como treze ou como um único no palco mundial. Eles cortaram o nó górdio com uma diligência que também na época surpreendeu os diplomatas do velho continente. Essa história fascinante oferece um espelho para a fundação da Europa. Por uma questão de ordem: aqui não se pretende fazer nenhuma comparação histórica abrangente da formação do Estado americano com a unificação europeia. Trata-se estritamente de uma análise do salto político-jurídico da unanimidade à maioria, conforme vigente na América do Norte entre 1787 e 1791.

Aquele que deseja discernir algo nesse espelho não deve esquecer que o momento de fundação dos Estados Unidos também foi mistificado em retrospectiva. Trata-se da narrativa sobre um verão na Filadélfia, em que, sob a presidência de Washington, espíritos brilhantes como Madison, Hamilton e Franklin elaboraram uma constituição que vigora até hoje: um começo prodigioso para sua trajetória como potência mundial, conforme as crianças americanas aprendem nas escolas. Na Europa as pessoas gostam de aventar motivos para explicar a fácil unificação americana: os treze Estados falavam a mesma língua; pouco tempo antes, haviam lutado juntos para se livrar do jugo britânico, portanto o que seria mais óbvio que formarem um único país? Assim esquece-se que na época o resultado estava longe de ser evidente. Desse modo, seria útil rememorar os acasos, as futilidades e as jogadas de mestre do começo americano.

A Constituição americana foi redigida entre maio e setembro de 1787 por deputados de doze dos treze Estados americanos, durante uma Convenção na Filadélfia. Somente a pequena Rhode Island se recusara a enviar representantes. A intenção era rever os *Artigos de Confederação*, tratado que datava de 1781, no qual os Treze haviam estabelecido uma cooperação relativamente informal após a independência (1776). Tendo logo descoberto que a autoridade central era deficiente do ponto de vista político e financeiro, os signatários buscaram melhorar o pacto confederativo existente entre os Treze. No decorrer daquele verão, porém, a Convenção começou a conceber uma maneira inteiramente nova de governar. Os poderes executivo, legislativo e judiciário, o regime tributário, a escravidão, a liberdade de imprensa – pouco ficou de fora. Também ocorreram árduas negociações: entre Estados grandes e pequenos, sobre os interesses econômicos de comerciantes, produtores, armadores e financistas. Não obstante, sua essência não era a *forma* do governo nacional, mas a pergunta *se* este iria vingar. Embora historiadores posteriores tenham apagado a questão de ordem (talvez para não desmistificar a narrativa da fundação), esta não havia sido inteiramente resolvida de antemão.

O golpe da Constituição americana se concentra no artigo sétimo e último: "A ratificação pelas assembleias de nove Estados será suficiente para estabelecer essa constituição entre os estados, estando assim ratificado". Estas foram as palavras mágicas que possibilitaram a transformação da antiga ordem numa nova, que abriram o caminho para uma transição pacífica de muitos para um, de uma união de Estados para uma federação.

Que praticamente ninguém o percebeu na época fica evidente por meio do debate. A determinação pela maioria do artigo VII foi brevemente discutida em 29 de agosto de 1787. A questão era o patamar, o número mínimo de ratificações necessárias para a efetivação da nova Constituição. A Pensilvânia pleiteou uma maioria simples, com a assinatura de sete dos treze Estados. A Virgínia preferiu dois terços ou nove Estados; Connecticut queria três quartos, ou seja, dez Estados. Somente o deputado de Maryland, Daniel Caroll, afirmou que todos os treze Estados deveriam concordar. De outro modo, argumentou, não haveria como revogar os Artigos de Confederação.

Como a questão foi decidida? Por meio de votação! Em 31 de agosto, determinou-se um patamar de nove Estados. A votação em si não ocorreu por unanimidade. Na política, às vezes grandes revoluções se escondem nos menores recantos de um procedimento. Praticamente ninguém retomou o assunto, tanto na Convenção quanto durante os debates de ratificação nos treze Estados. Mesmo assim essa cláusula implica um rompimento existencial com a ordem vigente.

O argumento do deputado Caroll de fato era procedente. Ao assinar os Artigos de Confederação, os treze Estados haviam estabelecido uma "união perpétua", segundo a qual cada Estado mantinha sua "soberania, liberdade e independência" e na qual constava que todos os treze Estados, por meio de seus parlamentos, tinham poder de veto referente a alterações do pacto confederado.

Os deputados constituintes, portanto, fizeram bem mais que ampliar um pouco seus mandatos na Filadélfia: eles romperam com a ordem político-jurídica conjunta. Nesse intuito, o artigo VII apresenta duplo movimento. Primeiro movimento: transição para a maioria. A antiga união poderia ser dissolvida sem decisão unânime, contanto que nove dos treze Estados aprovassem a nova. Nenhuma palavra sobre a sina dos Estados que eventualmente não o ratificassem. Segundo movimento: a invocatória do "povonoplural". A Convenção solicita aos treze parlamentos que se abstenham e submetam a Constituição à apreciação de treze convenções constitucionais especialmente eleitas pela população. Ela, portanto, faz um apelo direto ao poder constituinte subjacente das treze populações e assim contorna os parlamentos, defensores naturais e legítimos da ordem estabelecida.

Como coroação desse golpe constitucional, a Convenção da Filadélfia conclama o povo – um povo no singular, dessa vez – ao iniciar o preâmbulo da Constituição com a famosa frase "*We the People of the United States*" [Nós, o povo dos Estados Unidos]. Eis o exato momento em que o povo cria o Estado, e o Estado o povo.

Agora, havia um texto, mas isso valia pouco sem sua ratificação. O processo de ratificação, cheio de hesitações entre treze e um, de propaganda, de acalorados debates, de barganhas e com duas rejeições, formalmente durou de 17 de setembro de 1787, último dia da Convenção, até 21 de junho de 1788, com a ratificação do nono Estado, New Hampshire. Nove de treze: com isso, o patamar havia sido alcançado. Mas naquele momento faltavam ainda os dois Estados mais importantes, Nova York e Virgínia. Sua dupla ausência teria cortado o território dos Nove em três áreas distintas: algo como uma Europa unificada sem a França e a Alemanha.

A Virgínia é a primeira no lance. O rico Estado produtor se reúne entre os dias 2 e 27 de junho para uma convenção estadual em Richmond. O confronto é duro. Como podem redigir uma constituição na Filadélfia em nome de um único povo americano?, questiona o antifederalista Patrick Henry em seu discurso de abertura. "Quem os autorizou a falar em termos de 'Nós, o povo', em vez de 'Nós, os Estados?' [...] O povo não lhes conferiu poder para usar seu nome."[1] Três

---

[1] Patrick Henry, discurso de 4 de junho de 1788, na Convenção da Virgínia. In: Bernard Bailyn, *The Debate on the Constitution*, vol. II. New York, Library of America, 1993, p. 595-97.

federalistas talentosos – Madison, Marshall e Randolph – travam o confronto com o solitário Henry. Ele, porém, resiste, proferindo discursos heroicos, quase arrebatando a vitória, até que, exaurido, larga o osso, para finalmente perder a votação (89 contra 79). Então, são dez Estados. Nesse ínterim, oitocentas milhas ao norte, a Convenção de Nova York se congrega em Poughkeepsie, sob a presidência de um Clinton. A maioria está propensa a votar contra, mas o perspicaz Hamilton discursa e ameaça, e, no dia 26 de julho, vence inesperadamente a disputa (30 contra 27). São onze. Os dois grandes Estados estavam a bordo.

Quatro meses antes, Rhode Island, que não somente estivera ausente na Filadélfia mas também se negara a organizar uma Convenção, havia votado majoritariamente contra em um plebiscito. E no início de agosto a última Convenção Estadual, a da Carolina do Norte, também votou contra. A contagem final, portanto, foi onze de treze. Em abril de 1789, intrepidamente instalou-se o primeiro governo federal americano para *onze* Estados.

Os dois retardatários coçaram a cabeça. No fim de 1789, uma segunda Convenção na Carolina do Norte dessa vez aprovou a Constituição. O andar da carruagem já se fazia sentir. Era isso que o deputado Iredell tentara explicar quinze meses antes, ainda durante a primeira Convenção de ratificação em seu Estado: "Um cavalheiro disse que deveríamos decidir como se nenhum Estado tivesse adotado a Constituição. O princípio genérico está correto, mas deveríamos considerar nossa situação peculiar. Não podemos subsistir sozinhos".[2] Não era possível abstrair uma situação histórica concreta, conforme seus compatriotas agora igualmente o sabiam. Por fim, em maio de 1790 a recalcitrante Rhode Island também encarou os fatos. Realizou a transição e aderiu à União.

---

[2] James Iredell, discurso de 30 de julho de 1788, na Convenção da Carolina do Norte. In: Bernard Bailyn, op. cit., p. 916

Essas ratificações confirmam o princípio da validação pela maioria do artigo VII. Em diversos momentos, o processo poderia emperrar. Isso não aconteceu. Os antifederalistas se conformaram com a derrota. O antigo Congresso confederado se dissolveu. Um novo Congresso federal tomou seu lugar, um presidente foi empossado. Com esses atos, o público e os políticos aceitaram que dois princípios tinham precedido o pacto confederado: em primeiro lugar, um poder constituinte das populações nos Estados; em segundo, a preferência do todo sobre as partes. Todos agiram como se os *Artigos de Confederação* já tivessem sido dissolvidos.

É notável que o revolucionário artigo VII quase não tenha sido questionado. James Madison, extremamente influente na Filadélfia e inteiramente consciente do rompimento constitucional, o constatou para sua surpresa. Sob pseudônimo, no início de 1788 ele admitiu na imprensa nova-iorquina que a Convenção havia se desviado em um único ponto de sua missão:

> Em vez de apresentar um plano que exigisse a confirmação *de todos os Estados*, eles apresentaram um plano que talvez seja adotado *por apenas nove Estados*. Vale a pena mencionar que essa objeção, apesar de bastante plausível, foi a menos aventada nas publicações que se coligaram contra a Convenção.[3]

Apesar de poucos o terem notado, mesmo assim Madison refuta a objeção. Ele afirma ser uma "absurdidade" deixar que o destino de doze estados dependa dos caprichos atrozes de um décimo terceiro, ainda mais quando este, como a intransigente Rhode Island, representa apenas um sexagésimo da população americana. Mais adiante, ele argumenta: "Exigir uma ratificação unânime dos treze Estados seria submeter os interesses essenciais do todo aos caprichos corruptos de

---

[3] James Madison. In: Alexander Hamilton, James Madison e John Jay, *The Federalist Papers* [1788]. Charles R. Kesler e Clinton Rossiter (org.). New York, Penguin Putnam, 1999, n. 40, p. 219 (o grifo na última frase é do autor).

um único membro".⁴ Madison reverte o ônus da prova de forma astuta e transforma o resultado desejado, o todo, no parâmetro, a fim de isolar a parte. Diante da pergunta de como se pode justificar uma dissolução não unânime e inconstitucional da confederação, Madison evoca grandiosos patronos: "a urgência absoluta da situação, o elevado princípio da autoproteção, a lei transcendental da natureza e do Deus da natureza".⁵ É como se ele soubesse que não procedia e tentasse abafar a transgressão jurídica no grito.

Os antifederalistas tinham o direito positivo a seu lado. Eles mal mencionaram esse argumento. Somente em Maryland, que na Convenção da Filadélfia apresentou a proposta (rejeitada) de uma ratificação unânime, reinava a sensação de terem sido burlados pelo artigo VII. O extravagante membro da Convenção Luther Martin – que ostentava a reputação de raramente estar sóbrio e de falar por horas a fio contra a corrente na tribuna – posteriormente relatou no Parlamento de Maryland os imaculados discursos que sua gente proferira na Filadélfia contra a ratificação pela maioria. Eles haviam dito que o princípio da maioria de fato valeria assim que houvesse uma constituição, mas que no encerramento ou na dissolução de uma Constituição seria exatamente o oposto, que isso não se realizaria sem "o consentimento de todos os indivíduos que participaram do acordo original".⁶ Era um escândalo que no salto dos treze ao um, por meio de nove, quatro Estados tivessem sido deixados de fora sem razão justificada. Esse deputado consequente, mas um tanto exaltado, não foi ouvido. Em 26 de abril de 1788, sua querida Maryland se sujeitou com 63 votos contra 11 aos "grilhões fundidos para nós",⁷ os da União.

---

⁴ Ibidem, n. 43, p. 247.

⁵ Ibidem.

⁶ Luther Martin, discurso de 8 de fevereiro de 1788 no Parlamento de Maryland. In: Bernard Bailyn, op. cit., p. 656.

⁷ Ibidem, p. 661.

Por que a antiga ordem não importava a praticamente ninguém? Quando se leem os discursos e os debates da época, não se tem a impressão de que uma apurada noção do poder constituinte entre a população tivesse removido o obstáculo. Tampouco se pode alegar que a população fora surpreendida por um complô federalista. O que parece estar ocorrendo é uma vaga sensação de crise, de uma necessidade de mudança, de um momento que há de ser aproveitado. "Todos dizem que algo tem de ser feito" (antifederalista Henry, durante a Convenção na Virgínia).[8] Deve ter sido um desses *momentos maquiavélicos*, quando, segundo Pocock, um povo se torna consciente da mortalidade do Estado e toma seu destino nas mãos ao relegá-lo para o futuro. Em outras palavras: a ratificação do novo pacto não ocorreu devido a uma pretensão constitucional ou por descaso político, mas por uma questão de consciência histórica.

Significativo é que a transição foi percebida como um salto. Salte para salvar-se, insistiam alguns. Antes seja cauteloso, outros avisavam, como neste panfleto antifederalista: "Considere devidamente, então, antes de saltar, pois após o Rubicão não há mais como voltar".[9] O povo americano avistou o Rubicão e saltou. Em 4 de julho de 1788, celebrações espontâneas irromperam em diversos lugares após as ratificações do nono e do décimo Estado. Na Filadélfia, houve uma parada com cerca de mil homens levando um templo grego de treze colunas, ouviram-se discursos solenes e tiros de canhão que retumbavam do porto.

Todos os treze Estados aderiram à nova União ao longo de um período aproximado de trinta meses – após muitas negociações,

---

[8] Patrick Henry, discurso de 24 de junho de 1788 na Convenção da Virgínia. In: Edward C. Biddle (org.), *American Oratory, or Selection from the Speeches of Eminent Americans*. Philadelphia, E. C. Biddle, 1846, p. 92.

[9] Centinel ([pseudônimo de Samuel Bryan], carta ao *Independent Gazette*. Philadelphia, 5 nov. 1787. In: Michael Lienesch, *New Order of the Ages. Time, the Constitution and the Making of Modern American Political Thought*. Princeton, Princeton University Press, 1988, p. 145.

porém sem guerra civil, sem cisões, sem intervenções de potências estrangeiras. Isso de fato foi muito rápido, mas não foi uma mudança instantânea. Também os americanos tomaram tempo para sua transição de muitos para um.

O ANFITRIÃO NA VARANDA

Esse precedente americano demonstra como uma transição para a maioria poderia ocorrer durante a fundação. Primeira condição: assim como em agosto de 1787 os membros da Convenção na Filadélfia preferiram o blefe do artigo VII sobre as regras confederadas vigentes, em determinado momento os políticos europeus também poderiam decidir, contra os tratados existentes, que uma ratificação não unânime seria suficiente para mudar a forma de sua União. Segunda condição: assim como entre setembro de 1787 e maio de 1790 as treze populações americanas, sob pressão das circunstâncias históricas, aceitaram a ratificação por maioria em vista das suas ações, também as múltiplas populações europeias deveriam reconhecer um eventual salto de fundação à luz dos fatos.

Na Europa, desde 1945, muitos anseiam por um "momento-Filadélfia". Refletiu-se muito sobre a primeira condição. Alguns políticos foram em busca de uma fórmula mágica ao modo do artigo VII, de uma forma que a Comunidade ou a União pudesse fazer passar um sistema de ratificação por maioria. Que para isso se usasse uma prosa jurídica insípida é algo que já não surpreende ninguém: afinal, isso oferece acesso a uma pergunta política existencial. Até hoje essa busca permanece infrutífera, razão pela qual ainda não se teve de pensar muito sobre a segunda condição. Um momento visível de fundação ficou em suspenso. No entanto, tornou-se evidente que os Estados-membros reunidos, mesmo sem salto para a maioria, surpreendentemente conseguiram fazer com que opositores

individuais sentissem a coação fundadora. Assim, todos os Estados-
-membros sempre voltam a embarcar.

Uma distinção merece ênfase. Existem dois momentos para um salto de fundação para a maioria: com um novo tratado *agora* ou com a revisão de um novo tratado *no futuro*. Em ambos os casos, as partes constituintes abrem mão de seu poder de fundação em prol do todo e na lógica constitucional pode-se falar de uma fundação. A diferença, porém, é importante. No segundo caso, é possível fazer com que o procedimento seja juridicamente correto: se estabelece por unanimidade agora que o pacto pode ser mudado por maioria no futuro (era assim que Rousseau e Luther Martin de Maryland o teriam preferido). No primeiro caso, a fundação não se disfarça; ela consiste na contravenção das antigas regras para revisão (esse foi o truque da Filadélfia). Os defensores desse atalho para a transição parecem ser motivados pelo seguinte pensamento: por que combinar somente para amanhã o que pode ser alcançado hoje? "*Hic Rhodus, hic saltus*".[10]

Todos os tratados europeus desde 1951 foram efetivados por unanimidade. Isso se encontra estabelecido em um artigo do próprio tratado. Sempre há dois momentos de unanimidade. Primeiro, os governos juntos dão forma à renovação, depois cada um pede individualmente a seu parlamento ou a sua população para ratificar a renovação. Ambos os momentos envolvem uma coação situacional própria, que determina as chances para um avanço para a maioria.

Primeiro, a formação pelos governos europeus. Eles sentam-se a uma mesa de negociação conjunta. A coação disso difere na medida em que se trata de um tratado de fundação (no sentido prático de um texto que institui uma nova organização) ou de um tratado de alteração. O governo que não se interessar por um tratado de fundação

---

[10] G. W. F. Hegel, *Grundlinien der Philosophie des Rechts*, Prefácio. [Tradução compreensiva: Eis que com [o Estado de] Rhode Island vem o salto [à maioria]. Gramaticalmente, porém, seria mais correto: *Hic Rhodus, hic salio* – e não *saltus*). (N. T.)]

pode ou deve ficar de fora. Esse foi o caso na fundação da comunidade minerária em 1950. Os britânicos bem que gostariam de aceitar o convite do ministro Robert Schuman para conversar sobre o assunto, mas recusavam-se a se comprometer de antemão com o princípio de uma autoridade supranacional. Queriam um lugar à mesa, mas com o direito de partir quando quisessem. Embora Schuman estivesse disposto a permitir essa exceção, seu assessor Monnet o convenceu de que isso significaria a morte do plano: "Daqui a pouco não haverá mais regras comunitárias e acabaremos ficando com mais uma organização internacional ineficaz".[11] Foi assim que Paris rechaçou os britânicos. Em uma situação inicial, a parte que toma a iniciativa é sempre a mais forte. Ela se propõe a dizer: quem quer brincar conosco? E faz valer a lógica do "pegar ou largar". Nas negociações de fundação, por conseguinte, o veto não tem nenhum amparo. Os relutantes não comparecem ou são empurrados para fora da mesa. Ficam somente aqueles que querem participar.

Isso é diferente para um tratado de alteração. O governo que rejeita qualquer mudança pode até certo ponto bloquear tudo com um veto. Ele possui um assento na mesa de negociações e sabe que as regras da revisão trabalham a seu favor. Logo, em geral os proponentes de alterações ameaçam prosseguir seu intento com um grupo menor de países. Durante a crise de ratificação de 2005-2007, a fundação de certa "Europa nuclear" (conforme denominada num jargão autocongratulatório) foi pleiteada publicamente pelos primeiros-ministros da Bélgica e da Itália. Nesse cenário, a fundação por maioria não é imposta, mas uma nova União Europeia de menor tamanho é instituída por unanimidade. Considerando-se as complicações jurídicas – uma vez que a dissolução da antiga União Europeia também exige a anuência de todos –, essa ameaça funciona principalmente

---

[11] Nota do dia 31 de maio de 1950, Jean Monnet, *Mémoires*. Paris, Fayard, 1976, p. 368-69.

como meio para pressionar os obstruentes. A ameaça, porém, pode ser perseverada quando a obstrução se aplica ao fortalecimento de determinadas áreas programáticas, em vez de uma completa revisão. Em dezembro de 2011, por exemplo, os países da zona do euro estavam tão determinados a aumentar sua disciplina orçamentária que contornaram um veto britânico ao criar uma nova disposição fora do tratado. (Após esse lance, os britânicos protestaram contra os demais 26, que pretendiam utilizar os prédios da União Europeia para esse empreendimento e chegaram a ameaçar levar o caso à Corte, mas alguns dias depois o ambiente clareou novamente.) Na maior parte das vezes, o resultado da ameaça de continuar com um grupo menor é que se negocia até surgir um acordo que possa ser assinado por todos.

Segue então o momento de validação pelos parlamentos e pelas populações da Europa. Estes não se sentam em uma única mesa. Em contraste com os governos, não decidem em conjunto nem simultaneamente. Sentem, portanto, menos coação situacional. Já sucedeu a diversos governos que assinassem um tratado europeu, mas que seu parlamento ou sua população se recusasse a ratificá-lo. Formalmente, nesse caso os demais signatários não podem prosseguir com os acordos: em cada tratado consta que ele passa a vigorar apenas após a ratificação de todos os Estados que o assinaram. Não obstante, buscou-se aqui, no consentimento de parlamentos e nas populações, um ponto de aplicação para o momento de fundação da Europa.

As peripécias em torno do veto de fundação começaram, portanto, na determinação que regia sua efetivação. Um único artifício jurídico bastaria para realizar o sonhado salto político. Com algumas palavras, pensavam seus pleiteantes, tudo poderia se resolver. Planos foram elaborados nesse sentido, principalmente por representantes da esfera interna institucional, que de certo modo já vivem "após o salto". Ali, o veto dos Estados fundadores é considerado uma sujeição; o sufrágio, uma almejada emancipação.

O parlamento veio em 1984, alguns anos depois de ter sido eleito diretamente pela primeira vez com uma determinação por maioria. Esta fazia parte de um completo projeto de tratado, elaborado sob o incentivo do europarlamentar italiano Spinelli, antigo herói da resistência e federalista de primeira hora. Esse projeto de tratado poderia ser efetivado, assim era a ideia, após a ratificação pela maioria simples dos Estados, contanto que representasse dois terços da população total. Para a situação de 1984, isso significava: ratificação por seis dos dez Estados-membros, incluindo três dos quatro maiores. A fórmula pareceu ter sido concebida visando um rompimento entre Estados que desejavam ir "adiante" e um ou mais Estados retardatários – menção que fazia pensar em Londres, que, nos anos de Thatcher, não hesitava em usar o veto. Apesar de o projeto ter sido louvado até mesmo no Bundestag alemão, os governos não examinaram seriamente sua cláusula de efetivação.

Dezoito anos depois, alguns acreditavam que um momento-Filadélfia se aproximava por causa da instituição de uma Convenção constituinte na qual, além dos governos, também os parlamentos nacionais e as instituições europeias estariam representados. Inevitavelmente, a questão da ratificação veio à tona. A regra da unanimidade não combinava com a ambição fundadora que grassava entre os membros da esfera interna. Além do mais, ninguém achava atraente a perspectiva de que meses de trabalho conjunto pudessem ser anulados por um único voto contra. Não demorou muito para que Malta, país candidato membro, despontasse como o exemplo aterrador de um diminuto obstruente em potencial – a variante europeia de Rhode Island. Nesse clima, diversos membros da Convenção arquitetaram constituições inteiras que previam um salto para a maioria.

A mais original foi a do senador francês Badinter: "A Constituição entrará em vigor no primeiro dia do vigésimo quinto mês após o depósito do instrumento de ratificação pelo décimo quinto Estado que efetuar essa ação".[12] Na época, em 2002, a União Europeia contava com quinze membros, enquanto dez Estados adicionais estavam prestes a aderir. A determinação, portanto, devia ser lida como um incentivo: vamos resolver nossos problemas institucionais como antigos membros antes de expandir a União Europeia. Enquanto em geral os tratados europeus começam a vigorar logo após sua assinatura pelo último Estado-membro, nessa cláusula isso ocorre somente dois anos depois de se alcançar o patamar, provavelmente como um período no qual Estados indecisos ainda pudessem aderir à União Europeia, da mesma forma como a Carolina do Norte e Rhode Island embarcaram nos Estados Unidos.

Também o chefe da esfera interna, o presidente da Comissão Prodi, em 2002 veio com uma proposta "corajosa" para um rompimento constitucional. A ideia era que, com a constituição, os governos assinassem um tratado separado sobre sua efetivação. Nele, eles concordariam que a constituição entraria em vigor a partir do momento em que três quartos dos Estados a tivessem ratificado e prometiam abandonar a União Europeia caso não conseguissem convencer sua população.[13] Isso era engenhoso do ponto de vista jurídico, mas demasiadamente focado na fórmula mágica ao modo do artigo VII (primeira condição), sem maiores atenções à aceitação pública da promessa do afastamento em si (segunda condição).

Esse tipo de sugestão e de incentivo da esfera interna é fascinante, mas por fim são os Estados que devem saltar. O risco é deles. Eles devem pesar as chances de obstrução por um único intransigente contra as chances de eles próprios um dia oporem uma proposta qualquer. Sua base existencial está em jogo.

---

[12] Robert Badinter, *Une Constitution Européenne*. Paris, Fayard, 2002, p. 133-34.

[13] Romano Prodi, 'Préface". In: A. Mattera (org.), *Pénélope: Projet de Constitution de l'Union Européenne*. Paris, Clément Juglar, 2003, p. 8.

A isso se juntou algo mais. As narrativas tendenciosas que circulavam em 2002 sobre a absurdidade do veto não se firmavam nos fatos. Em um período de menos de vinte anos, os Estados conjuntos passaram quatro vezes pelos dois portões da unanimidade de um novo tratado. Os tratados, assinados em 1986 (Ato Único Europeu), 1992 ("Maastricht"), 1997 ("Amsterdã") e 2001 ("Nice"), puderam todos ser ratificados de acordo com as exigências formais.

Para culminar, por duas vezes nesse percurso houve um voto individual contra e por duas vezes esse obstáculo foi superado. As intransigentes Dinamarca e Irlanda não tomaram a União Europeia como refém. Sob a pressão dos parceiros, Copenhague e Dublin decidiram pedir novamente o apoio de suas populações para *o mesmo tratado*. Acrescentaram-se maiores explicações para o próprio público, sem consequências jurídicas para os outros Estados; a Dinamarca pôde se isentar de algumas obrigações. Ambos os governos venceram o plebiscito de recuperação. Essa experiência inspirou a confiança de que a coletividade saberia conduzir possíveis retardatários pela linha de chegada. Ao mesmo tempo, aprendeu-se que o obstáculo da unanimidade não era tão absoluto quanto parecia do ponto de vista jurídico. Isso talvez fosse inquietante para os membros individuais, mas tranquilizante para o círculo.

Na Convenção de Bruxelas de 2002-2003, os representantes dos Estados e da esfera interna debateram pela primeira vez publicamente sobre o mecanismo de efetivação. Propostas para uma ratificação por maioria foram amplamente sobrepujadas, mas a constelação fez com que se criasse um momento de transição constitucional diferente, a saber, uma formalização da responsabilidade da coletividade dos Estados-membros.

Essa proposta de reforma já constava no projeto para as determinações finais. O texto foi redigido a portas fechadas por um secretariado e uma junta diretiva de doze integrantes e enviado aos membros da Convenção no início de abril de 2003. O artigo de efetivação existente foi *mutatis mutandis* retomado como o "artigo G":

> 1. O tratado constitucional será validado pelas Altas Partes Signatárias, conforme suas distintas determinações constitucionais. As atas de validação serão depositadas junto ao governo da república italiana.
> 2. Este tratado entrará em vigor em..., na condição de que todas as atas de validação se encontrem depositadas ou, em caso omisso, no primeiro dia do mês seguinte ao depósito da ata de validação pelo Estado signatário que por último tenha efetuado essa ação.

A isso se seguiu, contudo, uma surpreendente inovação na forma de uma nova e terceira disposição:

> 3. Caso quatro quintos dos Estados-membros tenham validado o tratado constitucional dois anos após a assinatura do tratado constitucional e um ou mais Estados-membros tenham encontrado dificuldades com a validação, o assunto será tratado pelo Conselho Europeu.[14]

Trata-se de uma reviravolta sutil, mas importante. Ela se baseia na distinção entre as consequências jurídicas e políticas de uma ratificação encalhada. A articulação não questiona que um voto contra impeça a efetivação do novo tratado. Juridicamente, tudo fica como estava: unanimidade, como sempre. A inovação se encontra no reconhecimento de que uma *responsabilidade política conjunta* se impõe diante da situação. Isso fica evidente por meio de dois elementos. Primeiro, essa responsabilidade é colocada em um lugar específico: não somente no que concerne aos Estados que ratificam ou não o tratado, mas também no que concerne à expressão política mais elevada da esfera intermediária, o Conselho Europeu. Segundo, um patamar é vinculado ao surgimento dessa responsabilidade conjunta: quatro quintos dos Estados-membros. Juridicamente, cada veto continua válido, mas uma sombra política os envolve. De fato, trata-se de uma transição para uma maioria na *responsabilidade* da fundação.

---

[14] CONV 647/03 de 2 de abril de 2003, art. G.

Nessa breve frase, os Estados-membros virtualmente se concederam um anfitrião na varanda. Este acolhe os retardatários, ouve suas desculpas, mas não impedirá a entrada de ninguém. Ele pode até, caso os retardatários prefiram não entrar, decidir chamar os convidados do lado de dentro para continuarem as festividades descontraidamente do lado de fora.

Antes do debate no plenário sobre as determinações finais, os membros da Convenção puderam submeter emendas. O alcance político dos mecanismos de alteração e efetivação não passou despercebido a ninguém. Esse debate no papel fascinou principalmente os europarlamentares e os parlamentares dos Estados-membros menores. Os primeiros se organizavam segundo a plumagem política (democratas-cristãos, socialistas, liberais) e os últimos na maior parte por Estado-membro (Finlândia, Países Baixos, Áustria, Portugal), em alguns casos apoiados pelos representantes de seus governos (Bélgica, Luxemburgo). Os maiores países, e em particular os representantes dos governos, se mantiveram em silêncio.

O artigo G ofereceu três oportunidades para alterações. Primeiramente, havia o encargo da expressão popular. Surgiu a ideia da obrigatoriedade de um plebiscito. Tanto os membros da Convenção mais federalistas quanto os mais antifederalistas tinham uma predileção por isso. Ambos os grupos queriam que os Estados-membros cuja constituição não prescrevesse um plebiscito impositivo realizassem um plebiscito consultivo. Os federalistas enfatizavam a inclusão de toda a União Europeia nessa consulta popular. O europarlamentar Duhamel já tinha uma data marcada: seria com as eleições europeias de 2004. Seu colega Voggenhuber sugeriu somar os votos não só por Estado-membro, mas pela União Europeia como um todo, para que esse resultado conjunto fosse anunciado pelo presidente do Parlamento europeu. Nenhum dos dois especificou qual seria o *status* desse "resultado europeu". Não obstante, um plebiscito abrangendo toda a União Europeia constitui uma evidente tentativa para alocar poder constituinte ao conjunto dos cidadãos europeus, no intuito de poder contestar resultados negativos de um ou mais plebiscitos nacionais com mais direito. Tratava-se de uma variante mais cautelosa do "*We the People*" – o ousado exórdio que na Filadélfia constituiu um corolário do salto para a maioria do artigo VII. Diante desse blefe declamatório, todos recuaram na Convenção bruxelense. A ideia de um povo europeu que se encontra por meio de um resultado eleitoral parecia cada vez mais simpática.

Com esse anseio federalista por um pronunciamento popular, o punhado de antifederalistas se conciliava inteiramente. Para eles – um europarlamentar dinamarquês, um francês e um britânico, além de um lorde britânico e de um deputado tcheco –, no entanto, seria um pronunciamento popular no plural. De forma consequente, eles enfatizavam a necessidade de uma ratificação unânime. Vinte e cinco plebiscitos significariam 25 chances para um não. O dinamarquês Jens-Peter Bonde, patriarca dos eurocéticos, tinha suficiente confiança nisso para aceitar o desafio da ideia de um plebiscito simultâneo. Como se estivesse encarregado de estabelecer as condições para um duelo decisivo, ele citou, em reação a Duhamel, uma data ainda mais "europeia": 9 de maio de 2004, o aniversário da declaração de Schuman que se seguia à assinatura do tratado. Os flancos extremos no debate torciam por um "tiroteio" constitucional. As armas eram desiguais: o partido do contra dispunha de 25 balas, os a favor tinham somente uma.

O centro da Convenção se manteve distante desse bangue bangue democrático. Muitos esperavam o avanço de uma ratificação pela maioria dos Estados. Um europarlamentar democrata-cristão coletou quase trinta assinaturas para uma emenda pela qual o tratado constitucional entraria em vigor assim que fosse ratificado por quatro quintos dos Estados. Dois liberais tinham vinte assinaturas para uma proposta semelhante, mas com uma maioria de cinco sextos dos Estados. Não eram os membros mais proeminentes da Convenção que apoiavam essa ideia radical. O único governo a subscrever o plano foi o de Luxemburgo, representado pelo ex-presidente da Comissão Santer.

O terceiro assunto para emendas foi a reforma na proposta da junta diretiva, o papel do Conselho Europeu. Dois anos após a assinatura, o Conselho assumiria a questão caso quatro quintos dos membros tivessem ratificado o tratado, mesmo se um ou mais deles não o tivessem feito. Isso deixou alguns membros da Convenção perplexos. O representante do parlamento da Lituânia observou: "O artigo G, item 3, enfoca um problema em potencial, mas não traz uma solução".[15] Ou seja: vamos suprimi-lo. Essa também foi a sugestão dos governos de Luxemburgo, dos Países Baixos e da Áustria. O governo dos Países Baixos não deixou nenhuma dúvida de que interpretava essa determinação como uma ameaça: "A possibilidade de que o Tratado pudesse entrar em vigor sem a ratificação do Reino dos Países Baixos é inaceitável".[16] (Dois anos depois, em seguida ao não da própria população, o ministro-presidente neerlandês atuou no espírito dessa emenda quando na noite do resultado imediatamente proclamou a morte do tratado, negando assim a responsabilidade europeia conjunta pela situação que essa determinação pretendia expressar.) Para Luxemburgo, único Estado-membro a apoiar uma ratificação por maioria, o problema se encontrava alhures: a determinação podia levar à situação em que o Conselho Europeu esperaria dois anos até tomar uma iniciativa.

O debate da Convenção por coincidência ocorreu uma semana depois que em Atenas o tratado de expansão havia sido assinado com dez novos membros. A ideia de que um único membro não devesse ser capaz de deter o círculo inteiro podia ganhar força de persuasão com a visão de um veto maltês, cipriota ou letão. O representante do governo britânico percebeu o perigo e logo no início do debate

---

[15] Vytenis Andriukaitis, emenda ao art. G do CONV 647/03.
[16] Gijs de Vries e Tom de Bruijn, emenda ao art. G do CONV 647/03.

fincou uma bandeira vermelha: "É tentador dizer que uma União de 25 não pode ser retida por um Estado membro, mas [...] aprovar esses dispositivos seria um equívoco e um desafio à nossa legitimidade democrática". Ele acrescentou: "A credibilidade política provém de decisões unânimes sobre avanços consideráveis".[17] Os defensores da ratificação por maioria não conseguiram arrancar essa bandeira. Os parlamentares nacionais, após uma reflexão, preferiram não romper com as regras existentes. Entre os representantes de governo, o entusiasmo era ainda menor.

A ratificação por maioria obteve tão pouco apoio na Convenção que a ideia pôde ser descartada pela junta diretiva imediatamente após seu desfecho. Sobre a responsabilidade compartilhada da fundação, houve uma contenda nos bastidores: o vice-presidente Dehaene, ex-primeiro-ministro belga, queria manter o terceiro novo item, enquanto o secretário-geral *Sir* John Kerr, um graduado diplomata britânico, queria suprimi-lo. Dehaene ganhou o pleito. A frase, porém, foi desacoplada do artigo G e transformada em uma declaração política em separado. Isso foi necessário, pois, conforme observou um senador francês durante o debate: "Se um problema ocorrer com a ratificação do tratado constituinte, ele não poderá ser resolvido pelo próprio tratado, pois este, por definição, ainda não estaria em vigor".[18] A sentença, portanto, tinha de ser transferida. Terminou como "Declaração na ata final" do projeto de tratado que o presidente da Convenção Giscard d'Estaing entregou aos governos em julho de 2003. Nenhuma fórmula mágica, mas uma exortação para se buscar uma solução conjunta.

Na Conferência Intergovernamental, encerrada em 2004 sob a presidência irlandesa, a cláusula foi submetida a uma dura prova. Os irlandeses, que não tinham boas lembranças da pressão exercida

---

[17] Peter Hain, 25 abr. 2003, sessão plenária da Convenção (*verbatim*).
[18] Hubert Haenel, 25 abr. 2003, sessão plenária da Convenção (*verbatim*).

após seu "não" de 2001, de fato queriam eliminá-la. Pouco antes do acordo final, Dublin colocou a sentença no discurso indireto. Após algumas querelas, a frase terminou na publicação oficial do tratado como a "Declaração 30", conforme a seguir:

> A Conferência registra que quando quatro quintos dos Estados-membros tiverem validado o tratado para o estabelecimento da Constituição dois anos após sua assinatura e um ou mais Estados tiverem encontrado dificuldades com a validação, o Conselho Europeu discutirá o assunto.[19]

Ali terminou temporariamente a busca europeia por uma transição para a maioria referente à efetivação de um novo tratado. A ideia de um rompimento com a ordem jurídica existente pareceu inaceitável para quase todos os Estados, frustrando assim as esperanças da esfera interna. Enquanto na Filadélfia somente um Estado defendia a unanimidade (Maryland), na Europa de 2004 apenas um Estado pleiteou a maioria (o pequeno Luxemburgo). Os Estados se apegam à sua posição fundadora na ordem europeia.

Notável é o reconhecimento pelos Estados-membros de uma responsabilidade política conjunta para um novo pacto. A breve sentença sobre isso pendurada no tratado foi o primeiro fruto de uma busca europeia por uma transição para a maioria. Ela não compromete a base existencial dos Estados-membros individuais, mas reforça levemente a coletividade em relação a seus membros individuais. Nenhum salto de fundação, mas um fortalecimento da experiência constitucional acumulada.

Quando o tratado constitucional com essa breve frase foi rejeitado pelo eleitorado francês em 29 de maio de 2005 e três dias depois pelo eleitorado neerlandês, os líderes não esperaram dois anos para discutir o assunto. O susto foi grande demais. Na cúpula de junho de 2005, instaurou-se um período de reflexão. Alguns

---

[19] Diário Oficial da União Europeia 16/12/2004, C 310/464.

Estados-membros decidiram suspender temporariamente o processo de ratificação.

Na cúpula de junho de 2007, os Estados-membros decidiram ir ao encontro dos que votaram contra e dos que ainda aguardavam, substituindo o ambicioso tratado constituinte por um tratado de alteração. Apesar de combinarem que "as declarações da Conferência Intergovernamental de 2004 seriam adotadas pela atual Conferência Intergovernamental",[20] a assessoria jurídica do Conselho decidiu que a Declaração 30 não era mais relevante. Ninguém solicitou que a frase fosse colocada de volta nem perguntou por que ela havia sido omitida. O Tratado de Lisboa (2007), portanto, ficou sem um anfitrião na varanda.

---

[20] Conclusões do Conselho Europeu 21-22 jun. 2007, Anexo I, item 24.

Capítulo 3 | A Ponte

> Um Estado sem os meios para algumas mudanças é um Estado sem os meios para sua preservação.
> *Edmund Burke*, Reflections on the Revolution in France

O MESTRE DO TRATADO

As regras para alterações de um corpo político não são acessórias, mas revelam sua essência.

A primeira questão é saber *se* essas regras existem. Os dez mandamentos com os quais Moisés desceu a montanha não contêm regras para sua revisão, mas a maioria das constituições modernas sim. Os primeiros foram propostos para toda a eternidade, os segundos se dão conta das vicissitudes históricas. Regras de alteração servem para processar novos acontecimentos, mas também para se repudiar a identidade. O que está em jogo é o lugar de um corpo político no tempo.

Em segundo lugar, surge a pergunta sobre a facilidade com que essa mudança pode ser alcançada. Seria a ordem política talhada em mármore ou um joguete do capricho popular? A característica formal de uma constituição é que o legislador comum não pode alterá-la. No enunciado clássico do juiz americano Marshall, a Constituição forma a "lei suprema do país", justamente por ser "inalterável por meios ordinários".[1] Sob esse ponto de vista, a hierarquia entre as regras básicas e as regras comuns não repousa em seu conteúdo, mas na extensão de sua resistência contra mudanças. A mudança das regras básicas se chama *alteração* e a mudança das

---
[1] Corte Suprema dos EUA, *Marbury vs. Madison* (5 U.S. 137), 24 fev. 1803.

regras comuns se chama *legislação*. A resistência contra mudanças também determina a relação entre alteração e *fundação*. Dentro das regras básicas também pode haver uma distinção entre mutáveis e intocáveis. Exemplo: não obstante a alteração de sua constituição, a França permanecerá uma república;[2] aquele que deseja um retorno à monarquia deve cometer um golpe de Estado. Em um pacto no qual não há distinção entre elementos fixos e mutáveis, toda alteração em princípio constitui uma (re)fundação.

Terceiro, temos a pergunta a respeito de *quem decide* sobre a reforma de um corpo político. Essencial é a distinção entre o fundador original, por exemplo, a nação ou um grupo de Estados, e as instituições criadas durante a fundação, por exemplo, um parlamento. O ato de fundação em si, segundo o criador dessa distinção em 1789, "não é tarefa do *poder constituído*, mas do *poder constituinte*"[3] (Sieyès). Para uma alteração, isso pode ser diferente. Alguns corpos políticos podem continuar fazendo um apelo a seus fundadores originais para sua reforma, por exemplo, por meio de uma consulta popular ou da validação por suas divisões administrativas territoriais. Outros delegam a alteração aos poderes constituídos – por exemplo a uma assembleia constituinte do parlamento. Somente neste último caso é que se pode falar de *autorreforma*, de um corpo político autônomo, emancipado de seu(s) criador(es). A pergunta "quem" é decisiva para a extensão da vida política autônoma.

Como a Europa lida com essas três questões políticas: o "ou", o "como" e o "quem" de uma reforma pactual? A pergunta do "ou" também será comentada, pois, apesar de todos os tratados europeus desde 1951 conterem cláusulas para alterações, na primeira vez em que estas foram seriamente invocadas houve uma árdua disputa.

---

[2] *Constitution de la Cinquième République Française*, art. 89 ("De la Révision").

[3] Emmanuel-Joseph Sieyès, *Qu'est-ce que le Tiers État?*, Jean-Denis Bredin (org.). Paris, Flammarion, 1988, p. 128.

Somente após 1985, quando se tirou o ferrolho da trava, é que surgiu algum movimento em torno do "como" e do "quem".

Novamente, a possível transição da unanimidade para a maioria funciona como incentivo e ameaça, de novo seu principal resultado não é a coroação formal da esfera interna, mas um fortalecimento da esfera intermediária dos membros. Essa diferença sutil revela grande parte da natureza da União Europeia. Os Estados-membros não se deixam relegar à margem, mas estão sempre a descobrir maneiras para se movimentar juntos como uma só Europa.

Antes de abordar dois momentos-chave na luta pelas regras de alteração, vamos dar uma olhada na situação jurídica inicial. No pacto de fundação de 1957, os Seis definiram as regras de alteração assim:

> O governo de cada Estado-membro ou a Comissão podem submeter projetos ao Conselho para a revisão dos Tratados nos quais a Comunidade se baseia.
>
> Caso o Conselho, após consultar a Assembleia [o Parlamento], e se necessário a Comissão, faça uma recomendação favorável com relação à realização de uma conferência entre representantes dos governos dos Estados-membros, essa conferência será conclamada pelo presidente do Conselho, a fim de estabelecer de comum acordo as alterações a ser feitas no citado tratado.
>
> As alterações entrarão em vigor após serem validadas por todos os Estados-membros, de acordo com suas distintas determinações constitucionais.[4]

As três perguntas feitas acima – "ou", "como", "quem" – receberam respostas inequívocas do ponto de vista jurídico do tratado. Primeiro, sim, uma alteração do pacto é possível. A Europa é habilitada para reagir a, conforme os Estados fundadores chamaram, "dificuldades imprevistas, que surgiram à luz da experiência".[5] Segundo, o procedimento de fato é bem mais complicado que para as decisões

---

[4] Art. 236 CEE (versão Roma).
[5] Art. 95 Ceca.

comuns, e a Europa, portanto, formalmente conhece uma distinção entre alteração e legislação (mas não entre fundação e alteração). Terceiro, o poder de decisão sobre a reforma ocorre segundo um sutil psicodrama, em um prelúdio e três atos. Prelúdio: a *iniciativa* pertence tanto aos membros individuais quanto à Comissão. Primeiro ato: a decisão *se* de fato haverá deliberação sobre uma reforma pertence ao Conselho Europeu (uma instituição). Segundo ato: a decisão sobre *qual* reforma deve ser realizada pertence aos governos conjuntos dos Estados-membros (os fundadores). Terceiro ato: a decisão de *que* a reforma de fato será adotada pertence, conforme mencionado implicitamente na última sentença, aos governos nacionais (individuais), parlamentos e populações. O prelúdio dá o pontapé inicial, começa-se o primeiro ato, o segundo ato negocia, o terceiro ato ratifica. A olhos vistos, o segundo e o terceiro ato parecem decisivos. Isso significaria: na União Europeia não existe autorreforma, no máximo uma reforma pelos Estados fundadores. A Europa, portanto, não constitui um corpo político autônomo.

No debate sobre a natureza da ordem europeia, esse elemento desempenha papel importante. A pergunta central é se a União Europeia constitui uma organização internacional "comum" ou "mais" que isso. *Grosso modo*, os representantes dos discursos funcionalistas e federalistas depositam suas fichas nos *poderes constituídos* (as instituições) e os do discurso estatal, nos *poderes constituintes* (os Estados-membros). Os primeiros argumentam que a União Europeia constitui algo extraordinário devido à função excepcional atribuída à Corte, à Comissão e ao Parlamento. Em contrapartida, os últimos afirmam que se trata de uma relação perfeitamente normal de cooperação entre Estados soberanos, conforme atestam suas regras de alteração. É compreensível que os ideólogos estatais usem justamente esse argumento como trunfo. O poder de alteração dos Estados é fundamental, o poder das instituições deriva disso. Em teoria, os Estados poderiam um dia optar por extinguir a Comissão ou a Corte ou, ainda, toda a edificação. Em virtude de seu monopólio sobre as alterações, a Corte Constitucional alemã em 1993 denominou os Estados-membros de "os mestres do tratado".[6]

Não obstante, com isso a última palavra ainda não foi dita. A obrigação de uma *reforma conjunta* conforme consta nas regras de alteração não é de todo óbvia. O paradoxo é que os tratados fundamentais da maior parte das organizações internacionais "comuns" – por exemplo, a carta das Nações Unidas ou os artigos de conformidade do Fundo Monetário Internacional – podem ter seus fundamentos alterados por uma maioria dos Estados-membros (por vezes com direito de veto para os membros mais importantes). Isso se contrapõe aos moldes ideológicos bruxelenses, nos quais aqueles que dizem que a União Europeia não constitui uma organização comum pleiteiam pela decisão por maioria e aqueles que acham que sim juram pela unanimidade. Aparentemente, algo diferente ocorre com a Europa, que escapou à atenção de ambas as partes.

A coação da reforma conjunta adquiriu forma em dois momentos de transição. Em 1985 as regras de alteração foram aplicadas pela primeira vez (o "ou"); em 2002-2004, elas foram mudadas (o "como" e o "quem"). Em ambas as ocasiões, a coletividade reforçou sua posição em relação aos membros individuais, sem que estes perdessem sua posição. Assim sendo, a qualificação da Corte Constitucional alemã carece de uma pequena correção: o "mestre do tratado" é o *conjunto* dos Estados-membros.

GOLPE EM MILÃO

Em 28 e 29 de junho de 1985 uma cúpula dos presidentes e primeiros-ministros dos Dez ocorreu no imponente Castelo Sforza,

---

[6] 12 out. 1993, BVerfGE 89, 155, § 112 ("Maastricht-Urteil").

em Milão. Nesse forte, de onde os duques de Milão reinavam sobre toda a região durante a Renascença, o primeiro-ministro italiano Craxi desempenhou sua função de presidente do Conselho com louvor. Outros protagonistas foram a primeira-ministra britânica Margaret Thatcher, o chanceler alemão Helmut Kohl e o primeiro-ministro grego Andreas Papandreou, mas o francês, o belga, o neerlandês, o irlandês, o dinamarquês e o luxemburguês igualmente se fizeram ouvir. Os primeiros-ministros da Espanha e de Portugal, cujos países estavam prestes a aderir como os membros de números onze e doze, participavam da reunião na condição de observadores. Todos estavam acompanhados por seu ministro das Relações Exteriores. O recém-empossado presidente da Comissão Delors e seu adjunto completavam o círculo: 25 homens e uma mulher no castelo dos Sforza. Um quilômetro adiante, na praça em frente à catedral gótica no centro de Milão, quase cem mil federalistas europeus se manifestavam pelo segundo dia seguido em prol da "União Europeia" – agitando bandeiras verdes e brancas contendo a letra "E", enquanto o presidente do Parlamento europeu falava com eles e as bandas militares italianas tocavam a "Ode à Alegria",[7] de Beethoven.

O que estava em jogo na Cúpula de Milão era *se* o tratado de fundação da Comunidade iria ser revisado. Desde 1958, os Estados-membros conviviam sob as regras que se haviam atribuído em Roma. A situação entrementes havia mudado e sua liga havia crescido de Seis para Nove e depois para Dez. Fazia uns quinze anos que os líderes de governo declaravam repetidamente que pretendiam dar uma base "política" à Comunidade. Os franceses haviam posto o termo "União Europeia" em circulação. Contudo, foram não mais que belas palavras.

Na primeira metade de 1984, algo começou a se mexer. Em fevereiro, o Parlamento em Estrasburgo havia aprovado um projeto

---

[7] Composta por ocasião da unificação alemã, essa ode faz parte da sua *Nona Sinfonia* e atualmente consta como o "hino" da Europa. (N. T.)

para um tratado federalista, elaborado pelo italiano Altiero Spinelli. O Bundestag alemão aprovou essa proposta quase por unanimidade e os parlamentos da Itália e do Benelux ficaram entusiasmados. A pergunta era se os governos levariam o projeto adiante. Foi então que Paris, na presidência rotativa, tocou a bola para a frente. O presidente Mitterrand declarou no dia 24 de maio perante o Parlamento europeu que a França se encontrava "disposta a examinar e defender" o projeto de Spinelli e deveria haver negociações sobre uma alteração do tratado.[8] Mais importante ainda foi o avanço ocorrido durante a cúpula de 25 e 26 de junho em Fontainebleau. No antigo palácio de caça real e imperial, os líderes de governo alcançaram um acordo sobre o problema dos pagamentos britânicos, que já perdurava por cinco anos. Isso aliviou imensamente a todos. De novo, era possível contemplar o futuro.

Ainda em Fontainebleau, os líderes combinaram mobilizar um comitê para uma reforma institucional. Mitterrand escolheu Maurice Faure, o homem que em 1957 assinara o Tratado de Roma em nome da França, como seu representante pessoal: aparentemente, o presidente francês levava a sério o momento da nova fundação. Em março de 1985, o comitê pleiteou um "salto em qualidade": a vontade conjunta dos Estados-membros deveria se expressar por meio de uma "verdadeira entidade política [...], ou seja, uma União Europeia".[9] As duas recomendações mais importantes: mais decisões por maioria no Conselho dos Ministros e a conclamação de uma conferência intergovernamental para se negociar sobre uma União Europeia.

Quanto à primeira questão – a flexibilização da prática do veto –, em princípio todos os Estados-membros concordavam. Também Londres se conformava com mais decisões por maioria.

---

[8] François Mitterrand, discurso perante o Parlamento Europeu, 24 de maio de 1984.

[9] Comitê *ad hoc* para assuntos institucionais, "Relatório ao Conselho Europeu" (Bruxelas, 29-30 mar. 1985).

Pelo menos na medida em que serviam ao tão desejado plano de Thatcher de um mercado interno europeu. A disputa era sobre se isso iria requerer uma alteração de tratado. Segundo os britânicos, bastaria um acordo de cavalheiros no Conselho Europeu. Segundo a Comissão, um mercado interno permaneceria ilusório enquanto noventa por cento da legislação necessária tivesse de ser decidida por unanimidade; ao menos alguns artigos teriam de ser alterados para se conseguir aprovar as quase trezentas medidas normativas necessárias antes de 1.º de janeiro de 1993. A segunda questão, se a Europa deveria se tornar uma união política, estava desvinculada disso. *Ambos* os assuntos, entretanto, levavam a perguntar se uma conferência intergovernamental deveria ocorrer para a alteração do tratado. Esse foi o assunto da Cúpula em Milão.

De antemão, o resultado era extremamente incerto. Dois campos haviam se delineado. Os defensores de uma alteração incluíam o Benelux, a Irlanda e principalmente a anfitriã Itália. Craxi havia vinculado o sucesso da presidência de Roma a um acordo de princípio sobre a União Europeia. Além disso, o primeiro-ministro italiano, socialista, se encontrava envolvido em uma disputa com seu ministro das Relações Exteriores, o democrata-cristão Andreotti, sobre quem fazia mais pela unificação europeia, uma causa apoiada fervorosamente por todo o Parlamento italiano (todos os partidos políticos, menos os neofascistas, participariam naquele sábado, 29 de junho, da grande manifestação federalista na praça em frente à catedral). Os opositores eram a Grã-Bretanha, a Dinamarca e a Grécia. Thatcher achava que uma alteração do tratado, além de desnecessária, também era indesejada; ela temia que nesse percurso demasiada prosa sublime se convertesse em textos impositivos. O governo dinamarquês, por força de seu parlamento, não podia delegar muito poder a "Bruxelas". Atenas esperava utilizar o veto para ganhos financeiros. As posições da França e da Alemanha eram desconhecidas.

Qual era o caso? Paris e Bonn trabalhavam em segredo em seu próprio tratado europeu. Somente os italianos, que ocupavam a presidência, estavam a par disso. Os franceses queriam coordenar melhor a política exterior dos Dez mediante um "secretariado da União Europeia", órgão diretivo com um chefe próprio que também conduziria a Comissão. Os alemães queriam menos direitos a veto para os Estados-membros e mais poder para o Parlamento europeu, apesar de seus desejos mal transparecerem no texto. (Nos corredores, comentava-se que Bonn havia concordado com esses planos porque o ministro alemão Genscher almejava o novo posto de secretário da União Europeia.) A intenção de manter esse documento em segredo até a Cúpula, em que os italianos o poderiam lançar como base de negociação, falhou miseravelmente. Logo antes de sua partida para Milão, o chanceler Kohl falou demais em um debate no Bundestag. Pressionado pela oposição por ter feito pouco pela causa europeia, ele mencionou a eminente iniciativa franco-alemã. Para não constranger Kohl, Paris teve de confirmar a existência do projeto de tratado. Por conseguinte, Roma não teve alternativa senão reprovar o projeto energicamente, para zombaria dos países menores e da Comissão, que se alegraram quando as tentativas de substituir seu estimado método comunitário por um secretariado intergovernamental foram relegadas à cesta de lixo. O que era para ser uma inesperada manobra franco-alemã terminou em um espetacular fiasco, estampado com destaque em todos os jornais.

Quando todos se reuniram na manhã da sexta-feira, 28 de junho, no Castelo Sforza, portanto, era absolutamente incerto o que o dia traria. Thatcher julgava ter convencido o presidente Craxi em um *tetê* à *tête* matinal de que uma conferência intergovernamental seria desnecessária.[10] Ela repetiu isso na reunião. Melhor seria negociar ali

---

[10] Margaret Thatcher, *The Downing Street Years*. London, HarperCollins, 1993, p. 549.

mesmo em Milão, entre eles, que sentar-se naquela mesma mesa dali a alguns meses, ainda mais com o encargo de dez ratificações parlamentares ou mesmo plebiscitos. Em vista da atuação britânica no passado recente, a oferta de um acordo de cavalheiros esbarrou em certo ceticismo por parte dos parceiros. Andreotti traduziu esse sentimento com uma exposição sobre boa conduta europeia. Thatcher vociferou: "Pare com essa retórica horrível, pode ser?".[11] Mais comedidos, porém determinados, os três primeiros-ministros do Benelux também pleitearam acordos jurídicos coativos e um "fortalecimento das instituições comunitárias". Kohl enfatizou a necessidade de um parlamento europeu mais forte. Mitterrand tentou mitigar os danos da noite anterior sem largar a ideia de um secretariado político. Ele pareceu concordar com Thatcher de que primeiro as determinações para votação existentes do Tratado de Roma deveriam ser seguidas. O presidente da Comissão Delors pleiteou um ajuste de três artigos do tratado com vistas ao mercado interno; ele não mencionou uma "União Europeia". O presidente do Conselho Craxi supervisionou o campo de batalha e enfatizou que em Milão um acordo específico deveria ser alcançado de qualquer maneira e que o resto podia ser discutido em uma conferência intergovernamental. A seguir, os líderes de governo deixaram por conta de seus ministros – Andreotti, Howe, Genscher, Dumas e outros – a tarefa de arranjar uma saída para o impasse. Ao cair da noite, a imprensa britânica e a francesa julgaram que Londres havia conseguido seu intento de evitar uma alteração formal do tratado.

Nesse ponto inicia-se a formação do mito. Segundo suas próprias declarações, o ministro alemão Genscher, sem conseguir dormir à noite, rascunhou algumas anotações. Na pressa dos rituais matutinos, ele ditou suas considerações a um assistente pela porta entreaberta do

---

[11] Giulio Andreotti e Margaret Thatcher, 28 jun. 1985. In: Charles Rutten, *Aan de Wieg van Europa en Andere Buitenlandse Zaken. Herinneringen van een Diplomaat*. Amsterdam, Boom, 2005, p. 167.

banheiro enquanto fazia a barba. Esse *Badezimmerpapier* [documento do banheiro; em sentido literal, papel higiênico] formaria a fonte para as considerações finais da cúpula.[12] Segundo Delors, seu pessoal, que havia trabalhado a noite inteira, foi quem forneceu a decisiva "dica secreta" a Craxi.[13]

Na manhã do segundo dia – ao mesmo tempo que a Piazza Del Duomo começa a se encher de manifestantes eurofederalistas –, Mitterrand e Kohl tomam seu costumeiro desjejum de trabalho. Em muitas ocasiões, importantes acordos foram fechados diante de ovos e *croissants*. Não dessa vez. O presidente não entende por que os italianos tendem a procrastinar tudo. O chanceler resmunga que a conferência intergovernamental teria de ser completada antes de dezembro. Quando os líderes retomam a reunião, o documento de trabalho de seus ministros se encontra na mesa. A primeira frase diz: "A União Europeia toma início: os Estados-membros realizarão um tratado sobre a forma que essa União Europeia assumirá".[14] Isso é imediatamente rejeitado, e assim se começa novamente do zero. Os pragmáticos britânicos querem evitar palavras pomposas como "União" e limitar a discussão ao processo de decisão: assim pelo menos a comunidade avança. O clima se deteriora. A reunião é suspensa várias vezes. O dinamarquês Poul Schlüter e o grego Papandreou se mantêm contra qualquer tipo de alteração do tratado. Aos poucos, fica claro que apenas a proposta de *Sir* Geoffrey Howe poderia levar ao consenso. Não vai longe, não fala de "União", mas melhora o processo de decisão. Após um almoço tardio, Paris e Bonn quase sucumbem aos charmes do minimalismo pragmático de Londres.

Os italianos se dão conta dessa aproximação, que contraria seus planos. Após mais uma suspensão, ao final da tarde do sábado

---

[12] Hans-Dietrich Genscher, *Erinnerungen*. Berlin, Siedler, 1995, p. 373

[13] Jacques Delors, *Mémoires*. Paris, Plon, 2004, p. 215.

[14] Minuta da conclusão do Conselho de Milão, 29 jun. 1985. In: *Libération*, "*Les Hauts et les Bas du Sommet Européen*", 1 jul. 1985.

Bettino Craxi faz sua jogada de mestre: pela primeira vez nos dez anos de história do Conselho Europeu, ele pede como seu presidente por uma *votação*. Defende que a conclamação de uma conferência intergovernamental é uma simples decisão processual, que pode ser feita por maioria.

Por um instante, há silêncio, então desaba uma tormenta. O dinamarquês Schlüter fala de "estupro".[15] Papandreou protesta que esse item não constava na agenda e afirma que se trata de um "golpe de Estado".[16] O grego está tão bravo com Craxi que ameaça ir embora. Thatcher está aturdida, furiosa. (Seu porta-voz depois da reunião: "Para a primeira-ministra não foi uma irritação. Foi uma completa erupção vulcânica. O Krakatoa não foi nada perto daquilo".)[17] Na confusão, ainda aparece brevemente uma chance de compromisso, na qual tanto o pacote britânico para a flexibilização informal da unanimidade quanto a conferência intergovernamental seriam consideradas. Então, o furioso Papandreou diz que será um dos dois ou ele vai se retirar de verdade. Demora um pouco até todos perceberem o que isso significa. Craxi está diante da escolha: uma legislação mais flexível agora ou uma chance de reforma política. Ele opta, na certa pensando em seu rival democrata-cristão e nos manifestantes lá fora, pela reforma. Entrementes, os britânicos descobriram que o artigo invocado pelo primeiro-ministro italiano fala de uma consulta prévia ao Parlamento europeu; como repentinos amigos da assembleia de Estrasburgo, eles o acusam de quebra de procedimento. Craxi refuta a objeção – a decisão formal seguirá mais adiante – e passa à votação. A favor da conferência intergovernamental: Bélgica, Alemanha, Itália, Luxemburgo, Países Baixos, seguidos pela Irlanda e, após certa hesitação, pela França. Contra:

---

[15] Poul Schlüter, 29 jun. 1985. In: Jean De Ruyt, *L'Acte Unique Européen*. Brussels, Éditions de l'Université de Bruxelles, 1987, p. 62.

[16] Andreas Papandreou, 29 jun. 1985. Ibidem.

[17] Bernard Ingham, 29 jun. 1985. In: *The Times*, 1 jul. 1985.

Dinamarca, Grécia, Grã-Bretanha. Sete contra três, a coletividade decide por maioria tomar o caminho da reforma.

Enquanto fogos festivos iluminavam o céu noturno sobre o Castelo Sforza no verde e branco dos federalistas, começaram as especulações sobre o significado do golpe de Craxi. Rompimento europeu, novo começo ou beco sem saída? O primeiro não parecia inimaginável. Tanto Kohl quanto Mitterrand chamaram a cúpula de um benéfico momento da verdade, que claramente demonstrou a posição de cada um. Também no entorno do velho Spinelli se via a probabilidade de um rompimento constitucional entre dois grupos de Estados. O belga Martens falava otimista de um ponto decisivo na história da Comunidade. O luxemburguês Santer foi mais cauteloso: como novo presidente do Conselho a partir da segunda-feira, 1º de julho, ele ficaria incumbido de colar os pedaços. Thatcher, entrementes, expelia seu fel pelo rádio: "Se não podemos decidir aqui, por que se decidiria melhor em outra conferência?".[18] Mesmo assim, ela atenuou o tom e informou que enviaria um representante à conferência "para expor nossa posição". Papandreou prometeu o mesmo. Somente o contrário Schlüter não podia se comprometer enquanto o Parlamento dinamarquês não o permitisse. Muitos achavam que a conferência podia não levar a nada (a sensação generalizada nos jornais britânicos na manhã de segunda-feira). Em contrapartida, ainda no sábado à noite, os diplomatas mais experientes já visualizavam como esses obstáculos seriam vencidos. Um anônimo ministro das Relações Exteriores disse sobre Thatcher: "Se conseguirmos levá-la ao bebedouro, ela beberá".[19]

Assim de fato ocorreu. A primeira-ministra britânica, ao retornar de Milão, fez um balanço. A economia britânica tinha muito a ganhar com a criação de mercados europeus para serviços financeiros e transporte, por exemplo. Thatcher estava disposta a pagar o

---

[18] Margaret Thatcher, 29 jun. 1985. In: *The New York Times*, 30 jun. 1985.

[19] Um ministro das Relações Exteriores, 29 jun. 1985. In: *The Financial Times*, 1 jul. 1985.

preço de fortalecer Comissão e Parlamento e mais decisões por maioria no Conselho (de preferência nas áreas em que o veto privilegiava as economias mais protecionistas). Grécia e Dinamarca também se apresentaram na mesa de negociações. Espanha e Portugal puderam participar a partir da sala de espera. A conferência intergovernamental transcorreu de vento em popa. As tensões de Milão foram logo esquecidas. Não mais se falava de um rompimento entre os Estados. Já nos dias 2 e 3 de dezembro, os doze líderes de Estado chegaram a um acordo político em Luxemburgo sobre um novo tratado.

Para desapontamento de franceses e italianos, o resultado recebeu o pouco chamativo nome de "Ato Único Europeu". A ideia de uma "União" havia sucumbido no percurso. Sob forte insistência, Delors a conseguiu remover. Sua "visão do inferno" era que a Europa fosse cortada em duas: de um lado, a economia com base no Tratado de Roma; do outro, a formalização da cooperação na política externa.[20] A denominação "Ato Único" ou *Single Act* deveria tranquilizar a Comissão e o Benelux de que tudo transcorreria no contexto de uma "única" comunidade (na denominação oficial neerlandesa, "*Europese Akte*", esse quesito foi omitido). O termo "União" ficou restrito ao preâmbulo. Os britânicos, avessos à retórica, estavam igualmente satisfeitos com essa solução.

Na fase de assinatura, ainda houve tensões. O governo dinamarquês, de coalizão minoritária, não obtivera o mandato necessário de seu parlamento para as negociações, e assim decidiu pedir um mandato ao povo por plebiscito. Na Itália, sob a influência de Spinelli, imperava uma decepção sobre o limitado aumento do poder do Parlamento Europeu e o novo adiamento da "União". Ao governo Craxi somente seria permitido assinar o tratado por parte de seu parlamento quando ele fosse aprovado pelo Parlamento de Estrasburgo (que assim acabou adquirindo o poder de veto sobre

---

[20] Jacques Delors, op. cit., p. 217.

alterações de tratado do qual carecia formalmente). Os gregos foram os mais extremados: só queriam assinar assim que a participação de todos os onze fosse estabelecida. Para manter a pressão sobre a causa, o Conselho – agora sob presidência neerlandesa – optou por um procedimento incomum: duas cerimônias de assinatura separadas. O Ato único Europeu foi assinado por nove Estados-membros em 17 de fevereiro de 1986, durante uma cerimônia frugal em Luxemburgo. Após uma resolução construtiva do Parlamento Europeu e um plebiscito dinamarquês favorável, os últimos três Estados-membros assinaram o tratado em Haia no dia 29 de fevereiro de 1986. Todos os governos estavam a bordo.

Durante as ratificações, ocorreu ainda um único obstáculo imprevisto. No último momento, a corte superior de justiça da Irlanda determinou que o governo irlandês omitira-se ao não organizar um plebiscito e que isso ainda deveria ocorrer. A população irlandesa assentiu e assim o Ato Único Europeu entrou em vigor em 1.º de julho de 1987. Dois anos após o tiro de largada em Milão, a Coletividade havia renovado a si mesma.

Como pôde algo que parecia impossível em maio de 1985 – que Londres e Copenhague um dia fossem aceitar uma alteração de tratado, por exemplo – se tornar uma realidade política em tão pouco tempo? E como foi possível que a Europa depois disso ainda percorresse esse exigente ciclo de reforma várias vezes com sucesso?

Algo de extraordinário ocorreu naquela tarde de sábado, em 29 de junho de 1985. Um dos presentes se lembra da sensação de um "momento de hesitação histórica", como a "transposição de uma realidade política mais profunda".[21] Embora três membros se opusessem gravemente, os Dez foram arrastados por um movimento conjunto de reforma, que não foi mais impedido. A essência se encontrava em um pequeno canto do procedimento, em uma esquecida determinação por

---

[21] J. Keller-Noëllet, 16 dez. 2008, conversa com o autor.

maioria existente no tratado. Esse pormenor jurídico teve consequências históricas para a política europeia, conforme o grego Papandreou percebeu no ato, tendo em vista seu brado de "golpe de Estado". A décadas de imobilidade seguiram-se incansáveis mudanças; a ancoragem dentro do tratado seguiu a possibilidade de uma atuação conjunta no fluxo do tempo. Foi um magistral momento de transição.

O que então aconteceu exatamente quando Bettino Craxi inesperadamente forçou a decisão por maioria no foro dos líderes? A cena é frequentemente relembrada como anedota na história do Conselho Europeu ou como notável momento nas diversas alterações de tratado, sem no entanto se captar seu sentido profundo.[22] Ela, porém, de fato representa bem mais que isso: forja um vínculo essencial entre aquelas duas linhas de evolução. Em poucas palavras: Craxi expôs a dupla condição dos líderes de governo europeus e a justapôs ao longo do tempo. Com isso, abriu o caminho da permanente reforma da Europa e também dotou a comunidade de uma sólida alta autoridade.

A dupla condição dos líderes de governo é esta: os líderes tanto são representantes do poder constituinte (separadamente) quanto do poder constituído (conjuntamente). Margaret Thatcher aparentemente ainda não havia entendido isso depois de Milão, conforme atesta seu comentário: "Por que chegaríamos a um acordo em outra conferência?". A questão era de que não se tratava de outra conferência qualquer. Em Milão, os líderes de governo se encontravam reunidos como uma efetiva instituição europeia, enquanto na Conferência Intergovernamental em Luxemburgo eles se sentariam em torno da mesa como representantes dos fundadores soberanos.

Desde a fundação do Conselho Europeu, em 1974, essa distinção já estava presente de maneira latente, mas ainda não havia sido despertada. O mais imponente poder constituído europeu se encerrava

---

[22] Fiona Hayes-Renshaw e Helen Wallace, *The Council of Ministers*. Basingstoke/ New York, Palgrave, 2006, p. 55; Martin Westlake e David Galloway, *The Council of the European Union*. London, John Harper, 2006, p. 187.

dentro do poder constituinte dos Estados. Thatcher sem dúvida não era a única a considerar Milão como uma variante contemporânea do Congresso de Viena de 1814-1815: o lugar onde líderes nacionais negociam, trocam pontos de vista e tomam decisões por consenso – mas nunca podem ser suplantados pela maioria. Assim também funcionavam as cúpulas dos líderes de governo nos primeiros anos da comunidade. Que o Conselho Europeu tenha continuado essa prática e mantido a denominação de "cúpula" foi algo que tornou a reforma quase invisível. Não obstante, ao mesmo tempo esse conselho formava uma instituição em meio às outras. O Conselho Europeu devia respeito ao direito comunitário, tinha o presidente da Comissão como um de seus membros e apresentava um relatório sobre cada reunião ao Parlamento. Além do mais, durante a fundação havia sido combinado que, se assim conviesse, os líderes de governo também poderiam ocupar o assento de seus ministros para formalmente se tornar um "Conselho de Ministros" no mais alto nível, um órgão comunitário. De fato, a deliberação dos líderes, portanto, já se encontrava havia dez anos no limiar entre dois mundos: com uma perna no (não instituído) mundo intermediário dos Estados-membros e com a outra perna na (instituída) esfera interna. Em Milão, essa dualidade de repente se iluminou por completo. Ao fazer com que os líderes de governo votassem – e também ao obter seu consentimento por meio disso –, de pronto Craxi empurrou o Conselho Europeu pelo limiar. De repente, este inequivocamente despontou como uma instituição.

Poucas semanas antes de Milão, realizou-se em Bonn a cúpula do G7, onde os protagonistas também eram Kohl, Thatcher, Craxi e Mitterand. O francês foi o único a rejeitar a proposta para que fossem iniciadas o mais rápido possível as negociações sobre acordos comerciais, o que também era instigado por parte dos americanos. Mitterand ameaçou em Bonn: "Se essas reuniões de cúpula não retomarem sua forma original, doravante a França não comparecerá mais. Estar dentro de uma instituição como oposição é algo que podemos suportar. Mas essa não é uma instituição, estamos aqui reunidos para nos conhecer melhor e coordenar nossas políticas. Não mais que isso".[23] Comparemos isso a Milão. Thatcher poderia ter repetido literalmente as palavras de Mitterrand. Em vez disso, ela se deixou convencer por seus próprios juristas para se resignar com a votação. Dessa forma, reconheceu o Conselho Europeu como uma instituição. Pode-se perguntar o que esse corpo acrescentou ao Conselho "normal", no qual os mesmos governos se sentam à mesa. A diferença no que se refere à sua função é essencial. Neste último, os ministros nacionais decidem sobre interesses setoriais e problemas setoriais – preços agrícolas, impostos sobre produtos e serviços, cotas pesqueiras. Na prática, descobriu-se que na medida em que os interesses se tornavam maiores e envolviam outros setores, os ministros não conseguiam resolvê-los. Isso levava à estagnação, salvo quando os líderes de governo cortavam os nós, o que incidentalmente ocorria. Com a fundação do Conselho Europeu, a interferência dos líderes nacionais foi sistematizada. Desde então, vale: se os líderes não o conseguem resolver, ninguém consegue. Também se espera de presidentes e primeiros-ministros que obtenham de sua população o respeito pelos acordos feitos em uma cúpula. Somente em conjunto é que eles dispõem de suficiente autoridade para tomar decisões europeias que extrapolam a gestão técnica e interferem profundamente na vida política nacional ou conjunta.

A primeira reforma da ordem europeia significou uma decisão quase existencial. Afinal, não importando seu conteúdo, o próprio fato de ela ter acontecido transforma a natureza do vínculo conjunto; de estática e voltada à sua origem ("Roma"), ela se torna fluida, histórica. Ela se abre para desenvolvimentos no tempo. Ou seja: a coletividade passa a ser mais política.

---

[23] François Mitterrand, 4 maio 1985. In: Jacques Attali, *Verbatim*, I. Paris, Fayard, 1993, p. 806.

Todos estavam cientes de que os líderes deveriam dar esse passo sozinhos. Não se pode deixar o futuro da nação na Europa nas mãos de ministros. Antes de sua partida para Milão, o chanceler Kohl discursou no Bundestag alemão sobre a importância histórica da "União" para seu país e a Europa. Um dia antes, o primeiro-ministro irlandês FitzGerald se propôs a mesma tarefa em Dublin. Na semana após a cúpula, ambos voltaram para apresentar seu relatório, da mesma forma que a maioria de seus colegas. Nesse ínterim, algo tinha acontecido, os primeiros-ministros agora desempenhavam um papel diferente perante seu público doméstico. Dez líderes nacionais foram à Cúpula de Milão e, apesar de todas as rixas, voltaram dela como uma coletividade. De repente, eles falavam em nome da Europa.

É aí que se encontra a genialidade do blefe de Craxi. A votação em Milão forjou um elo entre a reforma europeia e o foro dos líderes. De um piquenique informal em uma montanha, a cúpula se tornou um encontro de onde os líderes desceram trazendo tábuas políticas coativas. Essa virada surgiu ademais em resposta à pergunta existencial sobre a identidade da ordem europeia no tempo. A própria votação que libertou a reforma validou a única instituição capaz de assumir responsabilidade em nome da coletividade perante as populações nacionais individuais.

Essa fascinante reviravolta política se baseia em um mecanismo jurídico no qual cada engrenagem, cada palavrinha conta. Voltemos então à regra de alteração do pacto de fundação. Resulta que a decisão para a reforma transcorreu em três atos, cada um com seus próprios atores: primeiro, a questão de saber *se* uma alteração deve ocorrer (Conselho), em seguida, *qual* será ela (governos) e finalmente se ela será *implementada* (populações). Tudo o que Craxi fez foi deixar os líderes responderem à questão do "se" por maioria. Nos atos dois e três, os governos nacionais e as populações mantiveram seu direito de veto; não se profanou essa fonte de autoconfiança dos Estados-membros. Mesmo assim, o mecanismo inteiro se deslocou. Pois vejamos como a reforma se desenrola:

Primeiro ato, cena 1: avanço (Milão, 29 de junho de 1985)

Com a decisão por maioria, Craxi empurrou o Conselho Europeu para dentro, fazendo-o transpor o limiar, disfarçando-o de Conselho comum. A pergunta mais fundamental para um corpo político – mover-se ou não? – a partir dali se situava no poder constituído. Os líderes conjuntos não vivem mais sem essa pergunta.
Segredo: golpe disfarçado de decisão processual.

Primeiro ato, cena 2: imposição (Londres, Copenhague e Atenas, julho de 1985)

Ao retornar de Milão, os líderes de governo da Grã-Bretanha, Dinamarca e Grécia *não* disseram a seus parlamentos: sábado passado em Milão fomos suplantados na votação, mas nós os pegaremos com um veto daqui a seis meses durante a maldita conferência intergovernamental em Luxemburgo. Não, tanto Thatcher como Schlüter e Papandreou se viram na obrigação de pedir apoio à decisão do Conselho Europeu. (Somente Schlüter não o obtém, tendo de participar da conferência sem um mandato.)
Segredo: aquele que é suplantado na votação não obstante deve assumir responsabilidade pela decisão. Assim que os outros iniciam uma deliberação sobre o futuro conjunto, é melhor tomar o assento na mesa. Senão, impõe-se o risco de que eles planejem de tudo e por fim se fique diante da desagradável escolha de ter de engolir ou partir de vez. A ideia é ir e depois ser obrigado a contar em casa por quê.

Segundo ato: negociação (Luxemburgo, setembro-dezembro de 1985)

Resulta que a unanimidade não constitui uma obstrução para um acordo. Na mesa de negociações, o veto perde seu fio. Recusar-se a falar não é difícil; continuar recusando-se a participar do que quer que seja uma vez que a deliberação deu a largada, quase impossível. Assim que os governos se sentam à mesa, começa um jogo de dar e receber no qual sempre se encontra um compromisso. Isso é frequentemente acompanhado de curiosas exceções, protocolos, declarações unilaterais e outras franjas, que por fim servem para que todos o possam aceitar segundo suas próprias motivações. Por conseguinte, o texto do compromisso será considerado "inadequado" e "disforme" por federalistas e juristas. Não é nenhum desastre. A força política que mantém todos a bordo é mais forte que a lógica jurídica.

Segredo: uma vez que o "se" da reforma é respondido com um sim, sempre aparece um *qual*. Assim que tudo entra potencialmente em movimento, todos perseguem seus próprios propósitos, a coisa toda não pode mais ser cancelada politicamente e deve-se falar sobre seu conteúdo. Pior, o prestígio dos presentes exige que em determinado momento, sob pena de sofrer o escárnio da imprensa e do público que aguardam do lado de fora da sala de conferência, sejam anunciados "resultados". Também a pressão do mundo exterior contribui para levar a mesa a uma decisão.

TERCEIRO ATO: VALIDAÇÃO (BRUXELAS, COPENHAGUE, BONN, ATENAS, MADRI, PARIS, DUBLIN, ROMA, LUXEMBURGO, HAIA, LISBOA, 1986-1987)

Os líderes de governo que no primeiro ato deram o tiro de largada em nome do círculo completo e que no segundo chegaram a um acordo em nome de seu estado-membro com os demais, no ato final aparecem nesse duplo papel perante seu parlamento e/ou sua população. Daí o refrão nas entrevistas coletivas ao final de uma reunião de cúpula: "*Bon pour la France et bon pour l'Europe*"; "*Good for Britain and good for Europe*"; "*Goed voor Nederland en goed voor Europa*". Esse duplo papel lhes permite de um lado (como líderes de governo) defender a reforma estritamente com base no interesse nacional. De outro, aumenta a pressão sobre eles (como membros do Conselho Europeu) para efetivamente angariarem uma maioria para aquela reforma. Afinal, o líder de governo que retornar ao Conselho Europeu depois de receber um "não" do próprio parlamento ou da população perde em autoridade diante dos colegas. A ele se reservará o cortante juízo coletivo: "Não foi bom no voto". Por via de regra, essa dinâmica entre os dois papéis dá conta do recado. Das 103 vezes desde Milão que um líder de governo europeu pediu a anuência de seu parlamento ou de sua população, 97 vezes este foi concedido na primeira ocasião.

Segredo: não importa *qual* a reforma a ser definida, de antemão ela pode ser recomendada em casa como sendo "Boa para a Europa e boa para nosso país". De fato, apenas essa dupla mensagem é tanto acreditável quanto vendável. Aquele que unicamente invoca o interesse comum ("um momento histórico para a Europa") não tardará em ouvir da imprensa e da oposição que relegou o interesse nacional e se deixou enganar pelas demonstrações de amizade dos outros líderes. Aquele que em contrapartida apresentar o caso unicamente como uma vitória nacional se privará de um fundamento para defender com credibilidade os toscos compromissos que essas cúpulas costumam render. ("*Game, set, match*", o primeiro-ministro britânico Major comemorou ao retornar de Maastricht: por pouco ele não perdeu a votação para a ratificação do tratado.)

Estes quatro segredos juntos fizeram com que o golpe de Craxi em 1985 significasse que após quase três décadas do *statu quo* jurídico do tratado o ferrolho fora subitamente removido da trava. Desde que a pergunta política sobre *se* uma reforma era necessária havia sido internalizada e respondida por maioria, a Europa vinha se renovando continuamente. No desenrolar dos atos dois e três, são os governos dos poderes constituintes que determinam sempre por unanimidade *qual* a reforma a ser executada e em relação à qual as populações devem todas concordar *que* será realizada; assim, os Estados-membros permanecem os mestres do tratado. Mas ficar parado não lhes é permitido. A rigor, após 1985, não se pode falar de uma autorreforma europeia, mas certamente já de uma "autopropulsão".

CHOQUES E ATALHOS

O desenvolvimento da coletividade como um corpo político com certo poder de alteração trouxe novos atores ao teatro europeu: as supremas cortes constitucionais nacionais. Após cada alteração de tratado, os juizados constitucionais – como os *Lords* britânicos, o *Bundesverfassungsgericht* alemão ou o *Conseil Constitutionnel* francês – analisam de que forma o pacto europeu alterado se relaciona com as ordens constitucionais nacionais. Uma pergunta importante para eles é se o próprio governo transferiu mais atribuições ao conjunto do que a constituição nacional permite.

A pergunta nessa *alteração* é: o que acontece quando um novo fundamento europeu colide com a constituição nacional? Qual desses terá a preferência? Isso remete a uma pergunta anterior, feita nos anos 1960, referente a legislação. Nesse caso, o dilema era: o que acontece quando uma regra europeia colide com uma nacional? A resposta foi: preferência para o tratado europeu, conforme determinado pela Corte Europeia. Em uma alteração, porém, a saída não pode ser a mesma. Essa diferença é essencial para a maneira como o círculo de Estados-membros funciona.

De volta primeiro a 1963-1964. Com seu golpe, a Corte Europeia fez com que as regras europeias obtivessem preferência sobre as nacionais. Um choque nesse nível tornou-se impossível. Quando dois regulamentos se cruzavam, o tráfego de Bruxelas ou de Luxemburgo tinha a preferência. Dentro de doze anos, todos os Estados-membros haviam acatado esse princípio. No que se refere à legislação, a Corte europeia se elevava sobre os supremos tribunais nacionais.

Não obstante, ocorreu pelo caminho uma escaramuça que se tornou um presságio de sua continuação. Em uma notória decisão judicial de 1974, a Corte Constitucional alemã impôs condições à regra da preferência. O direito europeu teria preferência sobre a legislação comum alemã, mas não automaticamente sobre portarias ou proteções concedidas pela constituição alemã, afirmou essa corte. Nesse caso, ela atuou como defensora dos direitos fundamentais do povo alemão – um papel altamente sensível, devido aos tabus alemães do pós-guerra decorrentes das práticas nazistas com relação à eutanásia e ao aborto, entre outros. Regras que fluíam da transferência de atribuições ao nível da Comunidade não podiam prevalecer sobre as proteções garantidas pela constituição alemã, diziam os juízes em Karlsruhe,[24] pelo menos *enquanto* não houvesse uma alternativa para essa proteção no âmbito europeu. Em virtude dessa palavra-chave, a decisão foi protocolada sob o nome "*Solange*".[25] Desse modo, a Corte Constitucional alemã rompeu com a tendência europeia de solicitar um adiantamento ao futuro. Ela traçou um limite e disse: *enquanto* essa proteção constitucional *não* for garantida, manteremos o direito de não reconhecer uma regra europeia na Alemanha "sempre e na medida em que esta se chocar com um direito fundamental da Constituição".[26]

Essa decisão judicial foi vista com apreensão em Luxemburgo e em Bruxelas. Um obstáculo havia surgido no caminho, atravancando a tão bem-sucedida evolução da "autônoma" ordem jurídica europeia. A Corte Constitucional alemã não tinha razões para presumir que o tratado em si ameaçasse os direitos fundamentais alemães. Para Karlsruhe, se tratava principalmente das consequências de uma transferência posterior de competências para o nível europeu com base no tratado, sem que o parlamento nacional se

---

[24] Cidade que constitui a sede da Corte Constitucional alemã. (N. T.)
[25] Palavra que em alemão significa "enquanto".
[26] Corte Constitucional alemã, 29 de maio de 1974, BVerfGE 37, 271, § 56 ("Solange-I").

pronunciasse a respeito. Caso as novas regras afetassem os direitos constitucionais alemães, ela então interviria.

A ameaça aparentava ser pior do que era. Por fim, as partes se conciliaram em relação à questão constitucional. Com o tempo, o perigo de um choque foi afastado. Em resposta à decisão *Solange*, Luxemburgo instituiu uma espécie de proteção dos direitos fundamentais, que recebeu de Karlsruhe o benefício da dúvida. Em 1986, em uma segunda decisão Solange, a Corte alemã determinou que *enquanto* a proteção europeia dos direitos fundamentais fosse equivalente à alemã, a restrição seria levantada. A Corte alemã, contudo, ficaria à espreita, a fim de garantir que essa proteção continuasse sendo respeitada.

Um passo seguinte se deu no ano 2000. Sob a iniciativa do governo alemão – a decisão foi tomada durante o Conselho Europeu de Colônia em 1999 –, combinou-se elaborar um catálogo de direitos fundamentais europeus. Uma "Convenção" especial composta de representantes governamentais, parlamentares nacionais e europarlamentares foi incumbida do assunto, sob a presidência de Roman Herzog, ex-presidente da Alemanha e ex-presidente da Corte Constitucional alemã. Com essa nomeação, a mais alta autoridade político-jurídica do cidadão alemão foi mobilizada a fim de garantir seus direitos fundamentais no âmbito europeu. Em 2000, os Quinze formalmente aprovaram uma "carta europeia de direitos fundamentais", que desde então adquiriu um *status* mais contundente. Na encruzilhada entre legislação e direitos constitucionais, portanto, o perigo de um choque parece ter sido evitado.

Porém, havia mais. O direito europeu também poderia se chocar de *outras* maneiras com a constituição alemã.

A partir de 1972, um notável desenvolvimento passou quase despercebido. A Comunidade expandiu radicalmente suas atribuições sem uma alteração formal do tratado. Foi a reforma *light*. Os líderes de governo haviam instalado esse mecanismo durante a Cúpula de Paris (1972). Eles combinaram expandir o canteiro de obras europeu para políticas nas áreas de energia e de meio ambiente, e para a administração regional, e convidaram a Comissão para fazer propostas. A rigor, esses assuntos não constavam no tratado. A solução foi apelar para um atalho jurídico, a "cláusula de flexibilidade".[27] Essa determinação podia ser invocada quando uma medida que parecesse necessária ao mercado não houvesse sido prevista pelo tratado, *contanto* que todos os governos concordassem. Uma alteração do tratado nesse caso não seria necessária. Os governos acharam isso conveniente, pois assim não precisariam recorrer a seus parlamentos (ou populações) para uma ratificação. A Comissão igualmente expandia de bom grado sua área de atuação; nela, uma forte vocação europeia e uma tendência burocrática andavam de mãos dadas. Foi assim que os governos nacionais e a Comissão relegaram os parlamentos ao escanteio.

Como isso ocorreu pode ser vislumbrado por intermédio do belga Karel van Miert, que, após sua nomeação como comissário para transportes, no início de 1989, foi chamado ao gabinete do presidente da Comissão, Jacques Delors:

> Ele tinha um mapa da Europa à sua frente, no qual havia traçado grandes artérias de trânsito com um marcador. Grandes projetos de infraestrutura para, por exemplo, viabilizar o TGV [Trem de Alta Velocidade]. Indiquei que grandes projetos de infraestrutura não competiam à Comunidade Europeia. O trânsito aéreo, rodoviário, ferroviário e náutico... tudo bem, mas a política de infraestrutura se encontrava firmemente ancorada nas competências nacionais. "Não ligue para isso", disse Delors, "tente descobrir o que a Comissão pode fazer para nessa área melhorar a integração das redes viárias." Van Miert: "Ele não precisou falar duas vezes".[28]

Por meio desse atalho, cuja interpretação era esticada consideravelmente, foi criada uma série de atribuições europeias. Isso também

---

[27] Art. 235 CEE, posteriormente art. 308 CE.
[28] Karel van Miert, *Mijn Jaren in Europa. Herinneringen van een Eurocommissaris*. Tielt, Lannoo, 2000, p. 34.

ocorreu em áreas que nada tinham a ver com o mercado, como a prestação de ajuda humanitária a países não membros. Por isso, um influente jurista americano afirma, referindo-se ao atalho, que, desde a Cúpula de Paris em 1972, "nenhuma função vital do Estado podia ser considerada constitucionalmente imune à ação da Comunidade", assim como "nenhuma esfera de competência poderia ser excluída da Comunidade agindo com base no Artigo 235".[29]

O fato de que especialmente na Alemanha esse desenvolvimento tenha criado apreensão se relaciona com a estrutura da liga estatal. As competências do governo federal e das *Länder* [unidades federativas] se encontram delimitadas claramente na constituição alemã. Isso leva a uma noção – mais forte que na maioria dos outros países – da importância das competências para criar ou atribuir competências. Essa metacompetência se chama *Kompetenz Kompetenz*. No decorrer da reforma europeia, as *Länder* perceberam que suas competências poderiam desaparecer por meio de Bonn para Bruxelas. Isso significava segundo eles que a Comunidade estaria usurpando uma metacompetência, o que certamente não poderia ser a intenção. O Conselho da Liga Alemã, no qual as *Länder* se encontram representadas, assim como a Corte Constitucional alemã, ficaram apreensivos.

A partir de 1987, um conflito se tornou eminente. Após a Cúpula de Milão, o círculo de Estados-membros inesperadamente obteve a capacidade de autopropulsão. Além da porta dos fundos para uma expansão de conteúdo, agora também havia uma porta da frente para mudanças de forma disponível. A Europa tinha poder de alteração?

A Corte Constitucional alemã não pisou no freio logo na primeira oportunidade, por ocasião do Ato único Europeu, mas sim na segunda. O queixoso Manfred Brunner entrou com um processo em Karlsruhe contra o Tratado da União Europeia (1992). Ele

---

[29] J. H. H. Weiler, op. cit., p. 54-55.

achava que seus direitos como cidadão alemão haviam sido violados com a assinatura do tratado por Bonn. Devido à expansão das competências europeias, o "poder do Estado na Alemanha em essência não era mais exercido pelos representantes eleitos pela totalidade do povo alemão".[30] Além disso, a Comunidade parecia atribuir metacompetências a si mesma. Isso porque no tratado constava: "A União Europeia se supre dos meios necessários para realizar seus objetivos e executar sua política".[31] Então, segundo o queixoso, estava claro, já não era mais um atalho, mas uma avenida. O cerne de sua queixa era que o valor do direito ao voto e da cidadania na Alemanha teria sido comprometido. Os representantes no Bundestag [o Parlamento alemão] e no Bundesrät[32] não deveriam ter aprovado "Maastricht" sem antes ter consultado o povo mediante um plebiscito.

Em outubro de 1993, a Corte Constitucional alemã ofereceu uma minuciosa resposta: "o juízo de Maastricht". Assim como em 1974, a Corte anunciou: nós também estamos no páreo. Embora o queixoso tivesse perdido o caso (após o qual a Alemanha pôde ratificar o tratado, como o décimo quinto e último Estado-membro), o assunto ainda não estava encerrado. Também a Corte em Karlsruhe achava que uma democracia nacional viva deveria ser preservada. O processo de Brunner não foi rejeitado de antemão, mas foi sustado. Segundo os juízes alemães, haveria uma possibilidade de que

> a representação das competências do Bundestag alemão fosse transferida em tal extremo para um órgão da União Europeia ou Comunidade Europeia construído pelos governos, que as [...] imprescindíveis exigências mínimas de legitimidade democrática do poder estatal com o qual os cidadãos lidam não fossem mais atendidas.

---

[30] BVerfGE 89, 155 § 37.

[31] Art. F, item 3, UE.

[32] O Conselho da Liga Alemã, que reúne as unidades federativas, chamadas de *Länder*. (N. T.)

A Corte, porém, afirmou que esse *"ainda não"* era o caso.[33] A União Europeia ainda constituía uma organização nos termos do tratado, uma aliança de Estados. O Estado alemão era um dos "Mestres do Tratado" e podia se retirar da União Europeia. A preocupação do queixoso era infundada. Pelo menos por enquanto. Pois – e eis que vinha o alerta – para uma futura alteração do tratado uma queixa similar poderia vir a ser reconhecida. Karlsruhe, portanto, de fato alertava, mas sem que isso tivesse consequências. Os juízes constitucionais alemães também nesse caso não ousaram provocar uma súbita crise política.

"Um novo *Solange*?", a imprensa se perguntava após o juízo de Maastricht.[34] Porém o motivo da decisão judicial de 1993 havia sido mais fundamental: o futuro da democracia alemã como tal *versus* a proteção dos direitos fundamentais dentro da democracia. Além do mais, o pronunciamento de Maastricht impôs uma hipoteca mais elevada ao futuro. A fórmula em 1974 era: "*Enquanto* A não acontece, não existe perigo de choque". Com o tempo, esse perigo parecia ter se dissipado; mas no "enquanto não" havia a perspectiva de "um dia sim". Em contrapartida, a fórmula em 1993 era: "Enquanto B ocorre, *ainda não* há perigo de choque". Sem dúvida, com a direção do movimento introduzido na União Europeia, esse perigo aumentaria. Um choque fundamental na luta pelo poder de alteração se delineou no horizonte.

Em 2009 o momento da verdade parecia ter chegado. Dessa vez, Karlsruhe deliberou sobre a constitucionalidade do Tratado de Lisboa, assinado dois anos antes pelo governo alemão. Novamente, as palavras foram mais severas que a resolução. Os juízes aprovaram a ratificação, contanto que o Parlamento alemão melhorasse

---

[33] BVerfGE 89, 155 §§ 63 e 90 (grito do autor).

[34] R. de Lange, "Het Bundesverfassungsgericht Over het Verdrag van Maastricht: een Nieuw Solange?", *Sociaal-eçonomische Wetgeving* 42 (1994), p. 418-36.

sua fiscalização das tarefas europeias do governo. Ao mesmo tempo, traçaram os limites dentro dos quais a União Europeia podia se desenvolver: todo Estado-membro devia manter espaço para dar forma às relações econômicas, culturais e sociais por si próprio. Apesar de alguns observadores bruxelenses terem se mostrado estupefatos e espantados, a Corte de Karlsruhe estava dando continuidade a seus pronunciamentos anteriores. Não pode haver um único corpo político europeu, os Estados-membros permanecem os mestres do tratado, a vida nacional democrática deve ser preservada. Um elemento notável foi a dúvida explícita sobre as reivindicações democráticas do Parlamento europeu, assim como a advertência ao Parlamento alemão para assumir suas responsabilidades europeias. O "Juízo de Lisboa" desse modo traz uma tensão: pretende proteger a vida política nacional, mas também aproximá-la da causa europeia; coloca um freio no desenvolvimento da Europa, mas também pretende opinar sobre mudanças. Assim, Karlsruhe 2009 acrescentou à desconfiança da esfera interna o reconhecimento da esfera intermediária europeia.

A tensão quanto ao poder de alteração não desaparecerá. A solução que "Luxemburgo" havia estipulado em 1963-1964 para a legislação – o tratado europeu tem prioridade – não era possível nem desejável para a alteração.

No que se refere aos poderes constituintes e poderes constituídos, os Estados-membros são os "mestres do tratado", conforme Karlsruhe afirmou em 1993. Eles possuem *Kompetenz-Kompetenz* ou metapreferência. Aplicada na relação entre as cortes constitucionais nacionais (ou instâncias de função similar) e a Corte europeia, essa lógica concede preferência às cortes nacionais. Contra isso se argumentou que a Corte europeia teria a metapreferência com base na "autonomia do direito europeu". Porém a Corte existe graças ao pacto de fundação. Se o pacto for alterado pelos Estados-membros, a Corte não pode ao mesmo tempo recorrer a este para se opor à alteração.

Não obstante, a posição dos juízes alemães tampouco é satisfatória. Sua conclusão de que em caso de um choque constitucional a interpretação nacional tem preferência sobre a europeia deixa espaço para dúvidas: pois de qual Europa se trata? O fundamento conjunto não é determinado pelas instituições europeias, mas pelos Estados-membros reunidos, fora do âmbito do tratado. Karlsruhe, portanto, não se chocou com Luxemburgo, mas com os governos reunidos, inclusive Berlim. A luta pelo poder de alteração não se passa entre a esfera interna e os Estados-membros, mas (também) dentro da esfera intermediária, no mundo das duplas funções. Ou seja, entre a Alemanha como Estado fundador, por exemplo, e a Alemanha como membro do círculo europeu.

Um conflito pelo poder de alteração que por fim se dá entre os Estados-membros reunidos e os Estados-membros individuais se encontra embutido no fundamento europeu. Isso não leva necessariamente a acidentes. Tensões, inclusive jurídicas, devem ser acolhidas e aceitas. O conflito jurídico demanda um diálogo político – entre cortes de justiça, entre instituições europeias e os Estados-membros, entre os Estados-membros em si.

Quando choques constitucionais não podem ser evitados por meio da razão, da engenhosidade ou da procrastinação, restam o direito internacional, por meio do qual os Estados (-membros) se relacionam fora do âmbito do tratado, assim como o fato político de sua condição de membro. Este último é em que o direito europeu *in fini* se baseia. Por fim, um Estado-membro tem liberdade para evitar qualquer cruzamento europeu e dar meia-volta. Dúvidas nesse sentido ainda existentes foram esclarecidas no mais recente tratado da União Europeia (2007), que determina: "Cada Estado-membro pode decidir se afastar da União Europeia em conformidade com suas obrigações constitucionais".[35]

---

[35] Art. 50 TUE (versão Lisboa).

A PASSARELA

Depois que em 1985, em Milão, o ferrolho se soltou da trava, quatro reformas da ordem europeia se sucederam em um ritmo cada vez mais acelerado: 1986, 1992, 1997, 2001. A pergunta fundamental quanto a *se* uma reforma seria necessária não foi mais levantada. Cada tratado de antemão já estabelecia uma discussão sobre sua própria alteração. Em uma metáfora possivelmente emprestada da mesa de negociação, falava-se sobre *leftovers* ou "sobras". As sobras de Maastricht (1992) foram discutidas em Amsterdã (1997), as sobras de Amsterdã em Nice (2001). Na ocasião, o prato ainda não havia acabado, e os líderes se deram conta de que deveriam tentar outra abordagem. Foi assim que o movimento em torno das questões fundamentais do *quem* e do *como* teve início.

Os líderes de governo começaram uma experiência. Reunidos no palácio do rei belga em Laken,[36] no final de 2001, eles decidiram instituir uma Convenção. Essa assembleia política teria um ano para pensar sobre um novo tratado europeu. Um fato notável foi que nela estariam representados tanto governos e parlamentos nacionais quanto a Comissão e o Parlamento europeu; misturavam-se os poderes constituintes e os poderes constituídos (inclusive na prática, pois os assentos individuais no plenário haviam sido distribuídos por ordem alfabética).

A maioria dos governos de antemão considerava a Convenção um inócuo órgão consultivo. Eles não impediram sua instituição porque pretendiam tomar as decisões mais importantes na Conferência Intergovernamental planejada para 2003-2004. Mas os belgas e os alemães, que juntos haviam insistido em sua instituição, a consideravam um ator relevante. Esse *status* incerto provocou tensões. De repente, uma luta pelo poder de alteração de seu conteúdo se instalou

---

[36] Também "Laeken". (N. T.)

em seu mecanismo, no intuito de determinar *quem* dali em diante estruturaria a reforma. Isso também abriu o debate sobre a outra pergunta fundamental, sobre a *facilidade com que* o corpo político europeu permitiria qualquer mudança.

As regras de alteração que a Convenção concebeu foram em grande parte adotadas pelos governos e incluídas no Tratado de Lisboa. Se ela conseguiu instituir uma transição para uma alteração por maioria? Não, isso não. Mas, ao longo de caminhos imprevistos, mesmo assim a pressão política dos Estados-membros reunidos em relação aos Estados-membros individuais encontrou suas formas jurídicas.

Obviamente a questão do "quem" foi o catalisador dessas mudanças. Os líderes de governo que em Laken pediram a uma centena de políticos que pensassem *sobre* o futuro da Europa poderiam ter adivinhado que essa centena logo pretenderia falar *em nome da* Europa.

Desde o primeiro dia, a Convenção se modificou de consultiva para constituinte. Indicativo foi, em março de 2002, seu rebatismo de "Convenção sobre o Futuro da Europa" para "Convenção Europeia": uma pequena mudança de palavras, um mundo de diferença. Seu presidente, Giscard d'Estaing, desejava conferir ao corpo a autoridade histórica de uma assembleia constituinte europeia. Ele flertou com o ilustre precedente americano da Filadélfia de 1787, promoveu a ampliação do mandato e em meados de 2003 conseguiu entregar um completo projeto para uma constituição. Não obstante, logo de saída esse blefe constitucional desandou. Assim como George Washington em 1787 solicitou ao Congresso que enviasse a Constituição diretamente aos treze Estados, d'Estaing solicitou aos líderes de governo que submetessem o texto inalterado a suas populações. Mas enquanto a solicitação de Washington estava sendo atendida, os líderes de governo se puseram a alterar o projeto. Depois disso, a ratificação encalhou, e em 2007 os Estados-membros decidiram eliminar todas as passagens do texto que remetessem a uma constituição. O que era para ser uma Convenção constituinte europeia se despedaçou nos governos e populações nacionais. Os membros, assim ficou claro ao longo do caminho, não pretendiam abrir mão de sua autoridade sobre os fundamentos.

Esse desfecho obviamente ainda não era evidente quando a Convenção começou a pensar sobre *futuras* alterações, ou seja, sobre a constituição após a constituição. Nas alterações de tratado anteriores, as regras de alteração não haviam sido discutidas pelos Estados-membros. A Convenção, entretanto, dispunha de fortes motivos tópicos e psicológicos para tentar aperfeiçoá-los. A transição para uma alteração por maioria era tida por muitos como o símbolo mais sublime de um novo começo europeu. Sem um poder de alteração oficial para a esfera interna, o mesmo destino que a Convenção de d'Estaing temia para si mesma, a de um grupo de discussão à sombra dos governos, aguardaria futuras convenções. Por isso o debate sobre a alteração foi conduzido de maneira tão enérgica e por vezes emocional por alguns membros. Um pleito quase desesperado em favor da autorreforma da União Europeia, fora do âmbito dos Estados unânimes, para alguns membros era inerente à situação.

O ponto de partida foi a regra para alterações existente, com sua excepcional divisão de partes entre um prelúdio (iniciativa) e três atos (as decisões de *se*, *qual* e *que* reforma). Os membros da Convenção sugeriram criativas variantes para todas essas fases. Cômica foi a proposta de um conservador britânico para o primeiro ato, segundo a qual o Conselho europeu dali em diante deveria decidir por unanimidade sobre a convocação de conferências intergovernamentais. Essa tentativa de remendar a derrota de sua antiga líder de partido Margaret Thatcher dezoito anos antes em Milão não encontrou respaldo. Como reação, porém, por solicitação belga, foi estipulado que os líderes tomariam essa decisão por maioria simples. O ferrolho permaneceu destravado.

Muito mais havia a ser feito referente ao segundo ato, o arbítrio sobre o teor das futuras reformas. Era ali que a disputa no presente entre Convenção e conferência intergovernamental encontrava seu campo de batalha natural. O sentimento generalizado era: uma Convenção dessas vai muito bem e merece um desdobramento; enfim nos libertamos da secretividade das chancelarias para falar publicamente sobre o futuro da Europa, assim vangloriavam-se. Esse tipo de entusiasmo era de esperar por parte de europarlamentares e eurocomissários. Contudo, eles também receberam apoio dos parlamentares nacionais, numericamente o maior grupo. Antes, tinham igualmente de aguardar para ver com que tipo de tratado seus líderes voltariam para casa. Os representantes de governo pouco podiam fazer para abrandá-lo.

Sob esse consenso, porém, contradições fundamentais se ocultavam entre os membros da Convenção. Pois quem realmente tinha poder de decisão sobre a reforma – a Convenção ou os governos? Alguns membros da Convenção queriam abolir completamente as conferências intergovernamentais. Mais sutis foram as variantes que permitiam a Convenção e a conferência intergovernamental no mesmo palco, mas que deslocavam o equilíbrio de poder a favor da primeira (ao fazer os governos decidirem sobre uma proposta por uma elevada maioria, por exemplo). Assim, ocorreu exatamente aquilo que os opositores do método da convenção temiam: um aumento na capacidade de autorreforma da União Europeia. O conservador alemão Würmeling escreveu que, para poderem permanecer como os "Mestres do Tratado", os Estados-membros deveriam decidir sozinhos quais parcelas de soberania cederiam à União Europeia. Isso exigiria "que órgãos ou representantes da União Europeia não participassem das decisões sobre alterações de tratado"[37] – portanto tiraria do jogo os poderes constituídos.

O grosso dos membros da Convenção tinha menos preocupações com a pureza do direito constitucional. Vejamos o caso do

---

[37] Joachim Würmeling, emenda ao art. F da CONV 647/03 de 2 abr. 2003.

representante do governo austríaco Farnleitner: este se posicionava como "basicamente positivo" quanto à Convenção, mas continuava achando que os Estados deveriam permanecer como os "mestres do Tratado".Graças a esse tipo de generosidade conceitual, a junta diretiva decidiu que podia abençoar o experimento da Convenção sem violar os privilégios dos governos. O projeto de tratado determinou que uma futura Convenção fizesse uma "recomendação" à conferência intergovernamental, que então tomaria a decisão.

A tensão intrínseca na própria Convenção – constituinte ou órgão consultivo? – naquele instante foi qualificada como insolúvel. Uma saída pouco ortodoxa mas apropriada às condições. O texto, que oscilava entre constituição e tratado, recebeu as respectivas regras de alteração igualmente ambíguas, que tratavam tanto de uma convenção constitucional como de uma conferência intergovernamental. Nessa frente, a tensão entre autorreforma e reforma culminou em uma trégua judicialmente selada com base no tratado. A luta pelo poder de alteração do conteúdo, a inevitável consequência da instituição da Convenção pelos governos, será retomada na representação vindoura do segundo ato.

No debate sobre o terceiro ato, a futura ratificação, os ânimos se tornaram mais intensos. Um avanço em direção a uma (futura) decisão por maioria dos Estados validadores era tido como o principal indicador constitucional. A unanimidade implicaria um tratado clássico; a maioria, um avanço para uma constituição. Por essa razão, a ideia era defendida não só pelos representantes da esfera interna como pelo vice-presidente da Convenção, Giuliano Amato, ex-primeiro-ministro italiano e professor universitário de direito constitucional. Ele teria dito a um colega que "o catedrático nele cometeria suicídio caso a unanimidade para a revisão fosse mantida".[38]

---

[38] Jean-Luc Dehaene, 12 jun. 2003. In: Olivier Duhamel, *Pour l'Europe*. Paris, Le Seuil, 2003, p. 125.

(O confidente dessa revelação, Jean-Luc Dehaene, acrescentou que o político em Amato certamente sobreviveria.)

O propósito de Amato e dos federalistas era uma fundação disfarçada. Do ponto de vista jurídico, até que seria viável. Uma futura ratificação por maioria era mais defensável que uma abrupta introdução agora. Isso não implica nenhuma violação das regras vigentes, nenhum salto. Trata-se de uma transição ordeira, pavimentada pela ratificação unânime do presente tratado, uma *ponte* da ordem antiga para a nova.

Não obstante, a vantagem de "uma ponte" sobre "um salto" teve pouco impacto sobre o debate. As mesmas forças de sempre se confrontavam. De um lado, grupos de europarlamentares e parlamentares fizeram propostas com patamares de quatro quintos ou cinco sextos dos Estados. Do outro, os governos da Grã-Bretanha, Irlanda e Suécia declararam de antemão que isso seria impensável. No fim de abril de 2003, o britânico Hain colocou uma bomba sob todas as pontes para uma ratificação por maioria: ele não assinaria um tratado que contivesse um cheque em branco. Mesmo que juridicamente a revisão por maioria formasse uma ponte, do ponto de vista político isso ainda significava um salto. Um salto que Londres não pretendia dar, nem hoje nem amanhã.

Foi assim que ressurgiu o antigo espectro de uma obstrução total. Uma saída foi encontrada na forma de uma nova distinção entre procedimentos "simplificados" e "complicados"[39] de ratificação. A ideia gradualmente desenvolvida de um tratado constitucional em diversas partes – Partes I, II e IV para determinações constitucionais e Parte III para a política programática – se prestava bem a isso. Grande número de membros da Convenção que se prendiam a uma rigorosa ratificação para elementos constitucionais pôde ser cooptado para a ideia de uma flexibilização dos fundamentos da política programática. Assim

---

[39] O autor usa os termos "leves" e "pesados". (N. T.)

surgiu, após o "se" e o "quem" de uma alteração, pela primeira vez a pergunta fundamental "com que facilidade" no lance.

Quando os federalistas, com suas aspirações pela maioria, esbarraram numa parede, colocaram-se inteiramente atrás desses procedimentos simplificados e em partes – por maioria, sem ratificação, o que fosse. Além dos representantes do Parlamento e da Comissão, o plano também agradou a alguns governos, como os da Bélgica, dos Países Baixos e da Finlândia. Para eles, era conveniente ter um espaço no qual pudessem criar políticas programáticas sem um freio parlamentar. Por meio desses atalhos, no passado diversas áreas programáticas haviam sido expandidas com a anuência de todos os governos, todas elas relevantes: energia, meio ambiente, política regional, direitos do consumidor e pesquisa. Também houve oposição por uma questão de princípio. O alemão Würmeling afirmou que não se podia contornar o direito de ratificação dos parlamentos nacionais.

Nos atribulados dias finais da Convenção, uma ampla coalizão sob a inspiradora liderança de Amato se agrupou atrás de uma fórmula complicada. Uma ratificação por cinco dos seis dos Estados-membros bastaria para certos componentes, na condição de que menos de um terço dos parlamentos nacionais fizesse uma objeção com base na perda de competências. "Boa ideia, mas é muito tarde", comentou Giscard d'Estaing no dia 12 de junho, convicto de que os governos a rejeitariam.[40] Por uma questão de gentileza, o presidente da Convenção enviou a carta na qual Amato e os europarlamentares Brok e Duff defendiam a proposta como um *post-scriptum* para Berlusconi, novo presidente do Conselho Europeu.

No terceiro ato, portanto, a Convenção não foi muito longe com a autorreforma. Nenhuma ratificação por maioria, apenas uma determinação emergencial. Os Estados-membros mantiveram o poder. Na

---

[40] Valéry Giscard d'Estaing, 11 jun. 2003. In: Alain Lamassoure, *Histoire Secrète de la Convention Européenne*. Paris, Albin Michel, 2003, p. 424.

entrevista coletiva final, *Il Dottor Sottile* estava inconsolável. Perguntado sobre sua maior decepção pessoal, ele citou a omissão das regras de revisão. Aludindo ao gênero das palavras tratado (*tratatto*, m.) e constituição (*costituzione*, f.), ele constatou que o bebê gerado pela Convenção infelizmente havia sido "um menino".[41]

O amargurado Amato e outros membros da Convenção não souberam apreciar a essencial transição que a Convenção ocasionou: rumo a (mais) autorreforma. Esta não se limitou à determinação de futuras convenções. Seus queixumes em relação ao veto renderam uma conquista inesperada e outra ignorada.

A conquista inesperada: a mensagem na garrafa do trio Amato/Brok/Duff para Roma chegou a seu destino. A ideia de um procedimento simplificado para alterações foi adotada pelos governos. Os ministros concluíram, em novembro de 2003, que se a alteração de tratado afetou apenas a política interna e não aumentou as competências da União Europeia, então ela poderia ser estabelecida sem uma conferência intergovernamental. Em vez disso poderia ser solicitada uma decisão unânime de um Conselho Europeu, seguida pela ratificação de todos os Estados-membros. Isso muda alguma coisa? Alguns comentaristas criticaram: vejam só, uma vez reunidos, os governos deixaram o veto intato e eliminaram a Convenção com seus parlamentares intrometidos.[42] Esse juízo, porém, comete o mesmo equívoco conceitual de Thatcher em 1985 ("outra conferência"). Os líderes se reuniam com funções diferentes.

É por isso que uma alteração simplificada, atualmente em vigor, ainda assim é significativa. Em primeiro lugar, a conferência intergovernamental e a Convenção sumiram ambas do segundo ato como poderes constituintes e em seu lugar o Conselho Europeu,

---

[41] Giuliano Amato, 10 jul. 2003. In: Jacques Ziller, *La Nouvelle Constitution Européenne*. Paris, La Découverte, 2004, p. 25.

[42] Bruno De Witte, "Revision", *European Constitutional Law Review* 1 (2005) p. 136-40.

uma instituição, arquiteta a reforma. Assim, dezoito anos após o "*ou*" de Milão, o "*qual*" da reforma também se introduziu (parcialmente) na União Europeia.

Para aqueles que ainda duvidam: já em março de 2011, menos de um ano e meio após a efetivação do Tratado de Lisboa, os líderes de governo utilizaram essa rota para lançar uma alteração de tratado. Sob pressão da crise do euro – acontecimento imprevisto que a partir de 2010 atingiu a coletividade no coração –, eles decidiram instituir um fundo de emergência permanente para a zona do euro, algo que alguns meses antes ainda era absolutamente impensável. Duas frases extras no tratado deviam prover essa rede de segurança de um embasamento jurídico. Pareceu exagerado organizar uma clássica rodada de negociações para essa emenda específica, o que dificultaria a ratificação e causaria abalos financeiros adicionais. Daí a rota simplificada por meio do Conselho Europeu. Assim, já a primeira crise que testou os fundamentos da União Europeia demonstrou, bem concretamente, a importância vital da autorreforma.

Em segundo lugar, a divisão dos fundamentos conjuntos em elementos fáceis e difíceis de alterar significa a constitucionalização da ordem política da Europa. A alteração simplificada em sua forma não é mais uma nova fundação. Com isso, a dupla sequência (nova) fundação/legislação dos primórdios da Comunidade formalmente evoluiu para a tríplice sequência (nova) fundação/alteração (simplificada)/legislação. Assim, com lentidão a coletividade se afasta juridicamente de seus fundadores.

Uma conquista *ignorada* foi a mudança da regra de alteração, que a Convenção conseguiu impor graças à consequente insistência de alguns membros proeminentes no processo de decisão por maioria. Ela própria chamou essa nova regra de *passarela*. Muitos membros (parlamentares) da Convenção estavam descontentes por seu projeto de tratado não ter sido fixado como o dileto roteiro do "Conselho por maioria mais Parlamento" para todo tipo de leis e decisões. Por outro lado, a maioria dos representantes de governo tinha um ou outro veto ao qual não queria renunciar. Como forma de compromisso, a junta diretiva introduziu uma passarela em duas partes do tratado. Uma delas determinava que, para quase todos os casos em que os Estados-membros mantinham seu direito ao veto, o Conselho Europeu poderia decidir por unanimidade passar a uma votação por maioria (a exceção se referia a assuntos militares). A outra passarela determinava que, nos casos em que o Conselho de Ministros fosse o único legislador, o Conselho Europeu poderia decidir por unanimidade nomear o Parlamento como colegislador. Graças a essas passarelas, no futuro a União Europeia poderia realizar a transição da unanimidade e/ou de decisões extraordinárias para decisões comuns sem alteração de tratado, portanto sem ratificações nacionais.

A conferência intergovernamental achou que as passarelas fossem uma ideia viável. Os italianos a integraram no artigo de revisão. Mas também se dificultou a travessia da passarela em um ponto específico. O Conselho Europeu deve informar a intenção da travessia aos parlamentos nacionais. Estes dispõem de um prazo de meio ano para registrar objeções. Caso um único parlamento venha a fazer isso, a passarela continuará fechada. Isso pode parecer uma carta branca para a obstrução parlamentar. Não obstante, em comparação com as ratificações tradicionais, a posição da coletividade foi fortalecida. Não cabe à coletividade europeia aguardar a confirmação, feito um amante menosprezado, mas são os parlamentos que devem atuar em tempo hábil no caso de uma contestação. Esse tipo de reforma, por conseguinte, permeou toda a União Europeia, desde o prelúdio até o terceiro ato. No que se refere ao conteúdo, não há nenhuma surpresa; é possível contar os vetos dentro do alcance da cláusula. Uma vez liberada a passarela, resta uma única pergunta a ser feita e respondida pelo Conselho Europeu: quando atravessaremos? O monopólio conjunto dos fundadores sobre o poder de alteração ficou reduzido à garantia de que a objeção formal de um parlamento será respeitada.

Assim, sobra pouco motivo para individualmente entoarem o refrão dos "Mestres do Tratado" com autoconfiança. Característico, porém, é que mesmo nessa situação não ocorre uma transição para a maioria. *Todos* os parlamentos nacionais detêm o direito de fazer objeções.

Os Estados-membros não querem uma Europa capaz de se reformar sem sua participação, feito um corpo político dotado de vontade própria. É por isso que não haverá alteração por maioria dos membros. Essa completa revogação da tutela de fato constituiria um momento de fundação da Europa, mas também o fim dos Estados autônomos. E os Estados não irão embora. Quisesse a coletividade assim mesmo alcançar um potencial político de desenvoltura histórica, então deveria ser diferente – e assim foi.

O poder de alteração da Europa repousa permanentemente junto à totalidade dos governos e parlamentos nacionais, na esfera intermediária dos membros. O truque era, portanto, transformar esse poder constituinte em poder constituído. Isso não pode ocorrer por meio da remoção dos relutantes do jogo. O que pode, em contrapartida, é envolver todos passo a passo no jogo. O Conselho Europeu, no qual os governos se consolidaram no nível mais elevado em forma de instituição, mostrou o caminho.

A cada ato, o fio é desvencilhado, até todos ficarem expostos à coação da reforma conjunta. Começou em Milão, em 1985, com o golpe de Craxi, no primeiro ato (*se* haverá reforma). Ele empurrou os líderes para além de um limiar invisível e colocou o mecanismo de reforma em funcionamento. Mudanças no segundo ato (*qual* reforma será) levaram à Cúpula de Laken em 2001 e às rodadas de negociações entre 2002 e 2004. Os governos, de um lado, tiveram de se resignar um pouco com uma Convenção que os parlamentos nacionais e o parlamento conjunto colocaram em cena e que continuarão colocando (para alterações comuns), e de outro tiveram de ceder seu lugar ao Conselho Europeu (para alterações simplificadas). Referente ao ato três (*que* a reforma virá) também houve um princípio de movimento.

Isso se manifestou na determinação do anfitrião na varanda em caso de uma ratificação fracassada, reservada a futuras alterações de tratado. Com isso, a necessidade jurídica de uma ratificação unânime, o seguro de vida dos membros, recebeu a companhia do reconhecimento da responsabilidade política conjunta por uma reforma introduzida.

Ao final da meada, a pergunta então é: a partir de que momento os parlamentos ratificadores, entrementes transformados nos últimos baluartes dos Estados-membros em caso de alterações simplificadas, poderiam ser considerados individual ou coletivamente como um poder constituído? A resposta se encontra em aberto, mas a passarela confirma a direção contraintuitiva na qual a coletividade a procura: o sucessor da ratificação unânime não é a ratificação por maioria, mas a não rejeição unânime.

A passarela aumenta a coação da coletividade em alto grau. Em termos militares, a instalação de uma passarela significa que a pressão se desloca da ofensiva (coletividade) para a defensiva (Estados-membros). A travessia talvez possa ser detida durante algum tempo por este ou aquele parlamento naquela passarela, mas no final a coletividade encontrará um momento oportuno para avançar. Maquiavel já avisava de que nunca se deve travar uma batalha em um desfiladeiro: "Para o inimigo, não constitui problema enviar tropas em grande escala, pois seu objetivo é avançar, não permanecer ali; e aquele que ali o aguardar nunca o poderá fazer com muita gente, por não saber quando o inimigo virá. Terá então, portanto, de montar um acampamento por longo período em uma região [...] estreita e árida".[43]

Por fim, a passarela também tem sentido como metáfora. Em primeiro lugar, essa imagem indica que a coletividade percebe esse movimento como uma passagem, mais precisamente a travessia de um rio ou de outro curso d'água. Trata-se do rio da fundação. Segundo,

---

[43] Niccolò Machiavelli, *Discorsi. Gedachten over Staat en Politiek*, I. 23, Paul van Heck (org.). Amsterdam, Ambo, 1997, p. 159.

denota a rejeição europeia do salto e a preferência por passos menores e mais firmes. Terceiro, expressa bem como a Europa aproveita o tempo: não nos atrevemos a realizar a travessia agora, mas deixaremos uma tábua de prontidão para quando for o caso. Façamos o contraste desses elementos com o Rubicão, diante do qual César se encontrou em 49 a.C., assim como Washington e seus companheiros em sua própria experiência mais de dezoito séculos depois. Tivessem os implicados calmamente instalado uma passarela, nunca teriam alcançado o Capitólio.

PARTE II

VICISSITUDES DO DESTINO

Na Corrente do Tempo

> A história do mundo, com seus grandes acontecimentos, não trafega como um trem em velocidade constante. Não, ela avança desabaladamente, com uma violência inexorável. Tampouco se pode esperar discernir a Deus Nosso Senhor manifestando-se ao longo da história mundial, para em seguida saltar e agarrar-se na cauda de seu manto, a fim de se deixar levar para onde quer que seja. Atestaria uma loucura desvairada e um estadismo inconsequente deixar passar as oportunidades [somente] para provocar turbulências, no intuito de poder aproveitá-las depois.
>
> *Otto von Bismarck* (c. 1890)

Em um famoso trecho no final de O *Príncipe* (1513), Maquiavel comenta que o mundo não é regido inteiramente pelos caprichos do acaso, mas tampouco inteiramente pela vontade humana, pois "o destino se encarrega de metade de nossos afazeres, deixando a outra metade, ou quase isso, a nosso encargo". Ele prossegue:

> E eu comparo o destino com um desses rios caudalosos que em sua fúria inundam planícies inteiras, desenraizando árvores e destruindo prédios, e de um lugar arrastam o solo a outro: todos fogem deles e se curvam diante de sua violência sem nada poder fazer. Mas o fato de esses rios serem assim não significa que durante os períodos de calmaria não se possa tomar medidas preventivas, como a construção de áreas de refúgio e diques, para que as águas, quando subirem novamente, tanto possam escoar por um canal quanto se tornar menos incontroláveis e destrutivas.[1]

Essa visão de Maquiavel e de alguns de seus contemporâneos significou um rompimento com o passado. A cristandade medieval atribuía pouca significância ao trato terreno entre pessoas e regentes.

---
[1] Maquiavel, O *Príncipe*, cap. XXV.

O que contava era a salvação da alma em relação ao Deus eterno. A história, com suas casualidades, era subordinada à escatologia. Profetas que viam a mão de Deus em desastres naturais ou em acontecimentos políticos – como o saque de Roma em 410 – eram hereges. Deus era extemporâneo. No máximo, podia-se dizer que a Providência Divina enviava catástrofes por sobre as pessoas a fim de testar sua fé. Aqueles que não acreditavam viam nisso o regime de uma cega fatalidade, a absurdidade da Fortuna.²

Na Renascença, à época de Maquiavel, parecia haver certa urgência de se assumir o controle da realidade histórica. Guerras e infortúnios assolavam a Península Itálica. A invasão do rei francês em 1494 havia abalado o equilíbrio de poder entre os Estados italianos. Maquiavel, que entre 1498 e 1512 fora alto funcionário da República florentina, escreve sobre "as formidáveis mudanças que de um dia para outro se veem ocorrendo à nossa volta e que antes nunca se teria imaginado".³ Para manter a fortuna sob controle, Maquiavel analisou em O *Príncipe* e em Os *Discursos* qual seria a conduta política mais prudente em diversas situações históricas e contemporâneas: autocracia e república, guerra e paz, fundação e legislação. Um comentarista atual demonstrou como organizar essas reflexões na forma de recomendações para lidar com a historicidade.⁴

O tempo rege nossa vida. Segundo Maquiavel, contudo, não se trata do tempo escatológico da teologia ou do tempo regular da física, mas do tempo como uma corrente de acontecimentos aleatórios. A história não conhece desígnio nem lógica. Os acontecimentos mantêm apenas uma única relação mútua: o antes e o depois, antecedentes e consequências. Cada novo acontecimento pode mudar todos os

---

² Antiga deusa romana da sorte, do acaso, do destino e da esperança. (N. T.)

³ Ibidem.

⁴ Robert Orr, "The Time Motif in Machiavelli" (1969). In: Martin Fleisher (org.), *Machiavelli and the Nature of Political Thought*. New York, Athenæum, 1972, p.185-208.

precedentes, colocá-los em uma nova perspectiva. É por isso que o tempo é chamado de "o pai de todas as verdades".[5] A grandeza de um acontecimento para Maquiavel se encontra em suas consequências.

A dificuldade para pessoas e Estados é que eles não se encontram à margem, mas *dentro* da corrente. Eles fazem parte de um grande número de sucessões de acontecimentos e devem ao mesmo tempo lhes impor uma direção. Maquiavel pretende saber como os políticos, espreitando a corrente acima, podem antecipar graves acontecimentos futuros. Tal como na medicina ou no direito, isso exige discernimento, antevidência e vigilância. Por vezes, os eventos ocorrem em constelações, permitindo o reconhecimento de padrões. A certeza, porém, nunca prevalece; somente depois é que se pode avaliar se uma ação foi correta.

Para Maquiavel, a Fortuna não é uma provação enviada por Deus, mas antes deve ser tratada como uma oponente ou uma parceira no mundo dos acontecimentos. Ela se comporta como uma *visitante* ocasional, cuja vinda traz problemas, mas também cria oportunidades. A roda da Fortuna começa a girar mais depressa, a corrente dos acontecimentos ganha volume. Maquiavel chama a capacidade para lidar com essa visitante de *virtù*, a virtude. Para ele, trata-se de um termo meramente político, uma combinação de inteligência e determinação, desprovida de conotações morais ou teológicas. Ele distingue três fases na convivência com a Fortuna: muito antes, no momento de sua chegada, após sua partida.

Primeira fase, os preparativos. Visto que a Fortuna é uma enchente, podem-se construir diques e barragens com antecedência. Comandantes militares, por exemplo, devem zelar para que seus exércitos estejam sempre disciplinados e bem organizados; "raramente então a fortuna lhes será adversa".[6] Nos assuntos de Estado, é importante dispor sobre uma boa constituição que possa servir de anteparo para problemas

---

[5] Nicolas Machiavelli, *Discorsi. Gedachten over Staat en Politiek*, I.3, Paul van Heck (org.). Amsterdam, Ambo, 1997.

[6] Ibidem, I.4, p. 390.

futuros. O bom político é capaz de sacrificar vantagens a curto prazo de acordo com o planejamento de longo prazo. Ele também deve estar sempre atento e aguardar uma visita a qualquer momento.

Segunda fase, a chegada da Fortuna. A melhor conduta varia segundo a situação; flexibilidade é um pré-requisito. Basicamente, existem três opções. Primeiro, pode-se permanecer inerte e não fazer nada, esperar até que a visitante vá embora para novamente assumir o controle da situação. Em alguns casos, é possível obter êxito dessa maneira, apesar de ser arriscado dar total liberdade à fortuna, além de não ser muito heroico. Segundo, pode-se tentar usar a fortuna, agarrar os acontecimentos pela cauda e se aproveitar disso. Tal atitude exige grande compreensão da situação como um todo, daquilo que ainda pode ser esperado. Nesse sentido, é melhor primeiro "ganhar tempo", avaliar os acontecimentos a certa distância e então agir conformemente. Terceiro, é possível tentar ficar à frente da fortuna, partindo para o ataque, procurar agarrá-la antes que ela nos agarre. Então, é necessário rapidez, ousadia, perseverança. Perigoso, mas a Dama Fortuna às vezes se deixa seduzir por demonstrações de coragem. O que, porém, nunca se deve fazer é ignorar os acontecimentos ou tentar bater de frente contra a corrente. A ilusão de viver fora do tempo leva a desastres.

Terceira fase, após a partida da Fortuna. Aqui, a equanimidade é a melhor característica: "Estados fortes e personalidades cativantes mantêm sempre a mesma disposição e a mesma dignidade a cada virada da fortuna".[7] Eles sabem como o destino é caprichoso. Em contrapartida, os espíritos mais fracos se deixam moldar pelo destino: cheios de amor-próprio quando este os eleva e cheios de autopiedade quando estão estirados embaixo.

Assim Maquiavel demonstra como temos nosso destino parcialmente nas próprias mãos. Para ser uma boa pessoa e um bom

---

[7] Ibidem, III, cap. 31, p. 686.

político, é necessário embarcar no tempo, aceitar a contingência dos acontecimentos e assumir a responsabilidade pelo futuro aberto. Isso exige antevisão, preparo – e a noção de que sempre se pode ser pego de surpresa. "Acontecimentos, caro rapaz, acontecimentos."

Nessa perspectiva político-filosófica, um corpo político europeu existe quando dispõe de uma capacidade para a atuação histórica. Essa parte trata da pergunta se, e nesse caso como, uma coletividade embarcaria na corrente do tempo. Existe uma Europa que reage a eventos externos? Como reagiria à visitante que bate à porta? A Dama Fortuna pode assumir diversas formas. Guerras, crises diplomáticas, queda da moeda, fluxos de refugiados, atentados terroristas, desastres ambientais. Como sabemos que a Europa enfrentará essa corrente de acontecimentos como uma coletividade?

O teste definitivo seria uma atuação conjunta diante do mundo exterior no âmbito diplomático, ou seja, diante de *outras* ordens políticas. Afinal, a Europa é uma aliança de Estados em que cada um é responsável por sua própria segurança interna. ("A segurança nacional permanecerá exclusivamente sob a responsabilidade de cada Estado-membro", segundo o tratado da União Europeia.)[8] Mesmo se isso mudasse, continuaria sendo difícil determinar quando os governos agem por conta própria e quando agem de forma conjunta. Em princípio, a Europa pode introduzir reformas econômicas internas, legislação ambiental ou medidas antiterroristas sob o manto do Estado nacional. Para dentro, a questão da representatividade pode ser ocultada. Para fora, isso não é possível. Para um diplomata americano, um negociador chinês ou um senhor de guerra congolês faz muita diferença se seu interlocutor fala em nome de todos os Estados-membros europeus ou de apenas um.

É justamente na diferença entre o "em nome da Europa" ou não que se encontra seu valor agregado. Daí que para muitos políticos a

---

[8] Art. 4, parágrafo 2, TUE (versão Lisboa).

unidade em relação ao exterior é tida como objetivo supremo. "A Europa deve se dirigir com uma única voz ao mundo", costuma-se há muito dizer. Para a análise, faz mais sentido inverter isso. Voltando à visão de Hobbes: "Uma multidão de homens é como *uma* pessoa, quando por um homem, ou por uma pessoa, é representada".[9] Não se trata de uma Europa calada que pode desenvolver uma voz, mas é naquela voz, caso ouvida, que a Europa ganhará estatura como corpo político.

A coletividade não embarcou na corrente histórica com um passo, mas com dois. Poderia ter sido em um único passo, mas não deu certo. Entre um passo e outro, ela aguardou e se preparou. Assim sendo, esse movimento de transição se divide em três: os anos da fundação (1950-1957), a permanência na Comunidade (1958-1989) e o período desde a Queda do Muro (1989-tempos atuais).

O passo inicial se deu quando seis membros do consórcio de Estados europeus decidiram dali em diante se apresentar ao mundo de forma conjunta em determinados aspectos. Nesse intuito, por três vezes, eles fundaram uma Comunidade: uma para a mineração, uma para um exército e uma para um mercado. O exército europeu não se materializou, de modo que a partir de 1957 praticamente só restava a política miúda. Com isso, a coletividade de certo modo se posicionou fora do tempo. Não obstante, esse período de espera foi útil; houve desenvolvimento na esfera dos Estados-membros (um observador posterior comparou a comunidade a um "casulo" que espera se transformar em borboleta, mas que não sabe quando esse dia virá).[10] Somente em 1989, com a Queda do Muro que embaralhou o consórcio dos Estados no continente, a coletividade não mais conseguiu se manter à margem da história. Desde então, ela dá um segundo passo, no qual descarta a Comunidade e embarca na corrente do tempo como uma União Europeia.

---

[9] Thomas Hobbes, *Leviathan*, L. I, cap. 16, C. B. Macpherson (org.), London, 1985, p. 220 (grifos do original).

[10] Edgar Morin, *Penser l'Europe*. Paris, Gallimard, 1987, p. 251.

Essa parte enfoca principalmente a mudança de forma da Europa em relação aos acontecimentos exteriores. Essa relação não era coativa no que se refere ao conteúdo. A visita da Dama Fortuna não alinhava os países europeus de imediato. Por vezes eles viam motivo para uma atuação conjunta para fora; por vezes um Estado-membro atribuía uma conotação bem própria a essas visitas, aprovando, por exemplo, um plano interno (em caráter de urgência); por vezes cada membro tomava suas próprias medidas e tudo terminava em barulho. Por isso, é inútil se decepcionar com qualquer briga sobre política externa entre os Estados-membros e contrastá-la com o ideal federalista, assim como seria inútil afirmar de antemão que uma atuação conjunta no mundo estaria fadada ao fracasso devido ao legado histórico das nações-Estado. Os fatos não se deixam enquadrar nesses padrões.

Não obstante, por meio da análise de sessenta anos do convívio europeu com o destino, podemos distinguir quatro grandes passos. Primeiro: o impacto de relações e considerações geopolíticas pesou bastante na fundação das Comunidades. Essa primazia da política sobre a economia foi reconhecida por seus atores mais importantes. Isso indica que se atribui no mínimo tanta importância ao significado político da vida em comum quanto às regras econômicas. Esse significado também foi parcialmente relegado ao futuro. O pacto de fundação encerrava uma dupla teleologia, cujo efeito perdura até os dias de hoje: o círculo dos Seis deveria se desenvolver em uma ordem política e um dia abranger todo o continente. Além de ser um fato, a Europa era também uma promessa.

Segundo: a coletividade originalmente não estava bem equipada para reagir às vicissitudes do destino. Uma política exterior não estava prevista. Para a maioria dos Estados, ela não parecia viável nem desejável, tampouco necessária. As instituições europeias em princípio se ocupavam com a *baixa política*. Sua tarefa atribuída pelo tratado de fato comportava um contato direto com o mundo exterior, por exemplo, na política comercial ou mais tarde na cooperação internacional, mas os limites traçados em torno dessas competências eram intensamente vigiados pelos Estados. Para a *alta política*, os Seis contavam todos com o guarda-chuva americano que os resguardava da tempestade (somente a França fingia que não precisava fazê-lo, e amiúde jogava um jogo duplo). O perigo de uma nova guerra franco-alemã parecia ter sido evitado, os russos eram mantidos fora da porta pelos americanos e pela Otan – Organização do Tratado do Atlântico Norte. Estava-se menos alerta para as novas formas sob as quais a Dama Fortuna poderia se manifestar. Entre alguns da esfera interna, existia mesmo a esperança de poder abandonar a corrente do tempo e entrar em breve na "Nova Jerusalém".[11] Outros políticos optaram por aguardar, pois não viam alternativa. Estavam ganhando tempo.

Terceiro: foi a batida no portão por parte de países europeus não filiados que fez com que os Estados-membros percebessem que, no mínimo devido àquele portão, pelo lado de fora eles eram vistos como um único bloco hegemônico. Os Seis passaram por uma experiência dessas em 1961, quando os britânicos bateram no portão. Maior e inesperado foi o impacto da Queda do Muro (1989), quando a quase esquecida metade oriental do continente se anunciou na sala de espera dos Doze. A relação entre o continente como um todo e seu círculo forçou os Estados-membros a politizar sua aliança. Alguns participaram a contragosto, mas não havia escapatória.

Quarto: a fim de atender ao chamado do mundo exterior, os Estados-membros *não* delegaram sua voz política a uma instituição da esfera interna. Em vez disso, após muita hesitação e confrontos internos, eles encontraram outros caminhos para viabilizar seu "em nome

---

[11] Stanley Hoffmann, "Obstinate or Obsolete? The Fate of the Nation-State and the Case of Western Europe", *Daedalus* 95 (1966) 3. In: Mette Eilstrup-Sangiovanni (org.), *Debates on European Integration. A Reader*. New York/Basingstoke, Palgrave, 2006, p. 135.

da Europa". Os líderes de governo espontaneamente aplicaram um golpe de poder e deram forma ao mundo intermediário dos membros. Em sua própria esfera, fora do âmbito do tratado eles organizaram reuniões de cúpula (algumas vezes desde 1961), institucionalizando-as na forma do Conselho Europeu (1974) e depois, após a Queda do Muro – na União Europeia fundada para isso –, delegaram a esse foro a responsabilidade pela política exterior (1993) e deram a ele um presidente permanente (2009). Assim, a mesa dos líderes de governo se tornou a detentora da alta política europeia. Somente dessa mesa é que alguém pode se levantar para se dirigir à Casa Branca ou ao Kremlin em nome de todos.

Para concluir, algumas palavras sobre as motivações políticas básicas dos três mais importantes Estados (-membros) da Europa desde 1945. A França busca na Europa uma reencarnação de si mesma. A Alemanha, por sua vez, busca (buscava) uma redenção de seus erros. A Grã-Bretanha buscava "um assento na mesa", assim que este fosse oferecido. Embora tais motivações sejam conhecidas, no conjunto são decisivas para o resultado, para a divisão da política europeia em esferas de atuação.

A França foi a precursora. Depois de 1945, seu papel como potência mundial estava descartado, e ela começou a usar a Europa como alavanca. Somente graças à Europa é que a França ainda podia "ser livre", o que em Paris significa: ter nosso destino nas próprias mãos, poder falar e agir, demonstrar responsabilidade perante nossa situação – fazer parte do jogo. Nisso não cabe ser um vassalo militar de Washington ou viver sob o jugo monetário do Bundesbank [o Banco Central alemão]. Esses altos pensamentos adquiriram forma por meio de planos bastante concretos e engenhosos. Paris passou a construir uma *Europe à la française*, com força de vontade política, disciplina oficial, visão de longo prazo e capacidade de argumentação diplomática que seus parceiros (à exceção de Londres, talvez) não podiam nem de longe igualar. A alavanca funcionou graças a um forte começo da unidade europeia, também seguido pela recusa em se deixar dissolver na grande totalidade, assim como Schuman e De Gaulle. Uma vez que a Comunidade havia sido instaurada, dentro dela Paris conseguiu estruturar a *esfera intermediária* dos Estados-membros, na qual a história e o direito, o poder nacional e a unidade europeia se encontram. Na plataforma dos líderes de governo, qualquer presidente francês se sente em seu elemento.

Em 1945, a Alemanha era a pária entre as nações; ocupada, dividida e culpada. Desde Adenauer, ela usou a Europa para sua redenção moral e política: era o caminho de volta ao livre concerto dos Estados europeus e também a um projeto para um mundo melhor (não só com um bom comportamento a culpa foi resgatada, mas também com dinheiro; as contribuições alemãs encheram os cofres europeus). No sentido geopolítico, Bonn precisava de Washington, mas também de Paris. Somente dos Estados Unidos é que podia esperar ajuda contra a Rússia, que mantinha a Alemanha Oriental sob seu poder; tratava-se de uma dependência existencial. Mas apenas a França oferecia o âmbito redentor da "Europa". A tensão entre Washington e Paris, por vezes também perceptível em Bonn, em parte foi resolvida graças a uma preferência pela *esfera interna*. A Europa antes como ideia que como bloco de poder. Além do mais, a criação do Parlamento europeu certamente beneficiaria o Estado-membro (potencialmente) mais populoso. Após a reunificação alemã de 1990, sua motivação redentora expirou. Mas mesmo após se tornar o maior e em muitos sentidos mais poderoso Estado-membro da Europa, a Alemanha permanece relutante em usar esse poder ostensivamente diante de seus parceiros e vizinhos. A lembrança de Auschwitz perdura.

A Grã-Bretanha não precisava da Europa em 1945 como tela de projeção para anseios de liberdade ou efervescências morais. O lema em Londres continuava: "Não temos amigos, somente interesses". Contudo, com a destruição do concerto europeu, a supremacia americana no Atlântico Norte, o país acabou perdendo seu papel diplomático favorito de "equilibrador europeu". Apenas quando uma mesa europeia apareceu é que ela temeu que ali os interesses britânicos estivessem sendo prejudicados e achou que deveriam ser defendidos. Londres não suporta o ostracismo; sua motivação europeia é um assento na mesa. Apenas a recente crise do euro é que colocou isso em discussão, resultando em um plebiscito sobre sua participação. Desde 1956 o país se sujeita confortavelmente à autoridade americana. Com a França, compartilha uma aversão à emancipação da esfera interna. Nas quatro primeiras décadas da participação britânica, todos os seus governos abraçaram o assento europeu e somente a oposição o pretendeu deixar, rumo à liberdade da esfera externa.

Qualquer movimento europeu, como se sabe, não partia de Londres, mas ocorria somente quando a França e a Alemanha planejavam fazer algo. Nisso, a divisão de tarefas desde 1974 frequentemente consistia em que Paris se encarregasse de estruturar a esfera intermediária dos membros, enquanto Bonn/Berlim (também) fortaleciam a esfera interna. Desse modo, entre os três grandes, a França era a que estava mais bem preparada para receber uma visita histórica. Onde mais a Dama Fortuna poderia encontrar uma Europa política? Não na esfera externa, pois ali ela não existe. Nem na esfera interna, pois esta se encontra relativamente resguardada. Não, a Fortuna encontra a coletividade principalmente na esfera intermediária. É ali que ocorrem os atentados à bomba, os choques monetários ou as ondas de demissões que ameaçam o tecido conjunto. Caso a Europa queira embarcar na corrente do tempo como um corpo político, então é a partir dessa esfera que se deve demonstrar responsabilidade e capacidade de atuação.

Seria o resultado, ou seja, o Conselho Europeu como o principal detentor da política europeia, então o produto de um complô francês? Isso seria simplista demais. Embora desde De Gaulle a França já insistisse na voz da Europa no mundo, em si isso não bastaria – certamente não em uma união de 28. O êxito de Paris se deve em parte à sua contribuição com o melhor *cenário*. Os Estados europeus percebem que sua coletividade não consegue se eximir das vicissitudes do destino. Somente o tempo pôde trazer essa noção. Os governos dos Estados-membros sentem (mais que suas populações) que se torna cada vez mais difícil enfrentar o destino sozinho. O papel da França, em suma, foi este: contrariando as aspirações de seus parceiros, nesses sessenta anos ela conseguiu transferir algo de seu desejo de fazer parte do jogo ao círculo dos Estados-membros.

Capítulo 4 | Congregação a Seis (1950-1957)

> Sem dúvida pensei por um instante que a primeira etapa para a federação europeia fosse a união entre esses dois países [França e Alemanha] e esses dois somente – e que os outros se juntariam a ela mais tarde. Por fim, na versão original, acrescentei de noite, à mão, que a Autoridade estaria "aberta à participação dos outros países da Europa".
> *Jean Monnet*, Mémoires

A ameaça de uma visitante histórica que viesse bater à porta desempenhou papel decisivo nos momentos de fundação da Europa. Para a França, o país que tomou a iniciativa, a Dama Fortuna viria trajada como uma Alemanha reconstruída e belicosa. O mesmo valia para os países menores vizinhos aos dois arqui-inimigos. Alguns líderes alemães acreditavam até que o povo alemão deveria ser protegido contra seu próprio gênio maldoso (eles viviam sob o temor de ser um convidado indesejado à mesa). Com a Guerra Fria, um segundo espectro se anunciou a todos na forma da Rússia comunista, o poder mais aterrador no continente. Apesar de os americanos serem seus protetores, alguns políticos europeus acreditavam ser necessário no futuro poder responder a essa ameaça sem a ajuda de Washington. Somente juntos é que seriam capazes de fazê-lo. Essa ideia era incentivada por Washington, até certo ponto e até certo momento. Num mundo atribulado, uma unidade europeia favoreceria a segurança de todos – para os outros cinco, contra a Alemanha; para os Seis juntos, contra a Rússia.

Três momentos de fundação devem ser distinguidos; estes serão tratados de forma cronológica. Dois são famosos, pois tiveram êxito. Um desses levou à assinatura do Tratado de Paris para a mineração em 1951, o outro ao Tratado de Roma para o mercado comum em 1957.

A pressão do mundo durante esses momentos de fundação se fez sentir bem mais do que transparece do evangélico relato sobre os patriarcas europeus encontrado em livros escolares e prospectos bruxelenses. Ademais, houve um terceiro momento de fundação, no qual os Seis faziam planos para um exército europeu. Esse terceiro episódio, o mais incisivo referente aos objetivos, terminou em 1954 com um fracasso retumbante. Por isso desapareceu da memória coletiva. Mesmo assim, esse fracasso justamente explica por que em 1958 os Seis *não* embarcaram juntos na corrente histórica, mas por um tempo preferiram (ou acharam que deveriam) se refugiar na "baixa política".

A VOZ DE SCHUMAN E O OUVIDO DE ADENAUER (ANTES DE 10 DE MAIO DE 1950)

Mas *o senhor* é que devia propor um plano referente à Alemanha, escreveu o ministro das Relações Exteriores americano a seu colega francês na segunda metade de 1949. No início do ano seguinte, o americano insistiu; no máximo para a próxima reunião conjunta algo teria de surgir na mesa. Esse encontro estava marcado para a quarta-feira, dia 10 de maio de 1950, em Londres. A França se encontrava em uma situação constrangedora, e o ministro Schuman sabia disso. Ele tinha de fazer algo.

Nos quase cinco anos que haviam se passado desde o fim dos trinta anos de guerra,[1] o aspecto da Europa havia mudado. O equilíbrio de poder entre os Estados havia sucumbido diante da autodestrutiva sede de conquista de Hitler. Somente a Rússia e a Grã-Bretanha, ambas situadas na periferia do continente, tinham conseguido enfrentar a Alemanha nazista, graças ao apoio dos Estados Unidos.

---

[1] Conforme a tendência entre muitos historiadores europeus, o autor considera a guerra de 1939-1945 como uma mera continuação do conflito iniciado em 1914. (N. T.)

Os demais Estados europeus, salvo os que tinham permanecido neutros, haviam sido ocupados *pelos* nazistas ou derrotados *com* eles. No começo do último ano de guerra, Stálin, Roosevelt e Churchill tinham retraçado o mapa da Europa. Os líderes dos Três Grandes haviam deslocado a fronteira da Polônia para o oeste e dividido a Alemanha em três zonas de ocupação. Por uma premente solicitação de Churchill – que, devido ao desejo de Roosevelt de trazer suas tropas para casa, temia se ver sozinho na Europa diante dos russos e dos alemães –, a França ganhou um assento improvisado na mesa dos vitoriosos. Dessa maneira, também adquiriu sua própria zona de ocupação, recortada das partes britânicas e americanas. Até segunda ordem, esses quatro governariam a Alemanha, conforme decidido em julho de 1945, em Potsdam.

Porém, os quatro não estavam de acordo sobre o que deveria acontecer com a Alemanha capitulada. Embora os Aliados temessem uma repetição de Versalhes, o tratado de paz que instigou um inexorável revanchismo entre os alemães, nada ainda havia sido proposto. Era preciso ser mais severo ou mais generoso a fim de evitar os mesmos erros de 1919? *Grosso modo*, em 1945 franceses e russos se mostravam adeptos da primeira escola, britânicos e americanos vacilavam. Na medida em que nenhuma decisão era tomada, cada um administrava sua própria zona de ocupação.

Marcante foi o discurso do general e líder do governo francês De Gaulle, proferido durante a segunda metade de 1945, na estância hidromineral de Baden-Baden. "O que fazemos aqui no dia após nossa vitória?", perguntou o herói de guerra ao público formado por seus próprios oficiais e soldados.[2] De Gaulle esboçou um programa para enfraquecer o arqui-inimigo definitivamente. Os dois itens principais eram familiares. Um: a presença francesa

---

[2] Charles de Gaulle, 5 out. 1945. In: Charles de Gaulle, *Lettres, Notes et Carnets, VI, 1945-1951*. Paris, Plon, 1984, p. 95-98.

permanente nos territórios alemães à esquerda do Rio Reno, isto é, o Sarre, o Eifel, a Renânia-Palatinado, uma parte de Hessen e de Colônia. Não era nenhuma "anexação", disse o general, antes, uma "união econômica e moral". Dois: o controle francês permanente sobre o vale do Rhur, onde se encontrava o carvão de que a Europa Ocidental e a França necessitavam. A região ao mesmo tempo serviria como um "penhor" para neutralizar a ameaça alemã e como um "meio de produção" para ajudar a França a se tornar uma potência industrial. Igualmente marcante foi que De Gaulle se referiu à nação derrotada como "as Alemanhas". Essa denominação no plural era corrente antes de Bismarck unificar os Estados alemães em 1870, o que, aos olhos franceses, estava na origem de todo o mal. Desse modo, o líder de governo francês via 1945 como a oportunidade por excelência para de uma só vez reverter o legado de Bismarck, realizar o sonho de Napoleão e se apropriar da indústria de armamentos de Hitler: uma Alemanha fragmentada, repelida para além do Reno, lesada do seu carvão.

Enquanto Paris sob De Gaulle ainda baseava sua atuação perante o vizinho derrotado nos antigos temores e em motivações nacionais, em Londres e Washington já se via uma nova visita histórica surgir no horizonte. Foi aquele outro herói de guerra da Europa Ocidental, Churchill, que batizou essa inquietação. Em um discurso proferido em março de 1946, o ex-primeiro-ministro britânico falou:

> Desde Stettin, no Mar Báltico, até Trieste, no Adriático, uma cortina de ferro baixou sobre o continente. Atrás dessa linha estão todas as capitais dos antigos Estados da Europa Central e da Europa Oriental. Varsóvia, Praga, Viena, Budapeste, Belgrado, Bucareste e Sófia, [...] de alguma forma todas não estão somente sujeitas à influência soviética, mas também a forte grau de controle de Moscou, que em muitos casos se torna cada vez maior.[3]

---

[3] Winston Churchill, 5 mar. 1946. In: Brian MacArthur (org.), *The Penguin Book of Twentieth-Century Speeches*. London, Penguin, 1999, p. 232.

A poderosa imagem usada por Churchill de uma cortina descendo sobre a Europa se instalou nos espíritos e não tardou a ser escrita com iniciais maiúsculas, como uma nova realidade: a Cortina de Ferro.

Os americanos foram mais lentos que os britânicos em reconhecer o anseio expansionista de Moscou. O presidente Roosevelt, que falecera em abril de 1945, havia depositado todas as suas esperanças de um mundo pacífico em sua criação intelectual, as Nações Unidas, e em Ialta havia feito mais concessões a Stálin que o necessário do ponto de vista militar – a contragosto de Churchill, anticomunista desde 1917. O sucessor de Roosevelt, Truman, era menos dado a ilusões. Após um pedido de ajuda do governo grego, que temia uma tomada do poder pelos comunistas, ele decidiu se incumbir das antigas posições britânicas na Grécia e na Turquia, de onde Londres havia decidido se retirar por falta de verbas. Foi um momento pleno de significado. Das três superpotências em Ialta, agora restavam apenas duas. Além do mais, essas duas já não eram mais aliadas, mas inimigas em uma nova guerra, uma "guerra fria".

A partir daí, foi rápido. Em junho de 1947, o general americano Marshall apresentou um plano para um amplo apoio financeiro a *todos* os Estados europeus. Washington, no entanto, pediu aos europeus que se encarregassem da distribuição entre si. Londres e Paris assumiram a liderança; a Rússia proibiu a Polônia, a Tchecoslováquia, a Hungria e os demais Estados em sua esfera de influência de aceitarem a oferta. Assim, Stálin confirmou de sua parte a linha de demarcação política entre russos e americanos, entre a "Europa Oriental" e a "Europa Ocidental" (esta incluindo a Grécia e a Turquia). As derradeiras ilusões com relação aos soviéticos que os governos a oeste desse limite ainda acalentavam logo desapareceram com o golpe de Estado comunista em Praga, em fevereiro de 1948. (Em contrapartida, as ilusões entre os intelectuais na Europa Ocidental se mostraram mais duráveis, por serem eles mais resistentes contra fatos políticos.)

Essa reviravolta nas relações europeias do pós-guerra colocou o caso da Alemanha em outra perspectiva. A França, o país vizinho que desde Bismarck já havia sido invadido três vezes, tinha mais dificuldades para se adaptar, mas por fim o fez de maneira radical.

Paris não conseguiu realizar os objetivos do discurso de De Gaulle proferido em Baden-Baden. Devido à resistência de seus aliados, a Renânia não pôde ser controlada; somente o vale do Rio Sarre havia sido provisoriamente incluído em uma união econômica com a França. O controle sobre a região do Ruhr, situada na zona de ocupação britânica, ficou fora de seu alcance. A contenção de um poder central alemão adquiriu certa estrutura com a proibição de partidos políticos pan-nacionais, mas isso não foi estimulado com a fusão, no início de 1947, das zonas americana e britânica para formar uma única zona conjunta.

A que se devem esses resultados tão modestos? A pressão que a França podia exercer sobre Washington era limitada. Economicamente, ela precisava do financiamento americano. Com o início da Guerra Fria, essa dependência se tornou mais visível ainda. Quisesse ou não, a partir de 1947 a França pertencia ao campo ocidental. Ao mesmo tempo, porém, nessa relação de dependência mútua, a Guerra Fria fortaleceu a posição francesa. Perante Washington, Paris podia acenar com o espectro de que os comunistas (na época, bons para um quarto dos votos franceses) dominariam o país caso certas concessões não fossem feitas – às vezes com êxito.

A primeira surpresa veio em maio e junho de 1948, durante uma conferência em Londres entre as três forças de ocupação ocidentais e o Benelux sobre o futuro da Alemanha. Na ocasião, Washington subordinou a questão alemã ao confronto com a União Soviética. Os Estados Unidos queriam pôr um fim ao desmantelamento da indústria alemã e instituir uma assembleia constituinte para um Estado alemão ocidental, que também abrangeria a zona francesa. Pouco antes da conferência de Londres, britânicos e americanos já haviam anunciado que a autoridade regional de sua zona conjunta iria exercer a soberania sobre o Vale do Ruhr. A indústria do carvão e do aço voltaria às mãos alemãs, sinal verde para um Estado alemão: para Paris, seu pior pesadelo. Embora a posição dos franceses fosse fraca demais para se retirarem da conferência de Londres, eles tampouco tinham de engolir tudo. O governo desistiu de sua resistência com relação a um Estado alemão ocidental, mas conseguiu que a produção alemã de carvão e aço ficasse subordinada a uma "Autoridade Internacional do Ruhr". Sob pressão de Washington, em junho de 1948, a França aceitou o Estado alemão em troca da cogestão francesa sobre o Vale do Ruhr.

Apesar de o governo francês poder se regozijar com esse trato, os acordos de Londres esbarraram em uma grande resistência interna. Pouco tempo após a liberação, a opinião pública ainda via nos "*Boches*" um inimigo muito maior que "os vermelhos" de Moscou. Perceberam chocados que nada mais restava dos planos relativos à Alemanha feitos após a guerra. Os gaullistas da oposição acusaram o ministro das Relações Exteriores de traição. A coalizão de governo cambaleou, mas conseguiu aprovar os acordos com uma maioria apertada no Parlamento.

Pouco depois, no feriado nacional do dia 14 de julho, o governo emitiu uma curiosa declaração para aplacar a insegurança da população com relação à Alemanha. Em dois itens centrais de rara sinceridade, os franceses foram persuadidos de sua sina histórica. Um: a realidade de "70 milhões de pessoas alemãs" no meio da Europa fazia com que um retorno da Alemanha ao concerto das nações europeias fosse inevitável. Dois: a profunda reviravolta na relação de ambas as superpotências, Estados Unidos e Rússia, fazia com que a Alemanha se tornasse um inimigo secundário para a França, no máximo um pequeno conflito dentro de um conflito maior; logo, o "duelo franco-alemão" podia ser considerado encerrado.[4]

---

[4] Ministério das Relações Exteriores da França, 14 jul. 1948. In: Franz Knipping, "Que Faire de l'Allemagne? Die Französische Deutschlandpolitik 1945-1950". In: idem e Ernst Weisenfeld (org.), *Eine Ungewöhnliche Geschichte*.

O novo estatuto do Ruhr podia ser interpretado de duas maneiras. Para os diplomatas, ele concretizava um objetivo de defesa francês: uma tutela permanente sobre a produção alemã de carvão e aço, a confirmação da supremacia dos vitoriosos sobre os derrotados. Para outros observadores, tratava-se de uma solução intermediária, o primeiro passo na reabilitação da Alemanha numa federação de nações europeias. Assim, na segunda metade de 1948, o jornal alemão *Süddeutsche Zeitung* falava de uma "medida transitória", cuja derradeira solução "será dada pela pergunta fatídica, se um dia na Europa de fato haverá europeus ou apenas nações".[5]

Seria Robert Schuman quem iria romper essa dormente contradição na política francesa referente ao Ruhr/Alemanha/Europa. Apesar de alguns já perceberem uma reviravolta logo após sua posse – segundo o jornal *Die Zeit*, seria "a primeira vez desde Richelieu" que a França, sob o novo ministro, deixaria os caminhos do equilíbrio de poder a favor de um ordenamento europeu[6] –, ele não realizou esse movimento de imediato.

No decorrer de 1949, a motivação hegemônica do estatuto do Ruhr ficou sob pressão devido a dois contratempos. Primeiro, os franceses constataram que o controle da Autoridade do Ruhr sobre a produção de carvão era deficiente. Os alemães iriam buscar seus limites, ampliar suas definições. A medida não oferecia as garantias de segurança desejadas. Segundo, havia uma crescente pressão americana sobre Paris para que concordasse com um aumento da produção alemã de carvão e aço para além do limite máximo fixado em 1945. O desmantelamento da indústria pesada, que acarretou uma grande

---

Deutschland – Frankreich Seit 1870. Bonn, Europa Union Verlag, 1988, p. 153-54.

[5] Gerhard Kreyssig. In: *Süddeutsche Zeitung*, 16 nov. 1948, "USA im Ruhrgebiet".

[6] *Die Zeit*, 21 out. 1948. In: Franz Knipping, "Que Faire de l'Allemagne?", op. cit., p. 155.

perda de empregos, esbarrou na resistência maciça do povo alemão. Devido à simultânea ajuda do plano Marshall para o combate à pobreza e ao desemprego, essa limitação adquiriu contornos absurdos. O governo britânico não conseguiu mais conter as manifestações na região do Ruhr e efetivamente desistiu do desmantelamento na segunda metade do ano. Assim, em novembro, Schuman se viu isolado em sua resistência contra a indústria alemã do carvão e do aço durante a reunião semestral com seus colegas americanos e britânicos. Sua última linha de defesa seria a gestão francesa da Autoridade do Ruhr. Era de prever que essa carta também seria logo retirada do jogo.

Ao mesmo tempo, a partir do segundo semestre de 1949, surgiu espaço para uma iniciativa francesa *fora* do âmbito do estatuto do Ruhr. Três avanços foram relevantes nesse sentido. Para começar, em setembro de 1949, o primeiro governo da Alemanha Ocidental foi formado em Bonn. O chanceler Adenauer buscava uma escapatória para a condição alemã de pária entre as nações proporcionada pelo regime hitlerista. Sua prioridade absoluta era o retorno de seu país como um ator soberano no concerto europeu. Para isso, Adenauer pareceu disposto a fazer concessões, inclusive com relação à gestão do Ruhr. Além disso, numa entrevista a um jornalista americano em março de 1950, o chanceler argumentou que "uma união entre a França e a Alemanha [...] [poderia dar] nova vida e um poderoso impulso a uma Europa gravemente doente".[7] Ele também sugeriu fundar uma união econômica.

Em segundo lugar, em Washington o ministro Dean Acheson havia chegado à conclusão de que Paris era a chave para que fossem alcançados os objetivos da política para a Alemanha. Em uma carta dirigida a seus embaixadores na Europa, ele advogou a fundação pelos europeus de "instituições supranacionais, funcionando em uma

---

[7] Konrad Adenauer, *Erinnerungen*. Stuttgart, Deutsche Verlags-Anstalt, 1965, p. 300.

base não unânime para lidar com problemas econômicos e sociais específicos, e até com outros problemas".[8] Logo depois, Acheson escreveu a Schuman: "Creio que nossa política em relação à Alemanha e ao desenvolvimento de um governo alemão capaz de assumir seu lugar na Europa Ocidental pressupõe a liderança de seu país na Europa para resolver essas questões".[9] Anteriormente a isso, diplomatas franceses haviam constatado que seu país perderia o respeito da Alemanha caso sempre seguisse os Estados Unidos. Ele teria de fazer algo por conta própria. Agora chegara a oportunidade.

Em terceiro lugar, na primeira metade de 1950 funcionários parisienses de alto escalão constataram que em Londres demonstrava-se pouca compreensão para com os problemas franceses. A experiência na Organização para a Ajuda Marshall (1948) e no Conselho da Europa (1949) havia ensinado que a cooperação internacional com os britânicos não podia ser intensa o suficiente para refrear os alemães. Recair em uma *entente* franco-britânica tampouco era uma opção que inspirasse confiança, considerando as invasões alemãs da França em 1914 e em 1940.

Em suma: Bonn era toda ouvidos, Londres se fazia de surda e Washington incentivava os alemães a emitir um som próprio. Não havia mais como esperar. Nessa constelação de liberdade e coação, Schuman encontrou uma voz.

A partir desse ponto, a história já foi recontada milhares de vezes pelos manuais europeus. Em abril de 1950, Robert Schuman abraçou uma proposta do alto funcionário Jean Monnet. No conselho ministerial da quarta-feira, dia 3 de maio, ele anunciou que queria discutir algo na semana seguinte. Visto que teria de estar presente na conferência franco-anglo-americana em Londres no dia 10, ele solicitou que se adiantasse a reunião do conselho ministerial em um dia.

---

[8] Dean Acheson, 19 out. 1949. In Alan Milward, *The Reconstruction of Western Europe, 1945-1951*. London, Methuen, 1984, p. 391.

[9] Dean Acheson, 30 out. 1949. In ibidem, p. 391-392.

Na segunda-feira, dia 8 de maio, o ministro Acheson se encontrava de passagem em Paris. O americano declarou seu apoio ao plano. Londres não foi notificada.

Naquele mesmo 8 de maio, um enviado pessoal de Schuman entregou uma mensagem a Adenauer em Bonn. Este concordou por sua própria autoridade, sem delongas e "de todo coração" com a proposta que o francês lhe havia feito.[10] O chanceler imediatamente compreendeu a oportunidade que se apresentava. "Esse é o nosso avanço", disse a seus assessores.[11] Pela primeira vez desde a guerra, a Alemanha faria parte de uma organização internacional em pé de igualdade. Isso significava um retorno ao concerto dos Estados, uma ancoragem na aliança ocidental e um irreversível passo rumo à recuperada liberdade de atuação nacional. Além do mais, Adenauer considerava uma associação entre a França e a Alemanha "como um meio para defender a Europa Ocidental contra uma Rússia que se impunha militarmente".[12] À luz desses objetivos políticos existenciais, compartilhar a soberania sobre o carvão e o aço se tornava uma ínfima questão secundária.

Munido do acordo de intenção de Bonn, Schuman apresentou a proposta na terça-feira, 9 de maio, no Conselho Ministerial francês, onde foi adotada praticamente sem debate. Às seis horas da tarde, ele se dirigiu ao Salon de l'Horloge de seu ministério. Diante da imprensa nacional e internacional convocada às pressas, Schuman lançou, com a voz debilitada e hesitante, sua famosa proposta: "O governo

---

[10] Konrad Adenauer, *Erinnerungen*, I, op. cit., p. 315; Hanns Jürgen Küsters, "Die Verhandlungen über das Institutionelle System zur Gründung der Europäischen Gemeinschaft für Kohle und Stahl". In: Klaus Schwabe (org.), *Anfänge des Schuman-Plans 1950-51/Beginnings of the Schuman-Plan*. Baden-Baden, Nomos, 1988, p. 76-77.

[11] Konrad Adenauer, 9 maio 1950. In: Tony Judt, *Postwar. A History of Europe since 1945*. London, Penguin, 2005, p. 157.

[12] Konrad Adenauer, ca. 31 maio 1950. In: "Konrad Adenauer und der Schuman-Plan. Ein Quellenzeugnis". In: Klaus Schwabe (org.), op. cit., p. 138.

francês propõe subordinar a totalidade da produção de carvão e aço franco-alemã a uma alta autoridade comunitária, numa organização que estará aberta à participação de outros países europeus. [...] Essa proposta dará forma aos primeiros fundamentos concretos de uma Federação Europeia indispensável para a manutenção da paz".[13]

Durante a rodada de perguntas após seu anúncio, Schuman não conseguiu responder a todas as questões técnicas e econômicas. Além do mais, ele estava com pressa para tomar o trem para Londres. Um jornalista atônito: "Por acaso se trata de um salto para o desconhecido?". "Sim, exatamente", respondeu o ministro, agora mais solene, "um salto para o desconhecido."[14] Merecidamente, a declaração de Schuman é considerada o momento de concepção da Europa. Foi ao mesmo tempo um grito de desespero e de alegria.

A EUROPA NÃO UNIFORMIZADA (APÓS 25 DE JUNHO DE 1950)

Nas primeiras horas do domingo 25 de junho de 1950, tropas norte-coreanas atravessaram a linha demarcatória com a Coreia do Sul. A invasão foi imediatamente classificada por Washington como uma manobra russa no contexto da Guerra Fria. Até então, a tensão política entre as duas superpotências, a exemplo do jogo de pôquer de vários meses por Berlim, não tinha tido uma escalada em termos militares. Agora era diferente. Os comunistas haviam ido às armas. Washington não podia tolerar aquilo. Uma reação local deveria se seguir.

Esse palco distante provocou repercussões em outros lugares. Implicaria o ataque uma ofensiva global comunista? Aguardaria a Europa Ocidental o mesmo destino? Acerca disso, crescia a inquietação.

---

[13] Robert Schuman, declaração de 9 de maio de 1950.

[14] Robert Schuman, 9 maio 1950. In: Jean Monnet, *Mémoires*. Paris, Fayard, 1976, p. 360.

Após a rendição alemã, um novo sistema de alianças militares surgiu na Europa Ocidental. Em março de 1948, França, Grã-Bretanha, Bélgica, Países Baixos e Luxemburgo assinaram o "Pacto de Bruxelas", que obrigava a uma assistência mútua em caso de ataque. O motivo imediato havia sido o golpe comunista em Praga, em fevereiro. Os cinco fundadores tinham em vista a Rússia, mas também a Alemanha, como agressores. Eles sabiam que seu pacto não valia muito sem a participação dos Estados Unidos, a única nação ocidental a possuir a bomba atômica. Com êxito, solicitaram uma garantia de segurança ao governo americano. Em abril de 1949, estabeleceu-se em Washington o Tratado para o Atlântico Norte, assinado por Estados Unidos, Canadá, pelos cinco de Bruxelas e mais cinco Estados europeus (Islândia, Noruega, Dinamarca, Portugal e Itália). Esses países se comprometeram a prestar assistência militar mútua em caso de ataque. A parte ocidental do antigo sistema de Estados europeus foi substituída por um sistema atlântico.

A Alemanha Ocidental foi mantida fora desse pacto. Embora em meados de 1950 a jovem república de Bonn já dispusesse de uma constituição e de um governo, ela não tinha uma política exterior, nem corpo diplomático, nem exército. A simples ideia de uniformes alemães já provocava arrepios nos países vizinhos, principalmente na França. Mas quem defenderia 50 milhões de alemães ocidentais a longo prazo contra uma invasão vinda do Oriente? Essa pergunta já cozinhava havia algum tempo, mas exigiu uma resposta imediata logo após a crise coreana.

Em princípio, a ameaça atômica americana mantinha qualquer agressor a distância. A estratégia militar, contudo, exigia que, mesmo com a bomba, as tropas invasoras soviéticas pudessem ser contidas por algumas semanas o mais ao leste possível. De qualquer maneira, soldados americanos permaneceriam na Alemanha Ocidental enquanto houvesse soldados russos na Alemanha Oriental, assim o ministro Byrnes já havia prometido, em 1946. Até a agressão norte-coreana, os analistas militares em Washington não haviam encontrado respaldo para sua tese de que a defesa da Europa Ocidental se beneficiaria com divisões alemãs. Três semanas *antes* do dia 25 de junho, o ministro Acheson ainda defendia categoricamente a desmilitarização alemã. Quatro semanas *após* o dia 25 de junho, o mais graduado comandante americano na Alemanha Ocidental comunicou à imprensa que se deveria dar uma chance aos alemães para se defenderem. Como, porém? "A verdadeira questão", o ministro depois escreveu, "não era se a Alemanha podia ser inserida em um sistema defensivo europeu, mas se isso podia ser alcançado sem se dar a ela uma posição-chave no equilíbrio de poder na Europa."[15]

Os americanos queriam um trato: mais tropas americanas para a defesa da Europa em troca de maiores gastos militares europeus, um comando integrado e a inclusão da Alemanha na Otan. Nenhum dos aliados europeus apreciou este último item; para a França isso permanecia inaceitável.

Nesse ínterim, uma alternativa estava sendo preparada em Paris. O chefe da delegação francesa, Jean Monnet, logo entendeu que a guerra na Coreia ameaçava as negociações sobre o plano Schuman, iniciadas cinco dias antes da invasão. Afinal, assim que os alemães reconquistassem a soberania militar por meio da aliança ocidental, eles teriam poucos motivos para abrir mão de sua indústria de carvão e aço. Por outro lado, a França não poderia resistir à pressão americana por muito tempo. Por isso, junto a seus patrões políticos, Monnet pleiteou um salto adiante, a instituição de um exército europeu nos moldes do plano de mineração. Desse modo, um "sim" ou um "não" categórico à solicitação americana poderia por ora ser evitado.

Em 24 de outubro de 1950, o ministro-presidente Pleven proferiu um discurso no Parlamento francês. O governo tinha a esperança,

---

[15] Dean Acheson, *Present at the Creation. My Years in the State Department*. New York, 1970, p. 567.

ele disse, de poder deixar os espíritos se acostumarem com a ideia de uma comunidade europeia antes de abordar a delicada questão de uma defesa conjunta. Porém, "devido aos acontecimentos mundiais, essa questão não admitia [...] protelação". Dadas as circunstâncias, o rearmamento alemão era inevitável, e cedo ou tarde seu militarismo ressurgiria. A França não estava disposta a aprender novamente as cruéis lições da história recente. A solução seria "a instituição, para nossa segurança conjunta, de um exército europeu coordenado pelas instituições políticas da Europa unida".[16] Um único ministro de defesa europeu tomaria as decisões em deliberação com os demais ministros de defesa nacionais. Pleven convidou a Grã-Bretanha e as nações livres da Europa continental para estudar a questão em Paris, após a assinatura do Plano Schuman.

Essa contraproposta francesa de um exército europeu deu origem a um espetáculo em três atos. Primeiro, um folhetim diplomático atlântico; depois uma experiência constitucional europeia; e por fim um debate ideológico francês. Ao final do terceiro ato, o protagonista recebe um tiro de misericórdia. Assim, começa-se novamente do zero.

PRIMEIRO ATO (OUTUBRO DE 1950-MAIO DE 1952): O FOLHETIM ATLÂNTICO

As reações aos planos de Pleven foram mistas. Londres ficou na expectativa. O Benelux não se entusiasmou, especialmente enquanto os britânicos permaneciam de lado. Em Bonn se apoiaram os princípios, mas havia pesadas críticas quanto a certos aspectos discriminatórios. Isso porque a Alemanha seria a única a não ter um estado-maior e uma pasta militar, além de não poder desenvolver uma indústria de armamentos nem contribuir com "divisões" de soldados,

---

[16] René Pleven, 24 out. 1950. In: *Chronique de Politique Étrangère*, 1952, 5/6, p. 589.

mas com "unidades de combate" menores. Washington via a proposta como pura técnica de retardamento. O estabelecimento militar antes de tudo tinha pressa, e levaria meses, senão anos, até que esse exército se constituísse. Tanto americanos quanto franceses se agarraram a seu próprio plano. Esse impasse durou até meados de 1951.

Não obstante, em fevereiro de 1951 – ainda assim dois meses antes da assinatura do Tratado de Mineração que resultou do Plano Schuman – iniciou-se a conferência em Paris sobre um exército europeu. Somente quatro participantes compareceram: Itália, Alemanha Ocidental, Bélgica e Luxemburgo. Os demais aliados da Otan enviaram observadores. Schuman, presidente da conferência, enfatizou em seu discurso de abertura que não se tratava de atrasar ou de colocar a defesa atlântica em risco. "Mas", prosseguiu,

> embora o sistema atlântico possa suprir as exigências ao mesmo tempo urgentes e temporárias, não oferece solução para o problema Europa. Acreditamos que a Europa deve se organizar, deve se libertar de uma fragmentação que se tornou anacrônica e absurda, e que precisa fazê-lo de qualquer maneira, não importando quais soluções intercontinentais ou mundiais venham a ser adotadas.[17]

Durante um almoço com Jean Monnet, no final de junho, o comandante supremo da Otan e futuro presidente Eisenhower apoiou a ideia de uma defesa europeia não como um ideal militar, mas como um caminho psicologicamente mais adequado para uma Europa estável. O general conseguiu o apoio do presidente Truman para a unificação europeia. Nos círculos políticos (mas não nos militares) em Washington, acreditava-se ser possível promover um reordenamento fundamental das nações na Europa Ocidental.

Os americanos agora apostavam em cheio em uma força defensiva europeia. Como generosos provedores de crédito e de tropas, eles podiam pressionar os cinco Estados participantes a agilizar as

---

[17] Robert Schuman, 15 fev. 1951. In: ibidem, p. 528.

negociações. Do mesmo modo, obrigaram os Países Baixos a se filiar como o sexto. Analogamente ao tratado de mineração assinado entre os mesmos seis Estados, passou-se a falar de uma "Comunidade Europeia de Defesa". Os britânicos nem cogitavam participar. Para a decepção dos Seis, isso não mudou quando Churchill ganhou as eleições no fim de 1951. Como líder da oposição, ele havia feito belos discursos sobre a unificação europeia (porém não sobre uma eventual participação da Grã-Bretanha), mas uma vez de volta à Rua Downing, n.º 10,[18] enfatizou principalmente a força nas nações-Estado. Durante uma visita de Estado a Washington, deixou a seguinte impressão:

> Ele [Churchill] interpretou um desnorteado sargento francês com dificuldades para lidar com um pelotão composto de gregos, italianos, alemães, turcos e neerlandeses, todos totalmente confusos diante das ordens mais simples. O que ele esperava ver eram fortes exércitos nacionais marchando juntos na defesa da liberdade e cantando seus hinos nacionais. Ninguém ficaria entusiasmado cantando "Marcha, Otan, marcha!".[19]

Ainda seriam necessárias inúmeras reuniões ministeriais de ambos os lados do oceano – em Washington, Ottawa, Roma, Lisboa, Estrasburgo, Bonn, Paris – antes que todos os problemas militares e políticos fossem resolvidos. No fim de maio de 1952, seis ministros das Relações Exteriores assinaram em Paris o tratado para a formação de uma Comunidade Europeia de Defesa. Propostas exaltadas se fizeram ouvir, como as do ministro americano Acheson: "o começo da realização de um sonho antigo – a união dos povos livres da Europa Ocidental".[20]

A torrente de implicações desde a aparição da Dama Fortuna na Coreia em junho de 1950 até essa resposta dois anos depois havia

---

[18] A residência oficial dos primeiros-ministros britânicos em Londres. (N.T.)
[19] Dean Acheson, *Present at the Creation*, op. cit., p. 765.
[20] Dean Acheson, 27 maio 1952. In: ibidem, p. 825-26.

exigido muito dos envolvidos. O ministro neerlandês das Relações Exteriores Dirk Stikker contou anos depois como havia sido atingido pela "tremenda pressão do momento, por sua inevitabilidade, e pela maneira como isso vigora vinte quatro horas por dia". Isso o fez perceber "como eventos em escala mundial foram impingidos aos assuntos domésticos de uma pequena nação europeia".[21]

Para os governos, o texto assinado foi um ancoradouro, a ser submetido a seus parlamentos para a ratificação. O tratado de defesa europeu era vasto nas suas implicações. O artigo primeiro falava de uma Comunidade "de natureza supranacional". Um ataque a um dos membros contava como um ataque a todos – da mesma maneira que sob o tratado da Otan, mas incluindo a Alemanha. As instituições comunitárias seguiam o modelo da comunidade minerária: um Conselho de ministros, uma Assembleia parlamentar, um Comissariado (o nome mais modesto para a Alta Autoridade) e uma Corte de justiça. Os Estados-membros podiam manter exércitos nacionais para garantir seus territórios não europeus e a segurança do chefe de Estado, mas quanto ao resto todas as tropas seriam entregues à Comunidade. Os soldados vestiriam um uniforme comunitário. A vigência do tratado era de cinquenta anos.

SEGUNDO ATO (SETEMBRO DE 1952-MARÇO DE 1953):
UM EXPERIMENTO CONSTITUCIONAL EUROPEU

Com a assinatura do tratado de defesa, no papel, os soldados alemães foram enroupados com uniformes europeus. Isso criou uma situação inusitada. Afinal, que é um exército – em contraste com um bando armado – senão o instrumento de determinada política? E quem definiria essa política a não ser um governo de Estado? Nesse

---

[21] Dirk Stikker, 12 ago. 1976 (publicação de entrevista). In: William Fursdon, *The European Defence Community. A History*. London, Macmillan, 1980, p. 3.

caso, porém, as tropas se subordinavam a uma burocracia europeia para seu material e treinamento, recebiam ordens de um comandante americano da Otan e tinham como autoridade política os ministros nacionais reunidos no Conselho. Essa engenhosidade institucional contornava um problema sem resolvê-lo: o exército europeu precederia uma ordem política europeia que lhe pudesse proporcionar um chefe, civil ou militar.

O tratado de defesa reconhecia essa transitoriedade. Por recomendação do primeiro-ministro italiano, o federalista De Gasperi, o tratado incumbia a futura Assembleia parlamentar de conceber uma forma política definitiva – "de estrutura federal ou confederada".[22] De certo modo, esse artigo rogava por uma assembleia constituinte europeia. Já em meados de 1952, havia vozes em Roma e Paris que advogavam efetivar essa cláusula com antecedência. Desse modo, o "atraso" da política em relação aos acordos militares poderia ser recuperado. A assembleia parlamentar da Comunidade poderia ser usada para esse fim; o tratado de mineração havia sido ratificado justamente no mês anterior, tendo os mesmos Seis Estados como membros. Durante a primeira reunião do Conselho ministerial da comunidade *minerária*, em setembro, os seis ministros aceitaram esse plano (assim, logo em sua primeira reunião, o Conselho funcionou não apenas como agremiação para assuntos minerários e, portanto, como instituição comunitária, mas imediatamente como mesa da coletividade dos Estados-membros). O entusiasmo em Estrasburgo por esse encargo foi enorme. Sob a presidência do belga Paul-Henri Spaak, a constituinte, ampliada com membros adicionais e batizada de "Assembleia *Ad Hoc*",[23] elaboraria um estatuto para uma Comunidade Política Europeia.

---

[22] Art. 38 da CED (Comunidade Europeia de Defesa).

[23] Em latim, "para essa finalidade" ou "com essa única motivação". Em neerlandês, tem também o significado de "provisório" ou "informal". (N. T.)

Em 9 de março de 1953 – alguns dias após a morte de Stálin –, os parlamentares de Estrasburgo haviam finalizado uma minuta para a constituição. Disputas haviam ocorrido sobre questões clássicas, como a distribuição de assentos entre os países, a nomeação do poder executivo e o texto do preâmbulo (*"Nós, os povos..."*). Em seu lírico discurso de apresentação do texto aos ministros, Spaak evocou as palavras que George Washington proferiu em 1787 durante a apresentação da Constituição americana. Georges Bidault, que era presidente do Conselho e pouco antes havia sucedido a Schuman, replicou secamente com uma frase da rainha Elizabeth I, da Inglaterra: "Saudações aos que buscam a aventura".[24]

Embora seis meses depois tivesse havido uma conferência intergovernamental em Roma, a vontade de avançar o processo desaparecera. As prolongadas negociações se tornaram uma paródia. Enquanto houvesse incerteza sobre o advento de um exército europeu, nenhum dos Seis sentia a necessidade de tomar decisões fundamentais sobre uma vida política conjunta. A Europa não podia surgir *ad hoc*.

TERCEIRO ATO (JANEIRO DE 1953-AGOSTO DE 1954):
UM DEBATE IDEOLÓGICO FRANCÊS

Após a assinatura do tratado de defesa pelos seis governos, a palavra passou aos parlamentos nacionais. Estes não se apressaram inicialmente. Foi o novo governo americano de Eisenhower, simpatizante da causa supranacional, que, no início de 1953, começou a exercer pressão nesse sentido. Haia foi a primeira a cerrar fileiras. Luxemburgo (contribuiu com uma única divisão) preferiu esperar por Bruxelas, que precisava alterar a Constituição belga para a ratificação. O mesmo ocorreu com Bonn, devido a uma queixa prestada

---

[24] Georges Bidault, 9 mar. 1953. In: Richard T. Griffiths, *Europe's First Constitution: the European Political Community, 1952-1954*. London, The Federal Trust, 2000, p. 93.

contra o tratado perante a Corte Constitucional alemã. Não obstante, em abril de 1954 essas quatro capitais haviam ratificado o tratado. Faltavam duas. Roma tinha boa vontade, mas aguardava Paris. Era ali que se encontrava o problema.

Na França ocorreu algo extraordinário. O plano para um exército europeu tornou-se motivo de intenso debate. A questão dividia partidos e famílias. O país estava dividido entre *cédistes* e *anticédistes*, segundo o acrônimo em francês de Comunidade de Defesa. Para o desespero das pesquisas de opinião, as preferências públicas e parlamentares referentes à CED [Comunidade Europeia de Defesa] não se traduziam em programas eleitorais. Interesses e opiniões estabelecidos deram lugar a profundas emotividades políticas, como patriotismo, medo da guerra ou a crença em mudanças. Um conhecido comentarista político afirmou depois: "Entre janeiro de 1953 e agosto de 1954 surgiu a maior disputa político-ideológica que a França provavelmente conheceu desde o caso Dreyfus".[25]

Para muitos o debate tinha algo de irreal. Parecia uma "guerra religiosa" ou "guerra metafísica".[26] Curioso era que os mesmos argumentos podiam levar a conclusões opostas. Para um orador, o exército europeu impossibilitaria um rearmamento alemão, graças à integração supranacional; para outro, isso justamente permitiria seu rearmamento, pois quem é que não percebia um soldado alemão por baixo da camuflagem de seu uniforme europeu? Fanáticos de ambos os lados recusavam qualquer compromisso. Defensores de uma federação europeia faziam de conta que sem esse exército não haveria salvação. Opositores alegavam que a Alemanha não somente ganharia

---

[25] Raymond Aron, "Esquisse Historique d'une Grande Querelle Idéologique". In: Raymond Aron e Daniel Lerner, *La Querelle de la C.E.D. Essai d'Analyse Sociologique*. Paris, Armand Colin, 1956, p. 9.

[26] Stanley Hoffmann, "Les Oraison Funèbres". In: Raymond Aron e Daniel Lerner, *Querelle de la C.E.D.*, 59-87, 60; Daniel Lerner, "La France et l'Europe dans l'Arène Mondiale". In: ibidem, p. 182.

um exército mas, além disso, a França perderia o seu. A pergunta sobre uma alternativa política ou militar, sobre o risco de um rearmamento alemão, não foi feita.

O debate se prolongava porque nenhum governo – e estes se alternavam em rápida sucessão – era forte o bastante para forçar a ratificação do tratado pelo Parlamento por meio do voto de confiança. O partido democrata-cristão de Schuman e Pleven, de tendência "europeia", terminou na oposição, enquanto os gaullistas começaram a fazer parte do governo a partir de 1953. Além do mais, após a morte de Stálin e o fim da Guerra da Coreia, um conflito na Europa não mais parecia iminente, enquanto nesse ínterim a França precisava duramente das divisões que prometera para enviá-las à Indochina e à Argélia. O fato de a Grã-Bretanha não participar também pesou. Após a catastrófica derrota francesa diante dos comunistas vietnamitas em Dien Bien Phu, em maio de 1954, um novo governo assumiu. O primeiro-ministro Mendès-France tinha outras prioridades além do exército europeu e queria ver o caso resolvido. Tanto para os aliados quanto para os próprios franceses, a ambiguidade não poderia se prolongar mais, declarou Mendès-France em seu discurso de posse. Ele acrescentou:

> Que a nação num momento como esse se encontra dilacerada pela ardente controvérsia que irrompeu sobre as formas, as modalidades e as instituições dessa comunidade defensiva, que um grande e doloroso conflito tenha dominado nosso país há vários meses e ameace prolongar-se ainda por vários anos, isso é algo que um patriota não pode aceitar, é algo a que devemos pôr um fim, em nome da unidade nacional.[27]

Com essas palavras, apesar de elas serem recebidas com aplauso pelos *cédistes*, encerrava-se a solução.

A receita do compromisso que Mendès-France tentou negociar em meados daquele ano com os britânicos e os cinco parceiros

---

[27] Pierre Mendès-France, 18 jun. 1954. In: Raymond Aron e Daniel Lerner, op. cit., p. 52.

europeus – atenuar o caráter supranacional pela suspensão do processo de decisão por maioria – não obteve resultado. As concessões oferecidas pelos Cinco não iam longe o suficiente. Internamente, ademais, a tentativa lhe rendeu intensas críticas de *ambos* os campos: entre o comprometimento da soberania francesa e a traição ao pensamento europeu parecia não existir meio-termo (três ministros gaullistas se retiraram do governo de Mendès-France por sua anuência com o princípio supranacional, enquanto Schuman e o socialista Philip declararam que sua violação seria inaceitável). O Parlamento francês se encontrava nessa predisposição ideológica quando, em 30 de agosto de 1954, se pronunciou sobre uma proposta para *não* aceitar o tratado de defesa. A favor: 319; contra: 264. Os deputados gaullistas prontamente entoaram a *Marseillaise*.

Assim, quatro anos após o lançamento do plano Pleven naquela mesma Assembleia, a cortina caiu para o exército europeu.

EPÍLOGO

Mais que rapidamente, os britânicos tomaram a iniciativa de propor uma alternativa. Dentro de um mês, os seis signatários da finada Comunidade de Defesa deliberaram em Londres com Grã-Bretanha, Estados Unidos e Canadá sobre a situação. Mais um mês depois, em 23 de outubro, três acordos foram assinados em Paris. Primeiro: o pacto de Bruxelas, assinado em 1948 entre França, Grã-Bretanha e Benelux, foi ampliado com a participação da Itália e da Alemanha. A aliança agora composta de sete países foi rebatizada de "União da Europa Ocidental". Segundo: as forças de ocupação ocidentais reconheceram a República Federal Alemã como Estado soberano e se empenharam em finalizar o regime de ocupação. Washington, Londres e Paris somente se reservavam a gestão sobre a unificação alemã e a demarcação de suas fronteiras; sobre essas questões, um tratado de paz definitivo teria de ser assinado um dia em consonância com Moscou.

A livre Alemanha Ocidental apenas impôs a si mesma a proibição do uso de armas nucleares. Terceiro: a República Federal Alemã foi convidada a participar da estrutura política e militar da aliança atlântica. O convite partiu de todos os membros e, logo, também da França.

Esses "Acordos de Paris" foram ratificados pela Assembleia Nacional Francesa em 30 de dezembro de 1954. Um enigma para todos que se lembravam dos exaltados debates de quatro meses antes. Era como se a visitante histórica somente agora estivesse sendo enfrentada. A escolha não havia sido entre um rearmamento alemão ou não. Ela havia sido entre soldados alemães que atuariam num exército europeu ou num exército atlântico.

Em 5 de maio de 1955, a Alemanha Ocidental aderiu à Otan. Com isso, a ocupação franco-anglo-americana estava formalmente encerrada.

O CANAL DE SUEZ E O VALE DA DUQUESA
(EM 6 DE NOVEMBRO DE 1956 E POR VOLTA DESSA DATA)

Alguns meses depois que uns trinta países africanos e asiáticos se manifestaram pela primeira vez na condição de "Terceiro Mundo" durante uma Conferência em Bandung, na Indonésia, seu líder, Nasser, elaborou a ideia de um bloco político não alinhado na prática. Em setembro de 1955, o presidente egípcio comprou armas da Tchecoslováquia. Foi o primeiro fornecimento de armas de Moscou ao mundo árabe. Ao mesmo tempo, Nasser buscou apoio financeiro em Washington e Londres para a construção de uma enorme represa no Rio Nilo destinada a produzir energia e assim gerar prosperidade para a população egípcia. Em meados de 1956, os americanos subitamente suspenderam a oferta de crédito. Em busca de outra fonte de financiamento para seu projeto de prestígio, Nasser fez uma jogada de pôquer. No dia 26 de julho, nacionalizou o Canal de Suez pela força das armas.

Londres ficou magoada. Por ocasião de sua inauguração, em 1869, o canal interligava a Grã-Bretanha às colônias Índia, Austrália, Nova Zelândia e ao Extremo Oriente. Depois da conquista britânica do Egito, o Canal de Suez transformou-se em livre passadouro internacional, sob a proteção britânica (1888). Ainda no início da década de 1950, oitenta mil soldados britânicos se encontravam estacionados em uma guarnição ao longo do Suez. A maior parte da empresa que explorava o canal comercialmente se encontrava nas mãos de investidores franceses e britânicos. A importância do caminho marítimo entre o Mediterrâneo e o Mar Vermelho, porém, havia sido deslocada. Não mais constituía o eixo estratégico do Império Britânico, mas a via mercantil pela qual se importavam dois terços do petróleo consumido na Europa Ocidental. Sua gestão permanecia vital.

À ação de Nasser seguiram-se meses de infrutíferas negociações. O primeiro-ministro britânico Anthony Eden e o primeiro-ministro francês Guy Mollet consideravam Nasser um novo Mussolini; ambos comparavam seus escritos ao *Mein Kampf* de Hitler.[28] Qualquer concessão implicaria um *appeasement*.[29] Ao aborrecimento britânico com o bloqueio de sua frota do Mediterrâneo juntou-se a ira francesa sobre o apoio militar egípcio à resistência argelina, que havia começado uma guerra separatista contra a metrópole. Em contrapartida, o presidente americano Eisenhower se mostrou disposto a excluir o uso da violência. Estando às vésperas das eleições de 6 de novembro, ele não desejava ser identificado com potências coloniais em retrocesso. Uma retirada egípcia não foi alcançada pelos meios diplomáticos. Em prosseguimento, Londres e Paris fecharam um acordo secreto com Israel, o único país cuja passagem havia sido interditada por Nasser.

---

[28] Anthony Eden, *Full Circle*. London, Cassell, 1960, p. 431 e 543; Guy Mollet. In: Christian Pineau, *1956: Suez*. Paris, Robert Laffont, 1976, p. 38-39.

[29] O histórico "apaziguamento" britânico em relação a Hitler durante a década de 1930, na vã esperança de evitar uma guerra.

Em 29 de outubro a infantaria israelense invadiu o Egito. Conforme combinado, a Grã-Bretanha e a França demandaram que as partes envolvidas no conflito se retirassem da zona do Canal. No dia 31 de outubro, diante da recusa (já prevista) de Nasser, seguiu-se um bombardeio franco-britânico de alvos egípcios disparado de bases britânicas em Chipre. Um revés foi que não somente a Rússia, como também os Estados Unidos, na voz de Eisenhower, condenaram publicamente o ataque. Militarmente, a campanha obteve mais êxito. Em dois dias a Força Aérea franco-britânica havia desbaratado a resistência egípcia. Um desembarque de tropas, contudo, estava previsto somente para o sétimo dia. Pouco se passou nos quatro dias seguintes.

Nesse ínterim, uma revolta popular ocorreu na periferia do império russo. Uma revolução havia irrompido na Hungria. Tanques soviéticos foram incendiados, um governo pluripartidário foi instalado, a neutralidade foi proclamada. Algo inaceitável para Moscou. Em 4 de novembro, o Exército Vermelho entrou em Budapeste. A revolta foi reprimida com derramamento de sangue. Os Estados Unidos e seus aliados estavam impotentes. O "degelo" da Guerra Fria, que muitos julgavam entrever após a morte de Stálin, mostrou-se ilusório. Uma renovada sensação de ameaça acometeu a Europa Ocidental.

Um dia após essa demonstração de poder, o primeiro-ministro russo Bulganin enviou cartas a Eden, Mollet e Eisenhower. A agressão "predatória" ao Egito deveria terminar, segundo o Kremlin. Ambos os governantes europeus foram ameaçados de forma pouco velada com a possibilidade de um ataque nuclear a Londres e Paris, caso a intervenção na Zona do Canal não fosse suspensa. A carta a Eisenhower, em outro tom, sugeria que russos e americanos restabelecessem juntos a paz no Oriente Médio.

Enquanto na noite da segunda-feira 5 de novembro, em Moscou, se aguardava uma resposta a esses ultimatos, paraquedistas franco-britânicos iniciaram o ataque por terra à cidade portuária de Port-Said. Londres se preocupava com a especulação americana contra a libra esterlina, Paris preparava uma reunião de cúpula entre Mollet e o chanceler alemão, e Washington se organizava para as eleições presidenciais no dia seguinte. Em Bonn, um grupo de altos funcionários se instalava em um vagão especial do trem noturno para Paris. Um pouco antes da partida, eles receberam cópias das cartas de Bulganin. Olhares estupefatos foram trocados no vagão: aquilo poderia significar a "grande guerra", a guerra atômica.[30] O grupo também teria bastante sobre o que refletir naquela noite.

Em meados daquele mesmo ano de 1956, num pequeno castelo renovado no Vale da Duquesa, próximo a Bruxelas, foram mantidas negociações entre os seis Estados-membros da comunidade minerária europeia.

Após a derrocada da Comunidade de Defesa em agosto de 1954, a França havia perdido a iniciativa na política europeia. A Alemanha tampouco se encontrava numa posição em que pudesse dar um rumo. Os governos da Itália e da Bélgica, militantes do federalismo político, estavam desanimados. Apenas o governo neerlandês, segundo o ministro Johan Willem Beyen, não se via "forçado a repensar drasticamente suas ideias com relação à unificação europeia".[31] Haia apresentou planos submetidos anteriormente para um mercado europeu. Ao mesmo tempo, a autoridade minerária em torno de Jean Monnet procurava ampliar sua área de atuação para a energia atômica, a fonte de energia do futuro.

No início de 1955, os três membros menores dos Seis lançaram um plano conjunto direcionado tanto ao mercado de Beyen quanto aos recursos atômicos coletivos de Monnet. Isso forneceu o impulso

---

[30] Felix von Eckardt. In: Mathieu Segers, *Tussen Verzoening en Verval. De Nationale Standpuntbepaling van de Bondsrepubliek Duitsland Gedurende de Beraadslagingen en Onderhandelingen over de Verdragen van Rome*. Nijmegen, tese, 2006, p. 245.

[31] Johan Willem Beyen, *Het Spel en de Knikkers. Een Kroniek van Vijftig Jaren*. Rotterdam, Ad. Donker, 1968, p. 234.

para uma nova largada europeia. Em junho, durante uma conferência de ministros realizada em Messina, na Sicília, os Seis concordaram com os planos apresentados pelo Benelux. Sob a presidência do ministro belga Spaak, especialistas conduziriam um estudo sobre o mercado e o cartel atômico. Os Seis também convidaram Londres. Ninguém precisava se comprometer. Em menos de um ano surgiu um relatório final.

No que se refere à integração econômica, Spaak e seus pares pleitearam uma união aduaneira, com uma pontual política econômica conjunta. Os países do Benelux e a Itália somente tinham a ganhar com isso. A pergunta era o que os três grandes fariam. Para os britânicos, em primeiro lugar, a proposta de integração econômica ia longe demais. Londres preferia uma zona regional de livre-comércio, em parte por causa das implicações políticas. Isso porque, em contraste com esta última, na qual os participantes removem as restrições ao comércio apenas entre si, uma união aduaneira também exigiria uma única tarifa a ser cobrada ao mundo externo. Uma tarifa exterior significaria: uma política conjunta para o comércio, instituições conjuntas, atuar como unidade para fora. Quando, no final de 1955, houve consenso sobre essa união aduaneira, o representante britânico foi para casa. De acordo com a lenda, ele disse ao sair: "Senhores, vocês estão tentando negociar algo que nunca poderão negociar. Se negociado, não será ratificado, não funcionará".[32] Os seis estavam sozinhos. Para os franceses, em segundo lugar, a liberalização do comércio contrariava sua inalterável política protecionista. Após eleições em janeiro de 1956, inesperadamente um governo esquerdista tomou posse, com a proposta de modernizar a economia pela ação de algumas figuras em sua liderança. A ideia de que a França não fosse capaz de lidar com a concorrência estrangeira, contudo, continuou

---

[32] Russell F. Bretherton, 7 nov. 1955. In: Hugo Young, *This Blessed Plot. Britain and Europe from Churchill to Blair*. London, 1999, p. 93. (Young duvida que Bretherton houvesse dito algo tão grandiloquente.)

prevalecendo fora daquele círculo restrito. Os alemães, em terceiro lugar, estavam divididos internamente. O ministro da Economia Erhard pleiteava uma zona de livre-comércio à *la* Londres, enquanto o Ministério das Relações Exteriores estava disposto a pagar o preço de uma conciliação política com Paris. O chanceler Adenauer não interveio decisivamente. Em um único ponto, o gabinete alemão de fato tomou uma posição: a comunidade atômica não seria aceita sem o mercado. Os franceses, que de acordo com os alemães se interessavam apenas pela primeira, teriam de escolher entre tudo ou nada.

Em maio de 1956, os Seis passaram do estudo sem compromisso às negociações definitivas. Na segunda metade do ano começaram as negociações no Vale da Duquesa. Por sugestão de Spaak, presidente da conferência, cada delegação forneceu uma lista com itens problemáticos. Em 20 de setembro, os franceses apresentaram a sua: a inclusão de territórios ultramarinos no mercado; um veto na transição para uma segunda etapa; harmonização social, incluindo uma jornada de trabalho de quarenta horas por semana e uma remuneração equiparada para homens e mulheres; e uma medida de exceção para seus próprios subsídios de exportação e tarifas de importação, em virtude dos problemas no balanço das contas públicas e da crise na Argélia. Um profundo silêncio se instaurou. Por um breve momento, Spaak pensou que tudo estivesse perdido. Então decidiu-se repassar a questão no âmbito ministerial. As exigências francesas não detonaram as negociações, mas tornaram-se seu foco. Um mês depois, com impasses por causa de uma acalorada discussão entre o ministro alemão Erhard e o francês sobre a jornada semanal de quarenta horas, ficou claro que os ministros não conseguiriam resolver os assuntos.

Quando o primeiro-ministro francês convidou o chanceler para uma conferência de cúpula, este resolveu aceitar. Adenauer desejava evitar a imagem de que justamente a Alemanha teria frustrado as negociações. Altos funcionários em Bonn e Paris consideravam esse tipo de reunião como a única chance de romper o impasse do Vale da

Duquesa. Textos de compromisso foram preparados. Apesar de Adenauer ter recebido a solicitação urgente de seu ministro das Relações Exteriores e de parlamentares proeminentes para não viajar a Paris, visto que os franceses se encontravam isolados internacionalmente por sua ação no Canal de Suez, *der Alte*[33] resolveu ir assim mesmo. Justamente em tempos de crise, era importante demonstrar solidariedade.

Na manhã da terça-feira dia 6 de novembro, a delegação alemã chega a Paris. A conversa entre ambos os líderes de governo no Hôtel Matignon se volta quase imediatamente para as tensões em Suez e em Budapeste. Mollet aparenta levar a sério a ameaça russa de um ataque a Paris. Adenauer interpreta a carta de Bulganin a Eisenhower como uma oferta para dividir o mundo entre as duas superpotências. O chanceler invectiva contra os americanos, cujo interesse no País da Noite[34] diminuía gradativamente, e afirma que a Europa Ocidental deve se unir de qualquer maneira. O convidado também pergunta se os franceses teriam a certeza de estarem nuclearmente cobertos por Washington caso a crise aumentasse de proporções. Mollet acha isso uma boa pergunta. O embaixador francês em Washington é enviado para uma averiguação. Durante o almoço, chega um telegrama com a resposta bastante evasiva do ministro americano Dulles.

Por volta das quatro horas da tarde, quando as conversações franco-alemãs já haviam sido retomadas, o telefone toca. Guy Mollet atende, sinaliza para que seu ministro das Relações Exteriores, Christian Pineau, fique na escuta. É Anthony Eden na linha. O primeiro-ministro britânico parece esgotado, abatido. "Devemos parar", diz ele, "a libra esterlina desvalorizou mais ainda; há uma ameaça de pânico. Acabei de receber um telefonema direto de Eisenhower.

---

[33] "O Velho", apelido popular de Adenauer, devido à sua idade avançada. (N.T.)

[34] Antiga denominação da Europa, provavelmente oriunda da época das Cruzadas, pelo fato de o continente se situar na direção do pôr do sol, visto do Oriente. (N. T.)

Ele me deu doze horas para anunciar o cessar-fogo". "Peça um adiamento", insistiu Mollet, "podemos ganhar mais terreno, melhorar nossa posição de barganha." "Não aguentaremos por mais dois dias!", respondeu o britânico. "Tente, nós o apoiaremos!". Foi então que Eden desabafou: "Já o concedi".[35]

Para os franceses, o golpe é duro. Especialmente Mollet fica consternado. Os britânicos não os consultaram de antemão, todos os acordos foram violados. Seu coração claramente não se encontra no continente. Mollet e seu ministro hesitam em expressar seus pensamentos na presença dos convidados alemães. Adenauer, porém, compreende tudo e quebra o silêncio: "Se eu fosse o senhor, me conformaria. Isso é sabedoria". Após um novo silêncio, o chanceler diz: "E agora devemos construir a Europa!".

Logo depois, Mollet e Adenauer concordam com as propostas de compromisso preparadas por seus assessores em relação ao mercado comum, sem maiores comentários ou aditamentos. Com isso, todas as divergências são resolvidas, exceto pelo *status* dos territórios ultramarinos. O chanceler também consente que a futura comunidade atômica, de objetivos puramente civis, não proibirá que um Estado-membro desenvolva suas próprias armas atômicas. Por fim, os dois líderes fecham um acordo sobre uma cooperação militar franco-alemã. Graças a esses sucessos, alcançados por meio de uma visita considerada polêmica em seu próprio país, o chanceler pôde retornar sossegado a Bonn.

Não foi difícil extrair a lição dos acontecimentos do dia 6 de novembro. O chefe da propaganda egípcia escreveu duas semanas depois: "O mundo hoje em dia conhece somente duas superpotências, os Estados Unidos e a União Soviética. [...] O ultimato colocou a Grã-Bretanha e a França em seu devido lugar, ou seja, o das potências

---

[35] Guy Mollet e Anthony Eden, 6 nov. 1956. In: Christian Pineau, *1956: Suez*, op. cit., p. 176-77.

que não são grandes nem poderosas".[36] Os humilhados aliados sabiam ambos que não podiam contar incondicionalmente com os Estados Unidos. Eles não tiraram disso a mesma conclusão. Londres se resignou ao papel de devotado coronel, chamado de "relação especial" no próprio país. Levaria um quarto de século até que o país ousasse novamente tomar uma iniciativa na política externa que não fosse apoiada por Washington. Paris, em contrapartida, resolveu voltar seus esforços para o continente. Já não confiava mais na aliança franco-britânica; também no que se referia a assuntos militares, apostou suas fichas na Alemanha. No entanto, Paris acelerou o desenvolvimento de uma arma atômica própria. Isso diminuía a dependência de Washington e oferecia a garantia de uma supremacia sobre seus vizinhos continentais.

No Vale da Duquesa, Spaak rapidamente conseguiu retomar as negociações europeias. Mediante o acordo franco-alemão do dia 6 de novembro, os principais obstáculos haviam sido removidos. Os textos do tratado já podiam ser preparados. Sobre a tarifa exterior, o quadro institucional, as disposições financeiras e a política agrícola – uma exigência francesa de última hora –, os seis ministros alcançaram um acordo em janeiro/fevereiro de 1957. Somente o desejo franco-belga de incluir as possessões ultramarinas no mercado europeu ainda permanecia em aberto. A Alemanha, apoiada pelos outros três, era veementemente contra. Preferia importar bananas baratas da América Latina, por exemplo, que as caras das Antilhas francesas.

Visto que tanto funcionários quanto ministros não conseguiam sair desse impasse, os líderes de governo tiveram de cortar o nó. Mollet convidou seus cinco colegas para uma Cúpula em Paris, em 18-19 de fevereiro. Konrad Adenauer, Antonio Segni, Joseph Bech, Achille van Acker e Willem Drees foram ao Matignon. Essa reunião

---

[36] Anuar Sadat, 19 nov. 1956. In: Henry Kissinger, *Diplomacy*. New York, Simon & Schuster, 1994, p.547.

em Paris pode ser considerada a primeira cúpula de líderes de governo e, portanto, predecessora do Conselho Europeu. Já em 1957, Paris pressentia a utilidade de um foro de negociações no qual cada Estado-membro individual podia contrapor seus interesses nacionais, no mais alto nível, aos interesses conjuntos da Europa. Ainda assim, não foi possível romper o impasse das possessões ultramarinas. Até que o anfitrião Mollet, temendo que de outra forma o acordo não fosse ratificado por seu Parlamento, tomou Adenauer pelo braço para um passeio no jardim. Isso lançou frutos. Adenauer, esse grande europeu, levou as bananas de brinde.

Em 25 de março de 1957, os tratados para uma comunidade atômica e uma comunidade econômica foram assinados no Capitólio em Roma. Sinos de igreja repicaram por toda a cidade. Após seis ratificações parlamentares, ambos os tratados entraram em vigor no dia 1.º de janeiro de 1958.

Capítulo 5 | A Espera Comunitária (1958-1989)

> Estaremos nas mãos de uma América do Norte hostil (ou no mínimo cada vez menos amigável) e de um "Império de Carlos Magno" fanfarrão e poderoso – agora controlado pelos franceses, porém mais tarde pelos alemães? Seria essa a verdadeira razão para "aderir" ao mercado comum (caso sejmos receptíveis) e para abandonar a) os Sete, b) a agricultura britânica, c) a Comunidade Britânica? É uma escolha cruel.
> *Harold Macmillan*, The Macmillan Diaries II: 1957-1966

Para os Seis, a cortina de uma entrada conjunta na corrente do tempo caiu em agosto de 1954. Com o *non* francês contra o exército europeu, riscou-se a ideia de uma federação europeia. A população francesa, pronunciando-se por meio de sua Assembleia Nacional, afirmou não desejar nenhum laço político ou militar europeu conjunto com o mundo exterior. Agora, a Alemanha também podia aderir à aliança atlântica com seu próprio exército. Dez anos após o término da Segunda Guerra Mundial, os Seis assim se encontravam todos embaixo do guarda-chuva americano da Otan, bem protegidos contra a ameaça soviética. Aquela ameaçadora batida na porta havia sido repelida (pelo menos para eles).

A cortina que se abrira em Messina em junho de 1955 e que levou ao Tratado de Roma revelou outro palco. Temendo um novo "não" parlamentar, a "alta política", nas palavras de um dos negociadores, permaneceu "fora do domínio do tratado".[1] Embora a comunidade atômica servisse principalmente às ambições geopolíticas francesas e o chanceler alemão, entre outros, discernisse nela um embrião de uma

---

[1] J. Linthorst Homan, *Wat Zijt Ghij voor een Vent. Levensherinneringen.* Assen, Van Gorcum, 1974, p. 233.

Europa política, ainda durante as negociações a ênfase se deslocou para as motivações econômicas. Era ali que os interesses dos outros quatro se situavam, mas também os da Alemanha e – sobretudo após todas as concessões obtidas – os da França. Sobre a cooperação nuclear, pouco mais se ouviu após a efetivação do tratado. A partir de 1958, os Seis tratavam principalmente de assuntos mais prosaicos, como cotas de importação, alíquotas e preços agrícolas.

Nesse campo econômico, a coletividade desempenhava um papel essencial, mas modesto nas aparências. Ela não participava do jogo, mas montava o palco onde os atores da vida econômica – produtores, consumidores, empregados e empregadores – podiam atuar. A Europa da Comunidade funcionava como gerente de mercado, inspetora, auxiliar de terreno, com uma preocupação cada vez maior sobre o bem-estar do consumidor. Para o exterior, ela encontrou um papel nas relações comerciais com outras potências econômicas. Não obstante, no período até 1989 a esfera interna europeia se desenvolveu sobretudo em um ritmo próprio, habilmente aproveitando a proteção do tratado. Em contrapartida, para sua surpresa os Estados-membros perceberam que *conjuntamente* eles faziam parte da corrente histórica, a começar por sua posição peculiar dentro do consórcio dos Estados europeus.

Esse capítulo se passa sob o signo da espera. A espera começa quando se interpreta um "não" como sendo um "ainda não". Foi assim que personalidades como Spaak e Adenauer explicaram o *non* de agosto de 1954. A linha do tempo até uma comunidade política europeia, que eles haviam encurtado de maneira brusca após irromper a Guerra da Coreia, foi de novo desenrolada até um futuro longínquo. "Apresse-se devagar", tornou-se o lema. É marcante que um novo pacto, mais paciente, tenha sido assinado justamente em Roma, a Cidade Eterna. Assim, após 1957 a atuação política deu lugar a preparativos e expectativas.

O *que* se aguardava exatamente permaneceu vago. O derradeiro propósito político do projeto europeu – em contraste com os acordos e objetivos econômicos – ficou em aberto em Roma. Devido ao trauma de 1954, pensar sobre termos de federação ou confederação, sobre objetivos políticos finais ou sobre fronteiras geográficas havia se tornado tabu. A finalidade europeia foi mantida fora de cena, principalmente para não preocupar as populações.

TEMPO MANUFATURADO DENTRO DO TÚNEL – 1958-1969

O pacto de Roma trazia um engenhoso regime de tempo. Funcionava como um túnel. Os seis Estados entravam juntos, executavam todo tipo de tarefa no caminho, passavam duas vezes por uma porta intermediária e esperava-se que saíssem na outra extremidade como uma única comunidade no sentido econômico. Não havia retorno.

Esse mecanismo funcionava graças a dois elementos: primeiro, o túnel oferecia tempo (que determinava seu comprimento); segundo, exigia um salto imediato (como se fosse um aro). Que se teria tempo à disposição era óbvio. Remodelar seis economias diferentes para formar um único mercado é algo que não se realiza de pronto. Os Seis reservaram um prazo de doze anos, que no tratado consta como "período de transição". As empresas precisariam de tempo para se adequar à concorrência maior de uma união aduaneira. Os governos precisariam de tempo para elaborar os respectivos acordos, sobre o que fazer com o mercado agrícola, com as regras antitruste ou com o amparo social. O túnel de transição foi dividido em três etapas de quatro anos, cada uma com determinadas obrigações. Dessa forma, as limitações existentes para o comércio deveriam diminuir em 30% ao término da primeira etapa. Para o mercado agrícola, determinou-se somente que devia estar preparado no fim do período de transição. Enquanto os Estados-membros executavam essas tarefas durante a travessia, as regras do jogo também mudavam. Especialmente em torno das portas intermediárias e da saída do túnel, o processo de decisão para certos itens passaria do voto pela unanimidade para o voto de maioria.

O salto exigido, o segundo elemento do mecanismo de tempo, era original. Em contraste com o tratado para a mineração, cuja vigência era de cinquenta anos, o Tratado de Roma vigora por tempo indeterminado. No Vale da Duquesa, muitos juristas haviam resistido a isso, mas Spaak não arredou pé. A pedido de Paris, no entanto, uma única chance para objeções foi incluída. De início, os franceses queriam ter a possibilidade de bloquear a transição da primeira para a segunda etapa por meio do veto. Os outros cinco se opuseram. Em 6 de novembro de 1956, o primeiro-ministro francês e o chanceler alemão chegaram a um compromisso. O Estado recalcitrante poderia se permitir uma prorrogação duas vezes por ano, e na terceira vez o caso seria levado a uma instância de arbitragem. No total, o período de transição não poderia levar mais que quinze anos. Mais importante ainda: assim que os Seis tivessem passado pela primeira porta intermediária, não haveria mais retorno. A ideia de uma cláusula de abandono foi discutida mas rejeitada.

Considerando que o pacto de fundação havia estabelecido alguns assuntos de forma definitiva, enquanto a outros oferecia somente um quadro genérico, era de prever que os Seis teriam de superar os obstáculos no percurso aos trancos e barrancos. A coesão embutida no tratado deveria dar conta do recado. Estavam condenados uns aos outros. Uma vez atravessado o túnel, o tempo conjunto se estenderia ao infinito.

Aceleramento – 12 de maio de 1960

Não demorou para que esse regime de tempo, negociado entre seis governos e ratificado por seis parlamentos, fosse reajustado. Para surpresa geral, o cumprimento do tratado pelos participantes da vida econômica demonstrou não ser nenhuma prova de fogo. A economia da Europa Ocidental prosperava: no fim dos anos 1950, os Seis contavam com uma produção industrial em expansão, uma razoável estabilidade cambial, uma dívida pública decrescente. A vantagem de um mercado de consumo maior pesou muito mais que a maior concorrência. Os empresários aguardavam ansiosos a criação da União Europeia aduaneira. Já em meados de 1959 eles desejavam um encurtamento do período de transição.

Surgiu a pergunta sobre que forma esse aceleramento deveria assumir. O ministro belga pleiteou uma redução do período de transição como um todo. Os parceiros, no entanto, previam complicações jurídicas. O tratado não era uma sanfona que se podia comprimir ou dilatar à vontade. Os franceses estavam pouco dispostos a encarar o processo de decisão por maioria antes do tempo. A contraproposta francesa era manter o túnel de doze anos, mas dentro desse período alcançar certos objetivos de forma acelerada. Se a união aduaneira fosse aproximada, por que não agilizar também outros assuntos previstos pelo tratado? Por conseguinte, cada Estado-membro colocou seus próprios desejos na mesa. O conflito mais intenso deu-se sobre a introdução acelerada da tarifa exterior comum, pleiteada por Roma e Paris. Nos círculos da Comunidade, argumentava-se que isso daria ao mundo externo "uma prova palpável da solidariedade europeia".[2] Em contrapartida, os governos da Alemanha e dos Países Baixos estavam pouco propensos a isso. Em seu caso, uma tarifa exterior comum significaria aumento das alíquotas vigentes, o que prejudicaria a indústria de exportação e encareceria as importações.

Não obstante, no dia 12 de maio de 1960 chegou-se a um acordo. Nos círculos da Comunidade, o aceleramento foi saudado como "o fato econômico e político [mais] fundamental na história do mercado

---

[2] Josef Illerhaus, mar. 1960. In: Leon N. Lindberg, *Political Dynamics of European Economic Integration*. Stanford, Stanford University Press, 1963, p. 185.

comum desde a assinatura do Tratado de Roma".³ Ainda havia quatro quintos do túnel pela frente.

Relógio – 31 de dezembro de 1961

após quatro anos, com a transição da primeira para a segunda etapa, os Seis atingiriam o ponto da irreversibilidade. A partir daí, não haveria mais escapatória do túnel. Esse passo exigia uma "decisão de passagem" unânime. Para cada Estado-membro, era a oportunidade de colocar novas exigências na mesa. De fato, na véspera o jogo de interesses se intensificou consideravelmente. O primeiro-ministro francês Debré declarou, em junho de 1961, que a transição seria impensável sem um acordo sobre a política agrícola. Os alemães já haviam afirmado repetidamente que sem regras antitrustes o tratado não funcionaria. Assim, tudo se acumulou no prazo delimitado pelo fim do ano.

Os desejos divergiam. Paris pediu uma política agrária protecionista, a ser financiada por todos os países, para a insatisfação do tesouro alemão. Bonn queria um rigoroso acordo contra a intervenção governamental no setor privado, contrário à tradição dirigista francesa. Separadamente, esses problemas eram difíceis de resolver. Mas nesse duplo conflito havia a possibilidade de um escambo político. Para um trato, contudo, seria necessário *simultaneidade*. Às vésperas do Natal, os seis ministros fecharam um acordo antitruste no feitio alemão. Esse acordo, porém, foi mantido em animação suspensa – "supostamente porque o texto ainda deveria ser traduzido para duas das quatro línguas da Comunidade" (segundo um parlamentar matreiro)⁴ – até que um acordo agrícola foi alcançado. Apesar das famosas sessões-maratona, no Ano-Novo de 1961 ainda não havia

---

³ Comissão CEE, *General Report 1960*. In: Leon N. Lindberg, op. cit., p. 167.
⁴ Ivo Samkalden, 1962. In: Annette Schrauwen, "De Kunst van het Pact". In: Menno Spiering et al. (orgs.), *De Weerspannigheid van de Feiten. Opstellen*

decisão. No dia 1.º de janeiro, a França assumiria a presidência rotatória no lugar da Alemanha e o obstáculo já deveria ter sido superado.

Algumas horas antes do Ano-Novo, o ministro francês Couve de Murville concebeu um expediente. Ele sugeriu continuar negociando sob a presidência alemã, até que tudo se resolvesse. Todos concordaram: o relógio foi parado. O tempo de que a decisão precisava recebeu prioridade sobre o tempo cronológico. Esse prolongamento do presente perdurou por duas semanas. Somente então é que o duplo pacto foi selado, todos os interesses estavam plenamente integrados e Couve de Murville recebeu a presidência das mãos de seu colega alemão para – era o começo da manhã do dia 14 de janeiro – anunciar as decisões ao mundo. O relógio voltou a bater.

SAÍDA – 1º E 2 DE DEZEMBRO DE 1969

ao término de 1969, os Seis haviam chegado ao fim do túnel de doze anos. Por meio de erros e acertos, nos anos anteriores a maioria dos acordos sob o tratado havia sido elaborada. Os governos acharam que em princípio a Comunidade já podia tomar o passo em direção à "fase definitiva". Apenas alguns parlamentares em Estrasburgo ainda se opunham; queriam uma prorrogação até que todas as promessas do tratado, entre as quais sua eleição direta, fossem cumpridas.

Para comemorar a transição e deliberar sobre o que fazer a seguir, os seis líderes de governo se reuniram nos dias 1.º e 2 de dezembro no Salão dos Cavaleiros em Haia. O clima era esfuziante. Nos anos anteriores, a relação entre os Seis havia azedado por causas dos repetidos vetos do presidente francês De Gaulle à adesão da Grã-Bretanha ao círculo. O novo homem, Pompidou, eleito em maio de 1969, estava disposto a abrir mão dessa resistência. Os franceses, contudo,

---

over Geschiedenis, Politiek, Recht en Literatuur Aangeboden aan W.H. Roobol. Hilversum, Verloren, 2000, p. 213.

desejavam algumas concessões em troca. Quanto a isso, podiam contar com a boa vontade dos alemães. Também em Bonn, uma nova figura havia assumido recentemente o governo: Willy Brandt. A fim de criar espaço para sua *Ostpolitik*,[5] ele se esmerava em demonstrar apoio à aliança da Europa Ocidental.

Apenas uma coisa ainda precisava ser resolvida: o financiamento da política agrícola. Na cúpula em Haia, os líderes de governo concordaram que para isso a Comunidade deveria dispor de "recursos próprios". As tarifas de importação cobradas nas fronteiras externas não mais desapareceriam nos cofres nacionais, mas se destinariam a um fundo comunitário. Isso foi estabelecido no ano seguinte, garantindo aos franceses que também no futuro os outros países continuariam contribuindo para o subsídio agrícola. Para Paris, isso representava o desfecho das negociações iniciadas em 1955-1957. Assim, a Comunidade supostamente estaria "concluída".

Caso tudo permanecesse nesse desenlace programático do tratado, formalmente a Europa não teria sido mais que uma controladoria econômica, uma burocracia agrícola e pesqueira e um bloco de comércio. A coletividade estaria eternamente acorrentada à "baixa política" – o que não desagradaria a um ou outro Estado-membro. Não foi assim. O *télos* político do pacto de fundação ainda não havia sido elaborado. Sem demora, em Haia, os seis líderes de governo pisaram caminhos nunca dantes percorridos. Afora planos para uma universidade europeia, os dois novos objetivos mais espetaculares foram: uma "união econômica e monetária" e a cooperação política externa. Ambas as iniciativas tinham vastas consequências a longo prazo. Estas se desenvolveram passo a passo, como práticas informais fora do âmbito do tratado. Os líderes também tomaram uma decisão em Haia que implicava um avanço imediato: o acordo sobre a abertura das negociações de adesão com a Grã-Bretanha. Após as amargas

---

[5] Política de aproximação com a Alemanha Oriental. (N. T.)

disputas sobre o assunto, o procedimento encontrado exalava a nova autoconsciência da coletividade.

Assim resultou que a saída do túnel, como todo fim, também significou um novo começo para os Seis. Sua Comunidade estava de pé. O objetivo que parecia inalcançável em 1955 havia sido atingido. Mas e agora? Fora do túnel o tempo se estendia pelo vazio. A tarefa de manter o mercado comum funcionando pareceu não oferecer base suficiente para os Seis enfrentarem o futuro. Reunidos na cúpula, de pronto eles validaram os fundamentos políticos de seu convívio. Em direções diversas – a juventude, uma moeda, o mundo –, linhas de atuação foram lançadas. Havia movimento, mas ainda sem forma.

RUMO AO MERCADO (1985-"1992")

Em meados de 1984, pela primeira vez em muito tempo a esfera institucional interna da Comunidade passou a ter um chefe com autoridade. Jacques Delors, ministro francês de Finanças e Economia, foi nomeado pelos líderes nacionais como presidente da Comissão. Ele percebeu o desejo de se romper o mal-estar vigente.

Os anos 1970 haviam ensinado que a Comunidade não estava à altura de uma provação de formato. A crise do petróleo e a recessão econômica fizeram com que cada Estado-membro se fechasse em torno de si mesmo. Os Nove (e depois os Dez) não foram capazes de lidar como coletividade com os fatores externos que ameaçavam sua prosperidade. Até mesmo a política agrária, seu ex-carro-chefe, parecia fora do controle, dados os excedentes que desafiavam a imaginação na forma de "montanhas de manteiga", "lagos de leite" e "mares de vinho".

Antes de sua posse oficial em 1.º de janeiro de 1985, Delors realizou uma turnê ao longo das dez capitais para descobrir qual iniciativa podia ter maior possibilidade de sucesso. Quatro ideias constavam em sua lista: a defesa europeia, uma moeda europeia, reforma institucional, um mercado interno. Esse último plano parecia ser o único a poder contar com amplo apoio – na Londres de Thatcher, na Bonn de Kohl, na Paris de Mitterrand. Seria isso, então.

Apesar de os Dez nominalmente formarem um "mercado comum" havia tempo, empresários contavam histórias de terror sobre cortadores de grama que não podiam ser vendidos no país vizinho, sobre caminhoneiros que permaneciam dias na fila para passar pela alfândega, sobre uma impossível administração tributária. Pelos idos de 1984, já não eram mais as tarifas e cotas que atarantavam o comércio – estas haviam sido abolidas com a instalação da união aduaneira –, mas os regulamentos. Cada Estado-membro tinha normas próprias com relação à segurança de produtos, saúde pública ou meio ambiente. Essas regras, em si úteis e legítimas, podiam facilmente ser usadas para proteger a indústria nacional contra a concorrência estrangeira. O remédio favorito da burocracia se chamava padronização das normas para produtos. Sobre isso, havia extensas reuniões em Bruxelas, mas para alguns produtos isso levava tanto tempo que suas diretrizes já estavam tecnologicamente obsoletas antes mesmo de entrarem em vigor. Em 1978, a Corte concebeu um método mais perspicaz: o reconhecimento mútuo das normas para produtos. Ou seja, não mais "a mesma curvatura para todas as bananas", mas "eu aceito suas bananas e você as minhas". A Comissão percebeu que sobre esse pronunciamento da Corte seria possível construir um mercado europeu em novo estilo.

A jogada de mestre de Delors foi estabelecer um prazo. Em sua turnê, ele também havia consultado o antigo braço direito de Jean Monnet, Max Kohnstamm. Este o lembrou do sucesso da união aduaneira, um quarto de século antes. Sua realização se deu graças ao cronograma de doze anos, dividido em três etapas de quatro anos. Por que não fazer algo parecido para o mercado em dois blocos de quatro anos, por exemplo? Essa ideia também agradou ao comissário para o mercado, um britânico enviado por Thatcher: "Não se diz vamos construir uma fábrica. Deve-se decidir a partir de quando se quer que ela funcione".⁶

A decisão sobre a data definitiva saiu na reunião de Delors com seus assessores, em dezembro. Na mesa estavam propostas para os prazos de 1990, 1995 e 2000. Todas foram rejeitadas. Por fim optou-se pelo ano de 1992. Posteriormente, circularam teorias mirabolantes para explicar essa escolha. Teria sido a contribuição europeia ao aniversário de quinhentos anos do descobrimento das Américas por Colombo? O próprio Delors apresentou uma razão mais simples. O período até dezembro de 1992 coincidia com o mandato de duas Comissões, ou seja, os quatro anos que começariam em 1985 mais os quatro anos de um segundo mandato. A escolha foi motivada pela lógica do tempo burocrático.

Em junho de 1985, duas semanas antes de uma importante cúpula dos líderes em Milão, o comissário para o mercado interno apresentou uma extensa lista de medidas, incluindo prazos. Caso quisessem uma "Europa sem fronteiras", os Estados-membros teriam de aprovar trezentas medidas. Esse "compêndio", apesar de não possuir caráter compulsório, buscava o mesmo *status* que o Tratado de Roma. O documento terminava com a seguinte frase: "Assim como a União Aduaneira teve de preceder a Integração Econômica, da mesma forma a Integração Econômica deve preceder a União Europeia".⁷ mercado interno constituía uma nova escapadela pela baixa política, com um desejo pela alta.

Conforme seu presidente esperava, em 1.º de janeiro de 1989 inaugurou-se uma segunda Comissão Delors. No fim daquele ano,

---

⁶ Arthur Cockfield. In: Nicholas Colchester e David Buchan, *Europe Relaunched. Truths and Illusions on the Way to 1992*. London, Hutchinson, 1990, p. 29.

⁷ Comissão Europeia, *Completing the Internal Market. White Paper from the Commission to the European Council (Milan, 28 and 29 June 1985)*, COM(85)310, 14 jun. 1985.

metade das medidas que constavam no compêndio havia sido aceita pelos Estados-membros. O prazo se mostrou factível.

TEMPO PREMENTE

DIANTE DO PORTÃO

A fundação da Comunidade não acabou com a política de poder entre os Estados-membros. Embora esta fosse mais comedida no relacionamento mútuo, o princípio do equilíbrio de poder continuava (e continua) prevalecendo na Europa, entre os membros e externamente. Após 1952, os Seis mantiveram sua posição original na constelação dos Estados europeus como um todo. Três dos seis Estados-membros – França, Bélgica, Países Baixos – estavam envolvidos no doloroso desmantelamento de seus impérios coloniais. A Alemanha Ocidental estava preocupada com a separação da Alemanha Oriental, do outro lado da Cortina de Ferro. Será que nada havia mesmo mudado em relação à alta política?

Havia, sim. O pacto de fundação de 1951 determinava que "qualquer Estado europeu" podia solicitar a "adesão ao tratado".[8] Essa possibilidade, um acréscimo incidental na Declaração de Schuman, reforçou a reivindicação de que a comunidade minerária formasse um embrião, o começo de algo maior. No pacto de fundação de 1957, os Seis reiteraram o convite. Agora constava que qualquer Estado europeu podia "se candidatar a membro da Comunidade".[9] Esse convite tinha vastas consequências, até mesmo para os próprios membros. Isso significava que eles deviam atuar em conjunto, não tanto em relação ao mundo exterior como um todo mas no mínimo em relação a qualquer

---

[8] Art. 98 Ceca.
[9] Art. 237 CEE.

Estado europeu não associado que aparecesse no portão. Isso deu uma chance à Dama Fortuna de atingir os Seis como coletividade.

O portão de entrada inesperadamente se tornara ponto focal da alta política europeia – e continua sendo até hoje. Do lado de fora, funciona como uma atração; por dentro, como força para a unidade, pois de outra forma permanecerá fechado. A cada vez os membros devem se perguntar: para quem abriremos e para quem não? Quem deles quer entrar e quem não? Estamos de acordo? Por quanto tempo deixaremos os que chegam esperando lá fora? Crucial é que quem abre não é a Comunidade, mas os Estados-membros reunidos. Na disputa pelo portão, os seis Estados-membros descobriram que sua aliança extrapolava a mineração e o mercado, que eles também levavam uma existência política compartilhada fora do âmbito do tratado.

Até 1973 essa existência era dominada por uma única questão, a adesão britânica. "Quando revejo meus muitos anos como ministro", escreveu o neerlandês Luns, no cargo de 1956 a 1971, "percebo quanto do meu tempo e quanto esforço dediquei a essa única grande problemática."[10] Segundo seu colega francês Couve de Murville, que por dez anos foi primeiro-ministro, a pergunta que estava em jogo era "não somente a da coesão, mas da própria natureza, do espírito e, portanto, do destino da Comunidade Europeia".[11] Houve duas fases. Os membros deviam aguardar para saber se o mais importante Estado europeu não associado gostaria de passar pelo portão (1950-1961) e a seguir decidir se isso lhe seria permitido (1961-1973).

A interrogação, portanto, se situava primeiro em Londres. Logo após a guerra, a Grã-Bretanha era de longe o Estado mais poderoso da Europa Ocidental; sem ter sido ocupada pelos nazistas, tinha saído do conflito vitoriosa e libertadora, e, apesar de um declínio lento mas visível, ainda era um império mundial. Segundo a opinião de muitos,

---

[10] Joseph Luns, *Ik Herinner Mij*. Leiden, A. W. Sijthoff, 1971, p.169.

[11] Maurice Couve de Murville, *Une Politique Etrangère, 1958-1969*. Paris, Plon, 1971, p. 398.

em 1945 o país tivera a seu alcance a oportunidade de tornar-se líder na Europa. Os britânicos, no entanto, deixaram essa oportunidade passar. A França, único país que se aproximava da Grã-Bretanha no que se refere a política e poderio militar, assumiu esse papel em 1950.

O primeiro-ministro britânico Ernest Bevin encontrava-se em um raro momento de mau humor na noite do dia 9 de maio, logo após Schuman lançar o plano de mineração. Ele se sentia pessoalmente ofendido por não ter sido avisado de antemão pelo francês e, pior, por terem avisado seu colega americano, Acheson. E havia mais. Bevin deve ter pressentido de imediato que a proposta afetaria drasticamente o equilíbrio de poder no continente. Decerto não foram as perspectivas federalistas que azedaram seu humor; afinal, Londres não dava muita importância a isso. Também a formação do cartel minerário, desagradável talvez, não constituía nenhuma catástrofe; *grosso modo*, a Grã-Bretanha produzia a mesma quantidade de carvão e aço que a França e a Alemanha juntas. Não, o fato alarmante foi a reversão das alianças. Foi por isso que a Declaração Schuman teve, em Londres, segundo as palavras de um *insider*, o efeito de "uma pequena bomba atômica".[12] Inesperadamente, a França optou por uma integração com o ex-arqui-inimigo, a Alemanha, mediante uma organização "supranacional" sem a Grã-Bretanha, em vez de uma organização mais versátil com a Grã-Bretanha. Isso abalaria a *Entente Cordiale* e modificaria as antigas relações continentais entre os Estados.

Londres não havia sido excluída. Ela mesma optou por não aderir em 1950, rechaçou uma participação no exército europeu no ano seguinte e em 1955, quando os Seis pretendiam criar um mercado comum, abandonou a mesa de negociações. Sua indiferença era profunda. O sucessor de Bevin, Anthony Eden, disse perante ouvintes americanos: "Isso é algo que sentimos nos ossos que não podemos

---

[12] John McCloy, 16 maio 1950. In: Konrad Adenauer, *Erinnerungen*, I, op. cit., p. 320.

fazer".[13] As instituições europeias não combinavam com as tradições democráticas britânicas. Suas relações políticas e econômicas com a Comunidade das Nações[14] pesavam bastante. Apenas uma zona europeia de livre-comércio, sem tarifa exterior comum, era aceitável. Por fim, o pragmatismo do círculo oficial e governamental britânico possuía, não obstante suas vantagens, uma desvantagem: praticamente Londres inteira considerava cada iniciativa europeia um palavreado inconsequente (nesse espírito, anos depois o primeiro-ministro Major veria na introdução do euro "toda a extravagância de uma dança da chuva com a mesma eficácia").[15]

A partir do início de 1957, quando os Seis estavam a ponto de assinar o Tratado de Roma e seu projeto portanto parecia estar funcionando, os britânicos procuraram apoio para uma zona europeia de livre-comércio. Dessa forma, eles esperavam poder dissolver o círculo dos Seis de uma só vez dentro de uma totalidade maior. Depois que essa configuração falhou, Londres ergueu com, entre outros, Dinamarca e Portugal a Associação Europeia de Livre-Comércio, chamada de "os Sete" por seu número de membros. Por volta de 1960, poucos jornalistas britânicos puderam resistir ao trocadilho sobre uma Europa que estaria "*at sixes and sevens*", ou seja, "em estado de confusão".

Não obstante, essa manobra com os Sete foi de importância secundária. O problema continuava sendo o relacionamento com os Seis. O primeiro-ministro Macmillan se incomodava particularmente por não saber o que estava sendo discutido numa mesa de que a França e a Alemanha tomavam parte. Seria mais que apenas aço, trigo e bananas? Havia motivo para essa inquietação. Em 1959, houve contatos entre Paris, Bonn e Roma para coordenar melhor a política externa.

---

[13] Anthony Eden, 13 jan. 1952. In Tony Judt, op. cit., p. 129.

[14] Anteriormente conhecida como Comunidade Britânica (*British Commonwealth*), que incluía quase todas as ex-colônias britânicas.

[15] John Major, "Raise your Eyes, There is a Land Beyond". *The Economist*, 25 set. 1993.

Concordo, disse Roma, mas com os outros três Estados-membros. No final de 1959, os ministros dos Seis discutiriam o assunto. Por volta dessa época, Macmillan escreveu em termos inequívocos a seu ministro das Relações Exteriores:

> pela primeira vez desde a era napoleônica, as maiores potências continentais estão reunidas em um bloco econômico positivo, de considerável aspecto político, o que, apesar de não se encontrar voltado contra a Grã-Bretanha, pode resultar na nossa exclusão tanto de um mercado europeu como das deliberações sobre a política europeia.[16]

Exclusão, essa era a sensação. Notável também foi a insistência do presidente americano Kennedy para que Londres se juntasse ao bloco da Europa Ocidental. Segundo seu secretário de Estado, isso daria um "peso agregado substancial para o lado ocidental do equilíbrio de poder mundial".[17]

Foram motivações geopolíticas desse tipo que, em meados de 1961, levaram Macmillan, após hesitar e ainda de forma ambígua, a mudar o curso. Naturalmente, a economia também desempenhou um papel. "Mas a consideração dominante", concluiu uma contemporânea em um estudo exaustivo, "foi a convicção de que a Grã-Bretanha teria mais influência – na Europa, perante os Estados Unidos e no mundo em geral – como membro da Comunidade Europeia que sozinha."[18] A Grã-Bretanha não queria mais ficar à margem, mas ter um assento na mesa. Acabou batendo no portão.

Assim, a partir de 1961, a interrogação passou para o lado dos Seis: será que abririam? Muitos não queriam outra coisa senão que os Britânicos viessem reforçar suas fileiras. Mas ao longo de dez anos

---

[16] Harold Macmillan, dez. 1959. In: Hugo Young, *This Blessed Plot. Britain and Europe from Churchill to Blair*. London, Greener Books, 1999, p. 118.

[17] George W. Ball, *The Past Has Another Pattern. Memoirs*. New York/London, Norton, 1982, p. 218.

[18] Miriam Camps, *Britain and the European Community 1955-1963*. London, Oxford University Press, 1965, p. 513.

muita coisa havia mudado. Graças à ausência britânica, os franceses puderam modelar o ambiente do tratado europeu segundo sua própria vontade. Certamente, após o retorno de De Gaulle em 1958, o país se alçou como o líder natural dos Seis. Caso o portão se abrisse a outra potência europeia, a França seria a que mais teria a perder.

Por outro lado, era justamente por causa da supremacia francesa na Comunidade que os demais membros apoiavam a participação britânica. Em especial os neerlandeses e os belgas tinham grandes expectativas nesse sentido. Para os dois, essa vinda da Fortuna era uma dádiva, que esperavam poder aproveitar. Eles temiam uma dominação francesa ou franco-alemã e ansiavam por um melhor equilíbrio de poder no continente. Um jogo com três grandes lhes era mais propício que com dois.

Quanto isso era vital para os países menores ficou evidente durante as conversações sobre uma "união política" entre os Seis, que tiveram início a partir de 1960. O presidente De Gaulle, que obteve a anuência do chanceler Adenauer, queria desenvolver uma cooperação política entre os membros fora do âmbito econômico da Comunidade. A liderança diplomática da França precisava de uma forma para poder se expressar. Reuniões periódicas entre os seis líderes de governo foram cogitadas. Segundo o primeiro-ministro italiano Fanfani, estas também poderiam preencher um "vazio" na política europeia. Durante a cúpula de fevereiro de 1961, o plano esbarrou na oposição neerlandesa, sob o argumento de que a Grã-Bretanha não havia sido convidada para essa cooperação política. Mesmo assim, iniciaram-se conversações. Um ano depois – nesse ínterim Macmillan já havia solicitado a adesão –, uma versão elaborada dos planos para a união surgiu sob a presidência do diplomata francês Christian Fouchet.

Porém, além dos Países Baixos, dessa vez também a Bélgica resistia. Interessante foi a maneira como isso se deu. Por um lado, Luns e Spaak achavam que a proposta de uma cooperação em âmbito de cúpula constituía uma inaceitável transgressão da estrutura supranacional do tratado. Por outro lado, eles afirmavam poder concordar com essa cooperação *após* a adesão da Grã-Bretanha. Isso era curioso, para não dizer contraditório. Era de domínio público que Londres demonstrava ainda menos simpatia pelos princípios supranacionais que Paris. Que para os países menores o ideal comunitário [ou comunitativo] europeu fosse uma forma mais elevada de expressar seus interesses nacionais era algo que não surpreendia em si. Porém, que estivessem dispostos a trocar esse ideal europeu pela admissão de um país que, na melhor das hipóteses, o tolhesse ainda mais, escondia bem mal seu jogo. O torpedeamento de uma união política rendeu a Luns o permanente desprezo de Adenauer. Mesmo o maleável Spaak quase pôs a perder sua boa relação com Paris. Em contrapartida, o pessoal dos círculos comunitários lhes ficou grato por esse fiasco; durante anos após o ocorrido, o nome "Christian Fouchet" ainda era capaz de despertar cólera na Comissão.

Esse episódio revela que todos os atores estavam cientes das distintas esferas de atuação. Nos seus desejos aparentemente contraditórios, belgas e neerlandeses expressaram justamente aquilo que sempre haviam negado como bons europeus: que a comunidade fosse mais que uma ordem jurídica baseada em um tratado, mas uma aliança política na qual o equilíbrio de poder entre interesses nacionais também tinha seu lugar. Antes de embarcar em uma união política com De Gaulle, os dois países queriam garantir sua segurança e sua independência, fosse pelo método do tratado, fosse pelo contrapeso da Grã-Bretanha. Entretanto, conforme Spaak constataria: "ambos nos foram negados pelos planos franceses".[19] A essas duas alternativas seguiram-se duas negativas. Na exigência belga-neerlandesa, tratado e adesão despontaram por uma rara exceção como princípios distintos de ordenamento da Europa.

---

[19] Paul-Henri Spaak, *Combats Inachevées. De l'Espoir aux Déceptions*, II. Paris, Fayard, 1969, p. 369.

Por isso é que havia uma compreensão mútua nesse conflito. De Gaulle não se surpreendeu diante da recusa de Luns: teria feito o mesmo na posição dele.[20] Paris e Bonn queriam organizar a esfera dos Estados-membros dentro de uma união política. Haia e Bruxelas rejeitaram o método, mas retrucaram com uma alternativa: sem deliberações de cúpula entre os líderes, mas com membros adicionais. Isso também implicava uma organização do círculo. Todos reconheciam de fato que suas relações não podiam ser reduzidas ao tratado, mas basicamente eram determinadas pelo número de membros.

Por meio de erros e acertos, durante as negociações com Londres, os Seis descobririam ainda mais sobre seu convívio.

Na segunda metade de 1961, iniciou-se a conferência ministerial sobre as condições nas quais a Grã-Bretanha podia se adequar às regras do tratado. Os principais obstáculos eram as obrigações britânicas com relação à Comunidade das Nações, à Associação Europeia de Livre-Comércio e a seus próprios agricultores. Subjacentes às discussões técnicas sobre tarifas e cotas, se encontravam igualmente opiniões políticas sobre o tipo de Europa ao qual as diferentes partes aspiravam. Os britânicos não desejavam se associar de qualquer maneira, queriam primeiro averiguar se poderiam modificar algumas regras do jogo (para eles e para os outros) e somente então decidir. Para tanto, contavam com o apoio tácito de algumas capitais. A Comissão e muitos defensores da Europa da Comunidade, em contrapartida, desejavam um rigoroso cumprimento do tratado; até que os britânicos se comprometessem com o derradeiro objetivo da unificação, as regras não poderiam ser diluídas. Aos franceses também interessava um rigoroso cumprimento daquilo que os Seis haviam estabelecido no tratado. Quinze meses durou esse complicado tropel diplomático diante e atrás do portão.

---

[20] Charles de Gaulle. In: Joseph Luns, *Ik Herinner mij*, op. cit., p. 145.

Até que o general De Gaulle fechou a porta. Em 14 de janeiro de 1963, durante a entrevista coletiva para o ano novo, o presidente francês apresentou uma elaborada exposição sobre as diferenças políticas entre os Seis e a Grã-Bretanha, sobre os perigos da influência americana na política europeia por meio de seu posto avançado, a Inglaterra, para arrematar desmazeladamente: "Então será possível que um dia a Inglaterra terá se transformado o bastante para fazer parte da Comunidade Europeia, sem limitações e sem restrições [...] e nesse caso os Seis teriam de abrir a porta para a Inglaterra, e a França não faria objeção".[21] Um dia, mas não agora. Inadvertidamente, o presidente atuou como leão de chácara.

A fúria, a frustração e o desespero em Londres e nas capitais dos Cinco foram intensos. Macmillan se sentiu profundamente humilhado. Não obstante todas as dúvidas com relação a sua boa vontade, ninguém em Londres contava que De Gaulle seria capaz de carregar a responsabilidade de um rompimento (os tabloides recomendaram ao general: "Pegue seus sonhos de poder independente e os enfie na sua Torre Eiffel").[22] Os cinco sócios ficaram extremamente indispostos com esse método. Depois de prolongadas negociações conjuntas, inopinadamente, sem nenhum aviso prévio, numa entrevista coletiva para o próprio público, cabum!, soltar o veto assim infringia todas as regras de etiqueta da Comunidade. Isso feriu a confiança. Haia e Roma planejavam vingança. Segundo um negociador alemão, os franceses demonstraram "falta de sinceridade e sede de poder" e "aspiravam a um papel de liderança que não estavam dispostos a dividir com a Grã-Bretanha". O fato de primeiro darem uma lição à Grã-Bretanha durante quinze meses sobre as sacrossantas regras do Tratado para depois "agirem fora de seu âmbito, em vez de o fazerem

---

[21] Charles de Gaulle, *Mémoires d'Espoir; Suivi d'un Choix d'Allocutions et Messages sur la IVe et la Ve Républiques*. Paris, Plon, 1994, p. 839.

[22] In Stephen Wall, *A Stranger in Europe, Britain and the EU from Thatcher to Blair*. Oxford, Oxford University Press, 2008, p. 1.

dentro dele", era indigesto.²³ Também a esperança de alguns de que Adenauer fosse capaz de convencer De Gaulle a mudar de ideia (ambos os homens se encontraram em Paris em 22 de janeiro para a assinatura do Tratado de Amizade franco-alemã) mostrou-se vã. Segundo um desiludido Spaak, o significado da porta fechada com violência se elevava muito além da adesão britânica: "Foi a política externa dos países da Comunidade que subitamente mudou".²⁴ De aberta com relação ao exterior, a aliança tornou-se fechada.

Somente no dia 29 de janeiro é que o ministro britânico Edward Heath ouviu do presidente dos Seis divididos sobre a suspensão das negociações. Depois disso, seguiram-se alguns discursos emocionados. Segundo Spaak, o espírito comunitário havia se partido. O ministro alemão, menos sombrio que seus colegas, acreditava que a questão de fato se resolveria um dia. Por último, entre os Seis, falou Couve de Murville. O francês impingiu o ônus da prova aos britânicos, mas não convenceu ninguém. Heath, por fim, emocionou sua plateia com a seguinte garantia:

> Nós da Grã Bretanha não iremos virar as costas para a terra firme da Europa ou para os países da comunidade. Somos uma parte da Europa: por nossa geografia, tradição, história, cultura e civilização. Continuaremos trabalhando com todos os nossos amigos na Europa para a verdadeira unidade e o vigor deste continente.²⁵

Até mesmo os intérpretes foram levados às lágrimas. Depois disso o britânico se encontrou do lado de fora. Ou será que não?

Naquela mesma noite do dia 29 de janeiro, uma notável reunião ocorreu no gabinete de Spaak em Bruxelas. Os ministros dos cinco membros pró-adesão, mais representantes do governo britânico,

---

²³ Rolf Lahr, memorando 19 jan. 1963. In: Nicholas Piers Ludlow, *The European Community and the Crises of the 1960s: Negotiating the Gaullist Challenge*. London/New York, Routledge, 2006, p. 12.

²⁴ Paul-Henri Spaak, 29 jan. 1963. In Miriam Camps, op. cit., p. 489.

²⁵ Edward Heath. In: ibidem, p. 492.

extravasaram suas frustrações sobre o veto francês. Os "novos Seis", conforme eles se denominaram fraternalmente naquela noite, deliberavam sobre como evitar que a Comunidade e a Grã-Bretanha se distanciassem. Num clima de retórica antigaullista, o ministro neerlandês chegou a entabular a ideia de uma nova organização, sem a França e com a Grã-Bretanha. Os demais membros, entretanto, a despeito de sua ira, foram mais cautelosos. Desistir de tudo que a Comunidade havia alcançado pareceu insensato; teriam de continuar juntos. Um dos alemães presentes escreveu depois, com um leve pesar: "quando partimos dos nossos hotéis na manhã seguinte, nada mais restava dos 'novos Seis' daquela noite emotiva".[26]

Com seu intempestivo anúncio no dia 14 de janeiro de 1963, De Gaulle tomou uma decisão sobre a Comunidade no espaço público nacional. Era ele que como líder de governo vigiava o portão de acesso aos Seis. O limite entre o dentro e o fora não se situava no âmbito do tratado.

A ironia é que os Cinco também descobriram isso, só que do lado oposto. Quando flertaram com a ideia de trocar Paris pelo não membro Londres, eles prontamente perceberam que essa ideia não tinha consistência. A noite ilusória de 29 de janeiro de 1963 deixou claro que a coação conjunta é mais forte que um termo como "cooperação intergovernamental" implica. Fosse uma questão de acordos entre governos, então após o veto de De Gaulle os Cinco poderiam simplesmente instituir uma mesa de reuniões sem os franceses e com os britânicos. Mas os interesses dos membros já se encontravam tão entrelaçados que um rompimento seria extremamente prejudicial a todos. Dito de maneira positiva, eles continuavam reunidos pelo espírito de grupo ou pelo "espírito da Comunidade"; dito de maneira negativa, devido ao enorme prejuízo trazido pela quebra de contrato e/ou exclusão da França. Fosse

---

[26] Alfred Müller-Armack. In: Nicholas Piers Ludlow, op. cit., p. 13.

por afinidade ou por calculismo, a condição de membro implicava um elo político com uma forte e singular coesão.

Quatro anos depois, a escaramuça no portão se repetiu. A segunda solicitação britânica para sua adesão chegou em maio de 1967. De Gaulle asseverou sua oposição em uma entrevista coletiva em novembro, o bloqueio formal francês das negociações se seguiu em dezembro. O caso continuava entravado.

Movimento só podia vir de Paris. Não demorou muito mais. Embora o general tivesse sobrevivido às greves e aos desejos de reforma do maio de 1968, mesmo assim ele renunciou no ano seguinte. Em diversas chancelarias, suspirou-se aliviado. O novo homem Pompidou fez saber que "em princípio" não se opunha à adesão da Grã-Bretanha. Os Seis, porém, dessa vez teriam de operar com as fileiras cerradas. De sua parte, os britânicos deviam parar de semear a desunião, manipulando "ora a Luns, ora a Brandt", "como se a Grã-Bretanha já fizesse parte da Comunidade", avisou Pompidou ao embaixador britânico em Paris. Para prosseguir: "Se o senhor me permite a comparação, a CEE é como uma cidade-fortaleza cuja muralha consiste em uma tarifa exterior comum. Quem quiser entrar, deve fazê-lo pelo portão e não abrindo brechas na muralha. Nunca perca de vista que os Seis formam uma totalidade".[27]

Na cúpula dos líderes de governo em Haia, em dezembro de 1969, os Seis decidiram que a Grã-Bretanha seria admitida. As negociações dessa vez seriam conduzidas "entre a Comunidade de um lado e os Estados candidatos do outro".[28] Com isso, tacitamente se remendou um erro de tecelagem do tratado; as conversações anteriores ocorreram entre os Estados-membros individuais e o candidato, permitindo que os Estados-membros fossem divididos. Ao mesmo tempo, além das regras do tratado, Londres e outros novos candidatos também

---

[27] Georges Pompidou, 10 out. 1969. In: Éric Roussel, *Georges Pompidou. 1911-1974*. Paris, Perrin, 2004, p. 335.

[28] Conclusões da Cúpula de Haia, 1-2 dez.1969. In: *EEC Bulletin* 1-1970.

teriam de acatar os objetivos políticos e todas as decisões tomadas desde 1958. Aqueles que quisessem participar assinavam pela letra, o espírito e a prática desenvolvida pela coletividade.

As negociações começaram meio ano depois, com os Seis de um lado e de outro a Grã-Bretanha, a Irlanda e seus parceiros de livre-comércio, Dinamarca e Noruega. Em janeiro de 1972, os dez governos fecharam um acordo. Nos meses subsequentes, deu-se a aprovação pelo Parlamento britânico (309 a favor, 301 contra), pela população irlandesa (83% a favor) e pela população dinamarquesa (63% a favor). Somente a população norueguesa votou contra. No Ano-Novo de 1973, os três novos membros passaram oficialmente pela entrada. Os Seis agora eram Nove. O portão pela primeira vez se provou como portão.

Para a pergunta sobre por que a França dessa vez concordou com a adesão britânica existem três respostas. Primeiro, estava ficando cada vez mais difícil resistir à pressão dos outros Cinco. Uma obstrução permanente prejudicava os benefícios da aliança. Pompidou queria voltar a ser um membro "normal". A irritação dos Cinco sobre o veto havia crescido de tal forma que um rompimento tornou-se factível. Visto que a posição internacional da França repousava em um papel de liderança na Comunidade, um círculo com Londres era melhor que nenhum. Segundo, as desvantagens de uma adesão britânica haviam diminuído. O financiamento da política agrária havia sido resolvido em 1970 a contento dos franceses; isso Londres não podia mais mudar.

Terceiro, tácito, mas fundamental: agora a França também precisava do equilíbrio de poder. Da mesma maneira que em 1961-1962 belgas e neerlandeses precisavam de um contrapeso britânico à dominação franco-alemã, dessa vez a própria Paris esperava da vinda de Londres um contrapeso a Bonn. A ninguém podia ter escapado quanto a economia e as aspirações políticas da Alemanha Ocidental haviam crescido. Isso colocava a supremacia da França como líder político dos Seis sob pressão; supremacia essa agora baseada apenas no aspecto militar. Monetariamente, as relações se cristalizaram após o súbito abandono do padrão dólar-ouro pelos Estados Unidos, em 15 de agosto de 1971. Com isso, o robusto marco alemão se consolidou como a âncora das outras moedas europeias, incluindo o franco francês. Mais premente, porém, foi a preocupação de Pompidou com a *Ostpolitik* de Brandt. Ele achou que em 1970 o chanceler da República Federal Alemã havia feito "formidáveis concessões"a Moscou com o reconhecimento das fronteiras de 1945. Além do mais, era incerto para onde as relações entre a Alemanha Ocidental e a Alemanha Oriental levariam. O inteiro equilíbrio de poder geopolítico europeu estava se deslocando.

Nessa situação, a França buscou apoio em dois princípios de ordenamento (da mesma maneira que os Países Baixos e a Bélgica uma década antes). De um lado, era necessário, segundo Pompidou, "ancorar a Alemanha de tal modo na Europa que esta não pudesse mais se desvencilhar".[29] Questões monetárias, por exemplo, poderiam ficar subordinadas ao âmbito da integração europeia. Além do mais, sob a proposta do presidente francês durante uma Cúpula dos Nove em Paris, em outubro de 1972, foi dado um passo simbolicamente importante; na década seguinte, os Estados-membros readequariam suas relações em uma "união política".[30] De outro lado, não faria nenhum mal preparar-se para o dia em que – suponhamos que a Dama Fortuna voltasse naquela antiga manifestação – o poderio alemão tivesse de ser contido por uma *entente* franco-britânica.

Abram o portão!

O ARRANJO DA MESA

A adesão da Grã-Bretanha, em 1973, teve importante consequência para a coletividade. Os três países mais poderosos da Europa

---

[29] Pompidou, segunda metade de 1970. In: Eric Roussel, op. cit., p. 394.
[30] Conclusões da Cúpula de Paris, 19-21 out. 1972. In: *EEC Bulletin* 10/1972.

Ocidental agora faziam parte dela. Visto que a porção oriental do continente caíra sob a supremacia soviética e desaparecera de cena, a pretensão dos Estados-membros de falar "em nome da Europa" adquiria mais credibilidade. Não que isso outrora tivesse impedido os Seis nesse sentido, mas em retrospectiva um ex-embaixador admitiu: "Antes da vinda dos britânicos, era um tanto duvidoso se tínhamos o direito de nos chamar de 'Europa'".[31]

O mundo exterior também reconheceu essa metamorfose. O ministro americano Henry Kissinger proclamou 1973 como o "Ano da Europa". A ele também se atribui a observação de querer saber por meio de que número de telefone se poderia ter a Europa na linha. Uma pergunta pertinente. Também em outros aspectos a confrontação com o mundo levava à introspecção. Ainda no mesmo ano de 1973, os líderes dos Nove publicaram uma "Declaração sobre a Identidade Europeia", uma notável tentativa de autodefinição.

Um peso maior combinado trouxe nova autoimagem, novo senso de responsabilidade. Foi durante a cúpula em Haia, quando o portão se abria para Londres – não em textos preparados por oficiais, mas no próprio lugar –, que os líderes decidiram averiguar a possibilidade de uma cooperação na área da política externa. No ano seguinte, resultou que todos achavam útil ter um quadro de referência para discutir suas posições e seus interesses conjuntos no mundo. O que De Gaulle não havia conseguido no início dos anos 1960, por causa da mútua desconfiança e das contendas ideológicas, agora se concretizava: cautelosamente, organizou-se a esfera dos membros.

Apesar de essa "Cooperação Política Europeia", conforme se chamava oficialmente, já ter sido iniciada pelos Seis em 1970, o caso tornou-se mais sério a partir do momento em que eram Nove. Os membros prometeram compartilhar informações e se consultar antes de tomarem posição com relação a uma crise concreta.

---

[31] Philippe de Schoutheete, 11 de junho de 2008, conversa com o autor.

Kissinger e os nove – 1973

Na relação com os Estados Unidos, esse primeiro reconhecimento foi insuficiente. O ano de 1973, que Kissinger proclamara como o "Ano da Europa", expôs isso dolorosamente. A Casa Branca pretendia elaborar uma "carta atlântica". Um quarto de século após o pacto da Otan, os Estados Unidos e a Europa solenemente reafirmariam seus valores e objetivos políticos compartilhados, como uma visão para o futuro. No discurso de lançamento proferido em abril, Kissinger (na ocasião, assessor de segurança de Nixon) contrapôs os "interesses mundiais" dos Estados Unidos aos "interesses regionais" de seus aliados europeus. Isso incomodou os parceiros. O fato de o presidente americano estar afundando no caso Watergate abrandou um pouco o entusiasmo entre os líderes europeus para se deixar fotografar na Casa Branca. Mas é na Europa que se devem procurar os motivos pelos quais a iniciativa desandou em um diálogo de surdos.

Pois quem falaria "em nome da Europa"? Essa pergunta tornou-se inevitável. Todos os atores estavam cientes disso. O chanceler alemão foi o primeiro de uma série de líderes de governo europeus que visitariam Washington como parte do "Ano da Europa". Durante um banquete na casa Branca, Willy Brandt arriscou uma fórmula sofista:

> Nenhum de nós se encontra mais na condição de representantes apenas dos nossos próprios países, mas ao mesmo tempo, até certo ponto, também como um representante da Comunidade Europeia. Assim, também eu nao estou aqui como um porta-voz *da* Europa, mas certamente como um porta-voz *para* a Europa.[32]

Não um porta-voz "em nome da", mas no máximo "para a" Europa. Interessante, achou o conselheiro de segurança, mas o que isso significava na prática? Até que houvesse uma instituição política na

---

[32] Willy Brandt, 1 maio 1973. In: Henry Kissinger, *Years of Upheaval*. London, Weidenfeld & Nicolson, 1982, p. 157.

Europa, não haveria "ponto focal para um contato com a Europa". Em suas memórias, Kissinger colocou o problema europeu no fio da navalha: "'Brandt, de fato, nos confrontou com um dilema insolúvel: se cada líder europeu podia ser considerado um porta-voz da Europa, sem que no entanto pudesse representá-la, enquanto aqueles que a representavam eram funcionários públicos sem poder de negociação, então quem poderia agir com autoridade?".[33] Em outras palavras: o "em nome de" que a Comissão oferecia (e que Washington conhecia das relações comerciais) era fraco demais, a esfera dos Estados-membros não dispunha dessa prerrogativa.

O problema surgiu novamente em setembro de 1973. Cinco meses após o discurso de Kissinger, os Nove tinham sua resposta pronta. O ministro dinamarquês das Relações Exteriores, Knud Børge Andersen, presidente rotativo do Conselho, a apresentou. Ele não estava autorizado a negociar alterações, pois para isso teria de consultar seus oito colegas. Sem falar de um insípido texto que os Nove haviam produzido, Kissinger (então promovido a secretário de Estado) se aborreceu porque a conferência atlântica seria realizada apenas entre funcionários públicos. Um constrangido Andersen disse: "O senhor deve entender como é difícil para os Nove alcançar o que conseguimos". E Kissinger: "Sim, trata-se de uma conquista notável para a Europa, mas não para as relações atlânticas".[34]

Leo e cúpula – 1973/1974

em 6 de outubro de 1973, irrompeu uma guerra árabe-israelense. Em um ataque-surpresa, o Egito reconquistou o Deserto do Sinai, e a Síria as Colinas de Golan. Os israelenses se reagruparam e em 48 horas os ganhos bélicos se reverteram. Em seguida, os agressores

---

[33] Kissinger, ibidem.
[34] Knud Børge Andersen e Henry Kissinger, 25 set. 1973. In: ibidem, p. 704.

empregeram o petróleo como "arma". A partir de 17 de outubro, os países árabes exportadores de petróleo diminuíram o fornecimento ao Ocidente. Quando os russos ameaçaram intervir no conflito armado do lado dos egípcios, os americanos forçaram um cessar-fogo. Conversações de paz se seguiram. A guerra terminou, a crise do petróleo começou.

Ao silêncio europeu com relação à crise do Oriente Médio seguiu-se um murmúrio interno. "À luz dos acontecimentos recentes, devemos reconhecer que o cessar-fogo e as negociações de paz foram preparados sem nenhuma participação da Europa", disse um ligeiramente perplexo presidente francês numa declaração em 31 de outubro. Segundo Pompidou, o silêncio deixa o caminho aberto para um perigoso confronto russo-americano e não condiz com os laços históricos e a proximidade geográfica da Europa com o Oriente Médio. Os Nove devem encontrar uma voz. Por isso, o governo francês propõe a seus oito parceiros "que uma decisão deve ser tomada sobre o princípio de reuniões periódicas exclusivamente entre os líderes de governo, com o objetivo de comparar e harmonizar suas visões sobre os problemas no âmbito de uma cooperação política".[35] O primeiro desses encontros deveria ser realizado ainda antes do final de 1973. Entre quatro paredes, o primeiro-ministro britânico e o chanceler da liga alemã dão apoio; eles compartilham a análise de que a Europa carece de "um foco de autoridade".[36]

Apesar de também haver certa rezinga – por que sempre os franceses? –, a iniciativa é adotada pela presidência rotativa, exercida pela Dinamarca. A cúpula é planejada para os dias 14 e 15 de dezembro em Copenhague. De antemão, há uma tensa expectativa. Um diplomata americano prevê que a Europa redigirá uma "Declaração de Independência". Em Washington, sabe-se que na Europa a própria

---

[35] Georges Pompidou, 31 out. 1973. In: *EEC Bulletin* 11/1973.
[36] Edward Heath, 16 set. 1973. In: Jean Monnet, *Mémoires*, op. cit., p. 593.

autoridade americana está sob pressão por causa do Vietnã, do caso Watergate e da queda do dólar.

Entre outubro e dezembro, o preço do barril de petróleo quintuplica. A crise de energia estimula a inflação e ameaça desestruturar as economias da Europa Ocidental. O boicote de petróleo imposto pelos árabes ademais coloca a solidariedade interna em xeque. Os Países Baixos são considerados um amigo de Israel e tornam-se o único dos Nove a sofrer boicote integral. A França e a Grã-Bretanha, "nações amigas" dos árabes, continuam sendo abastecidas normalmente. Os outros seis são ameaçados com um corte gradual do fornecimento de petróleo. Essas tensões se provam demasiadas. Uma pressão externa também pode se tornar excessiva.

A Cúpula resulta em caos. Quatro ministros árabes comparecem de forma totalmente inesperada ao Bella Center, o local da conferência em Copenhague. Trata-se de uma aparição da Dama Fortuna em uma de suas manifestações mais burlescas. O argelino, o egípcio, o sudanês e um homem dos Emirados Árabes gostariam muito de falar com a Europa sobre petróleo e Israel. Não está claro se alguém os havia convidado. Os líderes de governo – protocolarmente uma escala superior na hierarquia, afinal – não podem receber os quatro hóspedes, portanto eles são encaminhados aos ministros das Relações Exteriores. A conversa não consegue se desenvolver. Por conseguinte, a presença árabe leva a negociações nacionais de petróleo nos corredores. De uma posição conjunta não há indício; cada um pensa apenas em seu próprio abastecimento. Em vão, os boicotados Países Baixos pedem pela solidariedade dos outros oito. Uma política energética europeia não se materializa.

Apesar (ou por causa) desse vergonhoso espetáculo, os nove líderes de governo decidem se reunir com mais frequência, para que a Europa possa falar "com uma única voz em importantes questões mundiais". Essas reuniões não ocorrerão periodicamente, conforme proposto por Pompidou, mas, segundo a declaração final, "caso justificado pelas circunstâncias e sempre que for necessário prover estímulos ou definir diretrizes para a construção de uma Europa unida [...] e sempre que a situação internacional assim demandar".[37]

Por enquanto, para sua organização, a esfera dos Estados-membros aguarda até que o destino venha bater à porta.

Depois disso havia mais um passo a tomar. Uma conferência de cúpula entre os membros ocorreria quando "a situação assim demandar". Mas não está sempre acontecendo algo no mundo? A Dama Fortuna não poderia surgir a qualquer momento?

Com a constante alta do petróleo, economias em estagnação, instabilidade monetária internacional e a incerteza sobre a permanência das tropas americanas em solo europeu, a necessidade de uma autoridade política permanente se fez sentir entre os Nove. Essa autoridade não poderia surgir de dentro da esfera interna europeia, assim também percebia seu fundador Monnet; as instituições emperravam. ("Somente poderão se decepcionar", ele escreveria depois, "aqueles que ainda acreditam que um governo da Europa um dia sairá completamente das instituições da Comunidade Econômica.")[38] No prazo de um ano, os líderes de governo, alguns a contragosto, haviam retomado o assunto. Antes disso, houve repentina troca de pessoal político em Londres, Bonn e Paris. Na primeira metade de 1974, Edward Heath cedeu lugar a Harold Wilson ao perder as eleições; Willy Brandt cedeu lugar a Helmut Schmidt por causa de um escândalo de espionagem; Georges Pompidou faleceu e foi sucedido por Valéry Giscard d'Estaing. Este rapidamente chegou à mesma conclusão que seus dois antecessores em relação à política europeia. "O objetivo que eu tinha em mente era que os líderes europeus se reunissem regularmente. Uma vez estabelecida essa regularidade, a autonomia executiva dos

---

[37] Conclusões da Cúpula de Copenhague, 14-15 dez. 1973, itens 3 e 4. In: *EEC Bulletin* 12/1973.

[38] Jean Monnet, *Mémoires*, op. cit., p. 598-99.

líderes de governo faria o resto e consolidaria a instituição por si; um poder executivo europeu começaria a surgir."[39]

Em agosto de 1974, Giscard fez uma exposição na televisão anunciando "iniciativas referentes à organização política da Europa". Ele contou aos telespectadores franceses quanto ficara chocado pelo fato de o presidente Ford não ter mencionado a palavra "Europa" em seu discurso de inauguração.[40] Em setembro, organizou em Paris – dessa vez com a própria França na presidência rotativa – um almoço informal para os nove líderes de governo, uma "cúpula-piquenique". Nesta, o francês solicita ideias a seus convidados. Todos se mostram pessoalmente dispostos a carregar maior responsabilidade europeia. O chanceler Schmidt sugeriu transformar aquele conselho em uma instituição formal. A ideia não caiu muito bem. O primeiro-ministro neerlandês Joop den Uyl enfatiza a necessidade de se reforçar a Comissão. Também o primeiro-ministro dinamarquês Poul Hartling, recém-chegado ao círculo e líder de um fraco gabinete minoritário no Parlamento, mostra-se avesso a inovações institucionais. Uma conferência seguinte deveria trazer a decisão.

Nos dias 9 e 10 de dezembro de 1974 chega a hora. O presidente francês recebe os oito líderes de governo para uma cúpula de dois dias em Paris. O anfitrião reserva a questão mais delicada para a tarde do segundo dia. Num salão no térreo do palácio do Elysée, com os convidados informalmente misturados em poltronas pelo recinto, tomando chá ou café com biscoitinhos, ele proferiu: "Não seria agradável conduzir essas reuniões com certa regularidade?". Previamente, Giscard d'Estaing já havia assegurado o apoio de Schmidt: a França e a Alemanha estavam na mesma linha. O primeiro-ministro italiano Aldo Moro foi o primeiro a assentir: ele achou que seria uma boa

---

[39] Valéry Giscard d'Estaing, *Le Pouvoir et la Vie*. Paris, Compagnie 12, 1988, vol. 1, p. 119.

[40] Giscard d'Estaing, 27 ago. 1974. In: Jan Werts, *The European Council*. Amsterdam/Atlanta, Elsevier, 1992, p. 52-53.

ideia. Desde a adesão britânica, os italianos temiam um diretório dos três grandes, e isso poderia ser evitado assim. O primeiro-ministro britânico Wilson segurava as cartas rente ao peito. O dinamarquês se mantinha calado. Os representantes do Benelux claramente não gostavam da ideia.

Mas então Leo Tindemans teve um lampejo. Onde então deveriam realizar essas reuniões? O primeiro-ministro belga gostaria que uma parte fosse organizada em Bruxelas, "em virtude da coesão das instituições europeias". Giscard d'Estaing mal conseguia disfarçar sua alegria. "A partir do momento em que deliberamos sobre o local das reuniões, o jogo havia terminado! Agora era uma questão de fazer algumas concessões. Assim ocorreu que, após longas discussões – que eu acompanhava com um delicioso sentimento por dentro, uma vez que a causa parecia ganha –, decidiu-se realizar três reuniões por ano, sendo que das duas no primeiro semestre uma deveria ser obrigatoriamente realizada em Bruxelas ou em Luxemburgo."[41]

Por causa da oposição da Dinamarca e dos Países Baixos em relação a uma nova instituição, na reunião os Nove combinaram que seu foro não se chamaria "Conselho Europeu". Desse modo, o termo foi omitido nas conclusões oficiais do encontro. Por detalhes como esses, o anfitrião não se deixaria deter. Ele próprio criou o almejado fato político, graças ao público. Como? Triunfalmente, Giscard d'Estaing abriu a entrevista coletiva final da seguinte forma: "A cúpula morreu! Viva o Conselho Europeu!". Esse golpe semântico deu certo – os telexes da imprensa já matraqueavam – sim, o Conselho Europeu nasceu.

Para a delegação dinamarquesa presente na conferência de imprensa, as palavras de abertura de Giscard vieram "como uma surpresa".[42]

Na linguagem oficial das conclusões, os líderes fundaram o Conselho Europeu por causa da necessidade de uma "abordagem integral

---

[41] Valéry Giscard d'Estaing, *Le Pouvoir et la Vie*, op. cit., p. 120-21.
[42] Erik Holm, "Denmark's Position at the Birth of the European Council", não publicada ao autor, 3 fev. 2009.

para os problemas internos relacionados à unificação europeia e aos problemas externos que afetam a Europa", o que deveria se refletir numa "consistência integral das atividades das comunidades e dos trabalhos de cooperação política".[43] Essa duplicidade é essencial. Somente os líderes de governo reunidos exercem autoridade tanto sobre a esfera interna (na qual seus ministros setoriais conduzem o Conselho e na qual nomeiam a Comissão) quanto sobre a cooperação política entre os Estados. Sua mesa de reuniões congrega as mais altas linhas de representatividade nacionais. Todo problema passado adiante por fim termina ali. Somente com isso é que a coletividade se propiciou uma instância da qual se podia dizer, nas palavras de Truman, que "o pinote termina aqui".

Não foi por acaso que até mesmo o enigma da representatividade foi solucionado na Cúpula de Paris, ao menos no papel: "O presidente em exercício será o porta-voz dos Nove e enunciará suas opiniões sobre a diplomacia internacional".[44] O presidente do Conselho Europeu não fala em nome da Comunidade, mas em nome dos Estados--membros reunidos. Porém, ele ainda não tinha muito a dizer.

---

[43] Conclusões da Cúpula de Paris, 9-10 dez. 1974, item 2. In: *EEC Bulletin* 12/1974.

[44] Ibidem, item 4.

Capítulo 6 | Atuando como União
(1989-tempos atuais)

> O curso da história às vezes se decide em um dia ou mesmo dentro de algumas horas. Nesses dias excepcionais, a história se torna visível e tangível para todos. Desenvolvimentos estruturais altamente complexos se concentram em um único evento de grande impacto, sendo, portanto, perceptíveis no mesmo momento, de modo claro e compreensível. [...] Os contemporâneos sentirão a dramaticidade extraordinária imediatamente, pois [é quando] os acontecimentos políticos se condensam com uma rara intensidade emocional. Estes são os dias da épica mudança de curso, do início de uma nova era histórica.
>
> *Joschka Fischer*, Die Rückkehr der Geschichte: die Welt nach dem 11. September und die Erneuerung des Westens

Em um impressionante ensaio de 1969, o filósofo alemão Hans-Georg Gadamer analisa a essência do "acontecimento memorável",[1] um evento que marca o fim de uma era. Embora a expressão muitas vezes seja usada em vão – segundo Gadamer, "muitos acontecimentos inovadores são anunciados apenas pelo rádio"–, ele afirma que sabemos bem do que se trata. Esses acontecimentos memoráveis formam uma incisão no tempo, um corte que distingue o antigo do novo. Não são os historiadores que os definem em retrospectiva; conceitos estritamente construtivistas de periodização são insustentáveis. É o evento que decide por nós.[2]

A Queda do Muro (1989) é um exemplo desse tipo de corte. Em um momento preciso: no dia 9 de novembro, a partir das nove e meia

---

[1] O autor usa o termo original em alemão, "*epochemachende Ereignis*", ou literalmente "acontecimento criador de uma época" (do grego *Epokhē,* interrupção). (N. T.)

[2] Hans-Georg Gadamer, "Über Leere und Erfüllte Zeit". In: idem, *Gesammelte Werke*. Tübingen, J. C. B. Mohr, 1987, vol. IV, p. 148-49.

da noite, milhares de berlinenses orientais atravessaram a fronteira com o Ocidente pelo Portão de Brandemburgo. Com uma imagem contundente: o muro derrubado foi fato e símbolo ao mesmo tempo. E de um materialismo tentador: nos meses seguintes, dezenas de milhares de turistas historiais adquiriram pequenos pedaços do muro, relíquias do impacto do "espírito do mundo".

Um quarto de século depois, a Europa ainda não assimilou inteiramente o terremoto de 1989, seu significado ainda não foi bem avaliado. O acontecimento forçou os europeus ocidentais a assumir um novo papel. Eles deveriam demonstrar mais responsabilidade perante a situação em seu continente. Em pouco tempo a União Soviética se fragmentou, houve jovens democracias que abordaram os Doze, guerras nos Bálcãs, globalização econômica. Muito com que se habituar. O choque de 1989 obrigou os Estados-membros a mudar seus fundamentos. Eles transformaram sua aliança em uma União Europeia, novos membros foram admitidos, a fronteira da Europa institucional se aproximou daquela da Europa geográfica.

Embora a Queda do Muro fosse imediatamente reconhecida como o fim de uma era, ninguém sabia qual período se abria. Até segunda ordem, ele ficou conhecido como o Pós-Guerra Fria. O otimismo inicial acerca de uma ordem mundial estável sob a liderança dos Estados Unidos, sintetizado no lema do "fim da história" de Fukuyama, foi abalado doze anos mais tarde por um segundo acontecimento memorável. Este, conhecido por sua data, o "Onze de Setembro". A superpotência Estados Unidos foi atingida no coração. As consequências se fizeram sentir por todo o mundo. Também a Europa teve de se relacionar com o terrorismo islâmico e com as guerras americanas no Oriente Médio e na Ásia Central.

Cativante foi que "2001" também ensinou algo sobre "1989". O segundo acontecimento colocou o primeiro em nova perspectiva. Forçou os europeus a reconhecer que seu protetor do outro lado do mar não era invulnerável, que o mundo se tornava maior, que a história não para. Logo após o Onze de Setembro, a consciência histórica se cristalizou no lema do "retorno da história". Além do mais, começou-se a perceber então que esse "retorno" para a Europa de fato já havia se iniciado com a Queda do Muro. O "fim" da história aparentou ser uma ilusão passageira. De fato, "2001" fez com que "1989" se tornasse o incontestável corte que terminou com a aprazível espera comunitária e forçou um embarque coletivo na corrente do tempo.

APÓS O MURO

O impacto atingiu, em primeiro lugar, a esfera externa do equilíbrio de poder; a totalidade do consórcio dos Estados europeus entre Londres e Belgrado tremeu nas bases após a Queda do Muro como não havia feito desde 1945. Um novo equilíbrio teria de ser encontrado. O impacto foi visto como uma oportunidade, em segundo lugar, pela esfera interna da Comunidade. Em Bruxelas, contemplou-se o ensejo de converter a dinâmica econômica vigente desde 1985 em um avanço político. Isso ocorreu, mas diferentemente do que se esperava. O impacto foi em parte absorvido, em terceiro lugar, pela esfera intermediária dos membros. Os Doze a contragosto se viram diante de uma tarefa histórica. Eles transformaram sua relação em uma "União" e, após uma longa hesitação, admitiram mais de dez Estados do outro lado do Muro no círculo. Foi nessa esfera que ocorreu a maior inovação: a coletividade dos Estados-membros foi despertada do torpor geopolítico.

A súbita aceleração faz muitos políticos perderem o fôlego. Um líder de governo se lembra em retrospectiva como a história "galopava como um cavalo desembestado pela noite da Queda do Muro".[3] Os mais dotados dentre eles o agarraram pelas rédeas.

---

[3] Felipe González, "Europa am Scheideweg", *Frankfurter Allgemeine Zeitung*, 17 out. 2001. In: Tilo Schabert, *Wie Weltgeschichte Gemacht Wird. Frankreich und die Deutsche Einheit*. Stuttgart, Klett-Cotta, 2002, p. 533.

O ACELERAMENTO DE KOHL (28 DE NOVEMBRO DE 1989)

A esfera externa geopolítica da Europa foi a primeira a ser atingida. A unificação alemã implicava uma redefinição do mapa da Europa, no que se refere a traçar ou confirmar as fronteiras entre Estados soberanos. Com relação à Alemanha, retornava-se a 1945, a "Ialta". O jogo diplomático agora se passava entre os sucessores do derrotado império nazista e as quatro forças de ocupação da época, ou seja, a Alemanha Ocidental e a Alemanha Oriental, seus respectivos protetores, Estados Unidos e Rússia, além da Grã-Bretanha e da França. Esses seis, batizados de "2+4" pelos diplomatas, unificariam os dois estados alemães, devolveriam a soberania a um deles e assim cimentariam os fundamentos de uma nova ordem europeia. Circunstantes preocupados, como a Polônia, a Itália e os Países Baixos, foram mantidos de fora.

Nas primeiras duas semanas, a situação era difusa. Meio ano antes, o presidente americano havia declarado: "Deixe a Europa ser inteira e livre". Seu desejo era claro. Bush apoiava os alemães ocidentais em todos os movimentos. Os líderes da Alemanha Oriental propuseram um inexpressivo plano para uma "comunidade confederada".[4] Uma reforma do Estado alemão oriental ainda parecia viável. Outros cenários também circulavam, como uma confederação entre dois Estados ou uma Alemanha militarmente neutra. Britânicos e franceses não estavam muito entusiasmados com uma unificação, conforme o chanceler alemão notou durante um encontro. Que os russos um dia concordassem com isso parecia improvável.

Em 28 de novembro, Kohl tomou a iniciativa. "A roda da história girava mais depressa",[5] estimava ele; depois da *Mauerfall* [Queda do Muro], esperar significaria desperdiçar a oportunidade. Em um

---

[4] Literalmente, "Comunidade pactual" (*Verdragsgemeenschap*). (N. T.)

[5] Helmut Kohl, *Erinnerungen, 1982-1990*. München, Droemer, 2005, p. 966.

discurso no Bundestag, Kohl expôs seus derradeiros objetivos: "unidade" e "reunificação" alemã. Uma posição surpreendentemente clara. Ele também apresentou um detalhado plano em dez etapas: de "cooperação" para "estrutura confederada", antes de chegar a uma "federação". Não havia cronograma, mas em Bonn se pensava em termos de vários anos. Somente o presidente americano havia sido notificado com antecedência por telefone. Este havia dado sua bênção.

Surpresa e medo prevaleceram nas capitais europeias após o discurso de Kohl. De repente, um temor difuso se concretizava: o ressurgimento de uma poderosa e rica nação-Estado com oitenta milhões de habitantes no meio do continente. E por que será que o chanceler não reconheceu de antemão a fronteira entre a Polônia e a Alemanha (Oriental) na linha entre os rios Oder e Neisse? Da mesma forma que no fim dos anos 1940 a ameaça soviética havia obscurecido o "problema alemão", agora que o primeiro parecia ter passado, o segundo de pronto despontou novamente. Nas respostas articuladas em Londres e Paris, ambas as nações permaneceram fiéis à linha estabelecida quatro décadas antes.

Thatcher, a "Dama de Ferro", queria deter a reunificação alemã. Ela se apegava ao *statu quo* alemão e europeu. A ordem cortada pela Cortina de Ferro era, conforme as palavras de seu ministro Hurd – que não hesitava em passar ao largo de mais de cem milhões de pessoas em ambos os lados –, "um sistema sob o qual vivemos muito felizes por quarenta anos".[6] Como não encontrava ouvidos em Washington para suas preocupações, Thatcher procurou apoio de Mitterrand. Somente uma nova *entente* franco-britânica poderia restabelecer o equilíbrio de poder na Europa e prover aos países menores a garantia de que seriam protegidos, assim disse a primeira-ministra. Ela conta nas suas memórias que, durante uma conversa com o presidente francês em dezembro

---

[6] Douglas Hurd, 22 dez. 1989. In: Timothy Garton Ash. In: *Europe's Name: Germany and the Divided Continent*. London, Jonathan Cape, 1993, p. 2.

de 1989, "tirei da minha bolsa um mapa com as diferentes configurações da Alemanha no passado, que como um todo não inspiravam muita confiança no futuro".[7] Essa imagem do inimigo, embora pouco difundida em Londres com essa intensidade, determinou a posição britânica durante um ano, ou seja, até a queda de Thatcher.

Para a França, uma Alemanha unida e forte tampouco era uma bênção. Não mais ela seria *grosso modo* do mesmo tamanho, mas definitivamente teria de reconhecer a superioridade demográfica e econômica do país vizinho. Por muito tempo isso incomodou Paris imensamente. Assim como para Thatcher, para Mitterrand, antigo prisioneiro de guerra alemão, espectros do passado vieram à tona. Durante uma visita a Berlim Ocidental, no fim de dezembro de 1989, ele se recusou a atravessar o Portão de Brandemburgo ao lado de Kohl. Sua explicação, entre quatro paredes, foi:

> É um assunto interno dos alemães. Não é necessário que eu participe. Kohl não me informou de seu plano de dez etapas; ele se recusa a reconhecer a fronteira do Oder-Neisse. E depois ainda quer que eu apareça para legitimar sua conquista da RDA?[8] Mais absurdo que isso não dá! [...] E a imprensa francesa que diz que não entendo nada disso... Jornalistas estão sempre dispostos a se lançar aos pés do vencedor, como em 1940![9]

Publicamente, o presidente também se mostrou bastante econômico quanto a palavras entusiasmadas. Somente em outubro de 1990 ele conseguiu dizer "Boa sorte, Alemanha!" com certa credibilidade.

Mas, assim como em 1950, os franceses não acreditavam que uma aliança com a Grã-Bretanha atendesse ao melhor interesse de

---

[7] Margaret Thatcher, *The Downing Street Years*. New York, Harper Collins, 1993, p. 796.

[8] República Democrática Alemã, antiga Alemanha Oriental. Na sigla original, DDR (Deutsche Democratische Republik). (N. T.)

[9] Mitterrand, 21 dez. 1989. In: Jacques Attali, *Verbatim*. Paris, Fayard, 1995, vol. III p. 381.

sua segurança nacional. Novamente, eles preferiram a integração da Alemanha a uma ordem europeia. Além do mais, em contraste com Londres, Paris não se fixava tanto no *statu quo*; caso a situação entrasse em movimento, haveria algo a ganhar. Em particular, Mitterrand buscava a anuência alemã para uma união monetária europeia. Esse passo era considerado em Paris como a única chance para refrear a supremacia do marco alemão. Os planos desenvolvidos pelos doze bancos centrais nesse sentido, sob a presidência de Delors, já estavam prontos desde meados de 1989, mas o chanceler Kohl hesitava em dar a largada. Pior ainda, um dia antes de seu discurso sobre a unificação alemã, ele havia enviado uma carta a Mitterrand afirmando que as negociações entre os Doze sobre uma união monetária deveriam ser adiadas por um ano. A combinação dos dois recados – aceleramento alemão, adiamento europeu – caiu mal em Paris.

Seguiu-se um breve mas fascinante jogo de pôquer franco-alemão. Bonn desejava a soberania do povo alemão; o resto podia esperar. Paris queria uma moeda europeia; um acordo por escrito agora, como símbolo do apreço alemão à Europa. Durante uns dez dias, ambos os protagonistas não piscaram. No dia 5 de dezembro, Kohl enviou uma carta a Paris insistindo no adiamento de uma união monetária. No dia 6 de dezembro, Mitterrand voou a Kiev para se encontrar com Gorbatchev. Teria sido seu objetivo tramar um bloqueio da unificação alemã com o líder soviético, conforme se murmurava, ou apenas aumentar a pressão sobre Kohl? O jogo de pôquer terminou na mesa dos Doze, no Conselho Europeu dos líderes de governo dos dias 8 e 9 de dezembro em Estrasburgo. Kohl movimentou primeiro; logo durante o almoço, declarou sua concordância à união monetária. A despeito do ambiente glacial, em que Thatcher, Ruud Lubbers e Andreotti[10] não escondiam o mal-estar,

---

[10] Na época, os primeiros-ministros dos Países Baixos e da Itália, respectivamente. (N. T.)

no final do segundo dia, Miterrand, presidente do Conselho, proferiu a declaração política que a Alemanha desejava. Assim, os Doze aprovaram o início de uma conferência intergovernamental sobre uma união monetária a partir de dezembro de 1990 e também assinaram o trâmite pelo qual a unificação alemã podia ocorrer. Exatamente um mês após a Queda do Muro, o acordo histórico foi fechado: para os alemães, um Estado soberano e unificado; para os franceses, uma moeda europeia.

Esse escambo foi o último ato da peça que começou quando De Gaulle foi admitido por insistência de Churchill à mesa dos vencedores da Segunda Guerra Mundial. A cogestão sobre questões políticas vitais do vizinho derrotado que resultou desse assento improvisado foi habilmente explorada pelos franceses durante meio século. Da mesma forma como Adenauer concordou em 1951 com o plano francês de transformar o carvão alemão em carvão europeu (e logo depois até com o plano de transformar soldados alemães em soldados europeus), em 1989 Kohl, a fim de tranquilizar a França e seus demais parceiros na Europa Ocidental, concordou que o marco alemão se transformasse em uma moeda europeia. Em vista do apoio americano, a unificação também teria ocorrido sem essa concessão, mas nesse caso em um clima de desconfiança. "Precisamos de amigos", explicou o chanceler ao presidente Bush. Essa, porém, seria a última rodada. Com a unificação alemã e seus respectivos tratados – por fim assinados depois que os russos cessaram sua resistência em setembro de 1990 –, Paris perdeu o trunfo político de antigo vencedor.

A BRAVATA DE DELORS (17 DE JANEIRO DE 1990)

Em Bruxelas percebiam-se oportunidades no histórico outono de 1989. A dinâmica política na Europa Oriental era avidamente comparada com a dinâmica econômica que a articulação das "metas de 1992" fizera surgir no mercado interno.

"A história se acelera. Nós também temos de acelerar", disse o presidente da Comissão Delors em outubro de 1989, durante uma palestra em Bruges. "Sempre fui adepto de uma política de pequenos passos [...], mas hoje me distancio disso, pois o tempo nos ultrapassou. A Comunidade deve dar um salto quântico." Os procedimentos para a tomada de decisões eram insuficientes "para podermos responder ao aceleramento da história".[11] Como a Europa poderia ser mais bem dirigida ainda era assunto de reflexão para o chefe da esfera interna.

No início do novo ano, Delors ousou dar um salto. Em 17 de janeiro de 1990, expôs seu ponto de vista em Estrasburgo. O tema de seu discurso no Parlamento era o papel da Comunidade em um mundo atribulado. Não seria melhor, em vez de ficar sempre correndo atrás dos fatos, primeiro "definir os interesses comunitários essenciais dos Estados-membros para assim iluminar o caminho"? Uma política exterior europeia era necessária. E com isso também um poder executivo europeu. Impávido, Delors pleiteava "a transformação da Comissão em um verdadeiro e responsável poder executivo. A lógica dos pais do Tratado de Roma, assim como a eficiência e os desafios do mundo exterior, exigem que essas soluções tenham chance de êxito". Obviamente, a Comissão/governo prestaria contas "perante as instituições democráticas da futura Federação".[12] E assim ele também soltou essa outra palavra famigerada. Uma semana depois, Delors chegou a apresentar um cronograma na televisão francesa: "Minha meta é que a Europa seja uma federação de verdade antes do fim do milênio".[13]

Tais ideias caíram mal em algumas capitais europeias. Em Londres, Thatcher via confirmadas suas mais profundas suspeitas sobre

---

[11] Jacques Delors, 17 out. 1989. In: Jacques Delors, *Le Nouveau Concert Européen*. Paris, Odile Jacob, 1992, p. 335.

[12] Jacques Delors, 17 jan. 1990. In: ibidem, p. 209.

[13] Jacques Delors, 23 jan. 1990. In: Charles Grant, *Delors. Inside the House that Jacques Built*. London, Nicholas Brealey, 1994, p. 135.

as pretensões de Bruxelas. Em Paris, Mitterrand, que estava em casa durante a entrevista de Delors, berrou diante da televisão: "Mas isso é ridículo! O que ele tem a ver com isso? Ninguém na Europa vai gostar disso. Sendo extremista desse jeito, ele também vai acabar arruinando o que é viável".[14]

Seu biógrafo denominou esse episódio "o momento Ícaro" de Delors. Arrebatado pelos acontecimentos, por um instante ele pensou que podia voar. Não obstante, o dito cujo sobreviveu à queda; o apoio incondicional de Kohl funcionou como rede de segurança. Mas entre fevereiro de 1990 e novembro de 1991, o presidente da Comissão não fez mais nenhum discurso exaltado sobre o futuro político da Europa. A corrente histórica não erguia a Comunidade, mas cabia aos Doze.

"CHEGOU A HORA" (19 DE ABRIL DE 1990)

Na primeira metade de 1990, depois que o Kremlin também deu seu consentimento para a unificação alemã, a atenção se voltou para o continente como um todo. Pois com o retorno da Alemanha a Rússia também havia sumido. Um imenso espaço se abriu. Gradualmente, os Doze se tornaram cientes de que havia mais de cem milhões de pessoas atrás da Cortina de Ferro que se consideravam "europeias". Por mais de quarenta anos, elas haviam sido esquecidas. A par das ocasionais erupções de simpatia, como durante as revoltas em Budapeste (1954), Praga (1968) e Gdansk (1980-1981), em geral o Ocidente era indiferente ao que se imaginava ser não mais que uma massa sombria e cinzenta de moradias populares, fuligem de fábrica, polícia secreta e prateleiras vazias.

Somente nove dias após a Queda do Muro, o presidente francês, em seu papel de presidente rotativo do Conselho dos Doze, organizou um banquete para os líderes de governo em Paris. O assunto

---

[14] François Mitterrand, 23 jan. 1990. In: Attali, *Verbatim*, op. cit., vol. III, p. 401.

dessa cúpula extraordinária *não* era a unificação alemã. Para essa questão, que ocupava a mente de todos, aquele não era um foro adequado. Ela foi mantida fora das conversas (embora Thatcher, durante a sobremesa, sem conseguir se conter, ter atacado Kohl com veemência). O que estava em pauta, no entanto, era a situação na Europa Central e na Europa Oriental, programas de emergência, vultosos empréstimos à Polônia e à Hungria, quem sabe um novo Plano Marshall. Sobre isso, os comensais falavam em uníssono em termos de solidariedade e unidade europeia. O primeiro-ministro belga, Wilfried Martens, membro do grupo desde 1979, constatou satisfeito: "Pela primeira vez, sentávamos em torno da mesa para deliberar sobre um assunto político como um governo em âmbito europeu".[15] Foi um momento extraordinário. Em 18 de novembro de 1989, a responsabilidade conjunta dos Doze em relação à situação de depois e para além da Cortina de Ferro foi assumida *de fato*. O precedente também demonstrou onde essa responsabilidade se situava: na mesa dos líderes de governo reunidos.

Após o aceleramento na reunificação alemã, que deixou os nervos expostos, na primeira metade de 1990 os Doze retomaram a conversa sobre o futuro da Europa. A união monetária que se pretendeu no final de 1989 já não parecia mais suficiente como resposta à Queda do Muro. Lentamente, raiava a noção de que por trás da Cortina de Ferro viviam mais de cem milhões de indivíduos que se consideravam "europeus". Um continuado fortalecimento "político" da Europa parecia necessário. A Comissão e o Parlamento já achavam isso havia tempo, mas também alguns governos começaram a defendê-lo.

Mas que fazer? O avanço, como de costume, deu-se por uma iniciativa franco-alemã. O chanceler queria tranquilizar seus parceiros quanto ao fato de que a reunificação nacional ocorria dentro de

---

[15] Wilfried Martens. In: *The New York Times*, 22 nov. 1989, "Watershed for Europe".

um âmbito europeu. Bonn achava também que o Parlamento Europeu merecia mais poder. A partir de fevereiro, Kohl insistiu com Mitterrand para juntos lançarem uma renovação institucional. O presidente francês hesitou; ele não levava "Estrasburgo" a sério e não desejava ser tragado por Bonn numa direção federalista. Mas melhor tocar a quatro mãos que deixar Kohl sozinho atrás do piano.

Assim, em 19 de abril de 1990 ambos os cavalheiros enviaram uma breve mas contundente carta a seus dez colegas líderes de governo. "À luz das profundas reviravoltas na Europa e tendo em vista a consolidação do mercado interno e a realização de uma união monetária e econômica", diziam o chanceler e o presidente, "consideramos ser necessário acelerar a construção política da Europa dos Doze."[16] Em referência à constantemente adiada proposta, eles escreveram: "Acreditamos que chegou a hora de transformar 'a totalidade das relações entre os Estados-membros em uma União europeia'".[17] Uma "união política", esse era o maleável termo no qual as percepções francesas e alemãs podiam se encontrar. Na Cúpula de Paris de 1972, os líderes dos Nove haviam dito que queriam formar uma "união". Ninguém sabia exatamente o que isso significava, mas essa imprecisão também era uma vantagem. Por várias vezes os líderes haviam repetido essa meta, a última delas em 1985, sem que isso tivesse levado a passos concretos. Agora, segundo Kohl e Mitterrand, "havia chegado a hora". O período de espera tinha terminado.

Detalhe importante: Kohl e Mitterrand não escreveram "a Comunidade deve se tornar uma União" (conforme a referida metamorfose geralmente é resumida). Não, eles localizaram a origem da União

---

[16] Helmut Kohl e François Mitterrand, Carta à Presidência Irlandesa, 19 abr. 1990. In: Finn Laursen e Sophie Vanhoonacker, *The Intergovernmental Conference on Political Union. Institutional Reforms, New Policies and International Identity of the European Community*. Maastricht, Eipa, 1992, p. 276 (grifo do autor).

[17] Ibidem.

Europeia na "Europa dos Doze", na "totalidade das relações entre os Estados-membros", ou seja, na esfera intermediária dos Estados-membros. Entre a ampliação da esfera comunitária e uma formalização parcial da esfera dos membros existe uma diferença essencial, negligenciada um ano e meio depois pela diplomacia neerlandesa, em detrimento dela própria.

Como os membros dariam forma à sua convivência era algo que estava em aberto. As instruções franco-alemãs não eram muito impositivas. As desavenças entre os dois remetentes haviam sido encobertas semanticamente ou convertidas em um compromisso. Uma união exigia, conforme argumentavam, um aumento da legitimidade democrática e instituições mais eficientes (Bonn), coerência entre ações econômicas, monetárias e políticas (ambos), assim como uma política exterior conjunta (Paris).

Logo após a carta franco-alemã, os Doze decidiram organizar uma conferência intergovernamental sobre uma união política que começaria em dezembro de 1990, concomitantemente com a conferência sobre a união monetária. Essa perspectiva acelerou o encadeamento de ideias. Cada Estado-membro começou a refletir sobre que vantagens poderia obter individualmente e que vantagens o círculo obteria como um todo. Uma amostra da lista de desejos: política exterior e defesa (França, Alemanha, Bélgica e Espanha); cidadania (Espanha e Grécia); mais poder para o Parlamento (Alemanha, Itália e Benelux); mais política social (os mesmos, mais a França); uma política ambiental mais rigorosa e vantagens mais concretas para os cidadãos (Dinamarca); mais recursos para as regiões mais pobres (Estados-membros do sul da Europa). O que quer que fosse uma "união", a rota levava a uma negociação total e a uma nova fundação.

Margaret Thatcher já não presenciaria esse ato. Após a Queda do Muro, ela queria o *statu quo* com relação à Alemanha, mas teve de engolir a reunificação. Da mesma maneira, ela queria o *statu quo* da Europa, mas agora encarava uma união. Três semanas após a reunificação alemã, decidiu-se também esse pleito. Na extenuante Cúpula de Roma dos dias 28 e 29 de outubro de 1990, a primeira-ministra não se conciliou com as metas que os Doze estabeleceram para a união monetária e política. Foram onze contra um. O isolamento de Londres foi total. Em casa, Thatcher apresentou um relatório da Cúpula na Câmara dos Comuns. Desafiada pelo questionamento da oposição, ela inesperadamente se deixou levar: "O presidente da Comissão, Sr. Delors, em uma coletiva de imprensa outro dia afirmou querer que o Parlamento Europeu se tornasse o corpo democrático da Comunidade, que a Comissão se tornasse o Executivo e que o Conselho Ministerial se tornasse o Senado. Não! Não! Não!".[18] Ela também comprometeu a alternativa britânica para a moeda comum, para a qual seus próprios ministros buscavam apoio. Após esse desempenho bravio, seu sempre fiel antigo ministro das Relações Exteriores, Howe, pediu demissão como primeiro-ministro adjunto. Seu motivo, soletrado duas semanas depois diante de um silencioso Parlamento, foi: "A atitude evidenciada pela primeira-ministra em relação à Europa ameaça cada vez mais o futuro da nossa nação".[19] Embora uma agitação interna também estivesse latente por outros motivos, isso foi concludente para uma revolta em seu partido. Em 22 de novembro de 1990, Thatcher jogou a toalha. Também essa poderosa e inflexível política não aguentou a luta contra a história que irrompeu na Europa em 1989 por mais de um ano e alguns dias.

SEGUNDA-FEIRA NEGRA (30 DE SETEMBRO DE 1991)

A transformação parcial da esfera intermediária em uma União Europeia, que os britânicos não conseguiram impedir, também esbarrou em resistência por parte da Comunidade. Durante a conferência

---

[18] Margaret Thatcher. In: *Hansard*, 30 out. 1990, col. 873.

[19] Geoffrey Howe, 13 nov. 1990. In: Howe, *Conflict of Loyalty*. London, Pan Books/Macmillan, 1995, p. 702.

intergovernamental de 1991, os defensores do modelo comunitário tentaram evitar a ameaça de uma União Europeia. Na segunda-feira 30 de setembro, dez semanas antes da cúpula de encerramento de Maastricht, essa intenção estava fadada ao fracasso.

O novo e subestimado elemento foi a pressão externa. Após 1989, a necessidade dos Doze de se manifestar conjuntamente ao exterior decidiu a fascinante queda de braço sobre o nome e a estrutura do tratado, no qual a insondável luta entre as esferas se expressava, a favor de uma União Europeia. Como se dirigir ao mundo como Doze? A informal cooperação política externa existente era fraca demais, quase todos reconheciam isso. Ela era reacional, declaratória e impelia seus membros a não mais que uma troca de informações ("vou fazer isso e aquilo") e uma consulta mútua ("o que vocês achariam?"). Nem mesmo havia obrigação de se aspirar a uma posição conjunta. Por outro lado, expor a política externa às regras da Comunidade era um assunto sensível. Nesse caso, a Corte em Luxemburgo poderia condenar atos diplomáticos, o Parlamento teria ingerência e formalmente apenas a Comissão poderia fazer propostas nesse sentido. Isso contrariava a noção de soberania nacional dos Estados-membros. O dilema: as regras informais eram facultativas, e a Comunidade oferecia um âmbito muito restrito. Era preciso uma solução intermediária.

Em vista desses pontos sensíveis, em abril de 1991 Luxemburgo, como presidente rotativo, apresentou um projeto de tratado para uma União Europeia. Este tinha três conjuntos de regras, que cobriam negócios comunitários (econômicos, monetários e sociais), política externa e justiça e assuntos internos. Quando se cobrim esses três "pilares" com um simples telhado, surgia um templo. Na opinião da Bélgica, dos Países Baixos, da Grécia e da Comissão, esse modelo era completamente equivocado. Ele debilitava a Comunidade e fechava o caminho para um desenvolvimento federal da Europa. Eles preferiam "uma árvore": um único tronco, do qual eventualmente diversos galhos pudessem brotar. Em contrapartida, Grã-Bretanha, França,

Portugal e Dinamarca apoiavam os pilares separados; as instituições bruxelenses deveriam ter o mínimo possível de ingerência sobre a política externa. Os demais podiam conviver com ambas as opções. Na Cúpula de Luxemburgo do final de junho de 1991 – a crise na Iugoslávia ainda era recente –, os doze líderes de governo decidiram tomar a proposta dos pilares como o (e não um) ponto de partida para o tratado da União Europeia.

A partir de julho de 1991, os Países Baixos assumiram a presidência. Em Haia, na época ainda um baluarte da ortodoxia comunitária, pensou-se poder reverter a situação. Sob a liderança do secretário de Estado para Assuntos Europeus, Piet Dankert, ex-presidente do Parlamento Europeu, o tratado luxemburguês para a União Europeia foi reescrito. Funcionários da Comissão que ficavam no entorno de Delors prestaram assistência redacional. O nome dos Doze foi novamente alterado de "União" para "Comunidade". A política externa voltou a ser vertida em um molde comunitário. A intenção, segundo afirmou o redator responsável a seu ministro, era de que os pilares fossem "convertidos o mais discretamente possível na estrutura que temos em vista".[20] Considerando o exaltado debate sobre o assunto entre os Doze desde abril, a suposição de que essa metamorfose existencial pudesse passar despercebida era notável. Não obstante, graças a "uma desconcertante dose de *wishful thinking*",[21] Haia conseguiu ignorar todos os sinais de alarme provenientes de seus próprios diplomatas em Bruxelas e de parceiros.

Na segunda-feira 30 de setembro, os ministros dos Doze se reuniram para discutir o projeto neerlandês para o tratado comunitário. As críticas e a indignação foram sem precedentes. O ministro dinamarquês abriu: inaceitável. A maioria dos ministros sugeriu retomar

---

[20] Just de Visser, 13 ago. 1991. In: Bob van den Bos, *Mirakel en Debacle. De Nederlandse Besluitvorming over de Politieke Unie in het Verdrag van Maastricht*. Assen, Van Gorcum, 2008, p. 177.

[21] Peter van Walsum, 2001. In: idem, p. 193.

o projeto luxemburguês de abril. Somente o belga Mark Eyskens apoiou seu colega neerlandês Hans van den Broek. Foram dez contra dois. Haia capitulou.

Na diplomacia neerlandesa, esse fiasco ficou conhecido como a "Segunda-feira Negra". Seu significado, porém, cobre a Europa como um todo e raramente é bem compreendido. O episódio pode ser caracterizado como uma tentativa da esfera interna de abranger a totalidade da coletividade institucionalizada. Em vão, dessa vez: não houve um "Ato Único Europeu Duplo", a senha que expressava o desejo de alguns para deter uma "União Europeia" pela segunda vez (como seis anos antes havia sido feito com êxito).[22] Depois que também a presidência rotativa dos Países Baixos se resignou com o caso, as instituições comunitárias se viram sozinhas. Em novembro de 1991, às vésperas da Cúpula de Maastricht, Delors ameaçou repudiar o tratado da União Europeia caso a política externa permanecesse um assunto entre os Estados. O Parlamento também afirmou querer rejeitar o texto.[23] Mas a Comissão e o Parlamento formalmente não tinham nada a ver com o assunto; isso cabia aos Doze. A Queda do Muro havia quebrado o casulo comunitário. A União Europeia se manifestava inexoravelmente.

Estados com uma política externa, encabeçados pela Grã-Bretanha e pela França, não abriram mão disso. Fazer propostas para um mercado comum é uma coisa, decidir sobre guerra e paz é outra. Essa responsabilidade não podia ser carregada por funcionários públicos bruxelenses e parlamentares estrasburguenses, era esse o sentimento nas capitais. Entre quatro paredes, os líderes de governo falavam uma linguagem notavelmente depreciativa. O primeiro-ministro neerlandês Ruud Lubbers, em visita ao Eliseu em meados de 1991, na companhia de seu ministro das Relações Exteriores Van den Broek, ouviu

---

[22] Jacques Delors, 5 jun. 1993. In: Charles Grant, *Delors*, p. 142.
[23] Jacques Delors, 20 nov. 1991. In: Finn Laursen e Sophie Vanhoonacker, *The Intergovernmental Conference*, p. 20.

o seguinte do presidente Mitterrand ao sugerir que se fortalecessem as instituições: "Mas o que o senhor está dizendo agora? A Comissão é um zero, o Parlamento é um zero, e zero mais zero é igual a zero".[24] Em uma conversa com Major, Mitterrand afirmou que o Parlamento não teria legitimidade "nem daqui a cem anos".[25] Até mesmo o italiano Andreotti, cujo governo havia pleiteado por décadas sua instituição, parecia lamentar a existência do Parlamento como uma concessão "demagógica" à retórica federalista.[26]

Essas coisas não eram ditas em voz alta pelos líderes de governo (à exceção dos britânicos). Mas eles atuavam em conformidade com isso. Em Maastricht, os líderes de governo atribuíram a responsabilidade final sobre a política externa a si mesmos, reunidos no Conselho Europeu. O aceleramento da história europeia de 1989 não levou à coroação da esfera interna. O pesadelo de Thatcher e o sonho de Delors não se concretizaram. Nem o modelo da cooperação entre Estados soberanos nem o do superestado federal europeu se aplicou à situação. Algo diferente aconteceu. Para assumir responsabilidade no mundo, os Doze transformaram seu círculo (informal) parcialmente em uma União Europeia (formal). Apenas nos anos seguintes é que se perceberia como essa metamorfose havia sido radical.

A FORMA DA UNIÃO

Na Cúpula de Maastricht, nos dias 9 e 10 de dezembro de 1991, os Doze deram a primeira resposta séria à Queda do Muro berlinense: um tratado para a fundação de uma União Europeia. Uma moeda comum

---

[24] François Mitterrand, 1991, citado por Ruud Lubbers em *Buitenhof*, 18 de março de 2007.

[25] François Mitterrand, 1991. In: John Major, *The Autobiography*. London, Harper-Collins, 1999, p. 270.

[26] Giulio Andreotti, 17 out. 1991. In: Hubert Védrine, *Les Mondes de François Mitterrand. Àl'Elysée, 1981-1995*. Paris, Fayard, 1996, p. 469.

e uma política externa foram as principais reformas. Ao mesmo tempo, a Comunidade foi alterada. Ela perdeu o adjetivo "econômica" e expandiu sua jurisdição para outras áreas. A diferença entre a União Europeia e a Comunidade é gravemente subestimada. Esta toca o lugar que a coletividade reserva para si na corrente dos acontecimentos. A palavra-chave é responsabilidade. A reforma fundamental da União Europeia foi que os Estados-membros carregam essa responsabilidade coletivamente. É aí que se encontra a essencial politização da aliança.

Essa politização tem uma consequência importante e raramente reconhecida: ela age contra a ficção da igualdade jurídica entre os Estados-membros. Fazia muito tempo que a força da Comunidade se situava na configuração de um mercado e na montagem de um palco – um "campo de atuação igualitária" – para os participantes da vida econômica. Esses participantes são empresas, consumidores, empregadores, empregados, mas *não* os próprios Estados. Para eles, as regras europeias agem justamente como uma restrição à sua liberdade de atuação (por exemplo, ao proibir o apoio estatal a empresas ou indústrias deficientes). Foi assim que na Comunidade a útil ficção da igualdade perante a lei tornou-se acreditável: cada Estado-membro tinha os mesmos direitos, tanto a Alemanha quanto Luxemburgo. Isso provocou certa tensão com a efetiva desigualdade de poder, mas na medida em que as regras da Comunidade exigiam principalmente uma autoimposição por parte dos Estados-membros, enquanto as tarefas de controle e supervisão haviam sido delegadas às instituições europeias, ainda dava para acreditar.

Na União Europeia é diferente. Por sua natureza, os Estados-membros reunidos se encontram sob a plena luz da ribalta. Eles não são gerentes de mercado imparciais nem auxiliares servis, tal qual no campo de atuação econômica que a Comunidade mantém, mas são eles mesmos os jogadores de quem a atuação depende e que devem reagir a todo tipo de distúrbio da ordem e desafios imprevistos. Na União Europeia, em outras palavras, os Estados-membros têm um exército, uma diplomacia, um aparato policial, poder e uma história. Essas características já não podem ser ocultadas atrás de uma cortina somente para garantir a ficção jurídica da igualdade de cada um. Em vez disso, elas são determinantes para a pergunta de quanta responsabilidade cada um pode ou quer carregar. E nesse caso a resposta é: a jogadora Alemanha assume uma responsabilidade maior que o jogador Luxemburgo. Por conseguinte, os Estados-membros na União Europeia são desiguais – grande e pequeno, rico e pobre, com uma fronteira externa curta ou comprida, com vizinhos (externos) amistosos ou hostis. Isso modifica radicalmente a natureza de sua convivência.

Essa desigualdade se manifesta sobretudo no tratamento dispensado à Dama Fortuna. Para começar, todos os Estados-membros têm uma localização geográfica própria. A Alemanha esteve relacionada com as economias e os acontecimentos na Europa Central por muito tempo. A França se sente responsável pelo outro lado do Mar Mediterrâneo – desde o norte da África até o Oriente Médio – e se esforça para envolver outros Estados do sul da Europa nesse contexto. Desde a época do czar Pedro, o Grande, a Suécia e a Polônia dividem uma preocupação com a Rússia referente às esferas de influência em torno do Mar Báltico. E enquanto para a Suécia pouco importa se a vizinha Noruega um dia fará parte do círculo de membros, a Polônia reza de todo o coração para que seu vizinho Ucrânia um dia seja admitido.

Além do lugar de cada um no espaço, há o do tempo. A história nacional é ademais o resultado da maneira pela qual cada Estado no passado reagiu – ou desafiou – à Dama Fortuna. Uma cúpula mundial sobre o racismo e o passado de escravidão repercute de maneiras diferentes em Londres e Varsóvia. A Indonésia tem para os Países Baixos um significado diferente do que tem para o Chipre. A adesão da Turquia tem um impacto diferente sobre a população de Viena em comparação ao impacto que tem sobre a população de Madri. Faz vinte anos que a Grécia está indignada com a escolha do nome

"Macedônia" pelo país vizinho que se tornou independente (Alexandre, o Grande, soberano da Macedônia, afinal era grego).

Em comparação com essas suscetibilidades de toda ordem, em boa parte intangíveis e não formalizáveis, que às vezes remontam a séculos, a história compartilhada dos Estados-membros como *membros* é bastante limitada. Contado para trás a partir de 2013, para os Seis ela perdura por somente sessenta anos; para todos os novos membros, por menos de quarenta; e para metade destes últimos, por menos de dez. Seria, portanto, um milagre se os 28 num passe de mágica enfrentassem o mundo exterior como uma frente única, com suas batidas de coração e seus impulsos de atuação todos num ritmo prescrito por tratado. Assim como a Fortuna não pode ser prevista, tampouco a Virtù pode ser forçada.

Isso torna a politização da coletividade introduzida pela União Europeia desde 1992 ainda mais notável. Ela desponta mais precisamente nas determinações do tratado para a política externa. Com "Maastricht", os Doze se atribuíram interesses conjuntos, uma autoridade máxima e o direito de pensar em uma defesa conjunta.

O primeiro elemento se encontra nos objetivos da política externa: "a proteção dos valores comunitários, os interesses fundamentais e a independência da União Europeia".[27] A atribuição de interesses próprios e a independência perante o exterior significa uma emancipação do círculo com relação a seus membros. O segundo elemento se encontra no desenho institucional: o Conselho Europeu estipula as diretrizes e toma as decisões estratégicas.[28] Com isso, a mesa dos líderes de governo – que por mais de uma década de fato já tomava as decisões mais importantes da Comunidade – agora pela primeira vez recebe tarefas com base em tratado. Verdade que são apenas essas tarefas, e somente no âmbito do tratado da União Europeia, mas

---

[27] Art. J.1 TUE (versão Maastricht).
[28] Art. J.3 TUE (versão Maastricht).

os Estados-membros confirmaram que a autoridade necessária para a alta política não poderia fluir da esfera da Comunidade. Terceiro elemento: os Estados-membros declaram que a política externa a longo prazo poderá levar "a uma defesa comunitária".[29] Apesar de uma grande hesitação da Grã-Bretanha, da Dinamarca e dos Países Baixos por causa de uma possível concorrência com a Otan e da Irlanda por sua neutralidade – assim como a ativa oposição dos americanos –, essa determinação foi incluída no tratado. O tabu sobre a ideia de um exército europeu, que prevaleceu desde o fracasso da comunidade de defesa em 1954, já havia sido superado.

Essa cautelosa estreia dos Estados-membros reunidos no palco da alta política também trouxe de volta outra questão: a da fronteira geográfica. Nos anos da Comunidade, essa questão era tabu. Havia razões urgentes para que despontasse após 1989, em particular por causa de candidatos a membro do outro lado da Cortina de Ferro que apareciam no portão. Mas a questão da fronteira também se tornou conceitualmente inevitável na União Europeia. A Europa desejava se dirigir ativamente para o exterior, ter um papel no palco mundial. Por enquanto, eram apenas palavras, mas apenas o desejo já encerrava um confronto com outros jogadores, um reconhecimento de esferas de influência, incluindo fronteiras geográficas.

Uma particularidade jurídica significativa deve ainda ser mencionada. Na Cúpula de Maastricht, o presidente neerlandês do Conselho da Europa, Ruud Lubbers, apoiado pelo presidente da Comissão, Delors, evitou que a união se tornasse uma personalidade jurídica. Após a humilhação pública da "Segunda-feira Negra", esse episódio representou uma escaramuça menos notada dos defensores da Comunidade contra o avanço na direção de uma União Europeia. O inconcebível resultado: a União Europeia, a nova aliança política apresentada com muita pompa e cerimônia, não existia juridicamente. Segundo alguns juristas,

---

[29] Art. B e art. J.7, item 1, TUE (versão Maastricht).

qualquer ato da União Europeia, como o envio de soldados, não seria executado pela instituição em si, mas pelos "Estados-membros reunidos". Outros acreditavam que na prática a União Europeia podia, não obstante, atuar como personalidade jurídica; assim ocorreu que, em abril de 2004, o Conselho fechou um acordo com a antiga Iugoslávia "em nome da União Europeia".[30] Aparentemente, a União Europeia se encontrava no limbo jurídico, entre o ser ou não ser capaz de atuar.

A forma da União Europeia era maleável. Da mesma maneira como o tratado de fundação foi uma resposta ao sismo de 1989, assim vieram sucessores para lidar com seus tremores secundários. O mais importante tremor secundário: o advento de quinze novos membros, a maioria do outro lado da Cortina de Ferro. Aos trancos e barrancos, numa série de tratados, os Estados-membros adaptaram seus fundamentos à situação. A "Maastricht" (assinado em 1992) seguiram-se "Amsterdã" (1997) e "Nice" (2001). Depois disso – mas nesse ínterim já havia outros sismos a ser assimilados –, um tratado constituinte (2004) e "Lisboa" (2007).

Esse constante aprimoramento jurídico das relações mútuas foi acompanhado de uma crescente tensão entre países pequenos e grandes nas negociações do tratado. Em geral, essa tensão é atribuída a uma participação relativamente maior de países pequenos; a proporção grande-pequeno passou de um para um nos anos iniciais (França, Alemanha e Itália *versus* Benelux) para seis para 26 em 2013. De fato, o aumento do número de membros tornou necessária uma adaptação do mecanismo institucional originalmente elaborado para os Seis. Daí a ruidosa luta por vetos e votos proporcionais no Conselho, por assentos no Parlamento e pelo número de eurocomissários. Isso se tornou uma fonte de desespero e jocosidade e de inúmeros comentários nos jornais. Mas a tensão entre grande e pequeno era mais subjacente.

---

[30] Conselho da União Europeia, Conclusões 8 abr. 2001. In: Jean-Paul Jacqué, *Droit Institutionnel de l'Union Européenne*. Paris, Dalloz, 2001, p. 146.

Ela deriva da politização cada vez maior da aliança. O âmbito da Comunidade havia sido dilatado. Além de uma Comunidade igualitária "de papel", a coletividade formalmente agora também constituía uma União Europeia de Estados-membros "de carne e osso".

No Tratado de Lisboa (2007), a distinção jurídica entre Comunidade e União foi abolida. A Comunidade desapareceu, sobrou a União. As instituições permaneceram as mesmas, com a diferença de que o Conselho Europeu de líderes de governo agora tomaria as decisões normativas em *todas* as áreas de atuação. Ao mesmo tempo, o consórcio dos líderes nacionais decidiu se dotar de um presidente fixo, por causa da representatividade no exterior. Essa figura faz com que a União Europeia seja politicamente um único corpo. Foi a ruidosamente comentada contrapartida de uma reviravolta jurídica silenciosa que se passava em outra parte do tratado: "A União Europeia tem personalidade jurídica".[31]

NOVOS MEMBROS E A FRONTEIRA

Que fazer com o outro lado da Cortina de Ferro? Apesar das esplêndidas narrativas sobre "o fim da divisão europeia", após 1989 uma sensação de mal-estar predominava nas capitais da Europa Ocidental. Preferiam-se as coisas como eram antes.

Isso foi constatado com agudeza. O presidente tcheco Václav Havel escreveu:

> Quatro anos após a queda do comunismo, pode-se dizer sem exageros que aquele evento histórico momentâneo provocou uma dor de cabeça e tanto para o Ocidente democrático. Até onde sabemos, muitos políticos ocidentais ocasionalmente devem se perguntar, na intimidade de seus pensamentos, se porventura não teria sido um equívoco apoiar a luta de autolibertação no bloco soviético (mesmo que esse apoio tenha sido sobretudo verbal e moral).

---

[31] Art. 47, TUE (versão Lisboa).

(O autor provavelmente recebeu muitos desses políticos para um chá no Castelo de Praga.)

O antigo dissidente tcheco julgava perceber uma "saudade" no Ocidente dos dias da supremacia soviética. O mundo então era agradavelmente mais simples graças a um inimigo evidente e tangível, que invariavelmente optava pelo *statu quo* e que minimizava diferenças de opiniões. Segundo Havel:

> Tudo isso desapareceu. A ordem antiga entrou em colapso, mas ninguém criou uma nova. Nesse ínterim, o "mundo pós-comunista" constantemente cria novas surpresas para o Ocidente: nações antes desconhecidas estão despertando e querendo um território próprio. Pessoas altamente improváveis, [provenientes] sabe Deus de onde, estão ganhando eleições.[32]

Também o ministro polonês Geremek, quando perguntado se seu país sentira alguma forma de *Solidarność* da Comunidade no início dos anos 1990, declarou: "Darei uma resposta sincera, não diplomática. Não, não tivemos a impressão de que havia uma manifestação de solidariedade por parte da Europa para com os novos países".[33]

Dor de cabeça ou não, a partir do dia 9 de novembro os Doze sabiam que sua vida conjunta iria mudar. Em uma metáfora do ministro alemão Fischer, com a Queda do Muro "a parede traseira" da casa europeia havia desaparecido.[34] Um rombo se abriu. A União Soviética deixou um vácuo de poder que teria de ser preenchido por um novo ordenamento, a fim de conter os riscos de colapsos de economias e desemprego, ausência de autoridade estatal e criminalidade, até mesmo de guerras civis, com fluxos de refugiados para dentro e para fora da parte oriental do continente. Essas manifestações da Dama Fortuna

---

[32] Václav Havel, "A Call for Sacrifice. The Co-Responsibility of the West", *Foreign Affairs*, 1994, n. 2, p. 2.

[33] Bronislaw Geremek. In: *European Observer*, 22 mar. 2007, "Europe was Very Far from Us".

[34] Joschka Fischer, entrevista a *Buitenhof* (NOS), 22 maio 2005.

não se deteriam todas certinhas na fronteira. Após alguns anos de hesitação, em 1993 os líderes de governo dos Doze em princípio decidiram abrir o círculo para as jovens democracias da Europa Oriental e da Europa Central. Para os Doze, não foi o desejo de expandir o mercado europeu com cerca de cem milhões de consumidores que os persuadiu a tomar essa decisão. Foi antes a noção de que *sua* segurança também dependia da estabilidade na metade oriental do continente. As guerras nos Bálcãs demonstraram, a partir de 1991, que rivalidades nacionalistas ainda podiam agir de maneira tão destrutiva como antes de 1939. Por outro lado, um golpe de Estado frustrado em Moscou, em meados de 1991, lembrava que a boa vontade do Kremlin não devia ser vista como um dom natural.

Certamente a Alemanha, único país a ter sido cortado em dois pela Guerra Fria, sentia a necessidade de uma "ordem pan-europeia". Ali, a separação alemã e a europeia já vinham sendo comparadas e espelhadas havia décadas. No segundo semestre de 1989, o chanceler Kohl assegurava constantemente que a unificação alemã e a europeia constituíam "duas faces da mesma medalha".[35] No Parlamento de Estrasburgo, ele afirmou: "A Europa não é somente Londres, Roma, Haia, Dublin e Paris, mas também Varsóvia, Budapeste, Praga e Sófia – e naturalmente Berlim, Leipzig e Dresden".[36] Uma ambivalente investida de charme.

A expansão para o leste do círculo após 1989 não apenas foi impelida pela Alemanha como também se iniciou na própria Alemanha. Em 3 de outubro de 1990, com a reunificação alemã, a Alemanha Oriental foi absorvida pela República Federal Alemã. Ao mesmo tempo, o território anexado passou a fazer parte da Comunidade. Foi uma expansão geopolítica sem adesão. Essa dimensão europeia foi reconhecida por Bonn; na festa alemã da reunificação,

---

[35] Helmut Kohl, *Erinnerungen*, op. cit., p. 986.
[36] Helmut Kohl, 22 nov. 1989. In: ibidem, p. 985.

estavam presentes o presidente da Comissão, Delors, e o presidente do Parlamento, Barón Crespo, como os únicos convidados estrangeiros. Apesar de o caso alemão ser excepcional, mesmo assim isso criou um precedente: um ex-membro do Pacto de Varsóvia agora pertencia à Otan e à Comunidade.

O segundo passo na expansão pós-Muro foi a adesão da Áustria, da Suécia e da Finlândia. Esses três países, militarmente neutros, durante a Guerra Fria se situavam em uma zona cinzenta entre a esfera de influência russa e a americana. A Finlândia tinha uma fronteira de mil e duzentos quilômetros com a União Soviética e, após 1945, em vista da atuação soviética na Polônia e na Estônia, se dava por contente que os russos houvessem reconhecido sua independência. Somente após a queda do império soviético, em 1991, é que ousou tomar medidas autônomas nas suas Relações Exteriores. A Suécia, neutra desde 1814, julgara em parte devido à cooperação política externa entre os Estados-membros que seria melhor manter-se fora da Comunidade. A Áustria, que, como derrotada aliada nazista, fora ocupada pelas quatro potências, havia optado pela neutralidade em 1955, em troca de uma abreviada retirada das tropas russas. Agora que o Kremlin projetava sua sombra militar a uma distância menor e o continente se encontrava em movimento, abriam-se novas perspectivas. Do ponto de vista econômico, os três faziam parte da Associação Europeia de Livre-Comércio, com a Noruega, a Islândia e a Suíça. Após a partida de seu país fundador e facilitador, a Grã-Bretanha, essa estrutura institucional menos rigorosa era particularmente atraente para aqueles que não podiam ou não desejavam fazer parte da Comunidade. Depois de negociações para uma organização que pudesse abranger os Doze e os Seis haverem fracassado, Viena, Estocolmo e Helsinque passaram de um grupo para o outro. Foi assim que, em 1995, os Doze se tornaram os Quinze.

O terceiro e o quarto passo na expansão para o leste envolveram os Estados que após 1989 saíram de baixo do gelo soviético.

A Polônia e a Hungria foram os primeiros países a bater na porta dos Doze; outros seguiram. Um ritual de vários anos se instaurou em torno da entrada. As negociações, algumas delas muito amargas, ocorriam mediante uma gama de prazos e protocolos diplomáticos. Não obstante, a partir de 1993 o resultado ficou evidente. Os Estados-membros ficaram cientes daquilo que eles mesmos haviam escrito no pacto de fundação: "todo Estado europeu" podia em princípio entrar. A única incerteza se referia às condições e ao *timing*. As condições levaram a uma impressionante transformação dos candidatos. Constituições foram reescritas; legislações adaptadas; regras europeias para o mercado introduzidas; direitos de minorias reconhecidos; tudo para poder passar pelo portão. O *timing* levou a uma contradança de dissimuladas procrastinações (os membros, em seu próprio tempo) *versus* esperançosos aceleramentos (os não membros, lá fora). Ao fundo, Washington pedia pressa. Em 1.º de maio de 2004, os primeiros oito Estados cujo território antes se situava dentro da esfera de influência russa entraram para a União Europeia, com duas ilhas do Mar Mediterrâneo. Destes Dez, a Polônia de longe era o maior, e veio a se tornar o sexto maior Estado-membro em uma mesa com 25 assentos. A Romênia e a Bulgária, que nesse percurso não haviam conseguido recuperar seu atraso com relação a seus vizinhos no desenvolvimento da economia e do estado de direito, seguiram em 2007.

A fragmentação da Iugoslávia em uma série de guerras civis sangrentas (1991-1999) foi a maior catástrofe do pós-guerra no continente europeu. A Dama Fortuna mostrou sua fúria de uma maneira que não se pensava mais ser possível após 1945: um dragão com várias cabeças de nacionalismo violento, cem mil e tantos mortos, mais de um milhão de desabrigados e desalojados, destruição de cidades e patrimônio histórico, chacinas de civis a sangue frio. Foi um drama horrendo.

Os Estados-membros falavam frequentemente sobre a violência em seu quintal dos fundos, mas foram notoriamente impotentes até mesmo para separar as partes no conflito. Sua divergência interna antes levou a uma escalada do conflito. O fundo do poço diplomático foi o reconhecimento unilateral da Eslovênia e da Croácia pela Alemanha algumas semanas após a Cúpula de Maastricht, na qual se havia decidido conduzir uma política exterior conjunta. Por um instante, parecia que a Europa havia retornado à linha divisória de 1914, na qual Berlim e Viena apoiavam os croatas, e Paris e Londres os sérvios. Por fim, foram os aviões americanos que em 1995 forçaram um cessar-fogo entre sérvios e bósnios. Estes voaram por cima dos atônitos europeus. Apesar de Washington considerar os Bálcãs um assunto regional, portanto europeu, os Quinze não se mostraram capazes de atuar. Isso foi considerado uma profunda humilhação, principalmente em Londres e Paris.

Somente quando houve o risco de se repetir no Kosovo o mesmo genocídio ocorrido na Bósnia, o Ocidente, dessa vez incluindo a Europa, traçou uma "linha vermelha".[37] O ministro alemão declarou: "A catástrofe nos Bálcãs despertou os líderes europeus e os pôs em movimento, não sem a pressão da opinião pública".[38] França, Grã-Bretanha e Alemanha tomaram a iniciativa em uma rodada final de diplomacia entre os kosovares e os sérvios. Como isso não obteve nenhum resultado, eles apoiaram os Estados Unidos no uso da violência. Em março de 1999, a Otan bombardeou a Sérvia. A Europa havia assumido uma responsabilidade regional. "Certamente", admitiu o ministro francês em 1999, "foi uma atuação dos europeus, e não da União Europeia e suas instituições, [...], mas isso não diminui em nada a coesão demonstrada."[39] Uma observação similar pode ser feita em relação aos acontecimentos na Líbia em 2011, em um dos

---

[37] Joschka Fischer, *Die rot-grünen Jahre. Deutsche Außenpolitik – vom Kosovo bis zum 11 September*. Köln, Kiepenheuer & Witsch, 2007, p. 121.

[38] Joschka Fischer, 1 de outubro de 2007, conversa com o autor.

[39] Hubert Védrine, 21 jun. 1999. In: Hubert Védrine, *Face à l'Hyperpuissance. Textes et Discours (1995-2003)*. Paris, Fayard, 2003, p. 152.

episódios da Primavera Árabe, quando havia o risco de um banho de sangue em Benghazi e alguns Estados europeus tomaram uma iniciativa militar que depois foi seguida no âmbito da União Europeia.

Notável na guerra do Kosovo foi que tratou-se da primeira participação da Alemanha em uma guerra desde 1945. O país havia exigido uma posição de liderança ao lado de Londres e Paris, entre outras razões por causa da evocação de sua simultânea presidência rotativa da União Europeia. A partir de 1999, o maior Estado-membro da Europa novamente se permitiu um papel militar no cenário mundial. O período de penitência parecia terminado.

Nesse ínterim, a Iugoslávia se fragmentou em sete Estados distintos. Todos eles – assim como a Albânia – com a perspectiva de poder passar pelo portão da União Europeia. A Eslovênia e a Croácia já entraram (em 2004 e 2013); Macedônia, Montenegro e Sérvia se encontram na sala de espera, e com a Bósnia foram fechados acordos. Também o Kosovo, de fato um protetorado da União Europeia desde 2008, tem uma "vocação europeia". Isso elevará a contagem para 34.

Esses movimentos geopolíticos para o leste, ainda sem encontrar um terminal, forçam a União Europeia a refletir sobre sua fronteira. A necessidade de definir uma fronteira foi por muito tempo considerada tabu. Em qualquer situação, é necessário ter boa autoconsciência política quando se traça uma fronteira. No contexto do projeto europeu, isso era mais difícil ainda. A noção de uma fronteira era associada ao consórcio dos Estados, com o equilíbrio geopolítico e as guerras das quais se pretendia justamente escapar em 1950.

A dificuldade reside no lado oriental. Ao norte, a oeste e ao sul, o continente encontra suas demarcações geográficas na calota polar, no Oceano Atlântico e no Mar Mediterrâneo. Em contrapartida, a leste estende-se uma planície aberta por milhares de quilômetros, para além de Kiev, além de Moscou, além do Aral... Como traçar uma linha por aí? Seria permitido? No início dos anos 2000, o repertório retórico padrão em Bruxelas prescrevia que qualquer demarcação a leste da União Europeia implicaria "uma nova Cortina de Ferro", de fato a reencarnação do mal. Parecia que se evitava o problema empurrando-o (espacialmente) para a frente, segundo o ditame da czarina Catarina, a Grande: "A única maneira de defender minhas fronteiras é colocá-las mais adiante".[40] Embora até uma criança pudesse entender que o *Ostweiterung* [alargamento] não continuaria até o Japão, era proibido perguntar onde terminaria.

Esse pudor, porém, está em vias de acabar. Desde 2003, os Estados-membros vêm refletindo sobre uma política de "vizinhança". Quando, em 2004, os dez candidatos a membro se encontravam quase todos a bordo, a atenção se voltou sobre o que se encontrava "mais adiante". O Tratado de Lisboa, no qual a questão das fronteiras ainda é evitada, contém um artigo proeminente sobre a política de vizinhança.[41] Isso implica o reconhecimento da existência de vizinhos. Não dos vizinhos de Estados-membros individuais – estes sempre existiram –, mas vizinhos dos Estados-membros reunidos. Trata-se de um passo para a determinação de uma fronteira ("aqui termina meu quintal e começa o seu"). A cláusula clama por uma autodefinição espacial. Ela forma, portanto, um elemento no amadurecimento geopolítico da coletividade.

Quem decide onde se situa a fronteira oriental, na falta de uma demarcação geográfica, é a política. Um fato novo foi que a Rússia, após passar uma década virtualmente dependurada nas cordas do ringue, a partir do ano 2000 novamente se manifestou como uma potência de ambições imperiais. Uma adesão russa à União Europeia tornou-se improvável. Isso pelo menos afiou a reflexão. A questão passou a ser: onde termina a (potencial) zona do círculo de membros europeus e começa a da Rússia? Nesse espaço geográfico intermediário, entre outros, a Ucrânia, a Moldávia e a Geórgia se consideram

---

[40] Catarina, a Grande. In: Robert Cooper, *The Breaking of Nations. Order and Chaos in the Twenty-First Century*. London, Grove Press, 2003, p. 78.

[41] Art. 8, item 1, TUE (versão Lisboa).

(parcialmente) "europeias". A adesão destas e de outras ex-repúblicas soviéticas atualmente não constituiria mais uma resposta à implosão soviética de 1989/1991, mas uma nova movimentação no jogo geopolítico entre as estruturas do Atlântico Norte e do Kremlin. Ainda não há resposta para essa questão.

Ademais, há no sudeste a república da Turquia. Esse grande país, a autoproclamada ponte entre a Ásia e a Europa, membro da Otan desde 1952, assinou um acordo de associação com os Seis em 1963, bateu formalmente no portão dos Doze em 1987, forma uma união aduaneira com os Quinze desde 1995 e foi admitida como candidato a membro em 1999. Desde 2005, são conduzidas negociações que poderão levar a Europa a atravessar o Estreito de Bósforo. Não obstante, entre muitos membros, incluindo Paris e Berlim, corre a ideia de um *status* intermediário permanente. Abrir ou não o portão para a Turquia? Essa é uma das consideráveis perguntas que os Estados-membros europeus têm a responder. A dimensão estratégica e geopolítica, assim como a dimensão simbólica e a da identidade, são ambas imensas. Essa questão pode ser empurrada adiante, mas não pode ser evitada. Os anos seguintes decidirão; o resultado é incerto.

Por fim, temos ainda no extremo noroeste e no centro do espaço geográfico europeu os não membros Noruega, Islândia e Suíça. Trata-se dos últimos três remanescentes da Associação Europeia de Livre-Comércio. Eles poderiam mudar de agremiação, conforme a Islândia pretendeu em meio à árdua crise financeira que atravessava em 2008, mas ninguém os obriga a tanto.

No fim das contas, uma união de 35 parece provável, uma de 40 não é impensável.

Esses movimentos geográficos e políticos modificaram a natureza da Europa política. As implicações para as relações de poder na esfera institucional interna foram amplamente discutidas. Interessante também é que o território da União Europeia coincide cada vez mais com o do continente europeu como um todo. O seleto círculo dos Seis, que se lançou como a vanguarda de todos os Estados europeus, cada vez menos se distingue em sua condição de membro do concerto mais amplo. O *télos* introduzido em 1950 se encontra quase esgotado. A vocação sublime, que, após 1989, tornou-se obrigatória, está quase realizada.

Isso não significa que a coletividade simplesmente aumentou seu círculo de atuação. O catedrático alemão Karl Schlögel disse, às vésperas da adesão dos Dez, em 2004:

> A Europa está em transição, porém não de A para B, como muitas pessoas inteligentes pensam saber, mas partindo de um antigo estado A, que conhecemos, para um estado que não conhecemos – seja no Oriente, seja no Ocidente. [...] A Europa Ocidental por muito tempo também relegou sua própria história, sua experiência e o sentido da vida europeia. Também para a "Europa da EU" vale uma espécie de "retorno à Europa".[42]

O que de fato significa é que a União Europeia não mais usa o honorável nome "Europa" em vão.

DEPOIS DAS TORRES GÊMEAS

Em 11 de setembro de 2001, o presidente rotativo do Conselho Europeu, o presidente da Comissão Europeia e o alto representante para as Relações Exteriores se encontravam no *dacha* do finado líder Kruschev, em Ialta. Um lugar de nome carregado. Seria uma reapresentação da famosa conferência na qual em 1945 se redesenhou o mapa da Europa? Não era. O trio formado por Guy Verhofstadt, Romano Prodi e Javier Solana encontrava-se na Crimeia para a cúpula anual entre a Ucrânia e a União Europeia.

---

[42] Karl Schlögel, *Im Raume Lesen wir die Zeit. Über Zivilisationsgeschichte und Geopolitik*. Frankfurt, Fischer, 2007, p. 469-70.

Quando receberam notícias naquela tarde sobre o atentado em Nova York, os participantes interromperam a reunião. Durante o voo de retorno a Bruxelas, eles sabiam que havia milhares de pessoas presas nas torres gêmeas, mas não que estas já tinham desabado. Eles não haviam visto imagens. No caminho, uma declaração bastante convencional foi redigida. A surpresa veio durante a chegada ao Aeroporto de Bruxelas no início da noite: uma multidão exaltada de 250 jornalistas os aguardava. "De repente, ficou claro que se tratava de um acontecimento imenso."[43]

Nenhuma "Ialta", mas um mundo transformado.

O FIM DO FIM DA HISTÓRIA

A Queda do Muro causou uma impressão tão grande nos contemporâneos que após 1989 instaurou-se a ideia de que esse evento daria um fim à história. A pancada final. O resto seria um epílogo. A ideia foi armada filosoficamente pelo intelectual americano Fukuyama em sua tese baseada em Hegel sobre "o fim da história", lançada em meados de 1989. Resumindo, ele afirmava que em relação a duas aspirações naturais humanas, a saber, o desejo de igualdade e o desejo de ser o melhor, a primeira era satisfeita pela democracia liberal, e a segunda pela economia de mercado. A vanguarda formada por Estados Unidos, Europa Ocidental e Japão conhecia ambos e assim já havia atingido o estágio final da história, segundo Fukuyama; o resto do mundo logo seguiria esses passos. Um mundo pacífico se aproximava.

Essa enfatuada visão da história agradou aos europeus. Nunca mais uma visita inesperada diante do portão. Agora, seria apenas uma questão de ajudar os vizinhos a leste a passar pela linha de chegada e pronto. Ou melhor, tudo indicava que sua ordem estatal

---

[43] Peter Moors, conversa com o autor, 7 ago. 2008.

baseada no direito era um honorável posto avançado da história. Não dissera o presidente Bush, em outubro de 1990, que: "Eu vejo um mundo se construir com base no novo modelo emergente da unidade europeia, não somente na Europa, mas no mundo inteiro, um mundo livre"?[44]

Demorou um tempinho até se perceber que "o fim da história" nada mais era que outra palavra – os críticos diriam: uma cortina de fumaça ideológica – para a *pax americana*, a hegemonia americana dos anos 1990. Após o fim da Guerra Fria, o país havia se tornado o pivô de uma ordem mundial unipolar, onde fazem valer sua supremacia militar e tecnológica, sendo a um só tempo guardião e principal beneficiário de uma suposta "globalização" econômica desestatizada. Em Washington, crescia um apetite imperialista: o interesse nacional visto como missão de caráter universal, identificando poder com virtude. O poder militar americano constituía o fator geopolítico central. Se a Europa estivesse vivendo desde 1989 após a história, então seria ainda sob o guarda-chuva americano.

Os atentados terroristas de 11 de setembro de 2001 provocaram uma súbita virada na consciência político-histórica do Ocidente. Poucos dias depois, o jornalista americano Kaplan caracterizou o período de 1989-2001 como "a trégua dos doze anos".[45] Ele quis dizer: retorno dos conflitos e da *Realpolitik*, e primazia da segurança nacional sobre os direitos humanos universais. Comentaristas resumiram essa virada na expressão "o retorno da história". Foi mais que o frenesi na mídia do momento. Aqueles que carregavam responsabilidades políticas também o sentiam. O ministro alemão Fischer publicou quatro anos depois o livro *Die Rückkehr des Geschichte. Die Welt nach dem 11. September und die Erneuerung des*

---

[44] George H. Bush, 1.º de outubro de 1990, discurso perante o plenário das Nações Unidas.

[45] Robert Kaplan, *NRC Handelsblad*, 15 set. 2001, "De Geschiedenis Slaat Altijd Terug".

Westens.⁴⁶ A consciência histórica cristalizada em questão de dias resultou ser bastante persistente.

Para os europeus, o choque do Onze de Setembro foi duplo. De um lado, havia o temor de um terrorismo islâmico doméstico. Atentados como os de Nova York e Washington também podiam ocorrer em Londres, Madri ou Amsterdã, ainda mais que haviam sido parcialmente preparados na Europa. Por outro lado, havia a consciência da vulnerabilidade americana, que produziu um efeito diferente na Europa, maior até que no próprio país atacado. O guarda-chuva de seu protetor estava vazando. Isso tornou mais difícil afirmar que ele não existia.

A reação imediata foi a de solidariedade incondicional. No dia 12 de setembro, os ministros da Otan decidiram declarar válida a cláusula "um ataque contra um constitui um ataque contra todos". Os jornais europeus escreviam: "Somos todos americanos". Líderes europeus competiam para ver quem chegava primeiro à Casa Branca (o presidente francês ganhou, seguido pelo primeiro-ministro britânico e pelo ministro alemão das Relações Exteriores). Notável foi que a União Europeia não encontrou um papel nesses primeiros dias. Logo no dia 12, o chanceler alemão cogitou realizar uma cúpula; isso foi rejeitado.⁴⁷ O presidente rotativo da União Europeia, o primeiro-ministro belga Guy Verhofstadt, diversas vezes teve de admitir em entrevistas coletivas que ainda não havia conseguido falar com o presidente Bush por telefone. Os funcionários da Casa Branca responsáveis por transferir sua chamada não sabiam quem era o belga.

Não obstante, mais de dois meses depois, um europarlamentar conseguiu afirmar: "Bin Laden talvez tenha feito mais pela integração

---

⁴⁶ Köln, Kiepenheuer & Witsch, 2005. ["O Retorno da História. O Mundo após o Onze de Setembro e a Renovação do Ocidente" (N. T.).]

⁴⁷ Peter Moors, 7 de agosto de 2008, conversa com o autor; Joschka Fischer, 1 de outubro de 2007, conversa com o autor.

europeia que qualquer outro desde Delors".[48] Isso porque os Quinze articularam uma contundente resposta conjunta na área da segurança interna. Em 21 de setembro de 2001 – não imediatamente, mas dez dias depois –, o Conselho Europeu se reuniu em uma sessão extraordinária. Os líderes de governo declararam que mais que nunca a luta contra o terrorismo era uma prioridade. O Conselho Europeu "instruiu" os ministros de justiça a finalizarem as medidas mais importantes dentro de três meses.[49] Foi um raro uso de linguagem autoritária (aqui fica evidente como, nas palavras do filósofo Carl Schmitt, uma situação de calamidade demonstra quem é o soberano). Em dezembro, os Estados-membros aprovaram uma definição conjunta de "terrorismo". Isso significava o começo de uma harmonização do direito penal, o que alguns meses antes ainda era impensável. Ao mesmo tempo, realizou-se um acordo político sobre um mandado de prisão europeu, igualmente uma questão sobre a qual havia anos se discutia em vão. Para certos delitos mais graves, os juízes poderiam solicitar a extradição de suspeitos para outro Estado-membro de forma relativamente simples. Isso significou uma drástica intervenção nos sistemas jurídicos nacionais.

Somente quando os ânimos se acalmaram mais e uma atitude tinha de ser tomada com relação ao protetor atingido, os Estados Unidos, é que os problemas começaram.

O DIRIGENTE DA MESA

Os europeus apoiaram os Estados Unidos incondicionalmente em sua primeira reação externa aos atentados, a derrubada do

---

[48] Graham Watson, 29 nov. 2001. In: Mareike Kleine, *Die Reaktion der EU auf den 11. September. Zu Kooperation und Nicht-Kooperation in der Inneren und Äußeren Sicherheit*. Münster, LIT, 2004, p. 101.

[49] Conselho Europeu, "Conclusions et Plan d'Action du Conseil Européen Extraordinaire du 21 Septembre 2001", item 2.

regime talibã no Afeganistão, em outubro de 2001. Mas, quanto à pretendida segunda reação, a derrubada do regime iraquiano de Saddam Hussein – apresentado ao público americano como parte da mesma "guerra ao terror" –, os europeus encontraram-se amargamente divididos.

Os líderes da Grã-Bretanha, Espanha, Itália, Dinamarca e Portugal e dos países candidatos a membro Tchéquia, Polônia e Hungria de antemão manifestaram apoio incondicional a Washington, em carta enviada ao *The Wall Street Journal*. Em contrapartida, a França, a Alemanha e a Bélgica, entre outros, foram veementemente contra a invasão americana do Iraque. A discórdia na Europa não exerceu nenhuma influência sobre as decisões da Casa Branca e do Pentágono. Em 20 de março de 2003, tropas americanas invadiram o Iraque; no dia 9 de abril, Bagdá caiu.

Sob a sombra da Guerra do Iraque, representantes de todos os Estados-membros e das instituições europeias deliberavam em Bruxelas sobre o futuro da União Europeia. A Convenção Europeia, instituída no ano anterior, duvidava de si mesma na primeira metade de 2003. Como elaborar uma constituição enquanto os Estados-membros se encontravam dilacerados quanto a guerra e paz? Seria um tanto surreal. Mesmo assim, a crise no Iraque não interrompeu essa conversação europeia.

A política externa ocupava uma posição de importância na autoimagem da Convenção. Para muitos de seus membros, uma União Europeia capaz de se dirigir ao mundo "com uma só voz" seria o mais belo resultado possível. Talvez de certo modo um processo de decisão por maioria pudesse ser introduzido, um grupo de trabalho sugeriu ao final de 2002, após uma acalorada discussão interna. Outra recomendação foi a nomeação de um "ministro europeu das Relações Exteriores". O fato é que o trabalho nos respectivos artigos do tratado ficou paralisado nos bastidores. Que primeiro se deixasse o tempo passar era a palavra.

Posteriormente, uma argumentação fez escola na Convenção. Segundo ela, faltava a imprescindível "vontade conjunta" entre os Estados-membros para uma política externa (o que era evidente), vontade que não poderia ser forçada por decreto ou por tratado (difícil de engolir para federalistas radicais) e, portanto, o melhor seria fazer preparativos para o futuro. Em torno dessa linha de pensamento, o vice-presidente da Constituinte Dehaene reuniu um consenso.

Não obstante, seria um tanto equivocado falar em termos de "vontade política". Como se a vontade pudesse ser dissociada da forma pela qual ela se expressa. Com toda a razão, dois comentaristas políticos observaram: "sugerir, como alguns analistas fazem, que faltaria apenas 'vontade política' para uma melhor coordenação entre os governos no âmbito internacional, é desconcertantemente parecido com a sugestão de Molière, de que simplesmente bastaria uma 'poção dormitiva' para se curar a insônia".[50] É necessário um lugar onde uma vontade conjunta possa se estruturar.

Na União Europeia, o Conselho Europeu constitui esse lugar. Em sua mesa conjunta, os líderes de governo estabeleciam as grandes linhas da política externa. Caso discordassem, não havia política externa, mas, quando concordavam, havia. E na medida em que passavam mais tempo juntos na mesa e os interesses conjuntos se tornavam cada vez maiores ou pelo menos coincidiam com os interesses nacionais de todos, isso ocorria com mais frequência.

Muitos achavam essa situação insatisfatória. Discórdia na mesa suprema poderia emudecer a Europa. Resumidamente, existem duas maneiras para se disciplinar comensais querelantes: com regras ou com autoridade. A primeira opção, a de introduzir a política externa europeia no âmbito do tratado, havia sido pleiteada na Convenção por parte de europarlamentares, da Comissão, de parlamentares

---

[50] Robert D. Putnam e Nicholas Bayne, *Hanging Together. The Seven-Power Summits*. London, Heinemann, 1984, p. 3.

nacionais e de representantes de governo de alguns países menores (mas não aqueles dos candidatos a membro). Isso significaria uma ampliação das atribuições da Comissão na área da política comercial e da ajuda emergencial ao Terceiro Mundo, entre outros. Porém – para aqueles que ainda duvidavam –, entre janeiro e março de 2003 ficou claro que essa opção não era realista. Os representantes dos países maiores, encabeçados por Londres e Paris, não desejavam que sua alta política lhes fosse ditada pelas regras da esfera interna. Esses dois Estados-membros dispunham da diplomacia mais robusta, uma força nuclear e um assento permanente no Conselho de Segurança. Enquanto os Estados-membros menores podiam pleitear gratuitamente um processo de decisão por maioria para a política externa da Europa em nome de um interesse comum, ambas as "gloriosas nações" também tinham algo a perder. Ao mesmo tempo, Paris e também Londres reconheceram que em muitos casos uma atuação conjunta era desejável. Por isso, optaram por uma mesa com uma autoridade maior.

Todos os Estados-membros possuem um lugar geográfico e histórico no mundo, mesmo sem o tratado. Para se afirmar conjuntamente, é importante não considerar as posições, relações e interesses existentes como lamentáveis resquícios, mas antes *vinculá-los*. A melhor maneira para isso seria fazê-lo ali onde podem ser vinculados.

A ideia era prover o Conselho Europeu de um presidente fixo. A presidência rotativa de seis meses preocupava especialmente os países maiores, ainda mais com vistas à pendente expansão. O presidente do Conselho Europeu era o porta-voz da União Europeia perante o mundo. Mas e se irrompesse uma crise internacional no momento em que a Tchéquia ou a Ilha de Malta fosse o presidente? O aumento do número de membros tornava essa possibilidade mais provável. Líderes dos países menores nem sempre poderiam se dirigir as outras potências políticas com autoridade em nome da Europa. O fato de o belga Verhofstadt não ter conseguido se conectar à Casa Branca por telefone após o Onze de Setembro e de o grego Simitis não ter sido capaz de evitar a divisão europeia sobre o Iraque na primeira metade de 2003 foram sinais disso. A alternativa era nomear alguém como o dirigente da mesa por vários anos.

Essa ideia já circulava em Paris havia algum tempo. O presidente da Convenção, Giscard d'Estaing – o mesmo que havia fundado o Conselho Europeu em 1974 –, resolveu assumir a missão de realizar essa introdução. O presidente Chirac o apoiou com fervor. No decorrer de 2002, a Grã-Bretanha e a Espanha também se colocaram atrás do plano, por meio de Blair e Aznar. Com base nas iniciais dos sobrenomes dos três líderes de governo, a proposta recebeu o nome de "A-B-C". Nessa frente, faltava ainda o "D" de Deutschland [Alemanha]. Berlim, porém, não via muito nesse plano. Os alemães preferiam fortalecer a esfera interna europeia. Como de praxe, Paris e Berlim elaboraram um compromisso, anunciado publicamente em 15 de janeiro de 2003, uma semana antes do quadragésimo aniversário do Pacto de Amizade franco-alemão assinado por De Gaulle e Adenauer.[51] O compromisso era: tanto um presidente fixo para o Conselho Europeu quanto a eleição do presidente da Comissão pelo Parlamento. Após esse trato franco-alemão, a proposta de um dirigente fixo para a mesa não podia mais ser detida.

Estados menores preocupados perceberam a proposta como uma usurpação de poder pelos maiores, em detrimento da Comissão. A disputa, no entanto, logo passou dos fundamentos às "competências" do presidente fixo do Conselho Europeu. Giscard os havia exagerado um tanto em sua minuta, de modo que toda a energia dos opositores foi canalizada para cerceá-los. Ele ou ela não poderia dispor de um gabinete próprio nem de tarefas específicas. Por fim, um consenso se formou em torno da assertiva de que um dirigente fixo seria antes um diretor da mesa suprema do que um presidente da Europa.

---

[51] CONV 489/03, 16 jan. 2003, anexo: "Contribution Franco-Allemande à la Convention Européenne sur l'Architecture Institutionnelle de l'Union" (Dominiquede Villepin e Joschka Fischer).

Duas sentenças do texto do tratado merecem destaque (ambas passaram do tratado constituinte ao tratado da União Europeia, que entrou em vigor em 2009). Primeiro: "O presidente do Conselho Europeu, dentro das suas prerrogativas e atribuições, se encarregará da representação externa da União no âmbito da política conjunta para as relações exteriores e a política de segurança".[52] Assim sendo, o presidente fixo é a pessoa que fala em nome da Europa no mais alto nível. Desde 1999, a União Europeia já dispunha de um alto representante para a política externa, mas este não podia ser enviado para falar com um presidente americano ou russo. A lacuna agora estava preenchida.

A segunda regra diz: "O presidente do Conselho Europeu não pode exercer um mandato nacional".[53] Nessa sentença esconde-se uma revolução. Nessa mesa, o novo presidente pela primeira vez não ocupa um assento nacional (isso sempre foi o caso para o presidente da Comissão, que nunca preside o Conselho Europeu, mas que forma um elo vital entre a esfera dos Estados-membros e a esfera interna). Enquanto no sistema antigo os presidentes sempre tiveram dupla função – Angela Merkel em nome da Europa e da Alemanha, Reinfeldt em nome da Europa e da Suécia –, o novo presidente só desempenha uma. Dessa forma, ele pode representar a União Europeia como um todo melhor que os líderes dos governos nacionais e melhor que o presidente da Comissão ou do Parlamento. Ele não fala em nome de uma capital, tampouco em nome de "Bruxelas" ou de "Estrasburgo", mas em nome dos Estados-membros reunidos. Além disso, o faz não apenas para fora, mas também para dentro, perante as populações nacionais.

Em 1.º de janeiro de 2010, o ex-primeiro-ministro belga Herman van Rompuy assumiu como o primeiro presidente fixo do Conselho

---

[52] Art. 15, item 6, parágrafo segundo, TUE (versão Lisboa).
[53] Ibidem.

Europeu. O tratado atribui poucas competências a essa personificação da União Europeia. Tanto ele como seus sucessores terão de se valer principalmente de suas qualidades pessoais – principalmente autoridade entre os membros da mesa e carisma político – e dos acontecimentos que compelirem a Europa a atuar. Nos primeiros anos de seu mandato, isso não ocorreu pela pressão do mundo exterior, mas foi a crise em torno do euro que afetou o tecido da coletividade. A Dama Fortuna também pode acometer o lado de dentro.

Ciente de que a história não terminou, de que com declarações diplomáticas e ajuda emergencial o arsenal da política exterior não se esgotou, sem aguardar reformas institucionais, a União Europeia atuou em diversos lugares no mundo desde 2001. Nisso, ela chegou a exigir o mais alto sacrifício de um de seus cidadãos.

Até pouco tempo atrás, isso parecia impensável. Com certa ironia, um intelectual alemão escreveu em 2004 (também referindo-se ao patriotismo constitucional de Habermas): "Se a verdadeira prova dos noves para a unidade europeia for a disposição para 'morrer por Solana', como a equipe britânica certa vez sugeriu, então talvez um patriotismo racional não seja suficiente. [...] Certamente, nenhum exército europeu estaria disposto a ser convocado pela ideia de que seria 'doce e glorioso morrer por Javier'".[54]

A União Europeia não tem exército. Esse tabu de 1954 é um fato. Mesmo assim, existe uma política conjunta para a segurança, baseada, entre outros itens, na cooperação informal entre exércitos nacionais. Por meio de muitos telefonemas, consegue-se juntar material e efetivo. Isso às vezes funciona, outras vezes não. O general responsável, sediado em um minúsculo escritório em Bruxelas, falou, com um senso real, dos paradoxos europeus sobre "um não exército permanente".[55]

---

[54] Jan-Werner Müller, "Is Euro-Patriotism Possible?", 52, *Dissent*, 2004, 2, p. 15.

[55] Henri Bentégeat. In: *NRC Handelsblad*, 20 nov. 2008.

Desde 2003, a União Europeia conduz missões de crise além de suas fronteiras, de caráter tanto militar quanto civil, voltadas à segurança e/ou à reconstrução de estruturas para um estado de direito. No início de 2013, havia operações sendo realizadas no mundo todo, por milhares de pessoas. Uma missão militar e outra policial na Bósnia, uma considerável missão policial no Kosovo. Também se enviou uma missão de observadores ao Cáucaso para controlar o cessar-fogo após a Guerra Russo-Georgiana de agosto de 2008. Além dessas, há missões de juízes, policiais e guardas de fronteira nos territórios palestinos, no Iraque e no Afeganistão.

Desde 2008, a União Europeia está presente no Golfo de Áden para atuar contra piratas somalis e assim garantir a segurança de milhares de navios que navegam para a Europa – ou que dela saem – por meio do Canal de Suez. Mais recentemente, decidiu-se usar esse mesmo modelo para combater o contrabando de pessoas nas águas da Líbia. Em 2012, a Europa decidiu enviar 250 assessores militares ao Mali para ajudar o governo na luta contra o terrorismo islâmico. Também em outras partes da África, militares europeus ajudam a manter a estabilidade, como nas proximidades da tríplice fronteira entre o Chade, a República Centro-Africana e o Sudão.

Foi nas imediações dessa área, na segunda-feira do dia 3 de março de 2008, que Gilles Polin, um sargento que trazia uma pequena bandeira europeia no uniforme francês, foi morto por tiros disparados pelo Exército sudanês. O destacamento em questão era composto de soldados suecos, irlandeses, belgas, austríacos e franceses, sob o comando de um capitão francês. A operação como um todo era liderada por um tenente-general irlandês. No enterro do sargento Polin, nove dias depois, estavam presentes o presidente francês Sarkozy, os ministros franceses do Interior, das Relações Exteriores e da Defesa, assim como o alto representante para as Relações Exteriores da União Europeia, Javier Solana.

Quando a Dama Fortuna visitou a região do Cáucaso em meados de 2008, por ocasião da guerra entre a Geórgia e a Rússia, o presidente francês Sarkozy desempenhava a presidência do Conselho Europeu. Ele fez jus aos preparativos de seus antecessores e usou a mesa como trampolim para a Virtù europeia. Somente quatro dias depois, em 12 de agosto, o presidente voou para Moscou e Tbilisi com seu ministro das Relações Exteriores para negociar uma trégua. Mesmo que esse não tenha sido inteiramente o caso, pelo menos evitou-se que o Exército russo tomasse a capital georgiana, conforme era sua intenção. Depois de um mês, o Kremlin havia retirado suas tropas.

Isso começou a se assemelhar a uma alta política europeia. A União Europeia atuou como mediadora em um caso de guerra e paz. Os Estados-membros tornaram uma guerra no quintal dos fundos uma responsabilidade conjunta. Isso não era óbvio. Em 1995, a Força Aérea americana terminara a guerra civil na Bósnia, por cima dos espectadores europeus. Além disso, a mediação no conflito entre a Rússia e a Geórgia ocorreu sem os americanos – e efetivamente contra eles. A Geórgia estava sendo militarmente financiada e assessorada, senão instigada, por Washington.

Poder-se-ia contra-argumentar que Sarkozy teria sido levado a sério pelo Kremlin somente como francês e não como europeu. De fato, a França dispõe de um exército respeitável e é membro permanente do Conselho de Segurança da ONU. O primeiro-ministro esloveno, que no semestre anterior ocupava a presidência do Conselho Europeu, provavelmente não teria conseguido alcançar o mesmo em Moscou. Em contrapartida, como mero francês, Sarkozy não demonstraria a mesma força como quando falou "em nome da Europa".

Que isso significava na prática? Na véspera, dia 11 de agosto, ele conversou por telefone com a chanceler Angela Merkel em Berlim e com o primeiro-ministro Brown em Londres; em termos de colaboração, houve contato com seus colegas líderes em Madri, Roma e Varsóvia. No fim, seguiu-se uma reunião dos 27 ministros das Relações Exteriores, depois uma cúpula extraordinária de líderes de governo. Durante uma segunda visita a Moscou e Tbilisi, Sarkozy foi acompanhado, entre outros, pelo porta-voz europeu das Relações Exteriores, Solana, e pelo presidente da Comissão, Barroso. Sarkozy, portanto, falou em nome de ambos, tanto em nome do tradicional Estado francês quanto em nome do bloco de poder europeu.

    E assim a União Europeia, impelida pela inevitabilidade da Dama Fortuna, trambolhou nas periferias da alta política adentro. Deveras surpreendente, considerando o passado. Controlar uma crise com soldados europeus na África Central ou em outros lugares vai muito além de uma diplomacia de meras palavras e gestos, à qual a União Europeia parecia fadada no final dos anos 1990. Por outro lado, isso é bem mais modesto que – suponhamos – querer ou poder libertar a Crimeia ucraniana das mãos russas com tropas ou canhoneiras próprias. Conforme um antigo ministro resumiu a posição da política externa europeia: "Comparado com antigamente, já é muito. Mas comparado com o que é necessário, não é nada". Para a seguir arrematar com um aviso: "Pagaremos caro por isso. A história não perdoa".[56]

---

[56] Joschka Fischer, 1 out. 2007, conversa com o autor.

PARTE III

A BUSCA PELO PÚBLICO

A Disputa pelo Aplauso

> As cortes e os aristocratas têm uma grande qualidade que encanta as multidões, apesar de não ser apreciada pelos filósofos – a visibilidade.
> *Walter Bagehot*, The English Constitution

"NÓS ACEITAMOS"

A Europa é real ou existe apenas no papel? E como estabelecer de fato se ela é real? Essa questão possui uma dimensão subjetiva: a diferença entre uma Europa "real" e uma "no papel" tem a ver com o que se passa no coração e na mente da população. Os líderes políticos se dão conta de que devem seu poder conjunto a algo impalpável e mental, que constantemente temem perder. Em um relatório escrito em 1975, a pedido de seus oito colegas europeus, o primeiro-ministro belga Leo Tindemans verbalizou assim essa preocupação: "Não basta que a nossa comunidade de consortes seja real; ela também precisa ser percebida dessa maneira".[1] Aparentemente, para os líderes, não se trata de uma Europa de papel que se contrapõe a uma Europa viva, mas de uma realidade política (para eles incontestável) contraposta à sua percepção pela população (uma incógnita). E essa *percepção* faria com que a realidade política se tornasse "mais real" ainda. Como pode ser isso? Isso toca o clássico problema do *status* de fenômenos sociais. Em contraste com as ciências naturais, as ciências sociais (incluindo a história, o direito, a filosofia) lidam com o significado que as pessoas atribuem aos fenômenos. Dinheiro, governos ou matrimônios existem

---

[1] Leo Tindemans, 29 dez. 1975, "Rapport sur l'Union Européenne", pt. 4.B. In: *Bulletin-CEE* 1976-1, "Supplément", 11-36.

porque acreditamos que eles existem. Mesmo assim, esses assuntos são "objetivos" na medida em que suas características não representam somente uma questão de gosto ou de escolhas morais. Esclarecedora nesse sentido é a distinção feita pelo filósofo americano John Searle entre "fatos brutos" e "fatos institucionais".[2] Um fato bruto é que o Sol se encontra a 93 milhões de quilômetros da Terra. Um fato institucional é que Donald Trump é o presidente dos Estados Unidos. Os fatos brutos precisam da linguagem para ser articulados, mas existem independentemente da observação ou da linguagem. Em contrapartida, os fatos institucionais somente podem existir na realidade social. Um fato institucional surge quando, por meio da aceitação coletiva, confere-se a uma entidade (uma pessoa, um objeto ou um evento) um papel ou uma função que ela não teria de outra maneira (um presidente, martelo de juiz, aniversário). Searle fala de uma "função-*status*". Ele dá o exemplo de uma tribo que construiu um espesso muro em torno de sua aldeia para manter intrusos de fora. Suponhamos que com o passar dos anos esse muro se desfizesse, transformando-se em uma rasa fileira de pedras. Suponhamos que a tribo e seus vizinhos continuassem reconhecendo essa fileira de pedras, comportando-se como se ainda fosse intransponível. Nesse caso, a fileira de pedras teria adquirido a função-*status* de fronteira. Com esse passo, nasce o fato institucional.

A maioria dos fatos institucionais – uma moeda, uma língua, um país – faz parte do mundo social no qual nos criamos. Esses fatos se tornaram incontestáveis. Sociedades modernas se encontram cingidas por um tecido durável de fatos institucionais. Inversamente, é impossível criar uma ordem social do nada. Isso sempre requer tempo.

Há algo de mágico na criação de fatos institucionais que pode nos fazer duvidar de sua existência. Eles não têm causa física. Frequentemente são baseados em artifícios de linguagem, como o matrimônio selado com o mútuo pronunciamento da palavra "sim". Às vezes, eles

---

[2] John R. Searle, *The Construction of Social Reality*. London, Allen Lane, 1995.

se baseiam em convenções muito antigas. A busca de um fundamento quase sempre não tem resultados; é preciso se contentar com as explicações do acaso ou do arbitrário. O funcionamento do dinheiro ilustra essa falta de fundamento. Há muito tempo, o dinheiro existia unicamente como moedas de ouro e de prata. Então, banqueiros descobriram que se podia guardar o ouro e emitir certificados em seu lugar. Após mais algum tempo, percebeu-se também que esse ouro podia ser esquecido: os certificados apenas bastavam. O banco emite as notas, e enquanto todos acreditarem que o dinheiro representa seu valor de face, este vale. Quando as pessoas perdem a confiança nesse sistema, as notas voltam a ser pedaços de papel sem valor.

A ideia de uma ordem social suspensa no ar, sustentada apenas por uma prolongada aceitação coletiva, é para muitos difícil de conceber (isto é, quando pensam sobre o assunto). Além do mais, isso parece muito frágil, como se o sistema pudesse desabar a qualquer momento. E pode. A Quebra da Bolsa em 1929 ou a implosão do império soviético em 1989/1991 foram dois momentos históricos em que, por assim dizer, se tirou o chão de uma instituição. Na crise do crédito de 2008, a estabilidade do valor desapareceu e os banqueiros foram acometidos pela sensação de que rumavam para o abismo.

Desse modo, a preocupação dos líderes de governo sobre a pergunta se a Europa existe ou não se torna mais compreensível. A comunidade europeia de consortes de Tindemans existe tão somente quando é percebida como tal. Assim como qualquer outro fato institucional, ela desaparece quando perde a credibilidade coletiva. Essa radical falta de fundamento fica ainda mais evidente no caso da Europa do que de outros fatos institucionais, como, por exemplo, um país como a França, que, por contar com uma incontestabilidade histórica de vários séculos, gosta de se perfilar como um "fato bruto".

Fatos institucionais são, segundo as ideias de Searle, sustentados por um pensamento coletivo do tipo "nós aceitamos". Não obstante, com isso ainda não sabemos quem é esse "nós" e nem em que essa aceitação se baseia. Primeiro, examinaremos o "nós", em seguida, a aceitação.

Quem constitui o "nós" que declara a aceitação de um fato institucional? Um grupo? Os presentes? Um país? Um grupo de Estados? Uma comunidade linguística? O mundo inteiro? Isso depende do tipo de fato institucional.

Vejamos como exemplo o seguinte fato: o Conselho de Ministros decide sobre certos assuntos por maioria. Para saber quem declara o respectivo "Nós aceitamos", pode-se consultar um tratado europeu qualquer. O Tratado de Roma de 1957 começa assim: "Sua Majestade o Rei da Bélgica, o Presidente da República Federal da Alemanha, o Presidente da República Francesa, o Presidente da República Italiana, Sua Alteza Real a Grã-Duquesa de Luxemburgo, Sua Majestade a Rainha dos Países Baixos; determinados a instituir os fundamentos de uma aliança cada vez mais sólida entre os povos europeus...". Seguem mais sete considerações e então: "decidiram criar uma Comunidade Econômica Europeia, para a qual ficam nomeados como seus procuradores...". A isso segue uma lista de ministros e outros signatários, os quais "concordaram sobre as seguintes determinações", após o que começa o texto em si do tratado. Em um dos artigos consta então que o Conselho normalmente decide por maioria.

Os tratados de fundação da Europa se passam no mundo do "Nós, os Estados". Seis chefes de Estado proclamaram sua aceitação, doze representantes de governo assinaram o tratado. O consentimento dos seis parlamentos envolvidos tornou o processo de decisão por maioria um fato institucional. Inversamente, toda vez que um único Estado não aceita mais o conteúdo, como a França sob De Gaulle em 1965, o fato institucional em questão fica seriamente comprometido. A aceitação pela população não foi um requisito. Mesmo que uma pesquisa de opinião apontasse que grande parte de uma população, ou mais de uma, fosse contra o processo de decisão por maioria, esse fato institucional continuaria existindo. A aceitação se passa dentro do mundo oficial dos políticos, funcionários públicos e juízes.

O fato é que os líderes de governo da Europa foram em busca de uma ampliação desse "nós". Alguns gostariam de ver que também as populações se consideravam europeias. Indício disso foi a declaração que os líderes de governo redigiram para comemorar os cinquenta anos do pacto de fundação, celebrado em Berlim em 25 de março de 2007. Nessa declaração consta a sentença: "Nós, cidadãos da União Europeia, estamos unidos para a nossa felicidade".[3] Com isso, os líderes fizeram uma tentativa para criar um mundo de "Nós, os cidadãos".

Um fato institucional muda de natureza segundo o "nós" que traz, conforme demonstra esse exemplo. Sendo os Estados, então trata-se de um fato jurídico, mais em particular um fato do direito internacional. Sendo os cidadãos ou variações destes – como o "*We the People*" da Constituição americana –, então podemos falar de um fato político. Vista dessa forma, a transição de uma ordem jurídica internacional para uma ordem política seria o mesmo que a transição de "Nós, os Estados" para "Nós, os cidadãos".

Todo fato institucional é frágil. Portanto deve-se sempre zelar por sua preservação. Mas as opiniões podem divergir sobre qual seria seu embasamento mais adequado. Alguns políticos achavam suficiente que a Europa permanecesse um fato jurídico fundamentado em um tratado e sustentado pelo "nós" dos políticos, funcionários públicos e juízes. Em contrapartida, outros acreditavam que a Europa deveria se tornar um fato político, como expressão de uma "comunidade de consortes" (Tindemans) e sustentada pelo "nós" do público em geral. Estes últimos foram atormentados por preocupações maiores. Com seu desejo específico, eles em parte geraram sua própria ansiedade. Embora isso atestasse sua sagacidade, em todo caso foi uma escolha.

---

[3] União Europeia, "Berliner Erklärung", 25 mar. 2007. In: www.bundesregierung.de (Presse Mitteilung 117/7).

A pergunta sobre qual desses "nós" seria preciso para sustentar o fato institucional da Europa, o dos Estados ou o dos cidadãos, desde o início foi motivo de disputa política.

Em "Nós, os Estados", fica evidente quem o expressa, mas aquele que recorre ao "Nós, os cidadãos" tem algo a explicar. Certamente, no caso da Europa, em que muitos cidadãos absolutamente não estão a par de que se está falando em seu nome. A expressão evoca assim uma dupla pergunta: quem (sujeito) diz isso e o que (objeto direto) isso compreende exatamente? Na prática do Estado moderno, ambas as perguntas muitas vezes são respondidas conjuntamente. Representatividade política consiste na fundação e manutenção do "nós" da população.

Aqui se esbarra no dilema político-filosófico do poder constituinte. Como pode um grupo de pessoas adotar uma ordem estatal se pela lógica os representantes que deveriam falar em seu nome só poderão ser escolhidos após a fundação do Estado? Trata-se do paradoxo de um fato político na área da fundação, o do "Nós aceitamos". Um exemplo conhecido é: "Nós aceitamos que a assembleia constituinte fale em nosso nome". Isso leva a círculos viciosos, pois quem é que deveria enunciar esse "nós" constituinte?

A solução clássica da filosofia foi o Estado Natural: a hipótese de uma decisão unânime alguma vez tomada para a partir de um dado momento decidir por maioria e/ou delegar esse poder a um ou mais representantes. O dilema da representatividade foi contornado por Hobbes, Locke e Rousseau ao se servirem do extemporâneo. Todo indivíduo tinha poder de fundação, porém alheio à história (ou no início dela). Muito bonito em teoria, mas para uma fundação no aqui e agora, dentro do tempo, isso não oferecia solução. Na prática histórica, a única (ou menos violenta) maneira de romper esse círculo vicioso constitui o blefe de representantes autoproclamados. Como no blefe dos *Framers* americanos de 1787, por exemplo, ou da Assembleia Constituinte francesa de 1789; essas congregações se alçaram como a voz de seu povo, sendo apoiadas nisso tanto por seus contemporâneos quanto por posteriores jurisconsultos do direito constitucional. Com essa solução, viabilizou-se uma fundação política no aqui e agora. A impraticável hipótese do Estado natural foi trocada pela ficção prática da nação.

Essa solução também teve seu preço. O que desapareceu de vista foi a exigência da unanimidade (enquanto Rousseau ainda escrevia que para que as pessoas se tornassem um único povo todas elas teriam de dar seu prévio consentimento, após 1800 praticamente ninguém mais falava sobre isso). No melhor dos casos, o povo decide por maioria em plebiscito sobre uma constituição elaborada por seus representantes. Mesmo assim, o círculo vicioso não desaparece, pois nesse caso quem determina a questão a ser posta em votação, quem define o perfil do eleitorado? O poder de fundação dentro do tempo não mais emana do indivíduo, mas do povo como um todo. Um corolário disso é que o poder constituinte (povo, *people*, *Volk*) como que naturalmente abrange determinado grupo de pessoas. Com isso, a igualmente pragmática pergunta anterior, sobre quais indivíduos pertencem à nação e quais não, permanece sem resposta. A iniciativa para responder a essa pergunta na prática pertence a seus representantes. Estes fazem uma proposta e em seguida procuram angariar apoio para tal.

As peripécias em torno do Parlamento de Frankfurt demonstram a forte correlação entre as questões de quem expressa o "nós" e a quem este abrange. Esse Parlamento, conclamado com ambições constitucionais para os países alemães no revolucionário ano de 1848, reconhecia a primazia da representatividade. Ele, portanto, não aguardou até que um único povo alemão se erguesse, mas primeiro se reuniu para depois deliberar sobre quem estaria representando. O pomo da discórdia era a instituição de uma "grande Alemanha" ou uma "pequena Alemanha", portanto com ou sem o Estado multiétnico da Áustria. Tratava-se de uma escolha política; estudos linguísticos, a historiografia ou uma exegese do *Reden an die Deutsche Nation*, de Fichte, de nada valiam nesse caso. Em 27 de outubro de 1848, o Parlamento de Frankfurt optou pelo compromisso da pequena Alemanha agregando uma parte da Áustria. Isso contrariava o desejo do imperador austríaco, que decidiu não participar. O Parlamento tampouco conseguiu, apesar da promessa de cidadania por meio do sufrágio universal, legitimar as instituições políticas existentes aos olhos do público. Tanto o rei da Prússia quanto o imperador austríaco continuaram reivindicando o direito de falar "em nome dos alemães". O rei da Prússia, Frederico Guilherme IV – eleito imperador alemão em março de 1849 por 290 votos contra 248 –, recusou-se a receber a coroa imperial das mãos de uma assembleia popular. Alguns meses depois, o Parlamento foi desbaratado por soldados, e o blefe constitucional de Frankfurt terminou em fiasco. A *Nationalversammlung* [Assembleia Nacional] não encontrou um público definido; o povo alemão teve de aguardar mais um pouco até sua fundação.

Assim como os partidos políticos competem pela apreciação dos eleitores dentro de uma ordem existente (dentro, nos termos de Sieyès em 1789, do poder constituído), no metanível ocorre uma disputa pela apreciação dos portadores individuais dessa ordem (por seu poder constituinte). No direito constitucional moderno, finge-se que, após a "fundação primordial", os indivíduos se distanciam de uma vez por todas de seu poder constituinte. Isso é curioso. Na política do cotidiano, com frequência se evoca o poder de fundação de indivíduos, notadamente sempre ao pedir que assumam uma vinculação com determinada comunidade política ou estrutura estatal. Pense em mensagens políticas do tipo: "Torne-se flamengo e deixe de pagar pela Bélgica", "Torne-se neerlandês e renuncie a sua nacionalidade marroquina" ou "Junte-se à causa para uma nova constituição".[4] Esse tipo

---

[4] O autor refere-se à disputa entre flamengos (de fala neerlandesa) e valões (de fala francesa) na Bélgica e ao movimento separatista existente entre os primeiros, em geral mais abastados. (N. T.)

de chamada não se dirige a um "nós" constituído; seu objetivo é a criação ou a alteração da essência ou da natureza de um "nós" político. Nesse metanível, que *in fine* decide sobre a ascensão e a queda de Estados, é que ocorre a disputa pela apreciação pública da Europa.

Caso a coletividade europeia queira fazer a transição de um fato jurídico para um fato político – e muitos de seus representantes dizem querer isso –, então esta deve apelar ao poder constituinte dos cidadãos individuais dos Estados nacionais (ou a uma parte dele). Esse apelo terá êxito quando os representantes políticos da Europa puderem pretender falar e decidir em nome de um "nós" coletivo, sem que para tanto sejam desbaratados por soldados, aviltados pela imprensa ou castigados pelos eleitores.

Nesse tipo de reivindicação representativa, sempre há um momento de blefe. Não admira, portanto, que os políticos europeus balancem na tênue corda bamba entre decisões corajosas e retórica política. Pode-se ser irônico sobre isso, mas é inerente a sua natureza. Esse equilibrismo já dura sessenta anos. O "nós" ainda não apareceu.

Vejamos agora o elemento seguinte da fórmula mágica do "Nós aceitamos" que sustenta fatos institucionais, a aceitação. Qual é a fonte da aceitação coletiva? As duas respostas mais simples são: poder e hábito.

Considere uma regra de trânsito. Por que paramos diante do sinal vermelho mesmo quando não há ninguém na rua? Uma hipótese: devido à ameaça de sanções. Atrás de cada sinal de trânsito potencialmente se esconde o todo-poderoso soberano na forma de um guarda com um talão de multas e uma arma. A aceitação da lei repousa no poder. Trata-se de um simples modelo de obediência, com certo poder de persuasão. Mesmo assim, algo não confere. Isso ficou evidente, por exemplo, durante os saques em Los Angeles em 1992. A polícia não foi capaz de prender os saqueadores, visto que eram muitos. Em vez disso, um homem foi preso por tentar defender a própria loja com uma arma na mão. Uma dura lição para o comerciante: mesmo para o soberano, as regras valem apenas enquanto estas forem observadas pela maioria. Aparentemente, o poder não vem só de cima.

A outra hipótese: aceitamos uma regra porque, bem, porque sempre o fizemos. Desde que aprendemos a andar de bicicleta, paramos diante do sinal vermelho. Primeiro, temos consciência de que seguir adiante seria perigoso por causa dos carros, mas isso logo é esquecido e torna-se incontestável. Todos param diante da luz vermelha. Mas essa explicação da aceitação coletiva também fica a dever. A origem do hábito continua sem explicação. A partir de que momento uma determinada instituição foi aceita? Onde fica o começo? Nem toda instituição se baseia em uma anterior, conforme gostaríamos de acreditar. Em algum lugar deve haver uma ruptura.

Poder e hábito – mesmo que em combinação sejam bastante poderosos – não conseguem, portanto, explicar inteiramente o funcionamento da aceitação coletiva. Eles não se associam à própria origem.

O filósofo britânico do direito Herbert Hart introduziu duas distinções úteis para se compreender melhor o funcionamento da aceitação coletiva, uma entre regras jurídicas primárias e secundárias e outra entre a perspectiva interna e externa sobre o cumprimento das regras.[5] Isso também realça a distinção entre fatos institucionais do tipo jurídico e político.

Regras primárias são aquelas que regem a conduta individual, como não falar de boca cheia, parar diante do sinal vermelho. Regras secundárias são regras sobre regras, tais como sua mãe é quem determina o horário de chegar em casa, um guarda de trânsito pode aplicar uma multa, o Parlamento pode alterar a regra. Enquanto um sistema de meras regras primárias (regras de etiqueta, por exemplo) é bastante incerto e estático, as regras secundárias permitem falar em termos de "vigência", "jurisprudência" e "legislação". A partir do

---

[5] Herbert L. A. Hart, *The Concept of Law*. Oxford, Oxford University Press, 1961.

surgimento de semelhantes metarregras, Hart identifica a transição de um Estado pré-jurídico a uma ordem jurídica. A transição para uma ordem política encontra-se em sua extensão.

No que se refere a seu cumprimento, em vez de falar em poder e hábito, Hart prefere falar das perspectivas internas e externas de uma regra. A perspectiva externa é a do observador junto a um semáforo, que conclui que, quando o sinal fica vermelho, há grande probabilidade de as pessoas pararem. A regra é para ele um fato perceptível, despojado de elementos subjetivos como medo, moral ou crença. A perspectiva interna é a (da maioria) dos próprios participantes do trânsito, que consideram o sinal vermelho um motivo para parar. Quando se pergunta por que pararam diante do sinal, respondem: porque está vermelho. A regra é uma norma que não pode ser questionada. É a diferença entre "Evidentemente aceita" (fato externo) e "Nós aceitamos" (norma interna).

A combinação das duas distinções primária/secundária e interna/externa fornece segundo Hart as condições sob as quais uma ordem jurídica funciona. As regras primárias têm de ser obedecidas pelos cidadãos. Não vem ao caso se eles o fazem por tê-las internalizado ou por medo de punição. Com as regras secundárias é diferente. Estas devem ser internalizadas pelos funcionários públicos, juízes e outros representantes do mundo oficial. A derradeira metarregra, na qual todo o sistema se baseia, para eles deve ser uma norma incontestável. A ameaça que induz o cidadão indeciso a cumprir a regra no semáforo não ajuda a determinar qual a lei que se aplica oficialmente. Afinal, quem deverá segurar a arma do soberano em última instância? Na visão legalista de Hart, portanto, existe uma rígida divisão de trabalho entre, de um lado, os cidadãos obedientes, e do outro os magistrados que aceitam o sistema. Mas essa visão também fica a dever. Por mais que seja adequada a uma ordem jurídica, não basta para uma ordem política.

A política exige que a população também aceite as regras secundárias em grandes linhas. Uma cega obediência por medo de punição não é suficiente. O mínimo para isso é difícil de determinar. Em todo caso, não é necessário conhecer a constituição inteira ou todo o código penal (pois para isso servem os advogados), mas isso deve ir além de um resignado "é a lei e pronto". De maneira geral, também parece ser necessário existir um sentimento de "nossos legisladores", de "nossos juízes" ou de "nossa polícia" entre a maioria da população. Sem esse sentimento, a situação seria percebida como a supremacia política de alguma potência estrangeira.

É com esse sentimento do "nosso" que todo (novo) sistema político tem de lidar; portanto, também o europeu. Isso fica evidente pelas lamentações sobre "a ingerência de Bruxelas". Nisso se vê que a regra europeia não é reconhecida como "nossa" (pois o que *eles* têm a ver com isso?). Visto que a Europa não constitui um fato bruto, de pouco adianta tentar explicar. Enquanto "Bruxelas" for considerada uma força de ocupação estrangeira, esse tipo de orientação será visto como propaganda.

Como rastrear a sensação do "nosso"? Diversos pensadores políticos tentaram capturar esses volúveis brotamentos sentimentais internos. É o que eles consideram o aglutinante de uma comunidade política. Dependendo da perspectiva e da moda intelectual, eles falam de "povo", "cultura", "*demos*", "solidariedade" ou "identidade nacional". Uma imensa literatura social-acadêmica se baseia nisso. Não obstante, aqui há um problema: todos esses termos não se referem a um fato, mas a uma norma interna. O "nós" se situa pelo lado de dentro; trata-se de uma questão de autorrepresentação (coletiva).

Sobre a norma do lado de dentro, um observador externo pouco pode afirmar; isso não é de sua alçada. Em vez disso, seria melhor ele observar o lado de fora. Como a aceitação pelo povo das regras secundárias da ordem política se torna visível nos fatos? Uma comparação com um jogo de futebol ajuda. Durante o jogo, as regras que determinam como se marca um gol são mencionadas apenas raramente. No entanto, elas são usadas, num primeiro momento, por aqueles que fazem cumprir as regras. O árbitro que decide se foi gol ou não é comparável a um magistrado ou funcionário público que faz um juízo do tipo "Esta é a lei". É em sua aplicação que a invisível norma interna se revela como um fato externo. Pois bem, as regras secundárias não são utilizadas somente pelo mundo oficial, mas também pela população – dentro de seu papel como público. E o que o público faz? Ele vai assistir. Ele vibra. E, antes que o juiz possa validar um ponto marcado com seu apito, o público se levanta e grita: goooool! Esse grito é uma das maneiras pelas quais o público expressa seu reconhecimento das regras secundárias – alto e claro para qualquer observador.

O indispensável papel do público frequentemente é esquecido. Na aplicação das regras primárias de fato ele não vem ao caso. Nessa constelação (sinal vermelho), os cidadãos são eles próprios "jogadores", cujas infrações são apitadas. Isso é diferente para as regras secundárias. Jurisprudência e legislação fazem parte do "metajogo" no qual as regras são identificadas, aplicadas e alteradas. Esse metajogo em geral não é praticado pelos cidadãos, mas por aqueles oficialmente responsáveis por fazer cumprir as regras (magistrados, funcionários públicos) ou alterá-las (políticos). Não obstante, os cidadãos são indispensáveis nessas tarefas. Não é à toa que em toda corte de justiça sempre há um espaço reservado para o público; isso implica que o julgamento não interessa somente ao infrator, mas à sociedade como um todo.

Porém, para nenhum grupo a presença do público é tão necessária como para os políticos. Uma corte de justiça pode permanecer na penumbra, mas um parlamento clama pelos holofotes. A diferença se deve à natureza do ofício. Enquanto a jurisprudência em princípio se refere a regras subjacentes (precedentes, a constituição), não existem critérios subjacentes para o juízo político que altera ou institui uma regra. Isso é lógico, senão a regra já existiria. Mesmo assim, um político não age de forma arbitrária. O que ele faz, ou pretende fazer, é alterar as regras "em nome do povo", "com vistas ao interesse de todos" ou variantes do gênero. O difícil é tornar essas reivindicações acreditáveis. A única indicação palpável para seu êxito é o apoio do público. Isso vale não apenas para a democracia representativa, na qual o público como eleitorado avalia e substitui os jogadores, mas também em geral. Nenhuma ordem política pode existir sem um vínculo com o público. Não existe arena sem arquibancadas.

O público é inconstante. Às vezes, pode acenar com bandeirinhas sob clamores de "viva" ante a passagem do rei. Às vezes, se amua em manifestações, greves ou protestos. Do conforto de seu sofá, acompanha diariamente as ações dos jogadores na arena política. Conversando no bar ou escrevendo para colunas de jornais, ele adota uma posição: a opinião pública. Periodicamente, ele se levanta para votar. Mas também há momentos em que o público perde o interesse pelo que acontece. Com isso, anula a si mesmo, deixando a causa pública órfã e abandonada.

Não importando quão caprichoso e fugaz ele é, o público, essa multifacetada manifestação na qual a população demonstra aceitar as regras secundárias da ordem política, constitui um fato inegável. Um observador externo o pode ver, ouvir e às vezes cheirar e tocar. A imensa importância que lhe atribuem evidencia-se no vigor com que as manifestações públicas são esmiuçadas e auscultadas: tendências eleitorais analisadas até as casas decimais, as audiências de televisão, rádio e internet todas somadas, a opinião pública sondada em todas as suas profundezas. Tudo parece girar em torno da pergunta: o que o público quer? O que se passa na cabeça de alguém que ostenta a bandeira nacional, envia uma carta ao jornal ou entorna um carregamento de estrume em frente ao Congresso? Novamente: o pesquisador não conseguirá captar a emoção. A vontade popular se expressa unicamente pelo fato público. Em vez de tentar escrutinar o temperamento popular feito um psicanalista, é preferível assumir uma atitude mais behaviorista. Pois, como diz o provérbio francês, "não existe amor, só existem provas de amor".

"Uma prova de amor": é isso que toda ordem política quer e que os políticos cobiçam. Eles representam um papel no palco e precisam convencer o público com sua atuação. Políticos sem imprensa, sem francas opiniões, sem manifestações – estes se tornam funcionários públicos. A vaidade é sua virtude.

TRÊS ESTRATÉGIAS

Uma arena política europeia deseja um público de... europeus. Mas será que estes de fato existem?

Assim como em "Europa", a palavra "europeu" traz consigo um complexo de significados geográficos, culturais, históricos, jurídicos e políticos que não se deixam reduzir entre si. Mas não ficamos inteiramente privados de uma análise. Novamente, esta é facilitada pela distinção em esferas de atuação. As pessoas na esfera geográfica e cultural externa se distinguem daquelas na esfera institucional interna. No departamento dos "grandes europeus", a seção de Colombo ou de Goethe tem pouca relação com a de Jean Monnet ou de Paul-Henri Spaak.

Desde o período do entre-guerras, houve interessantes deslocamentos no uso da palavra "europeu". Estes revelam algo sobre a Europa em transição com que os Estados estão comprometidos. O político e ensaísta francês Jean-François Deniau escreveu em 1977:

> Os europeus já não existem mais! [...] Cinquenta anos atrás, era muito natural falar sobre europeus para distinguir os habitantes da nossa parte do mundo dos africanos, asiáticos e americanos. Atualmente, a expressão tornou-se antiquada e caiu em desuso. Quando agora se fala sobre europeus, trata-se somente de "ambientes europeus", ou seja, de grupos de especialistas em torno da comitiva de Jean Monnet ou das instituições bruxelenses. Segundo as classificações agora em voga, como Terceiro Mundo e Bloco dos Países Comunistas, ficamos

conhecidos como "ocidentais", ocasionalmente como "brancos" ou então como "países industrializados".[6]

Essa é uma observação interessante. Nos termos das esferas aqui tratadas, pode-se afirmar: após 1950, a palavra "europeu" mudou-se de esfera geopolítica e cultural externa, na qual tinha americanos, africanos e asiáticos como acompanhantes naturais, para a esfera institucional interna, na qual adquiriu uma carga ideológica e passou a se confundir com os arquitetos e pedreiros da Europa. Por conseguinte, nos anos 1950 e 1960, o partido político de Schuman ficou conhecido como "o partido europeu", sendo "europeus" os que se empenhavam pela adesão britânica, enquanto De Gaulle, mesmo sendo francês, definitivamente não era "europeu". Um paradoxo curioso: nos anos em que tanto se falou sobre a Europa, as pessoas em questão desapareceram. De habitantes de um continente, os "europeus" encolheram conceitualmente a promotores de um projeto.

De imediato, percebemos aqui uma notável lacuna. Então não havia europeus na esfera intermediária dos Estados conjuntos? É como se o conceito atravessasse da esfera continental externa para o espaço interno bruxelense sem se deter na esfera dos membros. Essa é exatamente a lacuna que a política europeia tenta preencher desde os anos 1970. Os europeus que a Europa organizada almeja como público constituem as populações de seus Estados-membros. Nada mais – noruegueses, suíços e russos no continente não precisam se sentir incluídos. Mas também nada menos – diplomatas, parlamentares, funcionários públicos e lobistas da esfera interna bruxelense não bastam. Em outras palavras, a missão para os Nove de 1977 era remover a palavra "europeu" das salas de visita e, no mínimo, torná-la uma parte integrante da autodefinição de belgas, luxemburgueses, neerlandeses, franceses, alemães, italianos, britânicos, dinamarqueses e irlandeses.

Mas como alcançar isso?

---

[6] Jean-François Deniau, *L'Europe Interdite*. Paris, Le Seuil, 1977, p. 237-38.

Estados modernos se valem de todo tipo de estratégia para capturar e manter a atenção do público. Desde a agitação de bandeiras e paradas militares, passando por parlamentos e pelo *ombudsman*, até aposentadorias, obras públicas ou educação gratuita. Esses métodos podem ser aplicados simultaneamente (quanto mais, melhor), porém é possível distinguir diferentes tradições. Existem três formas básicas. A noção do "nós" pode adquirir credibilidade ao remeter à ideia de "nosso povo", de "nosso interesse" ou de "nossas próprias decisões". Com o auxílio de um expediente histórico, poderíamos denominar essas estratégias públicas de "alemã", "romana" e "grega". A política europeia estruturou-se mediante a aplicação alternada dessas três estratégias.

A estratégia pública "alemã" aposta na identidade cultural e histórica de governantes e governados. Estes falam a mesma língua ou creem nos mesmos valores e livros sagrados ou possuem os mesmos costumes, ou seus antepassados lutaram na mesma guerra. O público deve ter a seguinte sensação: eles (governantes) e nós (governados) fazemos parte do mesmo povo. Por volta de 1800, pensadores alemães como Herder, Schlegel e Fichte converteram o nacionalismo, que surgira com a Revolução Francesa (e na esteira dela), em uma narrativa intelectual. Eles se sentiam parte de uma única nação cultural alemã, que, para sua lástima, carecia de um Estado. Com seus escritos, pretendiam evocar um sentimento nacional; o poder do Estado seguiria. Esse programa ideológico encontrou seguimento por toda a Europa. De Londres a Belgrado e de Paris a Palermo, as mesmas estratégias eram usadas para tornar uma identidade nacional visível ou para efetivá-la. Seus elementos mais conhecidos são: uma historiografia nacional, uma bandeira e um hino, feriados nacionais, ensino obrigatório e alistamento militar, a padronização de uma língua franca, monumentos aos heróis, a "invenção de tradições".

A estratégia pública "romana" faz um apelo às vantagens que a população obtém pelo funcionamento da política. Os governantes oferecem proteção, criam oportunidades ou dão dinheiro. O público-alvo consiste em clientes. A referência "romana", portanto, não faz menção à Roma republicana, mas à imperial, aquela Roma onde o cidadão não tinha voz e a população se comprazia com "pão e circo". Entre todas as vantagens que o império oferecia, a segurança era a mais fundamental. A *pax romana* representava – além de vantagens mais materiais, como aquedutos ou casas de banho – um grande trunfo para o império pela cooptação dos diferentes povos sob seu domínio.

A estratégia pública "grega" repousa na avaliação periódica pela população dos representantes que tomam decisões em seu nome. Às vezes, esse método é complementado com uma votação direta da população sobre determinadas questões que lhe são apresentadas. O objetivo é fazer com que a população considere as leis e decisões como sendo "nossas". Para esse intuito, o público em uma democracia dispõe de um voto. Na Grécia Antiga, encontra-se a origem do princípio da decisão por maioria, no qual tanto a votação direta quanto as variantes representativas modernas se baseiam. Na estratégia grega, o público desempenha um papel notavelmente contundente, que a longo prazo aumenta a capacidade política de reagir diante das incertezas do futuro.

Os Estados-membros europeus conjuntamente coletaram ideias e elementos de todas essas tradições. Foram organizadas eleições, instituíram-se subsídios e premiações, concebeu-se um hino e uma bandeira, pensou-se sobre heróis, garantiu-se o oferecimento de proteção aos cidadãos e muito mais. Às vezes, percebia-se que uma estratégia emperrava e então se passava a outra. Não surpreende que as instituições da esfera interna, especialmente a Comissão e o Parlamento, buscassem avidamente o favor do público. Em contrapartida, a atitude na esfera dos membros era mais ambígua. Os Estados-membros reconheciam que um público de europeus sem dúvida era útil à coletividade, eles próprios haviam tomado as decisões mais importantes para sua criação, mas ao mesmo tempo não queriam perder seu próprio público nacional. Desse modo, a luta pelo público tornou-se o campo de batalha entre a coletividade e os Estados.

Essa busca por um público europeu, dedicada na esfera interna e ambígua na esfera dos membros, será discutida nos capítulos 7-9. A análise não segue uma sequência cronológica, mas foi desmembrada entre a estratégia alemã, romana e grega. Com cada abordagem sempre se alcançava certo êxito, mas também se esbarrava em problemas. Portanto, é provável que as estratégias públicas que ganharam impulso em meados dos anos 1970 tenham surtido certo efeito. É o que se verá mais adiante. Porém, algo mais aconteceu – algo intangível e intenso.

O choque geopolítico de 1989 deu um novo sentido à palavra "Europa". O continente por tanto tempo dividido entre os Estados Unidos e a Rússia novamente se tornou consciente de sua unidade. Dois processos podem ser notados. Primeiro: as fronteiras do círculo se deslocaram na direção do continente como um todo. Isso tornou um apelo da política aos significados geográficos e culturais da "Europa" mais acreditável. Segundo: a disseminação dos métodos econômicos ocidentais por todo o mundo, promovida após 1989 sob a liderança americana e conhecida como "globalização", levou a impressionantes deslocamentos de poder no âmbito geopolítico e econômico. A divisão do mundo de 1975 em Ocidente, Bloco Comunista e Terceiro Mundo perdeu o sentido. O Bloco Comunista desapareceu como fator de poder, comprometendo também a antes incontestável solidariedade transatlântica do "Ocidente". O "Terceiro Mundo" de fato se reduziu à África, sendo que a Ásia, com as superpotências China e Índia, recuperou a autoconfiança, enquanto também a América Latina reivindica um lugar no cenário mundial. Em outras palavras, caso os habitantes do Velho Continente – nesse ínterim; quase todos reunidos sob a União Europeia – um dia comecem a se sentir "europeus", então a história mundial terá cumprido o importante objetivo de reuni-los.

Capítulo 7 | A Estratégia Alemã: Companheiros de Destino

> A Europa não resultará de uma única mudança econômica ou política, ela nunca existirá realmente se não adotar determinado sistema de valores morais e estéticos; se ela não praticar a exaltação de determinada maneira de pensar e sentir enquanto estigmatiza outra, a glorificação de certos heróis da história e a demonização de outros. [...] Não foi o Zollverein que fez a Alemanha, foram os discursos de Fichte dirigidos à nação alemã e divulgados pelos professores da moral.
>
> *Julien Benda*, Discours à la Nation Européenne

No preâmbulo do pacto de fundação de 1957, os seis Estados escreveram que aspiravam a "uma aliança cada vez mais coesa" entre os povos europeus. Esse enunciado até hoje consta no tratado. Ele é ambivalente. Um direcionamento permanente foi introduzido, mas não se estabeleceu nenhum objetivo final. Esse final aberto foi intensamente debatido pelos Estados ("federação", "confederação", "liga de Estados"?). Mas como ficam as populações? Estas devem se aproximar continuamente. E então? Será que as populações por fim deveriam dissolver-se em um grande todo ou será que após tanta aproximação elas permaneceriam as mesmas? Duas linhas de pensamento diferentes: no singular ou no plural?

A necessidade de suscitar uma única identidade europeia prevalece mais intensamente na esfera interna das instituições comunitárias. Ali alguns começaram a trabalhar com afinco na construção da Europa, ali a multiplicidade das nações se revelou um problema, a criação do "europeu" como uma solução. Isso por si levou a políticas voltadas para a cultura e para a identidade. Um antropólogo britânico demonstrou em um estudo de campo como essa vocação federal se entranhou na autoimagem, na mentalidade e na organização da Comissão e do Parlamento.[1] Nessa esfera, a pergunta condutora implícita era: "Como fazer para nos tornarmos um?".

Em contrapartida, os Estados-membros mantinham suas hesitações diante da identidade pan-europeia, talvez não inteiramente, mas sempre alguma. Até mesmo no "Dia da Europa", o aniversário da Declaração de Schuman de 9 de maio de 1950, um feriado para funcionários europeus, presume-se uma tentativa de formação de Estado:[2] vocês vão ver só, passo a passo a Europa abolirá todos os nossos feriados nacionais! Essa tensão não deve ser descartada como exagerada ou pueril. Ambas as partes estão cientes de que nos laços com o público está em jogo sua própria base existencial.

Apesar de a esfera dos membros sobreviver graças à multiplicidade, é notável que esta tampouco consiga se eximir da compulsiva política para a construção de identidade. No entanto, a noção do "nós" que sustenta a coletividade europeia é de uma ordem inteiramente diferente do que a da esfera interna. Para o círculo dos membros, não é o caso de se *tornarem um*, mas de *estarem juntos* (note a dupla diferença: "juntos" em vez de "um", "estar" em vez de "se tornar"). Os Estados-membros não pretendem suprimir a si mesmos; isso limita seu interesse pela questão de um dia se tornarem um. No entanto, a todo momento, eles são confrontados com a pergunta: *Por que estamos juntos?* O que nos diferencia dos não membros? A resposta determina sua disposição perante o resto do mundo e suas próprias populações. Estes últimos também desejam saber em que companhia se meteram. A autodefinição do círculo dos membros foi uma constante causa de disputa política.

---

[1] Cris Shore, *Building Europe. The Cultural Politics of European Integration*. London/New York, Routledge, 2000.

[2] O autor usou o termo *nation-building*, que denota a criação ou a reconstrução de um Estado, geralmente após uma guerra. (N. T.)

COMO SE TORNAR UM?

A noção do "nós" usada como alicerce na estratégia alemã é a de uma identidade compartilhada. Na Europa atual, isso é extremamente problemático.

A questão não é tanto por princípio. A matéria-prima que constitui uma identidade coletiva – uma língua, uma cultura, uma religião, um inimigo, provações compartilhadas – é relativamente conhecida. Portanto, certamente se poderia conceber algo que vinculasse os europeus uns aos outros – ou ao menos os distinguisse de seus vizinhos. Mas uma definição antropológica, sociológica ou linguística é de pouca serventia ao político. Para a política, afinal, a questão principal é se os *próprios* implicados se consideram europeus ou não. A sensação cultural de "nós" não pode (mais) ser imposta, mas expressa uma autorrepresentatividade. No máximo, o que se pode fazer é seduzir o público, conduzindo-o com imagens, símbolos e narrativas.

O problema, portanto, é antes prático e histórico. Desde o século XIX, os Estados europeus se esmeraram em conferir uma identidade a suas populações. Nas famosas palavras do parlamentar italiano Massimo d'Azeglio, logo após a unificação nacional em 1860: "Fizemos a Itália, agora só falta fazer os italianos".[3] Dependendo da situação inicial, a ênfase se situava na prioridade histórica do povo, que deveria expressar sua vontade por meio do Estado (o sonho de nacionalistas alemães como Fichte) ou no poder de formação do Estado, capaz de moldar as massas em uma comunidade de cidadãos (como na França ou na Espanha). *Grosso modo*, isso obteve bastante êxito na maioria dos Estados europeus. A introdução do ensino obrigatório e do alistamento militar, uma imprensa nacional, uma historiografia nacional ou feriados nacionais contribuíram todos para a unificação cultural

---

[3] Massimo d'Azeglio, 1870. In: Eric J. Hobsbawm, *Nations and Nationalism since 1780. Programme, Myth, Reality*. Cambridge, Cambridge University Press, 1992, p. 44.

dentro das fronteiras. A força bruta também foi aplicada. Minorias foram oprimidas. Qualquer resistência regional, por exemplo, contra a proibição do uso de dialetos locais, era reprimida. O objetivo era transformar "camponeses em franceses", conforme o título de um famoso estudo de Eugen Webers sobre a variante centralista francesa. Fosse uma ofensiva civilizatória ou uma assimilação cultural, o resultado foi que o concerto dos Estados europeus de 1815 em pouco mais de cem anos se transformou em um grupo de nações-Estado relativamente coesas. Os Estados individuais que melhor conseguiram impor a unidade interna provaram ser os mais estáveis (os impérios multiétnicos dos Habsburgo e dos otomanos se fragmentaram em 1914). É compreensível que os Estados não queiram abrir mão dessa base existencial obtida a duras penas nem dividi-la com um concorrente.

Essa circunstância seriamente delimita o espaço disponível para a construção de uma identidade pan-europeia. Parafraseando o lema italiano, políticos contemporâneos costumam dizer: "Fizemos a Europa, agora só falta fazer os europeus".[4] Como expressão do desejo de encontrar um público, trata-se de uma frase sincera. Como analogia ao projeto do nacionalismo no século XIX, porém, é enganosa. A "operação nação-Estado" não pode ser reproduzida. Para começar, as populações em questão hoje geralmente dispõem de forte identidade cultural; estas se tornaram nações alfabetizadas e já não conseguem imaginar outra existência. Um intelectual alemão com toda a razão fez a seguinte pergunta: "Mas então onde se encontra hoje em dia esse interiorano analfabeto, a ser 'europeizado' de forma voluntária ou involuntária?".[5] Em segundo lugar, na sociedade europeia moderna, a técnica de assimilação forçada não é mais tolerada. Impor o uso de uma língua oficial por meio das armas não tem mais cabimento;

---

[4] Bronislaw Geremek. In: *Le Monde*, 18 fev. 2004.

[5] Jan-Werner Müller, "Europäischer Verfassungspatriotismus – eine Europäische Verbindlichkeit?", *Transit* (inverno 2004/2005), n. 28, p. 175.

mais ainda, o Estado que quiser pertencer à vanguarda civilizada deve reconhecer as línguas minoritárias dentro de seu território nacional.

Os fundadores europeus posteriores a 1950 contra-argumentariam que não pretendiam criar uma nação europeia. Em sua autoimagem, seu projeto se opunha à ideia da nação-Estado do século XIX. Eles qualificavam o nacionalismo como uma força destrutiva; a seus olhos, as recentes guerras mundiais ofereciam prova suficiente. A popularidade do pensamento europeu nos primeiros anos do pós-guerra era proporcional ao descrédito da nação-Estado.

Havia, porém, uma tensão subliminar no objetivo final visado pelos fundadores. Seria a união europeia um *projeto de paz* ou um *projeto de poder*? Projeto de paz: suprimir as nações, romper a soberania do Estado, para se dar na Europa o primeiro passo em direção à paz mundial. Projeto de poder: fundir todas as nações numa totalidade maior, concentrar o poder dos Estados, a fim de defender seus interesses conjuntos como uma única Europa perante o resto do mundo. Por muito tempo, essas linhas de pensamento se entremearam. *Grosso modo*, em Haia, Bruxelas e nos círculos de Jean Monnet, dava-se mais ênfase ao primeiro aspecto, enquanto em Paris e inicialmente também em Bonn se valorizava o segundo.

Ambas as visões requerem um público diferente. No projeto de paz, a Europa seria "eminentemente um ato moral",[6] exigindo idealismo e reconciliabilidade. No projeto de poder, a Europa constitui um ato político, que pede discernimento e uma redefinição do interesse próprio. No primeiro caso, os cidadãos nacionais teriam de virar cidadãos do mundo apátridas (ou consumidores apolitizados); no segundo caso, europeus comprometidos ou mesmo orgulhosos. Em outras palavras: o projeto de paz exige a supressão da identidade nacional a favor de valores universais; o projeto de poder, a criação de uma *identidade* europeia.

---

[6] Julien Benda, *Discours à la Nation Européenne*. Paris, Gallimard, 1979, p. 124.

O ano de 1973 pode ser considerado o momento da virada na relação entre ambas. O projeto de paz perdia sua urgência na medida em que uma nova guerra franco-alemã se tornava mais improvável. Inversamente, o projeto de poder ganhava importância na medida em que a Guerra Fria e a descolonização tornavam a decadência do poder europeu no mundo mais visível. Essas vagarosas correntes convergiram a partir de 1973, por ocasião da adesão da Grã-Bretanha. Desde então, os Estados-membros podiam falar conjuntamente "em nome da Europa" perante o resto do mundo. Não por acaso, no mesmo ano, em dezembro de 1973, os nove líderes de governo deliberaram em Copenhague sobre o que realmente representavam como grupo de países no mundo. O resultado foi uma "Declaração sobre a Identidade Europeia". Não mais uma entre tantas obras de intelectuais, mas uma tentativa de autodefinição por parte do mais elevado nível político europeu.

É notável, ainda que raramente se dê destaque a isso, como os líderes de governo europeus incentivaram a busca por um público coletivo em várias frentes a partir de 1973. Sua declaração copenhaguense legitimava a estratégia pública alemã; essa oportunidade de desenvolver uma política cultural europeia foi abraçada com entusiasmo pela esfera interna. Um ano depois, os líderes de governo decidiram pela eleição direta de um parlamento; isso deu impulso à estratégia pública grega. Mais um ano depois, em consequência do relatório do primeiro-ministro belga Tindemans em 1975, eles deliberaram sobre políticas que trouxessem vantagens palpáveis a seus cidadãos; com isso, explicitaram a estratégia pública romana.

Com esses atos, os líderes dos Nove efetivamente decidiram que sua convivência, um fato jurídico desde 1952, também deveria se tornar um fato político. O *télos* do pacto de fundação, na época ocultado no preâmbulo em forma de declarações não impositivas, surtiu efeitos reais. Essa foi uma reviravolta fundamental. Apesar de até hoje haver uma disputa entre os Estados-membros sobre o *como*, a pergunta do *se* referente ao público foi resolvida nos anos após 1973. Assim que o círculo, ainda que timidamente, estreou no palco do mundo, ele não mais conseguia viver sem o próprio público.

POLÍTICA CULTURAL

A declaração dos nove líderes de governo de que a Europa tinha uma identidade funcionou como um tiro de largada para a esfera interior. Agora era possível desenvolver propostas para trazer essa identidade à tona, redescobri-la ou fortalecê-la. Inevitavelmente, a Comissão e o Parlamento recaíram nas técnicas políticas do nacionalismo do século XIX: o polimento de um passado europeu para espelhar o "nós" do presente, a mobilização de uma indústria de imagens e narrativas. Assim se esperava poder penetrar a consciência da população.

Em 1977, a Comissão apresentou um pacote de propostas para a política cultural, voltadas para a livre circulação de bens e serviços culturais. Considerando que o pacto de fundação não havia previsto competências para uma política cultural, era necessário operar sob o manto da economia. Não obstante, o pacote também incluía alguns planos simbolicamente carregados, como a ideia de "salas europeias" em museus, onde obras "que faziam parte do legado cultural da Comunidade" deveriam ser expostas, ou a fundação de institutos culturais da Comunidade e uma série de 365 anúncios televisivos "de no mínimo cinco minutos, dedicados a um grande europeu do passado ou do presente".[7] O Conselho de Ministros se recusou a colocar o relatório em pauta. A Grã-Bretanha e a Dinamarca lideravam essa oposição, tacitamente apoiadas pela França e pela Alemanha. Proteger o

---

[7] Comissão Europeia, "Community Action in the Cultural Sector. Communication to the Council", 22 nov. 1977. In: Tobias Theiler, *Political Symbolism and European Integration*. Manchester/New York, Manchester University Press, 2005, p. 58.

legado cultural compartilhado era uma coisa, mas museus europeus e galerias de heróis, isso cheirava à formação de Estado. Esta não havia sido a intenção dos Estados-membros.

Também a intenção da Comissão de acrescentar uma "dimensão europeia" ao ensino público esbarrou em um muro de resistência. Que o departamento de ensino bruxelense fizesse propostas nesse sentido era compreensível. Não haviam os próprios líderes afirmado que existia uma identidade europeia? E as aulas de história e geografia não fariam maravilhas para fortalecer essa identidade?

Um fracasso absoluto foi o envolvimento da Comissão na produção de um livro instrutivo para o público em geral sobre a história europeia, traduzido em várias línguas e intitulado *Europa: a História de seus Povos* (1990), de Jean Baptiste Duroselle. O livro discorria sobre o triunfo moral da unidade europeia sobre as forças maléficas da divisão – desde o rapto de Europa por Zeus, passando pelos romanos e por Carlos Magno, até as catástrofes do nacionalismo e a nova esperança após 1945. As críticas foram devastadoras. Na imprensa britânica, o livro foi comparado à historiografia soviética "a serviço de uma ideia".[8] A Comissão retirou-se do projeto. Cômicas foram as peripécias em torno do livro didático relacionado ao tema. Historiadores de doze países escreveram um capítulo cada, para depois brigarem sobre a terminologia usada. No capítulo sobre a França, o termo "invasões bárbaras" teve de ser substituído por "invasões germânicas". A caracterização espanhola do herói marítimo inglês Sir Francis Drake como "pirata" teve de ser suprimida. Resultou não ser tão fácil chegar a uma versão neutra, "europeia", dos acontecimentos históricos.

A lição desses fiascos foi dolorosa: a tentativa de angariar legitimidade para a ordem conjunta criando uma noção de "nós europeus" podia reverter feito um bumerangue. Acusações de

---

[8] Adam Zamoyski. In: *Tobias* Theiler, ibidem, p. 123 e 185.

proselitismo estariam sempre à espreita. A estratégia pública da política cultural era cheia de riscos.

Mesmo assim, as instituições bruxelenses fizeram corajosas tentativas para penetrar a fortaleza da formação da identidade nacional, a mídia e a indústria cinematográfica. Todo revolucionário sabe que hoje em dia o poder é tomado por meio dos estúdios de televisão. Traduzido para uma resolução (facultativa) do Parlamento Europeu de 1982, ficou assim:

> A unificação europeia somente poderá será alcançada se os europeus assim o quiserem. Os europeus somente vão querer isso quando houver uma identidade europeia. Uma identidade europeia somente se desenvolverá se os europeus forem informados de forma adequada. No momento, a mídia é controlada em âmbito nacional.[9]

Dessa forma, deveriam surgir canais de televisão europeus. Raciocínios similares também foram articulados para a indústria cinematográfica.

O monopólio da mídia nacional também era malvisto pela Comissão. Instigada pelo Parlamento, mas por motivações econômicas, ela tomou a iniciativa de rompê-lo. Após anos de negociação, as tratativas para "Televisão sem Fronteiras" foram aprovadas em 1989. Elas obrigavam os Estados-membros a permitir programas de rádio e televisão transmitidos pelo resto da Comunidade, além de harmonizarem o mercado publicitário e, assim, criar um mercado para programas de televisão. A esperança era que surgisse uma linguagem visual compartilhada, bem como narrativas compartilhadas. O inadvertido resultado foi um predomínio de programas anglófonos, especialmente os americanos: em vez de uma cultura europeia, *Dallas* se espalhou por todo o continente.

---

[9] Parlamento Europeu, Relatório Hahn (1982). In: Richard Collins, "Unity in Diversity? The Single Market in Broadcasting and the Audiovisual, 1982-92", *Journal of Common Market Studies*, 1994, p. 95.

Quando o caminho mais curto para o "Eu" é interrompido, pode-se tentar percorrer o desvio do "não o outro". O domínio americano do mercado de entretenimento podia ser usado como argumento para proteger a própria indústria cultural. Esse era um surrado tema francês e, após a vinda do social-democrata francês Delors para Bruxelas, em 1985, isso foi estimulado vigorosamente. A indústria cultural como defensora da civilização europeia; uma cruzada contra o imperialismo intelectual. Essa motivação retórica caiu mal entre os governos e o público dos Estados-membros mais atlânticos, como a Grã-Bretanha, a Dinamarca e os Países Baixos. Era, portanto, inverossímil para a coletividade dos Estados-membros. Um problema recorrente: a relação com os Estados Unidos não definia a Europa, mas a dividia.

Agora havia uma terceira etapa na busca pela identidade. Quando o "Eu" se mostra indefinível e "o outro" não oferece nenhum ponto de referência, resta ainda um recurso: interpretar o "Eu" como uma multiplicidade. Partindo desse princípio, a Comissão desenvolveu uma política de veiculação em massa que conseguiu agradar aos Estados-membros. Não mais, por exemplo, se subsidiava a produção de cinema, na esperança de que por meio da cooperação surgisse um estilo europeu, mas se apoiava a distribuição das produções nacionais para outros Estados-membros, entre outras formas por meio de subsídios para técnicas de tradução simultânea e redes de distribuição. Um movimento similar se deu na política para a educação, na qual de um lado o conteúdo de uma lição europeia havia levado ao conflito, mas do outro programas de intercâmbio para estudantes, estágios de línguas para professores e a obrigatoriedade do reconhecimento mútuo de diplomas foram muito bem recebidos.

A partir da perspectiva da busca política de um único público, a ênfase na multiplicidade representava uma retirada estratégica. Considerando a grande estima na época por parte dos intelectuais pela diversidade e pela multiculturalidade, foi possível no entanto bater em retirada de cabeça erguida. Sem perder a disposição, a Comissão ajustou seu objetivo da construção cultural de um "Eu" para um conhecimento do outro (europeu). Com isso acertou-se o tom. Até hoje a política cultural europeia – que anualmente movimenta centenas de milhões de euros – funciona sob o regime da "diversidade cultural" e do "diálogo intercultural".

Os aficionados podem encontrar essa conclusão nos textos do tratado. Ironicamente, por muito tempo a Comissão e o Parlamento se empenharam por uma política cultural com base no tratado, mas, quando a conquistaram em 1992 ("Maastricht"), este efetivamente estabeleceu que a União Europeia não tinha uma cultura única. O artigo em questão tende mais à diversidade que à unidade e evita o termo "cultura europeia", enquanto a "cultura" é atribuída aos Estados e mesmo às regiões. Uma parca consolação foi a possibilidade de se apoiar "obras criativas na área artística e literária". Ou seja, conceder prêmios, distribuir subsídios e elaborar relatórios.[10]

A resistência à ideia de uma única cultura europeia como sustentáculo da ordem política coletiva havia sido avassaladora. Os Estados-membros não desejavam que seus cidadãos se considerassem unicamente europeus. Devido a essa obstrução, pelo fim dos anos 1980 o dinamismo político-cultural bruxelense procurou uma válvula de escape na prática do intercâmbio e no discurso da diversidade. Assim, a esfera interna encontrou seu modesto papel: ela reforça o elo entre as populações, mas não os torna uma única nação.

No entanto, isso não significava que a estratégia alemã pudesse ser descartada. A caixa de ferramentas do nacionalismo do século XIX ainda não havia sido esgotada. Quando todo o conteúdo cultural específico esbarra em objeções, pode-se divulgar imagens ou narrativas baseadas em valores universais, na autorreferência ou em um simbolismo vazio. Especialmente este último foi sucesso.

---

[10] Art. 151 CE.

BANDEIRA

Em 29 de maio de 1986, realizou-se uma inusitada cerimônia em Bruxelas. Do lado de fora da sede da Comissão, a nova bandeira da Comunidade foi solenemente inaugurada. Havia turmas de escolas primárias com bandeirinhas, alguns funcionários assistindo, transeuntes admirados e uma apresentação da cantora belga Sandra Kim. A jovem artista de ascendência italiana cantou a música com a qual ganhara o Festival Eurovisão alguns meses antes: *J'Aime la Vie*. A seguir, hasteou-se a bandeira azul com doze estrelas pela primeira vez em sua nova função, enquanto um coro cantava o hino europeu. A isso seguiram-se discursos por parte do presidente da Comissão, Jacques Delors, e do presidente do Parlamento, Pierre Pflimlin. Ambos declararam esperar que a bandeira se tornasse um símbolo dos esforços de paz na Europa.

Essa solenidade coroou um *lobby* de vários anos das instituições da Comunidade. A rigor, aliás, não foi uma "bandeira" a ser hasteada, mas um "logotipo". Este havia sido o compromisso semântico com o qual os embaixadores dos Estados-membros puderam concordar. Esse "logotipo", por conseguinte, poderia ser estampado em diferentes tipos de material. Como num pedaço de pano retangular, por exemplo.

Uma bandeira é um símbolo. Ela não significa nada, mas "representa" algo. Não da maneira como um mapa representa uma paisagem ou uma foto representa uma pessoa, mas com base em uma convenção mais ou menos arbitrária, da mesma forma que uma letra representa um tom musical ou uma âncora a esperança. Não existe um vínculo intrínseco entre o símbolo e o simbolizado. Aquele que deseja criar um símbolo, portanto, deve fazê-lo de tal modo que o público possa estabelecer esse vínculo naturalmente. Conforme Hannah Pitkin escreveu:

> É mais uma questão de trabalhar a mente das pessoas que deverão aceitá-lo, em vez de trabalhar o símbolo em si. E considerando que não

existe justificativa racional para essa conexão simbólica, para aceitar esse símbolo e não aquele, a simbolização não constitui um processo de persuasão racional, mas de manipulação de reações afetivas e da formação de hábitos.[11]

Aquele que se ajoelha diante de uma cruz ou hasteia a bandeira solenemente contraiu esses hábitos. Mediante seus atos, aceita a existência daquilo que é simbolizado.

O primeiro hasteamento da bandeira europeia representou, portanto, um avanço. A bandeira torna a coletividade visível. Ela não diz nada sobre a identidade do simbolizado, não lembra sua origem nem seu passado, mas simplesmente demonstra que ele existe. É o ponto zero da estratégia alemã, forma sem conteúdo, pura chamada de atenção. Inversamente, graças a sua visibilidade, a bandeira permite ao público expressar a aceitação do simbolizado. Qualquer democrata preocupado com a legitimidade da Europa, talvez mesmo sem o querer, se sentiria bastante revigorado diante de uma multidão acenando bandeiras azuis.

O avanço de 1986 fazia parte de uma novela que já se prolongava por uma década. A bandeira azul com doze estrelas originalmente pertencia ao Conselho da Europa de Estrasburgo. Este tinha uma assembleia parlamentar cujos membros desejavam uma bandeira própria. Isso a exemplo do Movimento Europeu, cujo "E" verde sobre um fundo branco por volta de 1950 era especialmente popular na França e na Bélgica. Foram precisos uma competição pública, alguns estudos heráldicos e protocolares e mais uma árdua negociação até que os quinze Estados-membros chegassem a um acordo. O resultado foi uma bandeira azul com doze estrelas, hasteada oficialmente em dezembro de 1955.

Foi a convite do próprio Conselho de Estrasburgo que a Comunidade adotou essa bandeira três décadas depois, com seu hino,

---

[11] Hanna F. Pitkin, *The Concept of Representation*. Berkeley, University of California Press, 1972, p.101.

"Ode à Alegria", da *Nona Sinfonia*, de Beethoven. Com esse hino, a Europa confirmou sua tendência universalista ("Todos se tornaram irmãos"). Com a bandeira, optou-se por uma identidade independentemente do número de Estados-membros: o número de estrelas é, e sempre será, doze.

O que levou a essa decisão político-simbólica foram as eleições europeias de 1984. A grande abstinência dos eleitores foi motivo de preocupação para os líderes de governo. O público aparentemente não estava a par o suficiente da importância da Comunidade. Algumas semanas depois, na Cúpula de Fontainebleau, os líderes resolveram encomendar uma pesquisa sobre como a comunidade poderia "reforçar e divulgar sua identidade e sua imagem, tanto entre seus cidadãos quanto no resto do mundo".[12] No relatório final constou: "Por motivos práticos e simbólicos, existe a clara necessidade de uma bandeira e de um emblema que possam ser usados em eventos nacionais e internacionais, exposições e outros eventos em que a existência da Comunidade deve ser exposta à atenção do público".[13] Os líderes de governo aceitaram essas recomendações durante a Cúpula de Milão de 1985.

A ideia de uma bandeira europeia foi cautelosamente apresentada. O relatório em questão também se apressava em esclarecer que seu uso "obviamente em nenhum caso impedia o uso das bandeiras nacionais".[14] Sua introdução foi pleiteada sob o ditame: reforçar a *visibilidade* da Comunidade no cotidiano dos cidadãos. Isso também era necessário para poder dar uma tradução jurídica à decisão essencial dos líderes de governo. Isso porque quando, na segunda metade

---

[12] Conselho Europeu, "Conclusions du Conseil Européen de Fontainebleau (25 e 26 jun. 1984)", pt. 6 ("Europe des Citoyens"). In: *Bulletin CEE* 1984-6, 11-12.

[13] Comité-Adoninno, "Report Submitted to the Milan European Council (Milan, 28-29 jun. 1985)", pt. 9. In: *Bulletin EEC* 1985-7, Suplemento, 18-30.

[14] Ibidem.

de 1985, uma proposta de quarenta páginas da Comissão surgiu para estabelecer um "Regulamento do Conselho sobre o Estatuto da Bandeira Europeia", repleto de protocolos cerimoniais, proteção contra abusos e semelhantes, alguns Estados-membros ficaram um tanto assustados. Conforme lamentou o embaixador britânico para um colega: "Imagine só a reação da Margaret quando esse documento arriar com um baque surdo no pátio da Rua Downing, n.º 10".[15] Seus defensores também preferiam evitar qualquer discussão sobre a soberania. Eles sabiam que uma bandeira nunca seria adotada caso se expressasse em termos de formação de Estado. O presidente do Parlamento encontrou a saída no argumento da publicidade, a identidade visual. Desse modo, ofereceu o espaço que seus adversários precisavam para poder dar sua aprovação. A conotação política de "bandeira" foi suprimida, e assim a Comunidade ganhou um "logotipo". Como essas sutilezas diplomáticas geralmente passam despercebidas ao cidadão comum, Delors e seus pares tinham todos os motivos para estarem satisfeitos com esse golpe político-simbólico.

Uma bandeira tem de conquistar seu território à custa de outras bandeiras. Enquanto as instituições da Comunidade e da União Europeia podem usar a bandeira em si, nos Estados-membros esta raramente tremula sozinha, mas em geral ao lado da bandeira nacional. Trata-se de uma boa indicação da esfera da coletividade em que um prédio se situa ou em que uma reunião é realizada. O uso da bandeira difere de acordo com o Estado-membro. O presidente francês Sarkozy optou por tirar seu retrato oficial, que é espalhado por todas as escolas e edifícios públicos do país, flanqueado por uma bandeira da França e outra da Europa – tradição continuada por seu sucessor, François Hollande. A Grã-Bretanha, em contrapartida, é mais recalcitrante: para desgosto da Comissão, por muito tempo os britânicos

---

[15] Charles Rutten, *Aan de Wieg van Europa en Andere Buitenlandse Zaken. Herinneringen van een Diplomaat*. Amsterdam, Boom, 2005, p. 175.

se recusaram a acrescentar o logotipo azul com as doze estrelas nas placas de trânsito nacionais.

Durante uma deliberação europeia de cúpula sobre a crise do crédito, em outubro de 2008, as bandeiras indicavam com exatidão o lugar de cada participante nas esferas de atuação. A reunião ocorreu a convite do presidente rotativo do Conselho, Nicolas Sarkozy. Três outros líderes de governo estavam presentes: Angela Merkel, Gordon Brown e Silvio Berlusconi, assim como três representantes das instituições europeias: o presidente da Comissão José Manuel Barroso, o banqueiro central Jean-Claude Trichet e o presidente dos ministros da zona do euro, Jean-Claude Juncker. Como isso ficou aparente? Durante a entrevista coletiva final, os quatro primeiros se encontravam sentados atrás de uma bandeirinha nacional e de uma da Europa; os três últimos, somente atrás da europeia.

A bandeira e o hino quase foram promovidos em 2004. Eles haviam sido incorporados como "símbolos da União Europeia" no tratado constituinte. Após a fracassada ratificação deste, novamente tornaram-se assunto de polêmica. Em especial, Haia, Londres e Praga acharam que uma bandeira se associava demasiadamente à criação de um Estado. Isso preocupava o público (nacional). Diante de sua insistência, esses símbolos foram mantidos fora do Tratado de Lisboa. Injuriados, os demais dezesseis Estados-membros declararam que a bandeira e o hino "para eles [permaneceriam] como os símbolos da vinculação coletiva dos cidadãos da União Europeia e de seus laços com ela".[16]

---

[16] Ata Final da Conferência Intergovernamental, 13 dez. 2007, "Declaração do Reino da Bélgica, da República da Bulgária, da República da Alemanha, da República Helênica, do Reino da Espanha, da República da Itália, da República de Chipre, da República da Lituânia, do Arquiducado de Luxemburgo, da República da Hungria, da República de Malta, da República da Áustria, da Romênia, da República Portuguesa, da República Eslovênia e da República Eslovaca referente aos símbolos da União Europeia" (Declaração 52). In: *Diário Oficial*, 17/12/2007 C 306/02.

A bandeira europeia, por enquanto, mantém um *status* jurídico incerto. De um lado, essa identidade visual "vazia" oferece bastante amparo à coletividade na formação de um vínculo com o público. De outro, o recente espalhafato sobre suas implicações estatais demonstra novamente que uma reivindicação por legitimidade como essa é um tiro que pode sair pela culatra. Essa duplicidade faz parte da própria existência pública. Aquele que se expõe ao público está sujeito a vaias ou aplausos.

Retornar pelo caminho, de volta à invisibilidade, não é mais possível. Após um quarto de século, o símbolo e o simbolizado ficaram tão vinculados na mente das pessoas que recolher a bandeira europeia por medo de críticas significaria a autorrevogação da coletividade.

PANTEÃO

Um panteão constitui o espaço real ou simbólico em que os heróis da nação são enterrados. Desse modo, uma comunidade cria um passado compartilhado. Foi com esse propósito que, logo após a Revolução de 1789, o governo francês resolveu designar a recém-concluída igreja de Sainte-Geneviève como um mausoléu para seus heróis, sob o nome de Panthéon. A nação francesa, nova detentora da soberania, precisava de uma legitimidade histórica que pudesse se opor aos séculos de controle da população por parte da autoridade monárquica. Em 1791, Mirabeau foi o primeiro a ser enterrado no Panthéon, logo seguido por Voltaire e Rousseau. Nominalmente, uma homenagem da "nação" a seus grandes homens, mas também um ato por meio do qual a nação se reinventa à sua custa. A intenção é suscitar no observador um sentimento do tipo "ele faz parte de mim, do meu povo, do meu país".

Esse convite à identificação, no entanto, torna-se mais complicado quando diferentes comunidades políticas se projetam orgulhosamente nas mesmas figuras. Será que Cristóvão Colombo era espanhol ou genovês? Historiadores debatem sobre o assunto. Franz Kafka era tcheco ou alemão? Isso difere segundo a biblioteca. Hitler era alemão ou austríaco? Podem ficar com ele.

Na luta pelo panteão, as nações-Estado não toleram concorrência. Não surpreende que as propostas bruxelenses para programas de televisão dedicados a grandes europeus tenham sido rechaçadas pelos Estados-membros. Dessa forma, surpreende que mesmo assim tenham surgido alguns heróis pan-europeus. Não foi necessário inaugurar salas de museu ou erguer estátuas para isso. O truque é se apropriar do nome de determinadas figuras históricas.

A reivindicação mais forte nesse sentido é sobre o sábio universal de Roterdã, Erasmo. O programa de intercâmbio que leva seu nome e que desde 1987 tem concedido bolsas para mais de dois milhões de estudantes é uma fórmula de *marketing* de sucesso. No conceito "Erasmo", agora ressoa "Europa". Erasmo presta-se bem a esse papel. Desde o período do entre-guerras, o grande conciliador e humanista itinerante já havia sido considerado por um intelectual francês como "o perfeito símbolo do cidadão europeu".[17]

Reforçado por esse êxito, depois disso o departamento de ensino em Bruxelas deu os nomes de Sócrates, Leonardo da Vinci, Comênio e Grundtvig a seus programas. Essas tentativas de "europanteonização" não tiveram êxito. Maiores possibilidades possui o prestigioso projeto tecnológico de 2002 com o sonoro nome de "Galileo". Trata-se de um satélite de navegação europeu que deveria quebrar o monopólio de seu equivalente americano. Mas até que esse satélite esteja disponível, o público associa Galileu antes com a aceleração dos corpos em Pisa que com o poder da Europa nos céus.

Conforme demonstram essas tentativas, a esfera interna bruxelense vislumbra o panteão europeu povoado por sábios e artistas plásticos universais; de preferência, por aqueles que não possam ser

---

[17] Julien Benda, op. cit., p. 47

reivindicados por um único Estado. Característico nesse sentido é como Comênio (Komensky) é apresentado no respectivo *site* da Comissão. Ele não tem nacionalidade, mas "nasceu no que hoje é a República Tcheca"; foi, além de fundador da pedagogia moderna, "um cosmopolita e universalista que continuamente lutou pelos direitos humanos, pela paz entre as nações, pela paz social e pela união da humanidade".[18] Um homem cuja pátria era o mundo, precursor e herói do projeto de paz.

Aqui encontrou-se outra saída concreta para a dificuldade em definir uma identidade compartilhada em oposição à força gravitacional das nações. Ou seja, ver a Europa não como uma "multiplicidade", promotora da diversidade e do diálogo, mas como uma iluminada detentora dos valores universais.

Referências a estadistas ou políticos são praticamente inviáveis na Europa. Na história europeia, o orgulho de uma nação muitas vezes é a maldição da outra. Napoleão foi um grande europeu? Em sua vocação europeia, ele mesmo se considerava "o sucessor de Carlos Magno e não de Luís XIV".[19] Mas o herói de Austerlitz também foi o carrasco de Madri. Nem todos podem se reconhecer na sua pessoa, e esta, portanto, não oferece uma legitimidade unificada.

Quanto mais as referências à história são delicadas, mais atraente se torna a autorreferência. Para isso dispõe-se dos políticos que promoveram a fundação e a construção da Comunidade e da União Europeia. Em Bruxelas, em Estrasburgo ou em Luxemburgo, encontram-se prédios da Comissão e do Parlamento com os nomes de Adenauer, Monnet, Schuman, Spaak e Spinelli, entre outros. Especialmente o nome de Jean Monnet é usado para essas denominações; ele também adorna muitas cátedras universitárias, centros de pesquisa, fundações e uma ou outra escola. Essa estratégia é, em contraste com a anterior,

---

[18] http://ec.europa.eu/education/programmes/llp/comenius/moreabou_en.html (8/2/2007).

[19] Napoleão Bonaparte. In: Julien Benda, op. cit., p. 39.

autorreferenciada. Com isso não se explora uma nova fonte de legitimidade, mas confirma-se a própria identidade.

Os cinco políticos mencionados figuram na seleta categoria de "pais fundadores". O termo é um programa ideológico em si, baseado nos *Founding Fathers* americanos. É de esperar que políticos do final do século XX, como Delors, Havel ou Kohl, um dia também venham a ser convocados para a seção política desse panteão europeu, mas a invocação de um "pai fundador" retém um valor retórico agregado que os últimos por ora não podem oferecer. Enquanto a União Europeia duvidar de sua própria existência, será reconfortante ter fundadores.

DINHEIRO

Com a introdução do euro, ouviram-se queixas estéticas nos Países Baixos sobre o desaparecimento das "nossas belas cédulas": lamentava-se a perda das ilustrações de um farol, de girassóis e do maçarico-pintado. Mas por detrás das enfadonhas cédulas do euro esconde-se um estonteante espetáculo de escolhas políticas com relação a uma identidade. Em nenhum lugar o drama da busca europeia por um público torna-se tão visível quanto na disputa por esses meros centímetros quadrados de papel.

Não obstante todos os aspectos práticos e financeiros amplamente comentados na época, a introdução de uma nova moeda envolve uma operação simbólica de primeira grandeza. O estranho, porém, foi como mal se comentou isso publicamente. O dinheiro circula apenas por uma questão de confiança. A pessoa que recebe uma moeda ou uma cédula deve poder confiar que ela representa o valor de face. Não apenas que se trata de "dinheiro de verdade", em contraste com "dinheiro falso", porém, mais fundamental ainda, que de fato se trata de um meio de pagamento. Essa confiança há muito tem sido garantida pelo Estado. Quando não há mais confiança no Estado, o dinheiro perde o valor e se reduz a mero pedaço de metal ou papel. O Estado oferece essa garantia ao conceder uma marca ao dinheiro. Por isso é que o projeto gráfico foi tão importante. O desafio na criação do dinheiro europeu foi: qual deverá ser a nossa marca coletiva de confiança?

O nome em si já pode ser uma marca de garantia. Muitas denominações monetárias aludiam ao peso equivalente em metal precioso que a moeda representava (peso, libra, lira). Outras se referiam ao governante emissor (coroa, real, ducado) ou ao Estado (franco, florim), estabelecendo um elo entre dinheiro e poder. Quando os líderes de governo decidiram introduzir uma moeda conjunta em Maastricht, ainda não tinham um nome em vista. A unidade de referência do sistema monetário da época se chamava "ecu". Era a sigla de "*European Currency Unit*", mas a antiga moeda francesa écu ainda ressoava nesse nome – um ardil, na época, do presidente Giscard d'Estaing. Era nessa ressonância que se situava o problema para os alemães, que tinham a moeda mais forte: para não abalar a confiança que o público depositava em sua moeda, eles não desejavam um nome que soasse francês. O nó górdio teve de ser cortado no mais alto nível político. Em dezembro de 1995, na Cúpula de Madri, os líderes de governo optaram por "euro". Foi uma proposta do ministro das Finanças alemão Waigel. O nome era historicamente neutro, e sua fonética remetia à "Europa". Todo mundo ficou contente.

No que concerne às imagens nas moedas, os ministros decidiram em 1996 que haveria uma face "nacional" e outra "comunitária".[20] Para o público, isso deveria facilitar emocionalmente a transição. A face nacional poderia ser cunhada livremente, desde que se incluíssem as doze estrelas do logotipo europeu. Para a face europeia, em 1997 os líderes de governo optaram por uma imagem do território conjunto dos Estados-membros. Em vista do constante deslocamento da fronteira externa, sua área não podia oferecer uma

---

[20] Conclusões do Conselho informal da Ecofin em Verona, 12-13 abr. 1996.

marca fixa, mas o jogo com a identidade foi mais sutil. A representação vencedora veio em três versões. As moedas de 1, 2 e 5 centavos mostram um globo com a Europa no mundo; as de 10, 20 e 50 centavos trazem o mapa da Europa com seus Estados-membros ligeiramente separados, como peças de um quebra-cabeça; nas moedas de 1 e 2 euros encontra-se o mesmo mapa, mas agora com os Estados-membros unidos. Três imagens, três representações. A Europa primeiro aparece como unidade para fora, depois como multiplicidade para dentro e finalmente como uma unidade em si; continente, Estados-membros, círculo de membros.

Fascinante foi o debate que houve sobre as cédulas. Seriam bilhetes uniformes, em sete valores nominais, numa sequência de 5 até 500 euros. Estes também trariam uma marca para tornar as notas "o nosso dinheiro" (a fim de simplificar o controle sobre falsificações, desistiu-se de um espaço nacional nas notas). Enquanto nas moedas geralmente se encontra a efígie do soberano reinante ou um símbolo do povo, nas cédulas geralmente figuram personalidades históricas, prédios ou plantas e animais nos quais a nação se reconhece. Catorze dos quinze Estados-membros conheciam o gênero do retrato histórico. Se fosse o caso do dinheiro comunitário, essa tradição gráfica levaria à dolorosa pergunta sobre quem seriam os sete "grandes europeus" a merecer uma efígie – e quais os heróis a ser excluídos.

A responsabilidade pelas artes gráficas tornou-se uma tarefa conjunta dos presidentes dos bancos centrais nacionais, reunidos no precursor do Banco Central Europeu. No fim de 1994, eles incumbiram um grupo de especialistas, composto de historiadores, historiadores da arte, psicólogos e desenhistas de papel-moeda profissionais, de conceber três "temas gráficos".

Que tipo de imagem deveria ser? Primeiro, os especialistas estabeleceram critérios. O tema gráfico deveria "simbolizar a Europa, divulgar uma mensagem de unidade europeia". Além das exigências técnicas como legibilidade e segurança, as cédulas também deveriam "ser aceitáveis para o público". No caso de uma cédula com, digamos novamente, o retrato de Napoleão, isso não se aplicaria em todos os países. Além do mais, o grupo consultivo fazia questão de ver a bandeira europeia nas cédulas. "Não obstante seu significado exato como modelo gráfico, seu verdadeiro valor se deve a sua aceitação como marca de uma identidade compartilhada."[21] As novíssimas cédulas certamente precisariam desse apoio para que fossem reconhecidas e aceitas.

Uma primeira listagem geral com dezoito temas gráficos foi elaborada, compreendendo cidades, paisagens, monumentos, poemas épicos, mapas, retratos de cientistas, flora e fauna. A grande maioria desses temas foi eliminada por causa do "viés nacional": nem todos os quinze Estados-membros poderiam ser representados por uma pessoa, por um monumento ou por um poema épico em sete cédulas. Mesmo assim, uma única série de retratos alcançou o segundo lugar, sob o tema "Legado". A face da cédula mostraria homens e mulheres famosos e, no verso, seus feitos na disciplina em questão. Ou seja, "Beethoven e a música, Rembrandt e a pintura, Charlotte Brontë e a literatura, Marie Curie e a medicina". A desvantagem continuou sendo a identificação nacional: "Pessoas famosas sempre serão vinculadas a seus próprios países".[22]

Até mesmo em relação a plantas e animais temeu-se uma reivindicação nacional, "na medida em que a maioria dos Estados-membros tem um animal ou uma flor como símbolo nacional". A opção da fauna ademais recebeu um comentário revelador: "Países recém-independentes em outros continentes frequentemente ilustram suas cédulas com animais, uma vez que, pelo menos em parte, eles pouco mais

---

[21] Grupo Consultivo para a Seleção dos Temas, "Interim Report to the European Monetary Institute's Working Group on Printing and Issuing a European Banknote on The Selection of a Theme for the European Banknote Series", maio 1995, p. 3-4. <www.ecb.int/bc/pdf/preparation/Theme_report.pdf>

[22] Ibidem, p. 18 e 30.

têm para incluir no projeto gráfico".[23] Nesse desdém com relação aos animais descolonizados, não obstante ressoa uma autoconsciência implícita: a Europa não data de ontem.

A autorreferência seria um ótimo remédio contra as identificações nacionais. Havia duas propostas incluídas. Primeiro, retratos dos pais fundadores, com o quinteto Adenauer, De Gasperi, Monnet, Schuman, Spaak. Essa "confirmação da história coletiva" teria "forte poder simbólico". A desvantagem foi que esses personagens não eram conhecidos do grande público. Uma avaliação correta, sem dúvida, mas para quem aspira a um panteão europeu é também um caso de *capitulação autorrealizável*.[24] Os fundadores terminaram em décimo sétimo lugar. A segunda proposta autorreferente, "Objetivos, ideais e aspirações da União Europeia", alcançou o quarto lugar. Aqui, os valores dos tratados, "a exemplo da cidadania conjunta, diversidade e prosperidade comercial",[25] teriam um lugar. A desvantagem foi que esses ideais não eram tipicamente europeus. Nesse caso, a autorreferência naufragou no problema do universalismo.

Outra saída da identificação nacional era o rompimento figurativo radical. Por meio de cédulas com apenas formas abstratas e futuristas, qualquer sensibilidade cultural certamente poderia ser evitada. Essa proposta terminou bem, em terceiro lugar.

O tema vencedor foi "Eras e Estilos Europeus". As faces trariam ilustrações de homens e mulheres comuns de pinturas, desenhos ou gravuras existentes, anônimas e distribuídas por gênero e idade. Os versos deveriam oferecer uma interpretação do estilo arquitetônico da era em questão e, "sem uma referência específica a qualquer prédio existente, conter uma clara mensagem sobre a unidade e a

---

[23] Ibidem, p. 28.

[24] *Self-fulfilling capitulation*, segundo o termo original em inglês usado pelo autor, parafraseando o termo *self-fulfilling prophecy*, ou "profecia autorrealizável".

[25] Ibidem, p. 41 e 13.

riqueza arquitetônica da Europa". Segundo o grupo consultivo, o tema se encaixava perfeitamente na imagem que o resto do mundo tinha da Europa. "Para quase todos no mundo, a Europa é conhecida pelas artes plásticas." Além disso, "Por mais que turistas americanos e japoneses não conheçam nenhum líder europeu, frequentemente eles conhecem o nome dos museus mais famosos da Europa".[26] A dilacerante história do continente, portanto, acabou conquistando um lugar na identidade coletiva – como atração turística.

Os presidentes dos bancos centrais nacionais adotaram a recomendação. Em junho de 1995, eliminaram a única proposta entre os três primeiros colocados que continha personalidades históricas, a série Beethoven, Rembrandt e Brontë. Sobraram "Eras e Estilos Europeus" e a série futurística. Esta última não traria dores de cabeça, mas com o tema das eras o dilema da política cultural europeia finalmente seria atendido.

Novamente, mobilizou-se um grupo de especialistas. Para o verso, eles escolheram sete estilos históricos, um para cada valor nominal: clássico, romano, gótico, renascentista, barroco, rococó, *art nouveau*, moderno. A maioria não achava "autêntico" utilizar uma interpretação artística dos estilos arquitetônicos, conforme a incumbência, e deu a preferência a "prédios de verdade".[27] Foram selecionadas duas séries de prédios. Para a cédula classicista de 5 euros, a Maison Carré e o Pont du Gard, ambos nas cercanias de Nîmes; para a cédula romana de 10 euros, a catedral de Lund e a abadia do Mont-Saint-Michel; e assim por diante, até chegar ao Finlandia Hall e à casa de Rietveld Schröder para a cédula de 500. Todos esses estilos prevaleceram em grande parte da Europa. Graças aos prédios de verdade, por fim a União Europeia teria um firme embasamento na história cultural europeia.

---

[26] Ibidem, p. 16 17.

[27] Grupo Consultivo para a Seleção de Características, "Selection of Design Features. Report to the European Monetary Institute's Working Group on Printing and Issuing a European Banknote", nov. 1995, p. 7.

Mais complicada foi a escolha dos retratos anônimos planejados para a face das cédulas. Ainda se temia que isso pudesse possibilitar uma prerrogativa nacional com base nos traços estilísticos ou no local ilustrado na obra. Na esperança de que a qualidade artística contrabalançasse essa objeção, para a face também foram selecionadas duas séries de imagens: a cabeça de um atleta (escola de Lisipo) ou o Efebo de Anticitera (anônimo) para o estilo clássico, e assim por diante, até chegar à fotografia de uma jovem mulher de August Sander ou ao autorretrato de Joseph Kutter para o século XX.

Os presidentes dos bancos organizaram um concurso no início de 1996. Surgiram mais de quarenta propostas, cobrindo o tema "Eras e Estilos Europeus" e a série não figurativa. Dez delas foram submetidas a uma pesquisa de opinião nos Estados-membros participantes. Em dezembro de 1996, com base em todos esses dados, os presidentes dos bancos centrais escolheram as cédulas do artista gráfico austríaco Robert Kalina. Seu *design* agora se encontra na carteira de mais de trezentos milhões de europeus.

O vencedor havia feito uma livre interpretação das diretivas do concurso. Kalina eliminou os retratos anônimos e decidiu representar os elementos arquitetônicos em ambos os lados. Além disso, rejeitou as "construções de verdade" e retomou a proposta original da interpretação artística de um estilo. Todas as cédulas em sua *série retratam uma ponte na face e uma porta ou janela no verso*. Esses elementos arquitetônicos simbolizam "o espírito de franqueza e cooperação na União Europeia, assim como a comunicação entre os povos".[28] Além da bandeira regulamentar, no desenho de Kalina a Europa também se encontra representada geograficamente. O "lado da ponte" das cédulas contém um mapa da Europa; o problema das fronteiras foi evitado pela opção de um recorte que se sobrepõe às partes da Ásia e da África.

---

[28] Banco Nacional da Bélgica, "De Eurobiljetten". In: www.bnb.be (12 fev. 2009).

Esse processo de seleção demonstra as dificuldades na determinação de uma identidade europeia. Desde o começo até o fim, o processo foi dominado pelo temor de que a identificação nacional sobrepujasse a europeia. Isso levou a um rompimento com a tradição gráfica em praticamente todos os Estados-membros, a dos retratos de personalidades históricas famosas. Buscou-se uma solução em retratos anônimos, até despontar o risco de que mesmo esses anônimos retratados um dia pudessem revelar seus nomes e suas nacionalidades. Os banqueiros centrais tomaram a decisão correta com a escolha de uma cédula que, contrariando a encomenda, não retratava nenhuma pessoa. A ideia dos retratos anônimos oscilava entre dois princípios. Pretendia dar continuidade a uma tradição gráfica europeia, mas se recusava a reconhecer a função primordial dessas imagens, notadamente a de representar a comunidade política. Uma cédula com uma pessoa anônima (de fato) representa apenas determinado período ou estilo, enquanto George Washington, não importando o estilo gráfico, sempre representará a nação americana.

No caso de um edifício, as pessoas não estão mais olhando em um espelho histórico em busca de um membro de sua própria comunidade política. Mesmo assim, os senhores que fizeram a escolha consideraram que prédios existentes ainda teriam muitas conotações nacionais. Pois, e se, conforme sugerido de início, a Pont du Gard tivesse sido estampada na cédula de 5 euros? O objetivo seria que o público dissesse: "Sim, essa é nossa ponte (europeia)". Os banqueiros, entretanto, não queriam correr o risco de que o público pensasse: "Não, essa é sua ponte (francesa)". E se por causa disso a cédula não fosse aceita como "o nosso dinheiro"? Então não seria dinheiro.

Nas fases consecutivas do processo de concepção, todas as possibilidades de uma identificação histórica foram eliminadas. Teria sido um receio exagerado? Por um lado, *não se deve desprezar as sensibilidades e as agruras nacionais. O perigo de um boicote de* consumidores por motivos políticos está sempre *à* espreita. Os banqueiros centrais, que tomaram a decisão, se sentiam responsáveis pela nova moeda e preferiram não se expor a esse risco. Por outro lado, as sensibilidades nacionais na Europa não raro só conseguem ser superadas graças à coragem política. A própria introdução de uma moeda única é um exemplo disso. Caso políticos europeus tivessem de escolher o projeto gráfico, talvez as "construções verdadeiras" estivessem agora na carteira de todos.

Os banqueiros eliminaram qualquer referência histórica. Mesmo assim, quiseram manter algo, em vez de optar pelo rompimento radical, a favor das cédulas não figurativas. Após as consecutivas anonimizações, não obstante sobrou algo essencial: a ideia do *tempo* e da *mudança de forma*. O tempo, além do mais, recebe um começo. Segundo a narrativa das cédulas, a Europa começou na Antiguidade, tem longa história e acalenta seus rompimentos como uma riqueza.

Será que com isso se forjou um elo entre a moeda e o poder europeu, um elo que a cada pagamento lembra ao público a ordem política que avaliza o dinheiro?

Um único detalhe visual insere uma dúvida. Nas cédulas, a Europa é representada nominalmente e como arcabouço histórico, com bandeira e território, mas também de outra maneira, notadamente por meio da instituição que as emite. Do Banco Central Europeu, de um lado, aparecem as iniciais (originalmente em cinco e hoje em nove línguas diferentes), e de outro a assinatura de seu presidente. Essa é a marca de garantia que deve dar a confiança ao público de que esses sete pedaços de papel representam cédulas de dinheiro. O Banco Europeu, porém, tem um *status* incerto. Trata-se de um banco sem Estado. Considerando que nem todos os Estados-membros adotaram o euro, ele tampouco pertence à União Europeia como um todo. A ordem política que o sustenta pertence à chamada "zona do euro". Essa é uma entidade pouco acessível, que ainda não dispõe de público – embora a crise do euro possa mudar essa situação. O próprio banco ressalta essa insegurança, pois a série de iniciais nas cédulas é precedida pelo emblema internacional para a proteção de direitos autorais. Essa garantia adicional é estranha e tem efeito adverso. O banco se comporta como uma empresa que protege sua propriedade intelectual, enquanto a falsificação deveria ser considerada um crime bem mais grave (como sempre foi). O dinheiro não se torna verdadeiro pela proteção dos direitos autorais de sua estampa, mas pela reivindicação de representar uma comunidade política. Por meio da marca dos direitos autorais, o banco sugere que tal reivindicação não pode ser cumprida. Um lapso preocupante.

POR QUE ESTAMOS JUNTOS?

Enquanto a esfera interna europeia lidava com a pergunta *Como se tornar um?*, na esfera intermediária dos membros a questão era *Por que estamos juntos?* Esta última pergunta não tinha necessariamente a característica de uma tarefa ou uma missão; tampouco levava a uma grande sede de feitos. Ela, porém, conduziu à introspecção, com grandes consequências políticas.

Essa autoanálise dos membros que já durava sessenta anos é comparável a um círculo de pares em torno de uma fogueira: ali eles contam histórias, rememoram seus feitos e analisam sua posição na sociedade. A identidade do círculo é determinada pelos membros, mais que pelas regras. Continuamente, a conversa é interrompida pela (possível) chegada de novos membros, o círculo se abre, uma nova intimidade se forma, as histórias são adaptadas. A autodefinição de um círculo em constante expansão não tem caráter facultativo; os membros a levaram extremamente a sério. A cada estruturação de seus alicerces, desde Paris 1951 até Lisboa 2007, os diplomatas lutaram pelas palavras que podiam oferecer à coletividade um lugar na história e no mundo. Há muito a Europa lida com a tensão entre a promessa continental que carrega consigo e a arbitrariedade do número de seus membros.

Essa tensão surgiu com a fundação. Os Seis representavam apenas uma pequena parte do consórcio dos Estados europeus. Eles não podiam, portanto, reivindicar valores culturais ou experiências históricas abrangendo o continente como um todo. Mesmo assim, era muito tentador.

No pacto de fundação de 1951, os Seis reconheceram que seu passado consistia em "rivalidades seculares" e "lutas sangrentas". Essa era justamente a história da qual pretendiam se libertar. Os Estados fundadores se julgaram "decididos [...] a lançar os primeiros fundamentos para uma comunidade maior e mais coesa entre povos há muito divididos".[29] A promessa de um novo começo seria ainda maior se os demais países europeus também fossem incluídos. Por isso, os fundadores estenderam sua aliança para "cada Estado europeu".[30] O convite foi reiterado no pacto de 1957.

Do ponto de vista político-cultural, também foi um passo formidável. Isso encerrava a promessa: hoje, nós Seis; no futuro distante, a Europa inteira. Graças a essa virada teleológica, o valor cultural e histórico agregado do continente inteiro podia assim ser mobilizado, graças a *pars pro toto* [a parte pelo todo], o nome "Comunidade Europeia" podia ser usado sem afronta. Ao mesmo tempo, o convite aberto aos não membros dificultava o desenvolvimento de uma identidade para o círculo no aqui e agora. Suponhamos que houvesse narrativas convincentes para fazer com que o público se acostumasse aos Seis, será que essas também se aplicariam aos Sete, Oito, Nove, Dez ou mais? Com o tempo, os Estados-membros perceberiam que a porta aberta engendrava uma dinâmica que, em vez de atrair, afastava o público da coletividade. Aquela porta aberta sempre trazia novos arbítrios, que dificultavam a formação de uma narrativa.

---

[29] Preâmbulo Ceca.
[30] Art. 98 Ceca.

Do sucessivo número de membros, de seis para vinte e oito, somente o primeiro encontrou um embasamento histórico. Mesmo assim foi algo diferente do que parecia ser à primeira vista. Não era um mesmo céu que os unia, mas a mesma terra.

Nos anos iniciais, uma essência católica pairava em torno da fogueira da Comunidade. Os principais fundadores eram democrata-cristãos: Schuman na França, Adenauer na Alemanha, De Gasperi na Itália. Esses três políticos ademais atribuíam importante papel à fé na reconstrução (moral) do continente. Por conseguinte, alguns de fora viam a "Europa" como um complô do Vaticano. Preconceitos anticatólicos influenciaram a decisão do governo trabalhista britânico de não participar do plano de mineração. O ministro adjunto das Relações Exteriores anotou em seu diário que o iniciador Schuman, cristão devoto e ademais solteiro, teria sido influenciado por sacerdotes e que seu plano seria "nada mais que um passo na consolidação do 'negro internacional' do catolicismo".[31] Também o primeiro-ministro social-democrata sueco Tage Erlander hesitou em fazer parte de uma Comunidade majoritariamente católica. O primeiro-ministro social-democrata neerlandês Willem Drees tampouco se entusiasmou com essa perspectiva, mas seu país participou assim mesmo. O catolicismo gerava afinidade entre alguns pais fundadores, e como religião universal de certo modo serviu de antídoto contra o nacionalismo; dessa forma, encaixou-se perfeitamente na perspectiva de paz do pós-guerra, como um novo e puro começo para a Europa. Mesmo assim, ele não oferecia embasamento para uma identidade conjunta. Um dos membros se considerava uma nação protestante; outro, *grosso modo*, tinha tantos habitantes católicos quanto protestantes. Os Seis não podiam, tampouco desejavam, ser uma "agremiação católica".

---

[31] Kenneth Younger, 14 maio 1950. In: Hugo Young, *This Blessed Plot. Britain and Europe from Churchill to Blair*. London, Macmillan, 1999, p.50-51. [O "negro" aqui provavelmente se refere à cor da batina usada pelos padres católicos na época. (N. T.)]

Inesperadamente, os Estados-membros encontraram um fundamento histórico em outra parte: o território conjunto dos Seis coincidia em grandes linhas com o reino estabelecido na alta Idade Média por Carlos Magno, rei dos francos, cuja corte ficava na atual cidade alemã de Aachen, que expandiu seu território até os Pirineus, subjugou e cristianizou os saxões a leste e no ano de 800 se fez coroar imperador em Roma. O fato de Carlos Magno ter sido chamado de "pai da Europa" em alguns antigos manuscritos fez desse achado um tiro na mosca. Os Seis receberam de bandeja um herói ancestral para sua conversa em torno da fogueira.

Logo após a guerra, a figura de Carlos Magno havia se tornado popular nos círculos conservadores da Alemanha Ocidental. O uso que o regime nazista fizera das raízes alemãs ou germânicas as tornara desacreditadas. O reino medieval dos francos, que originou tanto a nação alemã quanto a francesa, ofereceu uma alternativa. No trono de mármore de Carlos Magno, que se encontra em Aachen, foram coroados todos os imperadores alemães até 1800. Ao mesmo tempo, uma imensa estátua equestre do soberano se encontra próximo à igreja de Notre-Dame, em Paris. Ele reinava quando franceses e alemães ainda não estavam divididos, portanto em época anterior aos séculos de "luta sangrenta" a que os Seis queriam pôr fim. Isso fazia dele o símbolo por excelência da reconciliação franco-alemã. Ademais, no circuito católico e conservador se valorizava o fato de Carlos Magno ter defendido a autoridade temporal do papa e esmagado os bárbaros hereges na parte oriental de seu reino – predecessores distantes dos ateus comunistas de Moscou. Como sinal dos tempos, em 1949 alguns habitantes proeminentes de Aachen, antiga sede do reino, instituíram o "Prêmio de Carlos", com o qual passaram a homenagear personalidades que promovessem a unificação europeia. Desde então essa distinção política se desenvolveu em uma verdadeira "cerimônia de ordenação equestre da unificação europeia", para usar as palavras de Dirk Schümer. O uso simbólico de Carlos Magno tornou-se tão vistoso que o líder dos socialistas na Alemanha Ocidental, adversário da comunidade minerária, escreveu no início dos anos 1950: "Não queremos o conceito do reino de Carlos Magno como fundamento para a formação do século XX".[32]

A imagem do imperador Carlos Magno resistiu à polêmica interna alemã. Em 1967, quando o Conselho de Ministros adquiriu sua própria sede em Bruxelas, esta recebeu o nome de "Charlemagne". Havia sido uma ótima jogada dos Seis com relação à política de identidade. Porém, um pouco tarde demais. Pois quando os governos se instalaram ali quatro anos mais tarde, eles já eram quase Nove. E o imponente monarca cavaleiro nunca havia alcançado as costas da Irlanda, da Inglaterra e da Dinamarca.

Assim, em 1.º de janeiro de 1973 os membros novamente se encontraram diante da pergunta sobre o que os unia. Com sua vinda, os três novatos haviam puxado o fundamento histórico carolíngio por debaixo da coletividade; o acaso político havia feito sua entrada. Essa falta de fundamento não provocou uma queda livre, mas, antes, deu asas ao corpo político europeu.

Os Estados-membros dessa vez decidiram que eles mesmos dariam uma resposta acerca dos motivos de sua convivência. Em dezembro, os nove líderes de governo, reunidos em Copenhague, publicaram a já mencionada "Declaração sobre a Identidade Europeia", a fim de anunciar ao mundo e a suas populações quem eles eram. Os pontos de partida eram – tal como duas décadas antes – a vontade coletiva de superar antigas inimizades e a convicção de que uma unidade europeia seria necessária para "a sobrevivência da civilização comunitária". Este último item mostrou-se difícil de definir. Para todos os efeitos, seria algo como uma "variedade de culturas na mesma civilização europeia", "valores e princípios compartilhados",

---

[32] Kurt Schumacher. In: Dirk Schümer, *Das Gesicht Europas. Ein Kontinent Wächst Zusammen*. München, Deutscher Taschenbuch, 2004, p. 64.

"uma mesma atitude de vida". O mundo exterior foi tranquilizado quanto ao fato de que a unificação europeia não era "dirigida contra ninguém" e que também não era "inspirada por nenhum desejo de poder".[33] A identidade europeia mostrou-se uma fina membrana entre uma pluralidade para dentro e uma leve universalidade para fora. Na tradução política dessas generalidades, os Nove encontraram um embasamento mais sólido. Eles pretendiam se empenhar inteiramente pelos "princípios da democracia representativa, do estado de direito, da justiça social – o derradeiro objetivo do progresso econômico – e dos direitos humanos". Outro elemento notável foi que os Estados-membros consideraram a própria "construção de uma Europa unida" como parte da identidade compartilhada. O rompimento com o passado em 1950 nesse ponto ganhara uma história própria.

Esse exercício de autodeterminação dos Nove, apesar das frases vazias, marca uma dupla virada político-cultural. Primeiro: o discurso sobre valores, identidade e cultura europeia foi legitimado pela mais alta autoridade política. Nesse sentido, o que constava na declaração era secundário ao fato de que aquilo fora dito. A estratégia alemã havia sido estabelecida oficialmente; acima se demonstrou como a partir de 1973 ela havia sido usada como ponto de referência para a política cultural europeia. Segundo: em Copenhague, os Estados-membros se definiram de maneira mais explícita que antes como um círculo de democracias parlamentares. Isso certamente foi influenciado pelo fato de os novatos Grã-Bretanha e Dinamarca trazerem parlamentos antigos e atuantes para a esfera dos Estados-membros.

Essa autoimagem durou vinte anos. Para fora, os Nove formalmente irradiavam a aura de um círculo democrático. Isso tornou-se ainda mais que evidente quando, a partir da metade dos anos 1970, as ditaduras de Grécia, Espanha e Portugal fizeram a transição para

---

[33] Conselho Europeu de Copenhague, "Declaração sobre a Identidade Europeia", 14 dez. 1973. In: *Bulletin CEE* 1973–12, p. 127-130.

a democracia parlamentar. Seus jovens governos bateram à porta dos Nove. Sem dúvida, esses países também buscavam as vantagens de um mercado comum e os subsídios europeus, mas o desejo de se incorporar a um ambiente democrático – pense na Espanha após o fracassado golpe de 1981 – foi, segundo alguns observadores, uma importante motivação. O círculo de membros cresceu de Nove para Doze sem nenhum problema.

Por coincidência, Copenhague também foi o local da seguinte decisão fundamental para a política de identidade, em junho de 1993. O ambiente estava tenso. O círculo em torno da fogueira, perturbado por garotos da periferia que julgavam poder se intrometer na conversa, não estava receptivo a narrativas históricas. Nesse caso, os presentes teriam de fazer concessões antes do tempo. Havia mais de três anos que os Doze lidavam com os países da Europa Central e da Europa Oriental que, em 1989, apareceram por detrás da Cortina de Ferro, procurando se juntar a seus vizinhos ocidentais. Até aquele momento, os Estados-membros haviam deixado os aspirantes esperarem em terra de ninguém. Os líderes de governo tinham pouca disposição para acolher em seu meio os no mínimo dez países pobres e debilitados, de cujas capitais em alguns casos nem sequer tinham ouvido falar. Ao mesmo tempo, eles sentiam que não existia outra saída. Afinal, eles o haviam prometido em seu pacto de fundação (e também os americanos ficavam buzinando). Os forasteiros, com seu persistente apelo, confirmavam a identidade do círculo ali presente – este mais que nunca se tornara objeto de veneração e desejo –, mas também obrigavam os membros a uma renovada introspecção.

Reticência e aceitação da necessidade se encontraram nos "Critérios de Copenhague". Estes colocam três condições a que um país deve atender para ser admitido na coletividade: instituições democráticas estáveis, economia de mercado em funcionamento, absorção de oitenta mil páginas de legislação europeia. Com esse pacote de exigências, os líderes continuaram pelo caminho delineado vinte anos antes, deixando o outro para trás.

Isso porque os Doze, de um lado, detalharam a autoimagem política de 1973: "Somos um clube de democracias". A singela enumeração de princípios democráticos foi substituída por uma exaustiva lista de características, implicando um dever de casa para os candidatos a membro. Desse modo, o convite aberto do pacto de fundação ("qualquer Estado europeu que compartilha nossos ideais") ficou permeado de exigências explícitas. O europeísmo de um Estado aparentemente depende de um estágio de desenvolvimento, torna-se objeto de vistoria. Desde 1993, quem é europeu e a partir de que momento isso ocorre é decidido pelo Conselho Europeu.

Por outro lado, com isso a prosa sobre identidade de vinte anos antes foi abandonada. A abertura que os líderes haviam oferecido para a política cultural europeia, e que nesse ínterim fora aproveitada, se fechava novamente. Com isso, a retórica sobre um passado compartilhado ou uma civilização em comum havia sido refutada, amputando uma potencial fonte de legitimidade pública para a União Europeia, bloqueando, em suma, a estratégia alemã. Consequência: *a política europeia teve de carregar a si mesma*. Esse passo bem que poderia indicar força e autoconfiança (compare Deus a Moisés: "Eu sou aquele que é").[34] Não obstante, é questionável se as consequências dessa dramática decisão foram suficientemente consideradas.

Copenhague 1993: os Estados-membros contemplam de frente a arbitrariedade de uma ordem política. Eles dizem aos candidatos a membro, mas com isso (inadvertidamente?) também a si mesmos: "A Europa é como nós somos".

É óbvio que com isso em si não se colocou um termo às tentativas de fornecer um embasamento cultural ou histórico para a

---

[34] *Êxodo* 3:14.

ordem suspensa no ar. A questão ressurge cada vez que a coletividade altera seus fundamentos.

Quando, nos anos 2002-2004, os Estados-membros conceberam um novo tratado, deliberou-se sobre as referências históricas e culturais que deveriam constar no preâmbulo. Mencionar ou não o cristianismo, o humanismo, o colonialismo ou as guerras mundiais? O confronto mais veemente ocorreu entre os países que insistiam em incluir uma referência a Deus (Espanha, Polônia) e os Estados que preferiam enfatizar o caráter secular do espaço público europeu (França, Bélgica). Seria a Europa, sim ou não, uma agremiação cristã? Essa pergunta recebeu mais atenção da imprensa e do público que qualquer reforma institucional discutida na época. Mas, por fim, os Estados-membros articularam um compromisso: "inspirado pelas tradições culturais, religiosas e humanistas da Europa, que se encontram na base do desenvolvimento de valores universais e dos inalienáveis direitos do homem e da liberdade, da democracia, da igualdade e do estado de direito...".[35] A cristandade, não mencionada, desse modo foi reduzida à condição de tradição religiosa, podendo servir apenas como uma das fontes de inspiração dos valores políticos democráticos. Essa breve sentença foi incluída no Tratado de Lisboa. Trata-se, como sobrevivente do episódio constituinte, do resultado de cinco anos de contenda diplomática. Os governos coletivos insistem: sua agremiação não é católica, nem cristã, nem mesmo pós-cristã, mas uma união de democracias parlamentares europeias.

Nos próximos anos a questão da adesão novamente determinará a autoimagem. Dessa vez será a democracia islâmica da Turquia, que em 1963 obteve a perspectiva de aderir e que desde 1999 aguarda oficialmente na sala de espera europeia, a interrogar a identidade da coletividade. Será que realmente se pretende ser, sem restrições, uma associação de democracias? Assim como depois de 1989, quando os

---

[35] Preâmbulo do tratado constituinte.

candidatos ex-comunistas foram deixados por anos a esperar, as hesitações são grandes. Esse caso igualmente ocupa os ânimos da opinião pública – da Áustria aos Países Baixos e da França à Polônia – muito mais que as minúcias na esfera interna institucional. As populações querem saber em que Europa elas devem se sentir em casa.

A ironia é que o maior opositor da adesão turca, o governo francês, favorece uma definição secular da coletividade. Enquanto alguns partidos e governos democrata-cristãos não veem problemas em justificar sua atitude antiturca com base na religião, Paris se encontra ideologicamente entalada. Nesse intuito, a França pode apelar em última instância à necessidade de se impor um limite geográfico. Esse apelo tem alguma chance de ser compreendido.

Com ou sem a Turquia, o limite já foi quase alcançado. A tensão introduzida logo após a fundação entre o consórcio dos Estados europeus como um todo e o seleto círculo de Estados-membros diminuiu. Enquanto na época dos Seis teria sido grotesco falar de uma "Europa", atualmente três quartos dos Estados europeus pertencem à União Europeia, sendo que metade dos não membros restantes deverá ser admitida dentro de dez anos.

Isso poderá dar um novo rumo à conversa ao redor da fogueira. Quando o seleto círculo coincidir com os Estados no continente, quando o último candidato passar pelo portão ou for recusado para sempre, o arbítrio poderá ser eliminado. A fronteira geográfica então deverá assumir a aparência de uma necessidade histórica, com uma narrativa tão boa quanto os Estados-membros não ouviam desde o fim da Europa carolíngia dos Seis. A pergunta política sobre quem é europeu e quem não é possivelmente deverá retornar do registro burocrático de critérios de seleção e prazos de transição para as experiências históricas e antropológicas do continente. A estratégia "alemã" poderá novamente sair da penumbra e oferecer ao "eu" europeu o espelho de um espaço mais amplo e um passado mais extenso.

"Sei de olhos vendados se estou na Europa", um escritor alegou certa vez. A Europa, segundo ele, pode ser ouvida e sentida: cães latindo, sinos repicando, crianças brincando fora da casa.[36] Outro escritor encontrou o peculiar da Europa, entre outras coisas, na dimensão humana da paisagem, nas cafeterias, e nas ruas e praças que carregam o nome de estadistas, cientistas, pintores e escritores do passado.[37] Ainda segundo um terceiro, o continente conhece "uma paisagem visual e auditiva única, que fora da Europa somente pode ser encontrada em áreas onde moram europeus".[38] Com isso, ele se refere à presença de cruzes em alguns prédios e cemitérios; à urbanização das cidades e à arquitetura dos prédios públicos; à escrita, que, mesmo apresentando três variantes, se distingue claramente tanto dos ideogramas chineses quanto da escrita árabe e de outras grafias; à profusão de imagens no espaço público e nas casas das pessoas comuns; à grande quantidade de imagens de figuras humanas, incluindo as de homens e mulheres despidos; ao repicar dos sinos.

A Europa como um todo, segundo esses intelectuais, se distingue de seus vizinhos, África, Oriente Médio, Ásia e Américas. Turistas transcontinentais reconhecem essa intuição. Voltando para casa de Pequim ou de Los Angeles, eles percebem, durante um dia ou dois, que são europeus. Mas essa sensação parece um devaneio, um suspiro, uma fração, que rapidamente se desvanece diante da estonteante diversidade de línguas, Estados, nações e religiões que coexistem e se superpõem no território.

Uma visão histórica mais retroativa pode ajudar a entender esse enigma. Os 25 séculos de história europeia podem muito bem ser considerados uma interação de forças que levaram a uma unidade

---

[36] Hans Magnus Enzensberger. In: Dirk Schümer, op. cit., p. 306.

[37] George Steiner, *De idee Europa*. Nexus Instituut, Tilburg, 2004, 17-30.

[38] Krzysztof Pomian, "De Europese Identiteit: een Historisch Feit en een Politiek Probleem". In: Leonard Ornstein e Lo Breemer (orgs.), *Paleis Europa. Grote Denkers over Europa*. Amsterdam, De Bezige Bij, 2007, p. 30-31.

e uniformidade política e cultural (romanização, cristianização, o Iluminismo) com forças que propiciaram a divisão e a diversidade (grandes migrações internas, reformas religiosas, formação das nações-Estado). Na era moderna, eles interagiram de maneira imprevista. Por toda a Europa, a invenção da imprensa favoreceu as línguas populares em detrimento do latim. A disputa entre monarcas e Estados, além da guerra, também levou à imitação e ao intercâmbio. Se um país conquistava uma colônia ultramarina, outro também o queria; se um príncipe mandava construir um teatro de ópera, outro logo o seguia. Não é correto, portanto, considerar o nacionalismo uma força meramente antagônica. A assertividade das suas nações dividiu mas também homogeneizou a Europa.

Sobre esse tempo e espaço compartilhado é que a conversa noturna ao redor da fogueira pode discorrer. Quando não houver mais nenhum não membro fora do círculo, quando não for mais necessário olhar constantemente por cima do ombro para ver se alguém ainda procura um lugar, então será possível esquecer o passar das horas e contemplar o fogo no País da Noite. Uma transição terá sido concluída. Somente então, e não antes, é que os Estados-membros reunidos poderão dizer com convicção a seu público, com palavras nas quais não apenas ressoam a política mas também a geografia e a história: "Nós somos europeus".

Capítulo 8 | A Estratégia Romana: Clientes

– Mas então que é que os romanos já fizeram por nós?
– O aqueduto, etc. etc. etc.
– Tudo bem, mas, além de saneamento básico, medicina, educação, vinho, ordem pública, irrigação, estradas, um sistema de água potável e saúde pública, por acaso os romanos algum dia já fizeram algo por nós?
– Trouxeram a paz.
– Ah. A paz? Cale a boca!

Monty Python, A Vida de Brian

A estratégia pública romana baseia-se nas vantagens que um corpo político oferece à sua população, como segurança, oportunidades ou dinheiro. De um lado, esses resultados devem ser de fato oferecidos, assim como deve, segundo o termo que se tornou corrente, haver *output*. Do outro, esses resultados também devem ser notados, portanto precisam ser visíveis e eventualmente anunciados. Na medida em que o público não irrompe espontaneamente em aplausos para certas decisões políticas, pode-se recorrer ao repasse de informação e às relações públicas.

A segurança é o benefício fundamental que a política tem a oferecer. É na proteção de seus súditos contra soldados inimigos, bandos de ladrões ou assassinos que o Estado encontra seu primordial direito de existência, conforme já afirmavam filósofos políticos como Hobbes e Montesquieu. Seria a paz entre os Estados-membros, após sua guerra de trinta anos (1914-1945), portanto, o maior benefício que a Europa pode oferecer a seus súditos? Desde o pacto de fundação, nenhum Estado-membro deu um tiro sequer em outro membro, apesar de suas desavenças e de suas guerras travadas em outras partes do mundo. O lobo mais perigoso da floresta parece ter sido domado. Não obstante, a outorga do Prêmio Nobel da Paz em 2012 à União Europeia, que "ajudou a transformar a maior parte da Europa de um continente de guerra em um continente de paz",[1] foi saudada com ironia.

Por que será que essa *pax europeana* praticamente não obtém reconhecimento? Pelo menos três motivos podem ser mencionados: soldados russos e americanos, a invisibilidade da mesa europeia, o tempo. Destes três, o ponto de partida geopolítico é o mais importante: após 1945, o continente se encontrava dividido entre duas superpotências que não toleravam conflitos dentro de suas próprias zonas. A paz interna na Europa não ocorreu pelo próprio mérito, mas pela soma da *pax americana* no lado ocidental e da *pax sovietica* no lado oriental. No Ocidente havia certa gratidão por essa segurança, direcionada a Washington. No Oriente, Moscou transformou seus vassalos em Estados policiais que até 1989 formavam o terror de seus próprios súditos. Somente após a Queda do Muro é que a Europa pôde demonstrar que essa paz era mais que um empedernido cessar-fogo e que sua União Europeia era em si uma âncora de estabilidade.

Segundo, a invisibilidade da mesa europeia. Embora o pacto de fundação de 1951 tenha sido assinado em parte pelo desejo franco-alemão de paz e reconciliação, ele não institui nenhuma autoridade visível destinada a impedir uma guerra. Esse foi justamente o truque. O lampejo dos fundadores era de que uma gradual integração de interesses nacionais, economias, moedas talvez, tornasse uma guerra franco-alemã "materialmente impossível".[2] Essa missão obteve êxito, mas o método tinha um preço. A permanente deliberação entre os governos se passa fora da vista das populações. Estas, portanto, demonstram ceticismo quando políticos exaltam uma alteração de tratado sob o argumento de "guerra nunca mais". Elas entendem muito bem que não é a cláusula de número tal ou a Corte

---

[1] Comitê Nobel da Noruega, "Announcement", 12 out. 2012.
[2] Robert Schuman, Declaração de 9 maio 1950.

em Luxemburgo que impedem que a França, a Alemanha ou outros Estados avancem sobre o território alheio. Elas desconhecem a coação da mesa europeia.

O terceiro e mais evidente motivo é o passar do tempo. A última guerra interna europeia (excetuando a dos Bálcãs) desapareceu da memória coletiva. A dor se esgota. A paz mútua tornou-se incontestável. Essa forma de legitimidade "romana" deu um brilho ao ato de fundação, mas, sem o alto preço de uma guerra, este não mais poderá ser avivado.

Em meados dos anos 1970, os líderes de governo começaram a perceber um diminuído apoio público à unificação. O primeiro-ministro belga Tindemans expressou a preocupação em seu relatório do fim de 1975:

> A ideia da Europa em parte foi uma vítima dos seus sucessos: a reconciliação de países que um dia foram inimigos, a prosperidade econômica que surgiu com a expansão do mercado [...], tudo aquilo parece uma conquista [...]. A Europa de hoje tornou-se banal, parece ter perdido o aroma de aventura que antes exalava.[3]

A tentação pela aventura da paz havia perdido o efeito; uma nova mensagem era necessária. O belga optou por um bem ponderado pragmatismo.

O relatório de Tindemans pode ser considerado o começo da explícita busca europeia por um público romano. É dele a ideia – que se incorporou ao jargão – de que a Europa deve ficar "próxima dos cidadãos". As vantagens devem ser práticas e relevantes no cotidiano. Tindemans pensava em uma melhor proteção de direitos, a livre passagem dentro da comunidade e chamadas telefônicas internacionais mais baratas (já naquela época!) ou menos entraves administrativos com gastos hospitalares em outros Estados-membros. Ele também visava ao aspecto da comunicação; de nada adiantava uma

---

[3] Leo Tindemans, op. cit., item 1A.

regulamentação europeia que ninguém conhecesse. Dessa forma, o controle sobre a qualidade dos produtos deveria ser continuado, mas principalmente também ser mais bem explicado: "Devemos fazer o consumidor europeu entender que se trata de lhe oferecer uma proteção eficaz contra abusos sempre possíveis e perigos reais".[4] A comunidade deveria proteger os cidadãos, mas também ser vista como um destemido protetor. Tudo isso segundo o já mencionado provérbio: "Não basta que nossa comunidade de consortes seja real; ela também precisa ser percebida dessa maneira".[5]

DIREITOS E LIBERDADES

Quando foi preso há dois mil anos pelas autoridades locais na Palestina, o apóstolo Paulo se defendeu com *"civis romanus sum"* – "sou cidadão romano".[6] Essa senha jurídica lhe deu acesso a um juiz romano e evitou que ele fosse torturado na prisão. Era o orgulho de um homem livre poder invocá-la.

A ordem europeia também atribui direitos. A comunidade minerária criou alguns para trabalhadores (da mineração). Posteriormente, também na condição de estudante, consumidor ou paciente hospitalar, indivíduos se tornaram objeto de direitos da coletividade. Além disso, também foram introduzidos direitos políticos, como o direito ao voto. O direito "político" que possibilita ao eleitor participar da legislação, porém, é essencialmente diferente do direito "civil" de estar sujeito à lei (e será tratado no Capítulo 9).

Como as pessoas adquirem esses direitos? Eles foram concedidos de cima, na condição de privilégios, e não reivindicados de baixo, na

---

[4] Ibidem, item 4.A.2.
[5] Ibidem, item 4.B.
[6] Atos dos Apóstolos, 22:23-29.

forma de exigências. Nunca um movimento europeu de direitos civis marchou na direção de Bruxelas, de Luxemburgo ou das capitais. Em vez disso, esses direitos foram outorgados pelos Estados como forma de troca, segundo o princípio: você faz algo pelo meu pessoal em sua casa que eu faço o mesmo pelo seu na minha. A maioria dos Estados não estava bem à procura de uma legitimidade "romana" para a ordem europeia, mas de vantagens para sua própria população. Porém, uma vez que esses direitos existiam, a coletividade passou a usá-los para fortalecer seus laços com o público europeu em geral. Essa sequência foi percorrida duas vezes, após a fundação da Comunidade (1951-1957) e após a fundação da União Europeia (1992).

Para a legitimidade que esses direitos geram, mais que seu alcance material é relevante saber *a quem* eles devem ser reivindicados. Visto assim, existem três tipos de direito europeu: direitos a ser reivindicados ao próprio Estado-membro, a outro Estado-membro ou à coletividade. Para os laços entre coletividade e público, são esses dois últimos que interessam. Um cientista político belga os comparou a duas práticas constitucionais das cidades-Estado na Grécia antiga: a *isopoliteia* e a *simpoliteia*. Falava-se de *isopoliteia* quando as cidades-Estado formavam vínculos horizontais, a exemplo de uma aliança militar, em que, por uma questão de reciprocidade, seus cidadãos outorgavam os mesmo direitos civis a seus aliados. Às vezes, o acesso a esses direitos se limitava a determinados privilégios comerciais, mas outras vezes isso também se estendia aos direitos políticos. Falava-se de *simpoliteia* quando as cidades-Estado formavam uma aliança com instituições "federais". Uma assembleia democrática com todos os cidadãos dos Estados participantes era a mais importante delas.[7]

A ordem jurídica europeia apresenta ambos os fenômenos. O princípio da não discriminação com base na nacionalidade

---

[7] Paul Magnette, *La Citoyenneté Européenne. Droits, Politiques, Institutions*. Brussels, Éditions de l'Université de Bruxelles, 1999, p. 18-19.

conforme estabelecido pelo Tratado de Roma é isopoliteico por excelência. Essa norma básica obriga cada Estado-membro a tratar os cidadãos de outro Estado-membro dentro do âmbito do tratado da mesma maneira que seus próprios cidadãos. Em contrapartida, o direito de solicitar subsídios em Bruxelas ou eleger representantes para o Parlamento Europeu é simpoliteico. Desse modo, o vínculo entre os Estados-membros se expressa para seus cidadãos tanto no acesso mútuo a direitos nacionais (existentes) quanto no desenvolvimento de (novos) direitos coletivos.

Na prática, a isopoliteia é de longe a mais forte. Da óptica do cidadão, o direito europeu significa principalmente o direito de poder trabalhar, estudar, empreender, permanecer, consumir ou ficar doente em outro Estado-membro. Sem dúvida, não há muitas vantagens visíveis para aqueles que permanecem "em casa" – a grande maioria das pessoas, considerando a inexpressiva mobilidade da mão de obra europeia. Isso sem contar que os que ficam em casa já se sentem incomodados com a maior concorrência no mercado ou com a proverbial caravana de operários poloneses nas ruas.[8] A ordem europeia somente concede o privilégio da igualdade aos irrequietos.

Tal como em outras vezes, o momento de fundação teve importância decisiva. Enquanto nas negociações de Paris de 1950-1951 cinco governos se concentravam na divisão de poder, nos preços do carvão e nas cotas para o aço, a delegação italiana introduziu um ponto da política social. Eles insistiram em que o tratado de mineração também concedesse direitos aos operários mineradores. Os motivos eram tanto idealistas quanto econômicos. A partir da resistência italiana, surgiu uma corrente federalista, influente nos partidos e sindicatos. Já em 1943, o movimento federalista de Spinelli pleiteava uma cidadania continental, além da nacional. Ao mesmo tempo, a

---

[8] Na Europa Ocidental, migrantes poloneses representam uma fonte de mão de obra barata comparável aos migrantes latino-americanos nos Estados Unidos. (N. T.)

Itália lidava com o desemprego. Em termos macroeconômicos, o país tinha um excedente no mercado de trabalho, disponível para a exportação. Com base nos tratados que Roma havia assinado com diferentes países, centenas de milhares de italianos já trabalhavam além das fronteiras nacionais, aproximadamente cinquenta mil deles empregados nas minas de carvão da Bélgica. O governo pretendia aumentar as oportunidades de trabalho para sua população e ao mesmo tempo fortalecer os direitos desses italianos emigrados.

A ofensiva italiana obteve êxito. A Alemanha e os Países Baixos, dois Estados que também conheciam o desemprego, não fizeram objeções à liberdade de movimento do fator de produção trabalho. A Bélgica e a França, em contrapartida, temiam um fluxo maior de operários italianos. Para ambos os países, no entanto, o andamento do plano Schuman tinha prioridade e, assim, os italianos conseguiram o que queriam. Operários qualificados podiam procurar trabalho em todos os Estados-membros, imigrantes ganhavam o mesmo salário que residentes e a Alta Autoridade zelava para que não houvesse cortes de salário indevidos.

O resultado desse conflito de interesses nacionais foi um limitado direito europeu, somente para mineradores qualificados. Foi algo surpreendente. Caso os Estados tivessem se limitado às costumeiras cotas de migração bilateral, esse direito quase federal não teria surgido. O interesse italiano encontrou um espaço nas negociações parisienses porque falava a língua do momento da fundação europeia.

Durante a fundação do mercado comum, em 1957, os Seis estenderam esse direito a trabalhadores de todos os setores, qualificados ou não. Além de bens, capital e serviços, também o fator trabalho (contratados e autônomos) deveria poder se movimentar livremente no espaço econômico dos Seis, conforme a recomendação de especialistas no relatório Spaak (1956). Durante as negociações, novamente a Itália se empenhou para manter essa ideia. Alguns Estados-membros queriam reduzir essa liberdade de movimento, mas Roma jogou duro.

Ameaçou bloquear o trânsito livre de capital – e com isso as oportunidades de investimento para países mais capitalizados, como a Alemanha e os Países Baixos – caso não houvesse também um trânsito livre de trabalhadores. Assim se chegou a um acordo. Ambas as liberdades foram incluídas no Tratado de Roma.

Após um período de transição, em 1968 o livre trânsito de trabalhadores se tornou um fato. "Graças à Europa", não era mais possível ser recusado por um governo de outro Estado-membro para se inserir em seu mercado de trabalho.

Esse incipiente direito social-econômico se desenvolveu. Depois que os Estados demarcaram a área de atuação, os representantes da coletividade entraram no jogo com, de um lado, a Corte e outras instituições comunitárias e, de outro, o Conselho Europeu. Seu interesse não consistia em criar oportunidades para uma população nacional, mas em fortalecer o vínculo entre a ordem europeia e o público.

No famoso pronunciamento do caso Van Gend & Loos, de fevereiro de 1963, a Corte enfatizou que a comunidade constituía uma ordem jurídica "na qual não apenas esses Estados-membros, mas também seus súditos, são objeto de direitos".[9] Indivíduos podiam apelar ao direito comunitário, embora não por meio da corte de Luxemburgo – eles deveriam recorrer ao poder jurídico do Estado-membro que violou seus direitos. Por meio de uma série de casos apresentados por tribunais nacionais de primeira instância para esclarecimentos, a Corte reforçou o princípio da não discriminação com base na nacionalidade. Também estendeu esse princípio a outras categorias econômicas mencionadas no tratado, como prestadores de serviço, autônomos e seus familiares. Ela reduziu as margens dentro das quais os Estados-membros podiam restringir os direitos de cidadãos provenientes de outros Estados-membros com base, por exemplo, na ordem ou na

---

[9] Corte Europeia de Justiça, Caso Van Gend & Loos, pronunciamento 26/62 de 5 de fevereiro de 1963.

saúde pública. Com isso, os juízes não apenas examinavam o caso em si mas também consideravam suas consequências para a coletividade. Eles expandiram as determinações do tratado evocando seu "espírito", mas permaneceram dentro do âmbito funcional. O tratamento igualitário se limitava ao indivíduo como participante do mercado.

Os líderes de governo, mais explicitamente que a Corte, consideravam esses direitos como uma fonte de legitimidade para a coletividade. Na Cúpula de Paris de 1974, solicitaram que a Comissão pesquisasse que "direitos especiais" os habitantes dos Estados-membros poderiam adquirir e se uma abolição do controle mútuo de passaportes – uma união de livre trânsito – era viável. Em 1975, a Comissão veio com uma proposta nesse sentido.

Esses planos ficaram nas gavetas do Conselho Ministerial até 1989. A Grã-Bretanha e a Dinamarca afirmavam que o direito ao livre trânsito (que também serviria aos habitantes de Estados não pertencentes à União Europeia) tinha a ver com a política de imigração, o que exigiria uma alteração no tratado, e isso ambos os países desejavam evitar. Outros Estados-membros tampouco tinham a intenção de conceder direitos de trânsito a "estrangeiros". No decorrer da década, o entusiasmo tornou-se menor ainda devido à recessão econômica, a uma elevada taxa de desemprego e à presença de grandes grupos de imigrantes nos Estados-membros originais provenientes dos candidatos a membro Grécia, Espanha e Portugal.

Mesmo assim, justamente sua chegada é que mudaria as regras do jogo. Tal qual a Itália em 1950, os três países mediterrâneos divisavam nos direitos europeus grandes vantagens para seus cidadãos. Devido ao temor de uma migração maciça de espanhóis e portugueses para o norte da Europa, mais abastado, um período de transição com relação ao livre trânsito de trabalhadores foi imposto a ambos os países (uma estratégia que duas décadas mais tarde seria repetida com os candidatos a membro da Europa Oriental). Foi uma humilhação que Madri não esqueceria tão cedo.

Na segunda metade de 1989, a Espanha identificou novas oportunidades. A posição britânica e dinamarquesa de que o livre trânsito exigiria uma alteração de tratado após a Queda do Muro já não impressionava mais. Embora outros Estados-membros (encabeçados pela Bélgica, Itália e Grécia) também quisessem introduzir a cidadania política, o impulso dado pela Espanha foi decisivo. Em carta enviada a seus colegas líderes de governo em maio de 1990, o primeiro-ministro Gonzáles pleiteou a instituição da cidadania europeia. O antigo desejo de Madri foi embrulhado com um novo aspecto; a liberdade de movimento para o cidadão no mercado seria alcançada de uma só vez graças à proposta da cidadania europeia. Posteriormente, o primeiro-ministro explicaria essa vantagem para seu próprio público: "No total, 623.965 espanhóis vivem em outros países da CE. No total, 158.243 cidadãos da comunidade vivem na Espanha. Essa medida, portanto, claramente será a favor dos cidadãos espanhóis".[10] Ali, a estratégia "romana" era conduzida sem rodeios; a Europa interessa a vocês, foi a mensagem de Gonzáles em casa.

A insistência dos Estados-membros mediterrâneos e federalistas obteve êxito: em abril de 1991, surgiu o projeto do artigo "cidadania europeia". A Alemanha e a França apoiavam a ideia. O Reino Unido e a Dinamarca, seus dois adversários mais declarados, tinham outras prioridades. O governo britânico se empenhava em atenuar os acordos sobre política externa e tentava se eximir da obrigação de adotar o euro, além de não levar a relevância simbólica da cidadania muito a sério. De sua parte, o governo dinamarquês havia sido aplacado com a instituição de um *ombudsman* europeu, seguindo o modelo dinamarquês. Esse antigo desejo de Copenhague, uma injeção de ideais constitucionais escandinavos, não mais se conciliava com uma fundamental oposição à existência de cidadãos europeus. O governo

---

[10] Felipe González, "La Europa que Quiere España", *Politica Exterior* 1992-1993, n 30, vol. VI, p. 7-20.

dinamarquês tanto desejava seu balcão de reclamações que aceitou na mesma tacada o novo estatuto solicitado.

Na segunda-feira 1.º de novembro de 1993, com a efetivação do Tratado de Maastricht, trezentos milhões de pessoas tornaram-se "cidadãos da União Europeia". Poucos estavam a par disso.

Em termos de conteúdo, inicialmente essa mudança significou pouco. Sob o título "Cidadania da União Europeia", quatro grupos de direitos se encontram enumerados no tratado da União Europeia: o direito de viajar e permanecer dentro do território da União Europeia; o direito ao voto passivo e ativo nas eleições locais e europeias para cidadãos residentes em outros Estados-membros; proteção diplomática e consular no exterior por parte de outros Estados-membros caso o próprio Estado-membro não estivesse representado no país em questão; o direito de peticionar ao Parlamento Europeu e a um *ombudsman* europeu e de se dirigir em sua própria língua a estas e outras instituições europeias. Esse conjunto de direitos é quase inteiramente isopoliteico. Três dos quatro casos se referem ao acesso mútuo a direitos nacionais existentes. O direito de requerimento é simpoliteico, mas de fato trata-se de um direito ao recurso para fazer cumprir direitos isopoliteicos. Ao mesmo tempo, determinou-se que a cidadania seria concedida somente aos portadores da nacionalidade de um dos Estados-membros. A quem isso se aplica é algo determinado pelos próprios Estados. A ideia de direitos civis federais, concedidos por uma autoridade central segundo o modelo americano, não foi endossada por nenhum governo.

O resultado novamente expõe a motivação dos estados-membros. Nas conferências de fundação de 1950-1951 e de 1956-1957, assim como na de 1990-1991, a maior pressão por direitos coletivos partiu dos governos que defendiam os interesses de seus próprios emigrantes; respectivamente, a Itália e a Espanha. A Europa oferecia uma oportunidade para sua população. Roma e Madri obtiveram êxito porque o caso para eles formava uma prioridade maior que para seus oponentes e porque suas aspirações se adequavam bem ao momento, durante a definição dos objetivos europeus. Inicialmente concebido como uma vantagem "romana" para determinado público nacional, esse direito fez com que as populações de todos os Estados-membros se tornassem um público em potencial do benefício.

Os Estados-membros não criaram novos direitos que formassem um vínculo direto entre o público e a União Europeia, mas direitos substitutos para cidadãos emigrados que não podem (mais) usufruí-los em seus próprios Estados. Por meio de uma espécie de troca, eles se obrigam mutuamente a tratar os cidadãos de outros Estados-membros da mesma forma que tratariam seus cidadãos.

Também dessa vez, sobreveio uma dilatação das regras depois que elas já haviam sido estabelecidas. Assim como a Corte vinha aumentando o escopo do princípio da não discriminação com base na nacionalidade desde os anos 1960, a partir de 1993 ela aumentou o conteúdo material da cidadania europeia. Para esse fim, o direito de permanência ficou associado à proibição da discriminação. Notório foi um pronunciamento que concedia o direito a um financiamento estudantil (subsidiado) para um estudante francês na Grã-Bretanha. Nesse processo de 2005, os juízes usaram palavras elevadas; eles descreveram a cidadania como "destinada a se tornar o estatuto fundamental dos cidadãos dos Estados-membros",[11] formulação essa desde então repetida em vários pronunciamentos. O tratamento igualitário para todos os cidadãos europeus assim vem sendo dilatado.

Os líderes de governo expandiram o conceito da cidadania europeia para agradar seu público conjunto. Um passo seguinte foi, por exemplo, o tratado constituinte assinado por eles em 2004. Ao mesmo tempo, alguns líderes de governo individuais deram vazão a dúvidas. Será que sua própria população estaria sendo beneficiada

---

[11] Corte Europeia de Justiça, caso C-184/99 (Grzelczyk) item 31 e caso C-209/03 (Bidar) item 31.

pelos direitos europeus? Foi o caso do chanceler austríaco Wolfgang Schüssel no fim de 2005, queixando-se de que a corte havia extrapolado sua jurisprudência, entre outras coisas por permitir a admissão de estudantes alemães nas universidades austríacas. Ele recebeu apoio de seu colega dinamarquês. Esses comentários revelam que nem todos os Estados-membros se deram bem em todos os aspectos dessa troca.

A natureza ambígua dos direitos de movimento limita a legitimidade "romana" que eles oferecem. Eles criam oportunidades para indivíduos fora de seu próprio Estado-membro; o encanador polonês na França, o vendedor francês de bebidas na Alemanha, o estudante alemão na Áustria, o eleitor português em Luxemburgo. Apesar de em princípio valerem para todos, esses direitos e liberdades não são vistos como um privilégio pelo público europeu como um todo. Às vezes, o contrário acontece.

A estratégia "romana" de oferecer vantagens mete os pés pelas mãos. Resulta que atrás das vantagens também se escondem desvantagens. A maior liberdade de movimento tem como reverso a suplantação. E esse reverso afeta os que estão em casa – encanadores franceses na França, estudantes austríacos na Áustria, eleitores luxemburgueses em Luxemburgo. Estes simplesmente são em maior número. A troca que os Estados-membros fazem em benefício de seus cidadãos é uma boa notícia para as elites cosmopolitas ou para aqueles que não têm nada a perder, mas para a maioria do público não é considerada vantajosa. O acesso mútuo a direitos nacionais representa uma oportunidade para uns poucos e uma ameaça para a maior parte dos outros.

No caso do mercado, a suplantação era seu intento: maior concorrência entre empresas conduz a uma prosperidade maior. Essa vantagem é bastante concreta e leva a preços mais baixos, por exemplo, mas não graças a um benfeitor (europeu). Não se pode aplaudir a "mão invisível" de Adam Smith. Ou, como o presidente da Comissão Delors uma vez disse, não é possível se apaixonar por um mercado interno. Portanto, que adianta saber que anualmente o mercado europeu produz "três milhões de empregos" e rende "mais de 500 euros por pessoa"?[12] Essas vantagens são intangíveis.

No caso do acesso a hospitais, bolsas de estudo ou outros serviços assistenciais do Estado, o efeito bumerangue é ainda maior. Essa forma de tratamento igualitário pede por uma explícita solidariedade – entre finlandeses e gregos ou entre belgas e búlgaros. Esta não ocorre de antemão. Aqui se recai em um círculo vicioso, visto que essa solidariedade era justamente o objetivo dessa busca pelo público. A estratégia romana dos direitos pretende suscitar um "nós", mas, dada a natureza isopoliteica do sistema, ela mesma requer isso. A intenção era: "que bom, 'nós, europeus', podemos trabalhar em 28 países". A reação pública foi: "operários poloneses vêm roubar 'nossos empregos', por culpa de Bruxelas". Essa percepção era muito forte na Grã-Bretanha e na Irlanda, únicos países (com a Suécia) que, após a expansão oriental de 2004, não impuseram um período de transição para o livre trânsito. Esses efeitos negativos atingem o tecido da coletividade, mas são completamente subestimados pela esfera interna. A expansão de direitos talvez seja uma estratégia que antes compromete a legitimidade da Europa, em vez de fortalecê-la.

O público beneficiado quase não se mostra reconhecido. Viajar sem ter de aguardar na fronteira, estabelecer-se livremente no interior da França, estudar por um ano em Barcelona, levar a mãe para ser operada em outro país; mesmo o seleto público que se beneficiou com essas vantagens tomou esses direitos e liberdades como algo muito natural. É como se esses direitos somente fossem percebidos e apreciados quando coletivamente lesados. Pois veja: lesados ficaram os poloneses e outros europeus do centro e do leste da Europa quando, em 2004, não obtiveram acesso aos mercados de trabalho na Europa Ocidental. Eles diziam: estamos

---

[12] José Manuel Durão Barroso. In: *De Volkskrant*, 21 nov. 2007, "Banken Europa Moeten Overstap Vereenvoudigen".

sendo tratados como "cidadãos de segunda classe". Ali ressoou um recatado e ultrajado *"civis europaeus sum"*.

Enquanto o apóstolo Paulo foi entregue às autoridades romanas após invocar seu privilégio, a senha jurídica "sou cidadão europeu" não conduz a nenhum protetor europeu. Este permite, na melhor das hipóteses, após um eventual exame em Luxemburgo, que não se seja tratado pior que a população do país em questão.

PROTEÇÃO

CERTEZA DE SUBSISTÊNCIA

O poeta romano Juvenal, nascido sob o reinado do imperador Nero, escreveu que o povo, "que um dia chegou a determinar quem assumiria o comando militar, as altas funções, as legiões, tudo, agora se abstém e deseja apenas duas coisas: pão e circo".[13] O pão, ou seja, o trigo distribuído entre o proletariado da capital, não aparecia como num passe de mágica dos bolsos dos imperadores, por mais divinos que fossem. Era trazido principalmente das províncias da Sicília e do Egito.

Assegurar a subsistência tornou-se uma tarefa primordial para os Estados contemporâneos. Os Estados da Europa Ocidental desenvolveram um intricado sistema de proteção social para pobres, desempregados, idosos e outros necessitados. Após a Segunda Guerra Mundial, em curto período de tempo, especialmente os Estados mais ricos se tornaram verdadeiras companhias de seguro coletivas, chegando a redistribuir até um quinto de sua renda nacional. Entre os diferentes Estados assistenciais nacionais – Dinamarca ou Itália, Irlanda ou Áustria –, existem grandes diferenças no nível, no financiamento e no

---

[13] Juvenal, *Sátiras* X, 77-81.

acesso a esses direitos. A aceitação pública desse sistema, de um lado, se baseia no risco sentido por todo contribuinte de um dia precisar de um auxílio proveniente do erário, e de outro, numa ideologia de solidariedade. O conjunto cria um coeso vínculo financeiro e psicológico entre as populações europeias e seu Estado assegurador nacional, que ninguém havia previsto em 1945.

Comparados com o maná do Estado assistencial nacional do pós-guerra na Europa Ocidental, os subsídios, fundos e outras distribuições de "pão" por parte da esfera interna europeia são meras migalhas. O vínculo financeiro entre os cidadãos e seu Estado nacional é tão coeso que a coletividade europeia não consegue se interpor. Em comparação, os recursos financeiros da União Europeia compreendem aproximadamente 1% da renda nacional conjunta. Por isso, muitos comentaristas consideram que o maior obstáculo para a formação de um vínculo entre a Europa e o público são os Estados assistenciais (sua concorrência "romana"), em vez de suas identidades nacionais (sua concorrência "alemã"). A solução: um único Estado assistencial europeu. O cientista político Philippe Schmitter concebeu um plano para um "estipêndio europeu", uma soma mensal para todos os cidadãos na União Europeia com renda inferior a um terço da média; o financiamento viria do corte dos fundos para a agricultura e o desenvolvimento regional.[14] Por diversas razões, a ideia de uma renda europeia não é levada a sério pela maioria dos políticos e eleitores. Isso implicaria uma interferência nas economias nacionais e no horizonte de expectativas das populações.

Para perceber como um Estado assistencial europeu seria altamente improvável, basta constatar que sistemas de amparo social nacionalmente uniformes encontram-se sob pressão em diversos países (como mostram as desigualdades regionais na Bélgica, Grã-Bretanha, Itália).

---

[14] Philippe C. Schmitter, *How to Democratize the European Union... and Why Bother?* Lanham, Rowman & Littlefield, 2000, p. 44.

Assim como a coletividade não pode reivindicar a *pax europeana*, a União Europeia tampouco pode desempenhar o papel de *patronus*, ou protetor dos famintos. A segurança coletiva e a segurança material só podem servir para justificar publicamente sua existência.

Existe uma única exceção: a política agrícola. Esse famigerado sistema de tarifas de importação, subsídios e fomento da produção de fato constitui um Estado assistencial no âmbito europeu, destinado a uma única categoria, o campesinato. Não por acaso, há décadas que os agricultores sabem encontrar o caminho de Bruxelas para manifestações com muita gritaria e tratores. Aquele que busca um público não pode se assustar com isso. Pois, apesar dos protestos, para os agricultores a Europa existe.

Angariar essa clientela europeia não foi um objetivo explícito dos fundadores, mas um produto colateral imprevisto das negociações, que depois assumiu enormes proporções. Logo após a guerra, os Estados da Europa Ocidental se preocupavam com o empobrecimento de seu campesinato, que na Dinamarca, Alemanha, França, Irlanda, Itália e Áustria formavam 25% a 40% da população economicamente ativa. No período do entre-guerras, muitos agricultores insatisfeitos estiveram entre os primeiros a apoiar Hitler e Mussolini. A própria experiência da fome durante a guerra clamava por uma política de autossuficiência agrícola nacional. Após 1945, portanto, os regimes democráticos estavam atentos a suas necessidades. Eles passaram a tratar os agricultores como fornecedores de um bem público. De sua parte, as associações de agricultores conquistaram uma influência desproporcional nas decisões políticas, por meio dos ministérios da agricultura e de parlamentares das regiões rurais.

Para evitar o empobrecimento de seus agricultores, os Estados contavam essencialmente com dois meios: manter a concorrência de fora (com alíquotas e cotas de importação) ou garantir sua renda (com aportes financeiros, tabelamentos, compra de excedentes, subsídios para a exportação). Ambos foram aplicados em âmbito nacional.

Quando, a partir de 1955, se começou a falar de um mercado comum, a agricultura também foi considerada. O protecionismo nacional foi alçado ao âmbito europeu. A intenção foi estabelecida no pacto de fundação, seu efeito se deu no início dos anos 1960. Durante as célebres sessões-maratona, o Conselho decidiu, sob instigação do eurocomissário neerlandês Mansholt, introduzir um sistema altamente intervencionista. Desde então, os ministros europeus a cada ano determinam as cotas de produção e os preços de gêneros como trigo, frango, carne suína, leite, ovos, frutas, verduras e vinho.

Cada Estado-membro pretendia proteger seus próprios agricultores e apoiá-los em sua modernização, mas o resultado foi uma adesão "romana" dessa clientela à coletividade. Isso ficou aparente em um momento crucial. Nas eleições presidenciais de 1965, o eleitorado agrícola – quase um quinto do total – castigou o presidente francês por ter criado a crise do assento vazio. Temendo a perda de seus subsídios europeus, os agricultores franceses evitaram que De Gaulle obtivesse a maioria no primeiro turno. Após essa inesperada humilhação, o presidente se viu obrigado a retomar seu assento na mesa europeia. Foi dessa maneira que a clientela agrária expressou sua gratidão à coletividade.

Mesmo assim, houve um desgaste de imagem. Isso tem a ver com o reverso do clientelismo. Pois, conforme atestariam os povos escravizados que serviram de celeiros de trigo para os romanos, no Egito e na Sicília, o que se dá para um se tira de outrem. Parafraseando o ditado econômico "Não existe pão de graça". O reverso, nesse caso, se tornou mais evidente na medida em que o percentual de agricultores diminuiu em relação à população economicamente ativa e ao eleitorado, sem que os subsídios diminuíssem na mesma proporção. A opinião pública começou a associar a política agrícola com excedentes absurdos, subsídios para grandes produtores rurais e agricultores prejudicados no Terceiro Mundo. O setor não era mais considerado um bem público. Daí seguiu-se o dilema: a esfera interna pode angariar uma clientela à maneira romana, mas dessa forma se arrisca a perder o apoio do público em geral, em sua condição de contribuinte.

De resto, nota-se que a crítica ao sistema não se traduz em sua drástica redução. Aparentemente, os interesses agrícolas são bem defendidos. É provável que no contexto nacional, em que os agricultores representam uma parte cada vez menor do eleitorado, eles nunca tivessem mantido tal complemento da renda por tanto tempo.[15] Esse dado denota algo sobre a debilidade do espaço público europeu. Interesses setoriais, uma vez entrelaçados, dificilmente podem ser desvencilhados. Isso apenas seria possível caso todos os Estados-membros e as instituições se empenhassem ao mesmo tempo nesse sentido. Isso é improvável, por um lado, porque o entrelaçamento simboliza o projeto europeu e, portanto, se eleva acima de qualquer crítica. Por outro, porque falta uma contrapressão parlamentar que represente o interesse público e que abranja os Estados-membros coletivamente.

REDISTRIBUIÇÃO E SOLIDARIEDADE

Essas dificuldades são ainda mais evidentes no caso do outro grande pote de dinheiro europeu: o da política regional. Depois dos agricultores, as regiões relativamente mais pobres são os maiores beneficiários dos recursos europeus. O dinheiro não é destinado a indivíduos (ou a pequenas empresas familiares), mas a unidades administrativas subnacionais: prefeituras, províncias, regiões, Estados. Com relação ao período 2007-2013, trata-se de um terço do orçamento total da União Europeia, cerca de 350 milhões de euros. Esse mecanismo de redistribuição também foi implantado por insistência dos Estados-membros, mas as instituições da esfera interna

---

[15] Alan Milward, *The European Rescue of the Nation-State*. London, Routledge, 1992, p. 317.

começaram – de forma mais explícita que os fundos agrícolas – a usá-lo para legitimar a União Europeia.

A política regional foi uma consequência direta da adesão britânica. A Grã-Bretanha, cujo abastecimento de alimentos desde o século XIX dependia de importações baratas, tinha a menor população de agricultores dos Seis. Caso as regras permanecessem inalteradas, o país quase não receberia fundos europeus. Embora por muito tempo fosse tabu calcular em voz alta quanto cada Estado-membro recebia de volta daquilo com que contribuía – pois se tornava erário europeu –, obviamente todos prestavam atenção nisso. Assim, com o advento da Grã-Bretanha, cogitou-se que a Comunidade também poderia subsidiar áreas urbanas e industriais empobrecidas. Estas eram relativamente mais abundantes na Grã-Bretanha, e assim as despesas orçamentárias ficaram mais equilibradas. Aliás, não demoraria até que a primeira-ministra britânica Thatcher, insatisfeita com esse arranjo, rompesse o tabu comunitário sobre o cálculo do recebimento líquido. Ela exigiu, com uma expressão que se tornou célebre, "nosso dinheiro de volta". A afronta para os demais sem dúvida estava no "nosso", que rudemente contradizia a sensação de um "nós" europeu.

Uma vez instalado, o mecanismo de redistribuição adquiriu vida própria. Os Estados-membros mais pobres o defendiam com unhas e dentes. Em 1991, a Espanha, que atuou como seu porta-estandarte, conseguiu alçar "o fortalecimento da coesão econômica e social" como um dos objetivos do tratado da União Europeia.[16] Dessa forma, a solidariedade entre Estados-membros ricos e pobres ficou ancorada constitucionalmente. Essa manobra também foi influenciada pela Comissão e pelo Parlamento, que pretendiam prover a Europa de uma "dimensão social" (Delors). Ao mesmo tempo, as instituições comunitárias consideravam as regiões subsidiadas como seus aliados contra os Estados nacionais, percebidos como concorrentes. Caso fundos

---

[16] Art. 2 TUE (ex-art. B).

fluíssem diretamente de Bruxelas para a Galícia ou para o País de Gales, por exemplo, sem a intermediação de Madri ou de Londres, isso criaria novas lealdades. Além dessas considerações acima de tudo estratégicas, sobreveio algo mais fundamental. O próprio conceito de "solidariedade europeia" funciona não somente a favor dos pobres, mas também a favor da coletividade.

Isso já desponta do simples fato de que o benfeitor europeu, na melhor tradição romana, clama por visibilidade. Os turistas devem conhecer os *outdoors* ao longo das estradas provinciais da Espanha, de Portugal ou da Grécia, nos quais consta quanto dinheiro se recebeu dos potes bruxelenses para determinado projeto de construção (é óbvio que além de gratidão essas informações também devem causar inveja: "Olha só! Por que eles e não nós?"). Para essas placas existem normas precisas: a bandeira da Europa e o nome do fundo em questão devem cobrir no mínimo um quarto da superfície. Isso não deve ser tomado levianamente. A eurocomissária para a política regional disse em tom filosófico: "Francamente, essa política por vezes é a única prova de que a Europa existe, quando se vai a regiões bem distantes das capitais nacionais".[17] Um europarlamentar neerlandês em visita ao interior concordou: "O dinheiro torna a Europa visível aos habitantes locais" e, portanto, é "uma ótima maneira para criar uma consciência europeia".[18] O medo da invisibilidade é profundo.

A política de redistribuição regional se baseia na aliança entre os Estados-membros mais pobres e a esfera institucional interna. Os primeiros recebem os fundos, os últimos a gratidão – de graça, pois quem gasta são os Estados-membros mais ricos, seja de bom grado ou não. Essa relação triangular a torna interessante. Obviamente, existem críticos que rejeitam qualquer redistribuição entre os Estados-membros. Nas palavras de um eurocético britânico: "Por que nosso

---

[17] Danuta Hübner. In: *The Economist*, 28 jul. 2007.

[18] Ieke van den Burg, "Europa is een Betere Partner voor Regio's dan Den Haag", *Eurowerk*, 2004, 2, 5.

dinheiro deve ir para esgotos novos em Budapeste e para um metrô novo em Varsóvia quando os serviços públicos em Londres estão ruindo?".[19] Porém, além de pagadores ricos e recebedores pobres, há um terceiro em jogo. Isso fica evidente pela reação à posição mais sutil de países como Alemanha, Países Baixos, Grã-Bretanha e Suécia, que, desde a quebra do mencionado tabu, são chamados de "pagadores líquidos". Esses governos acham pouco eficiente ter de contribuir com fundos para a União Europeia que não só fluem para regiões dos Estados-membros mais pobres mas, em parte, também de volta a suas próprias regiões relativamente pobres. Não seria melhor administrar esses fundos por conta própria em vez de deixar que sejam "recirculados" por meio de Bruxelas? Por isso eles defendem uma "renacionalização" de parte dos fundos destinados à agricultura e às regiões.

Estritamente falando, essa operação contábil não levaria a uma diminuição da contribuição líquida para as regiões pobres dos Estados-membros pobres. Mesmo assim, a ideia atinge um nervo exposto. A renacionalização compromete a noção da solidariedade europeia, para desalento de seus beneficiários, tanto os nominais quanto os simbólicos. "Não!", clama a esfera interna em coro: a política regional seria bem mais que "um simples instrumento de redistribuição", pois "trata-se do principal elemento de visibilidade e legitimidade da União Europeia".[20] Essa reação demonstra que o fluxo financeiro não se destina somente a forrar o bolso dos mais pobres, mas também a servir à busca de um público para a coletividade. Tal como ocorrera na política agrária, graças ao conceito da "solidariedade" a revalorização ideológica da política regional torna o entrelaçamento dos referidos interesses administrado pela esfera interna mais coeso do que o seria se se tratasse apenas de um jogo de equilíbrio entre riqueza e pobreza.

---

[19] Nigel Farage. In: *The Economist*, 28 jul. 2007.
[20] Danuta Hübner, "Future of Cohesion Policy", discurso em 23 nov. 2007, COM discurso/07/742.

Será que essa estratégia pública romana cria uma noção do "nós" que abrange a União Europeia como um todo? Aqui há espaço para dúvidas. A redistribuição regional não contrapõe uma clientela específica (de agricultores ou pescadores, por exemplo) a um público geral de contribuintes, mas de forma bem visível Estados-membros ricos a pobres. Isso coloca as relações na mesa sob pressão.

A discussão sobre transferências financeiras é sempre delicada. Por muito tempo, o contraste entre países ricos e pobres dividiu a Europa *grosso modo* entre pagadores do norte e recebedores do sul (Itália, Grécia, Espanha, Portugal, mais Irlanda). A tensão se limitava a piadas duvidosas sobre a ética de trabalho nos "países quentes". Desde a adesão dos Estados da Europa Central e Oriental em 2004, a linha divisória da prosperidade interna coincide em seus principais contornos com a antiga Cortina de Ferro. Isso cobriu a política de redistribuição com uma camada moral e histórica de injustiça e "culpa". Trata-se de um coquetel emocional: no "Oriente", uma profunda decepção com a indiferença e o egoísmo ocidental após 1989; no "Ocidente", a suspeita de estar sendo emocionalmente chantageado com um sofrimento intransponível. Nenhum critério de redistribuição objetivo fornecido por funcionários perspicazes será capaz de disfarçar os fundamentos das negociações resultantes: "Seja mais generoso!", "Não, o senhor deveria ser mais grato!".[21] Não há saída financeira para essa conversa.

Mesmo dentro do contexto de uma única nação, a redistribuição pode ser complicada, como no caso da Alemanha após 1989. Em nome da solidariedade de uma Alemanha a outra, vultosas transferências financeiras foram feitas (de até 6% do PNB da Alemanha Ocidental), mas a desconfiança e os desentendimentos existentes entre

---

[21] Janos Matyas Kovacs, "Between Resentment and Indifference. Narratives of Solidarity in the Enlarging Union". In: Krzysztof Michalski (org.), *What Holds Europe Together? Conditions of European Solidarity*. Budapest, Central Europe University Press, 2006, p. 54-85.

Ossis [alemães orientais] e *Wessis* [alemães ocidentais] não diminuíram. Chega-se a questionar se o esforço financeiro da Alemanha Ocidental (a par de seus méritos econômicos) fortaleceu a noção do "nós, alemães". O político democrata-cristão alemão Kurt Biedenkopf, proveniente da parte oeste, mas eleito em 1990 como primeiro-ministro do novo Estado de Saksen na parte leste, sentiu essas dificuldades. Por isso, hesita em instigar a coesão interna da União Europeia com um apelo aos cidadãos para uma maior solidariedade. Biedenkopf insiste que uma coesão social é necessária para que a solidariedade estatal encontre um embasamento:

> As obrigações de uma solidariedade baseada na legalidade não criam uma coesão interna da comunidade, mas antes a pressupõem. Nesse sentido, a União Europeia deve tomar cuidado com os apelos aos cidadãos para uma solidariedade europeia.[22]

Essa advertência de Biedenkopf não se direciona ao equilíbrio entre pagadores e recebedores, mas à coesão da coletividade. A visibilidade da esfera interna não representa o bem maior. Mais essencial ainda para o vínculo do público com a coletividade é o incipiente companheirismo entre as populações. Este não deve ser exigido, mas cultivado.

A recente crise do euro revelou os limites da solidariedade com mais nitidez. Quando, na primeira metade de 2010, a Grécia ameaçou com uma moratória das suas dívidas, a estabilidade financeira da zona do euro como um todo estava em jogo e os demais países foram obrigados a ir em seu auxílio com empréstimos de mais de 100 bilhões. O mesmo ocorreu depois com a Irlanda e Portugal. Esse tipo de solidariedade forçada não ocorreu de bom grado. Os tabloides alemães conclamaram os gregos em 2010 a vender a Acrópole; os gregos reagiram com referências ao regime nazista. Ao mesmo

---

[22] Kurt Biedenkopf, "In Vielfalt Geeint. Was Hält Europa Zusammen?", *Transit* (inverno 2003/2004), 26, p. 46.

tempo, a ajuda emergencial a Portugal foi o tema das eleições finlandesas (nota-se de passagem como a antiga linha divisória entre o norte e o sul desponta novamente). Dessa forma, a crise do euro intensificou os sentimentos nacionais, nesse caso, entre emprestadores e recebedores de fundos emergenciais, enquanto se havia introduzido o euro justamente para selar o compromisso de convivência. A efetiva solidariedade que o entrelaçamento monetário e financeiro efetuou entre os países do euro não leva automaticamente a uma solidariedade emocional... As tensões provocadas nesse sentido entre os Estados-membros são potencialmente maiores que as brigas sobre o orçamento da União Europeia. Isso, de um lado, porque os montantes são bem maiores (somente o aporte financeiro à Grécia, embora na forma de empréstimos, atinge hoje uma soma quatro vezes maior que aquela que anualmente flui a termo de solidariedade para todas as regiões pobres da União Europeia); de outro lado, porque essas tensões não são consolidadas em negociações que formam uma prova de força a cada sete anos, como no caso do orçamento, mas que, enquanto os parlamentos nacionais tiverem ingerência sobre o desembolso desses fundos, podem irromper a qualquer momento. Turbulências despontam no horizonte.

RESULTADOS

Uma variante mais modesta da estratégia pública romana consiste meramente em enfatizar a utilidade daquilo que se realiza. Embora seja uma atitude menos ambiciosa que oferecer segurança ou subsistência, ela constitui uma alternativa na falta de um fundamento mais sólido do tipo romano (ou grego e alemão). Em 1975, Tindemans chamou essa abordagem de a "Europa das pessoas". Hoje em dia, os políticos preferem falar de uma "Europa de resultados" ou "dos projetos". A despolitização resultante traz vantagens e desvantagens.

Tudo pode ser subentendido como "resultado". Um mercado em funcionamento. Uma boa legislação ambiental. Bolsas de estudo. Melhor vigilância das fronteiras. Empregos. Sacar dinheiro no exterior sem taxas. Uma linha de ônibus internacional. Em sua verve retórica, os políticos juntam todas as categorias. Os custos e o jogo de interesse envolvidos permanecem fora da vista: o fato de subsídios recebidos por uns serem pagos por outros. O fato de que maiores oportunidades para uns implicam maior concorrência para outros. O fato de que a proteção de uns implica uma regulamentação maior para outros. Toda decisão repousa em um equilíbrio de interesses, possui vencedores e perdedores, conforme "as pessoas" bem sabem por experiência. Na estratégia romana, o público às vezes é subestimado.

Essa legitimidade funcionalista parece ser a única aceitável em um dos Estados-membros, a Grã-Bretanha. Desde Thatcher, passando por Blair e Brown, os líderes de governo britânicos demandaram a seus parceiros "uma Europa que produz resultados". Eles muitas vezes foram criticados na mesa por essa posição, pois não deveria se tratar exatamente disso, de um destino compartilhado? Quando essa limitada cançoneta romana começa a ser entoada por mais Estados-membros, algo está errado.

O verão europeu de 2005 foi um desses momentos. O duplo "não" franco-neerlandês contra o tratado constituinte foi um tapa na cara de todos os governos. A União Europeia parecia cambalear. A estratégia "grega" de uma bênção democrática por meio das urnas falhou miseravelmente; os eleitores disseram não. A estratégia "alemã" de uma identidade coletiva esbarrou em resistência; ocorreu que os eleitores neerlandeses se incomodaram com o *status* constitucional da bandeira europeia. Nessa situação precária, voltou-se à modesta reivindicação de resultados "romanos".

A Comissão rapidamente se adaptou aos novos ventos. Em 10 de maio de 2006, o presidente José Manuel Barroso apresentou sua reação ao fiasco constitucional: "Uma agenda cidadã: que produza resultados para a Europa".²³ Uma das principais medidas seguiu um ano depois. Em 2007, as companhias de telefone foram obrigadas a reduzir drasticamente as tarifas para o *roaming* dentro da Europa, a fim de favorecer todos os consumidores com celular. O fato de não se ter medido esforços para introduzir essa medida justamente antes do início das férias de verão na Europa, nas quais milhões de europeus se transformam em turistas que telefonam de praias distantes para casa, deixa claro que isso se deu no pleno significado do termo relações públicas.

A coletividade europeia não pode assumir o honorável papel romano de protetor: ela não forma um escudo confiável contra a guerra e a fome. Resta somente se perfilar ao público como um prestador de benefícios. Isso levou a problemas imprevistos. Quando todos possuem um benefício em potencial, como por meio de direitos e liberdades no mercado, alguns fazem questão disso. Quando somente determinado grupo é beneficiado, isso leva ao clientelismo burocrático na esfera interna (sempre) e a tensões na esfera dos membros (frequentemente). O laço mais forte com a clientela privilegiada – agricultores, pescadores, regiões mais pobres, universidades, migrantes internos – não compensa automaticamente o desagrado do público majoritário e contribuinte. Desse modo, na estratégia romana a coletividade constantemente se torna a benfeitora de alguns à custa de outros. O conjunto europeu esquece que a solidariedade europeia em nome da qual ele justifica esse tipo de atuação é a mesma que ele buscava criar. E assim acaba atirando no próprio pé.

Na estratégia dos resultados, não apenas as respectivas despesas e desvantagens práticas são subestimadas. Doloroso também é o descaso referente às desvantagens simbólicas, que não raro são vivenciadas de maneira muito mais intensa em termos emocionais. As vantagens

---

²³ José Manuel Durão Barroso, "A Citizens Agenda: Delivering Results for Europe", 10 de maio de 2006, Comissão Europeia, discurso/06/286.

práticas que a Europa traz (benefícios romanos) nem sempre compensam a perda da identidade nacional (custos alemães) ou da soberania democrática (custos gregos). O governo neerlandês, às vésperas do plebiscito europeu de 2005, sugeriu em um prospecto distribuído de casa em casa: "Graças à Europa, [...] é possível usar o caixa eletrônico de graça no exterior".[24] A réplica sarcástica da campanha do contra foi: "Oba! Caixa eletrônico de graça! Para isso estou disposto a sacrificar mais de quatro séculos de soberania".[25]

A busca romana pelo público infringe o "nós" nacional – pois, ao final, somos "nós" de um Estado-membro que vamos pagar a conta, ceder o lugar ou dividir com "eles" de outros Estados-membros –, mesmo sem nem sequer constituirmos um "nós" europeu. Ela conta com o instrumentário do mundo das repartições e com a linguagem do projeto europeu, mas por si não propicia a sensação de uma realidade política e histórica compartilhada por todos no círculo europeu. Essa fundamental fraqueza se encerra na própria abordagem do público como cliente ou beneficiário. Em contraste com "consortes" ou "concidadãos", "outros clientes" não suscitam uma noção do "nós". Eles só causam fastidiosas filas no caixa eletrônico.

É como no quadro do Monty Python no cabeçalho deste capítulo: os romanos levaram um monte de benefícios para a Judeia, mas para os membros da Frente Popular da Judeia continuavam sendo invasores estrangeiros. Estes se recusavam a virar um público romano.

PESQUISAS DE OPINIÃO

No auge de seu poder – em 44 a.C., numa república conturbada –, Júlio César estava presente em uma festa religiosa. Uma grande

---

[24] Governo dos Países Baixos, Prospecto Plebiscito Europeu, maio de 2005.
[25] "Willem de Zwijger", 23 maio 2005, "Gratis Pinnen!". In: dezwijger.blogspot.com (12 fev. 2009).

multidão havia se juntado. As festividades incluíam uma corrida de jovens nus pela cidade, entre os quais estava Marco Antônio. Em determinado momento, ele ofereceu a César um símbolo da realeza, sob um júbilo de aprovação. César fez, para alegria ainda maior da multidão, um gesto de rejeição. Uma segunda e uma terceira vez, Marco Antônio lhe ofereceu a coroa de louros, mas novamente César a repeliu. A cada vez, o júbilo do público com a oferta era superado pela alegria perante as recusas.

Essa cena, presente como rumor de fundo na abertura da peça *Júlio César*, de Shakespeare, foi debatida por contemporâneos e historiadores. Segundo alguns, Marco Antônio realmente teria oferecido o reinado, e César recuou quando ouviu a reação do público. Segundo outros, teria sido uma encenação para eliminar a desconfiança referente às ambições de César. Há ainda os que afirmem tratar-se de "uma versão primitiva de uma pesquisa de opinião. Inseguro sobre se deveria assumir o *status* real, César decidiu fazer essa experiência durante um festival popular para testar o apoio do povo".[26]

Como um corpo político que (em parte) deve sua legitimidade à prestação de benefícios sabe o que as pessoas desejam? Na estratégia "alemã" da identidade, esse problema não ocorre; na estratégia democrática "grega", as urnas se pronunciam periodicamente. A abordagem "romana" deve recorrer a outros meios para saber o que o público deseja, como perguntar, por exemplo. Pesquisas de opinião fazem parte do equipamento-padrão de qualquer corporação politica moderna.

Existe um departamento especializado na Comissão que se ocupa com pesquisas de opinião. É interessante notar que ele foi instituído em 1973. Isso faz parte da história mais ampla: aqui também o ano da adesão britânica implicou um avanço na busca europeia por público.

---

[26] Mary Beard, "Cruising with Caesar", *New York Review of Books*, 18 dez. 2008, p. 48.

Mas também houve uma história mais estrita: a entrada de três novos Estados-membros a partir de 1.º de janeiro de 1973 acarretou mudanças funcionais na Comissão, por meio das quais um diretor-geral francês teve de sair. A escolha recaiu em Jean-Jacques Rabier, ex-chefe de gabinete de Jean Monnet. Ele próprio sugeriu continuar como "assessor especial" na Comissão para desenvolver processos sistemáticos de pesquisas de opinião. O resultado foi o "eurobarômetro".[27]

A cada seis meses, esse eurobarômetro mede a pressão atmosférica das opiniões sobre a integração nos Estados-membros. Como está a imagem da Europa? A confiança nas instituições? Quantas pessoas conhecem a bandeira? O que a Europa deve fazer? Os números, coletados por meio de entrevistas feitas por agências nacionais, são classificados por Estado-membro. Na edição de dezembro de 2014, consta que "uma inequívoca maioria" (56%) dos europeus entrevê o futuro da União Europeia de forma positiva, enquanto "o pessimismo diminuiu levemente" (37%). Em uma pesquisa, alguns anos antes, sobre as consequências da Queda do Muro, "pouco mais de um quarto dos europeus" (26%) acreditava ter sido pessoalmente beneficiado por isso. Em contrapartida, o leitor atento pode verificar nas tabelas que 63% do total "não percebeu" ou "não obteve" nenhuma vantagem pessoal com a expansão da União Europeia.[28]

Os números e sua sempre contestável apresentação não formam o cerne da questão. Mais fundamental ainda é que o eurobarômetro cria uma opinião pública europeia – como fato institucional. A rigor, esta não existia antes de 1973. Uma afirmação como "a maioria dos europeus espera que a Comunidade..." somente adquiriu significado

---

[27] Jean-Jacques Rabier, 8 fev. 2002, entrevista em: www.ena.lu.
[28] Comissão Europeia, *Eurobarometer 82, First Results. Public Opinion in the Union* op: ec.europa.eu/public_opinion/archives/eb/eb82/eb82_first_en.pdf (25 maio 2015); idem, *Eurobarometer 70, First Results. Public Opinion in the Union* op: ec.europa.eu/public_opinion/archives/eb/eb70/eb70_first_en.pdf (18 jan. 2009).

com essas pesquisas e por meio delas. A Comissão, portanto, adquiriu assim um formidável instrumento para se dirigir aos Estados-membros em nome dos europeus. Evidentemente, ela estava ciente disso. Em uma coletânea de ensaios em homenagem a Rabier, o lendário Emile Noël, homem que desde 1945 participara ativamente do movimento europeu e que, como seu mais alto funcionário (1958-1987), dotou a Comissão de sua mistura de missão europeia com a cultura do funcionalismo francês, escreveu:

> Há muito tempo as pesquisas do eurobarômetro vêm ajudando as instituições e os ativistas da causa da integração europeia a manter a confiança apesar dos contratempos, a manter a rota em tempo bom ou ruim, e a defender suas conquistas a todo custo, a fim de propiciar o fundamento necessário para sua sobrevivência.[29]

Foi assim que a consciência institucional da esfera interna louvou o significado político das pesquisas de opinião. Na disputa pela questão de quem poderia falar "em nome da Europa", o eurobarômetro foi uma jogada de mestre.

Essa disputa, no entanto, permanece em curso. "A opinião pública é a moderna arte da aclamação", analisou o jurisconsulto alemão Carl Schmitt. "Trata-se, porém, de uma arte difusa, cujo problema não pode ser resolvido sociológica ou constitucionalmente. Mas o fato de poder ser interpretado como uma aclamação constitui sua essência e seu significado político".[30]

---

[29] Emile Noël, "The Political Prospects for Europe in the Wake of the Single European Act: a Response to Public Expectations". In: Karlheinz Reif e Ronald Inglehart (orgs.), *Eurobarometer. The Dynamics of European Public Opinion; Essays in Honour of Jacques-René Rabier*. Basingstoke/London, 1991, p. 63.

[30] Carl Schmitt, *Verfassungslehre*. Berlin, Duncker & Humblot, 1993, p. 246-47.

Capítulo 9 | A Estratégia Grega: o Coro

> O uso da palavra "político" no sentido da polis grega não é arbitrário nem rebuscado. Não apenas etimologicamente e não apenas para os eruditos é que a própria palavra, que em todas as línguas europeias deriva da organização historicamente única da cidade-Estado grega, ainda ecoa as experiências [dos] que primeiro descobriram a essência das pesquisa de opinião, seu propósito e sua razão de ser, a de estabelecer e manter um espaço onde a liberdade pode se manifestar como uma virtuosidade. Esse espaço é o reino onde a liberdade representa uma realidade mundana, tangível por meio de palavras que podem ser ouvidas, por atos que podem ser vistos e por eventos que são comentados, rememorados e transformados em narrativas antes de finalmente ser incorporados ao grande livro da história humana.
>
> *Hannah Arendt*, What is Freedom?

A estratégia pública "grega" não procura a noção do "nós" na promoção da ideia de "nosso povo" (a identidade "alemã") ou "em nosso benefício" (as proteções e os direitos "romanos"), mas na "nossa causa". Isso é muito difícil de conseguir. Se o público considera algo a sua "causa" ou não, isso é algo que ele próprio decide. Não pode ser forçado. A "causa pública" é justamente aquilo com que o público se identifica. Ele vivencia algo, enxerga algo, ouve algo – uma falta, um acontecimento, um abuso – e pensa: "Isso nos diz respeito". E a seguir: "Algo tem de ser feito". Para esse fim, o público eleva a voz, participa de manifestações, envia comentários aos jornais, elege outros representantes, em suma, se constitui como público, mas, para uma atuação, ele depende da política.

Esse público grego é ao mesmo tempo espectador e participante. Sem sua presença, nada acontece. Ele se encontra no palco, mas nao como ator sob a luz dos holofotes. É como o coro numa tragédia grega. Aparentemente, apenas fornece comentários sobre a atuação, mas de fato encontra-se em sua origem ("acostumados como estamos à posição do coro no teatro moderno", escreveu Nietzsche, "foge-nos completamente como o coro trágico dos gregos poderia ser mais antigo, mais original e mesmo mais importante que a atuação em si. Não obstante, assim isso nos foi claramente transmitido").[1] O principal atributo do coro é sua voz.

De forma concisa, distinguimos aqui duas possibilidades para um corpo político em busca de um público grego. Primeiro: a política pode dar voz ao público, ou seja, participação no processo de decisão. Segundo: a política pode oferecer um drama ao público, ou seja, realizar ações no palco que consigam cativá-lo. O gênio ateniense vinculava ambos os aspectos; Atenas criou a liberdade democrática e o espaço público. Um não pode existir sem o outro. Atuações políticas sem voz pública degeneram em espetáculo vazio. Mas uma voz pública sem drama político tampouco faz muito sentido; essa voz se calará, aquele coro desaparecerá do palco.

Em seu ensaio "Que É Liberdade?", a filósofa política Hannah Arendt vincula a capacidade política de reagir às vicissitudes do destino, a Virtù de Maquiavel à "virtuosidade". Essa palavra assinala uma qualidade nas artes cênicas, como o teatro, a dança ou a música (distintas das artes "plásticas", como a escultura). A interpretação é virtuosa, não o cenário. Arendt aponta que os antigos gregos gostavam de comparar a atuação política à música, à dança, à cura ou à navegação. A política, segundo ela, não é uma arte figurativa, na qual se realiza uma obra-prima (coletiva) no isolamento de um ateliê, mas uma arte dramática, que encontra sua força e liberdade no momento de sua apresentação pública: "As instituições políticas, não importando se bem ou mal constituídas, dependem de homens atuantes para sua continuidade".[2]

---

[1] Friedrich Nietzsche, *De Geboorte van de Tragedie, of Griekse Cultuur en Pessimisme*. Amsterdam, International Theatre Bookshop, 1987, p. 62.

[2] Hannah Arendt, "What is Freedom?". In: *Between Past and Future. Eight Exercises in Political Thought*. London, Penguin Books, p. 153.

EM UNÍSSONO

Não é de estranhar que a coletividade tenha empenhado muito esforço para dar voz à população no processo de decisão europeu. Nos Estados-membros, a democracia é considerada moralmente superior a outras fontes de legitimidade. *Grosso modo*, entre 1789 e 1945, o exercício não democrático do poder tornou-se inaceitável. Portanto, pelo menos aqueles políticos que viam a Europa como um (futuro) poder político desejavam dotá-lo de uma forma democrática.

A experiência, ademais, ensinara que um corpo político cujo exercício de poder se baseia em eleições livres tem mais consistência na corrente do tempo. Afinal, conforme Maquiavel afirmava em *O Príncipe*: "Aquele que souber adaptar sua atuação às condições do tempo governará com prosperidade, enquanto, inversamente, aquele que não souber adequar sua atuação ao tempo não governará com prosperidade".[3] Essa recomendação, dirigida a líderes individuais, na democracia de fato se aplica coletivamente ao quadro político. Numa democracia, os líderes não precisam mudar de caráter conforme as condições. Não. Caso necessário, o público lhes pode substituir rápida e pacificamente, pelas urnas ou por meio do Parlamento (como também o herói de guerra Churchill sentiu em 1945). "E por isso não há nada que torne um Estado tão estável e equilibrado quanto a escolha de uma estrutura que permita que a opinião pública se manifeste dentro de um âmbito jurídico".[4]

Três prévias observações sobre a extraordinária relação da democracia com o tempo. Primeiro: assim que o público conquista uma voz no exercício do poder, este também pode emitir uma opinião contrária. Quando o público aceita propostas de leis e decisões, ele se compromete e carrega a responsabilidade por isso. Mas esse *sim* de nada vale

---

[3] Maquiavel, *O Príncipe*, cap. XXV.

[4] Maquiavel, *Discorsi. Gedachten over Staat en Politiek*, I.7, Paul van Heck (org.). Amsterdam, Ambo, 1997.

quando não se pode dizer *não*. A imprevisibilidade democrática é o preço que os governantes pagam por seu desejo de consistência política.

Segundo: o Parlamento é a instância mediadora entre o público e a política. Os parlamentares se movimentam entre as vozes da população e os decretos de um governo, nas duas direções. Eles traduzem exigências, desejos, interesses e emoções das ruas para o Estado. Mas também dão um retorno, por meio de explicações a seu eleitorado, em termos de interesses gerais, longo prazo, situação geopolítica. Desse modo, um parlamento também funciona como um amortecedor contra a pressa política. Ele pode desempenhar esse papel por dispor de seu próprio tempo ("mandato", "período de incumbência"), baseado na periodicidade das eleições.

Terceiro: o princípio democrático fundamental, tanto nos sistemas diretos quanto nos representativos, é a votação por maioria. Uma pessoa, um voto. O fato de as maiorias poderem mudar a cada eleição faz com que também a superada minoria possa reconhecer a validade da decisão. Essa possibilidade atenua a "tirania da maioria". Em outras palavras, a legitimidade democrática, em última instância, não repousa no princípio da maioria em si, mas no futuro aberto (encarnado pela oposição parlamentar), portanto na persistência da comunidade política no tempo.

Uma democracia é uma comunidade de palavras, de acordos e desacordos, de amplificadores e atenuadores, de maiorias e minorias, de tons graves e dissonantes. Ela se mantém coesa enquanto a cada palavra puder seguir uma réplica.

A fundação de um parlamento não leva automaticamente ao fortalecimento dos laços entre o público e a política. Para desempenhar sua função mediadora, o Parlamento deve encontrar algum propósito em sua relação com a população e com o governo. Na Europa, tanto a relação Parlamento-população quanto a relação Parlamento-governo são cheias de complicações. Pois entre quem e quem o Parlamento Europeu deve fazer a mediação?

A relação Parlamento-população já foi muito comentada. Muitos políticos e teóricos europeus postularam que toda a democracia pressupõe um povo (do grego *dêmos*) preexistente (nos termos aqui usados: não há legitimidade "grega" sem o embasamento "alemão" da identidade). Com base nisso, líderes de governo franceses e britânicos, assim como a Corte Constitucional alemã, entre outros, se opuseram ao fortalecimento de um parlamento coletivo. Outros creem que a relação entre um parlamento e um povo seja mais aberta. As próprias instituições europeias não poderiam promover a sensação de um destino compartilhado? Esse debate político-filosófico fundamental ainda não terminou. Considerando que nesse ínterim um parlamento europeu foi fundado, essa própria instituição ajuda a determinar quais dessas duas escolas têm razão.

A segunda complicação se encontra na relação Parlamento-governo. Existe uma bem definida instituição que toma as decisões? O Parlamento precisa desta como interlocutor. Eleições podem levar uma oposição ao poder? Em geral, considera-se isso como condição para que a minoria superada possa acatar decisões. Na Europa, ainda não foram formuladas respostas claras a essas perguntas.

Desde 1950, iniciativas estão sendo desenvolvidas para promover a participação do público na esfera interna da política europeia. A ideia era formar um novo público europeu que falasse uníssono. Essa democratização foi instalada de cima para baixo. Não houve iniciativas de base nem tribunos que exigissem a participação popular nas decisões europeias; o movimento partiu de políticos à deriva em busca de terra firme. Primeiro, instituiu-se uma assembleia constituinte (1952), que se autobatizou de Parlamento (1958/1962); somente depois esse Parlamento obteve seus próprios eleitores (1979), somente depois esses eleitores foram proclamados cidadãos políticos (1992) e somente depois se tentou, em vão, atribuir um poder constituinte a esses cidadãos (2004). Na lógica bruxelense, essa pareceu ser a única maneira de se saldar o "déficit" democrático.

Tudo era uma questão de apostar no futuro, conforme a palavra "déficit" já indica. Há décadas que já não se pode ler nenhum artigo acadêmico sobre a democracia europeia sem encontrar a expressão "déficit democrático". Trata-se de um termo que, apesar de aparentemente analítico, de fato carrega um programa político no bojo. Cunhado pelos Jovens Federalistas Europeus em 1977,[5] ele passou a ter uma circulação mais ampla em 1979, não por acaso o ano das primeiras eleições europeias. Não graças a um analista político, mas por meio de um livro do funcionário da Comissão responsável pelas relações com o Parlamento Europeu, que não ocultava suas intenções políticas ("Este livro pretende ser prescritivo em vez de descritivo, um preceito em vez de um tratado.").[6] O que ocorre graças a essa poderosa metáfora? A palavra "déficit" evoca a imagem de um balancete financeiro no qual o exercício do poder (a saída) não é inteiramente coberto pela influência do cidadão (a entrada). Uma vez que se incorreu nessa linha de pensamento, então fica quase evidente saldar o dito déficit concedendo mais participação ao Parlamento. Mas por que as despesas sempre precedem as receitas? Seria também possível diminuir o gasto político, ou seja, tomar menos decisões? Poderíamos também arrecadar as receitas democráticas de outra fonte? Essas perguntas, porém, não importavam mais, pois a resposta já havia sido formulada: mais poder para "Estrasburgo".

Somente no decorrer do caminho se percebeu que a coletividade angariara menos apoio desse novo público de eleitores em prol da esfera interna do que se esperava. Ficou-se correndo atrás do déficit. Daí que os políticos europeus fazem um apelo cada vez mais explícito a seu antigo público de eleitores nacionais, a saber, as formas democráticas na esfera dos Estados-membros, encabeçadas pelos parlamentos

---

[5] Comunicação por escrito de Richard Corbett, ex-presidente dos Young European Federalists, ao autor (junho de 2011).

[6] David Marquand, *Parliament for Europe*. London, Jonathan Cape, 1979, p. 64.

nacionais. Esse público não é uníssono, mas polifônico e, portanto, mais difícil de arrebatar.

UM "PARLAMENTO"

A julgar pela chamada de 9 de maio de 1950, Schuman e Monnet contavam com controles políticos e jurídicos corriqueiros para avalizar a legitimidade de seus planos de mineração. O futuro tratado seria submetido a "ratificações parlamentares"; haveria "possibilidades de recurso" contra as decisões da futura Alta Autoridade. Eles não haviam cogitado ter um parlamento próprio.

Os governos que atenderam ao convite da França pretendiam submeter essa Alta Autoridade a um controle político transparente, conforme ficou claro pelas primeiras reações. Enquanto os Países Baixos e a Bélgica atribuíam esse papel aos governos nacionais (dessa forma preparando o terreno para o Conselho de Ministros), a Alemanha desejava um papel para os parlamentos nacionais. Monnet já havia feito essa concessão durante as negociações para o tratado. Daí que no segundo dia da conferência parisiense, em 21 de junho de 1950, esse foro parlamentar já havia recebido seu nome: "Assembleia Comunitária".[7]

Havia um precedente, a assembleia parlamentar do recém-inaugurado Conselho da Europa para a Democracia e os Direitos Humanos em Estrasburgo. Este valia como uma grande proeza do movimento federalista do pós-guerra. Representantes do povo de dez países (e logo de quinze) debatiam ali sobre política europeia. Não se tratava, aliás, de café-pequeno: durante a

---

[7] Hanns Jürgen Küsters, 'Die Verhandlungen über das Institutionelle System zur Gründung der Europaischen Gemeinschaft für Kohle und Stahl". In: Klaus Schwabe (org.), *Anfänge des Schuman-Plans 1950-51/Beginnings of the Schuman-Plan*. Baden-Baden, Nomos, 1988, p. 79; Jean Monnet, *Mémoires*. Paris, Fayard, 1976, p. 379.

sessão inaugural em agosto de 1949, Winston Churchill, Harold Macmillan, Guy Mollet, Paul-Henri Spaak, Paul Reynaud e Michel Debré, entre outros, cruzaram as espadas.

Um parlamento similar, eleito indiretamente, foi criado para a Europa dos Seis. Este igualmente seria composto de parlamentares nacionais, "deputados das populações dos Estados Unidos da Comunidade".[8] Os parlamentos de Alemanha, França e Itália tinham direito a dezoito deputados cada, os dos Países Baixos e da Bélgica a dez, o de Luxemburgo a quatro. Eles receberam a tarefa de controlar a Alta Autoridade da comunidade minerária.

A Assembleia se reuniu em setembro de 1952. Como parlamentares de seis países conseguiriam falar com uma única voz europeia? De imediato, decidiu-se distribuir os lugares no plenário por ordem alfabética. Isso rompeu com a tendência instintiva para a formação de grupos por Estado-membro. Ao mesmo tempo, os deputados formaram grupos políticos "supranacionais": democratas-cristãos, social-democratas e liberais. Não demorou a que se buscasse um acordo dentro de cada grupo antes do debate com os outros partidos no plenário. Isso foi o começo de um ambiente político europeu. "Sem esses agrupamentos políticos", diria um estudo sobre esse incipiente parlamento, "a Assembleia teria assumido o caráter de uma comissão de especialistas."[9] Não obstante, graças ao teor técnico da temática (preços de carvão, produção de aço), foi difícil conquistar a atenção do público. O dilema da Assembleia era que ela tinha a sensação de estar "adiante" das opiniões nacionais. Ela podia ter optado por levar os interesses e as emoções nacionais ao plenário, mas (em geral) evitou isso.

Até certa altura, o europeu representado pela Assembleia era um ser abstrato, tal qual o "cidadão" dos escritos políticos dos séculos

---

[8] Art. 20 Ceca.

[9] Paul J. G. Kapteyn, *L'Assemblée Commune de la Communauté du Charbon et de l'Acier. Un Essai de Parlementarisme Européen.* Leiden, A. W. Sijthoff, 1962, p. 115.

XVIII e XIX [...]; um cidadão europeu iluminado pela razão, livre das limitadas picuinhas e preconceitos nacionais e disposto a considerar os divergentes interesses da comunidade pela óptica de seus méritos intrínsecos.[10]

Os deputados estrasburguenses falavam em nome de cidadãos ideais, que não existiam, na esperança de que eles surgissem e, como educadores, pudessem ajudar nesse sentido.

A Assembleia mantinha uma frutífera relação com o executivo, a Autoridade presidida por Jean Monnet. Uma estreita colaboração se instaurou entre ambas as instituições. Os membros da Autoridade derivavam uma vocação política desse controle parlamentar, um *status* superior ao de tecnocratas. A Assembleia encontrou na Autoridade um tomador de decisões à altura. Ela considerava ser sua tarefa fortalecer a ainda incipiente esfera interna europeia contra ameaças provenientes dos Estados-membros.

> Os deputados se consideravam, com os membros da Alta Autoridade, os pioneiros da unidade europeia. Eles julgavam que na medida do possível deveriam formar uma frente coletiva contra a resistência que a realização dos objetivos da Comunidade poderia provocar.

Discórdia interna prejudicaria a causa:

> Quanto mais unânime a Assembleia, [...] mais influência ela tinha sobre a política da Alta Autoridade e melhor o poder executivo europeu podia oferecer resistência às sem dúvida poderosas particularidades tradicionais nos seis países.[11]

Dito com certo exagero: do mesmo modo que um parlamento de um país em guerra geralmente apoia o governo incondicionalmente, assim a Assembleia de Estrasburgo apoiou inteiramente Monnet. A principal preocupação era a existência da Comunidade como tal.

---

[10] Ibidem, p. 117.
[11] Ibidem, 219.

Essas primeiras experiências trouxeram uma fragilidade e uma força à tona. O parlamento, mediador entre a população e os tomadores de decisão, se encontrava bem mais próximo destes últimos. Sua voz contava na esfera interna europeia, mas as vozes das populações representadas quase não ressoavam. O Parlamento não conseguiu de imediato fazer da Europa uma causa pública.

No Tratado de Roma (1957), essa divisão de tarefas e suas respectivas incumbências foram mantidas. Para o Parlamento, entretanto, houve duas modificações: uma diminuição de seu poder efetivo e também sua ascensão ao *status* de futuro sustentáculo do projeto europeu. A tensão entre fato e desejo aumentou.

Primeiro, a efetiva diminuição de poder: os negociadores dos Seis estavam cientes de que o estabelecimento de um mercado comum abrangeria bem mais que um gerenciamento compartilhado da mineração. Isso exigiria maior respaldo político nos Estados-membros. Por conseguinte, na nova configuração, as decisões não seriam mais tomadas por uma Autoridade, em diálogo com o Conselho de Ministros, mas o inverso: o Conselho de Ministros tomaria as decisões, com base nas propostas da Comissão (conforme a Autoridade foi rebatizada). Agora, a mesa dos ministros se encontrava no centro.

Esse deslocamento institucional afetou a Assembleia parlamentar. Ela não mais encontrou na Comissão a responsável pelas decisões diante de si. Com a perda de poder de sua interlocutora, a importância de seu próprio papel também diminuiu. Em troca, os parlamentares receberam uma função consultiva na legislação e o direito de demitir a Comissão a qualquer momento, além de poder sugerir emendas ao orçamento. Em contrapartida, eles não podiam interpelar o Conselho caso este não adotasse suas emendas ou recomendações. Um observador de 1965 constatou: "Enquanto a Assembleia Comunitária ainda podia perguntar à Alta Autoridade: "Por que Vossa Senhoria tomou essa decisão?", à Comissão somente podia perguntar:

"Por que Vossa Senhoria não conseguiu convencer o Conselho?".[12] Isso era insatisfatório.

A consequência da fraqueza de ambos perante os Estados-membros foi que a relação entre Comissão e Assembleia se tornou extremamente cordial. A primeira tinha a tácita vocação de se desenvolver no executivo europeu, a segunda no legislativo. Enquanto ambas permanecessem na condição de *aspirante a governo* e de *aspirante a parlamento*, era do interesse delas se apoiar mutuamente e, por assim dizer, "dialogar para cima". Isso consolidou uma cultura parlamentar de um esperançoso consenso. Com um pouco de boa vontade, era possível entrever uma incipiente relação de confiança parlamentar na possibilidade de a Assembleia vir a demitir a Comissão com base no relatório anual desta última. Até mesmo federalistas convictos reconheceram que "se tratava de uma democracia ainda 'subdesenvolvida'".[13]

Segundo ponto: no Tratado de Roma, o Parlamento, apesar de efetivamente enfraquecido, também foi potencialmente revalorizado. Isso se deu por meio de uma nova determinação: "A Assembleia fará propostas para a realização de eleições gerais diretas segundo um procedimento uniforme em todos os Estados-membros".[14] A ideia significava uma reviravolta simbólica. Na lógica federalista, o Parlamento era o representante de um único eleitorado, em vez da soma de seis. Essa seria a oportunidade para fazer ressoar uma única voz europeia. Especialmente a Itália, os Países Baixos e a Bélgica foram a favor. A França foi contra. No Vale da Duquesa, em 1956, segundo

---

[12] H. H. Maas, "Parlementaire Democratie in de Europese Gemeenschappen", *Internationale Spectator*, 1965, 88. In: Schelto Patijn, *De Uitbreiding van de Bevoegdheden van het Europese Parlement*. Rotterdam, Universitaire Pers, 1973, p. 22.

[13] Walter Hallstein, *Die Europäische Gemeinschaft*. Düsseldorf/Viena, 1974, p. 73.

[14] Art. 138, item 3, primeira sentença, CEE (orig.).

um dos presentes, o ministro italiano Gaetano Martino e o secretário de Estado francês Maurice Faure haviam discutido "quase a manhã inteira" sobre se o tratado deveria conter um prazo para as primeiras eleições. O italiano queria uma data, de preferência dentro de dez anos, "para que se soubesse exatamente que até lá o povo europeu deveria ser chamado às urnas para eleger seu próprio Parlamento".[15] Ele lançou todo tipo de fórmula. O francês, de posse de rígidas instruções de Paris, rebateu todos os ataques. Como tantas vezes, encontrou-se um compromisso na procrastinação. O Conselho – por unanimidade, um dia – "estabeleceria as determinações" que regeriam as eleições.[16] Sem data marcada, mas com o aval de sua promessa.

Desse fortalecimento simbólico pelo Tratado de Roma, a Assembleia parlamentar extraiu suficiente autoconfiança para se rebatizar como "Parlamento". No nome, um adiantamento à promessa. Logo no estabelecimento do Regimento Interno, o deputado neerlandês Kapiteyn alegou que o nome oficial "Assembleia" não falaria muito à população neerlandesa. Por que não trocar isso na versão neerlandesa do Regimento Interno por "Parlamento"? Essa sugestão, aparentemente inócua para todos os que não falam neerlandês, foi aceita. Um deputado alemão repetiu a artimanha: *Europäisches Parlament*. Em contrapartida, na versão italiana e francesa manteve-se a denominação oficial (*Assemblée, Assemblea*).[17] Um autoproclamado Parlamento, por ora apenas em duas línguas, mas mesmo assim um golpe simbólico e tanto. Logo em 1958, o Parlamento anunciou: mesmo sem ainda ter eleitores, somente graças à promessa já ultrapassamos a categoria das reuniões de parlamentares nacionais. A luta pelas palavras havia começado.

---

[15] G. Martino, 1956, por Roberto Ducci, 22 out. 1984. In: Maria Grazia Melchionni e Roberto Ducci, *La Genèse des Traités de Rome*. Paris, Economica, 2007, p. 395.

[16] Art. 138, item 3, segunda sentença, EEG (orig.).

[17] *Publicatieblad* 6/1958; Schelto Patijn, *De Uitbreiding van de Bevoegdheden*, 177 n1.

A importância da palavra evidenciou pela veemente e constante oposição que enfrentou. Durante muito tempo, por parte da França; depois, pela Grã-Bretanha. Os adversários achavam que aqueles que falavam de um "Parlamento Europeu" também reconheciam a existência de um "povo europeu". Este não existia nem deveria existir (fato e norma se desencontravam nessa crítica). O caráter circular de qualquer fundação política – primeiro o Estado ou primeiro o povo? – despontava novamente. Em sua luta pelas eleições europeias, os italianos se mantinham fiéis ao provérbio do *Risorgimento*: "A Itália foi feita, agora só falta fazer os italianos". Eles não tinham nenhum problema conceitual com um povo que surgiu (entre outras coisas) com o resultado das urnas. Para franceses e britânicos, cujas nações remontam de eras imemoriais, isso era impensável.

O presidente De Gaulle, no poder desde maio de 1958, se recusou de forma consequente a chamar a Assembleia estrasburguense de "Parlamento". Ele considerava que o nome era ridículo e fonte de desentendimentos. A erupção se deu logo depois de (em 20 de março de 1962) os estrasburguenses terem se rebatizado também em francês e em italiano como "Parlamento".[18] O presidente ironizou diante da imprensa:

> Apesar de já termos seis parlamentos nacionais, mais a assembleia parlamentar europeia, mais a assembleia parlamentar do Conselho da Europa, ainda por cima teríamos de eleger um parlamento extra, denominado Parlamento Europeu, que mandaria nos Estados.[19]

Obviamente, o veneno se encontrava nesse *último* detalhe. Enquanto Estrasburgo se tratava apenas de um clube de oratória, esse nome pretensioso ainda era aceitável. Como político escolado, porém,

---

[18] *Publicatieblad* 6|1958, Schelto Patijn, ibidem.
[19] Charles de Gaulle, conferência de imprensa em 15 de maio de 1962. In: Charles de Gaulle, *Mémoires d'Espoir, Suivi d'un Choix d'Allocutions et Messages sur la IVe et la Ve Républiques*. Paris, Plon, 1994, p. 793.

De Gaulle sabia que nessas vaidades se ocultava um golpe de poder em potencial. O francês achava impensável que uma população nacional se sujeitasse a uma legislação aprovada por deputados estrangeiros. Essa linha fazia parte de seu legado ideológico; seu sucessor, Georges Pompidou, continuou falando em "Assembleia".

Em 1979, Margaret Thatcher recebeu a tocha da mão de De Gaulle; ela igualmente só chamava o Parlamento de *"the Assembly"*. A primeira-ministra britânica, segundo um de seus diplomatas na época, queria deixar claro ao próprio público "que não era bem um Parlamento como o nosso"[20] (aparentemente, para Thatcher mesmo as eleições diretas não faziam desse um Parlamento "de verdade"). Somente em 1986 é que os Estados reunidos, incluindo Paris e Londres, abençoaram o autobatismo dos estrasburguenses, e no mesmo ato lhes concederam uma voz mais forte no processo de legislação. Isso ocorreu sem nenhum alarde, por meio de uma breve sentença: "Sob o Artigo 7, parágrafo segundo, do Tratado do CEE, as palavras "após consultar a Assembleia" serão substituídas pelas palavras "em cooperação com o Parlamento Europeu".[21] Depois de alguns meses, Thatcher se conformou com a derrota.[22]

Com a efetivação dessa alteração, em 1.º de julho de 1987, "Nós, os Estados", havíamos aceitado a existência de um "Parlamento Europeu".

ELEIÇÕES

Não se deve subestimar a importância para Estrasburgo da promessa de eleições diretas contida no tratado. Seria o choque salutar

---

[20] Stephen Wall, *A Stranger in Europe*. Oxford, Oxford University Press, 2008, p. 69.

[21] Ato Único Europeu, artigo 6, item 2. In: *Official Journal of the European Communities*, 29 jun. 1987.

[22] Comunicação pessoal de Sir Colin Budd ao autor (abril de 2013).

(termo usado pelo deputado belga Fernand Dehousse) que conseguiria arejar o abafado mundo das repartições. Seria a melhor maneira de atrair a atenção do público para a causa europeia. "Não há dúvida", resumiu um palestrante numa conferência no início dos anos 1960, "que o Parlamento europeu não poderá igualar seu *status* ao do Conselho enquanto não estiver embasado na firme fundação das eleições diretas".[23] Um mandato dos eleitores daria à esfera interna europeia um embasamento próprio.

Em 1974 houve progresso com o recém-chegado Giscard d'Estaing. Ele estava disposto a institucionalizar o sistema de cúpulas dos líderes de governo. Esse desejo francês constantemente esbarrava na oposição do Benelux. Giscard d'Estaing forçou um acordo na *cúpula* de dezembro de 1974. A Bélgica e os Países Baixos apoiaram a fundação do Conselho Europeu, e como concessão Paris aprovou as eleições diretas para o Parlamento. A mútua obstrução foi levantada; de repente houve um duplo avanço. Na busca europeia de um público grego, isso representou um momento-chave. Os líderes de governo lançaram simultaneamente duas novas linhas entre a coletividade e o público: o voto direto na esfera interna e um palco fixo com drama na esfera intermediária dos membros.

As primeiras eleições diretas europeias foram realizadas em junho de 1979. Desde então, elas ocorrem cada cinco anos. As expectativas em Estrasburgo foram atendidas por um aspecto, mas por outro não. Nas mesmas condições, de fato o Parlamento eleito fortaleceria seu poder e sua autoridade com relação ao Conselho. Logo em dezembro de 1979, os parlamentares rejeitaram o orçamento da comunidade proposto pelo Conselho para 1980. Como se para provar sua existência, eles não hesitaram em precipitar a Comunidade em uma crise político-financeira. Foi um ato de autoafirmação: o poder não

---

[23] Hugh Beesley, "Direct Elections to the European Parliament". In: Ernst B. Haas et al., *Limits and Problems of European Integration*. Den Haag, Martinus Nijhoff, p. 83.

se ganha, mas se conquista. Desde então, na condição de instituição menos privilegiada da Comunidade, a cada alteração de Tratado o Parlamento conseguiu amealhar mais atribuições, graças à ajuda de governos simpatizantes e ao gradual aumento de seu próprio poder (de obstrução). De consultor inócuo, o Parlamento se desenvolveu num colegislador em quase todas as áreas de atuação política. Em Bruxelas, ninguém pode mais ignorá-lo.

Em contrapartida, outra expectativa foi refutada. O Parlamento não conquistou a simpatia do eleitorado. Os índices de comparecimento às urnas falam por si. Estas comprovam uma tendência decrescente, de 63% em 1979 para 45% em 2004 na média de todos os Estados-membros. Embora essa diminuição também surja no âmbito nacional, a queda europeia é relativamente maior e partiu de um nível inicial bem mais baixo. Além do mais, pesquisas apontaram que a escolha dos partidos nas eleições europeias não se baseia em temas europeus, mas deriva das preferências nacionais. Os politicólogos falam de uma "eleição de segunda ordem".

O paradoxo, portanto, é que nas últimas três décadas os eleitores tenham demonstrado cada vez menos interesse no Parlamento, enquanto nesse mesmo período seu poder formal aumentou consideravelmente. Na busca por uma legitimidade grega, trata-se de um resultado decepcionante. Nesse ínterim, o Parlamento desempenha papel importante no equilíbrio de poder entre as instituições, mas não oferece o fundamento democrático que a coletividade buscava. Jogador atuante na esfera interna, mas não um emissário da *vox populi* europeu.

A abordagem de cima para baixo com a qual a busca pela legitimidade grega é conduzida tem seus limites. O Parlamento foi investido com mais poder na esperança de que os eleitores (finalmente) se apresentassem para legitimar esse poder. Esqueceu que a legitimidade democrática não decorre automaticamente de competências parlamentares formais. Também é necessário que o eleitorado se identifique de alguma forma com o corpo representativo, que o considere como o "nosso Parlamento". Esse sentimento não se deixa capturar simplesmente por meio de taxas de comparecimento. Estrasburgo se consola com a ideia de que os *índices* de comparecimento para as eleições do Congresso americano são, *grosso modo*, comparáveis com os das eleições europeias,[24] mas se esquece de que muito mais americanos sabem quem *é* seu representante na casa.

O ralativo fiasco das eleições diretas (inegável a partir do segundo ciclo em 1984) ensinou que o Parlamento em si não foi capaz de estimular a voz popular. O "choque salutar" não se produziu. Mas talvez um interlocutor com poder executivo pudesse promover o sentimento de que a Europa fosse "nossa causa".

Existem dois candidatos, a Comissão e o Conselho Europeu. O Parlamento tem se esforçado durante muitos anos para "politizar" a Comissão o máximo possível. Para isso, utiliza seu maior trunfo: o resultado das eleições. A escolha do presidente da Comissão deveria depender da maioria parlamentar para que as eleições tivessem uma motivação mais política. A condição para isso seria que o presidente da Comissão tivesse mais influência sobre a composição do colégio de comissários e a distribuição dos cargos.

Com recentes alterações no tratado, a coletividade deu alguns passos em ambas as direções. No Tratado de Lisboa, consta que o Parlamento "escolhe" o presidente da Comissão, apesar de isso ocorrer de acordo com a indicação do Conselho Europeu.[25] Após as eleições de 2004 e 2009, o vencedor das eleições europeias, o Partido Popular Europeu, assegurou a nomeação de um presidente da Comissão da mesma plumagem política, o português José Manuel Durão Barroso. Apesar de alguns terem se afeiçoado ao ideal de uma junta diretiva técnica e neutra, a maioria dos comissários aplaudiu essa politização.

---

[24] Richard Corbett et al., *The European Parliament*. London, John Harper, 2007, p. 10.

[25] Art. 14, item 1, TUE (versão Lisboa).

Não obstante, a politização esbarra no fato de que 28 comissários são nomeados por 28 governos, raramente da mesma plumagem política.

O Parlamento detém o direito de demitir a Comissão em bloco. Uma vez isso quase ocorreu, em 1999, mas o presidente Santer e sua equipe pediram demissão antes. Esse episódio consta como o apogeu na história de Estrasburgo. Tratou-se de um caso de fraude – o tipo de falta pela qual se pode responsabilizar uma burocracia. Em contrapartida, cinco anos depois, quando a Comissão Barroso assumiu, de fato se tratou de um conflito político. Devido às polêmicas convicções sobre casamento e homossexualidade do candidato a comissário Buttiglione, o Parlamento ameaçou rejeitar a designação do colégio inteiro. Diante disso, os Estados-membros recuaram e introduziram algumas alterações de pessoal. Nesse episódio, portanto, a Comissão não atuou como interlocutora do Parlamento, mas, antes, formou a motivação de um conflito político entre o Parlamento e os Estados-membros reunidos. A discórdia era sobre a questão de quem deteria o poder de nomeação. Esse confronto, vencido pelo Parlamento, reforçou sua autoconfiança. Além do mais, nesse caso se enfrentava outro oponente, um oponente político.

O outro candidato a interlocutor é o Conselho da Europa. Há um quarto de século, os líderes de governo reunidos tomam as decisões mais importantes na União Europeia. Não obstante, o comitê constitucional do Parlamento, seu superego institucional, prescreveu uma aversão contra o Conselho Europeu. O comitê se incomodou com o fato de os rumos da Comunidade serem definidos "em uma estratosfera política além do alcance do Parlamento".[26] Além disso, esse corpo contradizia seu ideal de futuro. Desde os primeiros anos da Comunidade, a ideia era que o Parlamento e o Conselho de Ministros acabariam por se transformar em câmaras legislativas. De acordo

---

[26] Parlamento Europeu, "Antoniozzi Report. Opinion from the Legal Affairs Committee". In: Jan Werts, *The European Council*. London, John Harper, 2008, p. 154.

com o modelo federalista, o primeiro falaria em nome dos cidadãos, e o outro em nome dos Estados. Essa representação na verdade não confere com os fatos, já que, assim como a Comissão, o Conselho de Ministros também dispunha de poder executivo não menos importante nos assuntos econômicos e estrangeiros. Mas isso ainda poderia ser descartado como uma aberração temporária – segundo a tradicional receita do "ainda não". Em contrapartida, essa receita não funcionou tão bem para dissimular a existência do Conselho Europeu. O surgimento desse poderoso corpo político na vida política coletiva em 1974 abalou a autoimagem do Parlamento. Este não podia mais apostar todas as suas fichas na Comissão. Lentamente, o Parlamento se reorientou, deixando para trás o mundo das repartições.

Desde 1981, tem sido costume que a cada seis meses o presidente do Conselho Europeu realize um discurso em Estrasburgo, seguido por uma rodada de perguntas. Ele ou ela também informa o Parlamento sobre o andamento das reuniões do Conselho Europeu. Gradualmente, o apoio do Parlamento tornou-se indispensável na realização das promessas políticas da presidência; daí que os líderes de governo do país que ocupa a presidência rotatória do Conselho de Ministros continuam apresentando seus programas ali, mesmo que desde 2010 eles não mais presidam o Conselho Europeu. Para aqueles líderes de governo dos países maiores com talento retórico, o Parlamento ademais oferecia um palanque para lhes conferir a estatura de estadista europeu, um púlpito para se dirigir aos cidadãos da Europa. Foi quando Mitterrand (1984) e Blair (2005), entre outros, emocionaram o plenário.

Esse diálogo dificilmente se desenvolverá em um controle parlamentar. Os líderes de governo devem sua posição a seu eleitorado nacional e, portanto, não podem ser depostos por Estrasburgo. Assim, o Parlamento não consegue utilizar seu maior trunfo, o resultado eleitoral. Isso não mudou agora que o Conselho Europeu tem seu próprio presidente fixo; este é nomeado pelos líderes de governo e formalmente deve apenas informar o Parlamento sobre as reuniões. Ambas as partes se firmam em "linhas de representatividade" constitucionais diferentes. O Parlamento fala em nome dos cidadãos em sua condição de europeus, o Conselho Europeu fala em nome dos governos nacionais reunidos e, portanto, repousa numa múltipla cidadania nacional. Em caso de impasse político entre ambos, os eleitores não poderão desembargar a questão. Em última instância, um conflito desses dividiria o próprio eleitorado.

Quando se lê sobre o esforço que o Parlamento fez para obter acesso ao Conselho Europeu, o contraste na autoridade pública de ambas as instituições se torna dolorosamente claro. Sucessivos presidentes do Parlamento já tentaram obter um assento na mesa de reuniões dos líderes de governo, participação nos banquetes e até mesmo um lugar na tradicional foto coletiva. Essa luta pela inclusão foi iniciada em 1987 pelo então presidente do Parlamento, Henry Plumb. Por meiode sua amizade com a presidência belga do Conselho na época, arranjou-se para que Plumb pudesse dirigir brevemente a palavra aos líderes na abertura da cúpula de junho de 1987. A maioria dos Estados-membros não fez objeção. Margaret Thatcher, entretanto, que não havia sido consultada, ficou surpresa ao encontrar seu colega de partido: "Então, Henry, mas que diabo você está fazendo aqui?".[27] Plumb foi sábio o bastante para manter seu discurso curto e objetivo; naquele momento, o assento era mais importante que o debate. Com variados graus de êxito, seus sucessores expandiram esse exercício a um breve diálogo com os líderes de governo. Mas até hoje o Conselho da Europa formalmente só tem início após a partida do presidente do Parlamento – uma alfinetada protocolar por parte dos Estados contra o intruso.

Um ex-alto funcionário estrasburguense analisou "a batalha para entrar na sala" da seguinte forma:

---

[27] Margaret Thatcher. In: Julian Priestley, *Six Battles that Shaped Europe's Parliament*. London, John Harper, 2008, p. 27.

> Há trinta anos, o Parlamento se empenha em uma campanha para estar visivelmente "presente" na mais alta mesa da União Europeia. Sua pertinaz insistência e sua obsessão com os símbolos do protocolo já foram causa de aborrecimento, especialmente por parte de representantes dos Estados-membros e de outras instituições. Por vezes, a campanha se impunha como excessivamente petulante e forçada. Afinal, seus presidentes, que lideram a campanha, são políticos com o desejo perfeitamente humano de estarem presentes na sala, juntar-se ao banquete, ser vistos e fotografados com o resto do grupo. Ao mesmo tempo, essa compreensível ambição pessoal coincidiu com a necessidade da instituição de ser visível.[28]

Trata-se de um juízo sincero e revelador. O Parlamento se aproveita da visibilidade pública *de* outras pessoas. Pelo fato de sua base eleitoral europeia não ser suficientemente sólida, ele procura se firmar ao lado dos líderes nacionais reunidos. Longe de ser um tribuno do povo que, com o apoio estatal, desafia os detentores do poder, o Parlamento antes lembra um trovador da corte tentando chamar a atenção do príncipe – pois atrás do príncipe se encontra o público.

CIDADANIA POLÍTICA

Um terceiro passo importante na adição da legitimidade grega de cima para baixo, além do Parlamento e das eleições, foi a instituição da cidadania política, em 1993. Esta forma um forte símbolo de vínculo político direto entre a coletividade e seu *público*. Embora em termos de conteúdo a cidadania política pareça ser mera continuação do vínculo jurídico entre indivíduos e a coletividade, tal como decretado pela Corte (discutido no Capítulo 8), eles devem ser diferenciados conceitualmente. Conforme Weiler disse de maneira concisa, referindo-se ao efeito direto da lei: "Bem antes de mulheres ou judeus serem alçados à cidadania, eles já gozavam

---
[28] Julian Priestley, op. cit., p. 44.

do efeito direto [da lei]".[29] Um objeto de direito é um mero súdito, um cidadão político participa do processo de decisão.

Essa renovação ocorreu em resposta à reviravolta na segunda metade de 1989, com a parcial transformação da esfera intermediária da política europeia em uma União Europeia. Diversos Estados-membros desejavam fortalecer a legitimidade democrática da coletividade. Em março de 1990, a Bélgica pleiteou a abolição dos controles nas fronteiras e o direito de voto nas eleições locais e europeias. Os italianos solicitaram um *"âmbito jurídico"* que se adequasse à situação na qual "o cidadão europeu surgisse ainda antes que os Estados tivessem dado forma à Europa". A Grécia pretendia criar um patriotismo constitucional europeu reforçando o sentimento "de que os cidadãos pertencem a uma única comunidade jurídica". Em maio de 1990, o governo espanhol introduziu o termo "cidadania europeia". "A transição para a União Europeia política", conforme Madri especificou no segundo semestre, "modifica a situação de maneira radical e exige a criação de um espaço comunitário integrado em que o cidadão europeu preencha um papel central e fundamental."[30] Os espanhóis sabiam que havia divergências entre os Estados-membros sobre quais direitos, liberdades e obrigações a cidadania deveria abranger. Por isso, sugeriram primeiro aprovar a cidadania, como passo simbólico, para somente depois discutir seu conteúdo, que poderia evoluir com o tempo (embora nessa ofensiva diplomática Madri visasse principalmente a vantagens "romanas" para seus conterrâneos emigrados, o argumento constitucional "grego" era imprescindível para seu êxito).

Uma vez formulada, a ideia de que uma união política precisa de cidadãos para ser legítima parecia tão natural que praticamente

---

[29] Weiler, *The Constitution of Europe*, 337.

[30] Memorando do governo espanhol, "The Road to European Citizenship", Documento do Conselho SN3940/90 de 24 set. 1990. In: Finn Laursen e Sophie Vanhoonacker, *The Intergovernmental Conference on Political Union*. Maastricht, Eipa, 1992, p. 329.

não encontrou oposição. Quando, em dezembro de 1990, os líderes de governo da França e da Alemanha se posicionaram a favor da cidadania, o pleito estava resolvido. Não obstante, nas negociações a respeito do conteúdo sobrou pouco mais que o direito de participar das eleições locais e europeias em outro Estado-membro. As elevadas motivações democráticas foram perdidas de vista. O tratado de Maastricht simplesmente dizia: "Será instaurada uma cidadania da União Europeia. Todo aquele que tiver a nacionalidade de um Estado-membro será um cidadão da União Europeia".[31]

Essa definição lacônica pareceu provocar perguntas demais em um único país. Em junho de 1992, por meio de um plebiscito, a população dinamarquesa votou contra o tratado. A cidadania europeia foi um dos três assuntos que mais provocaram agitação, com a união monetária e a política de defesa.[32] Os dinamarqueses somente concordaram por meio de um segundo plebiscito, depois que o governo de forma unilateral adicionou algumas determinações ao tratado. A sugestão de que a cidadania europeia fosse equivalente *à* cidadania nacional dinamarquesa foi removida de forma contundente por Copenhague. Os demais Estados também viam utilidade em um certo esclarecimento. Foi por isso que cinco anos depois se acrescentou uma breve sentença ao tratado: "A cidadania da União Europeia complementa a cidadania nacional, no entanto não a substitui".[33]

O desastre do voto contra dinamarquês não havia sido conjurado com esse esclarecimento voltado para a população. Pela primeira vez, a coletividade sentiu que a busca pela legitimidade grega também podia agir como um bumerangue. Concedeu-se a cidadania ao público, mas por pouco essa oferta foi recusada. Uma fissura se abriu entre duas manifestações do público democrático, entre os novos cidadãos

---

[31] Art. 8 CE (versão Maastricht).
[32] Memorando do governo dinamarquês, "Denmark in Europe", 30 out. 1992.
[33] Art. 17.1 CE (versão Amsterdã).

europeus e os cidadãos nacionais reunidos, entre os dedicados sustentáculos da esfera interna e os rabugentos e imprevisíveis sustentáculos da esfera dos membros.

Alguns comentaristas compararam a introdução da cidadania a uma jogada de *marketing*. Considerando que essa cidadania não trouxe nenhum novo direito nem mais influência política para a população, foi puro engodo. Dessa forma, em 1995 o influente jurista e teórico Weiler escreveu sobre o "produto" Europa:

> A cidadania e os "direitos" associados a tal servem para conferir uma nova imagem ao produto (visto que isso pouco acrescenta a sua essência) e para torná-lo mais atraente ainda aos consumidores, a fim de restabelecer sua afinidade com sua marca favorita.

Ele achava que os líderes de governo se comportavam como "gerentes [de vendas] alarmados com a insatisfação de seus clientes, empenhados na promoção de uma marca".[34] Essa crítica é certeira, mas desconsidera o fator tempo. Antes do voto contra dinamarquês em 1992, essa análise não havia sido feita, o blefe dos líderes ainda não havia sido descoberto, tratava-se de estadismo em formação; após o momento em que a Corte europeia, ao final dos anos 1990, começou a dar conteúdo à forma "vazia" da cidadania, essa análise perdeu a relevância. A insinuação de marketing fazia sentido logo depois que o intento original fracassara, quando a questão ainda não havia sido retomada.

UMA CONSTITUIÇÃO

O "Tratado para o Estabelecimento de uma Constituição para a Europa", assinado em outubro de 2004 pelos líderes de governo, nunca foi efetivado. Mas toda a malsucedida tentativa de encontrar

---

[34] Joseph H. H. Weiler, "To Be a European Citizen: Eros and Civilization", op. cit., p. 333.

um público também foi muito expressiva – pelo fato de se ter tentado e de se ter fracassado.

A relevância desse episódio se encontra no gesto político expresso pela palavra "constituição". Uma constituição implicaria a substituição do pacto entre Estados por um pacto entre cidadãos. Com isso, a coletividade finalmente teria alcançado sua tão cobiçada base. No final de 2001, os líderes de governo incumbiram uma convenção de analisar, entre outras coisas, se uma simplificação dos tratados "a longo prazo poderia levar a um texto constitucional".[35] Não foi de surpreender, portanto, que a Convenção passasse a se comportar como uma assembleia constituinte e que alguns de seus membros sonhassem com um momento de fundação europeu do tipo Filadélfia 1787.

Um desejo desses deve ser expresso em termos constitucionais. No preâmbulo da Constituição americana, a audácia singular da frase "Nós, o povo" propiciou a transição da pluralidade à unidade. Na Europa, nunca se pensou seriamente em elaborar um tratado em nome de "Nós, o povo da Europa". O povo no singular constitui um tabu. A Comunidade e a União Europeia foram instituídas pelas "mais altas partes contratantes", ou seja, pelos Estados signatários. A Convenção tampouco infringiu o tabu do povo no singular. Um dos primeiros projetos do texto dizia: "conduzido pela vontade dos povos e dos Estados da Europa...". Mesmo assim essa referência nacional no plural não agradou a muitos membros da Convenção. Representantes de governo da Alemanha, da Espanha e da Grécia, entre outros, sugeriram acrescentar os cidadãos como expressão da multiplicidade europeia.[36] Três motivos diferentes no mesmo tecido constitucional: a Alemanha, como o Estado-membro mais populoso, tinha interesse no poder do número; Madri, como autoridade central, queria se livrar da palavra "povos", termo que em espanhol se refere às diferentes

---

[35] Conclusões do Conselho Europeu de 14/15 dez. 2001, Anexo ("Declaração de Laken").

[36] CONV 574/03 de 26 fev. 2003.

"populações" (*pueblos*) das regiões espanholas; a Grécia visava aos direitos de seus trabalhadores emigrantes. Numa versão seguinte, a União Europeia brevemente tinha três sustentáculos, mas depois o termo "povos" desapareceu e assim constou na versão definitiva do artigo preliminar que o tratado constituinte havia sido inspirado pela "vontade dos cidadãos e dos Estados da Europa".[37]

Foi um passo enorme. Os cidadãos europeus foram investidos de poder constituinte. Além de se apoiar na vontade do Estado, conforme em todos os tratados anteriores, a União Europeia também repousaria na vontade dos cidadãos. A figura do cidadão sustentaria as instituições. De rebuscamento na fachada ela havia sido promovida a uma parte da construção. Mais que os falados símbolos (a bandeira e o hino) ou o vocabulário estatal ("ministro", "lei"), foi isso que conferiu o aspecto constitucional ao pacto de 2004. Apenas o aspecto, pois os Estados permaneceram, os cidadãos não teriam todo o reino constituinte para si.

Em diversas passagens do texto, a tensão entre cidadãos e Estados era cortante. Numa manobra sutil, Giscard d'Estaing havia acrescentado um lema ao projeto da constituição, uma conhecida frase do elogio de Péricles à forma de governo ateniense: "Seu nome é democracia, uma vez que sua administração não se limita a uns poucos, mas repousa na maioria".[38] Nas negociações entre os governos, a citação acabou sucumbindo. Ao que parece, principalmente a Finlândia e a Irlanda haviam sido contra. Embora se tratasse de dois Estados-membros pequenos, como presidente rotativo do Conselho durante a fase final das negociações não foi difícil para a Irlanda realizar o aniquilamento. O motivo de Helsinque e Dublin terem se oposto ao lema permanece uma incógnita. Seria a distância geográfica de Atenas? Por temerem o poder da maioria, que prejudicaria

---

[37] Art. I-1 Tratado Constituinte.
[38] Tucídides, *De Laatste Eer* (A Derradeira Honra), p. 22.

Estados-membros menos populosos? Ou por temerem a palavra nela implícita, *dêmos*, a indizível base? Foi uma supressão bastante expressiva. O foro que falava em nome dos Estados, das populações e também dos cidadãos criou uma abertura histórica aos inventores gregos da democracia; no último instante, os Estados-membros reunidos a fecharam novamente.

Na primeira metade de 2005, o tratado constituinte esbarrou em um "não" de duas das quatro populações consultadas por plebiscito, a francesa e a neerlandesa. Enquanto na França a tendência no debate sobre o plebiscito era o desejo por "outra constituição", que concedesse menos liberdades econômicas, nos Países Baixos ficou claro que não se desejava "nenhuma constituição", pelo fato de esta ameaçar a identidade nacional. O "não" neerlandês era nacionalista por natureza. O fato de se tratar de uma "constituição" também causou inquietação em alguns outros Estados-membros. Será que a própria constituição desapareceria? Seria esse o avanço ao Superestado europeu? A essas perguntas não havia réplica por parte dos políticos que defendiam o novo pacto.

Após uma incômoda pausa para a reflexão, em junho de 2007 os líderes de governo decidiram interromper a ratificação do tratado constituinte. Deu-se meia-volta. Nenhuma constituição, mas uma tradicional alteração dos dois tratados existentes (para a União Europeia e a Comunidade). Estes não teriam "nenhum caráter constitucional"; a terminologia estatal seria evitada; bandeira e hino desapareceriam. O Conselho Europeu declarou resoluto: "A ideia constitucional, que implicava a revogação de todos os tratados existentes e sua substituição por um único texto chamado 'Constituição", será abandonada'.[39] Mais significante que essa reorganização textual foi o fato de esse tratado de alteração, da mesma forma que seus predecessores, ter sido adotado em nome dos Estados; os

---

[39] Conselho Europeu de Bruxelas, 21/22 jun. 2007, Conclusões da Presidência, Anexo 1, item 1.

cidadãos europeus perderam o poder constituinte. Assim terminou o experimento constitucional. A base democrática não foi atingida. A esfera interna permaneceu suspensa no ar, como se estivesse pendurada por meio de cabos ligados aos Estados.

Em retrospectiva, existe uma forte tendência entre políticos e comentaristas de considerar o fiasco em torno do nome "constituição" como um malogrado exercício de relações públicas. As más línguas atribuem a escolha desse nome à vaidade do presidente da Convenção, Valéry Giscard d'Estaing, que pretendia entrar para a história como o George Washington europeu. "Devemos ser francos", escreveu o politicólogo americano Andrew Moravcsik em junho de 2006, "a minuta da constituição foi, acima de tudo, um exercício de *relações públicas*."[40] Apesar de esse autor sempre ter afirmado isso, depois que a ratificação encalhou, outros de repente também chegaram a essa conclusão. No mesmo mês em que os líderes de governo assinaram um tratado sucedâneo em Lisboa, uma revista alemã observou: "Mais que nunca fica evidente que a pompa e o glamour constitucional serviram como uma estratégia de relações públicas".[41]

Essa interpretação da constituição como um erro de marketing é simplista demais. Ela ignora que o episódio constitucional formou o desfecho provisório de uma busca por legitimidade "grega" que já durava sessenta anos. Ela ignora que o Parlamento, as eleições e a cidadania, que realmente foram introduzidos, também poderiam ser qualificados como espetáculo semântico ou golpe publicitário (o que de fato foi o caso da cidadania). De maneira mais ampla, ela ignora que por sua própria natureza todo corpo político está sempre em busca de um público, com todos os meios a sua disposição. Na medida

---

[40] Andrew Moravcsik, "What Can We Learn from the Collapse of the European Constitutional Project?", *Politische Vierteljahresschrift*, 2006, 2, p. 220 (grifo do original).

[41] Alexander Somek, "Postconstitutional Treaty", *German Law Journal*, 2007, 12, p. 1126.

em que essa busca fracassa, não se trata de um fracasso publicitário, mas de um fracasso político. Nesse caso, o fiasco fez com que a coletividade buscasse outro eleitorado que fosse mais substancial.

POLIFONIA

A União Europeia é um clube de democracias parlamentares. Mais que uma marca de qualidade para o exterior ou uma exigência para a admissão de candidatos a membro, isso forma uma característica essencial de sua vida política. Sem o sistema nacional democrático de 28 vozes, a Europa entraria em colapso. A União Europeia repousa no coletivo dos públicos nacionais.

Por muito tempo, faltava essa noção. Os ideólogos da esfera interna queriam criar um único novo eleitorado e deixaram de lado o antigo eleitorado, os eleitores nacionais. Eles somente atrapalhavam. Os ideólogos estatais acreditavam que o público nacional servia apenas aos Estados-membros individuais – eleitores alemães para a Alemanha, eleitores suecos para a Suécia, e assim por diante. Ambas as partes se equivocaram. A política europeia como um todo não pode viver sem o eleitor alemão, o sueco e todos os outros eleitores nacionais. O público nacional reunido cumpre tarefas vitais, seja diretamente, seja por meio dos parlamentos nacionais. Ele escolhe e controla os membros da mais alta mesa europeia, decide sobre as regras comunitárias do jogo, sobre sua própria condição de membro e sobre a dos outros, avalia a necessidade das políticas europeias a ser propostas.

Esse antigo público tem uma desvantagem muito lamentada: ele não é uno, mas multiforme. Em contrapartida, apresenta uma enorme vantagem: ele existe. Não precisa ser criado, já está aí. A missão da coletividade é fazer ressoar as vozes desse antigo público na democracia europeia – começando pelos parlamentos, depois por seus eleitores. Isso não é simples, mas os Estados-membros não têm muita escolha.

A ELEIÇÃO DO CONSELHO EUROPEU E DO CONSELHO DE MINISTROS

A posição fundadora das democracias nacionais passou a ser reconhecida pelos governos no pacto mais recente. Em um proeminente artigo do tratado, eles escreveram: "O funcionamento da União Europeia se fundamenta na democracia representativa. Os cidadãos são representados no âmbito da União Europeia diretamente pelo Parlamento Europeu. Os Estados-membros são representados no Conselho Europeu por seus chefes de Estado ou líderes de governo, e no Conselho por seu governo, que por sua vez deve democraticamente prestar contas a seu Parlamento nacional ou a seus cidadãos".[42]

As eleições nacionais determinam a composição do Conselho Europeu. Cada eleitorado nacional envia uma única pessoa à mais alta mesa europeia, seja por eleições diretas, seja por eleições parlamentares. Admitamos, trata-se de uma função de ordem secundária, decorrente da primeira função das eleições nacionais, a de prover pessoal para os parlamentos e governos. Não obstante, com o crescente poder dos líderes de governo, a importância das eleições nacionais também aumenta. Quem será o novo chanceler alemão? Quem será o primeiro-ministro britânico? Isso é mais que mero falatório. Os rompimentos causados pelas eleições nacionais são vitais para a vida política europeia. O "período de reflexão" instituído após o voto contra franco-neerlandês em 2005, por exemplo, serviu mais para esperar a eleição do novo presidente francês que propriamente para refletir. O público nacional parece estar ciente de que o político enviado à mais alta mesa europeia faz toda a diferença. Aquele que reduz a Europa à esfera institucional interna, a uma máquina que roda programas políticos, poderia chegar à conclusão de que desde 1952 apenas uma eleição nacional teria sido dominada por um tema europeu. Questões

---

[42] Art. 10 TUE (versão Lisboa).

europeias seriam maçantes demais, ou, segundo um termo técnico, não muito salientes (Moravcsik, que apoia essa tese, acredita que as eleições presidenciais francesas de 1965, as da revolta camponesa contra De Gaulle, tenham sido a única exceção).[43] Aquele que, em contrapartida, encara a Europa como um círculo de Estados-membros, percebe que em diversas eleições nacionais a disputa se deu sobre a posição e a identidade do Estado-membro na União Europeia.

Tomemos o exemplo das eleições parlamentares polonesas de outubro de 2007. O governo Kaczyński, considerado nacionalista e xenófobo, foi castigado nas urnas por sua atitude antieuropeia. A derrota foi o resultado de um inesperado grande comparecimento de jovens, eleitores urbanos e poloneses emigrados. Alguns eleitores afirmaram desejar que a Polônia se tornasse "um país normal em uma Europa normal".[44]

Nas eleições parlamentares espanholas de março de 2004, os conservadores situacionistas perderam inesperadamente para os socialistas. O motivo foi a mentira dos conservadores sobre os atentados a bomba em uma estação de trem em Madri, três dias antes das eleições, que eles atribuíram ao movimento separatista basco em vez de a terroristas islâmicos. Durante a campanha, o candidato socialista havia prometido retirar as tropas espanholas do Iraque e cessar a oposição contra o tratado constituinte europeu. Em virtude da situação dramática após os atentados, esse movimento correspondia ao desejo de segurança da população: afastar-se dos Estados Unidos e se aproximar mais da Alemanha e da França – um assunto sem dúvida saliente.

Uma vez investido na função, um líder de governo nacional desempenha o cargo europeu mais importante no próprio país. Nessa posição, ele sempre atua com uma dupla atribuição; como líder de

---

[43] Moravcsik, "What Can We Learn", op. cit., 223.

[44] "Poland's Generational Shift", 5 nov. 2007, Krzysztof Bobinski, *Open Democracy*. In: euractiv.com.

governo, representa seu país na Europa; como membro do Conselho Europeu, representa a Europa em seu país. Vejamos a chanceler Merkel: antes de viajar para reunir-se com seus colegas líderes de governo, ela delibera com o Parlamento. Ali, pode expor o que está em jogo para o governo e ouvir os desejos ou as exigências da Câmara. Após a reunião, retorna para relatar seu andamento. Como líder de governo, Merkel presta contas sobre as negociações; em nome da Alemanha, eu lutei duramente para salvaguardar a questão X, enquanto por este ou aquele motivo a questão Y não foi conquistada. Como membro do Conselho Europeu, ela se responsabiliza pelo resultado: em nome da União Europeia, *nós* assim decidimos. É desse jeito que a chanceler consegue angariar maioria parlamentar para apoiar as decisões da União Europeia.

Esse diálogo não é mera cordialidade. Certa vez, em 1990, um líder de governo foi forçado a renunciar após críticas de seu próprio Parlamento a sua atuação europeia. Não foi qualquer um: Margaret Thatcher. O motivo havia sido a reunião do Conselho Europeu em Roma, em outubro daquele ano, quando os líderes de governo decidiram pela união monetária. Na Câmara dos Comuns, a primeira-ministra britânica deixou claro que não se conformaria à decisão coletiva. Com isso, seu ex-ministro das Relações Exteriores e aliado de vários anos, Geoffrey Howe, renunciou ao cargo de vice-primeiro-ministro. Em seguida, em um arrasador discurso de demissão perante um Parlamento atônito, Howe acusou Thatcher de estar isolando a Grã-Bretanha da Europa e afirmou que sua atitude "estava acarretando riscos cada vez mais sérios para o futuro da nação".[45] Isso foi o sinal para uma revolta entre os conservadores. Em menos de duas semanas, a Dama de Ferro caiu. Em 2011, Iveta Radičová, ministra-presidente da Eslováquia, foi forçada a sacrificar seu governo sob

---

[45] Geoffrey Howe, discurso 13 nov. 1990. In: Geoffrey Howe, *Conflict of Loyalty*. London, Pan Books/Macmillan, 1995, p. 667.

a pressão da oposição parlamentar. A crise do euro havia sido um importante fator em diversas mudanças de governo recentes (Irlanda, Portugal, Grécia e Espanha), mas na Eslováquia os acontecimentos foram determinados pela recusa de sua coalizão de governo a apoiar a ministra-presidente em sua decisão de ajudar outros Estados-membros. Sentindo-se comprometida com as decisões da cúpula da zona do euro de junho de 2011, ela aceitou a oferta da oposição de apoiar o pacote em troca de eleições antecipadas.

A mesma linha de representatividade corre entre os parlamentos nacionais e os membros do Conselho comum, os ministros setoriais. Foi devido a essa linha que em 1950 os ministros do Benelux reivindicaram um papel para os governos no mecanismo europeu. Somente eles detinham responsabilidades democráticas perante suas populações. Dessa forma, os parlamentos adquiriram uma função fiscalizadora, um direito de vistoria, referente às decisões do Conselho. Aqui se encerra a mesma linha de representatividade nas duas direções. Os ministros participam do processo de decisão do Conselho munidos dos objetivos nacionais, podendo também agir sob as instruções do Parlamento. Mas, uma vez que uma decisão foi tomada, ao retornar para casa o ministro representará a União Europeia. Essa foi justamente a intenção: "O Conselho consiste em um representante de cada Estado-membro no *âmbito* ministerial, autorizado a tomar decisões impositivas em nome do governo que representa", conforme o tratado.[46]

Por meio dos governos, os parlamentos são levados *à mesa*, enquanto o público nacional é levado por meio dos parlamentos. Isso fica mais evidente nas decisões por maioria. Mesmo quando suplantado pela votação, um ministro assume a responsabilidade de defender uma decisão europeia perante o Parlamento nacional – e por fim também perante a própria população.

---

[46] Art. 16, alínea 2, TUE (versão Lisboa).

Muitos ministros nacionais se eximem dessa responsabilidade. A tentação é grande de se reivindicar apenas os êxitos e atribuir as próprias falhas a "Bruxelas". Embora um parlamento nacional também pudesse demitir um ministro não convincente, parece ser mais vantajoso para ambas as partes optar pela indignação e/ou lançar dúvidas sobre as competências: "a Europa não pode decidir isso". É assim que, por meio do Parlamento nacional, uma pretensa legitimação "grega" pode se virar contra si mesma. Em vez do sentimento de "nossas decisões europeias", surge a imagem de Bruxelas como uma força de ocupação estrangeira.

As diferenças entre as culturas parlamentares dos Estados-membros são enormes. Alguns parlamentos enviam os ministros de seu governo com um rígido mandato a Bruxelas. Como moleques de recado, estes somente podem voltar para casa com um único resultado. O Folketing, por exemplo, que normalmente oferece pouco espaço de atuação ao governo dinamarquês, dessa forma, pretende evitar que um ministro se comprometa com decisões indesejáveis. Com uma reação esconjuratória assim, aliás, um parlamento não mantém a política europeia a distância. Pelo contrário, o risco de ser tragado para dentro dela é ainda maior. O governo dinamarquês ocupa um assento na mesa de negociações em Bruxelas, mas ao mesmo tempo o espírito do Folketing paira sobre ele. Ao agir dessa maneira, esse parlamento demonstra ser uma instituição europeia por excelência.

OS PLEBISCITOS E OS LIMITES DA ADESÃO

A posição do público nacional reunido é mais forte durante a determinação dos fundamentos. Sem o consentimento individual de cada membro, nenhum novo membro pode ser admitido no círculo e as regras do jogo não podem ser alteradas. Esse direito de aprovação se encontra firmemente ancorado. O tratado especifica que as decisões mais graves devem ser sancionadas pelos governos segundo "suas distintas determinações constitucionais". Isso significa que qualquer decisão tomada coletivamente somente entra em vigor quando é aprovada pelo Parlamento ou pela população de cada Estado-membro.

Todos os plebiscitos "europeus" foram plebiscitos nacionais sobre uma questão europeia. O argumento mais usado para justificá-los é que uma alteração do fundamento europeu se assemelha a uma alteração da constituição nacional. Em alguns Estados-membros, nesse caso deve-se fazer um apelo ao poder alterador da população. Sempre aqueles que forçam um plebiscito sobre a Europa são atores políticos nacionais, por meio de um pronunciamento da mais alta Corte constitucional (Irlanda), de uma decisão presidencial (França) ou de uma maioria parlamentar (Países Baixos), por exemplo.

Para começar, existe a questão da própria participação. Dos 28 membros atuais, quinze aderiram após um plebiscito nacional. Um realizou um plebiscito logo após a adesão, para saber se não seria melhor sair novamente (a Grã-Bretanha). Um candidato chegou a realizar dois plebiscitos sobre sua possível adesão, mas por duas vezes o público disse não (a Noruega). Quinze eleitorados nacionais, portanto, se comprometeram diretamente com uma existência europeia. Nesses plebiscitos de participação ou abandono, o que está em jogo é "a questão Geoffrey Howe": o futuro da nação, seu lugar no continente. Cada eleitor ou eleitora é imbuído da grave escolha histórica que tem a fazer. O voto a favor forma um salto, o voto contra formará um muro que nenhum político se atreverá a romper.

Para os membros existentes, o advento de um novo membro não causa tanto transtorno. Em geral, decide-se sobre isso por meio dos canais parlamentares. Em um único caso, um Estado-membro realizou um plebiscito nacional para decidir sobre a adesão de um candidato. Foi o da França em 1972, por ocasião da adesão britânica (o presidente Pompidou deixou que os eleitores assim revogassem o veto antibritânico de seu antecessor De Gaulle). Esse tipo de plebiscito atualmente está sendo considerado em diversos Estados-membros, especialmente com vistas a uma possível adesão da Turquia. De uma perspectiva constitucional, isso é perfeitamente justificável. Assim como uma alteração de tratado, a adesão de um novo membro afeta os fundamentos do círculo.

Em segundo lugar, há plebiscitos sobre mudanças nas regras do jogo. Estes são menos uniformes. Uma típica campanha contrária enfoca uma quantidade de artigos individuais polêmicos do tratado, enquanto uma típica campanha favorável rebate esses ataques com as vantagens da ordem europeia como um todo. Seria como um tiro de metralhadora contra a ameaça de uma única bomba. Essa ambiguidade é inerente à própria pergunta. A anuência das populações para com as alterações das regras elaboradas pelos governos reunidos serve tanto para a confirmação dessas novas regras quanto para a reconfirmação do momento de fundação. Este último, entretanto, é pouco visível. Portanto, quando um público nacional vota contra em um plebiscito sobre um tratado, conforme aliás já ocorreu cinco vezes, não fica claro se esse voto é contra as novas regras ou contra a União Europeia como tal. Essa falta de clareza não é culpa dos eleitores, mas se deve ao fato de que em etapas anteriores eles não puderam se expressar como eleitorado nacional em relação a assuntos europeus específicos.

Os governos reunidos até agora adotaram duas estratégias para convencer populações relutantes. A estratégia defensiva consiste em assegurar uma ratificação parlamentar do mesmo tratado ou seu similar. Foi assim que os parceiros deixaram que Paris e Haia resolvessem o desenlace da crise das votações desfavoráveis de 2005. A estratégia ofensiva transforma um plebiscito sobre um tratado em um plebiscito (explícito ou implícito) sobre a própria adesão à União Europeia. Para os governos envolvidos, não deixa de ser doloroso, mas tanto Copenhague (1993) quanto Dublin (2002 e 2009) foram obrigadas a isso por seus parceiros. Pode não *ser* "justo", mas é sintomático da crescente influência do círculo sobre os membros individuais.

O que o poder constituinte representa para o novo público europeu que se busca criar é bem o que a questão da adesão representa para o antigo público nacional: ela afeta os fundamentos. Em um plebiscito sobre a adesão, é preciso decidir: queremos continuar apoiando o jogo político conjunto como integrantes do coro ou preferimos deixar o palco? Na falta de um fundamento comum, a legitimidade democrática europeia repousa na possibilidade de um público nacional abandonar a União Europeia.

Por isso, a cláusula de afastamento do Tratado de Lisboa forma um esclarecimento essencial ("Cada Estado-membro pode decidir afastar-se da União Europeia, em conformidade com suas exigências constitucionais").[47] Essa reforma foi discutida em 2002-2003. Os representantes dos Estados fundadores, os "antigos Seis", a temiam. Achavam que uma determinação dessas se opunha ao espírito comunitário. Não haveria na Europa uma *affectatio societatis*?,[48] perguntavam-se transtornados. Por acaso seria a União Europeia um "saguão de hotel", de onde se entra e sai? E não seria dar a oportunidade de um chute a gol aberto a seus adversários?[49] Pelo contrário, diziam seus defensores, essa determinação não será usada de forma leviana, não se deve subestimar o público.[50] O segundo grupo venceu o pleito. A cláusula de afastamento foi incluída especialmente para o público. O direito das nações, conforme os governos já sabiam, prescreve a possibilidade de afastamento de Estados-membros. Mesmo assim, eles decidiram incluir o artigo. Dessa forma, os Estados-membros demonstram a seu público nacional que é possível deixar o círculo.

As dúvidas e preocupações sobre a cláusula de afastamento dizem muito sobre a ambiguidade com a qual se busca a aprovação do

---

[47] Art. 50 TUE (versão Lisboa).

[48] Em tradução livre, "a intenção de sócios constituírem uma sociedade". (N. T.)

[49] Convenção Europeia, sessão de 25 abr. 2003, verbatim (palestrantes Hubert Haenel, Gijs de Vries, Jürgen Meyer).

[50] Ibidem (palestrantes Gisela Stuart, Helle Thorning-Schmidt, Caspar Einem).

público. Mas o que ocorreria então se a maioria de uma população nacional realmente quisesse deixar a Europa? Bom, se é isso que a população realmente deseja, ela também terá de lidar com as consequências. Na utilização da estratégia grega, a coletividade esbarra assim em uma dura realidade: não se pode ao mesmo tempo dar uma voz ao público e desmaiar quando este se faz ouvir. Qualquer voto a favor de uma legitimação será em vão enquanto o voto contra for proibido.

UM SENADO

Desde que as expectativas referentes a uma base eleitoral para o Parlamento Europeu foram atenuadas, a coletividade explicitamente busca o apoio do eleitorado nacional. Os elementos existentes – o Parlamento nacional como controlador de membros individuais do Conselho Europeu e do Conselho, plebiscitos para a alteração dos fundamentos – oferecem certo apoio, mas aparentemente não o suficiente.

Duas linhas de pensamento foram seguidas. Elas levam às formas constitucionais "Congresso" e "Senado". A linha de pensamento do "Congresso" implica uma reunião periódica de parlamentares nacionais e europeus (o termo aqui abrange as duas câmaras legislativas). Desde 1989 são feitas reuniões bianuais, para as quais cada Parlamento nacional envia seis representantes, denominadas Cosac. Estas, porém, se assemelham mais a um congresso de jurisconsultos que a uma convenção democrática. Na Convenção de 2002-2003, seu presidente Valéry Giscard d'Estaing pleiteou um "Congresso Europeu", no qual proeminentes parlamentares nacionais e europeus se reuniriam anualmente para ouvir "o estado da União Europeia" proferido pelo presidente do Conselho Europeu. Houve forte oposição. Possivelmente, o Congresso proposto por Giscard d'Estaing se parecia demais com uma máquina de aplauso parlamentar no modelo da Quinta República francesa. A ideia foi rejeitada.

A linha de pensamento do "Senado" aposta em uma Câmara permanente, composta de parlamentares nacionais. A ênfase não se situa na legitimação do poder (executivo), mas na organização de uma oposição munida de autoridade. Em nome das populações nacionais, um senado europeu poderia refrear a centralização bruxelense. Palavras-chave nos pleitos a seu favor nesse caso são "controle" e "tutela democrática". A ideia foi propagada principalmente por políticos britânicos, como o ex-ministro Michael Heseltine em 1989 e o primeiro-ministro Tony Blair em 2000, assim como em relatórios dos Parlamentos britânico e francês.

Em contrapartida, a Comissão, o Parlamento e Estados-membros como a Bélgica constantemente se opuseram a um permanente foro europeu de parlamentos nacionais. Eles acham que essa segunda câmara legislativa já existe em potencial, na forma do Conselho. Na lógica supranacional, o Parlamento Europeu representa os cidadãos, enquanto o Conselho Ministerial, como extensão dos Estados, se desenvolveria no Senado (tendo para isso de abdicar de seu poder executivo a favor da Comissão).

Essa linha de pensamento ignora que o público nacional reunido na esfera intermediária não tem necessariamente iguais interesses, desejos e temores que o mesmo público em sua condição de cidadão europeu na esfera interna. As touradas deveriam ser proibidas? Regras europeias para o divórcio? Sim, pois seria um avanço na igualdade de direitos, esperam os cidadãos europeus. Não, pois seria uma violação dos nossos direitos civis, diriam os cidadãos nacionais. Trânsito livre para pacientes? Boa ideia, pensam os europeus prósperos, viajados e proficientes em outras línguas. Mas então eu mesmo não terei mais acesso ao hospital local, temem os cidadãos nacionais. O Parlamento Europeu não pode articular todas essas perspectivas, assim como não podem fazê-lo os governos nacionais. É por isso que a perspectiva dos cidadãos nacionais reunidos pede uma representação direta no âmbito europeu.

O plano para um Senado chegou a ser incluído de forma atenuada no Tratado de Lisboa de 2007. No aspecto material, ele não traz nenhuma nova instituição europeia, mas em vez disso envolve os parlamentos nacionais diretamente com a legislação europeia. Estes deverão se pronunciar sobre a questão primordial se a legislação procede no âmbito europeu. Quando a Comissão submete uma proposta de lei, os parlamentos nacionais recebem um prazo de oito semanas para avaliar se a medida não poderia ser adotada em um nível administrativo mais baixo. Quando um terço dos parlamentos protesta nessa base, a Comissão deve reconsiderar a proposta; um "cartão amarelo". A proposta pode ser retirada, emendada ou submetida novamente sem alterações. Essa última opção desagradou aos proponentes do "cartão vermelho". Uma solução intermediária foi encontrada no "cartão laranja": quando uma maioria dos parlamentos se opõe à medida, os ministros nacionais desse Conselho podem votar sobre sua imediata anulação. Essa linha direta entre os parlamentos nacionais e o processo de decisão na Europa, sem uma intermediação do Conselho ou do Conselho Europeu, forma um novo elo entre o público e a coletividade.

Sob a pressão da opinião pública, pelo menos um governo mudou sua posição em relação a essa participação parlamentar. O governo neerlandês originalmente se mostrava comedido, pois "isso tende a atrasar o processo de decisão".[51] Após a pancada do "não" no plebiscito de 2005, porém, Haia se transformou no grande defensor dos parlamentos nacionais. Durante a cúpula de 2007, sobre o sucessor do rejeitado tratado constituinte, houve uma inesperada e veemente altercação – às três horas da madrugada, quando o acordo já havia sido fechado – entre os primeiros-ministros da Bélgica e dos Países Baixos sobre esse ponto. O primeiro-ministro

---

[51] Ministério neerlandês das Relações Exteriores, 26 set. 2002, "Europa in de Steigers. De Nederlandse Inbreng in de Volgende Fase van de Conventie over de Toekomst van Europa".

neerlandês, Jan Peter Balkenende, queria reforçar o controle parlamentar nacional; o belga Guy Verhofstadt via nisso uma traição ao projeto europeu. Não se tratou de um drama à parte por causa do Benelux, mas de uma luta entre diferentes vertentes no caminho da legitimidade democrática.

O crucial é que se trata de uma participação coletiva dos parlamentos nacionais. O fato de um terço dos parlamentos poder dizer "não" significa que todos devem vocalizar sua opinião e que todos carregam a responsabilidade quando o resultado é "sim". Isso pode ser considerado um terceiro passo na participação dos sistemas políticos nacionais na ordem europeia. Assim como ocorreu em 1950 com os ministros nacionais – que por sugestão do Benelux puderam participar do processo de decisão "sob a condição de que atuassem na coletividade" (dizia Jean Monnet) e dessa forma conjuntamente se transformaram em uma instituição europeia – e em 1974 com os líderes dos governos nacionais – que se atiraram juntos na piscina para se tornar sua mais alta instância –, também agora ocorre com os parlamentos nacionais. Da mesma forma que nos dois exemplos anteriores, esse passo também fortalecerá a coletividade. Os parlamentos igualmente assumirão dupla função.

"A Europa deve fazer isso?" Essa é a pergunta limítrofe na relação entre o eleitorado e a União Europeia, o limiar vigiado pelos parlamentos nacionais conjuntos. A questão poderia levar a uma politização de assuntos que até agora constituem dossiês burocráticos. Além de em Bruxelas ou Estrasburgo, manifestações e atos públicos também poderão ocorrer nas próprias capitais. A voz do povo pode ressoar no Parlamento nacional e a seguir ser depositada diretamente na Comissão em Bruxelas – sem a intermediação amenizadora dos governos. Para a União Europeia, trata-se de uma fundamentação imprescindível.

A ideia de que os parlamentos nacionais *de facto* receberam um papel europeu talvez ainda não seja habitual. Não obstante, esse fenômeno cabe perfeitamente bem dentro da lenta formalização e autonomia do mundo intermediário dos Estados-membros reunidos. Aqueles que examinam com atenção percebem como todas as ordens constitucionais estão mudando sob a pressão europeia. Avanços às vezes se encontram nos detalhes.

Vejamos o exemplo dos Países Baixos, significativo diante de sua longa resistência contra a institucionalização do Conselho Europeu dos líderes de governo. Esta havia sido uma constante, desde o ministro Joseph Luns em 1961 ("Meu "não" a De Gaulle")[52] até o primeiro-ministro Jan Peter Balkenende em 2003 ("Nada de dois capitães no mesmo navio").[53] O Conselho Europeu era visto em Haia como um perigoso joguete francês e uma ameaça à Comissão. Além disso, os partidos de coalizão professavam que no direito estatal um primeiro-ministro neerlandês não é um líder propriamente dito, como o presidente francês ou o chanceler alemão, mas antes um *primus inter pares*.[54] Pois então que aconteceu em novembro de 2006? Os estatutos do conselho ministerial neerlandês foram alterados. Dali em diante, o ministro-presidente podia pautar o assunto que quisesse. Motivo: devido a sua função no Conselho Europeu, ele nem sempre pode esperar até que o ministro competente o mencione. O resultado foi que o ministro-presidente neerlandês se elevou formalmente sobre os demais ministros e, assim como a maioria dos seus colegas europeus, tornou-se um líder de governo.

Em detalhes assim fica maravilhosamente visível como a pressão da coletividade europeia afeta o cerne da organização estatal dos Estados-membros.

---

[52] Joseph Luns, *Ik Herinner Mij*. Leyde, A. W. Sijthoff, 1971, p. 139.

[53] Jan Peter Balkenende. In: *De Volkskrant*, 4 fev. 2003.

[54] Oficialmente, o primeiro-ministro neerlandês ocupa o cargo de ministro de Assuntos Gerais, pasta responsável pela coordenação dos demais ministérios. (N. T.)

DRAMA

Na esperança de que o público fosse considerar a Europa como "nossa causa", de diversas maneiras a coletividade europeia lhe concedeu uma participação na gestão. Os cidadãos obtiveram direito de voto especial para a esfera interna europeia e perceberam como sua voz nacional influenciava a política do continente. Mesmo assim, ainda havia muita incerteza sobre a democracia europeia. Uma possível e muito citada causa seria a grande diversidade de idiomas no jogo político de argumento e réplica. O público não entende a si mesmo. Mais essencial, contudo, é que a política europeia simplesmente não consegue cativar o público. Há uma falta de atuação, de acontecimentos. Juntando ambas as objeções em um único enunciado, um crítico certa vez comparou a Comunidade a "uma Torre de Babel de papel".[55] O público, multilíngue e entediado, não consegue viver apenas de diálogos (e traduções). Ele exige um drama visível.

A grande diversidade de línguas constitui uma das principais características do público europeu. Os Seis Estados fundadores começaram em 1957 com quatro línguas: francês, alemão, italiano e neerlandês. Depois disso, todos os novos membros por fim introduziram uma língua própria, com exceção da Áustria e de Chipre. Desse modo, a União Europeia engloba 24 línguas oficiais oriundas de 28 Estados-membros. Isso a torna a maior central de traduções do mundo.

A multiplicidade de línguas é uma norma básica de sua constituição. Isso é observado em ocasiões públicas solenes – quando também se hasteiam as bandeiras de todos os Estados-membros. Decisões judiciais que afetam diretamente os cidadãos são redigidas em todas as línguas. Todos os cidadãos podem escrever em sua própria língua para as instituições europeias e receber uma resposta em sua própria

---

[55] Jean-Marie Benoist, *Pavane pour une Europe Défunte. L'Adieu aux Technocrates*. Paris, Hallier, 1977, p. 27.

língua. No Parlamento, cada deputado fala sua língua nos debates públicos; assim como também os ministros no Conselho. Nas reuniões internas de juízes, parlamentares ou funcionários públicos utilizam-se somente as "línguas de trabalho": inglês, francês e alemão. O caráter constitucional dessa diversidade de línguas fica evidente pelo fato de as decisões sobre o uso de línguas terem de ser unânimes. Essa norma básica é inalterável.

É evidente que essa multiplicidade de línguas dificulta o surgimento de um "ambiente público europeu", como espaço para debates no qual todas as nações europeias ou comunidades linguísticas falam simultaneamente sobre as mesmas coisas. Desde já, pesquisadores desistiram da ideia de que um ambiente público extranacional – contando com veículos como a rede de televisão EuroNews, com o jornal bruxelense *European Voice* ou revistas europeias – seria uma condição necessária para um debate europeu. A Europa precisa de mais que uma voz interior. A ênfase da pesquisa atualmente se concentra na progressiva "europeização" dos espaços públicos nacionais. Pesquisadores da mídia analisam, por exemplo, quanto se escreve nos jornais nacionais sobre a União Europeia ou então até que ponto a abordagem dos assuntos é condizente. Um grande número de assuntos europeus parece interessar a todos os Estados-membros.

Existe ainda mais uma razão para não se considerar a multiplicidade de línguas como um obstáculo intransponível para um cânone europeu. O espaço público não é sustentado apenas por debates. Tal como Hannah Arendt (e contrariando seu colega Jürgen Habermas), seria melhor dizer: ele vive de narrativas, de acontecimentos e atuações. Segundo a pensadora, o espaço público surgiu de um anseio grego pela imortalidade, isto é, do desejo dos heróis da Guerra de Troia, por exemplo, de ser lembrados por seus feitos e suas palavras:

> A organização da pólis, fisicamente protegida pelos muros que a cercam e fisionomicamente garantida por suas leis – salvo se as gerações seguintes mudarem sua identidade até ficar irreconhecível –, constitui

uma espécie de memória organizada. Ela assegura ao ator mortal que sua existência temporária e grandeza fugaz nunca deixarão de ter a realidade de ser visto, ouvido e, em geral, de se apresentar diante de uma plateia de semelhantes.[56]

Somente graças ao espaço público é que uma pequena narrativa, que se perderia com o tempo, consegue ser absorvida por uma narrativa maior, a da história.

Mas quais narrativas? Isso não é definido apenas pelos atores políticos que almejam um papel principal. São também os contadores de história profissionais que decidem. O elo entre o público e a política é forjado pela mídia. Esta não é, como se sabe, uma "mediadora" neutra, uma mera janela de vidro entre acontecimentos e espectadores. São os contadores de histórias que selecionam fatos e constroem imagens. A condição necessária para uma boa narrativa jornalística é o drama.

Uma boa narrativa, por exemplo, foi o caso que envolveu Rocco Buttiglione, candidato italiano a eurocomissário que em 2004 causou sensação com suas opiniões particulares sobre o homossexualismo. Em meio às querelas sobre o conteúdo, os líderes de governo e o Parlamento se altercaram numa disputa de poder: quem deve nomear a Comissão? A mídia adorou a história. Uma boa narrativa assim também se apresentou durante a crise da dívida grega em 2010. O país seria castigado por suas pedaladas fiscais ou será que os demais países iriam em seu auxílio com apoio financeiro? A chave se encontrava na mão da chanceler alemã, e por semanas a pergunta era "Quando é que a Angela tomará uma atitude?".

Também é um drama quando ocorre uma flagrante violação das regras do jogo ou de tabus europeus: De Gaulle, que sem mais nem menos bate a porta na cara dos britânicos; Thatcher, que exige "nosso

---

[56] Hannah Arendt, *The Human Condition*. Chicago/London, University of Chicago Press, 1998, p. 198.

dinheiro de volta", contrariando todos os códigos; o presidente tcheco Klaus, que se recusa a hastear a bandeira da Europa em seu palácio em Praga. Às vezes esses feitos heroicos são tema de conversa durante vários anos. Abusos ou inconsistências são igualmente temas prediletos: europarlamentares que não comparecem ao plenário, mas que mesmo assim recebem por isso, improbidades administrativas reveladas por colaboradores internos, subsídios agrícolas para realezas milionárias. Um tratamento desigual para Estados grandes e pequenos, no caso das regras orçamentárias, por exemplo, que para estes últimos representa uma constante fonte de indignação pública. Inversamente, a revolta de um Estado pequeno como a Dinamarca ou a Irlanda contra "Bruxelas" às vezes obtém simpatia.

Essencial é a presença de uma disputa política. Disputa entre Estados-membros, entre líderes nacionais, entre Conselho, Comissão e Parlamento, entre interesses, planos e ideias. Somente quando se trata de uma luta com perdedores ou ganhadores é que o público se envolve como um coro compassivo. Da mesma forma que num jogo de futebol o público não se emociona com o estudo das regras, tampouco a legislação e seus procedimentos interessam em si. O que emociona é o próprio jogo.

Aqui se evidencia o efeito negativo da necessidade de consenso na política europeia. Antagonismos políticos e ideológicos entre a esquerda e a direita, entre rico e pobre, entre norte e sul são suavizados mediante técnicas e compromissos. Coalizões entre países mudam constantemente. Decisões no Conselho quase nunca são tomadas por maioria. De preferência, os ministros continuam negociando até chegar a um consenso, ou seja, até que todos tenham uma narrativa que possam contar em casa, em sua própria conferência de imprensa, em sua própria língua.

A "desdramatização" da política europeia foi um mérito da Comunidade que não deve ser subestimado. No período de 1914-1945, a Europa conheceu drama em excesso. A fuga da história para dentro da burocracia pretendida por Monnet e seus companheiros em 1950 foi brilhante nessa situação. A jogada foi trocar a imprevisibilidade e a emotividade no trânsito entre os Estados por um tratado e um recatado entrelaçamento de interesses. Esse trabalho se passou em grande parte fora da vista do público – uma escolha consciente e, considerando os sentimentos nacionalistas na época, talvez a única possível. Se ainda restavam dúvidas sobre isso, a "guerra religiosa" que irrompeu na França em 1953-1954 sobre se deveria surgir um exército europeu constituiu a prova definitiva.[57] A partir de 1955, o foco se restringiu à economia e à "baixa política". A Europa não era um ator no palco, mas operava sobretudo nos bastidores da regulamentação e do controle. Nessas condições, não havia necessidade de público.

Em especial, a esfera interna europeia tem de lidar com esse legado. A força de outrora gradualmente se tornou uma fraqueza. Nos anos 1970, fixou-se a imagem de burocratas sem face, de longos corredores, de pilhas de documentos, de procedimentos opacos. O desinteresse público foi o menor dos males resultantes. O pior foi que esse poder invisível e anônimo suscitou a desconfiança da população. A liberdade clama pela visibilidade do poder, por indivíduos que em plena vista do público carregam responsabilidade pelas decisões. Apenas em uma tirania ocorre que o governante teme aparecer pessoalmente em público para, conforme o déspota de Montesquieu, se enclausurar num palácio ou harém.[58] Daí que se passou a definir o poder invisível bruxelense em termos de "ditadura da burocracia". Com o acordo de dezembro de 1974 – tanto o Conselho Europeu quanto eleições diretas para o Parlamento –, a coletividade pretendeu lançar (mais) luz pública de dois lados nas repartições. Não por acaso eles o fizeram justamente no momento em que tentaram atuar como Nove no palco mundial.

---

[57] Stanley Hoffmann, "Les Oraisons Funèbres". In: Raymond Aron e Daniel Lerner, *La Querelle de la C.E.D. Essai d'Analyse Sociologique*. Paris, Armand Colin, 1956, p. 60.

[58] Montesquieu, *De l'Esprit des Lois*, II, cap. 5 eIII, cap. 9.

Entre as instituições europeias, o Conselho Europeu foi a que de longe conquistou a maior visibilidade. As cúpulas dos líderes de governo em média são cobertas por mais de dois mil jornalistas e até cem estações de televisão. Um dos presentes uma vez contou mais de cem canais de televisão. O Conselho Europeu deve esse sucesso público em primeiro lugar aos personagens que nele atuam. Quase todos os cidadãos conhecem pelo menos um participante, seu próprio líder de governo. Muitos além disso conhecem os líderes da Grã-Bretanha, da França e da Alemanha e o de um ou outro país vizinho. Seus atores não são burocratas anônimos, mas figuras conhecidas. Em segundo lugar, as cúpulas têm um enredo atraente e dramático: os personagens se sentam em torno de uma mesa e devem obter resultado em um único encontro, antes de se separarem novamente por dois ou três meses. Ao final, devem se dirigir coletivamente à opinião pública. A pressão para isso é enorme; os personagens principais preferem não enfrentar as luzes das câmaras de televisão sem ter um resultado concreto para anunciar. Mas, mesmo quando a cúpula fracassa, a imprensa sempre tem uma boa história.

Desavenças fazem parte do processo. Frequentemente, o problema é resolvido uma ou duas cúpulas depois. Mas também a imprensa, que deveria saber melhor, prefere esquecer que qualquer acordo político necessita de tempo, que a cada vez nem todos os interesses e emoções podem ser prensados em um único trato, que os atores por vezes aguardam mais um pouco – por estarem às vésperas de eleições, por exemplo – antes de negociar. Um embaixador britânico em Bruxelas analisou essa falta de compreensão por parte das pessoas em uma carta aberta de despedida de seu ministro das Relações Exteriores, na segunda metade de 1985.

> Mas então como convencer as pessoas de que a Europa está se unindo rapidamente (e que deve se unir de forma ainda mais rápida)? Como convencê-las de que o constante choque de perspectivas não é indicativo de uma fundamental desunião, mas sim da extensão com que a

frente da integração europeia avança e ao mesmo tempo da vitalidade desse processo? Só uma Europa estática seria calma e unida.[59]

A desavença é uma condição para a liberdade pública.

Os envolvidos admitem a baixa qualidade dramática da política europeia. Da mesma maneira como no futebol se proibiu a maçante tabelinha com o goleiro, assim o jogo político europeu tenta mudar as regras para se tornar mais atraente ao público. Há um bom tempo os líderes se esforçam para criar um sistema "mais inteligível" para o processo de decisão. Em 2008, por exemplo, o Parlamento decidiu elevar o patamar para o número mínimo de membros de um grupo político; isso deveria levar a uma arena de debates mais estruturada. Em 2007, após longa hesitação, o Conselho decidiu tornar suas sessões legislativas, e somente estas, abertas ao público (transmitidas pela internet). O efeito dessa visibilidade, contudo, é que as negociações se transferiram para os corredores. A necessidade de manter todos os Estados-membros na mesa é maior que a necessidade de entreter o público europeu. A coação do compromisso supera a tentação do drama.

Apesar das três grandes estratégias de público da política europeia – a identidade compartilhada; a proteção, liberdades e benefícios; a participação política e um começo de drama –, o público continua hesitante. Ele percebe em Bruxelas uma máquina autopropulsora, que maltrata práticas políticas confiáveis. Ele somente ficará cativado quando (novamente) considerar a Europa como uma resposta coletiva diante de uma elevada história, que "nos" afeta.

Mas como pode o coro democrático grego ser ao mesmo tempo participante e espectador, estar ao mesmo tempo na origem da política e ser seu destinatário? Novamente, isso gira em torno da ordem de surgimento do público e da política, do coro e dos atores, da aceitação do poder e de seu exercício.

---

[59] Sir Michael Butler. In: Stephen Wall, *A Stranger in Europe*, op. cit., p. 65-66.

Essa questão da ordem de sequência a nossos olhos se relaciona com a legitimidade do poder. Como democratas contemporâneos, gostaríamos de ver uma população primeiro aprovar a fundação de um corpo político e somente depois seu inerente poder ser exercido. Primeiro, a voz do coro; depois, os atores para o drama. É nessa ordem de sequência que se baseia o conceito moderno de legitimidade, no qual eleições e plebiscitos são considerados fontes necessárias para o poder legítimo. Podemos falar de sequência das urnas.

Essa sequência funciona perfeitamente num sistema político existente. O fato de as urnas nem sempre se pronunciarem de forma inequívoca (pense em Bush *versus* Gore, em 2000) geralmente não é percebido. A sequência das urnas, porém, não permite entender como uma determinada democracia, com suas eleições e seu Parlamento, um dia se estruturou. Na prática, resulta que um momento de fundação democrática também demandou porta-vozes que tomassem a palavra antes de serem formalmente designados como tal. Uma urna não pode fundar a si mesma.

Daí que do ponto de vista histórico a sequência de fundação inversa constitui a norma: primeiro, os atores; depois (eventualmente), um coro. Podemos sem rodeios chamar essa segunda possibilidade de *sequência do golpe*. No início de cada dinastia real ou imperial, há um golpe de poder. Todo pai fundador é um usurpador. Embora nos anos seguintes – às vezes séculos depois – muita energia política, jurídica e simbólica seja investida na organização de uma transferência de poder não violenta entre as gerações e na conquista e manutenção das graças do público para a família real em questão, o ato de fundação nunca fica inteiramente isento de máculas – conforme as mãos de Lady Macbeth, de Shakespeare, já contavam.[60] No máximo, a monarquia foi "modificada pelo tempo, adoçada pelo hábito".[61]

---

[60] Na peça em questão, Lady Macbeth lava as mãos constantemente. (N. T.)

[61] Benjamin Constant, *De l'Esprit de Conquête et de l'Usurpation* [1814], Ephraïm Harpaz (org.). Paris, Flammarion, 1986, p. 39.

Mesmo assim, a legitimidade do poder não sofre forçosamente quando o público aparece apenas mais tarde – contanto que apareça. O que a sequência das urnas oferece de imediato aos jogadores, a sequência do golpe pode oferecer com o passar do tempo. O comparecimento de um público é o sinal de seu êxito. Dinastias devem sua legitimidade à incontestabilidade que o tempo traz. Democracias são igualmente beneficiadas pelo poder do hábito. O legislador constitutivo americano James Madison já falava sobre "essa veneração que o tempo investe em tudo, sem a qual mesmo o governo mais sábio e livre não teria a estabilidade necessária".[62]

Que a ordem de sequência seja menos decisiva do que em geral se presume não significa que todo poder seja legítimo ou que o será naturalmente depois de algum tempo. É óbvio que também existe o poder ilegítimo. O enunciado de que a legitimidade política depende da manifesta aceitação pública não constitui uma tautologia. Isso porque inversamente ele implica que o governante ou a ordem política que não tiverem público não são legítimos. Mas como sabemos que um público é um "público de verdade"?

O interessante do público – seja no futebol, seja no teatro, seja na política – é que ele comparece por vontade própria. Isso pressupõe que haja liberdade, assim como algo a que valha a pena assistir. A primeira condição é óbvia. Um estado "livre" deve em primeiro lugar garantir a seus cidadãos a liberdade de expressão, de imprensa, de livre associação, de formação de partidos, ou seja, todas as liberdades públicas por meio das quais o público possa se manifestar como tal. Na forma de uma opinião no jornal, de um partido político, no auditório público do Parlamento. Inversamente, o exercício ilegítimo do poder se caracteriza pela repressão das liberdades públicas. Assim, o efeito legitimador do público se mostra pela tendência tirânica de

---

[62] James Madison. In: Alexander Hamilton, James Madison e John Jay, *The Federalist Papers* [1788], Charles R. Kesler e Clinton Rossiter (orgs.). New York, Mentor, 1999, no 49, p. 282.

forçar a população a comparecer como público. É o caso de eleições fraudulentas ou nas "espontâneas" manifestações de apoio nos regimes comunistas. Esse tipo de falso público produz somente uma legitimidade de fachada. Um público involuntário não existe.

Um público, estando livre, comparece por vontade própria quando há interesse, por ter algo a presenciar; emoção, tensão, acontecimentos, drama. Se não há nada a presenciar, então os estádios, as salas de teatro e as páginas de opinião nos jornais permanecem vazios.

Não obstante, há de se argumentar que um "público" pode preceder o surgimento da política. Podemos chamar essa terceira possibilidade de *sequ*ência pergunta-resposta. O público faz uma pergunta (que consiste numa demanda), a política se reserva a tarefa de formular ou não uma resposta.

Na obra *The Public and its Problems* (1927), o filósofo americano John Dewey afirma que o público surge como uma resposta às coisas que afetam as pessoas coletivamente. Estas podem ser acontecimentos externos, mas também consequências indiretas da atuação humana, na medida em que também afetam terceiros. Um acordo entre dois amigos para uma pescaria permanece privado; um acordo entre dois conspiradores ou dois monopolistas também pode afetar outras pessoas. No momento em que essas consequências indiretas são observadas, segundo Dewey, há público. Num primeiro momento, esse público é amorfo, desorganizado. Assim que ele se articula e empreende uma tentativa para conter ou promover essas consequências – ou de alguma forma reagir a elas –, então "algo com os traços de um Estado passa a existir".[63] Portanto, é o próprio público que, contemplando o mundo, pede pela atuação política.

As necessidades do público mudam constantemente, conforme Dewey. De que forma, não se pode prever; a pergunta pública,

---

[63] John Dewey, *The Public and its Problems*. Athens (Ohio), Swallow Press, 1954, p. 12.

afinal, surge como reação a acontecimentos e processos geralmente imprevistos. Ademais, a defesa da causa pública por sua vez acarreta consequências. Inúmeros são os equívocos, juízos incorretos, leis impraticáveis e casos de abuso de poder. Considerando que estes mudam a situação, a pergunta pública também muda; é sobre isso que o debate público discorre. Dewey tem aguçada percepção para a tensão que pode surgir entre um "novo público", uma resposta a uma nova situação histórica e instituições políticas existentes. "Para formar a si mesmo, o [novo] público tem de romper com as formas políticas existentes. Isso não é fácil de fazer, pois essas formas em si são os meios regulares de mudança institucional".[64] O público pode usar as eleições periódicas para dar a conhecer seus desejos, para conduzir a política em outra direção. Mas não se isenta das próprias eleições.

A sequência pergunta-resposta, a terceira perspectiva na ordem de aparição do coro e dos atores, traduz a legitimidade em termos de responsabilidade. Uma nova situação histórica induz uma pergunta, para a qual o público deseja uma resposta, então a política assume ou não a tarefa de fornecê-la, isto é, assume a responsabilidade. Não se trata de um trocadilho vincular o conceito de "responsabilidade" com "resposta". Sua etimologia faz lembrar que a responsabilidade, por mais que seja uma qualidade criadora, sempre vem depois de alguma coisa, após uma pergunta a partir da realidade (isso se percebe mais claramente quando a pergunta não é respondida).

O coro grego é livre. Justamente quando consegue se expressar em um franco choque de opiniões é que concede liberdade de atuação a seus representantes políticos. O público manifesta desejos, os atores fazem promessas antes de subirem ao palco, mas de fato não conseguem antever tudo o que farão. As imprevisíveis vicissitudes do destino durante o período de tempo que lhes foi dado para encontrar a resposta impossibilitam isso. Ambos, coro e atores, sabem que o

---

[64] Ibidem, p. 31.

verdadeiro juízo somente virá depois, no dia das eleições. Por isso, os atores antecipam esse veredicto retroativo em sua atuação. O coro de sua parte está ciente de que seu voto contra é essencialmente mais poderoso que seu voto a favor, que seu acerto de contas soberano inspira mais respeito que seu atestado de confiança. Enquanto isso, ele pode fazer sua voz repercutir e eventualmente fazer sentir sua força.[65]

A situação histórica de 1945 e a contínua corrente de acontecimentos levaram os atores políticos nacionais em alguns Estados europeus a desenvolver um espaço compartilhado para a política. A partir de 1950, seis Estados assumiram a responsabilidade nesse sentido, sem que o público o tivesse pedido. De início, esse trabalho foi protegido da melhor maneira possível contra as vicissitudes do destino graças às regras fixas estipuladas por um tratado de teor econômico. Isso permitiu que pela maior parte do tempo ele fosse mantido fora da vista. Graças a novas evoluções – tendo 1973 como largada e 1989 como linha de chegada –, os líderes nacionais ficaram convictos de que os Estados-membros europeus também tinham responsabilidades conjuntas a assumir perante o mundo. Como círculo, eles buscaram um papel atuante no palco. Não se tratava mais de uma questão de competências no âmbito de um tratado, mas de responsabilidades a ser assumidas perante um público coletivo. Somente então seria possível dirigir-se com autoridade para o exterior, "em nome da Europa".

O coro grego uníssono que a coletividade dos Estados-membros gradualmente posicionou diante de si não tem muita força. Ele expressa desejos e indica uma direção, mas ainda busca maneiras de os atores mais importantes prestarem contas pelo que fazem ou deixam de fazer. Em contrapartida, a consonância polifônica de coros nacionais, moderadamente treinados para expressar as exigências e

---

[65] Bernard Manin, *Principes du Gouvernement Représentatif*. Paris, Flammarion, 1996, p. 223.

esperanças europeias, dispõe de um voto contra coercitivo. Ela não substitui o elenco todo de uma só vez, mas pode afastar atores individuais do palco. Também em seu veredicto sobre os fundamentos do círculo de membros, seu voto contra pesa mais que seu voto a favor. Assim, ressoam no espaço público europeu um esperançoso acelerador uníssono e um coercitivo retardador polifônico.

O vínculo entre todas essas vozes e cadências é estabelecido na esfera intermediária dos Estados-membros reunidos. O Conselho Europeu de líderes de governo, sua mais alta expressão, ouve o chamado do universo interior e, acima de tudo, sob a pressão das vicissitudes do destino, reconhece as crescentes responsabilidades conjuntas. Ao mesmo tempo, ele perscruta muito bem a predisposição entre as distintas populações europeias sobre a (in)conveniência de uma atuação em grupo. O duplo papel que todos os atores dessa esfera intermediária por força do ofício têm de interpretar exige muito de seu talento político. A tensão entre, de um lado, a coerção da mesa conjunta e a corrente de acontecimentos que pedem uma resposta e, do outro, a voz do próprio eleitorado pode ser difícil de suportar. Aquele, portanto, que com sua apresentação consegue agradar tanto o público coletivo quanto o nacional, demonstra virtuosidade na política europeia. Especialmente a esse último público é difícil de agradar. Diante da reclamação uníssona do mundo interno sobre lentidão e imperfeições (que como desejo pode por fim ser ignorado) se encontra a recriminação polifônica do mundo intermediário sobre pressa e uniformidade (que para esses atores pessoalmente forma um veredicto decisivo). Além disso, às vezes o coro interno e o múltiplo coro intermediário parecem querer negar mutuamente o direito de expressão do outro. O "em nome da Europa" continua sendo um desafio.

O corpo político europeu não constitui nenhuma necessidade, nenhum dado, nenhum objetivo em si. Ele passa a existir no momento em que consegue, por meio de palavras ou ações, cativar seu múltiplo público. Sua há muito ignorada força se encontra em um *status* intermediário cada vez mais autônomo, meio novo e meio antigo. Com isso, estabelece um vínculo entre os acontecimentos provenientes do exterior e a resposta coletiva a eles. Ele não faz mais meramente um apelo à perspectiva de uma futura unidade, mas adquire estrutura na multiplicidade – no drama, na luta e na atuação – sob os acontecimentos do momento e graças a eles. Essa reviravolta exigiu uma longa jornada pelo tempo.

Em última instância, a política europeia é sustentada pelo múltiplo público nacional. Embora até o presente nenhum de seus componentes individuais tenha se afastado do círculo europeu, ele raramente considera a Europa como sendo a "nossa causa". A Europa completará sua transição apenas quando além dos atores também os membros do coro perceberem seu duplo papel.

Conclusão

> O tempo não é um espelho que deforma ou uma tela que dissimula o verdadeiro ser, mas a expressão da natureza humana, cuja finitude implica um caminho indefinido. A história é livre por não ter sido escrita de antemão, nem determinada como a natureza ou uma fatalidade, imprevisível, como o homem é para si mesmo.
>
> *Raymond Aron*, Introduction à la Philosophie de l'Histoire. Essai sur les Limites de l'Objectivité Historique

O homem é um animal no tempo. Às vezes, gostaríamos de ser bichos, de viver o momento, sem a noção de ontem, hoje ou amanhã – a-históricos. Nietzsche, incomparável na maneira como expressou esse sentimento, temia que um excesso de consciência histórica pudesse afogar qualquer desejo de atuar em uma corrente de "um tornar-se sempre fluente e deliquescente".[1] É por isso que o homem, assim como o bicho, segundo ele, precisa do esquecimento, como indicação de boa saúde. Mas o homem não é um bicho. Nietzsche afirma que também "nutriu uma capacidade inversa, uma memória na qual o esquecimento em alguns casos deixa de funcionar – notadamente naqueles em que uma promessa deve ser feita". Graças a essa capacidade de fazer promessas, o homem pode, em contraste com os bichos, dispor do futuro.[2]

Domar o futuro aberto é uma tarefa humana. Assim, conseguimos dominar um pouco a corrente do tempo, individual e coletivamente. A política pode, em seus melhores momentos, converter

---

[1] Friedrich Nietzsche, *Over nut en Nadeel van Geschiedenis voor het Leven*. Historische Uitgeverij, Groningen, 2006, p. 85.

[2] Friedrich Nietzsche, *Over de Genealogie van de Moraal. Een Polemisch Geschrift*. Amsterdam, De Arbeiderspers, 1994, II.1, p. 56.

a realidade bruta em novos fatos. Isso não é simples. Pode ser feito por meio de regras, acordos, leis, promessas e poder. Na política europeia, desde 1950 tenta-se alcançar isso por meio de um tratado. Desse modo, os Estados teriam um sustentáculo e previsibilidade em sua relação mútua. O tratado foi – conforme Hannah Arendt afirmou em outro contexto – lançado como "uma solitária ilha de certezas em um oceano de incertezas". A esperança era de que com o tempo essa ilha se estendesse por todo o oceano. Assim começou a espera europeia.

A formação de um corpo político não pode ocorrer em um único instante, mas precisa de duração. Os fundadores europeus compreenderam isso e resolveram aproveitar o tempo. Eles tornaram a longa espera suportável com um truque parecido com o que o apóstolo Paulo certa vez usou. Este transformou o presente em um tempo de transição. Diferentemente dos antigos profetas judeus, que anunciaram a vinda do Messias em um momento desconhecido no futuro, Paulo narrava um fato consumado, a ressurreição de Jesus. Ao mesmo tempo, afirmava que com esse acontecimento a sacra história ainda não estava concluída. Entre a ressurreição e o final dos tempos, segundo Paulo, se encontrava um presente peculiar, que já se eximia do tempo histórico comum, mas no qual ainda restaria esperar pelo advento de Jesus e a Salvação definitiva. Tratava-se de um intervalo de tempo do "já está" e do "ainda não", que passou a formar o fundamento da percepção cristã do tempo. De maneira similar, a ortodoxia bruxelense respeitosamente anunciou a Fundação, fato inegável e estabelecido por tratado, pregando também a mensagem de que o verdadeiro objetivo final para a Europa ainda estava a ser alcançado. Essa ansiada Europa também era "já está" e "ainda não". Os ideólogos da Comunidade traçaram uma linha de tempo paulina entre a pedra fundamental e a obra a ser concluída. Eles deram sentido ao futuro, como o contentor de uma promessa. Já se podia contemplar o horizonte em busca de sinais do seu advento.

Mas essa sensação do tempo obviamente também possui algo de traiçoeiro. Na medida em que a promessa permanece sempre inadimplente, o presente paulino pode acarretar um sentimento de permanente adiamento, de uma existência em espera. O tédio se insinua. O que era para ser um tempo de transição vira prorrogação. O objetivo final desaparece da vista. Essa tensão pode ser observada em qualquer revolução: "Eis que amanhece o novo dia" – mas o sol insiste em não raiar.

São sempre grandes acontecimentos e crises que rompem esse horizonte fechado da espera, varrendo o tédio para o canto. Estes cortam a ilusão de um futuro que pensávamos estar definido em grandes linhas. Mas isso não deveria nos surpreender: a realidade histórica é fundamentalmente imprevisível. Consequências não intencionais da atuação humana, reações em cadeia inesperadas, decisões precipitadas – elementos assim fazem do futuro uma incógnita insondável. Nenhum plano ou tratado consegue prever a plena criatividade da história, muito menos antecipar as respostas apropriadas. À crítica posterior à política de que antes de 1989 não havia planos para a unificação alemã guardados nas gavetas oficiais, um ministro alemão replicou: "Estejam contentes pelo fato de nada ter sido planejado! Pois imaginem os disparates que conteriam!".[3]

A crise financeira que a Europa atravessa desde 2010 e os desafios estratégicos a leste e ao sul da União Europeia significam uma nova provação para o começo da segurança que se encontra estabelecida no tratado. Quando uma tempestade se torna forte demais e o vento sopra seu barquinho para o alto-mar, é melhor dispor de uma boa bússola que de uma âncora, é melhor confiar em seu senso de direção que em regras. Foi assim, por exemplo, que também a crise do euro, como outras antes dela, forçou e ainda força o círculo dos

---

[3] Wolfgang Schäuble. In: Tilo Schabert, *Wie Weltgeschichte Gemacht Wird. Frankreich und die Deutsche Einheit*. Stuttgart, Klett-Cotta, 2002, p. 533.

Estados-membros a politizar sua vinculação, aumentar sua capacidade de atuar e assumir responsabilidades. A força do *télos* europeu é tão forte que toda crise a desperta novamente. Na confusão do momento, a esperança de salvação dá lugar a um desejo fundamental: enfrentar o futuro conjuntamente. E essa abertura a novas experiências também exige o desapego da noção de estar se dirigindo a um determinado porto. O destino compartilhado não pode mais ser compreendido em termos de "finalidade". Ninguém jamais velejou em um oceano de certezas.

"Em meio ao sufoco dos eventos mundiais, de nada vale um princípio genérico ou a memória de condições similares, pois, assim como uma vaga lembrança, esta não teria suficiente força para conter a vibração e a liberdade do presente."[4] Tumulto em torno da moeda na própria casa, deslocamentos entre poderes mundiais além das fronteiras: outros tantos choques que impelem a Europa pelo caminho onde ela se inventa e se reinventa.

---

[4] G. W. F. Hegel, *Vorlesungen über die Philosophie der Geschichte*. Stuttgart, Reclam, 2002, p. 45.

Comentários e Bibliografia

MEMÓRIAS E TESTEMUNHOS

Segue uma breve caracterização de livros escritos por e sobre catorze políticos, seja por terem desempenhado um papel decisivo na política europeia, seja por (também) oferecerem um enfoque singular.

ACHESON. Dean Acheson, *Present at the Creation. My Years at the State Department.* New York, Norton, 1970. Secretário de Estado americano sob Roosevelt e a partir de 1945 sob Truman, ministro das Relações Exteriores sob este último (1949-1953). O elegante título do livro por si já indicava como muitos americanos percebiam sua missão: construir um novo mundo a partir da estaca zero. Livro farto, que descreve amplamente a política interna de Washington, mas que também traz relatos detalhados das maratonas ministeriais em torno da fundação da Otan e da Comunidade de Defesa europeia. Contém alguns retratos espirituosos de protagonistas europeus.

ADENAUER. Konrad Adenauer, *Erinnerungen*.Stuttgart, Deutsche Verlags-Anstalt, 1965-1968, I-IV, respectivamente cobrindo os anos 1945-1953, 1953-1955, 1955-1959 e 1959-1963. Linguagem clara, com observações de primeira mão sobre os acontecimentos e as motivações do momento. A preocupação do chanceler alemão (1949-1963) de reconquistar a liberdade de atuação da Alemanha exala de cada página (principalmente na primeira parte), assim como a esperança que ele depositava na formação dos necessários vínculos com o Ocidente europeu (*Westbindung*). Mas a velha raposa também se orgulha de suas proezas menores. Um relato agitado da primeira viagem oficial ao exterior de Adenauer como chanceler; foi em abril de 1951, com destino a Paris, para a conclusão das negociações e a assinatura do Tratado de Mineração.

BEYEN. Jan Willem Beyen, *Het Spel en de Knikkers. Een Kroniek van Vijftig Jaren*. Rotterdam, Ad. Donker, 1968. Banqueiro internacional, representante dos Países Baixos na conferência de Bretton-Woods e na direção do Banco Mundial e do FMI, ministro das Relações Exteriores (sem partido) dos Países Baixos (1952-1956). Uma mente vivaz. Em 1955, lançou seu plano para um mercado europeu no momento oportuno – porém não foi vaidoso o suficiente: o belga Spaak ficou com todo o crédito. Veja também a biografia de W. H. Weenink, *Bankier van de Wereld, Bouwer van Europa*. Johan Willem Beyen, 1897-1976, Amsterdam, Prometheus, 2005.

DE GAULLE. As memórias de De Gaulle a partir de 1958, além de discursos e coletivas de imprensa do período 1946-1969, em Charles de Gaulle, *Mémoires d'Espoir, Suivi d'um Choix d'Allocutions et Messages sur la IVᵉ et la Vᵉ Républiques*. Paris, Plon, 1994. Mestre da palavra e da *mise-en-scène* da palavra, indispensável para o entendimento da posição francesa a partir de 1958. Essas memórias podem ser complementadas com o testemunho de seu porta-voz (o único que podia fazer anotações no conselho ministerial francês) Alain Peyrefitte, *C'Était De Gaulle*. Paris, Fayard, 1994-1997, I-III. E também com o do ministro das Relações Exteriores de De Gaulle por vários anos, que por breve período foi também primeiro-ministro, Maurice Couve de Murville, *Une Politique Étrangère, 1958-1969*. Paris, Plon, 1971. Couve de Murville era tido em Bruxelas como um fiel servidor do general; ele usava os mesmos argumentos em um linguajar mais brando.

DELORS. Jacques Delors, *Mémoires*. Paris, Plon, 2004. Livro de entrevistas em que o famoso presidente da Comissão (1985-1995), ex-ministro das Finanças sob Mitterrand (1981-1984), rememora suas experiências. Como social-democrata católico de passado sindicalista, esteve no centro da política europeia, no entremeio de Kohl e Mitterrand. Soube vincular com precisão os interesses institucionais da Comissão aos da Europa e da França – em que seu maior feito foram os preparativos para o euro –, mas nos anos da reviravolta de 1989/1991 ficou mais inclinado ao último. Seus discursos desse período foram encontrados em Delors, *Le Nouveau Concert Européen*. Paris, Odile Jacob, 1992. Para completar a excelente biografia acima e oferecer um confronto a ela: Charles Grant, Delors. *Inside the House that Jacques Build*. London, Nicholas Brealey Publishing, 1994. Oferece uma olhada na incomparável regência de Delors do maquinário de Bruxelas e também não omite seus episódios menos gloriosos.

GISCARD D'ESTAING. Nascido em Coblença, na Renânia ocupada pela França, filho de um oficial do exército francês. Presidente francês (1974-1981) que vinculou a esfera interna europeia à grande política. Rigorosa noção de tempo. Suas memórias precoces, *Le Pouvoir et la Vie*, Paris, Compagnie 12, 1988, são agradáveis de ler, mas estão entre as mais vaidosas do gênero. Isso desponta, por exemplo, na descrição das duas grandes iniciativas europeias de Giscard – a fundação do Conselho Europeu (1974) e o Sistema Monetário Europeu (1978) –, em que o papel do chanceler Helmut Schmidt (1974-1982) fica subexposto. Após perder as eleições presidenciais francesas, Giscard ainda foi europarlamentar (1989-1994) e presidente da Convenção Europeia (2002-2003). A biografia precoce é a melhor: Olivier Todd, *La Marelle de Giscard, 1926-1974*. Paris, Robert Lafont, 1977.

KISSINGER. Europeu em Washington. Conselheiro de segurança nacional de Nixon (1969-1973) e depois ministro das Relações Exteriores sob Nixon e Ford (1973-1977), colocou um espelho perante os europeus que se uniam, mas estes não foram capazes de contemplá-lo. Volumosas memórias, com recepções e *realpolitik*: Henry Kissinger, *The White House Years*. London, Weidenfeld & Nicolson, 1979, e idem, *Years of Upheaval*. London, Weidenfeld & Nicolson, 1982. Entre a Guerra do Vietnã e Watergate, várias visitas a líderes europeus. Como judeu-alemão que fugiu para os Estados Unidos com os pais em 1938, ele mesmo era também "filho de um continente coberto de ruínas que testemunhava a falibilidade da previsão humana" (Kissinger sobre De Gaulle).

KOHL. Helmut Kohl, *Erinnerungen*, 1982-1990. München, Droemer, 2005. O chanceler que por mais tempo esteve no poder (1982-1998). Como democrata-cristão e oriundo da Renânia, foi considerado "neto de Adenauer" na política, concluindo o processo de *Westbindung* iniciado pelo último e restaurando a plena liberdade de atuação para a Alemanha. Em 1989, soube aproveitar o momento da unificação alemã. Para mais detalhes sobre o aceleramento da história após a Queda do Muro: o conselheiro de segurança nacional de Kohl, Horst Teltschik, *329 Tage. Innenansichtender Einigung*. Berlin, Siedler Verlag, 1991, além do próprio Kohl em *Ich Wolte Deutschlands Einheit*. Berlin, Propyläen, 1996.

MARJOLIN. Robert Marjolin, *Le Travail d'une Vie. Mémoires, 1911-1986*. Paris, Laffont, 1987. Economista francês brilhante e diligente de origem humilde que, após 1945, galgou altas posições administrativas em organizações internacionais: secretário-geral da OECD (organização para o Plano Marshall), participou das negociações do Tratado de Roma e foi vice-presidente da Comissão (1958-1967). Depois, ainda atuou diversas vezes na condição de "sábio" europeu. Memórias tocantes com uma sobriedade sem precedentes.

MITTERRAND. O presidente francês François Mitterrand (1981-1995) não chegou a escrever suas memórias, pois faleceu pouco depois de deixar o poder. Existem os testemunhos de seu "assessor especial" e guia Jacques Attali, *Verbatim*. Paris, Fayard, 1993-1995, vol. I-III (resp. 1981-1986, 1986-1988, 1988-1991). Adorável livro de fofocas em que, segundo os críticos, não se pode confiar. Algo mais consistente foi escrito pelo assessor diplomático de Mitterrand, que depois se tornou ministro das Relações Exteriores, Hubert Védrine, *Les Mondes de François Mitterrand. À l'Elysée, 1981-1995*. Paris, Fayard, 1996. Muito informativo sobre as relações franco-alemãs.

MONNET. Imperdível é Jean Monnet, *Mémoires*. Paris, Fayard, 1976. Alto funcionário francês e primeiro dirigente da Alta Autoridade (1952-1955). Famoso "inspirador" do momento de concepção da Europa em maio de 1950. Monnet foi muito influente até o fim dos anos 1970 graças ao "Comité pour les États-Unis d'Europe", criado por ele após o fracasso da Comunidade de Defesa europeia. O livro é repleto de políticos, funcionários públicos e juristas; eram as pessoas que Monnet desejava "unir", sendo que as populações viriam depois. A literatura sobre Monnet às vezes contém traços de uma hagiografia, como na biografia de François Duchêne, *Jean Monnet, The First Statesman of Interdependence*. New York, Norton, 1994. Para a lendária rede de contatos de Monnet em Washington, leia, por exemplo, do secretário de Estado de Kennedy, George W. Ball, *The Past Has Another Pattern. Memoirs*. New York/London, Norton, 1982.

SPAAK. Em diversas ocasiões, ocupou brevemente a função de primeiro-ministro da Bélgica, mas foi principalmente seu ministro das Relações Exteriores (por quase vinte anos, entre 1936 e 1966). Postura como a de Churchill. Instigador de uma consciência parlamentar no Conselho da Europa (1949-1951) e na Assembleia Parlamentar da Comunidade de Mineração (1952-1954), resoluto presidente das negociações que precederam o Tratado de Roma (1955-1957), secretário-geral da Otan (1957-1961). Memórias dos anos 1947-1966 em Paul-Henri Spaak, *Combats Inachevés. De l'Espoir aux Déceptions*. Paris, Fayard, 1969, vol II. Como complemento – pois Spaak trata alguns episódios de maneira sucinta –, veja a volumosa biografia de Michel Dumoulin, *Spaak*. Brussels, Éditions Racine, 1999.

THATCHER. Em *Margaret Thatcher, The Downing Street Years*, London, Harper Collins, 1993, a primeira-ministra britânica (1979-1990) faz um relato de seus conflitos com colegas líderes de governo nas lendárias reuniões de cúpula, mas também fala com apreço sobre a solidariedade europeia durante a Guerra das Malvinas (1982). Memórias mais precisas vêm da mão daquele que por anos foi seu ministro das Finanças (1979-1983) e das Relações Exteriores (1983-1989), Geoffrey Howe, *Conflict of Loyalty*. London, Pan Books/Macmillan, 1995. Um complemento útil, mais próximo à mesa de negociações permanente em Bruxelas, vem do diplomata britânico Stephen Wall, *A Stranger in Europe. Britain and the EU from Thatcher to Blair*. Oxford, Oxford University Press, 2008.

VAN MIERT. Karel van Miert, *Mijn Jaren in Europa. Herinneringen van een Eurocomissáris*. Tielt, Lannoo, 2000. Eminente comissário belga para as pastas dos Transportes (1989-1993) e da Concorrência (1993-1999). Oferece uma visão das fenomenais consequências indiretas das regras econômicas, assim como do impacto da pressão política. Van Miert colaborou também na adoção das regras europeias para a reestruturação econômica dos *Neue Länder*.[1]

PRÓLOGO

TRÊS DISCURSOS EUROPEUS

Análises do discurso político-filosófico à *la* Foucault ou Quentin Skinner sobre a linguagem europeia são escassas. Obras na área dos "Estudos Europeus" frequentemente são muito especializadas e variam desde estudos de casos e termos individuais até o assinalamento do papel do *eurospeak* na exclusão social do público.

O objetivo da tricotomia Estados/confederalismo, cidadãos/federalismo, representações/funcionalismo aqui utilizada não se baseia na bibliografia citada, que por vezes é muito detalhada. O objetivo aqui não só é diferente mas também de caráter essencialmente introdutório: trata-se de dotar a linguagem sobre a Europa de uma história anterior a 1945, de descobrir elos ocultos entre os discursos – mesmo nas suas vestes acadêmicas –, além de interesses políticos e pontos cegos em comum. Podemos encontrar uma variação precoce dessa tricotomia em Altiero Spinelli, *The Eurocrats. Conflicts and Crisis in the European Community*. Baltimore, The Johns Hopkins Press, 1966, p. 10-25.

---

[1] Referência aos cinco "novos Estados" alemães que antes formavam a Alemanha Oriental.

Estados, cidadãos, repartições

A Origem da 'Europa dos Estados'. O projeto confederado do rei boêmio Podiebad, de 1462, assim como o projeto de Sully, ministro de Henrique IV, postumamente publicado em 1662, constam na seguinte antologia: Yves Hersant e Fabienne Durand-Bogaerd (orgs.), *Europes. De l'Antiquité au XXe Siècle. Anthologie Critique et Commentée*. Paris, Robert Laffont, 2000, p. 68-74 e 90-95. Sobre o confederalismo de De Gaulle durante os anos da guerra, veja os discursos em Charles de Gaulle, *Discours et Messages* (vol. I). *Pendant la Guerre, 1940-1946*. Paris, Plon, 1970. Para pensamentos de Winston Churchill no mesmo período, veja por exemplo Hugo Young, *This Blessed Plot. Britain and Europe from Churchill to Blair*. London, Macmillan, 1999, p. 11-13. Seu mais famoso discurso europeu ("Let Europe Arise") foi realizado em Zurique, em 19 set. 1946.

A Origem da 'Europa dos Cidadãos'. A súbita mudança do pensamento sobre a Europa após 1789 foi claramente documentada em J. J. A. Mooij, *Het Europa van de Filosofen*, s.l., Klement, 2006, e também em Pim den Boer, *Europa. De Geschiedenis van een Idee*. Amsterdam, Fagel, 2003. Para os projetos federalistas e os pleitos de Saint-Simon e Victor Hugo, veja a antologia de Pascal Ory (org.), *L'Europe? L'Europe*, s.l., Omnibus, 1998, p. 7-61 e p. 157-207. De grande influência no entre-guerras foi Richard Coudenhove-Kalergi, autor de *Pan-Europa*, 1923, e várias outras obras. Para o federalismo pós-guerra, veja Frank Niess, *Die Europäische Idee – aus dem Geist des Widerstands*. Frankfurt, Suhrkamp, 2001. Sobre o impacto das discussões entre intelectuais a respeito do "espírito europeu" logo após 1945, sugiro E. H. Carr et al., *Nations ou Fédéralisme*. Paris, Plon, 1946, e Julien Benda et al., *L'Esprit Européen. Rencontres Internationales de Genève 1946*. Neuchâtel, Oreste Zeluck, 1947. Nessa última conferência estiveram presentes, entre outros, os intelectuais franceses Benda, Georges Bernanos e Maurice Merleau-Ponty, o filósofo alemão Karl Jaspers, o escritor francês Stephen Spender, o escritor-militante suíço Denis de Rougemont, seu compatriota o historiador Jean Starobinski e o marxista húngaro Georg Lukács. Após o Congresso em Haia (1948), esse momento intelectual passou.

A Origem da 'Europa das Repartições'. Veja os títulos citados acima sobre Beyen, Marjolin e Monnet.

Restrições disciplinares

Razão das repartições. O funcionalismo surgiu com David Mitrany, *A Working Peace System. Argument for the Functional Development of International Organisations*.

London, Royal Institute of International Affairs, 1943. O autor pleiteou o estabelecimento de agências técnicas internacionais que assumiriam tarefas do governo. A escala territorial derivaria da função: acordos sobre tráfego ferroviário, por exemplo, deveriam ser feitos por continente; os relativos a televisão, em escala global.

Ernst Haas aplicou o funcionalismo de Mitrany – contra o desejo deste – ao surgimento de uma comunidade política regional: Ernst B. Haas, *The Uniting of Europe: Political, Social and Economic Forces 1950-1957*. Stanford, Stanford University Press, 1958. O resultado, chamado de "neofuncionalismo", por muito tempo dominou a formação de teorias e o uso da linguagem. Para um testemunho sobre a difusão do vocabulário de Haas em Bruxelas durante os anos 1960, veja John Gerard Ruggie et al., "Transformations in World Politics: the Intelectual Contributions of Ernst B. Haas", *Annual Review of Political Science* 8 (2005), p. 271-96. Para as relações intelectuais entre o presidente da Comissão Walter Hallstein e os neofuncionalistas – incluindo um relato do dramático blefe de Hallstein com relação a De Gaulle na primeira metade de 1965 –, veja Jonathan P. J. White, "Theory Guiding Practice: the Neofunctionalists and the Hallstein EEC Comission", *Journal of European Integration History* 9 (2003) 1, p. 111-31.

Um expoente do pensamento representativo que rebrotou em meados dos anos 1980 foi Giandomenico Majone: veja seu *Regulating Europe*. London/New York, Routledge, 1996, e muitas de suas outras publicações. Mais cauteloso é Fritz W. Scharpf, *Governing in Europe: Effective or Democratic?*. Oxford, Oxford University Press, 1999, mas ele também é da opinião que a legitimidade por resultados não somente pode formar um "complemento" como até mesmo uma "substituição" para a legitimidade por participação. Outros autores da escola de governança são Simon Hix, Gary Marks e Liesbet Hooghe.

RAZÃO ESTATAL. O intergovernamentalismo, uma reação científica do lado estatal ao neofuncionalismo, foi nos anos 1970 interpretado principalmente pelo politicólogo americano Stanley Hoffman como um apelo à França gaullista. Veja Stanley Hoffmann, *Europe's Identity Crisis*" (1964), em idem, *The European Sisyphus. Essays on Europe, 1964-1994*. Boulder, Westview Press, 1995, p. 9-50, e idem, "Obstinate or Obsolete? The Fate of the Nation-State and the Case of Western Europe", *Daedalus* 95 (1966) 3, p. 862-915 (reeditado várias vezes desde então). Com o tempo, as nuances são introduzidas. Em 1982, o americano teve de reconhecer que a Comunidade demonstrara ter um poder real, além de inesperada resiliência (idem, "Reflections on the Nation-State in Western Union Today", *Journal of Common Market Studies* 21 (set.-dez. 1982), p. 21-37.

O cientista político americano Andrew Moravcsik reforçou a posição intergovernamental de que a cooperação europeia estaria sempre a serviço do Estado. Em *The Choice for Europe. Social Purpose and State Power from Messina to Maastricht*, London/New York, Cornell University Press, 1998, em que se baseia nas posições diplomáticas francesas, alemãs e britânicas, Moravicsik distingue sempre o mesmo padrão em cinco grandes acordos europeus: que as preferências nacionais não apenas determinam a dimensão geopolítica como também os interesses econômicos; o resultado das negociações pode ser explicado por meio do relativo poder dos Estados; a escolha do tipo de instituição pode ser estabelecida pela teoria dos jogos com base no pretendido grau de comprometimento. Uma nuance: Moravcsik fundamenta sua posição em um número limitado de decisões "dramáticas", que, dado o cenário intergovernamental no qual estas ocorrem, são por definição dominadas pelos Estados-membros.

Alan Milward aprofundou o intergovernamentalismo por meio de dois contundentes estudos histórico-econômicos: *The Reconstruction of Western Europe, 1945-1951*, London, Methnen and Company, 1984, e *The European Rescue of the Nation-State*, London, Routledge, 1992. O autor também enfoca o teor teleológico de muitos estudos sobre os primórdios da Comunidade. Funcionalistas e federalistas, obcecados pelo ideal europeu, esqueceram quanto Monnet, Spaak e De Gaspari visavam principalmente à reconstrução de seu próprio país. Veja o admirável capítulo "The Lives and Teachings of the European Saints" em Alan Milward, *The European Rescue*, p. 318-44.

Razão cidadã. Para a importância política do formato jurídico da Europa, veja os primeiros estudos de Weiler: Joseph Weiler, "The Community System: the Dual Character of Supranationalism", *Yearbook of European Law*, 1 (1981), p. 267-306, e idem, "Community, Member States and European Integration: Is the Law Relevant?", *Journal of Common Market Studies* 21 (1982), p. 39-56. Este último foi uma réplica a Hoffmann, em sua presença, durante o supracitado simpósio por ocasião dos 25 anos do Tratado de Roma. A versão "definitiva" do argumento consta em J. H. H. Weiler, "The Transformation of Europe" em idem, *The Constitution of Europe, "Do the New Clothes Have an Emperor?" and Other Essays on European Integration*. Cambridge/New York, Cambridge University Press, 1999, p. 10-101. Esse ensaio brilhante, originalmente de 1991, desfia as "transformações" pelas quais a coletividade passou desde 1950 até 1990. É lamentável que em seus trabalhos posteriores o autor demonstre certa nostalgia em relação à Comunidade, sem aplicar sua força intelectual às peculiaridades da União Europeia.

Dois apanhados úteis de escolas acadêmicas e abordagens teóricas são Ben Rosamond, *Theories of European Integration*, Basingstoke/New York, Palgrave, 2000, e Antje Wiener e Thomas Diez (orgs.), *European Integration Theory*, Oxford, Oxford University Press, 2009.

O TRIBUNAL DOS ACONTECIMENTOS

Os melhores estudos sobre o vínculo entre o juízo político e o histórico continuam sendo os clássicos: Raymond Aron, *Introduction à la Philosophie de l'Histoire. Essai sur les Limites de l'Objectivité Historique*, Paris, Gallimard, 1948, e J. G. A. Pocock, *The Machiavellian Moment. Florentine Political Thought and the Atlantic Republican Tradition*, Princeton, Princeton University Press, 1975.

Aron faz uma tricotomia de pontos cegos para a historicidade da política. É tentador demais não vincular essa tricotomia com os três discursos europeus, a social científica "Europa das Repartições", a idealista "Europa dos Cidadãos" e a pseudorrealista "Europa dos Estados". Aron:

> Três ilusões nos impedem de reconhecer a historicidade de toda a política. Uma delas é que os cientistas pensam que a ciência (da sociedade ou da moral) permitiria estabelecer uma prática racional. A outra é a dos racionalistas que, sendo mais dependentes do ideal cristão do que pensam, admitem sem reservas que a razão prática não só determina a conduta individual mas também a vida coletiva. A última [ilusão] é a dos pseudorrealistas, que alegam basear-se na experiência histórica, em fragmentos de regularidades ou em necessidades eternas, onerando os idealistas com seu desprezo, sem perceber que submetem o futuro a um passado antes reconstituído do que concebido, à sombra de seu ceticismo, à imagem de sua própria resignação. (*Introduction à la Philosophie de l'Histoire*, p. 324-25; grifo do original.)

TRÊS ESFERAS EUROPEIAS
A ESFERA EXTERNA

O consórcio dos Estados europeus forma o tema de grande parte da historiografia política moderna, começando em 1833 com Leopold von Ranke, *Die Grossen Mächte*, um ensaio sobre o equilíbrio de poder europeu. Dois estudos recentes e interessantes sobre diplomacia e congressos de paz são: Lucien Bély, *L'Art de la Paix en Europe. Naissance de la Diplomatie Moderne, XVIe–XVIIIe Siècle*, Paris,

Presses Universitaires de France, 2007, e Adam Zamoyski, *Rites of Peace. The Fall of Napoleon and the Congress of Vienna*, London, HarperPress, 2007.

A expressão "direito europeu das nações" tornou-se corrente após 1648. Já "direito público europeu" encontra sua origem em *Du Droit Public de l'Europe Fondé sur les Traités Conclus Jusqu'en l'Année 1740* (1746), do escritor francês De Mably, tendo sido assimilado pelo discurso político do final do século XVIII. O conceito foi posteriormente convertido para o latim por Carl Schmitt para *Ius publicum europaeum* em seu *Der Nomos der Erde im Völkerrecht des Jus Publicum Europaeum*. Berlin, 1950.

A Europa como espaço histórico e cultural compartilhado forma um vasto tema na literatura existente. Sobre a "Europa como ideia", veja, por exemplo, a antologia de Rolf Hellmut Foerster (org.), *Die Idee Europa, 1300-1946, Quellen zur Geschichte der Politischen Einigung*, München, 1963, e Pascal Ory (org.), *L'Europe? L'Europe*, Paris, Omnibus, 1998 (textos desde 1814). O historiador cultural britânico Peter Burke afirma em seu ótimo "*Did Europe Exist Before 1700?*", *History of European Ideas*, 1, 1980, p. 21-29, que o termo "Europa" – após sua criação pelos gregos e seu uso incidental pelos romanos e na Idade Média – começou a se difundir a partir do século XV e foi usado por todos os grandes autores (Erasmo, Maquiavel, Montaigne, Shakespeare, Vives). Burke vincula essa incipiente noção a três desenvolvimentos políticos: primeiro, a invasão por forças externas, notadamente dos turcos (1453); segundo, o descobrimento e a exploração de (novos) espaços e culturas não europeias, especialmente das Américas (1492); e, terceiro, o conflito político interno na própria Europa a partir do século XVII e a tentativa de domínio de todo o continente por um único monarca (primeiro os Habsburgo, depois Luís XIV).

Um livro singular sobre o desenvolvimento e o ordenamento da formação dos Estados e das nações europeus desde os primórdios da Idade Média é Peter Flora (org.), *State-Formation, Nation-Building, and Mass Politics in Europe: The Theory of Stein Rokkan*. Oxford, Oxford University Press, 1999. O conceito de Rokkan sobre a fronteira como forma de organização humana é de grande utilidade por adotar uma distinção entre as fronteiras territoriais (o espaço geográfico) e as fronteiras sociais (o espaço da adesão). Isso ajuda a conceber a dificuldade conceitual da esfera externa europeia: um espaço geográfico, o continente, assim como o *espaço da adesão*, o "concerto europeu" dos Estados. Para ambos, não existem limites claramente definidos, e ao mesmo tempo eles se encontram intimamente relacionados. Desde 1992, porém, sob sua nova existência como União Europeia, o círculo dos membros foi obrigado a não se considerar apenas um espaço social, mas também um espaço geográfico. É por isso que o círculo europeu inadvertidamente passou a funcionar como o sucessor do "concerto", entre outras situações, na vigilância das fronteiras externas da Europa.

A ESFERA INTERNA

Existem inúmeros livros sobre a Comunidade – suas instituições, seus fundadores, tratados, política, orçamento, comissariados, funcionários. Na apresentação já se mencionou a importância dos tratados para a devida compreensão dessa esfera. Sobre a *autoimagem* de seus fundadores e de habitantes posteriores, memórias e testemunhos constituem as melhores referências.

Sobre figuras como Schuman, Monnet e Spaak, a vontade de romper com a lógica do equilíbrio de poder e da soberania nacional, que por duas vezes havia fracassado em prevenir duas destrutivas guerras mundiais, era mais que natural. Ouça por exemplo o testemunho do adjunto de Spaak, o barão belga Jean-Charles Snoy:

> Nos três países do Benelux, estamos fartos de servir como campo de batalha entre a França e a Alemanha, de ser extenuados por brigas que não são nossas e que nos trouxeram uma destruição aterradora. Como consequência, fomos arrebatados pela ideia dos Estados Unidos da Europa. (Snoy et d'Oppuers, 25 maio 1984, em Maria Grazia Melchionni e Roberto Ducci, *La Genèse des Traités de Rome. Entretiens Inédites avec 18 Acteurs et Témoins de la Négociation*. Paris, Éditions Economica, 2008, p. 167.)

Sobre a Comissão, podem-se consultar os seguintes: Jean Joana e Andy Smith, *Les Commissaires Européens. Technocrates, Diplomates ou Politiques?* Paris, Presses de Sciences Po, 2002 (excelente pesquisa sobre a relação entre qualidades pessoais e peculiaridades institucionais); Neil Nugent (org.), *At the Heart of the Union, Studies of the European Commission*. London, Springer, 2000; assim como o relato pessoal de Derk-Jan Eppink, *Europese Mandarijnen. Achter de Schermen van de Europese Commissie*. Tielt, Lannoo Uitgeverij, 2007. Esse livro fala de forma incisiva, porém afetuosa, sobre os mecanismos de poder e as estratégias de sobrevivência prevalecentes entre os (altos) funcionários que cercam os comissários.

Literatura sobre a Corte, além da supracitada, pode ser encontrada na Parte I, capítulo 1, "O espírito", e capítulo 3, "Choques e atalhos". Sobre o Parlamento, mais na Parte III, capítulo 9.

O idealizador do nome "Comunidade" para o que, em 9 de maio de 1950, na falta de algo melhor, ainda se denominava "polo" do carvão e do aço, "consórcio" ou "organização", foi o catedrático Carl Ophüls, como membro de um grupo de juristas que integrava a delegação alemã durante as negociações para o tratado de mineração. Em alemão, a palavra tem forte conotação de integralidade orgânica, compatível com a visão de Schuman sobre o "amálgama" de interesses. Veja C. F. Ophüls,

"Wischen Völkerrecht und Staatlichem Recht. Grundfragen des Europäischen Rechts", *Juristen-Jahrbuch* 4 (1963-1964) p. 154, confirmado por: Walter Hallstein, "Zu den Grundlagen und Verfassungsprinzipien der Europäische Gemeinschaften", em Walter Hallstein e H.-J. Schlochauer (org.), *Zur Integration Europas. Festschift für Carl Friedrich Ophüls*. Karlsruhe, C. F. Müller, 1965, p. 1.

A ESFERA INTERMEDIÁRIA

Sobre a esfera dos membros, da maneira como é interpretada aqui, quase nada se escreveu. Presumivelmente, sua intangibilidade e seus contrastes, assim como os preconceitos ideológicos de cunho comunitário e intergovernamental, impediram essa identificação.

Não obstante, esse universo intermediário já era visível a todos desde o primeiro dia, notadamente no Conselho. Uma análise jurídica precoce, porém afiada, sobre as decisões tomadas pelo Conselho no âmbito do tratado e também fora deste, é fornecida em J. H. Kaiser, "Die im Rat Vereinigten Vertreter der Regierungen der Mitgliedstaaaten", em Walter Hallstein e H.-J. Schlochauer (org.), *Zur Integration Europas*. Karlsruhe, C. F. Müller, 1965, p. 107-24. O autor contabilizou, desde a fundação da primeira comunidade até o fechamento de sua publicação, um número de 64 decisões tomadas pelos "representantes de governo dos Estados-membros reunidos no Conselho". Kaiser também enfocou a peculiaridade jurídica dessa esfera dos membros, que se encontra a meio caminho entre o direito das nações e o direito comunitário. Uma dessas decisões, conhecida como a "decisão de aceleramento" de 1960, já havia sido descrita exaustivamente em Leon N. Lindberg, *The Political Dynamics of European Economic Integration*. Stanford, Stanford University Press, 1963, p. 167-205. A análise jurídica consta nas págs.182-83. Para uma análise exata de uma decisão recente na mesma categoria, veja T. W. B. Beukers, "The Invisible Elephant: Member States' Collective Involvement in the Appointment of the Barroso Commission", *European Constitutional Law Review*, 2005, vol. 1, p. 217-25. A qualificação "invisível" é corretíssima.

Em 1966, o mencionado Kaiser enunciou a ideia de considerar os Estados-membros reunidos como o poder constitutivo na Europa, no brilhante J. H. Kaiser, "Das Europarecht in der Krise der Gemeinschaften", *Europarecht*, 1966, vol. 1, p. 4-24, chegando à inevitável conclusão (23): "A coletividade dos estados-membros é sustentada pelas comunidades".

Uma das primeiras obras sobre a *cooperação política externa* europeia, a primeira área de atuação política além do tratado, é de Phillipe de Schoutheete, *La Coopération Politique Européenne*. Brussels, Nathan, 1980. Estudos mais amplos também foram conduzidos por David Allen et al. (orgs.), *European Political Cooperation: Towards a Foreign Policy for Western Europe*, London, Elsevier, 1982, e Alfred Pijpers et al., *European Political Cooperation in the 1980s. A Common Foreign Policy for Western Europe?*. Dordrecht, Brill, 1988.

Sobre outra antiga área de atuação (informal) do círculo, a cooperação monetária dos anos 1970 e 1980, foram lançados, de cunho do banqueiro central neerlandês André Szász, *The Road to Monetary Union*, Basingstoke/New York, Palgrave Macmillan UK, 1999, 15-109, assim como, do historiador contemporâneo P. Ludlow, *The Making of the European Monetary System. A Case Study of the Politics of the European Community*. London, Butterworth Scientific, 1982. As relações da política de poder subjacentes são bem narradas por outro banqueiro em David Marsh, *The Euro: the Politics of the New Global Currency*, London/New Haven, Yale University Press, 2009, enquanto o papel legitimador do Conselho Europeu é enfatizado em Emmanuel Mourlon-Druol, *A Europe Made of Money. The Emergence of the European Monetary System*. Cornell, Cornell University Press, 2012.

As cúpulas e o Conselho Europeu, as mais altas expressões da esfera intermediária, sempre receberam bastante atenção dos jornalistas – seduzidos como são por locais visíveis do poder público –, porém bem menos por parte dos cientistas. Em comparação com as estantes de livros escritas sobre a Comissão, o Parlamento, a Corte ou mesmo o Conselho comum, o foro dos líderes de governo reunidos permaneceu relegado, apesar de este, na opinião de muitos, se estabelecer como o centro do poder da União Europeia.

> Para ficar apenas em dois exemplos: um livro de quatrocentas páginas com a pretensão de oferecer um apanhado compreensível sobre o sistema político da União Europeia, discute o Conselho Europeu em [apenas] duas páginas. Isso, porém, [ainda] constitui uma página a mais do que em um recente tratado sobre a tomada de decisões na União Europeia (Peter Ludlow, *The Laeken Council*. Brussels, EuroComment, 2002, p. 5).

Peter Ludlow tornou-se o indisputável cronista do Conselho Europeu com uma série de comentários informativos e livros sobre Conselhos Europeus individuais desde os anos 1990 até hoje. Uma análise precoce, que incrivelmente passou incólume pela prova do tempo, são as "Premières Réflexions sur le Conseil Européen", da parte de um secretário geral da Comissão por longos anos, Emile Noël, em seu *Les Rouages de l'Europe. Comment Fonctionnent les Institutions de la Communauté Européenne*. Brussels/Paris, F. Nathan, 1976, p. 43-54. Uma década depois, dois cientistas políticos, Simon Bulmer e Wolfgang Wessels, escreveram *The European*

Council. Decision-Making in European Politics. Basingstoke/London, Springer, 1987; para eles, sua "evolução na instituição política de maior autoridade da CE" era mais que evidente.

Um elaborado estudo sobre a origem e o funcionamento do Conselho, em parte baseado em comentários jornalísticos desde 1970, é a tese de doutorado de Jan Werts, *The European Council*, Atlanta/Amsterdam, Elsevier, 1992, com uma edição homônima em Londres no ano de 2008 (John Harper Publishing).

Com a efetivação do Tratado de Lisboa (2009), que formalmente torna o Conselho Europeu uma instituição, o interesse acadêmico por ele aumentou. Veja por exemplo: Uwe Puetter, *The European Council and the Council. New Intergovernmentalism and Institutional Change.* Oxford, Oxford University Press, 2014; Frederic Eggermont, *The Changing Role of the European Council in the Institutional Framework of the European Union: Consequences for the Integration Process.* Cambridge, Intersentia, 2012 e Véronique Charlety e Michel Mangenot, *Le Système Presidentiel de l'Union Européenne après Lisbonne.* Strasbourg, Ena, 2012. Outro resultado dessa institucionalização: todas as conclusões do Conselho Europeu desde a primeira reunião formal em Dublin em 1975 foram disponibilizadas em www.european-council.europa.eu/council-meetings/conclusions. Uma das poucas revistas acadêmicas que sistematicamente estuda tendências do entrelaçamento de sistemas políticos nacionais e europeus é a *European Constitutional Law Review* (desde 2005); veja, por exemplo, o informativo editorial "The European Council and the National Executives: Segmentation, Consolidation and Fragmentation", *Eu Const* 8 (2012) 2, p. 165-71.

PARTE I – O SEGREDO DA MESA

A TRANSIÇÃO PARA A MAIORIA

Para saber mais sobre as opiniões dos pensadores do Estado natural a respeito de assuntos como fundação, veto e maioria – trabalhos estes disponíveis em diversas edições –, veja especificamente: Thomas Hobbes, *Leviathan*, 1651, capítulos 13 e 16-18; John Locke, *Second Treatise of Government*, 1690, capítulos 2 e 8; Jean-Jacques Rousseau, *Du Contrat Social*, 1762, capítulos 1.5, 1.6, 11.7 e IV.2 e idem, *Considérations sur le Gouvernement de Pologne*, 1771, capítulo 9.

A analogia entre o Estado natural e a selva contemporânea da política externa foi enfatizada por esses pensadores. Locke refutou a crítica sobre a razão do Estado natural da seguinte forma: "Frequentemente pergunta-se, como uma poderosa objeção, onde estão, ou mesmo se um dia realmente existiram pessoas nesse estado natural. Ao que basta responder por ora que, uma vez que todos os monarcas e regentes dos governos independentes no mundo inteiro se encontram nesse estado natural, fica claro que que o mundo nunca deixou nem deixará de ter pessoas que se encontram nesse estado" (Locke, *Second Treatise*, capítulo 2). Veja também Hobbes, *Leviathan*, capítulo 13. No início do século XIX, essa analogia ainda era evidente, segundo G. W. F. Hegel, *Grundlinien der Philosophie des Rechts*, seção 333).

A dificuldade para se desvencilhar do estado natural foi formulada por Rousseau da seguinte maneira:

> Uma vez que cada indivíduo apenas e unicamente aprecia a forma de gestão que condiz com seus próprios interesses, dificilmente ele verá as vantagens a ser tiradas das constantes limitações impostas pelas boas leis. Para um povo emergente poder valorizar os princípios saudáveis da política e os fundamentos da razão do Estado, as consequências teriam de ser transformadas em causa. A noção social de que a obra da instituição precisa pertencer à própria instituição deveria se fundamentar na própria instituição, e as pessoas de antemão já deveriam ser o que as leis gostariam que elas fossem. (Rousseau, *Du Contrat Social*, 11.7)

Segundo ele, esse círculo vicioso somente poderia ser rompido pela violência ou pela evocação de um poder divino.

O círculo vicioso entre população e Estado no qual toda verdadeira fundação se encontra condenada foi comentado de forma brilhante por Hannah Arendt, em *On Revolution*. New York, Faber and Faber, 1963, p. 141-214. Sobre os fundadores americanos, a ilustre teórica dos começos escreveu:

> O próprio fato de os homens da revolução americana verem a si mesmos como "fundadores" é indicativo da extensão em que deviam saber que seria o próprio ato de fundação, e não um legislador imortal ou uma verdade autoevidente ou uma fonte transcendente ou transmundana, que eventualmente se tornaria a fonte de autoridade do novo corpo político.

Sua conclusão:

> É inútil procurar por um absoluto para romper o círculo vicioso no qual todos os começos inevitavelmente se encontram atados, pois esse "absoluto" se encontra justamente na própria fundação (204).

Isso constitui um excelente incentivo intelectual para a presente história sobre um começo europeu.

1. A CONVERSÃO

À MESA

Sobre as negociações para o primeiro pacto de fundação em meados de 1950, veja a obra do negociador neerlandês (com um coautor francês): Dirk Spierenburg e Raymond Poidevin, *Histoire de la Haute Autorité de la Communauté Européenne du Charbon et de l'Acier. Une Expérience Supranationale.* Brussels, Bruylant, 1993, p. 7-52. Exato e correto do ponto de vista analítico é: Hanns Jürgen Küsters, "Die Verhandlung über das Institutionelle System zur Gründung der Europäischen Gemeinschaft für Kohle und Stahl", em Klaus Schwabe (org.), *Anfänge des Schuman-Plans 1950-51/Beginnings of the Schuman-Plan.* Baden-Baden, Nomos, 1988, p. 73-102. Veja sobre os demais protagonistas: Jean Monnet, *Mémoires,* p. 373-92 e Konrad Adenauer, *Erinnnerungen* I, p. 409-26, em que ele mesmo conta a anedota sobre a assinatura do tratado em uma folha de papel em branco.

Sobre o surgimento, o local e o funcionamento do Comitê dos Embaixadores (Coreper), veja a tese jurídica de Jaap de Zwaan, *The Permanent Representatives Committee. Its Role in European Union Decision-Making.* Amsterdam, Elsevier, 1995. As objeções comunitárias contra esse comitê nos primeiros anos – menos persistentes na Comissão, de maior duração no Parlamento – foram apresentadas em S. Patijn, *De Uitbreiding van de Bevoegdheden van het Europees Parlement.* Rotterdam, Universitaire Pers, 1973, p. 16-18; ele cita os inflamados discursos (181n62) do deputado Van der Goes van Naters no início dos anos 1960. Uma obra recente sobre um lugar no Conselho: Fiona Hayes-Renshaw e Helen Wallace, *The Council of Ministers.* Basingstoke/New York, Palgrave Macmillan, 2006, p. 72-82, Martin Westlake e David Galloway, *The Council of the European Union.* London, John Harper, 2006, p. 201-16.

O ESPÍRITO

O relato sobre o golpe da Corte Europeia de Justiça em 1963-1964 foi baseado no pronunciamento n.° 26/62 de 3 de junho de 1964, Costa/Enel, na forma como foi incluído com as respectivas conclusões dos advogados-gerais Römer e Lagrange em *Recueil de la Jurisprudence de la Cour des Communautés Européennes* 9 (1963), 3-59 e 10 (1964), p. 1141-199. Qualquer compêndio sobre o direito europeu comenta esses clássicos, mas para uma boa e elaborada versão veja Anthony Arnull, *The European Union and its Court of Justice.* Oxford, Oxford University Press, 2006, p.

159-83. Para uma interpretação precoce e influente, veja Eric Stein, "Lawyers, Judges and the Making of Transnational Constitution", *American Journal of International Law* 75 (1981) 1, p. 1-27.

Para interpretações do caso Van Gend & Loos, como momento de fundação e blefe, veja W. T. Eijsbouts, *Het Verdrag als Tekst en als Feit*, Amsterdam, Amsterdam University Press, 2002, p. 11-12, e Hans Lindahl, "Acquiring a Community: The *Acquis* and the Institution of European Legal Order", *European Law Journal*, 9 (2003), p. 433-50. Sobre a manipulação do tempo pela Corte, este último escreve, acertadamente:

> O próprio ato que deu origem a uma nova e autônoma ordem jurídica europeia transfere o nascimento dessa ordem, na condição de nova e autônoma, ao passado, determinando logo a seguir que seu efeito direto não seria nada mais que mera "implicação" da origem. Mas, assim como os Estados-membros não tinham ideia de que estariam instituindo uma nova ordem ao assinar o Tratado de Roma, o caso Van Gend & Loos se refere a "um passado que nunca houve". (439)

Sobre a autoimagem da Corte na época do golpe, veja o relato de seu presidente A. M. Donner em "The Constitutional Power of the Court of Justice of the European Communities", *Common Market Law Review* 11, 1974, 1, p. 127-40 e de um membro francês (que depois se tornou seu presidente) Robert Lecourt, em *L'Europe des Juges*. Brussels, E. Bruylant, 1976, especialmente p. 250-98. Membros que aderiram posteriormente à Comunidade se comprometeram de antemão a endossar "qualquer decisão ou opinião emitida pela Corte europeia" referente à interpretação e aplicação do tratado, em consonância com a seção 3 (2) do Ato de Adesão da Grã-Bretanha de 1972. Mesmo assim, nesse caso as mais altas cortes nacionais também deveriam se pronunciar sobre o princípio da preferência. Na ocasião, em 1974, o *Master of the Roll*[2] britânico cunhou uma poderosa metáfora: "O tratado é como a enchente da maré. Ela flui para dentro dos estuários e rios acima. Ela não pode ser detida".

O tratado constituinte assinado em 2004 pelos 25 Estados determinou sob o art. 1-6: "A Constituição e o direito que as instituições da União Europeia estabeleceram no exercício das suas funções gozam da preferência sobre o direito dos Estados-membros". Essa coroação do princípio da preferência, que já formava um motivo de preocupação para Londres e Copenhague, naufragou com a própria ideia de uma constituição europeia. Para o Tratado de Lisboa de 2007, os Estados-membros se

---

[2] O desembargador da segunda mais alta instância jurídica desse país. (N. T.)

limitaram a fazer uma declaração sobre a jurisprudência da Corte, referente à questão da preferência (Aditamento n.º 17).

O ASSENTO VAZIO
CRISE E COMPROMISSO

A narrativa sobre a "crise do assento vazio" até o Acordo de Luxemburgo foi baseada em (1) documentos oficiais, (2) relatos contemporâneos, (3) estudos históricos e (4) memórias e testemunhos.

Documentos: o *Bulletin EEC*, dos anos de 1965 e 1966, contém declarações oficiais e comunicados de imprensa do Conselho, da Comissão e do Parlamento, o comunicado francês do primeiro de julho de 1965, a declaração dos Cinco de 26 de outubro, o texto do acordo de 29 de julho de 1966, resumos das coletivas de imprensa após as reuniões do Conselho. O autor também dispõe de cópias não publicadas dos fartos relatórios feitos pelo secretariado do Conselho das reuniões decisivas em Luxemburgo, dos dias 17-18 e 28-29 de janeiro de 1966.

Relatos contemporâneos: John Lambert, "The Constitutional Crises 1965-66", *Journal of Common Market Studies* 4 (1966) 3, 195-228, e John Newhouse, *Collision in Brussels. The Common Market Crisis of 30 June 1965*. London, Norton, 1967. Ambos os autores se baseiam em fontes jornalísticas; Lambert demonstra desenvoltura nos círculos da Comissão, enquanto Newhouse, um americano residente em Paris, mantém sua visão principalmente no triângulo Paris-Bonn-Washington.

Estudos históricos: Bastante profícuo é Jean-Marie Palayret et al. (orgs.), *Visions, Votes and Vetoes. The Empty Chair Crisis and the Luxembourg Compromise Forty Years On*. Brussels, Peter Lang, 2006. A coletânea contém, entre outros, reconstruções dos eventos e das motivações por Estado-membro com base nos arquivos diplomáticos; valiosas contribuições de Türk sobre a Alemanha, de Palayret sobre a França e de Harryvan sobre os Países Baixos. Uma análise da crise no contexto dos tensos anos de 1953-1969 é oferecida por N. Piers Ludlow, *The European Community and the Crises of the 1960s. Negotiating the Gaullist Challenge*. London/New York, Routledge, 2006.

Memórias: Maurice Couve de Murville, *Une Politique Étrangère*, p. 329-39; Paul-Henri Spaak. *Combats Inachevés*, II, p. 407-14; Robert Marjolin, *Le Travail d'une Vie*, p. 343-53; Peyrefitte, *C'Était De Gaulle*, I e II, passim; o secretário de Estado alemão Rolf Lahr, "Die Legende von 'Luxemburger Compromiß'", Europa-Archiv 8 (1983) p. 223-32. O presidente da Comissão Hallstein não escreveu suas memórias; sua visão sobre a unificação europeia e a decisão por maioria se encontra em Walter Hallstein, *United Europe. Challenge and Opportunity*. Cambridge Massachussets/

London, Harvard University Press, 1962, e idem, *Die Europäische Gemeinschaft.* Düsseldorf/Wien, Econ Verlag, 1974, especialmente p. 62-73. Veja também a análise exclusivamente jurídica de um jurisconsulto próximo a Hallstein, C. F. Ophüls. "Die Merheitsbeschlüsse der Räte in den Europäische Gemeinschaften", *Europarecht* 1 (1966) 3, p. 193-229. Este "provou" que o veto significaria o fim da Comunidade e que isso constituiria uma impossibilidade em termos.

Transição

A expressão "crise constitucional" já era usada desde 1966 por Joseph H. Kaiser, "Das Europarecht in der Krise der Gemeinschaften", *Europarecht* (1966), vol. 1, p. 23 (*"Verfassungkrise"*) e Lambert, "The Constitutional Crisis".

Sobre o papel da Comissão na "crise do assento vazio", veja Nina Heathcote, "The Crisis of Supranationality", *Journal of Common Market Studies* 5 (1966) 2, p. 140-171; Karlheinz Neureither, "Transformation of a Political Role: Reconsidering the Case of the Commission of the European Communities", *Journal of Common Market Studies* 10 (1972) 3, p. 233-48; N. Piers Ludlow, "De-commissioning the Empty Chair Crisis. The Community Institutions and the Crisis of 1965-1966", em Palayret, *Visions, Votes and Vetoes*, p. 79-96. Com referência ao juramento constitucional secreto dos Cinco em outubro de 1965, veja Newhouse, *Collision in Brussels*, p. 141-42. "Isso muda tudo", conforme ele cita um diplomata francês.

Interpretações. O desprezo (comunautário) pelo Compromisso de Luxemburgo, visto como um mero "acordo para discordar", faz parte da apresentação padrão nos manuais. É assim que Desmond Dinan, autor de *Ever Closer Union – An Introduction to European Integration*, Boulder, Colorado/London, Palgrave Macmillan, 2010, se refere a "uma breve declaração [...] que resultou em um acordo para discordar" (38), enquanto o clássico para estudantes franceses e italianos afirma: "Na realidade, mais que um compromisso de fato, tratava-se antes de uma justaposição de diferentes teses" (Bino Olivi e Alessandro Ciacone, *L'Europe Difficile. La Construction Européenne*. Paris, Folio, 2007, p. 90). Centenas de observações similares poderiam ser acrescentadas.

Não obstante, também existem avaliações positivas sobre o acordo. O entendimento vigente entre os juristas de que o Compromisso de Luxemburgo seria um "acordo constitucional" foi desde cedo aventado por Kaiser em "*Das Europarecht*", 24, e amplamente defendido por Thomas Beukers em "*To Agree or not to Agree*". *Twee Gevallen van Constitutionele Praktijk in de EU*, tese de doutorado da Universidade de Amsterdã (2004). O compromisso – visto da mesma forma que o Conselho Europeu – como um rompimento com as tradicionais práticas diplomáticas é apresentado por C. A. Colliard em seu contundente "L'Irréductible Diplomatique", em Berre et al., *Mélanges Offerts* à Pierre-Henri Teitgen, p. 109-26, especialmente p. 124-26. Sobre a manifesta aprovação de um politicólogo, veja Paul Taylor em *The Limits of European Integration*. New York, Columbia University Press, 1983: "O acordo de Luxemburgo provou ser um arranjo durável e realista" (40). Os historiadores tampouco se mostraram surpresos com a condição e a durabilidade do Compromisso.

O IMPACTO DO COMPROMISSO. Sobre o relato oficial da história subsequente ao compromisso entre 1966 e 1987 – referente à supremacia, à queda e ao suposto "final feliz" da integridade jurídica do tratado –, veja W. Nicoll, "The Luxembourg Compromise", *Journal of Common Market Studies* 23 (1984) 1, 35-43 (esse alto funcionário alocado no secretariado do Conselho alertou contra o efeito colateral do acúmulo de trabalho no Conselho); Jean De Ruyt, *L'Acte Unique*, p. 112-18; Anthony L. Teasdale, "The Life and Death of the Luxembourg Compromise", *Journal of Common Market Studies* 31 (1993) 4, p. 567-79; Fiona Hayes-Renshaw e Helen Wallace, *The Council of Ministers*, p. 259-99. A votação de 18 de maio de 1982, visto pela perspectiva de seus perdedores britânicos, em Stephen Wall, *A Stranger in Europe*, p. 9-17. Um relatório vivaz do clima em Estrasburgo, quando Mitterrand preconizou sua fé na Europa em maio de 1984, encontra-se no *Frankfurter Allgemeine Zeitung*, de 26 de maio de 1984, "a surpreendente mudança do presidente Mitterand: o inventor dos vetos na Comunidade quer se desvencilhar deles".

Com referência a ao fato de o Compromisso após 1987 pairar como um fantasma sobre a mesa de negociações, veja a entrevista com Jean-Paul Jacqué pelo autor, em 24 de julho de 2008, e Jean-Paul Jacqué, *Droit Institutionnel de l'Union Européenne*. Paris, Dalloz, 2001, p. 272. Este último foi diretor da assessoria jurídica no secretariado do Conselho, e como tal esteve presente por vários anos em todas as reuniões dos embaixadores.

Os dados sobre o caso das beterrabas polonesas de novembro de 2005/fevereiro de 2006 foram baseadas nos seguintes: a entrevista com Jacqué, de 24 de julho de 2008; uma comunicação escrita de Thijs van der Plas (assessor jurídico da representação permanente dos Países Baixos naUnião Europeia) dirigida ao autor, em 11 de agosto e em 8 de setembro de 2008; AP, em 24 de novembro de 2005, "A UE fecha acordo histórico para reformar mercado de açúcar"; *Polish News Bulletin*, de 21 de fevereiro de 2006, "Poland Opposes EU Sugar Market Reform"; Agra Europe, 24 de fevereiro de 2006, "Reforma do açúcar formalmente aprovada após ameaça do 'veto'polonês".

2. O SALTO

AS PALAVRAS MÁGICAS

O relato sobre a ratificação da Constituição americana de 1787, com o notável papel do artigo VII, é baseado em Bernard Bailyn (org.), *The Debate on the Constitution. Federalist and Antifederalist Speeches, Articles and Letters during the Struggle over Ratification*, 2 vols. New York, Library of America, 1993; Alexander Hamilton, John Jay e James Madison, *The Federalist Papers*, Charles R. Kesler e Charles Rossiter (org.). New York, Penguin Putnam, 1999; R. Ketcham (org.), *The Anti-Federalist Papers and the Constitutional Convention Debates*. New York, New American Library, 1986; Forrest McDonald, *E Pluribus Unum. The Formation of the American Republic, 1776-1790*. Indianapolis, Liberty Press, 1979; Michael Lienesch, *New Order of the Ages. Time, the Constitution and the Making of Modern American Political Thought*. Princeton, Princeton University Press, 1988; Cecelia Kenyon, "Introduction to the Antifederalists. The Political Thought of the Antifederalists", em Stanley Eltkins et al. (orgs.), *Men of Little Faith. Selected Writings of Cecelia Kenyon*. Amherst/Boston, University of Massachusetts Press, 2002, p. 68-131. Especialmente Forrest McDonald enfatiza de forma convincente que nos idos de 1787 a união da nação americana não representava um dado histórico, mas um fortuito resultado da luta política. Veja também o prefácio da fascinante obra de Joseph J. Ellis, *Founding Brothers. The Revolutionary Generation*. New York, Alfred A. Knopf, 2000.

Um excelente estudo sobre o funcionamento e o desenvolvimento da noção política do "povo", desde o século XVI até o "*We the People*" em 1787, é de Edmund S. Morgan, em *Inventing the People. The Rise of Sovereignty in England and America*. New York, W. W. Norton, 1988.

Sobre a surpresa dos diplomatas europeus sobre a agilidade da guinada americana, veja, por exemplo, uma carta datada de 26 de novembro de 1787 e escrita pelo adido diplomático francês Louis-Guillaume Otto a seu ministro em Paris (incluída em Bailyn, I, p. 420-22): "Talvez devêssemos desculpá-los somente pela ânsia com que se adiantam à sua futura grandiosidade".

O ANFITRIÃO NA VARANDA

Os tratados europeus contêm todos um artigo que regula seu funcionamento. Assim, podemos mencionar o art. 99 da Ceca, o art. 247 da CEE e o art. R do TUE, que em 1977 foi realocado sob o art. 52 do TUE. De modo geral, todos são similares.

O texto integral da minuta para o tratado apresentado por Spinelli em 1984 encontra-se disponível em vários *sites* na internet (como http://www.spinellisfootsteps.info/). Para saber mais sobre a história da fundação e sua influência, veja a obra de Jean-Marie Palayret, "Entre Cellule Carbonara et Conseiller des Princes: Impulsions et Limites de la Relance Européenne dans le Projet Spinelli d'Union Politique des Années 1980", em Gérard Bossuat e Georges Saunier (orgs.), *Inventer l'Europe. Histoire Nouvelle des Groupes d'Influence et des Acteurs de l'Union Européenne*. Brussels, PIE Lang, 2003, p. 335-82.

Diversas publicações se dedicaram à Convenção Europeia, à conferência intergovernamental de 2004 e ao tratado constituinte. Para a reconstituição do debate sobre a efetivação e a alteração, usou-se um *verbatim* dos debates da Convenção, conforme publicado no *site* do Parlamento Europeu (www.europarl.europa.eu), dos documentos oficiais da Convenção, incluindo versões preliminares, emendas e contribuições individuais, dos documentos oficiais da conferência intergovernamental. Sobre as negociatas nos bastidores e as anedotas dos corredores, veja (1) livros de membros individuais da Convenção, (2) reconstituições jornalísticas e (3) contribuições de funcionários envolvidos. Na primeira categoria, veja Valéry Giscard d'Estaing, *La Constitution pour l'Europe*. Paris, Presses de Sciences Po, 2003, texto com uma longa introdução; Oliver Duhamel, *Pour L'Europe*. Paris, Seuil, 2003, idem com diário e comentários cáusticos; Alain Lamassoure, *Histoire Secrète de la Convention Européenne*. Paris, Albin Michel, 2003. Na segunda categoria temos: o cronista das cúpulas, Peter Ludlow, com *The Laeken Council*. Brussels, EuroComment, 2002; o ex-correspondente do *Financial Times* Peter Norman, com *The Accidental Constitution*. Brussels, EuroComment, 2003; Alain Dauvergne, repórter do *Libération*, com *L'Europe en Otage?*. Paris, Saint-Simon. Paris, 2004. Na terceira categoria: Guy Milton e Jacques Keller-Noëllet, *The European Constitution – its Origins, Negotiation and Meaning*. London, John Harper Publishing, 2005, de pulso firme; Jean-Claude Piris, *The Constitution for Europe. A Legal Analysis*. Cambridge, Cambridge University Press, 2006, bastante preciso; e o exaustivo estudo de 1300 páginas por Giuliano Amato, Hervé Bribosia e Bruno De Witte (orgs.), *Genesis and Destiny of the European Constitution*. Brussels, Bruylant, 2007.

Propostas completas para a constituição por parte de membros da Convenção, com a efetivação por maioria, em Robert Badinter, *Une Constitution Européenne*, Paris 2002, assim como CONV 307/02 de 30 de setembro de 2002, art. 84, e Andrew Duff, anexo ao CONV 234/02 de 8 de setembro de 2002, art. 19. A reflexão da Comissão de dezembro de 2002 surgiu sob o codinome "Penélope", em A. Materra (org.), "*'Pénélope': Projet de Constitution de l'Union Européenne*". Paris, C. Juglar, 2003, p. 171-339.

Sobre os cenários existentes no caso de uma votação contra durante as ratificações, veja, por exemplo, Charles Grant em *What Happens if Britain Votes No? Ten Ways out of a Constitutional Crisis*, London, 2005 (fevereiro), e Bruno De Witte, "The Process of Ratification and the Crisis Options: a Legal Perspective", em Deirdre Curtin, Alfred E. Kellerman e Steve Bockmans, *The EU Constitution: the Best Way Forward?*. The Haag, T. M. C. Asser Press, 2005, p. 21-38.

3. A PONTE

O MESTRE DO TRATADO

O fato de as regras de alteração revelarem muito sobre a natureza de uma ordem política é explicado de forma clara por G. F. M. van der Tang, em *Grondwetsbegrip en Grondwetsidee*. Gouda, Sanders Instituut, 1998, p. 47-60. Sobre o surgimento da distinção entre "poder constituinte" e "poder constituído", um pouco anterior à revolução americana e à francesa, veja Claude Klein, *Théorie et Pratique du Pouvoir Constituant*. Paris, PUF, 1996, p. 7-18.

A necessidade de um mecanismo de revisão também vale para ordens políticas formadas por mais Estados. Para a alteração de tratados internacionais da qual fazem parte, os Estados podem formalmente invocar o art. 30-41 do Tratado de Viena, o "tratado sobre tratados" de 1969. O problema político da modificação, porém, não pode ser solucionado de forma jurídica. Um sistema de Estados que não se mostrar capaz de dar forma às constantes mudanças no equilíbrio de forças entre seus componentes não se encontra ameaçado pela estagnação, mas pela guerra. Para uma análise aguçada sobre esse aspecto do consórcio de Estados europeus após "Versalhes", veja Josef L. Kunz, "The Problem of Revision in International Law", *American Journal of International Law* 33 (1939) 1, p. 33-55. Kunz postula (em 1939) que: "Não seria exagero afirmar que a história inteira do pós-guerra europeu consiste na luta entre o revisionismo e o *statu quo*" (34). Em contrapartida, discernimos uma das maiores descobertas dos tratados europeus do pós-guerra: o princípio da mudança foi avaliado positivamente (ao transferir seu derradeiro objetivo para o futuro distante) e não mais era tido como um revisionismo deplorável. Dessa forma, justamente os defensores do tratado podiam lutar por sua revisão, enquanto o ônus da prova agora ficava por conta dos defensores do *status quo*.

Os tratados europeus apresentam mais ou menos as mesmas enfadonhas regras de revisão. Podemos citar o art. 95 da Ceca, o art. 236 da CEE e o art. N do TUE, reclassificado em 1997 sob o atual art. 48 do TUE. *Antes* do momento da virada em

1985, essa regra de revisão já havia sido discretamente utilizada algumas vezes. Uma delas foi por ocasião da absorção de várias instituições autônomas das três comunidades pelo Conselho e pela Comissão (o chamado "Tratado da Fusão", de 1965, assim como para as alterações orçamentárias e disposições financeiras (1971 e 1977) e para o estatuto do Banco de Investimentos (1978). Tratava-se, entretanto, de ajustes técnicos que não foram vivenciados como momentos de revisão política.

Golpe em Milão

O relato da cúpula de Milão de 28-29 de junho de 1985 é baseado em: (1) documentos oficiais, (2) artigos de jornal, (3) memórias e (4) estudos. Como de praxe nesse tipo de negociação, as diferentes versões se contradizem em alguns pontos; constantemente se procurou optar pela variação mais provável. Isso não importa para o enredo: as fontes são consonantes sobre a votação e a perplexidade que esta causou.

Documentos oficiais, a serem encontrados sob os respectivos anos do *EEC Bulletin*: Conclusões do Conselho Europeu em Fontainebleau, 25-26 de julho de 1984; Comitê *Ad Hoc* para assuntos institucionais, "Relatório ao Conselho Europeu em Bruxelas, 29-30 de março de 1985"; Conclusões do Conselho Europeu em Milão, 28-29 de junho de 1985.

Artigos de jornal, todos de 1985: o *Financial Times* de 28 de junho e de 1.º de julho; o *The Guardian* de 29 de junho; o *The Times* de 29 de junho, de 1.º de julho e de 4 de julho; o *The Economist* de 6 de julho; o *The New York Times* de 30 de junho; o *Frankfurter Allgemeine Zeitung* de 1.º de julho; o *Le Figaro* de 1.º de julho; o *Libération* de 1.º de julho; o *Le Monde* de 2 de julho; o *Le Soir* de 2 de julho.

Memórias: Margaret Thatcher, *The Downing Street Years*, p. 536-559, tête à tête com Craxi na p. 549; Howe, *Conflict of Loyalty*, p. 395-410 e 443-58; Stephen Wall, *A Stranger in Europe*, p. 41-72; Jacques Attali, *Verbatim*, vol. 1, p. 787-830; Hans-Dietrich Genscher, *Erinnerungen*. Berlin, Siedler, 1995, p. 373-74; Jacques Delors, *Mémoires*. Paris, Plon, 2004, p. 202-28 ("O Ato Único: Meu Tratado Favorito"); Charles Rutten, *Aan de Wieg van Europa em Andere Buitenlandse Zaken. Herinneringen van een Diplomaat*. Amsterdam, Boom, 2005, p. 166-71 (representante permanente dos Países Baixos na Comunidade).

Estudos: Jean De Ruyt, *L'Acte Unique Européen*. Brussels, Éditions de l'Université de Bruxelles, 1987, p. 47-91, 106-10; Nicholas Colchester e David Buchan, *Europe Relaunched. Truths and Illusions on the Way to 1992*. London, Hutchinson, 1990, p. 14-25; Jan Werts, *The European Council*. Amsterdam/Atlanta, Elsevier, 1992, p. 183-89.

Sobre o menosprezo pelo momento de transição vital que foi a votação em Milão, veja a obra de referência de Fiona Hayes-Renshaw e Helen Wallace, *The Council of Ministers*, que fala sobre a "ocasional extravagância" de uma votação por maioria no Conselho Europeu (55). Também em Westlake e Galloway, *The Council of the European Union*, a cúpula de Milão é classificada como um caso à parte, com dois outros: "O éthos básico da consensualidade somente emperrou em poucas ocasiões na vida do Conselho Europeu até hoje" (187). Compêndios como esse descrevem o procedimento "normal" e com isso esquecem que qualquer virada decisiva na vida – tanto para pessoas como para instituições – é sempre fruto de um momento excepcional.

Choques e atalhos

Uma boa explanação político-jurídica da luta pelo poder de revisão europeu é oferecida por Neil MacCormick, em seu *Questioning Sovereignty. Law, State and Nation in the European Commonwealth*. Oxford, Oxford University Press, 1999, em especial os caps. 6 e 7 (titulados respectivamente como "Uma Revolução Bastante Britânica" e "Pluralismo Jurídico e o Risco de um Conflito Constitucional"). Mitigando uma declaração anterior, ele afirma (120):

> Não precisamos esvaziar a lei (e correr para a política) tão rápido quanto sugerido pelo pluralismo radical. Os conflitos e as colisões em potencial que em princípio podem ocorrer entre a Comunidade e os Estados-membros não acontecem em um vácuo jurídico, mas em um espaço onde o direito internacional também vigora, dada a origem da Comunidade nos tratados e a continuada significância normativa do *pacta sunt servanda* ["os acordos existem para ser cumpridos"], sem mencionar o fato de que com sua adesão à Comunidade os Estados-membros assumem compromissos mútuos válidos sob o direito internacional.

Veja também: idem, "Risking Constitutional Collision in Europe?", *Oxford Journal of Legal Studies*, 18 (1998) 3, p. 517-32.

Quase todos os compêndios genéricos sobre o direito europeu mencionam os pronunciamentos da Corte Constitucional alemã sobre o caso "Solange" e "Maastricht". Sobre a elaboração da carta dos direitos fundamentais europeus – solução remota para o conflito exposto no caso "Solange I" –, veja a obra do representante francês na convenção em questão, Guy Braibant, *La Charte des Droits Fondamentaux de l'Union Européenne*. Paris, Seuil, 2001. Um comentário brilhante e sensacional sobre o pronunciamento do caso Maastricht é fornecido em J. H. H. Weiler, "Does Europe Need a Constitution? Demos, Telos and the German Maastricht Decision", *European Law Journal*, 1 (1995) 3, p. 219-58, com uma referência na segunda nota de rodapé à abundante bibliografia já existente na época.

Sobre a utilização da "cláusula de flexibilidade" (art. 235 da CEE, art. 308 da CE) na ampliação das competências após 1972, veja Weiler, *The Constitution of Europe*, p. 51-56.

A PASSARELA

Sobre um debate a respeito das regras de alteração durante a Convenção Europeia e a conferência intergovernamental de 2004, veja as fontes e publicações citadas no capítulo 2, "O Anfitrião na Varanda".

O verdadeiro artigo de alteração surgiu na Convenção como o artigo F sob CONV 647/03 de 2 de abril de 2003. Sobre a ideia de também facilitar as convenções no futuro, que partiu do grupo de trabalho dos parlamentos nacionais, veja CONV 353/02 de 22 de outubro de 2002, item 36. Uma versão preliminar do artigo, após o debate do dia 25 de abril, foi CONV 725/03 de 27 de maio, art. IV-6. Um segundo debate sobre a revisão ocorreu no dia 5 de junho. Depois disso é que se acrescentou a breve frase sobre o papel do Conselho Europeu em caso de problemas com a ratificação: veja CONV 802/3 de 12 de junho. Ao mesmo tempo, as duas passarelas aparecem no art. I-24 da CONV 797/1/03. Essa última alteração da Convenção, arduamente conquistada, ocorreu no dia de encerramento, sob CONV 847/03 de 8 de julho, art. IV-6, com CONV 848/03 de 9 de julho, art. IV-6: se refere ao acréscimo de um aval (*avis conforme*) do Parlamento no caso de o Conselho Europeu decidir que a alteração desejada não seria suficiente para justificar a conclamação de uma Convenção. Sobre a carta/pedido de socorro de Amato, Brok e Duff dirigida a Giscard d'Estaing sobre a questão da revisão simples, veja CONV 833/03 de 24 de junho.

Mediante um impulso italiano, a conferência intergovernamental decidiu em novembro de 2003 realocar as passarelas do art. I-24 sob as regras de alteração do art. IV-7bis, acrescentando um procedimento de revisão simples sob o art. IV-7ter, veja os anexos 30 e 31 da CIG 52/03 ADD I de 25 de novembro de 2003 (resultado). Sobre esse episódio, incluindo uma tentativa italiana para fazer o Conselho Europeu decidir por maioria no caso de alterações simples, veja o relatório do representante permanente italiano Rocco Cangelosi, "Il Progetto di Trattato Costituzionale, la Presidenza Iitaliana e la Conferenza Intergovernamentiva: da Roma a Bruxelles: Cronaca di um Negoziato", *La Comunità Internazionale*, 58 (2003) 4, p. 545-46.

Após a fracassada ratificação do tratado constituinte, as novas regras de alteração foram repassadas na íntegra para o Tratado de Lisboa. É irônico, portanto, que o Conselho Europeu, que julgava ter eliminado todos os "elementos constitucionais" do tratado durante a cúpula de junho de 2007, tenha deixado a Convenção subsistir como instituição. (Veja as conclusões do Conselho Europeu, Bruxelas 21-22 de junho de 2007, anexo I, item 1, assim como o art. 48 do TUE, item 3, conforme alterado pelo Tratado de Lisboa.)

Notável, por fim, é que as regras de alteração estabelecidas pela Convenção tenham tanta má fama justamente entre seus simpatizantes acadêmicos e alguns de seus membros mais proeminentes. Característica disso é a dura inferência desse catedrático belga em direito europeu do EUI (European University Institute) de Florença: "No geral, existem motivos suficientes para ser pessimista em relação à capacidade da União Europeia de reformar a si mesma depois que o tratado constitucional entrar em vigor. Nos anos vindouros, a Convenção e a CIG de 2002/4 poderão ser seriamente responsabilizadas por seu fracasso em permitir uma continuada evolução da União Europeia" (Bruno De Witte, "Revision", *European Constitutional Law Review* (2005), vol. 1, p. 139). Comentários similares podem ser encontrados na coletânea de Amato, Bribosia e De Witte mencionada no capítulo 2; da mesma forma, Renaud Dehousse (L'Institut d'Études Politiques, Paris) afirma que a União Europeia "deve cruzar o Rubicão e romper o ferrolho da unanimidade" (947), e também, segundo Paul Magnette (da Universidade Livre de Bruxelas), seria "imprescindível" (p. 1079) alterar o procedimento de revisão. Esses autores raciocinam com base na esfera interna, e assim não reconhecem a crescente capacidade de autorrenovação da coletividade, os passos fundamentais na transição do poder de *poderes constituintes* para *poderes constituídos* (futuras convenções, o papel do Conselho Europeu para alterações simples, passarelas), em suma, o fortalecimento da coletividade em relação a seus membros.

PARTE II – VICISSITUDES DO DESTINO

NA CORRENTE DO TEMPO

Sobre o relacionamento político com a "Fortuna" durante a Renascença, veja – além do trabalho do próprio Maquiavel – a já mencionada obra-prima de Pockock, *The Machiavellian Moment*.

A distinção entre "alta" e "baixa" política encontra sua origem na corrente realista das ciências políticas. Nas discussões sobre a política europeia, essa distinção foi usada por aqueles autores que desejavam demarcar o limite concreto entre a esfera econômica do tratado e a política exterior soberana, em oposição a Monnet e o legado intelectual neofuncionalista do *spill-over* [transbordamento]. Entre esses autores, o americano Stanley Hoffman procura essa distinção na intensidade da emoção em questão: de um lado "interesses quantificáveis – passíveis de serem calculados, compensados, negociados" e do outro "aqueles intangíveis interesses do Estado que [...] envolvem as paixões que formam os temas de tragédias: prestígio e jactância, dominação e independência" (Stanley Hoffman, "Europe's Identity Crisis", em *The European Sisyphus. Essays on Europe*, p. 33). O filósofo político francês Raymond Aron, que procurava a distinção na questão do tomador de decisões em tempos de crise, escreveu, em 1962, em um comentário político-filosófico sobre as comunidades europeias: "Se a soberania é definida como o poder supremo de decidir em caso de crise, ela subsiste, inteira, nos Estados nacionais" (Raymond Aron, *Paix et Guerre entre les Nations*. Paris, Calmann-Lévy, 1962, p. 732).

Com toda a razão, ambos os autores enfatizaram a primazia da política sobre a economia, voltando-se contra a ilusão de uma despolitização processual ou técnica. Com referência a isso, dois comentários. Primeiro: também as decisões de cunho aparentemente econômico, como a criação de um mercado ou uma moeda comum, podem ser tomadas com base em uma motivação "política". Segundo: os desenvolvimentos não param. O ponto de partida dos realistas deveria levar à readequação das conclusões (preliminares) sobre a política europeia: pense na evolução do Conselho Europeu como tomador de decisões (não apenas em tempo de crise) e no Parlamento como legislador.

4. CONGREGAÇÃO A SEIS (1950-1957)

A voz de Schuman e o ouvido de Adenauer (antes de 10 de maio de 1950)

Memórias de políticos e diplomatas: Dean Acheson, *Present at the Creation*, passim (sobre os encontros com Bevin e Schuman, 1949-1950). Konrad Adenauer, *Erinnerungen*, vol. 1, p. 299-304 (sobre a proposta para a união econômica franco-alemã de março de 1950) e p. 314-24 (as reações ao plano Schuman e o recebimento de Monnet). Jean Monnet, *Mémoires*, p. 341-56 (sobre a história anterior a sua própria interferência) e p. 359-60 (conferência de imprensa de Schuman).

Incisivo sobre a política francesa do pós-guerra com relação à Alemanha é Franz Knipping, "Que Faire de l'Allemagne? Die Französische Deutschlandpolitik

1945-1950", em Franz Knipping e Ernst Weisenfeld (orgs.), *Eine Ungewöhnliche Geschichte. Deutschland – Frankreich seit 1870*. Bonn, Europa Union Verlag, 1988, p. 141-55. O assento improvisado francês à mesa de questões alemãs dos Três Grandes, que tanto rendeu, foi defendido por Churchill "como um tigre" em Ialta diante dos relutantes russos e americanos: "Os franceses devem se tornar fortes novamente para ajudar a conter uma Alemanha renascida" (Churchill, fevereiro de 1945, em Robert H. Lieshout, *The Struggle for the Organization of Europe. The Foundations of the European Union*. Cheltenham, Edward Elgar, 1999, p. 37).

Sobreas condições diplomáticas e econômicas do plano Schuman, veja Alan Milward, *The Reconstruction of Western Europe, 1945-1951*. London, Methuen, 1984, p. 362-420. Veja também os ensaios de Klaus Schwabe (org.), *Anfänge des Schuman-Plans 1950-51*. Planos similares ao de Monnet haviam sido elaborados no ministério de Schuman a partir de 1948; veja, por exemplo, a nota diretiva Europa, de 13 de dezembro de 1948, com o pleito de um polo siderúrgico franco--alemão, em Dirk Spierenburg e Raymond Poidevin, *Histoire de la Haute Autorité de la Communauté Européenne du Charbon et del'Acier. Une Expérience Supranationale*. Brussels, Bruylant, 1993, p. 3. Veja o papel de Schuman em Raymond Poidevin, *Robert Schuman, Homme d'État 1886-1963*. Paris, Beauchesne, 1988, p. 244-63. As relações político-partidárias francesas da época são bem explicadas em Craig Parsons, *A Certain Idea of Europe*. Ithaca, Nova York, Cornell University Press, 2003, p. 37-66.

Sobre o ponto de partida político da Alemanha nos anos de 1945-1949, assim como sobre a área do direito das nações, veja Robert H. Lieshout, *The Struggle for the Organization*, p. 36-58. As considerações de Adenauer no fim de maio de 1950, da forma como registrada por seu conselheiro informal Hans Schäffer (o qual, após ter fugido para a Suécia em 1933, recusou a oferta para liderar a delegação alemã), estão em "Konrad Adenauer und der Schuman-Plan. Ein Quellenzeugnis", em Schwabe, *Anfänge des Schuman-Plans 1950-51*. Baden-Baden, Nomos, 1988, p. 131-40. Veja também, já em maio de 1951, o discurso do secretário de Estado e negociador de Adenauer (e depois presidente da Comissão) Walter Hallstein, *Probleme des Schumans-Plans. Kieler Vorträge*. Kiel, Institut für Weltwirtschaft an der Universität, 1951. O interesse de Halstein era direcionado principalmente pela perspectiva do desenvolvimento político que o plano Schuman oferecia, como "uma porta aberta para novos avanços [...] com vistas a uma inserção ordenada da República Federal Alemã no mundo dos povos livres" (4) e ao mesmo tempo como "romper uma brecha na ideia de Estado-nação [...] para conseguir chegar a uma federação europeia mais ampla" (17).

A conclusão de que "o problema alemão" somente poderia ser solucionado em um círculo europeu com os franceses, mas sem os britânicos, já havia sido aventada pelo diplomata americano George Kennan em meados de 1949. Em suas memórias, ele cita um memorando que dirigiu a Acheson:

> Poderia ser considerado axiomático, escrevi, que a nenhum quadro comparativo que incluísse o Reino Unido, mas que excluísse os Estados Unidos e o Canadá, fosse permitido alcançar um estágio que se assemelhasse a uma verdadeira fusão de soberania. Dessa forma, as reservas e as hesitações britânicas constituiriam o teto além do qual a unificação [europeia] seria fraca demais para permitir uma verdadeira fusão de soberanias, portanto fraca demais para servir como solução para o problema alemão. (George F. Kennan, *Memoirs, 1950-1963*. New York, Hutchinson, 1972, p. 453.)

A EUROPA NÃO UNIFORMIZADA (APÓS 25 DE JUNHO DE 1950)

Memórias de políticos e diplomatas: Dean Acheson, *Present at the Creation*, p. 524-37 (sobre o impacto da Guerra da Coreia nos últimos dias de junho). Konrad Adenauer, *Erinnerungen*, I, p. 332-36 (sobre a repercussão da Guerra da Coreia na Alemanha). Johan Willem Beyen, *Het Spel ende Knikkers*, p. 207-08 (sobre a primeira reunião do Conselho de Mineração) e 231-33 (relatório da conferência de Bruxelas em agosto de 1954). Sir Anthony Eden, *Full Circle*. London, Cassell, 1960, p. 146-74 (sobre a iniciativa britânica de 1954). Lindhorst Homan, *Wat Zijt Ghij voor een Vent?*, 193-205 (sobre o fracasso da "revolução" da Comunidade de Defesa). Jean Monnet, *Mémoires*, p. 393-409 (sobre seu papel no Plano Pleven) e 419-21 (almoço com Eisenhower em junho de 1951). Henri Spaak, *Combats Inachevés*, p. 57-58 (discurso de entrega do projeto constituinte).

Documentação referente à Comunidade de Defesa, desde o Plano Pleven até a assinatura do tratado – a abertura do primeiro ato – pode ser encontrada em *Chronique de Politique Étrangère*, 5 (1952), incluindo o texto integral do tratado que institui a Comunidade Europeia de Defesa; 592-682. Uma perspicaz reconstituição histórica das negociações com base nas entrevistas com políticos, diplomatas e militares envolvidos é oferecida por Edward Fursdon em *The European Defence Community. A History*. London, Macmillan, 1980. No fim dos anos 1970, um informante francês anônimo ofereceu ao autor uma explicação para a parca bibliografia existente sobre o assunto: "'Não admira que tão pouco tenha sido escrito: ninguém quer lembrar em público – muito menos escrever sobre o assunto – um fracasso que chegou a dividir a nação em duas. Lembre também que tudo isso ainda se encontra muito próximo a nós – assunto ainda muito emotivo para os franceses".

As complicações em torno da Comunidade Política Europeia – segundo ato – foram registradas por Richard T. Griffins em *Europe's First Constitution: the European Political Community, 1952-1954*, London, The Federal Trust, 2000, trazendo entre outros o texto do projeto da Constituição de Estrasburgo (189-226). O autor dedica bastante atenção à subsequente conferência intergovernamental. Apesar de seus parcos resultados, vale a pena mencionar a proposta do ministro neerlandês Beyen, em setembro de 1952, para um mercado comum, proposta que naufragou com o tratado de defesa, mas que seria desengavetada no início de 1955.

Análises de contemporâneos sobre o debate ideológico francês – o terceiro ato – podem ser encontradas em Raymond Aron e Danie Lerner, *La Querelle da la C.E.D. Essai d'Analyse Sociologique*. Paris, Armand Colin, 1956. O escopo dos argumentos apresentados por opositores e defensores, uma elaborada visão global do trato parlamentar, um apanhado dos comentários da imprensa, carências institucionais: muito pode ser encontrado ali, de alto nível. Um relatório da fracassada conferência de agosto de 1954 em Bruxelas, em que Mendès-France havia pedido concessões aos Cinco, enquanto nos corredores os americanos rogavam pela tenacidade destes últimos, é apresentado em Furdon, *The European Defence Community*, p. 281-91, e em Demoulin, *Spaak*, p. 473-86. Em suas memórias (*Het Spel en de Knikkers*, p. 232), o ministro Beyers conta: "Em um momento dramático, no meio da noite, Adenauer fez um apelo ao presidente Mendès-France, dizendo: "Será que o chanceler alemão deve implorar a ele para que não o coloque numa posição em que depois terá de se empenhar para reinstituir um exército nacional alemão com um estado-maior alemão?".

Sobre uma perspectiva histórica a respeito da transição do sistema estatal europeu para um sistema atlântico, veja o magnífico Hajo Holborn, *The Political Collapse of Europe*. New York, Knopf, 1963. Holborn, historiador que fugiu da Alemanha nazista para os Estados Unidos, aproveitou a oportunidade para alertar seu público americano sobre a tendência de se tomar medidas na política externa que chocam com os padrões históricos locais, da forma como ocorria na Europa entre outros motivos pelo apoio irrestrito à agenda de Monnet.

> Com base na presente situação inusitada na Europa, presumiu-se que sua história poderia ser completamente esquecida. Mas tal presunção poderia levar [...] a sérios enganos. [...] Não obstante, apesar de o sistema político autônomo europeu estar quebrado e a Europa se encontrar à sombra de dois rivais mundiais, suas nações não estão mortas (192-193).

Sua certeira exortação (de 1951): "Um tratamento construtivo dos atuais problemas da Europa pede uma reflexão histórica, o que representa mais que um mero conhecimento histórico" (xi).

O Canal de Suez e o Vale da Duquesa (em 6 de novembro de 1956 e por volta dessa data)

Memórias de políticos e diplomatas: Konrad Adenauer, *Erinnerungen*, III, p. 215-75. Anthony Eden, *Full Circle*, p. 417-584. Eden não menciona sua conversa telefônica com Eisenhower, e o depoimento de Mollet é descrito em uma única frase: "Nossos aliados [França e Israel] aceitaram nossas conclusões com uma fiel compreensão, embora tivessem gostado de ver o que um período de ação um pouco maior poderia acarretar" (557). Do ministro francês Christian Pineau, *1956. Suez*, Paris, Robert Laffont, 1976, e Pineau e Christiane Rimbaud, *Le Grand Pari. L'Aventure du Traité de Rome*. Paris, Fayard, 1991, p. 151-263. Henri Spaak, *Combats Inachevés*, II, p. 61-100.

Sobre os antecedentes da Guerra Fria que levaram à crise do Canal de Suez, veja Henry Kissinger, *Diplomacy*. New York, Simon & Schuster, 1994, p. 522-49. O assinalamento da cúpula entre Mollet e Adenauer como o ponto de partida da cooperação militar franco-alemã se deve a Georges-Henri Soutou em *L'Alliance Incertaine. Les Rapports Politico-Stratégiques Franco-Allemands, 1954-1996*. Paris, Fayard, 1996, p. 58-63. Sobre a definição da mesma cúpula como a apoteose das negociações pactuais europeias, veja Mathieu Segers, *Deutschlands Ringen mit der Relance. Die Europapolitik der BRD während der Beratungen und Verhandlungen über die Römischen Verträge*, Frankfurt am Main, Peter Lang, 2008, p. 271-85. Esse argumento segue a análise de Segers segundo a qual o resultado final das negociações pode em grande parte ser explicado pelas concessões (econômicas) da Alemanha aos desejos franceses, o que Adenauer justificava com base em seu lema da "primazia da política", que ele impôs a seus ministros. Apesar das motivações primordialmente econômicas para a assinatura dos tratados, o impacto da crise de Suez no avanço das relações franco-alemãs também é reconhecido em *The Choice for Europe. Social Purpose and State Power from Messina to Maastricht*, London/New York, Cornell University Press, 1998, p. 144, por Andrew Moravcsik ("o primeiro grande avanço"), e em *The European Rescue of the Nation-State*, London, Routledge, 1992, p. 312, por Alan Milward ("quando quase todos os obstáculos caíram por terra").

Muito se publicou sobre as negociações europeias de 1955-1957. Além das já mencionadas memórias, podemos acrescentar: a obra do negociador francês (depois eurocomissário) Jean-François Deniau, *L'Europe Interdite*. Paris, Le Seuil, 1977, p. 48-76. Max

Kohnstamm, *De Europese Dagboeken*, p. 189-202 (sobre os preparativos protocolares para a cúpula Mollet-Adenauer). Robert Marjolin, *Le Travail d'une Vie*, p. 274-303 (sobre a oposição interna do funcionalismo francês contra um mercado comum, p. 282-94). Afável sobre a forma do tratado é a obra do membro luxemburguês do grupo jurídico (depois presidente da Corte) Pierre Pescatore, "De Werkzaamheden van de 'Juridische Groep' bij de Onderhandelingen over de Verdragen van Rome", em C.H. Nothomb et al., *De Rol der Belgen em van België bij de Europese Opbouw*. Brussels, 1981, p. 167-87. Cheio de fatos, anedotas e motivações é Grazia Melchionni e Roberto Ducci, *La Genèse des Traités de Rome*, que contém entrevistas com dezoito participantes de seis países, como a do diplomata belga Snoy et d'Oppuers sobre a caminhada de Mollet e Adenauer em Matignon, quando ele ouviu o seguinte comentário de um colega que também assistia à cena: "Cada passo que Adenauer dá custa-lhe cem milhões de marcos" (p. 173).

5. A ESPERA COMUNITÁRIA (1958-1989)

Tempo manufaturado
Dentro do túnel

O regime de tempo do Tratado de Roma foi decisivo para seu êxito. O período de transição de doze anos, com complexas possibilidades para recursos jurídicos na importante transição da primeira para a segunda etapa, a começar em 1962, foi estabelecido no art. 8 da CEE (atualmente revogado). Sobre a insistência de Spaak por um prazo de duração indeterminado do tratado, veja a obra do negociador francês François Deniau, *L'Europe Interdite*, 74n1. Sete anos antes, nas negociações parisienses de 1950-1051, havia sido a delegação belga que se negara a "assinar um cheque em branco" com duração indeterminada para a Alta Autoridade, segundo Dirk Spierenburg e Raymond Poidevin, em *Histoire de la Haute Autorité*, p. 18-19.

Aceleramento. Uma análise precisa da decisão para o aceleramento de maio de 1960 foi parcialmente baseada em entrevistas em Bruxelas e em outras capitais, conforme apresentadas por Leon N. Lindberg em *The Political Dynamics of European Economic Integration*. Stanford, Stanford University Press, 1963, p. 167-205. Sobre a perspectiva do mais importante parceiro comercial dos Seis a respeito do processo de decisão, veja Miriam Camps, *Britain and the European Community, 1955-1963*. Princeton, Princeton University Press, 1964, p. 253-73.

Relógio. O arduamente conquistado dispositivo de transição de 14 de janeiro de 1962, depois que o presidente da mesa Couve de Murville mandou parar o relógio na hora da passagem do ano de 1961, foi laboriosamente descrito por

Annette Schrauwen no seu "De Kunst van het Pact", em M. Spiering et al. (orgs.), *De Weerspannigheid van de Feiten. Opstellen over Geschiedenis, Politiek, Recht em Literatuur Aangeboden aan W. H. Roobol*. Hilversum, Uitgeverij Verloren, 2000, p. 209-19. (Não obstante, na pág. 211 a autora se equivoca ao presumir que a transição da primeira para a segunda etapa foi antecipada por um ano pela decisão de aceleramento de 1.º de maio de 1960.) O componente industrial da reciprocidade franco-alemã é enfocado em Annette Schrauwen, "De Kunst van het Pact", p. 212-13, o componente agrícola é tratado de forma profusa em Leon N. Lindberg, *Political Dynamics*, p. 261-82. Maurice Couve de Murville escreve sem rodeios em *Une Politique* Étrangère, 314-17; a obra do comissário para a agricultura Sicco Mansholt, *La Crise*, Paris, Stock, 1974, 110-15, é negligente quanto aos números, mas muito vivaz quando se trata do próprio papel de mediador do autor naquela noite decisiva. O presidente da Comissão Hallstein descreveu diante de um público acadêmico americano as condições dramáticas sob as quais alguns meses antes se havia alcançado um acordo, de cujo resultado ele se orgulhava: "Quarenta e cinco reuniões, das quais sete à noite; um total de 137 horas de discussões, além de 214 horas passadas em subcomitês; 528.mil páginas de documentos; três infartos – um recorde assustador" (Walter Hallstein, *United Europe. Challenge and Opportunity*, Cambridge Massachussets/London, Harvard University Press,1966, p. 55).

Saída. Com referência à dita cúpula em Haia de 1-2 dezembro de 1969, veja *Bulletin EEC*, 12-1969, 1-1970 e 2-1970 sobre a declaração final, os discursos dos chefes de governo, a comissão de memorando, a resolução do Parlamento e coletivas de imprensa. Sobre a caracterização da cúpula de Haia como o encerramento de uma década de crises, veja Peter Ludlow, *The European Community and the Crisis of the 1960s*, p. 175-98. Sobre Haia como o ponto de corte na cooperação monetária e na política externa, veja respectivamente o banqueiro André Szász, *De Euro. Politieke Achtergronden van een Munt*, Amsterdam, Mets & Schilt, 2001, p. 31-47, e o embaixador Philippe de Schoutheete, *La Coopération Politique Européenne*. Brussels, Nathan, 1980, p. 27. Sobre a atuação (e os preparativos) do presidente francês em Haia, veja a biografia de Éric Roussel, *Georges Pompidou. 1911-1974*. Paris, Perrin, 2004, p. 334-42.

Rumo ao Mercado

Sobre os antecedentes políticos e econômicos, veja Nicholas Colchester e David Buchan, em *Europe Relaunched. Truths and Illusions on the Way to 1992*, London, Hutchinson, 1990; assim como Gilles Grin, *The Battle of the Single European Market. Achievements and Economic Thoughts, 1985-2000*, tese não publicada da

Universidade de Genebra sobre os artifícios usados pela Comissão. O próprio presidente da Comissão discute sua turnê na segunda metade de 1984 e a escolha do prazo de 1992 em Jacques Delors, *Mémoires*, p. 182-92. Sobre o papel de Kohnstamm no estabelecimento de um prazo, veja Anjo G. Harryvan e Jan van der Harst, *Max Kohnstamm. Leven en werk van een Europeaan*. Utrecht, Spectrum, p. 221-28. Sobre os anos aventados, veja Grant, *Delors*, p. 67-68.

TEMPO PREMENTE

DIANTE DO PORTÃO

Sobre as primeiras relações entre a Grã-Bretanha e os Seis, a obra de Miriam Camps, *Britain and the European Community*, permanece imbatível: bem documentada e trazendo opiniões ponderadas. Mais concisa e próximo dos acontecimentos é o trabalho da jornalista Nora Beloff, *The General Says No. Britain's Exclusion from Europe*. London, Penguin Books, 1963. Focado nos obstáculos e nos dossiês difíceis da fase de negociação é Simon Z. Young, *Terms of Entry. Britain's Negotiations with the European Community, 1970-1972*. London, Heinemann, 1973. Magistral sobre cinquenta anos de política europeia é a obra de Hugo Young, *This Blessed Plot. Britain and Europe from Britain to Blair*. London, Macmillan, 1999: uma boa noção dos humores e relações políticas, uma exaustiva pesquisa dos arquivos, bem estilizada.

O aborrecimento do ministro britânico Bevin em 9 de maio de 1950 foi registrado por seu (culposo) convidado Dean Acheson, *Present at the Creation*, p. 501-04.

Os antecedentes do veto de De Gaulle contra a adesão britânica de 1963, incluindo seus aspectos militares, assim como as reações a ele, são tratados exaustivamente em Camps e Beloff; a noite de 29 de janeiro de 1963 em Peter Ludlow, *The European Community and the Crises of the 1960s*, p. 11-13.

O importantíssimo episódio de 1961-1962 das negociações sobre uma união política é tratado exaustivamente (em mais de quinhentas páginas) em Robert Bloes, *Le Plan Fouchet et le Problème de l'Europe Politique*. Brugge, College d'Europe, 1970. Veja também Konrad Adenauer, *Erinnerungen*, IV, passim (das primeiras conversações em 1959 até o tratado de amizade franco-alemão assinado em 22 de janeiro de 1963); Maurice Couve de Murville, *Une Politique* Étrangère, p. 347-84; Joseph Luns, *Ik Herinner Mij*, p. 139-63; Henri Spaak, *Combats Inachevés*, II, p. 357-80. Entre esses dois representantes dos Países de Baixo,[3] Luns se mostra orgulhoso de

---

[3] Refere-se aos países do baixo Rio Reno (*Lage Landen*), a Bélgica e os Países Baixos (daí deriva o nome deste último). (N. T.)

sua teimosia (que também teria sido elogiada por De Gaulle), enquanto Spaak tenta repelir a acusação (francesa) de manter uma posição ambígua. Veja também Jeffrey W. Vanke, "An Impossible Union. Dutch Objections to the Fouchet Plan, 1959-62", *Cold War History*, 2 (2001) 1, p. 95-112.

O ARRANJO DA MESA

O fato de os próprios líderes de governo encomendar em um estudo sobre a cooperação nas relações políticas externas em 1969, vinculado especificamente à entrada de novos membros, é relatado pelo diplomata belga Davignon em entrevista em 18 de janeiro de 2008, disponível em: www.ena.lu. Veja também as conclusões da cúpula de Haia, em 1-2 de dezembro de 1969, sob o item 15 ("no contexto da expansão"). O estudo desembocou no relatório de Luxemburgo (também conhecido como relatório Davignon) de 1970, três anos depois seguido pelo relatório de Copenhague de 1973; ambos se encontram em Phillipe de Schoutheete, *La Coopération Politique Européenne*, p. 179-87, resp. 188-98.

Sobre os Nove e a crise do petróleo de 1973, veja a muito bem documentada obra de Robert J. Lieber, *Oil and the Middle East War: Europe in the Energy Crisis*. Harvard, Center for International Affairs – Harvard University, 1976, especialmente p. 1-29 e 44-52. O autor atribui o tumulto causado pela chegada dos ministros árabes durante a cúpula de Copenhague a uma ação de Londres e Paris (18). Sobre as exaltadas expectativas de "Copenhague", veja a edição da *Time Magazine* de 17 de dezembro de 1973, "Toward the Summit of Truth"; veja também as matérias do *The New York Times* de 15, 16 e 17 de dezembro de 1973. O contexto geral se encontra em Daniel Möckli, *European Foreign Policy During the Cold War: Heath, Brandt, Pompidou and the Dream of Political Unity*. London, I. B. Tauris, 2009.

Com referência ao nascimento do Conselho Europeu, veja, além dos estudos mencionados no prólogo, as conclusões da cúpula de Paris, também Giscard d'Estaing, *Le Pouvoir et la Vie*, I, p. 117-21 e Jean Monnet, *Mémoires*, p. 589-605. Sobre Hartling em 1974, veja Erik Holm, 3 de fevereiro de 2009, "Denmark's Position at the Birth of the European Council" (comunicação não publicada dirigida ao autor).

Sobre a história ulterior, é interessante constatar o que Giscard escreveu (em 1988): "Mais tarde, quando o Conselho Europeu estiver assegurado de sua existência, deve-se refletir sobre como estruturá-lo de forma vantajosa" (119). Aqui, já se percebe o objetivo que o mesmo Giscard d'Estaing idealizou como dirigente da Convenção de 2002-2003, isto é, um plano para um presidente fixo do Conselho Europeu.

6. AGIR COMO UNIÃO (1989-TEMPOS ATUAIS)

Após o Muro

Da Queda do Muro até o tratado da União Europeia. Apesar de a unificação alemã e a mudança de forma da Europa após 1989 estarem claramente interligadas, ambos os processos fazem parte de tradições historiográficas separadas. Nas interpretações históricas mais dominantes, o destino da Alemanha se reduz a um jogo entre os Estados Unidos e a Rússia. Na leitura americana dos acontecimentos, o império soviético sucumbiu graças ao estadismo e à liderança moral de, além do papa, os presidentes Reagan e Bush. Certamente, as memórias deste último e de seu assessor de segurança nacional contribuíram bastante nessa direção, em George H. Bush e Brent Scowcroft, *A World Transformed*, New York, Vintage Books, 1999, p. 3-301, assim como um estudo baseado em documentos oficiais de dois membros da equipe do Conselho Nacional de Segurança de Bush, Phillip Zelikow e Condoleeza Rice, *Germany Unified and Europe Transformed*, Cambridge, Massachussets/London, Harvard University Press, 1997 (primeira edição em 1995). Como contraponto a essa visão está a escola que busca os personagens dramáticos entre os perdedores da Guerra Fria no Kremlin, notadamente a política reformista de Gorbachev. Conciso nesse sentido é Tony Judt, *Postwar. A History of Europe Since 1945*, New York, William Heinemann, 2005, p. 585-633, que exagera ao falar sobre a "Mr. Gorbachev's Revolution" (633). Uma recente correção à partilha do louvor entre a Rússia e os Estados Unidos por "1989" foi oferecida na obra escrita pelo grupo de historiadores formado por Frédéric Bozo, Marie-Pierre Rey, N. Piers Ludlow e Leopoldo Nuti, *Europe and the End of the Cold War. A Reappraisal*. London, Routledge, 2008. O grupo forma uma imagem da Europa com base em material obtido, entre outros, nos arquivos oficiais da Polônia, Grã-Bretanha, Itália, França, Alemanha e instituições europeias.

Na interpretação comunitária, o impacto da reviravolta geopolítica sobre a ruptura do casulo europeu é frequentemente minimizado. Esse tipo de literatura tende a atribuir o avanço para uma União Europeia como consequência lógica dos acordos concatenados, segundo o tradicional modelo do transbordamento. Ora, os chefes de governo dos Seis já não haviam proposto uma união econômica e monetária desde 1969? Não teria uma "união política" sido cogitada em 1972, 1983 e 1985? Já não havia o relatório de Delors sobre uma moeda e um banco central únicos desde meados de 1989? Sim, de fato. Mas somente a ruptura de 1989 explica o momento, assim como seu resultado.

Um modelo na busca de um vínculo histórico entre a linha geopolítica e a institucional é a já mencionada obra de André Szász, *The Road to Monetary Union*.

Basingstoke/New York, Palgrave Macmillan UK, 1999. De forma convincente, Szász traça um paralelo entre os acordos de 1969 (a promessa de uma união monetária europeia *versus* a aceitação da *Ostpolitik*) e de 1989 (a decisão de fazer uma união monetária europeia *versus* o acordo da unificação alemã), implícita em ambos os casos. De certo modo, portanto, "1989" transforma em fatos políticos *ambas* as perspectivas de 1969 com relação ao futuro.

Sobre o papel da França, especialmente o de Mitterrand, existe uma interessante controvérsia historiográfica. Na prevalecente exegese americana, considera-se que em dado momento o presidente Mitterrand teria tentado deter a unificação alemã, à *la* Thatcher. A justificativa seria o encontro de Mitterrand com Gorbachev em Kiev, no dia 6 de dezembro (aliás, cinco dias depois de Bush haver se encontrado com o líder soviético), e com autoridades da Alemanha Oriental em Leipzig, em 21 de dezembro. Já outros autores discorrem sobre uma "lenda negra" (Frédéric Bozo), para a qual, além dos americanos, as memórias de Attali, assessor de Mitterrand, também teriam contribuído especialmente por meio de seu *Verbatim*, III, que surgiu em 1995, cobrindo o período 1988-1991, quando Mitterrand teria, por exemplo, deixado escapar que contava com Gorbachev para deter a unificação alemã. O presidente tentou em vão conter os danos na obra (póstuma) de François Mitterrand, *De l'Allemagne, de la France*. Paris, Odile Jacob, 1996. Para essa segunda escola, diante de palavras ambíguas, no entanto se encontram atos concretos. Do começo ao fim, Mitterrand reivindicou a confirmação das fronteiras polonesas (equilíbrio no concerto dos Estados europeus) e um entrançamento da Alemanha na coletividade (fortalecimento do círculo de membros europeus). Dois livros que apoiam essa última interpretação: o fascinante estudo sobre o pensamento europeu e alemão na "oficina" do Elysée, da mão do historiador alemão Tilo Schabert, *Wie Weltgeschichte Gemacht Wird. Frankreich und die Deutsche Einheit*. Stuttgart, Klett-Cotta, 2002, e o relato de Frédéric Bozo, igualmente baseado em uma pesquisa de arquivos, *Miterrand, La Fin de la Guerre Froide et l'Unification Allemande. De Yalta à Maastricht*. Paris, Odile Jacob, 2005 (na qual refuta as "mentiras" de Attali pontualmente, p. 380-81). A obra do assessor diplomático e chefe de gabinete de Mitterrand Hubert Védrine, *Les Mondes de François Mitterrand. A l'Elysée, 1981-1995*, Paris, Fayard, 1996, incide sobre a discrepância entre as palavras (e silêncios) e as ações de seu chefe.

Com referência às memórias alemãs, além dos supracitados livros do chanceler Kohl e de seu assessor diplomático Teltschik, veja também Hans-Dietrich Genscher, *Erinnerungen*. Berlin, Siedler, 1995. Kohl, o democrata-cristão, usou o funcionário da chancelaria Teltschik (desde 1982) como representante pessoal para manter contatos individuais com líderes estrangeiros. Apenas assim ele conseguia contornar o ministro Genscher, dirigente do Partido Liberal e aliado na coalizão de governo, que ocupara essa função de forma ininterrupta desde 1974, no intuito de poder praticar a política externa. Uma das razões para que Kohl preparasse seu plano de dez itens em um círculo extremamente restrito, lançando-o de forma bastante inesperada – portanto sem informar Thatcher Mitterrand, o que incomodou a ambos profundamente –, foi o temor de que Genscher descobrisse tudo e arrebatasse a glória para si. (Situação pouco provável na Rua Downing ou no Palácio do Elysée.)

Com referência às memórias britânicas, que apresentam forte contraste com as francesas, veja as da primeira-ministra Margaret Thatcher, *Downing Street Years*, p. 789-807; as de seu ministro das Relações Exteriores Geoffrey Howe – despedido em julho de 1989 por ser favorável demais à Europa e voltando para seu desagravo em novembro de 1990 –, *Conflict of Loyalty*; do ministro das Relações Exteriores Hurd, *Memoirs*, p. 419-29 (que ocupava o cargo havia apenas duas semanas quando o Muro caiu); além do diplomata Stephen Wall, em *A Stranger in Europe*, p. 87-134.

O relato do decorrer e a exegese do resultado da conferência intergovernamental de 1991 pode ser encontrado em J. Cloos et al., *Le Traité de Maastricht. Genèse, Analyse, Commentaires*. Brussels, Bruylant, 1994. Os quatro autores eram diplomatas quando da presidência luxemburguesa; um livro de peso. O debate sobre a estrutura do tratado – árvore *versus* templo – pode ser encontrado nas p. 81-87, 107-11. Útil para verificar a reprodução de documentos oficiais sobre a posição dos Doze é Finn Laursen e Sophie Vanhoonacker, *The Intergovernmental Conference on Political Union. Institutional Reforms, New Policies and International Identity of the European Community*. Maastricht, Eipa, 1992. Um relato bem informado sobre a "segunda-feira negra" da diplomacia neerlandesa pode ser encontrado na dissertação do ex-parlamentar Bob van den Bos, *Mirakel en Debacle. De Nederlandse Besluitforming over de Politieke Unie in het Verdrag van Maastricht*. Assen, Van Gorcum, 2008. Sobre isso, veja também Cloos et al., *Le Traité de Maastricht*, p. 88-91.

A União Europeia a partir de 1993: *"alargamento e aprofundamento"*. Nos anos 1990, o debate sobre a Europa foi conduzido principalmente em termos de "alargamento" *versus* "aprofundamento". A pergunta era se os novos membros (da Europa Oriental) poderiam adentrar a "casa europeia" sem mais ou se seria o caso de fortalecer seus fundamentos previamente à expansão. Não era possível ler nem um jornal sequer sem encontrar esses termos.

Na narrativa, foram evitados os termos "aprofundamento" e "alargamento". Existem dois motivos para isso. Em primeiro lugar, a metáfora tinha uma motivação política. Isto é, era usada principalmente pelos defensores do aprofundamento, ou seja, por aqueles que achavam que a expansão para o leste traria uma "fragmentação", uma "diluição" e – pior de tudo – uma "estagnação" institucional, que levaria à "paralisação". A vinda dos novos membros ameaçaria o escopo do projeto europeu. Delors, presidente da Comissão, formava a expressão mais influente dessa vertente. "Na Comissão Europeia de Jacques Delors, no início dos anos 1990, havia a perspectiva de talvez começar a falar seriamente sobre a expansão para o leste em 25 anos" (segundo o político alemão Günter Verheugen, *Europa in Krise. Für eine Neubegründung der Europäischen Idee*. Köln, Kiepenheuer & Witsch, 2005, p. 72-73). A fim de atrasar a expansão – que colocaria a Alemanha em uma posição central –, Paris também adotava o argumento de um prévio e necessário aprofundamento. O caráter assimétrico da metáfora também desponta do fato de que os defensores de uma adesão (mais) rápida dos países da Europa Oriental não pleiteavam isso em termos de "alargamento". (Para eles tratava-se antes de um dever moral ou histórico.)

Uma segunda razão é que, na história da coletividade europeia, os movimentos denominados no discurso como "aprofundamento" e "alargamento" geralmente ocorreram de forma concomitante. A vinda de Londres, Copenhague e Dublin em 1973 forneceu um impulso vital à vida coletiva. Isso levou à autoafirmação europeia no mundo (cooperação na política externa; "identidade europeia", 1973), a uma expansão de tarefas (uma política regional a pedido dos britânicos, uma política ambiental a pedido, entre outros, dos dinamarqueses, 1973), a uma transformação institucional (por exemplo, o Conselho Europeu, 1974) – e consequentemente também à busca por um público (veja a Parte III). As adesões da Espanha e de Portugal a partir de 1986 praticamente coincidiram com a assinatura do Ato Único Europeu, que abriu o caminho para o mercado interno a partir de 1992; a vinda desses dois países "pobres" fortaleceu o argumento de que o mercado deveria ser acompanhado de uma "política social" e de fundos "solidários" (conforme de fato ficou estabelecido na conseguinte alteração do tratado). Sobre a simultaneidade da unificação alemã, ou seja, sobre o advento dos *Neue Länder* e o continuado entrelaçamento (monetário) dos Estados-membros já foi dito o bastante. Aparentemente, algo a mais está acontecendo.

A suposta contradição entre "alargamento" e "aprofundamento" se baseia em uma percepção equivocada da coletividade. Trata-se de um disparate. A Europa não é uma "casa" com um "fundamento" de regras e uma constante "ampliação" de Estados-membros. Não. A Europa constitui um círculo fechado de Estados que estabeleceram grande parte de suas relações mútuas por meio de tratados. A cada vez que o círculo se abre para dar lugar a um novo membro, isso pode constituir um bom motivo para se estabelecer mais dessas relações na forma de tratado – por exemplo, no intuito de promover maior equilíbrio político ou econômico. Isso, porém, não é obrigatório. E certamente não haveria necessidade de fortalecer o pacto antes de o círculo se abrir. Em geral, isso ocorre justamente depois.

A tarefa de processar o acontecimento essencial que a vinda de um forasteiro representa é de inteira responsabilidade do universo intermediário dos membros, responsável por acolher e dirigir as forças assim liberadas para a esfera interna. E não o contrário.

Depois das Torres Gêmeas

O fato de a Queda do Muro representar um retorno da história para a Europa e não seu fim forma uma das conclusões da síntese histórica de Tony Judt, *Postwar* (2005). O ministro alemão Fischer, no início de 2004, fez a guinada de uma Europa "constitucional", conforme ele pleiteara no discurso feito em Berlim no dia 12 de maio de 2000, para uma Europa "estratégica", ou seja, um jogador geopolítico. Ele mesmo afirmou que o 11 de Setembro foi decisivo para isso. Seu colega francês na época afirma nunca ter sido surpreendido: Hubert Védrine, *Continuer l'Histoire*. Paris, Fayard, 2007. Assim, tampouco foi o cientista político veterano americano David Calleo que, em um esplêndido livro publicado justamente antes do Onze de Setembro, avisava sobre o período após o "parêntese congelado" da Guerra Fria: "Uma Europa que regressa a sua história normal não é uma perspectiva completamente tranquilizadora" (David P. Calleo, *Rethinking Europe's Future*. Princeton, Princeton University Press, 2001, p. 3).

Com referência à movimentação política europeia em torno do 11 de Setembro e após sua ocorrência, veja as publicações de Peter Ludlow sobre os Conselhos Europeus realizados em setembro, outubro e dezembro de 2001 (citados no Prólogo), assim como Jan Reckman, *Außenpolitische Reaktionen der Europäische Union auf die Terroranschläge vom 11. September*, Münster, LIT Verlag, 2004, Marieke Kleine, *Die Reaktion der EU auf den 11. September. Zu Kooperation und Nicht-Kooperation in der Inneren und Äußeren Sicherheit*, Münster, LIT Verlag, 2004, e Javier Argomaniz, *The EU and Counter-Terrorism: Politics, Polity and Policies after 9/11*. London, Routledge, 2011.

Sobre a criação de novos artigos do tratado após 2001 que incidem sobre a política externa, incluindo a presidência fixa para o Conselho Europeu, veja os títulos mencionados na segunda seção do Capítulo 2 a respeito da Convenção Europeia e a subsequente conferência intergovernamental (2002-2004).

PARTE III – A BUSCA PELO PÚBLICO

A DISPUTA PELO APLAUSO

Muito se refletiu na filosofia política sobre o público como portador da livre ordem política. Hoje em dia, na esteira da influente obra de Jürgen Habermas, às vezes isso se reduz à "transparência cidadã". O público nesse caso se restringe a algo como os participantes racionais reunidos no debate público. Mesmo que isso tenha levado a uma fascinante pesquisa acadêmica sobre as condições sociológicas e linguísticas para o surgimento do "espaço público" (veja alguns dos títulos do Capítulo 9), o público com o qual a política interage consiste em bem mais que cidadãos racionais que escrevem cartas ao jornal e que votam todos os anos. O público resmunga e rosna, chora e aplaude, protesta e vibra, possui desejos e se aborrece e, principalmente, é imprevisível. Essas manifestações têm um significado político direto ou em potencial.

Três perspicazes filósofos políticos do século XX advertem, cada um a sua maneira, sobre o alcance e o vigor dessa "vida pública": Dewey, Arendt e Schmitt. No que se refere ao americano John Dewey, seu *The Public and its Problems* (1927) permanece inspirador, em especial os capítulos 1-3. Para ele, o público surge em resposta a um acontecimento externo ou como consequência indireta da atuação humana. Constantemente em mutação, o público formula as questões para as quais a política deve encontrar uma resposta. Para a filósofa teuto-americana Hannah Arendt, o espaço público, onde as pessoas compartilham suas palavras e ações, é uma pré-condição para a liberdade humana. Veja sua obra-prima *The Human Condition*. Chicago/London, University of Chicago Press, 1998 (primeira edição em 1958), especialmente os capítulos 7, 27 e 28. Enquanto Dewey e Arendt colocam o público no papel de constituinte, para o jurisconsulto do direito estatal e ideólogo nazista Carl Schmitt ele está, antes de mais nada, na posição de reagir, de aclamar, ou seja, de conferir o poder por aplauso ou de perpetuá-lo, ou mesmo de castigá-lo com seu silêncio ou escárnio. Não obstante – ou talvez justamente por isso –, Schmitt, assim como Arendt e em menor grau Dewey, demonstra forte percepção do caráter caprichoso e vivaz do público; veja, por exemplo, Carl Schmitt, *Verfassungslehre*. Berlin, Duncker & Humblot, 1993, p. 243-44.

Com referência ao *status* dos fenômenos sociais, para simplificar se fez aqui um apelo a John R. Searle, *The Construction of Social Reality*. London, Allen Lane, 1995. Sem dúvida, a ideia subjacente daquilo que Searle chama de "construtivismo social" também pode ser defendida de outras maneiras. Para o problema político-filosófico da aceitação de uma regra, recorreu-se ao direito positivista de H. L. A. Hart, *The*

Concept of Law. Oxford, Oxford University Press, 1997. Sua teoria de 1961 não deixa de ser polêmica, mas a distinção que Hart aplica entre as regras primárias e secundárias, assim como entre a perspectiva interna e externa sobre a aceitação, oferece boa base para o teorema.

7. A ESTRATÉGIA ALEMÃ: COMPANHEIROS DE DESTINO

IDENTIDADE NACIONAL E FRONTEIRA. Alguns autores influentes no debate histórico e científico-social sobre a identidade, que desde o retorno do nacionalismo alçou voo como força política na Europa, são Ernest Gellner (*Nations and Nationalism.* Oxford, Cornell University Press, 1983); E. J. Hobsbawm (*Nations and Nationalism since 1780. Programme, Myth, Reality.* Cambridge, Cambridge University Press, 1992); e Anthony D. Smith (*National Identity.* London, University of Nevada Press, 1991, entre outros). Aí encontra-se muito material sobre a formação das nações-Estado durante o século XIX. O debate subjacente a esses autores (novamente) gira em torno do círculo vicioso da fundação: o que vem primeiro, a nação ou o Estado? Apesar de o historiador britânico Smith distinguir o nacionalismo "étnico" do "cidadão", no fim ele chega a um legado conjunto, ou seja, a um fundamento étnico como condição para as nações modernas. Em contrapartida, Gellner e Hobsbawm enfatizam o caráter "moldável" da identidade nacional. Hobsbawm o colocou de maneira sucinta: "As nações não constroem os Estados e o nacionalismo; ao contrário". (Hobsbawm, *Nations*, p. 10.) Gellner observou a contragosto:

> Uma pessoa deve possuir uma nacionalidade da mesma forma como deve possuir um nariz e duas orelhas. Tudo isso parece óbvio, mesmo que, entretanto, não seja verdade. Mas o fato de isso chegar a parecer tão óbvio certamente forma um aspecto, senão o próprio âmago, do problema do nacionalismo. Formar uma nação não constitui um atributo inerente à humanidade, mas hoje em dia isso aparenta ser como tal. (Gellner, *Nations*, p. 6.)

Não existem grupos "naturais"; cada grupo de pessoas que se considera um povo ou uma nação o faz como resultado de uma autodefinição. É o que afirma o antropólogo norueguês Barth em sua influente introdução em Frederik Barth (org.), *Ethnic Groups and Boundaries. The Social Organization of Cultural Difference.* Prospect Hights, Waveland Press, 1998, p. 9-38 (primeira edição em 1969). Não há dúvida de que para sua autodefinição um grupo qualquer pode se basear em sua raça, cultura, religião ou língua, mas, segundo Barth, essas características "objetivas" não explicam o surgimento, nem a função nem a sustentabilidade de tais grupos, tampouco o fato de os indivíduos poderem extrapolar os limites étnicos. É por isso que Barth inverte a situação: uma cultura compartilhada não forma a causa, mas sim o resultado de uma organização étnica. A autodefinição determina quais elementos serão usados para o balizamento e quais permanecerão no esquecimento. (Foi assim que durante a Guerra Civil na antiga Iugoslávia as diferenças de sotaque entre o "sérvio" e o "croata", que já eram mais notadas, se tornaram relevantes novamente para a identificação étnica, fazendo com que um grupo étnico se fragmentasse.) Em uma frase aparentemente inocente, mas radical, Barth afirma: o que devemos analisar são "os limites étnicos que definem o grupo e não as coisas culturais que este abrange" (15). Na sociedade contemporânea, a aquisição de uma auto-identidade coletiva – e, portanto, a fixação de uma fronteira – é predominantemente uma tarefa da política: quem pertence ao nosso grupo e quem não? Essa inevitável arbitrariedade se expressa na existência e na manutenção da fronteira.

Como se tornar um?

Julien Benda e a nação europeia. Ao menos um autor clamou por uma repetição do surgimento das nações do século XIX em escala europeia. Foi o intelectual francês Julien Benda, durante o entre-guerras, com seu *Discours à la Nation Européenne* (1933). O panfleto é uma contestação explícita ao *Reden an die Deutsche Nation* (1807-1808) de Fichte, a fonte primordial do programa nacionalista. Benda segue fielmente o receituário nacionalista do século XIX e monta, por exemplo, uma galeria de heróis europeus.

Políticas culturais

Dois livros úteis e sagazes sobre as tentativas da esfera institucional interna para criar uma única identidade europeia, ambos críticos, são: Chris Shore, *Building Europe. The Cultural Politics of European Integration*, London/New York, Routledge, 2000, e Tobias Theiler, *Political Symbolism and European Integration*, Manchester, Manchester University Press, 2005. Shore, um britânico, como antropólogo político tentou entender "o ponto de vista dos nativos"; por dez meses ele mergulhou na Comissão a fim de descobrir os modos de pensar, os motivos e a auto-imagem dos "construtores da Europa". Theiler, politicólogo suíço, realizou uma pesquisa com base em documentos e entrevistas sobre as iniciativas da Comissão nas áreas da cultura, mídia e educação desde os anos 1970. Com toda a razão, não só estudou os êxitos alcançados mas também os fracassos, igualmente esclarecedores.

Entre os historiadores existe uma noção relativamente forte do aspecto político e da formação de identidade das narrativas que escrevem, incluindo seu material didático, talvez devido ao estreito vínculo existente entre o nacionalismo do século XIX e a historiografia moderna. Veja algumas reflexões nesse sentido em Attila Pók, Jörn Rüsen e Jutta Scherrer (orgs.), *European History: Challenge for a Common Future*, Hamburg, Edition Körber-Stiftung, 2002, e Alan Bergounioux et al., *Faire des Européens? L'Europe dans l'Enseignement del'Histoire, de la Géographie et de l'Éducation Civique*, Paris, Delagrave, 2006.

BANDEIRA

Sobre a escolha do desenho da bandeira pelo Conselho da Europa, veja Robert Bichet, "Drapeau", em Yves Hersant e Fabienne Durand-Bogaert, *Europes. De l'Antiquité au XXᵉ Siècle. Anthologie Critique et Commentée*. Paris, p. 807-11 (o autor foi presidente da comissão parlamentar em questão). Sobre a cerimônia do primeiro hasteamento da bandeira pela Comunidade em 1986, veja Tobias Theiler, *Political Symbolism*, p. 1-2. O compromisso semântico para chamar a bandeira de "logotipo" foi um achado do então embaixador dos Países Baixos na Comunidade, veja Charles Rutten, *Aan de Wieg van Europa em Andere Buitenlandse Zaken. Herinneringen van een Diplomaat*. Amsterdam, Boom, 2005, p. 175-76.

CÉDULAS DO EURO E MOEDAS DO EURO

O relato sobre a concepção das cédulas do euro se baseia nos dois relatórios dos comitês de especialistas que fizeram sugestões para seus "temas" e suas "características". Trata-se do Interim Report to the European Monetary Institute's Working Group on Printing and Issuing an European Banknote: On the selection of a theme for the European banknote series, escrito pelo Theme Selection Advisory Group em maio de 1995 e pelo Feature Selection Advisory Group, e do Selection of Design Features: Report to the European Monetary Institute's Working Group on Printing and Issuing an European Banknote, de novembro de 1995. Os relatórios eram confidenciais, mas a partir de fevereiro de 2007 ambos puderam ser encontrados no site do Banco Central Europeu.

POR QUE ESTAMOS JUNTOS?

Sobre a busca dos Estados-membros reunidos pelo motivo de sua coligação – em contraste com sua unificação – pouco se escreveu de forma sistemática.

O relato se baseia nos debates oficiais entre os Estados-membros em determinados momentos, conforme registrado nos preâmbulos, nos textos de tratados e em outras determinações: na fundação, após a adesão britânica em 1973, na aprovação para a adesão dos Estados da Europa Central e Europa Oriental, durante a redação do tratado constituinte.

Sobre o "fundamento histórico" que a pessoa do imperador Carlos Magno forneceu aos Seis e seu uso, em particular pelo democrata-cristão alemão, veja Dirk Schümer, *Das Gesicht Europas. Ein Kontinent Wächts Zuzammen*. München, Deutscher Taschenbuch, 2004, p. 62-66 (como indício de sua reverberação externa até o mais alto nível, veja o mote da Parte II, capítulo 5.) Sobre uma crítica histórica a esse mito, veja Johannes Fried, "Karl, der Grosse Europäer? Ein Dunkler Leuchtturm", *Der Spiegel*, 1.º de março de 2002, special 1/2002, p. 24-33.

A literatura sobre a unidade histórica e cultural do continente como um todo, em contraste com os seus vizinhos África, Ásia e o Oriente Médio, é vasta. Alguns títulos foram citados no prólogo, capítulo 2 ("a esfera externa"). Um excelente compêndio de 25 séculos de história europeia, com seus momentos de unidade e diversidade, foi escrito pelo historiador franco-polonês Krzysztof Pomian, em *L'Europe et ses Nations*. Paris, Gallimard, 1990. Outra obra sobre a identidade europeia é de Rémi Brague, *Europe, la Voie Romaine*. Paris, Critérion, 1993, que de forma original e perspicaz busca a unidade europeia na "latinidade".

8. A ESTRATÉGIA ROMANA: CLIENTES

A frase de Monty Python citada no mote "O que os romanos já fizeram por nós?" foi parafraseada em um videoclipe de propaganda do Movimento Europeu e algumas outras organizações, conforme disponível em www.whathaseuropedone.org. Na literatura acadêmica, a comparação com esse tipo de legitimação do Império romano também já foi usada. Com relação à introdução da cidadania na União Europeia do Tratado, um severo Joseph Weiler uma vez disse: "Conceituar a cidadania europeia em torno de necessidades [...] e direitos é uma versão de fim de milênio da política de pão e circo" (Joseph Weiler, *The European Constitution*, p. 335).

DIREITOS E LIBERDADES

A contundente tese de Paul Magnette, *La Citoyenneté Européenne. Droits, Politiques, Institutions*, Brussels, Éditions de l'Université de Bruxelles, 1999, oferece, entre outras coisas, a distinção entre direitos "isopoliteicos" e "simpoliteicos".

Sobre o surgimento de direitos individuais nos tratados de Paris e Roma, incluindo o papel dos italianos nesse processo, veja Willem Maas, *Creating European Citizens*, Lanham, Maryland, Rowman & Littlefield, 2007, p. 11-26, assim como sua obra anterior anterior, "The Genesis of European Rights", *Journal of Common Market Studies* 43 (2005) 5, p. 1009-25.

O papel da Espanha na introdução da cidadania no tratado da União Europeia é enfatizado pela maioria dos autores. Veja nesse sentido o memorando do governo espanhol "The Road to European Citizenship", documento do Conselho SN 3940/90 de 24 de setembro de 1990, em Laursen e Vanhoonacker, *The Intergovernmental Conference*, p. 328-32, e o artigo do ministro espanhol de assuntos europeus (depois eurocomissário e ministro das Finanças) Solbes em Pedro Solbes Mira, "La Citoyenneté Européenne", *Revue du Marché Commun* (1991) n. 345, p. 168-70.

Que os britânicos tinham mais o que fazer em Maastricht que ficar obstruindo a "cidadania" desponta de uma hilária reconstituição do pânico britânico nos momentos finais das negociações sobre o euro, em Kenneth Dyson e Kevin Featherstone, *The Road to Maastricht. Negotiating Monetary and Economic Union*. Oxford, Oxford University Press, 1999, p. 659-63. Sobre o papel secundário da Dinamarca – somente haveria acordo caso um *ombudsman* europeu fosse instituído –, veja Pieter Biering, "The Danish Proposal to the Intergovernmental Conference on Political Union", em P. Nikiforos Diamandouros et al., *The European Ombudsman. Origin, Establishment, Evolution*. Lëtzebuerg, Office for Official Publications of the European Communities, 2005, p. 38-51. Os dinamarqueses já haviam assinalado seus planos para o *ombudsman* durante as negociações sobre o Ato Único Europeu em 1985, mas na ocasião o prazo para isso já havia expirado. Em 1991, eles o submeteram a tempo e obtiveram o apoio da Espanha.

PROTEÇÃO

Quanto ao papel dos agricultores na tomada do poder tanto por Mussolini (no vale do Rio Pó) quanto por Hitler (Silésia-Holstein) – e o subsequente temor após 1945 de uma repetição –, veja Robert O. Paxton, *The Anatomy of Fascism*. New York/London, Knopf, 2004, p. 58-67. Sobre a transição do protecionismo agrícola nacional para o europeu nos anos 1945-1957, veja Milward, *The European Rescue*, p. 224-317. Sobre a fundamental "decisão transitória" de 14 de janeiro de 1962, para a qual o setor agrícola formava o maior obstáculo, veja a bibliografia citada no capítulo 5, seção 1 ("No Túnel"). As negociações entre os Seis levaram à famosa "noite do trigo" de 15 de dezembro de 1963, quando pela primeira vez se estabeleceu um preço europeu para o trigo, em N. Piers Ludlow, *The European Community and the Crisis of the 1960s. Negotiating the Gaullist Challenge*. London/New York, Routledge, 2006, p. 32-39. Sobre os primeiros anos da Comunidade, vistos da perspectiva de um prestigioso comissário para a agricultura, veja Johan van Merriënboer, *Mansholt. Een Biografie*. Amsterdam, Boom, 2006, p. 236-320.

Os estudos sobre a política regional na Europa em geral padecem de uma fascinação pela "governança em múltiplos níveis". Essa teoria sobre a governança, trazendo palavras-chave como "redes", "complexidade", "descentralização", e "sobreposição de autoridades", forma a cortina de fumaça intelectual ideal para o clientelismo político-administrativo, mediante a qual Bruxelas alicia as unidades administrativas subnacionais ao proporcionar-lhes fundos à revelia de seus governos. Até 1988, os subsídios regionais eram destinados às capitais, de onde esses fundos eram repartidos entre as regiões. Sob o impulso do presidente da Comissão Delors e a pressão espanhola (membro desde 1986), as quantias aumentaram e forjou-se um vínculo direto entre a Comissão e as regiões, com a "política regional" sendo rebatizada de "política de coesão". Por meio do Tratado de Maastricht (1992), a "coesão social e econômica" ganhou destaque como um objetivo em si (somente depois definido com maior clareza no Tratado de Lisboa como "coesão econômica e social territorial"). Logo depois disso surgiu, de forma estreitamente relacionada, a "teoria da governança em múltiplos níveis" na politicologia. Sobre isso, veja Gary Marks, "Structural Policy and Multi-Level Governance in the EC", em Alan W. Cafruny e Glenda G. Rosenthal (orgs.), *The State of the European Community. The Maastricht Debate and Beyond*. Boulder, Colorado, Rienner, 1993, p. 391-411. Nesse pensamento, as regiões – Estados, províncias, autoridades regionais, aglomerações urbanas – foram realocadas para o "terceiro nível". Veja o precoce Udo Bullman (org.), *Die Politik der Dritten Ebene. Regionen im Europa der Union*. Baden-Baden, Nomos, 1994. Influente foram Liesbet Hooghe (org.), *Cohesion Policy and European Integration. Building Multi-Level Governance*, Oxford, Oxford University Press, 1996, e dois dos autores citados Liesbeth Hooghe e Gary Marks, *Multi-Level Governance and European Integration*. Lanham, Maryland, Rowman & Littlefield, 2001.

Sobre o conceito de solidariedade, veja a edição temática "Über Solidarität"de *Transit. Europäische Revue* (inverno 2006/2007) n. 32. Ela contém os resultados do esforço intelectual de um grupo de reflexão formado por solicitação do presidente da Comissão Prodi e composto de acadêmicos, políticos e escritores. O projeto foi lançado em *Transit* (inverno 2004/2005),n. 28. Uma seleção das contribuições na língua inglesa pode ser encontrada em Krzysztof Michalski (org.), *What Holds Europe Together? Conditions of European Solidarity*. Budapest, Central Europe University

Press, 2006. Os lados mais problemáticos da solidariedade são enfocados no citado ensaio de Kurt Biedenkopf (p. 13-29; originalmente em *Transit*, inverno 2003/2004, n. 26, 29-47) e no altamente legível Janos Matyas Kovacs, "Between Resentment and Indifference, Narratives of Solidarity in the Enlarging Union" (p. 54-85; igualmente em *Transit*, inverno 2006/2007, n. 32, p. 42-66). Kovacs disseca os discursos no "Ocidente" e no "Oriente" europeu sobre a solidariedade, centrado em torno da luta pelos subsídios regionais.

A respeito da estratégia de resultados, conforme utilizado pela Comissão Barroso após a pancada do plebiscito, veja, por exemplo, David Howarth, "Internal Policies: the Commission Defends the EU Consumer", *Journal of Common Market studies* 46 (2008), edição anual, p. 91-107.

9. A ESTRATÉGIA GREGA: O CORO

A proposição de que a legitimidade "grega" constituiria o fundamento de uma identidade "alemã" compartilhada é conhecida na literatura como a "tese sem demos". O termo provém de J. H. H. Weiler, "Does Europe Need a Constitution? Demos, Telos and the German Maastricht Decision", *European Law Journal* 1 (1995) 3, p. 219-258. Como legado intelectual, esse certamente é mais antigo; o presidente francês De Gaulle foi seu intérprete político mais consequente, mas vale ver também o que o escritor, diplomata e ativista europeu espanhol Salvador de Madariaga escreveu em 1960: "O Parlamento eleito pelo sufrágio universal pressupõe uma nação, [enquanto] a Europa não é nem será uma nação. Trata-se de um conjunto de nações. Seu Parlamento, portanto, deve ser eleito pelos parlamentos nacionais" (Salvador de Madariaga, "Critique de l'Europe", *European Yearbook V*, em Hugh Beesley, "Direct Elections to the European Parliament", em idem et al., *Limits and Problems of European Integration*. Den Haag, Martinus Nijhoff, 1963, p. 89).

A posição da Corte Constitucional alemã é caracterizada por Weiler como uma variante "atenuada" da tese sem demos, ou mesmo "a versão 'ainda não': apesar de não haver demos neste instante, a possibilidade para o futuro não pode ser descartada de antemão". Em contrapartida, existe ainda a variante "categórica", sendo que esta "rejeita essa possibilidade não só como objetivamente irrealista mas também como indesejável" (Weiler, "Does Europe Need a Constitution?", p. 229-30). Esse debate não pode ser decidido na teoria. A criação de um Parlamento europeu diretamente eleito de fato significou uma derrota política para a variante categórica da tese sem demos, de modo que a democracia europeia agora vive sob o signo do "ainda não".

Em uníssono

Sobre o Parlamento europeu e seu antecessor existem duas clássicas teses político-jurídicas: P. J. G. Kapteyn, *L'Assemblée Commune de la Communauté du Charbon et de l'Acier. Essai de Parlementarisme Européen*, Leiden, A. W. Sÿthoff, 1962, e S. Patijn, *De Uitbreiding van de Bevoegdheden van het Europees Parlement*, Rotterdam, Universitaire Pers, 1973, ambos com um excelente conhecimento do lado de dentro do Parlamento. Úteis para saber mais sobre a situação do debate na época são as seguintes obras, que demonstram grande simpatia pelo assunto: Hugh Beelsey, "Direct elections to the European Parliament", em idem et al., *Limits and Problems of European Integration*, Den Haag, Martinus Nijhoff, 1963, e David Marquand, *A Parliament for Europe*, London, J. Cape, 1979.

O compêndio mais usado atualmente foi escrito por um europarlamentar britânico com dois coautores e enfoca principalmente sua organização interna e seu funcionamento: Richard Corbett, Francis Jacobs e Michael Shackleton, *The European Parliament*. London, John Harper, 2011. Contém um tesouro de informação factual. Em outra obra, um ex-secretário-geral do Parlamento oferece uma rara combinação de análise política e anedotas históricas desde 1979: Julian Priestley, *Six Battles that Shaped European Parliament*. London, John Harper, 2008. Ele narra, entre outras coisas (p. 6-22), a crise orçamentária de 1979/1980, quando foi colaborador do grande incentivador do Parlamento (e depois seu presidente) Piet Dankert. Não menos vívido, do mesmo autor e Stephen Clark é *Europe's Parliament: People, Places, Politics*. London, John Harper Publishing, 2012.

Sobre a cidadania (política), veja os títulos citados no capítulo 8, "Direitos e Liberdades".

Sobre o tratado constituinte, veja os títulos citados no capítulo 2, "O Anfitrião na Varanda".

O fato de o lema grego de Péricles ter sucumbido diante da resistência finlandesa e irlandesa é relatado por Guy Milton (secretário do Conselho) em comunicação escrita ao autor em 27 de outubro de 2008.

Polifonia

Nas últimas duas décadas, a literatura sobre o papel dos parlamentos nacionais cresceu imensamente. Veja, por exemplo, Andreas Maurer e Wolfgang Wessels (orgs.), *National Parliaments on their Ways to Europe: Losers or Late-Comers?*, Baden-Baden, Nomos, 2001; John O'Brennan e Tapio Raunio, *National Parliaments Within the Enlarged European Union. From "Victims" of Integration to Competitive Actors*, London, Routledge, 2007; Philipp Kiiver, *National and Regional Parliaments in the European Constitutional Order*. Groningen, Europa Law Publishing, 2006; Olaf Tans, Carla Zoethout e Jit Peters, *National Parliaments and European Democracy. A Bottom-Up Approach*, Groningen. Europa Law Publishing, 2007. Em anos recentes, tanto a efetivação do Tratado de Lisboa quanto o controle parlamentar sobre a crise na zona do euro focaram a atenção sobre o assunto; veja, por exemplo, Ian Cooper, "A 'Virtual Third Chamber' for the European Union: National Parliaments After the Treaty of Lisbon", *West European Politics* 35 (2012) 3, 441-465, e Timm Beichelt, "Recovering Space Lost: the German Bundestag's New Potential in European Politics", *German Politics* 21 (2012) 2, 143-160.

Um prestigiado pleito para um senado europeu, composto de parlamentares nacionais, pode ser encontrado em Larry Siedentop, *Democracy in Europe*. London, 2000, p. 147-149. Veja também do europeísta britânico Charles Grant, *EU 2010. An Optimistic Vision for the Future*. London, The Penguin Press, 2000, que inspirou o primeiro-ministro britânico Tony Blair a um discurso em Varsóvia (6 de outubro de 2000).

Sobre os nove plebiscitos de adesão de 2003, veja uma edição especial publicada por Aleks Szczerbiak e Paul Taggart, o número especial do *West European Politics* 27 (2004) 4, p. 557-777. O título da contribuição de Szczerbiak sobre a Polônia traz a lição mais importante: "History Trumps Government Unpopularity" (p. 671). Veja também Sara Binzer Hobolt, *Europe in Question: Referendums on European Integration*. Oxford, Oxford University Press, 2009. Uma monografia versátil sobre um plebiscito pan-europeu é: Andréas Auer e Jean-François Flauss (orgs.), *Le Référendum Européen. Actes du Colloque International de Strasbourg, 21-22 Février 1997*. Brussels, 1997. Semelhante plebiscito pan-europeu já foi proposto antes, notadamente por De Gaulle ainda nos anos 1940, mas nunca foi realizado.

Drama

A diversidade linguística europeia foi analisada em Abram de Swaan, *Woorden van de Wereld. Het Mondiale Talenstelsel*, Amsterdam, Bert Bakker, 2002, p. 182-215, e sua obra mais recente "The Language Predicament of the EU since the Enlargements", *Sociolinguistica* 21 (2007), p. 1-21. Veja também Philippe van Parijs, "Europe's Linguistic Challenge", *Archives Européennes de Sociologie* 45 (2004) 1, p. 113-54, e Dominik Hanf, Klaus Malacek e Elise Muir (orgs.), *Langues et Construction Européenne*. Brussels, Peter Langetc. 2010.

Após o surgimento de um "espaço político europeu", muita pesquisa (de mídia) foi realizada sobre o assunto. Veja Ruud Koopmans e Paul Statham (orgs.), *The Making of a European Public Sphere: Media Discourse and Political Contention*. Cambridge, Cambridge University Press, 2010. Outras pesquisas recentes nessa área são: Thomas Risse, *A Community of Europeans? Transnational Identities and Public Spheres*, Cornell, Cornell University Press, 2010; Patrick Bijsmans, *Debating Europe. Reflections on EU Affairs in the Public Sphere*, Maastricht, Maastricht University Press, 2 011; Paul Statham e Hans-Jörg Trenz, *The Politicization of Europe: Contesting the Constitution in the Mass Media*, London, Routledge, 2013. Uma distinção útil é feita entre "espaço público" e "espaço das políticas públicas", ou seja, entre o público em geral e um público mais técnico composto de grupos de interesses e profissionais da área (certamente abundante em Bruxelas); veja Jos de Beus, "The European Union as a Community. An Argument about the Public Sphere in International Society and Politics", em Paul van Seters, *Communitarianism and Law*. Lanham, Maryland, Rowman & Littlefield, 2006.

A estimulante coletânea Kalypso Nicolaïdes e Justine Lacroix (orgs.), *European Stories. Intellectual Debates on Europe in National Contexts*, Oxford, Oxford University Press, 2010 oferece muitos exemplos de como a "Europa" significa coisas diferentes para pessoas diferentes no continente. Um efeito subestimado da europeização das esferas públicas nacionais é analisado em Cécile Leconte, *Understanding Euroscepticism*. London, Palgrave Macmillan, 2010.

Inspirador é Bernard Manin, *Principes du Gouvernement Représentatif*. Paris, Calmann-Lévy, 1995, uma pesquisa histórica e filosófica sobre a relação entre os representantes políticos e aqueles que são representados. Manin oferece forte noção do efeito temporal das eleições, isto é, do jogo político como antecipação à opinião retroativa, além de vincular de forma convincente o surgimento das liberdades públicas no fim do século XIX à democracia parlamentar.

Índice Remissivo

A

Aachen 398

Acheson, Dean, 239-40, 244, 247, 278, 499, 526

Acordo constitucional, 173, 462-67, 469, 478, 519-21
  como conceito, 60
  Declaração, 169, 171
  lema proposto, 464

Adenauer, Konrad, 31, 49, 89, 112, 228, 239, 241, 259-63, 266, 281-82, 306, 339, 385, 390, 397, 499, 530-31

Adesão (admissão) 106

Afeganistão, 335-36, 342

África, 342

Agricultores, 423, 545

Agricultura, 52, 58, 62, 71, 94, 111, 115-16, 137, 142, 267, 270, 272-73, 288, 422-25, 545

Ajuda de emergência, 430-31

'alargamento', 537-38

Alargamento, oriental, 329, 338, 420

Albânia, 328

Alemanha
  Bundesrat, 200
  Bundestag, 115, 162, 179, 181, 191, 200, 303, 549
  condição de pária, 228, 239
  Corte Constitucional (*Bundesverfassungsgericht*), 176-77, 195-97, 199-201, 248, 443
  divisão e ocupação da, 233
  e alteração formal do tratado em 1985, 182
  e debate no Conselho dos Ministros (1965), 112
  e redistribuição, 429-30
  e Tratado do Carvão e do Aço, 89-90
  eleições nacionais, 107, 115-16
  identidade cultural e histórica, 363
  motivações políticas, 227-28
  questão alemã, 236, 244-45
  rearmamento, 245, 251-52, 254
  regime nazista, 31, 196, 232-33, 302, 325, 398, 430

unificação, 228, 253, 302-10, 324, 535
Alemanha Ocidental, 276
    adesão à Otan, 254, 265
    e projeto de exército europeu, 246, 250, 254
    e solidariedade com a Alemanha Oriental, 430
    ocupação da, 236
Alemanha Oriental, 228, 243, 276, 289, 302
Alexandre, o Grande, 318-19
Alta política, 226-27, 265, 276-77, 320, 338, 343-44, 526
Amato, Giuliano, 208, 210
América, Estados Unidos da
    Artigos de Confederação, 151-52, 155
    como protetores, 231, 302, 334
    como superpotência, 235, 242, 260, 408
    Constituição, 121, 150-58, 250, 351, 352-53, 462
    dominação dos meios (mídia) de comunicação de massa, 375
    e 11 de Setembro, 300
    e a crise do petróleo, 292-93
    e crise de Suez, 255-56
    e exército europeu, 146
    e Guerra da Coreia, 144
    e União Soviética, 234-35, 243
    Guerra Civil, 27
    invasão da Alemanha Ocidental, 243
    invasão do Iraque, 44, 81, 336
    pais fundadores, 238, 334–5
    unificação, 150, 516

Amsterdã, Tratado de (1997), 145, 164, 204, 321
Andersen, Knud Børge, 292
Andreotti, Giulio, 180, 182, 305-306, 316
Apollinaire, Guillaume, 31
'aprofundamento', 537-38
Arendt, Hannah, 439, 482, 496
    On Revolution, 513
    "Que é Liberdade?", 440
Argélia, 27, 252, 255, 259
Aron, Raymond, 40, 507, 526
Assembleia *Ad Hoc*, 250
Associação Europeia de Livre-Comércio, 279, 283, 325, 330
Ato Único Europeu (1986), 140-41, 164, 187, 199, 538
Attali, Jacques, 190, 304, 308, 502, 536
Attlee, Clement, 91
Aung San Suu Kyi, 69
Auschwitz, 228
Áustria, 84, 164, 166, 354
    Admissão, 325
    Universidades, 419
Autoimagem
    da Convenção, 337
    das esferas, 44, 75, 290
    do Parlamento, 457
    dos Estados-membros, 400-403
Autoridade, 81, 91, 131, 133-35, 143, 146, 205, 248, 295, 298, 319, 337-38, 400, 408
    do Conselho Europeu, 72
    do Parlamento, 452
    na visão de Bagehot, 134
Autoridade do Ruhr, 236-37

Autorreforma, 174, 176, 191, 194, 206-07
Aznar, José Maria, 339

B

Bacia do Sarre, 49, 234, 236
Badinter, Robert, 162
Bagehot, Walter, 134, 347
Baixa política, 224, 232, 272, 485, 525
Balkenende, Jan Peter, 479-80
Banco Central, 56, 388, 394
Bandeira europeia, 378-83, 543
    como logotipo, 378, 381
    e governo neerlandês, 434
    e moeda e cédulas do euro, 386, 391
Barroso, José Manuel, 344, 382, 432, 455
Bech, Joseph, 262
Beethoven, Ludwig van, 389
'Ode à Alegria', 380
Bélgica, 57-58, 115, 206, 210, 243, 276, 379, 403, 416, 422-23
    apoio à participação britânica, 281-82
    e Convenção, 166, 204
    e Cúpula de Milão, 184-85
    e exército europeu, 246
    e fundação da Comunidade, 53-55, 312-13, 453, 460
    e Guerra do Iraque, 336
    e liberdade de movimento, 413
    na crise da política do assento vazio, 115
Benda, Julien, 367, 542
Benelux, países do, 91, 179-82, 186, 236, 245, 254, 297, 311, 453, 471, 479

Bérégovoy, Pierre, 141
Berlim, 242, 304
Berlusconi, Silvio, 210, 382
Bevin, Ernest, 278
Beyen, Johan Willem, 31, 257, 500
Bidault, Georges, 250
Biedenkopf, Kurt, 430
Bill of Rights (1791), 121
Bin Laden, Osama, 334
Bismarck, Otto von, 43, 48-49, 65, 67, 74, 210, 234, 236
Blair, Tony, 71, 339, 457, 477
Blefe, uso do, 103, 106, 124, 158, 167, 191, 205, 352, 354, 462
Bloch, Marc, 42
Boegner, Jean-Marc, 97
Bonde, Jens-Peter, 167
Bonn, cúpula do G7, 189
Bósnia, 327, 342-43
Brandt, Willy, 55, 272, 287, 289, 291, 295
Briand, Aristide, 31
Brok, Elmar, 210
Brontë, Charlotte, 389
Brown, Gordon, 343, 382
Brunner, Manfred, 199
Bulganin, Nikolai, 256-57
Bulgária, 144, 326
Bundesbank, 56, 227
Burke, Edmund, 30, 173
Burocracia, 29-30, 36, 124, 272, 484-85
Bush, George H. W., 302, 306, 333-34, 535
Bush, George W., 488
Buttiglione, Rocco, 456, 483
Byrnes, James, 243

C

Caixa eletrônico de graça, 434
Calleo, David P., 539
Canal de Suez, 342
Capital, liberdade de movimento do, 413
Carlos Magno, Imperador, 265, 374, 395, 398-99, 544
Carolina do Norte, 154, 163
Carroll, Daniel, 152
Carta dos Direitos Fundamentais, 197
Castelo do Vale da Duquesa, Conferência Intergovernamental (1956), 257-60, 268, 450, 530
Castlereagh, Robert, 62
Catarina, a Grande, czarina, 329
Catolicismo, 397
Centinel (Samuel Bryan), 149
Chipre, 49, 256
Chirac, Jacques, 339
Churchill, Winston, 30, 233-34, 247, 306, 441, 446, 527
Cidadania, 311, 416-19, 463-65
  britânica, 416
  como conceito, 69, 418
  continental e nacional, 412
  e Tratado de Maastricht, 417, 461
  Espanha e, 416
  Habermas sobre, 38
  na Alemanha, 200, 367
  na Dinamarca, 462
  Política, 459-462
  Romano, 409
  Weiler a respeito de, 462
Cidadãos europeus, 27-42, 85, 123, 177, 502, 504, 507
Círculo dos membros, 164, 372

composição, 330-31
e Conselho Europeu, 72, 92
Cláusula de abandono, 268, 473
Cláusula de flexibilidade (atalho jurídico), 198
Clinton, George, 154
Clube (agremiação)
  como corpo político, 195, 226, 273, 319-20, 354, 457
  de democracias, 403, 467
  Estados-membros como, 53, 64, 74, 89-90, 98, 100, 108, 124-25, 139, 145, 164, 170, 177, 364, 372-73
  papel do, 266, 322
Colinas de Golan, 292
Colombo, Cristóvão, 275, 361, 383
Colombo, Emilio, 119
Comênio, John Amos, 384
Comênio, programa, 384
Comissão (europeia), 31, 50, 56, 67-69, 99, 275, 374, 477, 479, 509
  eleita pelo Parlamento, 455
  na crise do assento vazio, 516-19
Compromisso, 45-46, 55, 60-61, 122, 130, 192-95, 252, 339, 484, 487
Compromisso de Luxemburgo, 107, 120-47, 517
  como 'acordo para discordar, 129
  como convenção constitucional, 136
  consequências, 135-140
Comunidade (como termo), 51, 509
Comunidade (Comunidade Europeia do Carvão e do Aço; Comunidade Econômica Europeia; Comunidade Europeia), 44, 53-65, 266

Comunidade atômica, 263, 265
Comunidade do Carvão e do Aço, 35,
    49, 90-91, 96, 224, 248-49, 257,
    276, 396-97, 409
Comunidade Europeia, 44, 53-65,
    266
    diferença com a União, 317
    espírito, de 51, 53, 127, 132, 277,
        285-86, 415, 475
Comunidade Europeia de Defesa, 247-
    50, 529
Comunitarização das políticas, 52
Concerto europeu, 44, 237, 330-31,
    370
Confederalismo, 28
Conferência
    de Londres (1948), 236-37
    de Potsdam, (1945), 233
    em Bandung (1955), 254
Conflito entre França e Argélia, 27,
    259
Congresso (como instituição), 476
Connecticut, 152
Conselho da Europa (Estrasburgo),
    379, 444
Conselho de Segurança, 85
Conselho Europeu, 483, 493, 511
    como instituição, 64, 190
    e ataques do 11 de setembro, 338
    e Parlamento, 448-50
    e política externa, 336
    fundação, 298, 453, 539
    papel do, 492-93
    presidência, 55, 61, 72, 271, 293,
        296, 338, 343, 457, 534
    reivindicação ao, 143-46, 174
    responsabilidade de, 276

Conselho Ministerial/Ministros
    (Conselho da União Europeia)
    (Bruxelas/Luxemburgo)
    como segunda câmara legislativa,
        456, 476
    debate (1965), 112
    decisão da maioria, 70, 95
    e Conselho da Europa, 144, 147,
        457
    e Parlamento, 452-55
    e triângulo institucional, 32
    escritório de Bruxelas, 399
    não estabelecido, 93, 445
    pacotes de propostas, 132
    presidência, 71, 292, 322
Consenso, 88, 98, 142, 147, 207, 484
Constantinopla, queda de, 46
Constitucionalismo (Estados e
    Cidadãos), 32, 38
Construção (como conceito), 33-34, 52
Continente, Europa como, 328, 362,
    365, 388, 395-96, 404, 544
Contrato social, 82
Controle de passaporte, 415
Convenção (Europeia), 162-71, 204-
    12, 463, 520-21
Convenção constitucional, 136, 139,
    250, 462-63
Convenção da Filadélfia, 150-59, 170,
    205, 463
Convenção na Virgínia, 157
Cooperação (como conceito), 32-33
Copenhagen
    Cúpula (1973), 54, 293-94, 371,
        400, 534
    Cúpula (1993), 401
Cooperação Política Europeia, 55, 290

Corte de justiça (europeia), 38, 50, 67, 99-107, 122, 161, 313, 408-09, 414, 462, 514
Cortina de Ferro, 234, 303, 308-09, 321-22, 401
  queda da, 408, 436
Cosac (Conferência da Comunidade e dos Comitês de Assuntos Europeus do Parlamento da União Europeia), 476
Costa/Enel, caso, 104-06
Coudenhove-Kalergi, Richard von, 31
Couve de Murville, Maurice, 112-14, 116, 118-20, 125, 127, 133, 277, 285
Craxi, Bettino, 87, 178, 180-81, 183-84, 186, 188-89, 214
Crespo, Enrique Barón, 325
Crise constitucional, 107, 126, 130
Crise de Suez, 254-56, 260, 530
Crise do assento vazio, 58, 108, 114, 124-25, 128, 424, 516
Crise do crédito (2008), 349
Crise do petróleo, 273, 293
Cristianismo, 46, 219, 397-98, 403
Critérios de Copenhague, 401
Croácia, 48-49, 327-28
Cumprimento, 50, 143, 283, 357
Cúpula, 144, 227, 486
Curie, Marie, 389

D

Dankert, Piet, 314
Dante Alighieri, *A Divina Comédia*, 76
Data final, 127 (corte da data), 270 (prazo delimitado), 275 (data definitiva), 450 (sem data marcada)
Davignon, Étienne (diplomata belga), 54, 534
d'Azeglio, Massimo, 369
De Gasperi, Alcide, 249, 390, 397
De Gaulle, Charles, 109-21, 290, 500
  Baden-Baden discurso (1945), 233-34, 236
  Churchill e, 306
  e agricultores, 424
  e Alemanha, 48, 339
  e Compromisso de Luxemburgo, 133
  e eleição presidencial francesa (1965), 117-18, 469
  e Estados da Europa, 29, 109-110
  e Parlamento (Europeu), 447-48
  e tomada de decisão por maioria, 145
  retirada do Conselho Ministerial, 114, 137
  vetos à adesão da Grã-Bretanha, 271, 281-86, 473, 483-84, 533
Debré, Michel, 127, 446
Decisão por maioria, 44, 70, 83-90, 132, 178, 184, 352, 484, 512, 516, 523
  democracia e, 364, 441
  e supranacionalismo, 98
  Hallstein sobre, 109
  na política externa, 145, 338
  Rousseau sobre, 84
  transição para, 108, 123, 142, 150, 211, 269
Declaração de Schuman /Plano (1950), 49, 92, 167, 244-45, 276, 278, 368, 413, 445, 526
Declaração sobre a Identidade Europeia, 290, 372, 399

Defesa, 242-54, 273, 319
"déficit" democrático (como conceito), 443
Dehaene, Jean-Luc, 169, 209, 337
Dehousse, Fernand, 453
Delors, Jacques
    bravata de, 306-308
    como pais fundadores, 386
    como presidente da Comissão, 124, 178, 273-75, 500
    e alargamento oriental, 538
    e conceito de União, 182, 186, 314-15, 320
    e data definitiva, 275
    e indústria cultural, 376
    e política de infraestrutura, 198
    e redistribuição, 425
    e unificação alemã, 324
    sobre mercado interno, 419
    Thatcher e, 316
democracia, 364, 400-01, 441-42, 464-65
Democratas-Cristãos, 166-67, 180, 184, 252, 397, 430, 446
dêmos, 358, 443, 465
den Uyl, Joop, 296
Deniau, Jean-François, 361-62
desemprego, 413
desigualdade, 318, 422
Dewey, John, 490
    The Public and its Problems, 490
"Dia da Europa", 368
Dien Bien Phu, 252
Dinamarca, 64, 149, 164, 180, 185-86, 192, 243, 279, 288, 293
    e cidadania, 461, 545
    e Conselho Europeu, 297-98, 534
    e sistema de ombudsman, 416-17, 545
    e Zona de Livre-Comércio, 279, 288
    Folketing, 472
    Parlamento, 400
    voto contra, 149, 154, 156, 162, 288, 461, 474, 492
Diplomacia, 46, 50, 61, 537
Direito
    constitutional, 35, 59-60
    da Comunidade, 61, 99-105, 189, 200
    internacional, 49, 99, 100, 203, 351, 523
    público europeu, 46, 358 (regra europeia), 414 (ordem europeia), 508
Direitos, 410-21, 544-45
    de estrangeiros, 46, 415
Discriminação, proibição da, 418
Discursos, europeus, 27-45
Dominação franco-alemã, medo da, 281, 288
Drake, Sir Francis, 374
Drees, Willem, 262, 397
Duff, Andrew, 211
Duhamel, Olivier, 167
Dulles, John Foster, 260
Dumas, Roland, 182
Duroselle, Jean Baptiste, *Europa: a História de seus Povos*, 374
Duvieusart, Jean, 93

E

Ecu (*European Currency Unit*), 387
Eden, Anthony, 256, 260, 278

Efeito direto, 102, 104, 459
Egito, 255-56, 292
Einstein, Albert, 31
Eisenhower, Dwight, 246, 250, 255-56, 260
Eleições, eleitorado nacional, 467-69, 490-91
Elizabeth I, rainha, 250
Embaixadores, 46, 62, 70, 96-97, 118, 125, 132, 514
Equilíbrio de poder, 132, 207, 220, 232, 276, 282, 507
   depois da queda do muro de Berlim, 301
   e Plano Schuman, 278
   Estados-membros e, 45, 51, 60
   França e, 238, 281, 288, 304
   no concerto de Estados, 44, 46, 52, 58
Erasmo, Desiderius, 384
Erasmo, programa, 384
Erhard, Ludwig, 115-16, 259
Erlander, Tage, 397
Esfera externa (geopolítica), 44, 361-62, 507-08
   e fronteiras, 45-49
   e Queda do Muro de Berlim, 301
   paralelo com o inferno, 75
Esfera intermediária (de Estados-membros), 45, 53, 55-60, 362, 511
   autonomia da, 74
   conflito com a esfera interna, 53, 72, 493
   e formação da União, 301, 311
   e líderes de governo, 189-90
   e o direito das nações, 94
   e pública, 363-64
   e revisão, 213
   emergência da, 93, 121
   paralelo com o purgatório, 75-76
Esfera interna (institucional), 45, 63, 88, 226, 361-62, 364, 430, 509-10
   conflito com a esfera intermediária, 53, 312-13, 493
   e Conselho europeu, 71-72, 189
   e pública, 364, 485
   Grã-Bretanha e, 228-29
   líderes nacionais e, 60
   oposição entre inferno e paraíso, 76
Esferas, 43-77, 49-53, 63, 66-67, 122-23, 282, 311, 361, 381
   transições entre, 63-65
Eslováquia, 470
Eslovênia, 48, 327-28
Espanha
   como democracia, 400
   e cidadania, 458, 544
   e Grã-Bretanha, 49
   e legitimidade democrática, 460
   e liberdade de movimento, 416, 419
   e política de redistribuição, 427, 546
   eleições (2004), 469
   golpe (1981), 400
Espírito
   da comunidade, 51, 53, 132, 276, 284-85
   do Tratado, 16, 67, 122, 287, 414
Espírito de grupo, 97, 145, 286
Estado natural, 82, 86, 352-53
Estados, Europa de, 28-42, 85, 503-04
Estados, origens dos, 82-88

Estados-membros, 60, 65-67
    desigualdade, 16, 317
    em conjunto, 62
Estilos arquitetônicos, e Europa, 391-92
Estipêndio europeu, 422
Estônia, 325
Estrasburgo, 69, 385, 479
estratégia alemã, 365, 367-406, 432, 435, 541-42
'estratégia grega', 363, 372, 431-32, 439-94, 547-48
estratégias, três, 361-65
'estratégia romana', 363-64, 372, 407-37, 544-47
    Resultados, 431-34
Euro, 279
    crise, 13, 17, 19, 212, 430-31, 471, 497
    escolha do nome, 387
    Grã Bretanha e, 415-16
    imagens, 387-93, 543
    moeda e cédula, 55, 386-88, 394
Eurobarômetro, 436-37
Euroceticismo, 34, 167, 427
EuroNews, 482
Europa
    em nome da, 43, 65, 493
European Voice, 482
Europeus (como conceito), 362, 367-406
Eventos/acontecimentos
    acontecimento memorável, 299
    Maquiavel nos, 220-23
Exército, Europeu, 224, 232, 244-54, 306, 320, 341, 485, 531
Eyskens, Mark, 315

F
Fanfani, Amintore, 112, 281
Farnleitner, Hannes, 208
Fato institucional, 35, 348-52, 436
Fatos, brutos e institucionais, 348-49
Faure, Maurice, 179, 450
Federação, 29, 92, 152, 231, 238, 303
Federalismo, 28, 42, 92, 156-57, 166, 180, 209, 225, 249, 310, 412
    e antifederalistas, 155-56, 166
Ferdinand I, Imperador austríaco, 354
Fichte, Johann Gottlieb, 363, 369
    Reden an die Deutsche Nation, 354, 367, 542
    indústria cinematográfica, 375
Finlândia, 166, 210, 464
    adesão/admissão, 325
Fischer, Joschka, 39, 299, 323, 333
    "o retorno da história", 333
FitzGerald, Garret, 191
Fontainebleau, Cúpula de (1984), 139, 179, 380
Ford, Gerald, 296
Fortuna (conceito de Maquiavel), 220-22, 229
Foucault, Michel, 27, 40
Fouchet, Plano, 281, 533
França, 27, 31, 34, 48-49, 57-58, 64, 75, 107, 112, 143, 150, 226, 236-41, 321
    Assembleia Constituinte (1789), 352
    Assembleia Nacional, 116, 253, 265
    Conseil constitutionnel, 195
    e alteração de tratado, 180
    e cúpula de Milão, 180

e tratado constitucional, 464
e unificação alemã, 302-03
eleição presidencial (1965), 469
motivos políticos, 228-31
plebiscito britânico sobre a adesão, 472
retirada do Conselho, 114-20, 124
Franklin, Benjamin, 150
Frederico Guilherme IV, rei da Prússia, 254
"freio de emergência", 145
Fronteiras/limites, 44-47, 49, 52, 300, 328-29, 365, 508, 541
Fukuyama, Francis, "fim da história", 300, 332
Funcionalismo, 28, 34, 503
Fundação do estado, 81-88, 173-74, 515
Fundo Monetário Internacional, 85
Artigos de conformidade, 177
Fundo Monetário, 55-56

G

Gadamer, Hans-Georg, 299
Gaitskell, Hugh, 86
Galilei, Galileo, 384
Galileo, projeto de satélite, 384
Gemeinschaft e *Gesellschaft*, 51
Genscher, Hans-Dietrich, 182-83, 522
Geopolítica, 76, 82, 225, 265, 280, 324
    após o Muro de Berlim, 535
    equilíbrio de poder geopolítico, 289, 328
    movimentos para o leste, 328-29
Geórgia (país), 329, 342-43
Geremek, Bronisław, 323
Gibraltar, 49

Giscard d'Estaing, Valéry, 113, 387, 500-01
    como presidente da Convenção, 169, 205-06, 210, 464, 466, 534
    e Conselho Europeu, 61, 292, 297, 445, 534
Globalização, 365
González, Felipe, 416
Gorbachev, Mikhail, 536
Gore, Al, 488
Governabilidade, 36
Governança em múltiplos níveis, 546
Governo (como conceito), 41
Grã-Bretanha
    admissão/adesão da, 60, 63, 106, 227, 272, 277-289, 362, 473
    Câmara dos Comuns, 140, 145, 288, 312, 470
    constituição, 136, 139
    contribuição de orçamento, 179
    crise da 'vaca louca', 144
    e a crise de Suez, 254-56
    e a cúpula Fontainebleau, 179
    e a passarela, 213
    e a região do Ruhr, 238
    e Ato Único Europeu, 186
    e Compromisso de Luxemburgo, 136
    e Comunidade Europeia do Carvão e do Aço, 396
    e Convenção, 168
    e cúpula de Milão, 180, 191
    e Espanha, 49
    e nacionalidade/cidadania, 416, 545
    e preferência pela lei da União Europeia, 515

e projeto do exército europeu, 246, 278
e ratificação pela maioria, 209
Isolamento, 312
Lords britânicos, 195
necessidade de 'sentar à mesa', 229
Parlamento, 412, 417
plebiscito de adesão, 472
política de redistribuição, 425-27
Grécia
    adesão à Comunidade (1981), 138
    apoio financeiro a, 430-31
    Arendt sobre, 482
    cidades-Estado, 411
    crise da dívida grega (2010), 483
    e alteração do tratado, 180, 182-83
    e cidadania, 458
    e Compromisso de Luxemburgo, 140
    e democracia, 400
    e Macedônia, 318 19
    e União Soviética, 235-36
Grundtvig, N. F. S., 384
Guerra
    árabe-israelense, 292
    Bálcãs, 324, 408
    Civil, 81, 157, 343
    Coreia, 242-43, 247-48, 252, 266
    Crimeia, 47
    De Gaulle sobre a, 47
    franco-argelina, 27, 56
    Iraque, 43, 81, 83, 336
    Kosovo, 327
    no Oriente Médio e na Ásia Central, 300
Guerra
    árabe-israelense, 292

Civil (na América), 27
da Coreia, 244, 247, 252, 266
da Crimeia, 47
de Troia, 482
dos Bálcãs, 300, 324, 327-28, 409
dos Trinta Anos, 30, 46 (Guerra de Flandres)
Fria, 62, 235, 242, 256, 300, 324, 333, 372, 535
nuclear, 256
Russo-Georgiana (2008), 342-43
Guerras Napoleônicas, 46
Guizot, François, 30

H

Haas, Ernst, *The Uniting of Europe*, 35-36, 42, 505
Habermas, Jürgen, 38, 341, 482
Haia, A cúpula de (1969), 272, 284, 287, 371, 532
Hain, Peter, 209
Hallstein, Walter, 31, 109-11, 114, 117, 124, 132, 146-47, 505, 510, 527, 532
Hamilton, Alexander, 150, 154
Hart, H. L. A., 356-57, 540-41
Hartling, Poul, 296
Havel, Václav, 322-23, 386
Heath, Edward, 285, 295
Hegel, Friedrich, 332
Helsinque, Finlândia Hall, 391
Henry, Patrick, 153, 157
Herder, Johann Gottfried, 363
Herzog, Roman, 197
Heseltine, Michael, 477
História
    'fim' da, 301, 332

retorno da, 334, 539
Historicidade da política, 40-41, 220, 507
Hitler, Adolf, 232, 234, 384, 423
   Mein Kampf, 255
Hobbes, Thomas, 82-83, 85, 224, 352, 407
   Leviathan, 66, 83, 513
Hoffmann, Stanley, 36, 503, 506
Holanda (Países Baixos), 31, 57-58, 99, 112, 119, 166
   apoio à adesão britânica, 281
   e 'cooperação europeia', 32-33
   e boicote do petróleo, 294
   e Conselho Europeu, 297, 453, 480
   e debate do Conselho de Ministros/Ministerial (1965), 112
   e parlamentos nacionais, 479
   e tratado constitucional, 465
   e Tratado do Carvão e do Aço, 89-90
   plebiscito (2005), 33, 64, 432, 465, 473
Hollande, François, 381
Howe, Geoffrey, 140-41, 182-83, 312, 470, 473
Hugo, Victor, 30
Hungria
   adesão, 325
   e Compromisso de Luxemburgo, 142
   e invasão do Iraque, 336
   e Plano Marshall, 239
   empréstimos, 309
   revolta (1956), 256
Hurd, Douglas, 141, 303

I

Ialta, 332
   Conferência (1945), 233, 331
Identidade, 367-68, 401-02
Ideologia (como termo), 40
Igualdade perante a lei, 412
Império Otomano, 370
impérios multiétnicos de Habsburgo, 370
Indochina, 252
Indonésia, 318
Indústria do carvão e do aço
   crise na, 94
   na Alemanha, 237, 239, 245, 306
   soberania sobre, 241-42
Integração (como termo), 17, 33, 37
Integração econômica, 258, 275, 311
interesses
   nacionais e coletivos, 128-29, 131, 137-38
   vitais, 142-43
Intergovernamentalismo (repartições e Estados), 32, 61 98, 204, 206, 211, 213, 505-06
Invisibilidade (de instituições políticas), 65, 408, 485
Iraque, 342
   invasão americana do, 43, 81, 336
   tropas espanholas do, 469
Iredell, James, 154
Irlanda, 64, 106, 149, 164, 169, 180, 187, 191, 209, 464, 484
   ajuda financeira à, 430
   e Ato Único Europeu, 187
Islândia, 330
Isopoliteia, 411, 420
Israel, 294

Itália, 57
    e alteração do tratado, 180
    e conceito de passarela, 213
    e Cúpula em Milão, 180
    e debate de Conselho dos Ministros (1965), 112-13
    e direitos, 419-20
    e legitimidade democrática, 460
    e Parlamento, 447
    e projeto de Spinelli, 179, 520
    e Tratado do Carvão e do Aço, 89
    resistência, 412
    unificação, 369 70
Iugolávia, 31, 314, 321, 326
    catástrofe, 326

J

Jargão, 24, 41, 85
Jesus Cristo, 496
Johnson, Lyndon B., 110
"Juízo de Lisboa", 202
'juízo de Maastricht', 200
Júlio César, 434
Juncker, Jean-Claude, 382
'juramento da quadra da C' (1789), 111, 117
Juvenal, 421

K

Kaczyński, Jarosław, 469
Kafka, Franz, 384
Kaiser, J. H., 59, 94, 510, 517
Kalina, Robert, 392
Kaplan, Robert, 333
Kapteyn, P. J., 446
Kennan, George F., 528
Kennedy, John F., 280
Kerr, Sir John, 169
Krushchev, Nikita, 331
Kim, Sandra, 378
Kissinger, Henry, 290-92, 501
Klaus, Václav, 86, 484
Kohl, Helmut, 72, 178, 181-83, 185, 189, 191, 274, 302-306, 308-310, 324, 501
Kohnstamm, Max, 274
Kosovo, 48, 327, 342
Kutter, Joseph, 392

L

Lahr, Rolf, 112
Laken, cúpula de (2001), 205, 214
Le Goff, Jacques, *O Nascimento do Purgatório*, 76
Lecanuet, Jean, 117
Legislação (como termo), 173-74
Legitimidade, democrática, 14, 169, 200, 311, 354, 386, 441-42, 445, 454, 460, 466, 472, 476, 489, 490
Leonardo da Vinci, 384
Liberais, 166-67, 446
Liberdade, 30, 47, 75, 440, 487, 498
    de movimento, 411, 413-19
Liberdades, 411-19, 433, 465, 487, 489
    quatro casos de, 417
Líbia, 327
Líderes de governo, papel dos, 36-37, 72, 189-91, 292-93, 296, 340, 456, 462, 469-70, 487, 493
Liga das Nações, 31
Limiar
    Craxi e, 188-89, 214
Línguas, 481-82, 546-47

Lisboa, Tratado de (2007), 64, 146, 171, 201, 322, 475
   cláusula de afastamento, 475
   e eleição do presidente da Comissão, 454
   e freio de emergência, 145
   e símbolos de União, 382
   juízes de Karlsruhe no, 201
   referência religiosa, 403
   sobre a vizinhança, 329
Lísipo, escola de, 392
Lituânia, 143, 168, 382
Locke, John, 82, 85, 352
   Segundo Tratado sobre o Governo, 82, 513
Lubbers, Ruud, 305, 315, 320
Ludlow, Peter, 511, 516
Luís XIII, Rei, 30
Luís XIV, Rei, 385
Luns, Joseph, 119-20, 281-82, 287, 480
Luxemburgo, 55, 57, 61
   Conferência de (1966), 119-120
   conferência intergovernamental (1985), 180-82, 192
   cúpula (1991), 314
   e ratificação da maioria, 169-71
   Tratado da União, 314

M

Macedônia, 319, 328
Macmillan, Harold, 42, 265, 279-81, 284, 446
Madison, James, 150, 155-56, 489
Madri, cúpula de (1995), 387
Majone, Giandomenico, *Regulating Europe*, 36
Major, John, 145, 194, 279, 316

Mali, 342
Malta, 162, 338
Mandela, Nelson, 69
Mann, Thomas, 31
Mansholt, Sicco, 111, 424, 532, 546
Maquiavel, Nicolau, 215, 440, 525
   O Príncipe, 220, 441
Marco alemão, 305-06
Marco Antônio, 435
Marjolin, Robert, 31, 501
Marshall ajuda/Plano, 31, 239, 309
Marshall, George, 235
Marshall, John, 154, 173
Martens, Wilfried, 185, 309
Martin, Luther, 156, 159
Martino, Gaetano, 450
Maryland, 152, 156, 170
Mendès France, Pierre, 252, 529
   Beyen, e 31
   como termo, 273
   e agricultura, 113, 267, 423
   Fundado, 412
   Macmillan no, 265
   mercado comum, 261, 277, 315, 532
   para programas de TV, 375
   Pompidou no, 287
Merkel, Angela, 72, 340, 343, 382, 470
Messina, Conferência de (1955), 258, 265
"mestre do tratado" (como termo), 173, 177, 201, 207
"método comunitário", 95, 181,
Metternich, Klemens von, 48, 62
Mídia nacional, 375, 482-83
Milão, cúpula de (1985), 139, 177-85, 199, 204, 212, 214, 275, 380, 522-23

Milward, Alan, 37, 506
ministros, nacionais, 54, 71, 92-93, 95, 468-69, 472
Mirabeau, Honoré, 383
Mitrany, David, 504-05
Mitterrand, François, 72, 118, 138, 179, 182, 185, 190, 274, 303, 305, 308, 310, 316, 457, 500, 502, 536
Moeda comum, 273, 305, 312, 316, 498
Moldávia, 329-30
Mollet, Guy, 256-57, 260-63, 446, 530-31
Momento da fundação, 67-68, 84-85, 101, 161, 212, 214, 231-32, 413, 463, 474, 488
'momento-Filadélfia, 158, 162
Monnet, Jean, 31, 52, 55, 67, 92, 132, 485, 502
    como europeu, 55, 362
    como pai fundador, 390
    e Alta Autoridade, 91, 118, 231, 445
    e Comunidade do Carvão e do Aço, 50, 89, 160
    e Conselho Europeu, 297
    e diplomacia, 133
    e eleições presidenciais na França, 117
    e energia atômica, 257
    e ministros nacionais, 92, 479
    e Plano Schuman, 241, 244, 413
    e projeto de paz, 371
    e projeto do exército europeu, 93, 243-44, 246
    e união monetária, 55
    prédios com o nome de, 385
Montenegro, 144, 328
Montesquieu, Charles de, 39, 407, 485
Monty Python, A Vida de Brian, 407, 434, 544
Moravcsik, Andrew, 37, 466, 469, 506
Moro, Aldo, 296
Movimento Europeu, 31
Movimento separatista basco, 469
Muro de Berlim, Queda do, 63, 224, 226, 299-301, 306, 311, 315-16, 332, 416, 436, 535
Mussolini, Benito, 255, 423

N

Nacionalismo, 363, 370-71, 373, 377, 406, 485, 541-42
Nações Unidas (ONU), 85, 235
    Carta das, 177
    Conselho de Segurança das, 85, 338
Nantes, Edito de (1598), 130
Napoleão I, Imperador, 234, 385, 389
Nasser, Gamal Abdel, 254-55
Neofacistas, 180
Nero, Imperador, 421
New Hampshire, 153
Nice, Tratado de (2001), 164, 204, 321
Nietzsche, Friedrich, 439-40, 495
Nixon, Richard, 291
Noël, Emile, 437
'nós aceitamos', 350, 352, 355-56
'nós, o povo da Europa', 363, 368, 374-75, 420, 434, 463
'nós, o povo', 153, 167, 352, 463, 519
'nós, os cidadãos', 352
'nós, os Estados', 350-51
'Novalis' (Friedrich von Hardenberg), 30
Nova York (Estado), 153

O

Oder-Neisse, fronteira, 303
Ombudsman, sistema de, 416-17
Onze de Setembro (ataques terroristas), 300, 333-34
O Príncipe, 220, 441
Ordem jurídica, 101, 106, 147, 170, 196, 282, 357
Organização Internacional para o Tratado do Comércio, 85
Os Cinco, 63, 115-29, 138, 286
'os Dez', 57, 181
'os Doze', 57, 306, 309, 402
'os Nove'
   e o Conselho Europeu, 297-98
   Kissinger e, 291-92
'os Seis', 54, 56-57, 90, 93, 96, 175, 226, 396
Ostpolitik, 272, 289, 536
Otan (Organização do Tratado do Atlântico Norte), 115, 226, 246, 248, 265, 291, 325, 330
   bombardeio na Sérvia, 327
   e ataque de 11 de setembro, 333
output, 407

P

Pacificação de 1917 (Holanda), 130
Pacto de Bruxelas, 243, 253
Pan-Europa, movimento, 31, 370
Papacy, 46, 398
Papandreou, Andreas, 178, 184-85, 188, 192
Paris
   cúpula de (1972), 197-98
   cúpula de (1974), 415
   estátua de Carlos Magno, 398
   Panthéon (Panteão), 383
   Tratado de (1951), 49, 53, 56, 73, 75, 89-90, 231, 246, 249, 408, 412
Parlamento (Europeu), 441-59, 547
   alemães e, 181-83, 228
   como termo, 452
   Craxi e, 183-84, 214
   e cidadãos, 38, 69
   e Conselho de Ministros/Ministerial, 477
   e Conselho Europeu, 457-58
   e federalistas, 178-79, 209
   e política externa, 313
   e Tratado de Maastricht, 417
   e triângulo institucional, 32
   eleições, 452-59
   eleito diretamente, 138, 380
   estabelecido (1952) como Assembleia, 443, 445
   nome oficial, 450-52
   poder para dissolver a Comissão, 455
   presidência, 73, 166, 177, 458
   Thatcher e, 312
Parlamento de Frankfurt (1848), 353-54
parlamentos nacionais, 209, 213, 215, 441-43, 476, 478-79, 547-48
Partido Popular Europeu, 455
Passarela, 212-16, 524-25
Patriarcas fundadores, 232, 385, 390
Paulo, apóstolo, 410, 421, 496
pax americana, 333, 408
pax europeana, 408
pax romana, 364
pax sovietica, 408

Paz, 29, 42, 49, 52-53, 253, 256, 293, 378, 385, 397, 407-10
Pedro, o Grande, Czar, 318
Pensilvânia, 152
Péricles, 464
Pesquisa de opinião, 434-37
Pflimlin, Pierre, 378
Pierre Le Chantre, irmão, 76
Pineau, Christian, 260
Pio II, Papa, 46
Piratas somalis, 342
Pitkin, Hannah, 378-79
plebiscito, 149, 182, 200, 229, 472
    adesão britânica, (1975), 473
    adesão, 473
    admissão/adesão, 473, 549
    dinamarquês (1993), 149, 164, 187, 461, 472
    francês (2005), 149, 434, 473
    holandês (2005), 33, 434
    irlandês (2001 e 2008), 149, 164, 187, 473
    Noruega, 473
Pleven, René, 244, 252
Plumb, Henry, 458
Pocock, John, 41, 157, 507
poder constituinte, 174, 188, 199, 201-202, 214, 352, 354, 510, 523
Polin, Gilles, 342
Política
    ambiental, 311, 538
    como termo, 439
    cultural, 367, 373-77, 542
    de identidade, 368, 401
    de imigração, 415
    de redistribuição, regional, 425-29, 546
    externa/relações exteriores, 260, 290, 311, 320, 416, 507-10, 534
    monetária, 55-56, 272, 305, 313, 347
    regional, 210, 427-28, 538
    social, 311
Polônia, 84, 138-39, 142, 233, 235, 323
    adesão /admissão, 324-25
    e Rússia, 318
Pompidou, Georges, 271, 287-88, 293-95, 452, 473
Porta, bater na, 223, 226, 231, 265, 326, 401, 483
    pela Grã-Bretanha, 280, 284-87, 483-84
    por ameaça, 231, 294
porta-voz, 123-24
Portugal, 138, 166, 186, 279, 400-01
Potência nuclear, 244, 254, 256, 260-65, 338
Praga, golpe de Estado, (1948), 235, 243
Precedente da lei americana sobre a legislação nacional, 99, 104-05, 195, 202, 513
Prêmio Nobel da Paz, 73, 407-08
Primavera Árabe, 327-28
Primeira Guerra Mundial, 31, 46, 89
Prodi, Romano, 163, 331
Projeto de paz, 371, 385
Projeto de poder, 371
"projeto europeu", 53, 56, 62
Promessa, teleológica, 396, 450, 495
Proteção, social, 417-31
Protestantismo, 397

Prússia, 84
Público, 147, 345-494, 540, 550
   e políticos 358-60
   nacional, 444-45, 467, 475
   purgatório, similar ao, 76
   relações públicas, 407, 433, 466

Q
Quebra da Bolsa (1929), 349

R
Rabier, Jean-Jacques, 436
Radičová, Iveta, 470
Randolph, Edmund, 154
Ratificação, unanimidade ou por maioria, 150, 152, 154-55, 162, 164, 167, 215
Reagan, Ronald, 535
'reforma', 212
Região do Ruhr, 236-38
Regras jurídicas, 356-57
   primárias e secundárias, 356-57
Rei da Boêmia, 30
Reinfeldt, Fredrik, 340
Reino de Carlos Magno, 398
Relações comerciais, 60, 259
Relações franco-alemã, 112, 181, 237, 242, 260, 305, 309-10, 398, 526-27, 530
   acordos, 261
   cooperação militar, 261
   perspectiva de guerra, 226, 371, 408
Relatório Spaak, 413
Rembrandt van Rijn, 389
Renacionalização, 428
Renascença, período da, 220

Repartições, Europa, 28-42, 85, 122, 129, 176, 506
Representação, 39-40, 83, 105
Responsabilidade, 97, 134, 148, 191, 315-16, 485, 491, 498
   conjunta, 147, 165, 168, 214, 309
   parlamentares, 455, 469-70
   pela política externa, 145, 290, 313-15, 325, 344
Resultados, 431-34
Revisão (de tratados), 52-53, 87, 159-60, 173, 175, 208, 521-23
   "se", "como" e "por quem", 175-77, 190, 208, 212, 214
   como termo, 170
   pedido de Couve de Murville, 118-19, 125
   regras e procedimento, 173-77, 187-88, 205-06
   três atos e quatro segredos de, 191, 206, 245
Revolução Francesa, 30, 363, 383
Reynaud, Paul, 446
Rhode Island, 151, 154, 162
   sobre regras, 474
   tratado, 167, 474
   inclusão de toda a União, 166, 550
Richelieu, Armand du Plessis, Cardial, 30, 48, 238
Risorgimento, 451
Roma, cúpula de (1990), 312, 471
Roma, Tratado de (1957), 93-94, 116-17, 120, 231, 275
   assinatura de, 90, 170, 270
   cinquenta anos, 351
   De Gaulle em, 124
   Delors sobre, 307

dentro do túnel, 267-69
e "união cada vez mais coesa", 94, 351, 365
e direitos e liberdades, 410
e Parlamento, 445-52
Mitterrand e, 182
preâmbulo, 350
processo de decisão, 267-68
regras de alteração, 175-76
télos, 225, 272, 331-72, 498
Thatcher e, 182
Romênia, 326
Roosevelt, Franklin D., 233, 235
Rorty, Richard, 25
Rousseau, Jean-Jacques, 81-85, 159, 352-53, 383
Considerações sobre o Governo da Polônia, 84
Du contrat social, 83 (O Contrato Social), 512
Rússia, 47, 84, 228, 329

S
Saddam Hussein, 336
Saint-Simon, Henri de, 30
Sander, August, 392
Santer, Jacques, 168, 185, 456
Sarkozy, Nicolas, 72, 342, 382
Scharpf, Fritz, *Governing in Europe*, 36, 550
Schlegel, Friedrich, 363
Schlögel, Karl, 331
Schlüter, Poul, 183-85, 192
Schmidt, Helmut, 295, 501
Schmitt, Carl, 335, 437
Schmitter, Philippe, 422
Schröder, Gerhard, 113, 119
Schuman, Robert, 49-50, 89-91, 160, 167, 228, 232, 238-41, 246, 276, 362, 368, 385, 390, 397, 445
Schümer, Dirk, 398
Schüssel, Wolfgang, 419
Searle, John, 348-49, 540
Segni, Antonio, 262
'segunda-feira negra', 315, 320
Segunda Guerra Mundial, 31, 265, 306, 421
Segurança coletiva, 422-23
Segurança, nacional, 223, 364, 407-08, 469
Senado (como termo), 476-77, 549
Sérvia, 328
Serviços assistenciais do Estado, 420-21
Sforza, conde Carlo, 89
Shakespeare, William
Júlio César, 434-35
Macbeth, 488
Siedentop, Larry, *Democracy in Europe*, 39
Sieyès, Emmanuel Joseph, 354
Simitis, Costas, 338-39
Simpoliteia, 411, 417
Síria, 292
Sistema Monetário, 55, 138, 387
Smith, Adam, 419
Social-Democrata, 446
França, 374
Holanda, 397
Socialismo, 40, 166, 180
Socialistas, Alemanha Ocidental, 398
Sócrates, 384
Solana, Javier, 83, 331, 342, 344
Solidariedade, 42, 426-30, 546

Spaak, Paul-Henri, 40, 87, 113, 115, 127, 249, 258-59, 268, 278, 281, 285, 385, 390, 446, 502
Spierenburg, Dirk, 92
Spinelli, Altiero, 162, 179, 185-86, 385, 412
Stalin, Josef, 233, 235, 250, 252, 256
Stikker, Dirk, 89, 247-48
Suécia, 209, 318, 428
Suécia, 397
Suíça, 31, 335
Supranacionalismo (Repartições e Cidadãos), 32, 74, 91-92, 98, 121, 281-82

T

Talleyrand, Charles de, 46
Tammes, A. J. P., 89
Tarifas, comércio, 274, 279
externa, 60, 258, 269, 279, 287
Tchecoslováquia (posteriormente República Tcheca), 254, 385
Castelo de Praga, 323
golpe de Estado (1948), 235
Telefone, tarifas para *roaming*, 433
Televisão, 374-75, 383
"Televisão sem Fronteiras", 374-75
Télos, 498
Teltschik, Horst, 501
Tempo
como corrente de acontecimentos, 220-21
e democracia, 441
para solução de conflito de interesse, 131-35
uso do, 267-71, 273-74, 515, 533-34

Terrorismo
definição comum, 335
islâmico, 300, 334, 342
Tese sem demos, 547
Thatcher, Margaret, 39, 137, 178, 180-82, 184-85, 188-90, 192, 206, 211, 274, 305-06, 309, 432, 503, 537
e bandeira europeia, 379
e Conselho Europeu, 458
e Parlamento (Europeu), 451-52
e política de redistribuição, 426
e Unificação Alemã, 305-06, 308-09
resignação, 315
Tindemans, Leo, 297, 347, 349-51, 431
relatório para Conselho Europeu, 372, 409
Trabalhadores
direitos dos, 412-13
liberdade de movimento, 413-14
protecionismo dos, 424-25
Transição, 123, 152-53, 188, 284, 479, 496
em votação, 152, 154, 213
Transição, momento de, 100, 104, 107, 121, 135, 177, 188, 238, 361, 406, 494, 523
Tratado de Amizade franco-alemã (Tratado de Élysée), 285, 339
Tratado de Maastricht (1992), 53, 64, 310, 313-16
assinado (1992), 321
e cidadania, 416, 459-62
e moeda comunitária, 387
e política cultural, 377
John Major no, 194
juiz de Karlsruhe no, 199

leftovers ou sobras do, 204
ratificação, 164
Tratado do Atlântico Norte, 243
Tratado para o Estabelecimento de uma Constituição para a Europa (2004), 462-66, 469
Tratados, 52-53, 63
    constitucionais (2004), 59-60, 159-70, 321, 469
    de renovação, 159-60, 171
    fundação, 44, 49, 52-54, 63, 105-06
    ratificação, 149 50, 158, 160-71, 208
    rejeitados, 170-71, 464, 478
Triângulo, institucional, 32
Trichet, Jean-Claude, 382
Truman, Harry, 235, 246, 298
Turquia, Twenty-Seven 49, 235, 318, 330, 403-04, 473-74

U

Ucrânia, 48, 318, 329
Unanimidade, 126, 159, 162, 164, 170, 175, 208
União (Europeia)
    como termo, 178, 186
    Comunidade transformada em, 301, 308
    distinção de Comunidade, 316-22
    e Estados-Membros, 48
    política externa, 319-20
    presidência, 227, 322
    projeto de tratado, 314
União da Europa Ocidental, 253
União monetária, 55, 272, 305, 308, 310, 535-36

"união mais coesa", 94, 108, 350, 367
União Soviética
    colapso da, 300, 323, 325, 349, 365
    como superpotência, 237, 242, 260, 408
    e Alemanha Oriental, 302
    e Estados Unidos, 236-37
    e guerra árabe-israelense, 292
    e Guerra da Coreia, 242-43
    e ideologia, 40
    esfera de influência, 290, 325
    golpe de Estado frustrado, 324
    Guerra de trinta anos, 407
    invasão da Hungria, 256
Único mercado, 15, 18, 139, 142, 180, 273-75, 306, 532
Unificação
    como termo, 32-33
    europeia, 31, 37, 49, 54, 85-86, 150, 181, 246, 257, 281, 302, 324, 374, 398, 408

V

'vaca louca', cúpula da, 145
van Acker, Achille, 263
van den Broek, Hans, 315
Van Gend & Loos, caso, 99-106, 147, 414, 515
Van Miert, Karel, 198, 503
Van Rompuy, Herman, 73, 340-41
Van Zeeland, Paul, 89
Varsóvia, Pacto de, 325
Védrine, Hubert, 502, 536, 539
Verhofstadt, Guy, 331, 334, 338, 479
Versalhes, Tratado de, 46, 52, 53, 233

Vestfália, Congresso de Paz de (1648), 46-47, 53, 64
Veto, 83-8, 119-23, 211-14
    Alemanha e, 181
    contra a adesão britânica, 63, 256, 181-89, 473
    demanda da França pelo, 119, 121, 124, 266
    Grécia e, 180
    Locke sobre, 82, 85
    Polônia, 84, 143
    Rousseau sobre, 83-86
    transição do, 85, 121, 123, 128, 161-65, 177-78
    uso americano do 152
    uso britânico do, 136-40, 161-62
    'veto de Luxemburgo', 123, 128, 134, 143-44
Vichy, governo de, 118
Viena, Congresso de, 28-29, 46-47, 189
Vietnã, 252, 293
Virgínia, 152-53
Virtù, 221, 319, 343, 440
Virtuosidade, 440
Visibilidade, 486
    Bagehot a respeito da, 347
    bandeira europeia e, 379-80
    da política de redistribuição, 427-29
    do Conselho Europeu, 486
    do Conselho, 486-87
    do Parlamento, 458
vizinhança/vizinho, 329
Voggenhuber, Johannes, 166
Voltaire, 383
Vontade política, 337

W

Waigel, Theodor, 387
Wall Street Journal, carta ao, 336
Washington, George, 150, 205, 216, 249, 393, 465
Watergate, escândalo, 291
Weber, Eugen, 370
Weiler, Joseph, 38, 199, 459-60, 506
Werner, Pierre, 120
Wilson, Harold, 295
Wurmeling, Joachim, 207

Z

Zona de livre-comércio, 259, 279, 288
Zona do euro, 15, 21, 43, 394, 430

Você pode se interessar também por:

LUUK VAN MIDDELAAR

POLITICÍDIO

O ASSASSINATO DA POLÍTICA NA FILOSOFIA FRANCESA

O livro trata principalmente da forte influência que o marxista russo Alexandre Kojève teve sobre uma geração inteira de intelectuais franceses, como Maurice Merleau-Ponty, Raymond Aron, Georges Bataille, Jacques Lacan, Raymond Queneau e André Breton, que na década de 1930 assistiam às suas aulas sobre a *Fenomenologia do Espírito*, de Hegel, na École Practique dês Hautes Études em Paris. Alexandre Kojève foi o criador do conceito do "fim da história", tal como preconizado pelo americano Francis Fukuyama logo após a Queda do Muro de Berlim em 1989. Kojève concebeu esse conceito a partir da dialética do senhor e do servo, de Hegel, onde todos os conflitos políticos terminariam depois que o ser humano atingisse um estágio de plena consciência. Em contraste com este último, porém, Kojève previa a necessidade de um Estado após o fim da história, e no contexto marxista esse Estado seria responsável pela "administração das coisas". Dada a plena satisfação de seus cidadãos, o advento desse "Estado Universal e Homogêneo" implicaria no fim da política como forma de manifestação dos anseios e das necessidades humanas.

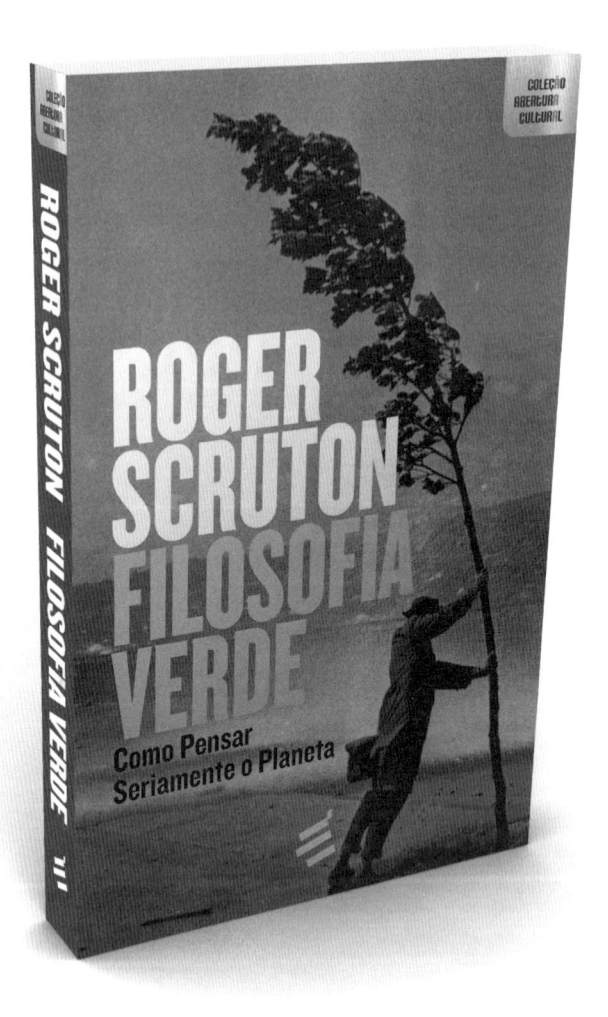

O meio ambiente tem sido há muito tempo território da esquerda política, a qual considera que as principais ameaças ao planeta partem do capitalismo, do consumismo e da exploração exagerada de recursos naturais. Em *Filosofia Verde*, Roger Scruton aponta as falácias por trás desse modo de pensar, assim como os perigos que ele representa para os ecossistemas dos quais todos nós dependemos. Scruton sustenta que o meio ambiente é o problema político mais urgente de nossa época, e estabelece os princípios que deveriam governar nossos esforços para protegê-lo.

Em *A Nova Síndrome de Vichy*, Theodore Dalrymple remonta o mal-estar europeu até as duas guerras mundiais do século passado, com os seus desastrosos embora compreensíveis efeitos sobre a autoconfiança da população do continente. Como resultado de seu passado recente, os europeus não acreditam mais em nada, exceto na segurança econômica, no aumento do padrão de vida, na redução da jornada de trabalho e na ampliação das férias em lugares exóticos. Como consequência, não conseguem estar à altura dos desafios que os assaltam, seja no tocante à crescente penetração islâmica na Europa, seja em relação à crescente competitividade da economia mundial.

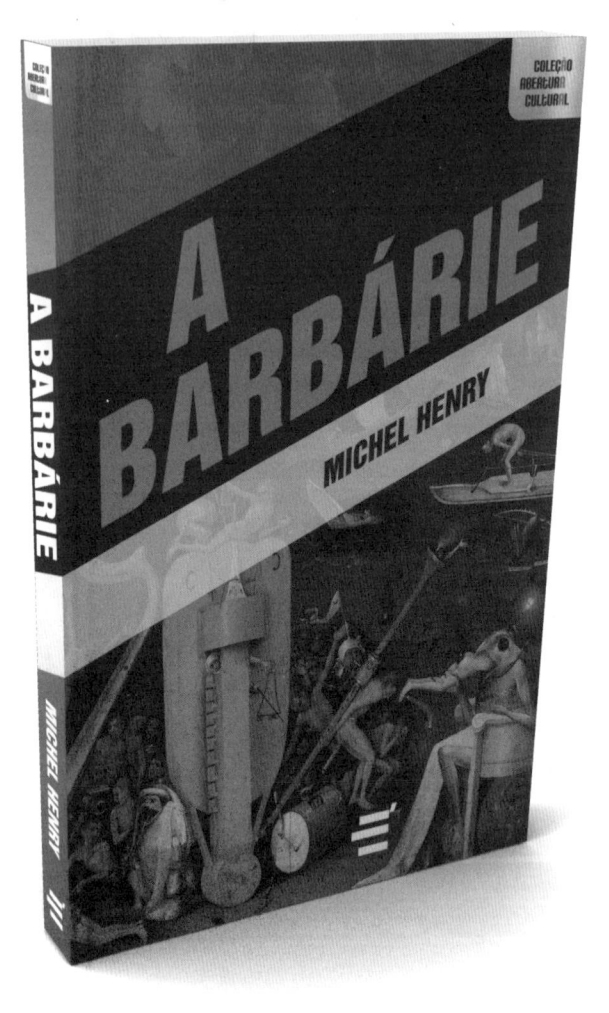

Uma constatação simples e paradoxal de nossa época: o desenvolvimento sem precedente do saber caminha lado a lado com o desmoronamento da cultura. Pela primeira vez na história da humanidade, saber e cultura divergem. A análise oferecida por Michel Henry é urgente para pensarmos e formas possíveis de resgatar essa vida cultural que se degrada a cada dia.

facebook.com/erealizacoeseditora   twitter.com/erealizacoes   instagram.com/erealizacoes   youtube.com/editorae

issuu.com/editora_e   erealizacoes.com.br   atendimento@erealizacoes.com.br